Paul Graf von Waldersee

Giovanni Pierluigi da Palestrina und die Gesammtausgabe seiner

Werke

Paul Graf von Waldersee

Giovanni Pierluigi da Palestrina und die Gesammtausgabe seiner Werke

ISBN/EAN: 9783744613996

Hergestellt in Europa, USA, Kanada, Australien, Japan

Cover: Foto ©Thomas Meinert / pixelio.de

Weitere Bücher finden Sie auf **www.hansebooks.com**

Sammlung

Musikalischer Vorträge

herausgegeben

von

Paul Graf Waldersee.

Vierte Reihe.

Leipzig

Druck und Verlag von Breitkopf und Härtel

1882.

Inhalt.

Ein Lebensbild

Robert Schumann's.

Von

Philipp Spitta.

Leipzig,
Druck und Verlag von Breitkopf und Härtel.
1882.

Ein Lebensbild
Robert Schumann's.

Von

Philipp Spitta.

Was sich hier als „ein Lebensbild Robert Schumann's" vorstellt, wurde ursprünglich auf Wunsch des Herrn George Grove in London für das von ihm herausgegebene Dictionary of Music and Musicians geschrieben. An eine Veröffentlichung in deutscher Sprache hatte ich dabei nicht gedacht. Andere meinten indessen, ich würde auch unter den Landsleuten Schumann's Leser finden. Es mag also darauf ankommen. Ich bitte nur, beachten zu wollen, daß die Form dieser Arbeit durch den ersten und eigentlichen Zweck derselben bedingt werden mußte. Über den Inhalt habe ich folgendes zu bemerken. Jedermann weiß, wie viel Dank die musikalische Welt dem fleißig und gewissenhaft gearbeiteten Buche Wasielewski's über Schumann schuldet. Dasselbe wird noch für lange Zeit die Grundlage aller Schumann betreffenden Arbeiten bleiben. Ich würde mich nie zur Veröffentlichung dieses Schriftchens entschlossen haben, wäre ich nicht in der Lage gewesen, neben Wasielewski noch mancherlei Neues bieten zu können. Mir stand eine namhafte Zahl ungedruckter Briefe Schumann's zu Gebote; ich konnte aus Musik-Autographen desselben verschiedene neue Thatsachen schöpfen. Durch den persönlichen Verkehr mit Menschen, welche Schumann im Leben nahe, zum Theil sehr nahe gestanden haben, hatte ich auch seit Jahren Gelegenheit, Charakterzüge nach mündlicher Überlieferung zu sammeln. Überdies sind in neuester Zeit mehre werthvolle Beiträge zu Schumann's Lebensgeschichte erschienen, welche Wasielewski für die 3. Auflage seines Buches nicht benutzt hat, zum Theil nicht benutzen konnte. Ich nenne hier vor allem Richard Pohl's „Erinnerungen an Robert Schumann" (Deutsche Revue; Vierter Band. Berlin, Janke 1878) und Max Kalbeck, „Robert Schumann in Wien" (Feuilleton der Wiener Allgemeinen Zeitung vom 24. Sept., 29. Sept. und 5. Oktober 1880). Durch Benutzung dieser und anderer Mittheilungen, welche sich in Büchern und Zeitschriften, in Memoiren und Briefsammlungen verstreut finden, ließ sich dem Bilde mancher neue Zug hinzufügen. Auch habe ich den Berichten der gleichzeitigen Presse über Schumann's Wirken Berücksichtigung geschenkt; auf Vollständigkeit kann ich hier freilich nicht im entferntesten Anspruch machen, doch lag diese auch nicht im Plane. Meine Arbeit soll nichts sein, als ein bescheidener Beitrag zur Erweiterung unserer Kenntnisse über Schumann und zur Würdigung seines Künstlerthums. Als solche, hoffe ich, wird man sie freundlich aufnehmen.

37 u. 38.

Ein Lebensbild Robert Schumann's.

Von

Philipp Spitta.

I.

obert Schumann ist den 8. Juni 1810 zu Zwickau in Sachsen geboren. Er war der jüngste Sohn des Buchhändlers Friedrich August Gottlob Schumann geb. 1773), welcher seinerseits wieder einer sächsi-schen Predigerfamilie entstammte. Die Mutter Johanna Christiana (geb. 1771) war eine Tochter des Rathschirurgen Schnabel zu Zeiß. Musikalische Anregung konnte Schumann von seinen Eltern nicht empfangen, doch besaß der Vater ein lebhaftes Interesse für die schöne Literatur und war selbst als Schriftsteller thätig. Er leistete auch den Neigungen des Sohnes zur Kunst allen Vorschub, wogegen die Mutter lange für dieselben kein Verständnis gehabt zu haben scheint. In der kleinen Provinzialstadt, in welcher Schumann bis ins achtzehnte Jahr sein Leben hinbrachte, fand sich auch kein Musiker, der ihn über die Anfänge der Kunst hinaus hätte fördern können. Ein tüchtiger Stadtmusikus war vorhanden, der Jahrzehnte hindurch die besten Messingbläser der Gegend bildete (s. Schumann's Gesammelte Schriften, Bd. II, S. 126; erste Auflage), aber, wie es allgemein war, seine Kunst nur handwerks-

1*

mäßig betrieben haben wird. Der Organist an der Marienkirche, J. G. Kuntzsch, Schumann's erster Lehrer im Klavierspiel, erklärte nach einigen Jahren, sein Schüler könne sich nun allein fortbilden und ließ den Unterricht aufhören. Das Talent desselben hatte ihm so sehr imponirt, daß er, als Schumann später den Entschluß faßte sich ganz der Kunst zu widmen, ihm prophezeite, er werde sich Ehre und Unsterblichkeit verschaffen und die Welt in ihm einen der ersten Künstler mehr zählen. Schumann widmete ihm 1845 seine „Studien für den Pedal-Flügel" Op. 56.

Die Begabung für Musik zeigte sich früh. Schon mit dem siebenten Jahre machte Schumann, eigner Aussage nach, die ersten Kompositionsversuche. Er muß demnach spätestens mit dem sechsten Jahre Klavier zu spielen begonnen haben. Ungefähr 11 Jahre alt accompagnirte er stehend bei einer von Kuntzsch geleiteten Aufführung des „Weltgerichts" von Friedrich Schneider. Im Elternhause veranstaltete er mit musikalischen Altersgenossen Aufführungen von Vokal- und Instrumental-Kompositionen, die er durch Arrangements den bescheidenen Kräften ausführbar machte. Auch in weiteren Kreisen ließ er sich schon jetzt mit Glück als Klavierspieler hören. Eine hervorstehende Begabung für die freie Phantasie wurde bemerkt. Der Vater that Schritte, ihm die Unterweisung C. M. v. Weber's zu verschaffen, der seit 1817 Kapellmeister in Dresden war. Weber erklärte sich auch bereit, die Leitung des jungen Talentes zu übernehmen, aus unbekannten Gründen kam jedoch der Plan nicht zur Ausführung. Schumann blieb auch fortan in den unzulänglichen Musikverhältnissen Zwickaus auf sich selbst angewiesen und mußte die Anregung zum Weiterstreben fast nur aus sich allein schöpfen. Eine Reise nach Karlsbad, wo er 9 Jahre alt zum ersten Male einen großen Klaviervirtuosen — Ignaz Moscheles — gehört hatte, mußte ihm unter diesen Umständen ein unvergeßliches Ereignis bleiben. Wirklich behielt er sein Leben lang für gewisse Kompositionen von Moscheles und für dessen Person eine Vorliebe und Verehrung, auch zeigen seine als Op. 1 erschienenen Variationen deutlich den Einfluß der Moscheles'schen Klaviertechnik. Kompositionsunterricht hat er bis zu seinem 20. Lebensjahre durchaus keinen gehabt.

Schumann trat mit 10 Jahren in die Quarta des Zwickauer Gymnasiums und verließ die Prima mit dem Zeugnis der Reife für die Universität zu Ostern 1828. Seine Beschäftigung mit der Musik scheint während dieser Zeit in Folge der Anforderungen der Schule und anderer Neigungen zeitweilig weniger eifrig gewesen zu sein. Mit dem beginnenden Jünglingsalter wachte ein schon früher bemerktes, dann aber in der Musik untergegangenes Interesse für die Poesie mit großer Lebhaftigkeit wieder auf. Das Bücherlager des Vaters, welcher auch diese Neigung begünstigte, wurde nach Werken der Dichtkunst durchstöbert; eigene poetische Versuche wurden häufiger, zu einer vom Vater herausgegebenen „Bildergallerie der berühmtesten Menschen aller Völker und Zeiten" lieferte der 14jährige Robert literarische Beiträge. Daß dichterische Begabung vorhanden war, beweisen zwei von Wasielewski (Biographie Schumann's 3. Aufl. Bonn, Strauß 1880. S. 305 ff.) mitgetheilte Hochzeitsgedichte. Im Jahre 1827 setzte er eine Anzahl seiner Poesien selbst in Musik. Es ist zu beachten, daß es nicht Schiller's oder Goethe's klassische Dichtungen waren, welche Schumann am stärksten anzogen. Seine Lieblinge waren Ernst Schulze, der zart schwärmende Verfasser der „bezauberten Rose", ferner der unglückliche in Wahnsinn unterge- gangene Franz von Sonnenberg, von Ausländern besonders Byron; über allen aber stand ihm Jean Paul, dessen Werke er (zu gleicher Zeit mit den Kompositionen Franz Schubert's) im 17. Lebensjahre kennen lernte. Diese Dichter bezeichnen den Kreis von Anschauungen, Empfindungen und Stimmungen, unter dessen Banne Schumann's poetischer Geschmack, streng genommen, sein Leben lang gestanden hat. Und bei keinem Musiker haben die poetischen Neigungen einen tieferen Einfluß auf die musikalischen Produktionen ausgeübt, als bei ihm.

Den 29. März 1828 ließ sich Schumann auf der Universität Leipzig als studiosus juris immatrikuliren. Seiner Neigung hätte es mehr entsprochen, wenn er schon jetzt ganz zur Kunst hätte über- gehen können, und der Vater würde hierzu seine Einwilligung un- zweifelhaft gegeben haben. Allein ihn hatte er im Jahre 1826 verloren und die Mutter wollte von einer Künstlerlaufbahn nichts wissen. Pietätvoll fügte sich der Sohn, obschon das Studium der Jurisprudenz seinem innersten Wesen entschieden widerstrebte. Bevor er wirklich zur Universität abging, machte er (April 1828) eine Vergnügungsreise nach Süddeutschland. Er hatte in Leipzig einen studiosus juris Gisbert Rosen kennen gelernt. Gemeinsame Be-

geisternng für Jean Paul führte schnell zu einer schwärmerischen
Freundschaft. Rosen begab sich zur Fortsetzung seiner Studien nach
Heidelberg; ihn eine Wegstrecke zu begleiten war Schumann's erster
Reisezweck. In München machte er Heine's Bekanntschaft, in dessen
Wohnung er mehre Stunden verweilte. Auf der Rückreise besuchte
er in Bayreuth die Wittwe Jean Paul's und ließ sich von ihr
dessen Bild schenken. Die ersten Monate seines Studentenlebens
befand sich Schumann in trübseliger Stimmung. Das Treiben der
Burschenschaft, welcher er kurze Zeit angehörte, dünkte ihn roh und
schal. Aber auch zum energischen Beginn des erwählten Studiums
konnte er sich nicht entschließen. Über die Hälfte des ersten Halb-
jahres war verflossen und er hatte, wie er seinem Freunde schrieb,
noch kein Kollegium besucht, sondern „ausschließlich in der Stille
gearbeitet, d. h. Klavier gespielt, etliche Briefe und Jean Pauliaden
geschrieben". In seiner selbstgeschaffenen thatenlosen Einsamkeit
mußte ihm die Beschäftigung mit Jean Paul allerdings von höchstem Reize sein. Unübertroffener Meister in der Darstellung zarter
Seelenstimmungen, blendend durch das Spiel einer reichen, aber ins
Maßlose ausschweifenden Phantasie, gefühlsüberschwänglich ohne
Gestaltungskraft, unablässig zwischen Lachen und Weinen romantisch sich schaukelnd ist dieser Dichter lange Zeit der Abgott empfindsamer Frauen und schwärmerischer Jünglinge gewesen. „Wenn die
ganze Welt Jean Paul läse", schreibt Schumann an Rosen, „so
würde sie bestimmt besser, aber unglücklicher — er hat mich oft dem
Wahnsinn nahe gebracht, aber der Regenbogen des Friedens schwebt
immer sanft über alle Thränen, und das Herz wird wunderbar erhoben und mild verklärt". Ganz ebenso hatte in ähnlicher Lage
sich Gervinus dem Jean Paul hingegeben. Aber Gervinus' männlich energische Natur rang sich aus dem erschlaffenden Bann dieses
Geistes bald los. Schumann's Künstlernatur, freilich unvergleichlich
feiner organisirt, blieb ihm dauernd verfallen. Er konnte noch in
späteren Lebensjahren in heftigsten Zorn gerathen, wenn jemand an
der Dichtergröße Jean Paul's zu zweifeln und zu mäkeln wagte.
Eine tief innere Verwandtschaft der Naturen ist unverkennbar.
Schumann erzählt selbst einmal, daß er sich als Kind um Spät-
mitternacht, da alles schon im Hause schlief, im Traum und mit
verschlossenen Augen an sein altes Klavier geschlichen und Accorde
angeschlagen habe und viel dazu geweint. So früh schon offen-

barte sich jener Hang zur Gefühlsschwelgerei, der in Jean Paul's Dichtungen die kräftigste Nahrung finden sollte.

Indessen Musik ist eine gesellige Kunst und sie führte Schumann zu den Menschen bald zurück. Im Hause des Professor Carus machte er interessante Bekanntschaften, namentlich auch diejenige Marschner's, der damals in Leipzig lebte und im Frühjahr 1828 seinen „Vampyr" dort zur ersten Aufführung gebracht hatte. Die erste Begegnung mit Friedrich Wieck, dem Vater von Schumann's späterer Gattin, fand gleichfalls schon in diesem Jahre statt; Schumann nahm Unterricht im Klavierspiel bei ihm. Einige musikliebende Studenten hatten sich herzugefunden, mit denen Kammermusik aller Art getrieben wurde. Besonders leidenschaftlich ergab man sich den Werken Franz Schubert's, dessen am 19. Nov. 1828 einfallender früher Tod Schumann tief bewegte. Durch Schubert angeregt schrieb er in dieser Zeit acht vierhändige Polonaisen; auch ein Quartett für Pianoforte und Streichinstrumente entstand und eine Anzahl Byron'scher Lieder. Doch sind diese Kompositionen unveröffentlicht geblieben. Zu all diesen Beschäftigungen kam nun aber noch die erste genauere Bekanntschaft mit dem Klavierwerken Sebastian Bach's. Es ist fast selbstverständlich, daß dasjenige, was Schumann an ihnen zunächst anzog, die geheimnisvolle Tiefe des Gemüths war, welche Bach's Kompositionen enthüllen oder ahnen lassen. Sonst wäre Bach in Verbindung mit dem formlosen Jean Paul undenkbar, und Schumann sagt doch geradezu selbst, daß diese beiden in früheren Zeiten auf ihn den größten Einfluß geübt hätten. Daß er damals, wo man in Bach meist nur den gelehrten Kontrapunktiker sah, und in dem naturalistischen Zustande, in welchem seine musikalische Bildung sich befand, die überschwängliche Lebensfülle der Bach'schen Kompositionen sicher herauserkannte, ist ein deutlicher Beweis seiner eignen großen, Bach theilweise verwandten Begabung. Natürlich blieb ihm auch die kunstvolle Form der Bach'schen Kompositionen nicht fremd und unverstanden. Denn wenn Schumann auch einen Kompositionslehrer bisher nicht gehabt hatte, so bedarf es doch kaum der Erwähnung, daß er mit dem Nothwendigsten der Tonsetzkunst durch Selbststudium längst bekannt war und bei fortwährendem eignen Produciren auch zur fortgesetzten Vervollkommnung seiner Kenntnisse und Fertigkeiten nach dieser Richtung hin angetrieben werden mußte.

Ostern 1829 zog Schumann seinem Freunde Rosen nach auf
die Universität Heidelberg. Den angehenden Juristen konnten die
Vorlesungen des Rechtslehrers A. F. J. Thibaut dorthin locken.
Für Schumann waren offenbar andere Aussichten entscheidend: die
paradiesische Lage des Ortes, die heitere Lebensart der dortigen
Bevölkerung, die Nähe der Schweiz, Italiens, Frankreichs. Ein
„Blüthenleben“, so hofft er, soll ihm dort anbrechen. „Das soll ein
Leben werden“, schreibt er dem Freunde, „zu Michaelis gehts in die
Schweiz und wer weiß wo noch hin!“ Auf der Reise nach Heidelberg führte ihn der Zufall mit Willibald Alexis zusammen. Da
sie Gefallen an einander fanden, schwenkte Schumann sorglos von
seinem Wege ab und begleitete den Dichter eine Strecke den Rhein
hinunter. W. Alexis hatte, ebenso wie der etwas ältere Marschner,
den Lebensweg genommen, den auch Schumann gehen sollte, und
war durch die Jurisprudenz hindurch zur Kunst gelangt. Kein
Zweifel, daß für Schumann die Bekanntschaft hierdurch an Interesse noch gewann. Es ist nicht zu leugnen, daß Schumann auch
in Heidelberg das Studium der Rechtswissenschaft nur sehr nachlässig betrieb, obwohl gerade Thibaut als Beweis dienen konnte,
daß sich mit dieser Wissenschaft Liebe und Verständnis für die Musik
sehr wohl vertrage. Wenige Jahre zuvor (1825) hatte Thibaut sein
Büchlein „Über Reinheit der Tonkunst“ veröffentlicht, das wesentlich beigetragen hat, dem damaligen musikalischen Geschmack in
Deutschland eine andere Richtung zu geben. Wie Thibaut hier
gegen die Entartung der Kirchenmusik auftrat, so sollte Schumann
nur einige Jahre später gegen die Verflachung der Koncert- und
Hausmusik mit Wort und That die Waffen ergreifen. Trotzdem
sind beide einander nicht näher getreten. Zu sehr überwog doch
in jenem der Gelehrte, in diesem der Künstler. Thibaut selbst rieth
später dazu, daß Schumann die Wissenschaft verlasse und ganz zur
Musik übergehe.

Wenn Schumann in Heidelberg überhaupt in irgend etwas
fleißig war, so war es nur das Klavierspiel. Wenn er sieben
Stunden des Morgens geübt hatte, lud er des Abends einen
Freund zum Musiciren zu sich, mit dem Bedeuten, daß er sich
heute gut in Zug befinde. Selbst wenn die Freunde zu Wagen
Ausflüge in die Umgegend machten, pflegte er wohl eine stumme
Klaviatur mit sich zu nehmen. Die von Wieck in Leipzig erhaltene

Anweisung ausnutzend, brachte es Schumann jetzt zu einem bedeutenden Grade von Virtuosität. Mit derselben wuchsen seine Leistungen in der Improvisation; ein musikkundiger Studiengenosse erzählte
später, daß er, so große Künstler er auch gehört, doch nie wieder
solch unvergeßliche musikalische Eindrücke empfangen habe: in un-
erschöpflicher Fülle seien dem Spielenden die Ideen zugeströmt, in
ihrer tiefen Eigenthümlichkeit und ihrem poetischen Zauber schon
deutlich die Grundzüge von Schumann's musikalischem Wesen ver-
rathend. Oeffentlich aufgetreten ist Schumann nur einmal: in
einem Koncert einer Heidelberger Musik-Gesellschaft spielte er mit
großem Beifall die Variationen über den Alexandermarsch von Moscheles. Weiteren alsbald an ihn gelangenden Aufforderungen zum
Koncertspiel gab er, wohl nur aus studentischer Bequemlichkeit,
keine Folge.

Man fragt vielleicht, wie es möglich war, daß Schumann ein
solches Leben vor sich selbst verantworten mochte, jahrelang ein
Studium nur wie zum Schein zu treiben und statt dessen in
Wahrheit seinen Lieblingsneigungen gänzlich sich hinzugeben. Ein
gewisser Mangel an Entschlußkraft, eine Scheu, sich selbst wehe
zu thun, war in jenen Jahren in seiner allgemeinen Gemüths-
verfassung begründet, war vielleicht überhaupt auch eine Eigenthümlichkeit seiner Natur. Indessen erklärt sich ein solches Thun zum
guten Theil auch aus der Beschaffenheit des deutschen Studenten-
thums. Aus der strengen Zucht der Gymnasien tritt der angehende
Student unmittelbar in die schrankenlose Freiheit des Universitäts-
lebens. Die Stärke dieses Gegensatzes überwältigt reichbegabte Naturen am leichtesten, und reißt sie fort, ausschließlich nur das ihnen
entgegenlachende Leben genießen zu wollen. Besitzen sie nachhaltige
Kraft, so ringen sie sich nach einiger Zeit aus dem Strudel wieder
empor, nützen nach Möglichkeit den Rest der Studienjahre und
tragen einen Schatz poesievollster Jugenderinnerungen davon, der
ausreicht, die Prosa des gesammten späteren Lebens mit idealischem
Glanze zu vergolden. Die berauschende Poesie des Studentenlebens
war es denn auch, die Schumann mit vollen Zügen trank. Studentische Rohheiten waren seiner fein organisirten Natur zuwider und
vor sittlicher Schädigung schützte ihn sein reiner und hoher Sinn.
Aber er lebte als flotter Bursch, der der schönen Welt sich freute,
wie und wo sie sich ihm bot, wenig arbeitete, viel Geld verbrauchte,

Schulden machte und sich wohl fühlte, wie ein Fisch im Wasser. Außer der zarten, schwärmerischen, hatte sein Wesen auch eine urwüchsig derbe und eine humoristische Seite. In allen diesen Eigenschaften konnte er sich gerade als Student völlig ausleben, wenn er es schon auf seine äußerlich stille, unscheinbare Weise that. Die Briefe, in welchen er mit seinem Vormunde, dem Kaufmann Rudel in Zwickau, über Geldangelegenheiten verhandelt, zeigen, wie er auch diesem gegenüber seinen Humor spielen ließ. „Traurige Sachen habe ich zu melden, verehrtester Herr Rudel", schreibt er am 21. Juni 1830. „Erstens habe ich ein Repetitorium, das halbjährlich allein 80 Gulden kostet, und dann, daß ich außerdem binnen acht Tagen mit Stadtarrest (erschrecken sie nicht!) belegt werde, wenn ich nicht bis dahin 30 Gulden andere Kollegiengelder bezahle". Und ein anderes Mal, als das erbetene Geld zur Heimreise während der Ferien ausblieb: „Ich bin der einzige Student hier und irre einsam, verlassen und arm wie ein Bettler, mit Schulden obendrein, in den Gassen und Wäldern herum. Haben Sie Nachsicht mit mir, verehrtester Herr Rudel! aber schicken Sie mir nur diesmal Geld, nur Geld, und nöthigen Sie mich nicht, zu meiner Abreise Mittel zu suchen, die Ihnen nicht angenehm sein dürften". Ergötlich ist, wie er dem Vormund beweist, warum er ihm die Mittel zu einer Reise nach Italien nicht vorenthalten dürfe: „ich hätte diese Reise doch einmal gemacht, und es ist denn doch einerlei, ob ich jetzt oder später das Geld dazu verwende"; dann setzt er ihm in aller Freundlichkeit die Pistole auf die Brust: „Auch könnte ich hier so viel Geld geliehen bekommen, wie ich will, freilich mit 10—12 Procent, welches Mittel ich aber natürlich nur im unnatürlichsten Falle, d. h. wenn ich von Hause kein Reisegeld bekäme, ergreifen würde". Als er Ostern 1830 noch ein Halbjahr in Heidelberg zu bleiben wünschte, motivirt er diesen Wunsch damit, daß „der hiesige Aufenthalt ungleich lehrreicher, nützlicher und interessanter ist, als in dem flachen Leipzig". Der Gegensatz des „flachen" Leipzig zu dem bergigen, malerischen Heidelberg verräth genugsam, was sich Schumann unter den „lehrreichen" und „nützlichen" Dingen dachte. Wie tief er die Poesie des Burschenlebens empfand, wie stark sie sich ihm fürs Leben einprägte, davon reden auch seine Kompositionen. Es sei nur an das „Wanderlied" von Kerner (Op. 35, Nr. 3, einem alten Heidelberger Studiengenossen zugeeignet, und die „Frühlingsfahrt"

von Eichendorff erinnert. Es giebt unter unseren Kunstgesängen
keinen, in welchem die schäumende, ins Weite drängende Jugendlust
einen so vollen, zugleich idealisch reinen und ganz eigenthümlich
deutschen Ausdruck gefunden hätte, wie in diesem „Wanderlied", das
übrigens wirklich, natürlich mit anderer Melodie, zu den beliebtesten
Studentengesängen gehört. Die „Frühlingsfahrt" erzählt von zwei
rüstigen Gesellen, die zum ersten Male von Haus ziehen:

> so jubelnd recht in die hellen,
> klingenden, singenden Wellen
> des vollen Frühlings hinaus.

Der eine gewinnt bald eine gesicherte Existenz und behagliche
Häuslichkeit, der andere jagt gleißenden Trugbildern nach, er-
liegt den tausendfachen Verführungen der Welt und geht zu Grunde
— ein nach der Natur gezeichnetes Bild aus dem deutschen Studentenleben. Die Weisen, welche Schumann dazu erfand, lassen es merken,
daß auch er aus eigener Anschauung schöpfte. Ja, er selbst war
an den Abgründen hergestreift, die neben den blumigen Pfaden
eines Jünglings lauern, der zum ersten Male seine Freiheit voll
genießt. Seine Briefe deuten mehrfach darauf hin, am bestimmtesten
einer vom 5. April 1833, gerichtet an einen früheren Studiengenossen, in welchem er schreibt, daß im Gegensatz zu Heidelberg sein
bürgerliches Leben zu seiner Freude nüchtern, fleißig und ordent-
lich geworden sei.

Einige Reisen dienten dazu, in Schumann's Studentenleben
auch den Reiz größerer Bewegung zu bringen. Im August 1829
begab er sich auf eine Vergnügungsreise nach Oberitalien, zwar
ganz allein, da zwei Freunde die Absicht mitzureisen wieder hatten
aufgeben müssen. Doch genoß der sinnig träumerische Jüngling die
Schönheit des Landes und das fremdartige italiänische Wesen allein
vielleicht um so gründlicher. Auch an kleinen ritterlichen Abenteuern
fehlte es nicht. Die italiänische Musik, welche er zu hören bekam,
konnte ihn allerdings wenig erbauen, ausgenommen, daß er hier
zuerst Gelegenheit hatte, Paganini zu hören. Als Ostern 1830
Paganini in Frankfurt auftrat, eilte Schumann in Begleitung
mehrerer Freunde, ihn abermals zu hören. Bruchstücke eines damals geführten Tagebuchs, welche erhalten sind (Wasielewski S. 325),
beleuchten das burschikose Wesen, in dem sich Schumann damals
gefiel. Den tiefen Eindruck, den Paganini machte, bezeugen Schu-

mann's Bearbeitungen Paganini'scher Capricen für Klavier (Op. 3 und Op. 10). Kurze Zeit darauf hörte er, wie es scheint wiederum in Frankfurt, auch den Violinvirtuosen Ernst. Im Sommer 1830 unternahm er noch einen Ausflug nach Straßburg, und auf der Heimreise nach Sachsen besuchte er Detmold und seinen Freund Rosen.

Als Schumann in das dritte Jahr seiner Studien getreten war, raffte er sich zusammen und versuchte sich ernstlich der Jurisprudenz zu nähern. Er nahm ein sogenanntes Repetitorium, d. h. er begann unter Anleitung und Aufsicht eines älteren Juristen das, was er während zweier Jahre versäumt hatte, nothdürftig nachzuholen. Auch suchte er sich mit dem Gedanken an eine praktische Wirksamkeit im öffentlichen Leben oder im Staatsdienste zu befreunden. Sein Geist schweifte zu den höchsten Zielen hin, und in der Vorstellung, ein solches einmal erreicht zu haben, mag er sich zeitweilig gefallen haben. Freilich mußte er sich auch von der Unwahrscheinlichkeit überzeugen, daß derartige Träume sich je verwirklichen würden. Und den Widerwillen gegen die Rechtswissenschaft wurde er durch das Repetitorium nicht los. Auf der anderen Seite mußte er sich sagen, daß, wenn er Musiker werden wolle, es nunmehr hierfür hohe Zeit sei, denn Schumann war mittlerweile 20 Jahre alt geworden. Es drängte also alles zur Entscheidung. Schumann bestimmte seine Mutter, die dem Künstlerberuf noch immer sehr abgeneigt war, die Entscheidung in die Hände Friedrich Wieck's zu legen. Wieck verschwieg nicht, daß ein solcher Schritt nur nach gründlichster Selbstprüfung gethan werden dürfe. Habe aber Schumann die Selbstprüfung mit sich ernstlich vorgenommen, so könne er seinerseits nur zurathen. Nun gab die Mutter nach, und Rob. Schumann wurde Musiker. Das Entzücken und die innere Befreiung, die er empfand, als der Würfel gefallen war, konnten ihm sagen, daß er das Rechte getroffen habe. Seine Absicht ging einstweilen nur dahin, sich als Klaviervirtuos auszubilden. Er glaubte es in sechs Jahren dahin zu bringen, mit einem jeden Klavierspieler wetteifern zu können. Über seine Begabung als Komponist empfand er noch sehr unsicher; was er an seine Mutter am 30. Juli 1830 schreibt: „hier und da hab' ich auch Phantasie und vielleicht Anlage zum eignen Schaffen" klingt auffallend wenig vertrauensvoll, wenn man bedenkt, daß Schumann's Künstlergröße doch fast ausschließ-

lich in seinen Kompositionen zum Ausdruck kommen sollte. Er verließ Heidelberg im Spätsommer 1830, um in Leipzig von neuem
Wieck's Schüler zu werden. Er war entschlossen, nach dritte-
halb verschwärmten Jahren nunmehr energisch und männlich zu
wollen und zu streben. Und nach diesem Entschlusse hat er redlich
gehandelt.

Freilich, den Plan ein großer Klavierspieler zu werden mußte
er schon nach einem Jahre aufgeben. Bewogen durch den leidenschaftlichen Wunsch, möglichst schnell in Besitz einer umfassenden
Technik zu kommen, hatte Schumann eine Vorrichtung ersonnen,
welche ihm dazu dienen sollte, in kürzester Zeit die größte Finger-
geläufigkeit zu gewinnen. Vermittelst dieser Vorrichtung wurde der
vierte Finger künstlich in die Höhe gezogen und unbeweglich gehalten, während unterdessen die anderen Finger Spielübungen auszuführen hatten. Hierbei waren aber die Sehnen des vierten Fingers
überspannt worden; der Finger erlahmte, ja zeitweilig wurde die
ganze rechte Hand von Lähmung ergriffen. Dieser allerbedenklichste
Zustand wurde allerdings durch ärztliche Behandlung gehoben.
Schumann kam wieder in den Gebrauch der Hand, er konnte sie
auch nothdürftig zum Klavierspiel benutzen. Aber der vierte Finger
blieb lahm, und damit war für Schumann die Virtuosenlaufbahn
für immer verschlossen. Obwohl es an ausdrücklichen Zeugnissen
darüber fehlt, darf man doch mit Bestimmtheit annehmen, daß
dieses unerwartete Mißgeschick einen tiefen Eindruck auf Schumann
machte. Sah er sich doch nach kurzer Zeit nochmals vor die Frage
gestellt, ob es unter diesen Umständen räthlich sei, bei dem gewählten Musikerberuf zu verharren. Wenn er sich diese Frage dennoch
bejahend beantwortet hat, so mußte inzwischen das Vertrauen zu
seiner schöpferischen Begabung mächtig erstarkt sein. Er fand sich
bald in das Unvermeidliche, lernte mechanische Fertigkeit nach ihrem
richtigen Werthe schätzen und wandte sich mit ungetheilter Kraft der
Komposition zu. Mit seinem Klavierlehrer Wieck blieb er auch
fernerhin in freundschaftlichen Beziehungen; bis zum Herbste 1832
wohnte er sogar mit ihm in einem Hause (Grimmaische Straße
Nr. 36) und gehörte gewissermaßen mit zu Wieck's Familie. Zum
Kompositionslehrer aber wählte er sich Heinrich Dorn, der damals
Operndirektor am Leipziger Theater war, später als Kapellmeister
in Riga, Köln und Berlin gewirkt hat und noch heute in Berlin

im Vollbesitz seiner geistigen Frische lebt. Dorn war ein solider und gewandter Tonsetzer, der Schumann's bedeutende Begabung erkannte und sich seiner Ausbildung mit Interesse widmete. Warme Dankbarkeit hat ihm Schumann dafür bewahrt, ihm „dem Manne, der mir Aufklimmenden zuerst die Hand gab, und wenn ich zu zweifeln anfing, mich wohl höher zog, damit ich vom gemeinen Menschentreiben weniger sähe und mehr vom reinen Kunstäther". Einen regelrechten Kompositionskursus durchzumachen, dazu war freilich Schumann auch jetzt nicht zu bringen. Er arbeitete sehr fleißig, warf sich aber bald auf diesen bald auf jenen Punkt der Kompositionslehre. 1836 schrieb er an Dorn nach Riga, daß es ihn oft traurig stimme, wie er damals doch gar zu unordentlich gelernt habe. Wenn er aber alsbald hinzufügt, er habe in Dorn's Unterricht trotzdem mehr gelernt als dieser glaube, so werden wir diese Behauptung für wahr halten dürfen. Schumann war kein Anfänger mehr in der Komposition, er besaß musikalisches Genie und einen bereits gereiften Geist. Unter solchen Umständen war er berechtigt, nach seiner eignen Methode zu lernen.

Den Winter 1832—1833 verlebte Schumann in Zwickau, theils auch bei seinen Brüdern in Schneeberg. Er arbeitete außer an einem Klavierkoncert, das Fragment geblieben ist, an einer Sinfonie in G moll, deren erster Satz sowohl in Schneeberg als in Zwickau während dieses Winters öffentlich aufgeführt wurde. Darf man einem gewissen Zeugnisse trauen (s. Musikalisches Wochenblatt, Leipzig, 1875. S. 180), so wäre auch die ganze Sinfonie 1835 unter Schumann's Direktion in Zwickau zur Aufführung gebracht und im letzten Satze beinahe umgeworfen worden. Vollendet ist die Sinfonie jedenfalls, und Schumann versprach sich anfänglich von ihr einen großen Erfolg, hierüber wird er indessen anderer Ansicht geworden sein, denn veröffentlicht wurde sie nie. Die erstmalige Aufführung des ersten Satzes in Zwickau fand in einem Koncerte statt, das Wieck's dreizehnjährige Tochter Clara am 18. November 1832 dort gab. Schon damals waren die Leistungen des genialen Mädchens, das sich rasch zu Deutschlands größter Klavierkünstlerin entwickeln sollte, erstaunliche und bewirkten, wie Schumann meinte, daß „Zwickau zum ersten Male in seinem Leben begeistert war". Begreiflich, daß Schumann selbst von Clara, die kindliche Lieblichkeit und künstlerische Genialität mit doppeltem Reize schmückten, bis

zur Schwärmerei entzückt war. „Denken Sie sich das Vollendete",
schreibt er am 5. April 1833 an einen Freund über sie, „und ich
unterschreibe es". Ja, in manchen brieflichen Aeußerungen scheint
leise schon ein tieferes Gefühl durchzuklingen, dessen er sich aber
wohl erst nach einigen Jahren selber voll bewußt geworden ist.

Schumann's Verhältnisse gestatteten ihm, im März 1833 nach
Leipzig zurückzukehren und daselbst einstweilen ohne eine bestimmte
Beschäftigung weiter zu leben. Er war nicht gerade wohlhabend,
besaß aber doch Mittel genug, um als einzelner Mann mit mäßigen
Ansprüchen existiren zu können. Die Noth des Lebens, mit welcher
so viele unserer großen und größten Künstler haben ringen müssen,
hat Schumann nie erfahren. Seine Beschäftigung bildeten Kompositionsstudien, namentlich kontrapunktischer Art, für die er,
seit er Bach's Werke kannte, das lebhafteste Interesse hatte; außerdem forderte die immer mächtiger sich regende Phantasie ihr Recht,
in freien eigenen Tonschöpfungen auszuströmen. Es enstanden in
diesem Jahre die Impromptus für Klavier über eine Romanze von
Clara Wieck, die Schumann Friedrich Wieck widmete und im August
1833 als Op. 5 bei Hofmeister in Leipzig und Ch. Schumann in
Schneeberg veröffentlichte. Von der Gmoll-Sonate (Op. 22) schrieb
er im Juni den ersten und dritten Satz, die Komposition der Fismoll-Sonate (Op. 11) wurde ebenfalls begonnen, und die schon
1829 begonnene Toccate (Op. 4) vollendet. Auch bearbeitete er
eine zweite Reihe Paganini'scher Violinkapricen für Klavier (Op. 10),
nachdem ein erster Versuch der Art (Op. 3) schon im Jahre vorher
unternommen war. Dabei lebte er still und fast einförmig dahin.
Familienbekanntschaften hatte er wenige und suchte sie auch nicht.
Eine vertraute Freundin fand er in Frau Henriette Voigt, einer
ebenso trefflichen Klavierspielerin wie edel und zart empfindenden
Seele. Sie war eine Schülerin Ludwig Berger's in Berlin und
starb jung im Jahre 1839. Mit einer kleinen Anzahl gleichgesinnter
Freunde pflegte Schumann die Abende regelmäßig in einem Restau-
rations-Locale zu verbringen. Meistens war für diese Zusammen-
künfte der sogenannte „Kaffeebaum" (Kleine Fleischergasse Nr. 3) bestimmt. Schumann verhielt sich aber auch in diesem vertrauten
Freundeskreise mit Vorliebe schweigend. So gewandt er sich schrift-
lich ausdrücken konnte, so schwer vermochte er es mündlich. Auch
bei unwichtigen Angelegenheiten, die sich durch mündliche Aussprache

am leichtesten und einfachsten hätten erledigen lassen, pflegte er den
schriftlichen Weg vorzuziehen. Übrigens war es ihm auch eine Art
Genuß, so träumerisch still zu sinnen. Henriette Voigt erzählte an
W. Taubert, daß, wenn sie mit Schumann musicirt gehabt habe,
wohl an einem schönen Sommerabende von ihnen beiden eine
Wasserfahrt gemacht worden sei. Da hätten sie denn eine Stunde
schweigend neben einander im Kahn gesessen. Bei der Trennung
aber habe ihr Schumann die Hand gedrückt und nur gesagt: „Heute
haben wir uns recht verstanden".

Bei jenen abendlichen Zusammenkünften im Wirthshaus war
es, daß im Winter 1833—1834 der Plan zur Herausgabe einer
neuen Musikzeitung gefaßt wurde. Es war die Opposition der
Jugend, welche sich zu neuen Thaten berufen fühlte, gegen die bestehenden Musikzustände. Trotzdem Weber, Beethoven und Schubert erst wenige Jahre todt waren, Spohr und Marschner noch in
voller Schaffenskraft standen und Mendelssohn anfing berühmt zu
werden, war doch der allgemeine Charakter der Zeit um das Jahr
1830 glänzende Oberflächlichkeit oder spießbürgerliche Mittelmäßigkeit. „Auf der Bühne herrschte noch Rossini, auf den Klavieren
fast ausschließlich Herz und Hünten". Solche Zustände zu bekämpfen wären freilich wohl neue bedeutende Kunstthaten geeigneter gewesen, als eine Zeitschrift über Kunst. Indessen auch mit der
musikalischen Kritik sah es übel aus. Die seit 1824 bei Schott in
Mainz erscheinende Zeitschrift „Cäcilia" schloß schon vermöge der
heftweisen Publikation einen großen Leserkreis aus, und war auch
ihrem Inhalte nach nicht für einen solchen berechnet. Die von
Marx redigirte Berliner allgemeine musikalische Zeitung war 1830
wieder eingegangen. Einen tieferen Einfluß und bedeutendes Ansehen besaß im Jahre 1833 nur die von Breitkopf und Härtel
in Leipzig herausgegebene Allgemeine musikalische Zeitung, welche
damals G. W. Fink redigirte. Aber die beschränkten Anschauungen,
nach welchen hier Kritik geübt wurde, die bis zur Charakterlosigkeit
gehende Milde des Urtheils („Honigpinselei" nannte sie Schumann),
die Nachsicht gegen das Fade und Oberflächliche konnten hochflie-
gende Jünglingsseelen wohl zum Widerspruch reizen. Und gerade
auf dem Gebiete der Kunstschriftstellerei zuerst die Hebel anzusetzen,
um die eigenen Kräfte zu erproben, das mußte diesen jungen Brause-
köpfen um so näher liegen, da sie großentheils über eine bedeutende

wissenschaftliche Bildung verfügten und mit der Feder wohl umzugehen wußten. Durch eigene Kunstproduktionen den Geschmack in neue Bahnen zu lenken, dazu fühlten sie sich, und vor allen Schumann selbst, noch nicht stark genug.

So trat denn am 3. April 1834 die erste Nummer der „Neuen Zeitschrift für Musik" ans Licht. Ein Organ ganz nur der Jugend und der Bewegung, nannte sie Schumann selbst. Als Motto für sie wählte er einmal eine Stelle aus dem Prolog von Shakespeare's „Heinrich dem Achten":

> — — die allein,
> Die nur ein lustig Spiel, Geräusch der Tartschen,
> Zu hören kommen, oder einen Mann
> Im bunten Rock mit Gelb verbrämt zu sehen,
> Die irren sich.

Die Absicht, gegen das Unwesen der leeren, gefälligen Redensarten in der Kunstkritik aufzutreten und die Würde der Kunst zu heben, wird durch diese Stelle deutlich genug bezeichnet. „Das Zeitalter der gegenseitigen Komplimente geht nach und nach zu Grabe; wir gestehen, daß wir zu seiner Neubelebung nichts beitragen wollen. Wer das Schlimme einer Sache nicht anzugreifen sich getraut, vertheidigt das Gute nur halb". Dem Treiben der „drei Erzfeinde der Kunst, der Talentlosen, der Dutzendtalente und der talentvollen Vielschreiber" will man nicht ruhig zusehen, die „letzte Vergangenheit, die nur auf Steigerung äußerlicher Virtuosität ausging, als eine unkünstlerische bekämpfen". Dagegen soll „an die alte Zeit und ihre Werke mit allem Nachdruck erinnert werden, da nur an so reinem Quelle neue Kunstschönheiten gekräftigt werden können". Und ferner will die Zeitschrift durch wohlwollendes Verhalten gegen die höher strebenden der jüngeren Künstler eine neue „poetische" Zeit vorbereiten und beschleunigen helfen. Die Redaktion führten Robert Schumann, Friedrich Wieck, Ludwig Schunke, Julius Knorr. Von ihnen war nur Schunke ausschließlich Musiker; dieser höchst talentvolle Pianist, der einer verbreiteten und sehr geachteten Musikerfamilie angehörte, war 1833 nach Leipzig gekommen und mit Schumann sehr befreundet geworden; er starb aber schon Ende 1834, 24 Jahre alt. Die drei übrigen Redaktoren waren in Folge ihres Bildungsganges halb Musiker, halb Literaten; auch Julius Knorr (geb. 1807), der in Leipzig Philologie studirt hatte. An Schunke's

Arbeiten für die Zeitung sie führen die Chiffre 3 hat Schumann viel mitgeholfen, da jenem die Feder nicht gehorchen wollte. Verleger und Eigenthümer des Blattes war anfänglich der Buchhändler Hartmann in Leipzig. Mit Januar 1835 ging der Verlag an J. A. Barth daselbst über. Zu gleicher Zeit wurde Schumann selbst Eigenthümer und alleiniger Redakteur. Als solcher hat er das Unternehmen bis Ende Juni 1844 geleitet; sein Wirken für die Zeitung erstreckt sich also über einen Zeitraum von mehr als 10 Jahren. Mit den 1. Januar 1845 übernahm Franz Brendel die Redaktion. Seit dem Sommer 1844 hat Schumann außer einem kurzen Artikel über Johannes Brahms ("Neue Bahnen" 1853, 28. Oktober) nichts wieder für die Zeitung geschrieben.

Die von Schumann herrührenden Artikel der Zeitung sind zuweilen mit einer Zahl unterschrieben, entweder einer 2, oder einer mit 2 zusammengesetzten Zahl 12, 22, u. s. w.. Er versteckt sich aber auch unter allerhand Namen: Florestan, Eusebius, Raro, Jeanquirit. Außerdem ist in Schumann's Aufsätzen häufig von den "Davidsbündlern" die Rede. Man hat dabei an keine wirklich existirende Genossenschaft gleichgesinnter Künstler und Kunstfreunde zu denken. Der Bund war eine humoristisch-phantastische Fiktion Schumann's und "existirte nur in dem Kopfe seines Stifters". Um verschiedene Kunstansichten zur Aussprache zu bringen, erschien es ihm passend, gegensätzliche Künstlercharaktere zu erfinden, die gelegentlich mit ihren Meinungen hervorzutreten hatten. Der Einfall verräth dichterisches Talent, denn es kommt auf diese Weise in die kritischen Besprechungen eine reizvolle, dramatische Lebendigkeit. Am häufigsten treten Florestan und Eusebius auf, zwei Charaktere, in denen Schumann zwei entgegengesetzte Seiten seiner eigenen Natur zu objektiviren suchte. Den fortstürmenden, unbändigen, derben Zug bezeichnet Florestan, den sanften, sinnigen Eusebius. Wie überhaupt Schumann's literarische Erzeugnisse stark in Jean Paul'scher Art gefärbt sind und häufig darin auf diesen Dichter selbst Bezug genommen wird, so sind auch Florestan und Eusebius offenbar dem Brüderpaar Vult und Walt aus Jean Paul's "Flegeljahren" nachgebildet. Als Vermittler der beiden gegensätzlichen Charaktere, die natürlich auch eine Kunsterscheinung in verschiedenster Art beurtheilen, muß dann zuweilen der Meister Raro eintreten. Unter diesem dachte sich Schumann einen Charakter, wie er selbst

einmal als Mann zu erscheinen wünschte. Die Erklärung des Namens „Davidsbündler" giebt der Anfang einer „Fastnachtsrede von
Florestan" aus dem Jahrgange 1835: „Versammelte Davidsbündler,
d. i. Jünglinge und Männer, die Ihr todtschlagen sollet die Philister, musikalische und sonstige". Der Philister ist in der Sprache
der deutschen Studenten der in der Gewöhnlichkeit des Alltagslebens
weiterexistirende Nicht-Student, oder, was für die studentische Anschauung dasselbe ist, der Mensch der Beschränktheit und nüchternen
Prosa im Gegensatze zu der schwärmenden, poesie- und begeisterungs-
vollen Existenz des jugendlichen Bürgers deutscher Universitäten.
Die Davidsbündler führen also im Namen einer idealischen Welt-
anschauung Krieg gegen die banausische Mittelmäßigkeit, und wenn
es Schumann als Aufgabe der Zeitung betrachtete, eine neue „poetische" Zeit für die Musik herbeiführen zu helfen, so meinte er eben
dieses. Vertrat nun Schumann auch die Davidsbündlerschaft allein,
so gefiel sich doch seine Phantasie darin, auch Persönlichkeiten seiner
Bekanntschaft, mit denen er sich eines Sinnes wußte, in das humoristische Spiel hineinzuziehen. Im Stillen rechnete er alle Haupt-
mitarbeiter der Zeitung dazu, ja Künstler, die er gar nicht kannte,
für die er sich aber interessirte, wie Berlioz. So konnte er mit
Recht 1836 an A. von Zuccalmaglio schreiben: „Unter Davidsbund
stellen Sie sich nur eine geistige Brüderschaft vor, die sich indeß auch
äußerlich weit verzweigt und, hoffe ich, manche goldene Frucht tragen soll". Er läßt dann alle die Bündler, die nicht er selbst sind,
ebenfalls zuweilen in seinen Kritiken auftreten und die Art, wie er
diese bunte Schar romantischer Gestalten sich vor dem Auge des
Lesers tummeln läßt, hat etwas zauberisches. Mit Recht konnte er
sagen: „Wir leben jetzt einen Roman, wie er vielleicht noch in
keinem Buche gestanden". Da begegnet man einem Jonathan, unter
dem vermuthlich L. Schunke zu verstehen ist (ein ander Mal freilich schreibt auch Schumann selbst unter diesem Namen), einem Fritz
Friedrich, der den Maler und Musikfreund Lyser bedeuten soll.
Serpentin ist Karl Banck, ein talentvoller Liederkomponist, der Anfangs zu den eifrigsten und verdientesten Mitarbeitern gehörte. Gott-
schalk Wedel der schon genannte Anton von Zuccalmaglio, welcher
damals in Warschau lebte und sich durch Sammlung deutscher und
fremder Volkslieder einen Namen gemacht hat. Chiara ist natürlich
Clara Wieck, Zilia (wohl aus Cäcilia abgekürzt wahrscheinlich auch),

Felix Mendelssohn wird unter dem Namen Felix Meritis eingeführt und einmal kommt sogar der Name Walt vor (Jahrgang 1836 „Aus den Büchern der Davidsbündler". II. Tanzliteratur). Ob hiermit eine bestimmte Persönlichkeit gemeint ist, kann nicht angegeben werden; interessant genug ist schon die direkte Bezugnahme auf Jean Paul's „Flegeljahre". Auch ein gewisser Julius treibt unter den Davidsbündlern sein Wesen; der Name spielt vielleicht auf Julius Knorr an. Man findet ihn in Schumann's erstem Aufsatze über Musik: „Ein Werk II." Dieser steht nicht in der Neuen Zeitschrift, sondern in Nr. 49 der Allgemeinen Musikalischen Zeitung von 1831. Die Redaktion hat dabei bemerkt, er sei „von einem jungen Manne, einem Zöglinge der neusten Zeit" und ihm die Arbeit eines Recensenten aus der alten Schule über dasselbe Musikstück gegenüber gestellt. Der Gegensatz ist schneidend, und wunderlich genug nehmen sich die phantastischen Sprünge des genialen Schwärmers in den altväterischen Hallen jenes Blattes aus.

Schumann hat diesen ersten Aufsatz, der über ein Variationenwerk Chopin's handelt, an die Spitze seiner „Gesammelten Schriften" gestellt, die er gegen Ende seines Lebens erscheinen ließ (Leipzig, Georg Wigand, 1854. 4 Bände). Er giebt ein treffliches Beispiel des Tones, den er auch in der Neuen Zeitschrift anschlug. Seine Mitarbeiter stimmten mehr oder weniger in denselben ein, nicht aus Nachahmung, sondern weil sie alle junge Männer waren, und auch die Reaktion gegen die philisterhafte Kritik gleichsam in der Luft lag. Man kann dieses aus einer Kritik Wieck's, die er 1832 über das nämliche Chopin'sche Variationenwerk für die Zeitschrift „Cäcilia" lieferte, und die auch phantastisch genug gehalten ist, recht deutlich sehen. Ebenso ist das Aufsehen begreiflich, welches wegen der unerhörten Neuheit der Schreibart die Neue Zeitschrift für Musik machte. Sie gewann rasch einen verhältnismäßig großen Leserkreis, und da sie außer dem Reiz der Neuheit und des poetischen Kolorits auch eine Fülle belehrenden und unterhaltenden Stoffes bot und vortreffliche Grundsätze mit Ernst und Geist vertrat, ließ das Interesse des Publikums nicht nach, sondern steigerte sich von Jahr zu Jahr. Der Einfluß den Schumann durch diese Zeitung auf die Musikverhältnisse Deutschlands gewonnen hat, muß als ein bedeutender bezeichnet werden.

Man hat gemeint, daß Schumann's literarische Thätigkeit ihm

zum Schaden gereicht und Zeit und Geisteskräfte verzehrt habe, die
er besser auf Ausbeutung seines Kompositionstalentes verwendet
hätte. Diese Ansicht dürfte unhaltbar sein. Schumann hatte laut
eigener Aussage sein Leben bisher mehr nur am Klavier verträumt.
Seine Neigung, in sich hinein zu leben, seine Menschenscheu, seine
äußerlich unabhängige Lage brachten ihn in die Gefahr, zu einer
vollen Entwickelung der Kräfte, die nur in energischer Thätigkeit
möglich ist, garnicht zu gelangen. Gegen den Hang zum träumerischen Fortleben von Tag zu Tag war die Redaktion einer Zeitung
das wirksamste Mittel. Kam es ihn Anfang 1835 auch sauer an,
alleiniger Redakteur werden zu müssen, die unerbittliche Nothwendigkeit, Woche für Woche den Ansprüchen seiner Leser zu genügen
und Tag aus Tag ein auf dieses eine Ziel den Blick gerichtet zu
halten, war unzweifelhaft eine sehr wohlthätige Gymnastik seines
Willens und seiner Arbeitskräfte. Er empfand dies selbst; sonst
hätte er gewiß nicht mit solcher Liebe und Ausdauer an der Zeitung
gehangen. . Thatsache ist auch, daß die Periode seines glücklichsten
und kräftigsten Schaffens als Komponist mit der Zeit, während
welcher er Redakteur war, nahezu zusammenfällt. Es kann daher
von einer Hemmung jener Thätigkeit durch diese nicht wohl die
Rede sein, wennschon Schumann, als er über die Tragweite seines
schöpferischen Genius allmählich ganz klar wurde, zuweilen klagte,
daß die vielen kleinlichen Redaktionsgeschäfte ihm lästig würden.
Die Zeitung war es auch zunächst, die Schumann in Berührung
mit den bedeutendsten Künstlern seiner Zeit brachte und im Verkehr
mit denselben erhielt. Sie war, da er fortfuhr, ohne praktisch-
musikalischen Wirkungskreis in Leipzig zu leben, nahezu das einzige
Bindeglied zwischen ihm und der Mitwelt. Es ist auch nicht zu
verkennen, daß durch die Musikschriftstellerei ganz besondere Gaben
Schumann's zum Ausdruck gelangten, die sich sonst kaum so hätten
entfalten können. Sein poetisches Talent war vielleicht nicht reich
und stark genug zur Hervorbringung selbständiger größerer Dichtungen. Aber es war andererseits doch viel zu bedeutend, als daß
es sich ganz hätte zum Schweigen verurtheilen lassen können. In
den Abhandlungen und Kritiken Schumann's, die mehr Dichtungen
und kongeniale Nachschöpfungen genannt werden müssen, als Erzeugnisse des analysirenden Verstandes, konnte sich seine poetische
Begabung in natürlicher Weise äußern, und die Literatur ist so um

eine neue Erscheinung reicher geworden. Ob nicht, wenn dem
poetischen Triebe diese Ableitung versperrt geblieben wäre, derselbe
sich störend und zerstörend in Schumann's musikalische Produktion
eingedrängt hätte, wäre eine wohlberechtigte Frage. Denn eine bedeutende Rolle spielen die eingemischten poetischen Vorstellungen in
Schumann's Musik auch jetzt noch, ohne jedoch das zulässige Maß
eben sehr zu überschreiten. Und auch folgendes möge gesagt sein.
Trotz des stillen, in sich gekehrten Wesens lebte in Schumann ein
agitatorischer Zug, aber im besten und edelsten Sinne des Wortes.
Er war überzeugt, daß die derzeitige Entwickelung der deutschen
Kunst noch nicht abgeschlossen sei, daß eine Zeit neuer Erscheinungen
herannahe. Schöne, poetische Äußerungen hierüber finden sich in
seinen Schriften zerstreut. „Auf die Basis Beethoven-Schubert'scher
Romantik stützt sich, ob bewußt oder unbewußt, eine neue noch
nicht völlig entwickelte Schule, von der sich erwarten läßt, daß sie
eine besondere Epoche in der Kunstgeschichte bezeichnen wird. Ihre
Bestimmung scheint zu sein, ein Zeitalter loszuketten, das noch mit
tausend Ringen am alten Jahrhundert hängt". Oder: „Es steht
eine eigene Röthe am Himmel. Ich weiß nicht, von wannen sie
kommt. In jedem Falle, Jünglinge, schafft fürs Licht!" Zur Be-
förderung der neuen Entwickelung die Kräfte an- und aufzuregen,
war ihm innerstes Bedürfnis. Durch seine Zeitung hat er es
in hervorragendem Maße gethan. Fast alle bedeutenden Tonsetzer
seiner Generation: Mendelssohn, Taubert, Chopin, Hiller, Heller,
Henselt, W. Sterndale-Bennett, N. W. Gade, Kirchner, Franz,
sodann der unzweifelhaft bedeutendste der nachfolgenden Generation:
Johannes Brahms, sind durch Schumann theils zuerst mit Verständnis und Begeisterung literarisch beleuchtet, theils geradezu in
die musikalische Welt eingeführt worden. Auch für den Franzosen
Berlioz, in dem er ebenfalls einen Vorkämpfer der neuen Ideen erkannte, hat er in muthiger und gewinnender Weise das Wort genommen. Daß er so zugleich für seine eigenen Kompositionen den
Boden bereiten helfe, kam ihm nach und nach auch wohl zum Bewußtsein. Er fühlte sich den genannten Künstlern innerlichst verwandt, und mehr und mehr erstarkte in ihm die Überzeugung, daß
auch er der Welt noch Unerhörtes mitzutheilen habe. „Wüßten Sie",
schreibt er 1836 an Moscheles nach London, „wie ich noch auf den
ersten Zweigen zum Himmelsbaum zu stehen meine, und wie ich da

oben in einsamen heiligen Stunden Lieder zu hören glaube, von
denen ich meinen geliebten Menschen später noch verkünden möchte,
so werden Sie mir gewiß schon deshalb ein aufmunterndes Wort
nicht versagen". Es konnte ihm nicht verborgen bleiben, daß er
mit der Zeitung über eine Macht gebiete, die dazu dienen konnte,
seiner eigenen Musikrichtung schnelleren Eingang zu verschaffen.
„Fürchteten die Verleger nicht den Redakteur, so würde von mir (als
Komponist) die Welt nichts erfahren, vielleicht zum Besten der Welt;
indeß die schwarzen sicheren gedruckten Köpfe gefallen einem doch gar
zu wohl". „Die Zeitschrift aufgeben, hieße den ganzen Rückhalt
verlieren, den jeder Künstler haben soll, soll es ihm leicht und frei
von der Hand gehen". So schrieb er 1836 und 1837. Aber auf das
bestimmteste müßte man der Vermuthung widersprechen, als habe
Schumann je den Einfluß seiner Zeitung zu egoistischen Zwecken
gebraucht. Nichts als die Förderung der Kunst war es, was dieser
ideal gesinnte, durchaus vornehm empfindende Geist beabsichtigte,
und nur insoweit er seine Sache von dem Streben der gesammten
jungen Generation nicht zu trennen vermochte, konnte es ihm bei-
kommen, auch für die Verbreitung eigener Kompositionen zu wirken.
Die Frage, wie und ob überhaupt seine Werke in der Zeitung besprochen werden dürften, behandelt er stets mit dem feinsten Takt-
gefühl. Aufs klarste spricht er einmal brieflich seine Grundsätze in
folgenden Worten aus: „Durch Härtel's auf Fink (den Redakteur
der Allgemeinen Musikalischen Zeitung) insuiren zu wollen, bin ich,
aufrichtig gesprochen, zu stolz, wie mir überhaupt alles künstliche
Belebenwollen der öffentlichen Meinung durch den Künstler selbst
verhaßt ist. Was stark ist, bringt schon durch". Übrigens ging
sein Bestreben, für die gute Sache zu wirken, auch über Schriftstellern und Komponiren noch hinaus. Auszüge aus einem Notiz-
buche, die durch Wasielewski bekannt geworden sind (S. 91, 3. Aufl.),
zeigen, daß er sich mit allerhand Plänen für gemeinnützige musikalische Unternehmungen trug. So wollte er Biographien Beethoven's
und Bach's mit Kritik ihrer sämmtlichen Werke anregen, desgleichen
ein biographisches Lexikon der Musiker der Gegenwart; er wollte
darauf hinwirken, daß das Verhältnis der Opernkomponisten zu den
Theaterleitungen gesetzlich geregelt würde. Auch hätte er gern eine
Agentur für Herausgabe von Werken aller Komponisten gegründet,
um den Komponisten reichere Vortheile von der Publikation ihrer

Werke zuzuwenden, und beschäftigte sich mit dem Gedanken, im Gegensatz zu dem von G. Schilling in Stuttgart gestifteten „Deutschen Nationalverein für Musik" einen Verein sächsischer Musiker ins Leben zu rufen, dessen Mittelpunkt Leipzig sein sollte.

In der ersten Zeit seiner alleinigen Redaktionsführung, da ihm die Handgriffe zur leichtern Bewältigung der täglichen Arbeit noch nicht gewohnt genug waren, auch der Wirkungskreis mit dem vollen Reize der Neuheit auf ihn wirken mußte, konnte natürlich für das Komponiren nur gelegentlich Muße und Stimmung gefunden werden. Während noch 1834 zwei große Klavierwerke entstehen konnten (Carnaval Op. 9 und Etudes symphoniques Op. 13', ist 1835 nichts vollständiges geschaffen worden. Dann aber begann der Genius in Schumann wieder laut zu reden, und es entstand von 1836—1839 jene stattliche Reihe genialer Klavierkompositionen, auf welche sich Schumann's Bedeutung zu einem wesentlichen Theile gründet: die große Phantasie Op. 17, die Fmoll-Sonate Op. 14, Phantasiestücke Op. 12, Davidsbündlertänze, Novelletten, Kinderscenen, Kreisleriana, Humoreske, Faschingsschwank, Romanzen u. a. Immer reicher und klarer floß der Born der Erfindung. „Früher grübelte ich lange", schreibt Schumann am 15. März 1839, „jetzt streiche ich kaum eine Note. Es kommt mir alles von selbst, und sogar manchmal ist es mir, als könnte ich immer fort spielen und nie zu Ende kommen". Wie Schumann's schriftstellerische Thätigkeit in seine kompositorische hineinspielte, sieht man aus manchem. So treiben auch in seiner Musik die Davidsbündler ihr Wesen, und die Komposition, welche von ihnen den Namen führt, hat ursprünglich den Titel: „Davidsbündlertänze für das Pianoforte, Walther von Goethe zugeeignet von Florestan und Eusebius". Der Titel der Fismoll-Sonate Op. 11, deren Komposition 1835 abgeschlossen wurde, lautet: „Pianoforte-Sonate. Clara zugeeignet von Florestan und Eusebius". Im „Carnaval", einer Reihe einzelner kürzerer Stücke mit Überschriften, kommen Florestan und Eusebius wiederum vor, dann Chiarina (Clärchen), auch Chopin; das Ganze schließt mit einem Marsch der Davidsbündler gegen die Philister.

Die Aufnahme der Kompositionen Schumann's war seitens der Kritik von Anfang an eine nicht ungünstige und aufmunternde, während das Publikum sich durch ihre originelle Absonderlichkeit zurückgestoßen fühlte, und erst seit dem Erscheinen der „Kinderscenen"

(1839) langsam anfing ihnen näher zu treten. Op. 1 und 2 hatten sogar die Ehre, in der Wiener musikalischen Zeitung von 1832 von keinem geringeren als dem Dichter Franz Grillparzer angezeigt zu werden. Fink zwar in der Allgemeinen musikalischen Zeitung nahm geflissentlich kaum von Schumann noch Notiz. Dagegen schrieb Lißzt in der Gazette musicale von 1837 über die Impromptus, und die Sonaten in Fismoll und Fmoll einen langen, feinsinnigen und sehr lobenden Artikel. Über die beiden Sonaten sprach sich auch Moscheles antheilvoll aus in der Neuen Zeitschrift für Musik selbst (Band 5 und 6), und schöne anerkennende Worte über Schumann's große Genialität sind aus seinem Tagebuche später veröffentlicht (Aus Moscheles' Leben. Leipzig, 1873. II. Bd. S. 15). Andere Künstler, die sich freilich nicht öffentlich äußerten, verhielten sich ablehnender. „Hübsche kuriose Sächelchen, die alle keine rechte Mitte hatten, aber sonst interessant waren" nannte damals Moriz Hauptmann Schumann's Klavierkompositionen (Hauptmann's Briefe an Hauser. Leipzig 1871, I. Bd. S. 255).

Im Oktober 1835 trat Mendelssohn in das Leipziger Musikleben ein. Dasselbe war auch vorher schon ein wohlgepflegtes gewesen: Oper, Koncert und Kirchenmusik hatten sich in gutem Zustande befunden und viel Theilnahme im Publikum gehabt. Wenn also Mendelssohn's Auftreten einen gut vorbereiteten Boden fand, so ist er es doch gewesen, der Leipzig zur tonangebenden Musikstadt Deutschlands erhob. Das außerordentlich rege Leben, welches unter seinem genialen Einflusse dort alsbald erblühte, und von Nah und Fern die bedeutendsten Kunstkräfte an sich zog, hat sich von einer so nachhaltigen Kraft erwiesen, daß noch heute die Regungen desselben dort zu spüren sind. Auch Schumann, der Mendelssohn längst verehrte, wurde in seine Kreise gezogen. Am 4. Oktober dirigirte Mendelssohn das erste Koncert im Gewandhause; am Tage vorher war eine musikalische Gesellschaft bei Wieck, in welcher sowohl Mendelssohn als Schumann zugegen waren, und hier scheint es gewesen zu sein, daß die beiden größten Musiker ihrer Zeit sich zum ersten Male persönlich näher traten (Aus Moscheles' Leben I, S. 301)*. Am 5. Oktober speisten Mendelssohn, Schumann, Moscheles, Banck

---

* Gesehen hat Schumann Mendelssohn zum ersten Male im August 1835 (laut einer Notiz seines Tagebuchs).

und einige andere mit einander zu Mittag. Am Nachmittag des
6. Oktober wurde wieder in Wieck's Wohnung musicirt: Moscheles,
Clara Wieck und L. Rakemann aus Bremen spielten Bach's Dmoll-
Koncert für drei Klaviere. Mendelssohn führte auf einem vierten
Klavier das Orchesteraccompagnement aus. „Herrlich war das anzuhören" schreibt Schumann, der ebenfalls anwesend war, in seiner
Zeitung. Was Moscheles betrifft, so war er von Hamburg, wo er
sich besuchsweise aufhielt, nach Leipzig herüber gekommen und gab
hier auch ein Koncert. Schumann hatte schon im Februar mit ihm
einen brieflichen Verkehr angeknüpft, lernte aber jetzt den Mann
zuerst persönlich kennen, dessen Spiel er als 9jähriger Knabe in
Karlsbad mit so großem Entzücken gelauscht hatte. Moscheles schildert ihn als „einen stillen und doch interessanten jungen Mann";
die Fismoll-Sonate, welche ihm Clara Wieck vorspielte, fand er
„sehr gesucht, schwer und etwas verworren, jedoch interessant". Mit
Mendelssohn stellte sich bald ein für Schumann's Verhältnisse lebhafter Verkehr her. Als Mendelssohn im Mai 1836 auf dem niederrheinischen Musikfest zu Düsseldorf zum ersten Male sein Crato-
rium „Paulus" aufführen wollte, hatte Schumann sogar die Absicht
mitzureisen; er bereitete sich Monate vorher darauf vor, aber schließlich kam es doch nicht dazu. Sie fanden Gefallen daran, mit einander zu speisen, und es bildete sich zeitweilig eine kleine interessante
Tafelrunde, zu der unter anderen auch Ferdinand David gehörte,
den Mendelssohn als Koncertmeister nach Leipzig gezogen hatte.
Anfang Januar 1837 sahen sich Mendelssohn und Schumann auf
diese Weise täglich und tauschten ihre Gedanken aus, so weit solches
bei Schumann's sehr schweigsamem Verhalten möglich war. Später
als Mendelssohn sich durch seine Verheirathung mehr ans Haus
gefesselt fühlte, wurde der Verkehr spärlicher. Schumann war im
Grunde auch eine ungesellige Natur, und äußere Verhältnisse kamen
hinzu, ihm in jener Zeit die Einsamkeit doppelt erwünscht zu machen.
Ferdinand Hiller, der den Winter 1839 auf 1840 in Leipzig mit
Mendelssohn verbrachte, erzählt, daß Schumann in jener Zeit so
zurückgezogen gelebt habe, daß er kaum aus dem Zimmer gekommen
sei. Mendelssohn und Schumann fühlten sich durch gegenseitige Hochachtung verbunden. Das künstlerische Verhältnis zwischen beiden
aber beruhte in jener Zeit noch nicht auf völliger Gegenseitigkeit.
Schumann bewunderte Mendelssohn bis zur Schwärmerei. Er

erklärte ihn für den besten Musiker, den die Welt jetzt habe, zu dem er hinaufschaue, wie zu einem hohen Gebirge, der auch in seinen Gesprächen über Kunst täglich wenigstens einige Gedanken vorbringe, die man gleich in Gold graben könne. Wo er in seinen Schriften über Mendelssohn redet, geschieht es in einem Tone begeisterter Verehrung, der Schumann's herrlichen, neidlosen und idealen Charakter im gewinnendsten Lichte zeigt. Er ist auch in dieser Gesinnung ohne Wandel geblieben; 1842 widmete er Mendelssohn seine drei Streichquartette, in dem „Album für die Jugend" findet sich ein kleines Klavierstück „Erinnerung" mit dem Datum: 4. November 1847, welches in beredter Einfachheit ausspricht, wie tief und innig Schumann den frühen Tod des Freundes empfand. Man weiß, daß der sonst so ruhige und stille Mann außer sich gerathen konnte, wenn vor seinen Ohren eine gering-schätzige Äußerung über Mendelssohn fiel. Mendelssohn dagegen sah in Schumann einstweilen mehr nur den Literaten und Kunst-kritiker. Von dieser Gattung Menschen wollte er, wie die meisten produktiven Künstler, nicht gerade viel wissen, so sehr er den ein-zelnen Vertreter der Gattung lieben und schätzen konnte, wie es Schumann gegenüber wirklich der Fall war. Unter diesem Gesichts-punkte müssen die Äußerungen betrachtet werden, welche er brieflich zuweilen über Schumann's Schriftstellerei macht. Mendelssohn's Briefe, Bd. II. S. 116 f.; F. Hiller, Felix Mendelssohn-Bartholdy. Köln, 1878. S. 64). Klingen sie etwas geringschätzig, so spricht hier nicht die Person Mendelssohn's gegen die Person Schumann's, sondern der schaffende Künstler gegen die Kritik, die sich zu jenem stets in einem natürlichen Gegensatze befinden wird. Sie können um so weniger in einem nachtheiligen Sinne gedeutet werden, als Schumann eigentlich über die Kritik mit Mendelssohn ganz über-einstimmt. Eine Stelle in seinen Schriften ist in dieser Beziehung besonders merkwürdig. Es handelt sich um Chopin's Klavierkoncerte. „Was ist ein ganzer Jahrgang einer musikalischen Zeitung gegen ein Koncert von Chopin"? sagt Florestan. „Was Magisterwahnsinn gegen dichterischen? Was zehn Redaktionskronen gegen ein Adagio im zweiten Koncert? Und wahrhaftig, Davidsbündler, keiner Anrede hielte ich Euch werth, getrautet ihr Euch nicht solche Werke selbst zu machen, als über die Ihr schreibt, einige ausgenommen, wie eben dies Koncert. Fort mit den Musikzeitungen! Aufrichtiger Kritiker höchstes Streben müßte sein, sich gänzlich überflüssig zu machen; — beste Art, über Musik zu reden, die, zu schweigen. Warum über Chopin schreiben? Warum nicht aus erster Hand schöpfen, selbst spielen, selbst schreiben, selbst komponiren?" (Gesammelte Schriften I. S. 276 f.) Diesen leidenschaftlichen Ausbruch muß nun allerdings Eusebius mäßigen. Aber man bedenke, was es heißen will, daß Schumann in seiner eigenen Zeitung über den Kritikerberuf überhaupt so schreiben konnte. Es zeigt deutlich, daß er denselben im Grunde auch nur als Künstler betrieb und gelegentlich — verachtete. Was aber Schumann's Künstlerthum betrifft, so dachte Mendelssohn über dasselbe in jener Zeit allerdings noch nicht sehr hoch), und er stand mit dieser Meinung nicht allein: Spohr und Hauptmann z. B. urtheilten ebenso. In Mendelssohn's veröffentlichten Briefen fehlt jedes Urtheil über Schumann's Musik. Thatsache ist aber, daß er in Schumann's früheren Klavierkompositionen die Kraft oder das Bedürfnis, in größeren Formen zu gestalten, vermißte und sich zuweilen auch mündlich in diesem Sinne geäußert hat. Es wurde ihm bald Gelegenheit, hierin sein Urtheil zu ändern, und er hat später warme Theilnahme auch für die Kompositionen des Freundes an den Tag gelegt. Ob er sich je mit Schumann's musikalischer Eigenthümlichkeit ganz befreundet hat, ist wohl zweifelhaft; die Naturen waren eben zu verschieden. Das deutsche Volk hat diesen Mangel an Verständnis später in gewisser Weise wieder ausgeglichen: die Neigung, Schumann über Mendelssohn zu erheben, war eine Zeitlang unverkennbar. Neuerdings klärt sich das Urtheil dahin, beide als gleich große Künstler neben einander anzuerkennen.

Schumann's fortgesetzter Verkehr im Wieck'schen Hause und mit der mittlerweile zur Jungfrau erwachsenen Clara hatte die Entwicklung einer tiefen Herzensneigung zu ihr zur Folge. So weit wir unterrichtet sind, trat dieselbe im Frühjahre 1836 zum ersten Male ganz entschieden hervor. Sie fand Erwiederung. Eine förmliche Werbung beim Vater fand im Sommer des folgenden Jahres statt. Wieck gab eine ausweichende Antwort. Vielleicht hatte er andere und höhersteigende Pläne auf seine geniale Tochter gebaut. Jedenfalls war er der Ansicht, daß Schumann's derzeitige Existenz und auch seine Zukunft noch zu unsicher und zweifelhaft seien, als daß sie zur Gründung einer eigenen Familie ausreichten. Schumann wird

die Berechtigung dieses Bedenkens selbst nicht verkannt haben. Denn
er machte 1838 besondere und eigenthümliche Anstalten, sich einen
neuen und bedeutenderen Wirkungskreis zu bilden. Im Einver-
ständnis mit Clara beschloß er nach Wien überzusiedeln und die
Musikzeitung dort erscheinen zu lassen. Er hoffte, daß das Blatt
dadurch einen bedeutenden Aufschwung nehmen und seinem Redakteur
eine ebenso sichere wie einflußreiche Stellung verschaffen werde. Um
Wiens Musikzustände schwebte noch immer der Glanz jener großen
Zeit, die in Gluck, Haydn, Mozart, Beethoven und Schubert ihren
Ausdruck gefunden hatte. In Wirklichkeit hatte sich freilich der gediegene Musiksinn schon zu Beethoven's Lebzeiten verloren und der
Neigung zum oberflächlichen Genießen Platz gemacht. In der Oper
herrschten Rossini und seine Nachfolger, in der Orchestermusik die
Walzerkomponisten Strauß und Lanner, im Lied die weichliche Rühr-
seligkeit eines Proch und Genossen. Was das Solospiel betrifft,
so waren die dreißiger Jahre die Epoche jener äußerlich glänzenden,
innerlich armen Virtuosität, die man am kürzesten mit dem Namen
Thalberg bezeichnet. Schumann hätte also in Wien Veranlassung
genug gefunden, für das Bessere zu wirken, und das Publikum war
ja immer noch das empfänglichste von der Welt, und geeignet gute
Hoffnungen zu erwecken. Mit Hülfe des Professor Joseph Fisch-
hof, eines Mitarbeiters der Zeitung betrieb Schumann seine Übersiedlung. Anfang October 1838 war sie erfolgt, er wohnte Schön-
laterngasse Nr. 679. Die Zeitung erschien einstweilen noch in Leipzig
und wurde vertretungsweise von Oswald Lorenz redigirt. Mit dem
1. Januar 1839 hoffte Schumann sie in Wien erscheinen lassen zu
können, und bemühte sich nach Kräften die Erlaubnis der Behörden
rasch zu erhalten, wie auch die einflußreichen Persönlichkeiten sich
und seinem Unternehmen geneigt zu machen. Indessen die Gewäh-
rung der Erlaubnis seitens der Censur und Polizei zog sich hinaus;
man wünschte daß sich ein österreichischer Verleger als Mitunter-
nehmer fände. Diesen zu beschaffen machte Schwierigkeit. Zwar
existirte eine wirkliche Musikzeitung in dem großen Wien damals
nicht, nur ein „Allgemeiner musikalischer Anzeiger" erschien wöchentlich einmal bei Tobias Haslinger und dieser diente fast nur den
Verlagsinteressen des Besitzers (Hanslick, Geschichte des Koncert-
wesens in Wien. Wien, 1869. S. 320). Aber die Verleger waren
theils zu träge, zu einem neuen Unternehmen die Hand zu bieten,

theils fürchteten sie von demselben eine Beeinträchtigung und suchten das Zustandekommen zu hintertreiben. Schumann's guter Muth wurde bald sehr herabgestimmt. Er fand überall ein äußerlich freundliches Entgegenkommen, das ihm jedoch ein Getriebe von kleinlichen Parteibestrebungen, Koterie und kleinbürgerlichem Klatsch nicht verbergen konnte. Das Publikum fand er wohl sehr musikempfänglich, aber auch ganz kritiklos. Er passe nicht unter diese Menschen, schrieb er schon am 19. October 1838 an Zuccalmaglio, die Fadheit derselben sei denn doch zu Zeiten zu mächtig. Während er gehofft hatte, daß die Zeitung durch ihr Erscheinen in der Kaiserstadt einen mächtigen Aufschwung nehmen und eine Vermittlung zwischen Nord und Süddeutschland herstellen werde, war er schon im December zu der Äußerung genöthigt: „Die Zeitung verliert offenbar, wenn sie hier erscheinen muß. Das thut mir sehr weh." Bennett, der sich 1837 und 1838 in Leipzig aufhielt und von dem er gehofft hatte, daß er mit nach Wien übersiedeln würde, war genöthigt dies zu unterlassen; und in Wien selbst suchte er vergebens nach Künstlern in seinem Sinne, „die nicht allein eines oder zwei Instrumente passabel spielen, sondern ganze Menschen sind, die den Shakespeare und Jean Paul verstehen". Damit gab er den Plan, sich einen größeren und imponirenderen Wirkungskreis zu schaffen, noch nicht auf. Nach Leipzig zurück wollte er nicht, und als er sich im März 1839 doch dazu entschloß, nachdem er das Erscheinen der Zeitung in Wien vergeblich betrieben hatte, geschah es nach seiner Absicht nur noch für kurze Zeit. Er trug sich mit dem Gedanken, für immer nach England zu gehen. Welche Voraussetzungen ihn diesen Gedanken in sich nähren ließen, wissen wir nicht; vielleicht war es seine Freundschaft mit Bennett. Thatsächlich hat auch Schumann den Boden Englands nie betreten.

Für die Gründung seiner Häuslichkeit war also der halbjährige Aufenthalt in Wien ohne jeden Nutzen geblieben. Übrigens ist Schumann als Musiker durch die Bekanntschaft mit dem Wiener Leben unstreitig angeregt und gefördert worden. Eine Komposition, welche geradezu auf die Einwirkung desselben zurückgeführt werden muß, ist der „Faschingsschwank aus Wien" (Op. 26). Im ersten Satze, welcher allerhand Scenen einer Maskerade darzustellen scheint, taucht ganz unvermerkt auch einmal die Melodie der Marseillaise auf (Seite 7 Takt 40 ff.). Das Singen und Spielen dieser Melodie war damals in Wien verboten. Schumann, dem die Polizei so manche Schererei wegen seiner Zeitung gemacht hatte, spielt ihr hier einen gutmüthigen Possen. Der Faschingsschwank ist 1841 bei Spina in Wien erschienen. Bei Schumann's schwärmerischer Verehrung für Franz Schubert mußte es ihm nahe liegen, den Spuren des erst vor 10 Jahren dahingeschiedenen in Wien nachzugehen. Er besuchte sein Grab auf dem Währinger Friedhofe, das nur durch wenige dazwischen liegende Gräber von demjenigen Beethoven's getrennt ist. Auf letzterem lag eine Stahlfeder. Schumann nahm sie mit, und wie er überhaupt symbolische Beziehungen liebte und nach geheimnißvollen Verknüpfungen der Dinge im Leben suchte, so benutzte er sie nur bei ganz besonderen Gelegenheiten. Er hat mit dieser Feder seine Sinfonie in B dur (Op. 38) geschrieben, ebenso auch die im Jahrgang 1840 der Zeitung befindliche Besprechung der C dur-Sinfonie von Schubert. Und hier berühren wir ein Hauptverdienst Schumann's aus der Zeit seines Wiener Aufenthalts. Er besuchte Franz Schubert's Bruder Ferdinand, ließ sich von ihm den Nachlaß des Frühverstorbenen zeigen und mit ihm auch die Partitur der C dur-Sinfonie. Schubert hatte sie im März 1828 vollendet, eine Aufführung aber nicht mehr erlebt; später hatte man sich nicht mehr um sie gekümmert. Schumann veranlaßte nun die Übersendung der Partitur nach Leipzig, und dort kam die Sinfonie am 21. März 1839 unter Mendelssohn's Direktion zur ersten Aufführung. Der Erfolg war ein durchschlagender und für die umfassendere Würdigung des Schubert'schen Genius in weitern Kreisen sehr bedeutungsvoller. Wien blieb bei Schumann Zeit seines Lebens in gutem Andenken, obschon er auch bei einem späteren Auftreten daselbst im Winter 1846 auf 1847, wo er mit seiner Frau in einem Koncerte eigene Kompositionen aufführte, nur wenig Beifall fand, und 7 Jahre zuvor kam und ging, fast ohne beachtet zu sein. Im Sommer 1847 hatte er sogar Lust sich um eine vakante Stelle im Direktorium des Wiener Konservatoriums zu bewerben, war freilich, als das Jahr 1848 hereinbrach, nachträglich sehr froh, daß dieser Plan nicht zur Ausführung gekommen war.

In Leipzig fand Schumann bei seiner Anfang April 1839 erfolgten Rückkehr von Wien die alten Verhältnisse wieder. Mit Liebe widmete er sich von neuem der Zeitung und erfreute sich des Bewußtseins, bedeutende und gleichgesinnte Musiker nahe zu haben.

Im Sommer besuchte er auch einmal Berlin auf kurze Zeit, das
ihn in seinem Gegensatze zu Wien besonders interessirte und ihm
wohlgefiel. Berlin hat dieses Interesse lange Zeit unerwiedert gelassen und Schumann's Kompositionen sind hier noch später durchgedrungen als in Wien. Leider war Wieck's Urtheil über Schumann's Verbindung mit Clara dasselbe geblieben, und sein Widerstand wurde immer hartnäckiger und schroffer. Da keinerlei gütliche
Mittel helfen wollten, sah Schumann sich genöthigt die Hilfe der
Gerichte in Anspruch zu nehmen. Wieck hatte sich nunmehr seiner
Weigerung wegen vor den Gerichten zu verantworten. Die Verhandlungen zogen sich durch ein ganzes Jahr hin, endigten aber
damit, daß Wieck's Einsprache gegen die Vermählung für unbegründet
und hinfällig erklärt wurde. Schumann war ein viel zu fein und
zart empfindender Mensch, als · daß diese Ereignisse ihn nicht auf
das peinlichste hätten berühren und die lange Hinzögerung der ge-
richtlichen Entscheidung ihn in qualvollster Spannung hätte erhalten
müssen. Seine Briefe legen Zeugnis davon ab. Übrigens hatten
sich seine materiellen Verhältnisse so günstig gestaltet, daß er auch
ohne einen solchen Wirkungskreis, wie er ihn in Wien anstrebte,
sich ruhig eine Häuslichkeit gründen konnte. „Wir sind jung", schreibt
er am 19. Februar 1840, „haben Hände und Kräfte und Namen;
auch besitze ich ein kleines Vermögen mit 500 Thalern Zinsen. Die
Zeitung trägt mir ebensoviel ein und meine Kompositionen bekomme
ich ebenfalls gut honorirt. Sagen Sie mir, ob da eine Besorgnis
aufkommen kann". Eines hatte ihn schon länger nachdenklich gemacht. Seine Braut war durch Ehrentitel verschiedener Höfe, an
denen sie auf ihren Koncertreisen gespielt hatte, ausgezeichnet. Ihn
selbst hatten allerdings letztlich einige Musik-Gesellschaften zum Mitgliede gemacht, indessen wollte das nicht viel bedeuten. Einen Gedanken, den er schon 1838 gehegt hatte, brachte er Anfang 1840
zur Ausführung. Er bewarb sich bei der Universität Jena um den
Titel eines Doktors der Philosophie. Daß deutsche Universitäten
an Musiker Doktordiplome verliehen, war in Schumann's Nähe
letzthin mehrfach vorgekommen und mochte ihn auf den Gedanken
gebracht haben. Die Leipziger Universität hatte 1835 Marschner
und 1836 Mendelssohn zu Ehren-Doktoren gemacht. Schumann
erhielt das nachgesuchte Diplom am 24. Februar 1840. Seinem
Wunsche gemäß ist darin als Grund der Verleihung Schumann's

ruhmreiche Thätigkeit sowohl als schaffender Künstler, wie als Kritiker und Ästhetiker angegeben (»qui rerum Musis sacrarum et
artifex ingeniosus et judex elegans modis musicis tum scite com-
ponendis tum docte judicandis atque praeceptis de sensu pul-
chritudinis venustatisque optimis edendis magnam nominis famam
adeptus est«, sagt das Original in weitschweifiger Latinität).
Am 12. September 1840 fand endlich nach jahrelangem Harren,
Zweifeln und Ringen in der Kirche zu Schönefeld bei Leipzig die
Trauung Robert Schumann's und Clara Wieck's statt.

Die oben schon erwähnten „Davidsbündlertänze" trugen in der
ersten Ausgabe auf dem Titelblatt folgenden „Alten Spruch":

> In all' und jeder Zeit
> Verknüpft sich Lust und Leid:
> Bleibt fromm in Lust und seyd
> Beim Leid mit Muth bereit.

Wenn man sodann bemerkt, daß die beiden ersten Takte des ersten
Stückes einer Komposition von Clara Wieck entnommen sind (Op. 6,
Nr. 5), so versteht man, worauf der Spruch abzielt. Daß Schumann's Klavierkompositionen aus der Zeit seines Liebeslebens viel
von seinen persönlichsten Erlebnissen und Stimmungen zu erzählen
haben, gesteht er selbst zu. Eine auffallende Erscheinung gewährt
seine schöpferische Thätigkeit im Jahre 1840. Bis dahin hatte er
außer der unbekannt gebliebenen G moll-Sinfonie nur Klaviersachen komponirt. Jetzt wirft er sich plötzlich auf die Liedkompo-
sition. Mit solcher Macht bricht der Strom der Erfindung nach
dieser Seite hervor, daß in jenem einen Jahre weit über 100 Lieder
entstanden, und nicht nur der Menge sondern auch dem inneren
Werthe nach ist in dem Jahre das Bedeutendste geschaffen, was
Schumann auf diesem Gebiete zu leisten hatte. Wohl mag es sein,
daß zu dieser plötzlichen Wendung auch der Aufenthalt in Wien
sein Theil beigetragen und Schumann's Sinn für das Melodische
noch mehr geöffnet hat. Aber schon wenn man die Texte der Lieder
übersieht, wird es klar, daß hier vor allem die Liebe mitgearbeitet
hat, die sich nach langem Kampf endlich nahe dem Ziele ihrer Sehnsucht sieht. Dies bestätigen die „Myrthen" (Op. 25), die der Komponist „seiner geliebten Braut" gewidmet hat, und die zwölf Gedichte
aus Rückert's „Liebesfrühling" Op. 37, welche Robert und Clara

gemeinschaftlich komponirt und herausgegeben haben. „Ich schreibe
jetzt nur Gesangsachen, Großes und Kleines", berichtet er einem
Freunde am 19. Februar 1840. „Kaum kann ich Ihnen sagen,
welcher Genuß es ist, für die Stimme zu schreiben im Verhältnis
zur Instrumentalkomposition, und wie das in mir wogt und tobt,
wenn ich in der Arbeit sitze. Da sind mir ganz neue Dinge aufgegangen". Als das Jahr hinter ihm lag, hatte er das Gefühl,
sich in der Form des Liedes mit Klavierbegleitung ziemlich vollständig ausgesprochen zu haben. Jemand meinte, Schumann habe
nach solchen Anfängen noch eine sehr hoffnungsreiche Zukunft als
Liederkomponist. Er antwortete darauf: „Ich getraue mir nicht,
mehr versprechen zu können, als ich (gerade im Lied) geleistet, und
ich bin auch zufrieden damit". Mit Recht hatte er von der Eigenthümlichkeit dieser Leistung eine feste Meinung. „In Ihrem Aufsatze über das Lied", äußerte er einem Mitarbeiter der Zeitung,
„hatte es mich ein wenig betrübt, daß Sie mich in die zweite
Klasse setzten. Ich verlangte nicht nach der ersten; aber auf einen
eigenen Platz glaub' ich Anspruch zu haben".

Soweit es von menschlichen Dingen überhaupt gesagt werden
kann, darf Schumann's Ehe eine vollendet glückliche heißen. Beide
Gatten vereinten Genialität mit schlichtem, häuslichem Sinn, waren
stark genug, die Bewunderung der Welt zu ertragen, ohne eigen-
süchtig zu werden. Sie lebten vor allem für einander und für die
Ihrigen. Er schuf für sie und in ihrem Sinne, sie betrachtete es
als ihre schönste Aufgabe, der Welt seine Werke in vollendeter Ausführung zu vermitteln, oder wenigstens insoweit zwischen ihm und
der Welt die Mittlerin zu machen, daß alle störenden und verlet-
zenden Eindrücke seiner zart empfindenden, in zunehmender Reizbarkeit begriffenen Seele fern blieben. Da Schumann in seiner Häuslichkeit vollste Befriedigung fand, zog er sich fortan mehr noch vom
Verkehr mit anderen zurück, als er es früher zu thun gepflegt hatte,
widmete sich ausschließlich seiner Familie und der Arbeit. Das
tiefe Glücksgefühl, mit welchem ihn seine Ehe erfüllte, hatte eine
mächtige Steigerung seines künstlerischen Vermögens unmittelbar zur
Folge. Schumann's schönste Werke im großen Stil fallen fast
sämmtlich in die Jahre 1841—1845. Wie 1840 auf das Lied,
warf er sich 1841 auf die Sinfonie. Nicht weniger als drei
symphonische Werke hat er in diesem Jahre geschrieben. Die Bdur-

Sinfonie (Op. 38) konnte schon den 31. März 1841 in einem
Koncert, das Clara Schumann gab, im Gewandhaus zu Leipzig
aufgeführt werden. Mendelssohn dirigirte und nahm sich des Werkes
mit soviel Liebe und Sorgfalt an, daß es Schumann wahrhaft erfreute. Die anderen beiden Orchesterwerke wurden in einem Koncert
am 6. December desselben Jahres aufgeführt, fanden aber nicht den
großen Beifall wie die B dur-Sinfonie. Schumann meinte, es
sei wohl zu viel auf einmal gewesen; auch hatte Mendelssohn's
geniale Direktion gefehlt, da dieser den Winter 1811—1842 in
Berlin zubrachte. Er legte aber die Werke einstweilen zurück und
ließ nur die B dur-Sinfonie erscheinen. Das eine derselben hatte
eigentlich den Titel „Symphonistische Phantasie", wurde aber als
„zweite Symphonie" zur ersten Aufführung gebracht, 1851 in der
Instrumentirung vervollständigt und dann als vierte Sinfonie
(D moll. Op. 120) veröffentlicht. Das andere ist nach einer 1845
vorgenommenen Überarbeitung unter dem Titel: „Ouverture, Scherzo
und Finale" (Op. 52) herausgegeben worden; man erzählt, Schumann habe für dasselbe ursprünglich den Titel Sinfonietta bestimmt gehabt. Neben diesen Orchesterwerken schrieb Schumann
1841 noch den ersten Satz des Klavierkoncerts in A moll. Derselbe
sollte anfänglich ein Stück für sich bilden und den Namen „Phantasie" tragen. Er ist auch im Winter 1841—1842, wie aus einem
Briefe Schumann's an David hervorzugehen scheint, einmal mit dem
Gewandhaus-Orchester probirt worden. Die beiden letzten Sätze,
die die „Phantasie" zu einem vollständigen Koncert erweiterten, schrieb
Schumann erst 1845 dazu.

Das Jahr 1842 war der Kammermusik gewidmet. Die drei
Streichquartette Op. 41) nennen wir zuerst, da sich über ihre Ent-
stehungszeit die genauesten Angaben machen lassen. Obwohl Schumann in dieser Gattung noch ungeübt war, schrieb er doch die
Quartette in der Zeit von etwa einem Monat, gewiß ein Zeichen
von innerer Geklärtheit wie auch von reichströmender Phantasie.
Das Autograph trägt hinter den meisten Sätzen einen Vermerk über
das Datum ihrer Vollendung. Über dem Adagio des ersten Quartetts steht: „21. Juni 42". Hinter dem Finale des ersten Quartetts:
„den 21. Juni 1842 am Johannistag in Leipzig beendigt". Im
zweiten Quartett ist am Schluß des zweiten Satzes zu lesen: „2. Juli
1842", am Schluß des letzten: „5. Juli 1842 Leipzig". Das dritte

Quartett endlich giebt folgende Daten: am Ende des ersten Satzes
„18. Juli 42", des zweiten „20. Juli 42", des dritten „21. Juli 42",
des vierten „Leipzig den 22. Juli 1842". Zu den beiden letzten Sätzen
hat also der Komponist nur je einen Tag gebraucht. Die Streichquartette, die Mendelssohn zugeeignet sind, wurden von den Leipziger Künstlern sofort mit großem Interesse aufgenommen. Das
Lob, welches ihnen der Koncertmeister David spendete, hatte eine
briefliche Äußerung Schumann's an ihn zur Folge, die um des bescheidenen und idealen Künstlersinnes willen, der aus ihr hervor-
leuchtet, bekannt zu werden verdient: „Härtel sagte mir, wie viel
Gutes Sie ihm von meinen Quartetten gesprochen, und das hat
mich recht von Ihnen gefreut. Es soll aber auch immer besser
werden, und mir ist bei jedem neuen Werk, als müßte ich wieder
von vorne anfangen". Als Anfang Oktober desselben Jahres die
Quartette in David's Wohnung gespielt wurden, war auch Hauptmann zugegen und äußerte sein Erstaunen über Schumann's großes
Talent, das er sich nach den früheren Klaviersachen bei weitem nicht
so bedeutend vorgestellt hatte. Überhaupt drang jetzt Schumann
mit jedem neuen Werke siegreicher durch, wenigstens in Leipzig.
Dasselbe Jahr 1842 sah auch dasjenige Werk entstehen, welchem
Schumann zunächst seinen europäischen Ruhm verdankt: das Quintett für Pianoforte und vier Streichinstrumente (Op. 44). Zum
ersten Male öffentlich erklungen ist dieses Werk am 8. Januar 1843
im Gewandhaussaale. Clara Schumann, der es gewidmet ist, spielte
den Klavierpart. Berlioz, der 1843 nach Leipzig kam, Schumann
persönlich kennen lernte und sich das Quintett vorspielen ließ, brachte
die Kunde davon nach Paris. Außer dem Quintett komponirte
Schumann 1842 noch das Klavierquartett (Op. 47) und ein Klaviertrio. Letzteres gab er jedoch erst acht Jahre später unter dem Titel
„Phantasiestücke für Pianoforte, Violine und Violoncell" (Op. 88)
heraus. Auch das Klavierquartett wurde einstweilen noch zurückgelegt; erst am 8. December 1844 spielte es Clara Schumann
im Leipziger Gewandhause öffentlich; am Violinpult saß natürlich
David, die Bratschenstimme spielte Niels W. Gade, der in jenem
Winter die Gewandhauskoncerte dirigirte.

Wiederum ganz anderer Art waren Schumann's Arbeiten im
Jahre 1843. Zunächst entstanden die sehr populär gewordenen
Variationen für zwei Pianofortes (Op. 46), um die sich wieder

Mendelssohn dadurch verdient machte, daß er sie im Verein mit Clara Schumann am 19. August 1843 in die Öffentlichkeit einführte. Die Hauptarbeit des Jahres aber war ein großes Werk für Soli, Chor und Orchester: „Das Paradies und die Peri", dessen Text Schumann aus Thomas Moore's „Lalla Rookh" genommen hatte. Der Enthusiasmus, den dieses Werk bei seiner ersten Aufführung (4. December 1843), die unter des Komponisten eigener Direktion stattfand, erregte, war so groß, daß es in der nächsten Woche, am 11. Dec., wiederholt werden mußte. Noch in demselben Monate, am 23. December, fand auch im Opernhause zu Dresden eine Aufführung statt. Man kann wohl sagen, daß seit dieser Zeit Schumann's Ruf in Deutschland fest stand, wenn es auch immer noch zwei Jahrzehnte dauern sollte, bis seine Musik überall wirklich populär geworden war. Da der erste Wurf auf einem bisher von ihm nicht betretenen Gebiete dem Meister gleich so wohl geglückt war, fühlte er sich angespornt noch weiter auf demselben zu arbeiten. Er begann 1844 das zweite seiner beiden bedeutendsten Chorwerke, die Musik zu Goethe's „Faust". Doch wurden einstweilen nur vier Stücke fertig. Das unausgesetzte Arbeiten hatte Schumann's Gesundheit so angegriffen, daß er in diesem Jahre zeitweilig auf alles Produciren verzichten mußte.

Die ersten vier Jahre nach seiner Verheirathung waren Schumann in einer tiefen Stille verflossen, die nur seltene Unterbrechungen erfuhr. Anfang 1842 begleitete er seine Frau auf einer Konzertreise nach Hamburg. Hier wurde die B dur-Sinfonie aufgeführt. Dann setzte Clara die Reise allein nach Kopenhagen fort, während Robert in seine stille Leipziger Klause zurückkehrte. Im Sommer 1842 machte das Künstlerpaar einen Ausflug nach Böhmen; sie wurden in Königswart dem Fürsten Metternich vorgestellt, der sie nach Wien einlud. Schumann hatte anfänglich auch Lust, die sich aber in der wohligen Stille des häuslichen Lebens bald wieder verlor. Es kostete seiner Gattin große Mühe ihn zu bewegen, Anfang 1844 mit ihr eine längere Kunstreise nach Rußland zu unternehmen. Sie hatte ihm endlich erklärt, allein reisen zu wollen, wenn er sich vom Hause nicht trennen könne. „Wie ungern ich aus meinem stillen Kreise scheide", schrieb er damals einem Freunde, „das erlassen sie mir zu sagen. Ich denke nicht ohne die größeste Betrübnis daran". Aber er bequemte sich doch, und am

26. Januar wurde die Reise angetreten. Clara gab in Mitau, Riga, Petersburg und Moskau Koncerte, und die Begeisterung, welche sie überall erregte, diente wieder dazu, die Aufmerksamkeit auf Schumann's Kompositionen hinzulenken, was ja der edlen Gattin höchstes Streben war. Schumann selbst fand an der Reise, nachdem er sich einmal losgerissen hatte und da die künstlerischen Erfolge sich so glänzend gestalteten, nun vieles Gefallen. In Petersburg empfing ihn sein alter Freund A. Henselt, der dort sich eine neue Heimat geschaffen hatte, mit unveränderter Herzlichkeit. In einer Soirée beim Prinzen von Oldenburg spielte er mit Clara Schumann's Variationen für zwei Klaviere. Auch die Bdur-Sinfonie gelangte unter Schumann's Direktion zur Aufführung; es geschah in einer Soirée der Grafen Joseph und Michael Wielhorsky, die als Kunstkenner in sehr hohem Ansehen standen. Daß Schumann's Klavierquartett (Op. 47) einem Grafen Wielhorsky gewidmet ist, hängt augenscheinlich mit diesem Petersburger Aufenthalte zusammen. Im Juni waren beide wieder in Leipzig, und so angenehm wirkten die Reiseeindrücke nach, daß Schumann sich sofort mit neuen derartigen Plänen trug. Er wollte mit Clara das nächste Jahr nach England kommen. Nicht zwar, wie er früher einmal gedacht hatte, zu dauerndem Aufenthalt, sondern damit sie als Koncertspielerin sich dort Lorbeern hole und er als Komponist bekannter werde. Er wünschte aus „Paradies und Peri" einiges in London aufzuführen, und versprach sich davon schon deshalb Erfolg, weil dies Werk „ja auf englischem Boden gewachsen und eine der schönsten Dichterblumen Englands" sei. Unter dem 27. Juni 1844 schrieb er über dieses Projekt an Moscheles, auch Mendelssohn hatte ihm seinen Beistand geliehen. Doch zerrann der ganze Plan in nichts, hauptsächlich aus dem Grunde, weil der Musikalienverleger Buxton sich nicht darauf einlassen wollte, „Paradies und Peri" mit englischem Texte herauszugeben. Schumann's Blick blieb aber auch späterhin fest auf England gerichtet. Es erfüllte ihn mit Freude zu hören, daß die Königin Viktoria sich oft mit seiner Musik beschäftige, sich von ihrer Kapelle in Windsor habe seine Bdur-Sinfonie vorspielen lassen, und er beabsichtigte auch der Königin seine Manfred-Musik (Op. 115) zu widmen, was aber schließlich doch unterblieb. Anstatt der Reise nach England kam dagegen im Winter 1846—47 endlich die Reise nach Wien zu Stande. Auch

hier führte Schumann die B dur-Sinfonie auf, und Clara spielte
das Klavierkoncert in A moll. Es war am 1. Januar 1847. Das
Publikum verhielt sich ganz theilnahmlos und rechtfertigte eine frühere
Aeußerung Schumann's: „Die Wiener sind ein unwissend Volk und
wissen im Ganzen wenig, was draußen im Reiche vorgeht". Nicht
viel erfreulicheres übrigens erlebte er in Berlin, wohin er von Wien
aus ging, um „Paradies und Peri" zu dirigiren. Dagegen fand
das Ehepaar in Prag, wo sie auf der Durchreise koncertirten, wärmste
Aufnahme.

Um zu dem Jahre 1844 zurückzukehren, so ging in diesem
Schumann's Leipziger Aufenthalt zu Ende. Er verließ den Ort,
an welchem er mit kurzer Unterbrechung 14 Jahre gelebt und gewirkt hatte, und siedelte im Oktober nach Dresden über. Die Redaktion der Neuen Zeitschrift für Musik legte er schon mit dem
1. Juli nieder. Er hatte seit dem 3. April 1843 auch eine Lehrer-
stelle an dem durch Mendelssohn's Veranlassung ins Leben gerufenen und an dem genannten Tage eröffneten Konservatorium der
Musik bekleidet. Für Klavierspiel und Komposition war er angestellt
gewesen. Allein seine unmittheilsame Natur war für den Lehrer-
beruf nicht geeignet, wenn schon sein Name und das Beispiel, das
er in den eigenen Kompositionen gab, der jungen Anstalt sicherlich
zu Gute kam. Eigentliche Schüler hat Schumann weder hier noch
im privaten Verkehr gezogen. Einmal erwähnt er von Dresden
aus brieflich gegen David einen Karl Ritter, der bei ihm Unterricht
gehabt habe und früher Hiller's Schüler gewesen sei; an Hiller
schreibt er, daß er glaube, den jungen Ritter ein Stück vorwärts
gebracht zu haben. Welcher Art aber Schumann's Unterweisung
gewesen ist, kann nicht angegeben werden, und eine einzige Ausnahme würde gegen die Regel nichts beweisen.

Die Uebersiedlung nach Dresden scheint ihren Grund hauptsächlich in Schumann's leidendem Zustande gehabt zu haben. Es
war bei seiner großen nervösen Angegriffenheit nothwendig, daß er
in eine andere Umgebung kam und seine Gedanken zerstreute. Schumann hatte sich eine Art von Musiküberdruß erarbeitet, auch hatte
ihm der Arzt anhaltendes Musikhören untersagt, aber eine strenge
Befolgung des Verbots ließ sich in Leipzigs reichem Musikleben nicht
durchführen. In Dresden war das ganz anders. „Hier kann man
sich die verlorene Musiksehnsucht wieder holen", schreibt er den

25. November 1844 an David, „so wenig giebts zu hören! Doch paßt es zu meinen Zuständen, da ich noch sehr an Nerven leide, und mich alles gleich alterirt und angreift". Demnach lebte er in Dresden zuerst in tiefster Zurückgezogenheit. Ein Freund, der ihn dort aufsuchte, fand ihn so verändert, daß er ernstliche Befürchtungen für sein Leben hegte. Mehre Male besuchte Schumann Seebäder, aber eine dauernde Besserung seines Gesundheitszustandes ließ lange auf sich warten. Im Februar 1846 war er, nachdem er sich wohler gefühlt hatte, wieder sehr elend, ebenso im Sommer des folgenden Jahres. Er machte die Beobachtung, die eigenen beim Produciren ihm auftauchenden Melodien nicht behalten zu können, da schon die Thätigkeit der Erfindung seinen Geist so schwächte, daß das Gedächtnis dann den Dienst versagte. Sobald es aber sein Befinden nur irgend, duldete, gab sich Schumann seiner einzigen Beschäftigung, dem Komponiren wieder hin. Es zog ihn jetzt mit erhöhter Kraft zu komplicirten kontrapunktischen Formen. Die „Studien" und „Skizzen" für den Pedalflügel (Op. 56 und 58), die sechs Fugen über den Namen „Bach" (Op. 60), sowie vier Klavierfugen (Op. 72) verdanken diesem Zuge ihr Dasein. Das größte Werk der Jahre 1845 und 1846 aber war die C dur-Sinfonie (Op. 61), welche Mendelssohn am 5. November 1846 im Gewandhauskoncert zu Leipzig zur Aufführung brachte. Allmählich wurde dann auch einiger Verkehr mit geistesverwandten Menschen angeknüpft. Unter ihnen befand sich die Wittwe C. M. v. Weber's, deren musikalischen Feinsinn Schumann besonders hoch schätzte. Die ersten Jahre in Dresden wurden mit Ferdinand Hiller verbracht, der seit dem Winter 1844/45 dort lebte. Der Verkehr mit ihm gestaltete sich zu einem lebhaften und freundschaftlichen. Als Hiller im Herbst 1845 Abonnementskoncerte einrichtete, widmete Schumann diesem Unternehmen thätige Theilnahme. Dagegen konnte er sich zu Richard Wagner, der damals Kapellmeister in Dresden war, in kein rechtes Verhältnis setzen. Zwar die Oper „Tannhäuser" interessirte ihn sehr, er hörte sie oft und sprach sich lobend, wenn auch nicht unbedingt anerkennend über sie aus. Aber die Naturen der beiden Künstler waren zu verschieden. Wagner war überaus lebhaft, beweglich, gesprächig; bei Schumann hatte nach seiner Krankheit die frühere Schweigsamkeit und Verschlossenheit noch zugenommen, und selbst nahestehende Freunde, wie Moscheles und Lipinski,

mußten es bedauern, daß ein Gespräch mit ihm fast nicht mehr zu führen sei.

Am Ende von Schumann's Gesammelten Schriften findet sich ein „Theaterbüchlein (1847—50)", in welchem die Eindrücke, die Schumann von gewissen Opern empfing, kurz notirt sind. Man sieht daraus, daß er besonders 1847 das Theater verhältnismäßig oft besuchte. Der Grund war, weil er damals selbst eine Oper komponirte. Den Gedanken daran hatte er lange gehegt. Schon am 1. September 1842 schrieb er einmal: „Wissen Sie mein morgen- und abendliches Künstlergebet? Deutsche Oper heißt es. Da ist zu wirken." Die Besprechung einer Oper von Heinrich Esser im Jahrgang 1842 der Neuen Zeitschrift für Musik hatte er mit den bedeutungsvollen Worten geschlossen: „Es wird Zeit, daß die deut- schen Komponisten den Vorwurf Lügen strafen, der ihnen seit lange gemacht wird, Italiänern und Franzosen das Feld nicht auf das tapferste überlassen zu haben. Da gäbe es ein Wort zu reden, auch an die deutschen Dichter!" Im Jahre 1844 komponirte er einen Chor und eine Arie zur Oper „Der Corsar" nach Byron. Diese Arbeit gedieh jedoch nicht weiter, die zwei Musikstücke sind bis jetzt unbe- kannt geblieben. Auch wurde mit dem Freunde Zuccalmaglio wegen Bearbeitung eines Opernstoffes verhandelt, die er gern fertig vor- finden möchte, wenn er von seiner Reise nach Rußland zurückkehrte. Mehr als zwanzig Stoffe verschiedenster Gattungen, Zeiten und Völker hatte er sich notirt. Von diesen allen wurde aber kein einziger für gut befunden und die Angelegenheit zog sich überhaupt in die Länge. Endlich, im Jahre 1847, entschied er sich für die Sage von der heiligen Genoveva. Zwei bereits vorhandene Bearbeitungen des Stoffes sollten dem Operntext als Grundlage dienen: die Trauer- spiele Ludwig Tieck's und Friedrich Hebbel's, doch zumeist das letz- tere. Er bewog den Lyriker Robert Reinick, der seit 1844 in Dres- den lebte, die Zurichtung vorzunehmen. Doch konnte ihm dieser nicht Genüge thun. Hebbel, der Ende Juli 1847 nach Dresden kam und das Textbuch ansah, konnte sich ebensowenig zufrieden damit erklären. Aber er lehnte es auch ab, selber dem Komponisten zur Abänderung der Mängel und zur Erreichung der von ihm ge- wünschten Form des Textes behilflich zu sein. Nicht aus Mangel an Interesse für Schumann. Vielmehr blieb er diesem dauernd in Hochachtung zugethan, dedicirte ihm später sein Drama „Michel

Angelo" und empfing von Schumann die Komposition seines „Nacht-
liedes" als Gegengabe (Op. 108).*) Aber es widerstrebte ihm, sein
Werk in der Weise verstümmelt zu sehen, wie es Schumann für die
Oper nothwendig erachtete. So mußte dieser endlich an sein eigenes
Dichtervermögen appelliren und sich den Text nach Hebbel und Tieck
selbst zusammenstellen.

Die Komposition der Oper war im August 1848 soweit vollendet, daß Schumann zur ersten Aufführung Schritte thun konnte.
Er dachte an das Theater in Leipzig, wo er sich von früher in
bester Erinnerung wußte. Theaterdirektor war Wirsing, Kapellmeister Julius Rietz. Die Oper sollte denn auch schon im Frühjahr 1849 gegeben werden, doch kam es nicht dazu. Als im Juni
die Vorbereitungen beginnen sollten, war Schumann durch häusliche
Verhältnisse verhindert, dann verstrich unter Vertröstungen und Versprechungen seitens des Theaterdirektors der Rest des Jahres. Auch
die auf Ehrenwort gegebene Zusage, die Oper bis spätestens Ende
Februar 1850 aufzuführen, wurde nicht gehalten. So lernte Schumann gleich bei seinem ersten dramatischen Versuch die Schattenseiten des Theaterwesens in einer Weise kennen, die seinen geraden,
ehrlichen Sinn empören mußte. Gereizt, wie er war, wollte er den
Wortbruch des Direktors an die Öffentlichkeit bringen, selbst die
Hilfe der Gerichte in Anspruch nehmen. Glücklicherweise vermochten
seine Leipziger Freunde, ihn von diesem Schritt zurückzuhalten.
Endlich fand am 25. Juni unter Schumann's eigener Leitung die
erste Aufführung statt. Es war eine ungünstige Zeit. „Wer geht
im Mai und Juni ins Theater, und nicht lieber ins Grüne?" schrieb
Schumann selbst an Dr. Hermann Härtel. Indessen die Zahl seiner
Anhänger in Leipzig war zu groß, und man hatte überhaupt der
ersten Oper des berühmten Meisters mit zu viel Spannung ent-
gegengesehen, als daß es nicht ein volles Haus gegeben hätte. Die
Aufnahme beim Publikum war keine begeisterte, aber doch immerhin
eine für den Komponisten ehrenvolle. Künstler und Kunstverständige
waren aber ziemlich einig, daß es Schumann an wirklicher Begabung für die Oper fehle. Auch daß er das Recitativ principiell
ausgemerzt hatte, wurde vielfach getadelt. Nur der alte Spohr,

---

* Das Manuskript des „Michel Angelo" besaß Schumann schon im Frühjahr
1853. Erschienen mit vorgedruckter Widmung ist die Dichtung erst 1855. Wien,
Tendler und Comp.)

welcher mehren Proben beiwohnte, urtheilte über „Genoveva" im wesentlichen günstig; die Methode, die Musik der Handlung möglichst ohne Stillstand folgen zu lassen, hatte er in seiner letzten Oper „Die Kreuzfahrer" auch angewendet, und es freute ihn, sie bei Schumann ebenfalls zu treffen. Nach drei Aufführungen wurde „Genoveva" einstweilen zurückgelegt. Schumann, schon durch die langwierige Verzögerung der ersten Aufführung gereizt, durch die kühle Aufnahme des Werkes enttäuscht, fühlte sich durch die Polemik, welche in öffentlichen Blättern über „Genoveva" geführt wurde, sehr unangenehm berührt. Auf das tiefste verstimmte ihn namentlich eine Recension von Dr. E. Krüger, einem Mitarbeiter der Neuen Zeitschrift für Musik. Ein darauf erfolgender Brief Schumann's an Krüger, der heftiger gehalten war, als man es von ihm erwarten würde, machte dem Verkehr der beiden Männer für immer ein Ende.

Weit mehr Freude als durch die Oper erfuhr Schumann durch seine Musik zu Goethe's „Faust". 1848 hatte er denjenigen Theil derselben vollendet, den er anfänglich überhaupt nur hatte komponiren wollen: die Verklärung Faust's, welche den Schluß des zweiten Theils der Goethe'schen Dichtung bildet. Am 25. Juni 1848 fand in engerem Kreise die erste Aufführung dieses Werkes statt, das einen tiefen Eindruck machte. Die Meinung des gebildetsten Theiles der Zuhörer war, daß man erst durch die Musik die Bedeutung des Textes völlig erfahre lerne, so tief schien der Komponist in den innersten Geist des Dichters eingedrungen. Als Goethe's hundertjähriger Geburtstag herannahte (28. August 1849) wurde ein Festkoncert in Dresden beschlossen, in welchem diese Faustmusik und Mendelssohn's Komposition der „ersten Walpurgisnacht" das Programm bildeten. Als man in Leipzig von den Vorbereitungen zu diesem Koncerte hörte, wollte man hinter Dresden nicht zurückbleiben und veranstaltete am 29. August eine Aufführung derselben Stücke. Auch in Weimar wurde die Faustmusik bei dieser Veranlassung gegeben. Schumann war über die Verwendung seines Werkes zu einer so besonderen Feier hoch erfreut. „Ich möchte Faust's Mantel haben", schrieb er an Dr. Härtel, „um überall sein und hören zu können". Der Erfolg in Dresden war wieder ein sehr guter; weniger Eindruck machte das Werk bei seiner erstmaligen Aufführung in Leipzig. Schumann war hierüber ganz ruhig. „Über den Eindruck, den meine Faustscene gemacht, höre ich Verschiedenes", äußerte er

brieflich; „auf die Einen scheint sie gewirkt, auf andere einen weniger
klaren Eindruck gemacht zu haben. Ich dachte mir dies vorher.
Vielleicht findet sich im Winter eine Gelegenheit zur Wiederholung
des Stückes, dem ich vielleicht noch einige andere Scenen aus „Faust"
vorausgehen lassen würde". Zu der Wiederholung kam es bei Schumann's Lebzeiten nicht. Den Plan aber, noch mehre Faustscenen
hinzuzufügen, hat er ausgeführt. Der gesammten Scenen-Reihe,
die er in drei Theile gliederte, schickte er 1853 eine Ouverture voraus, mit welcher das ganze Werk abgeschlossen war. Veröffentlicht
wurde es erst zwei Jahre nach seinem Tode.

Schumann's Gesundheit hatte sich mittlerweile wieder gekräftigt.
Dies wurde sofort in gesteigerter Kompositionsthätigkeit offenbar.
Sein Drang zum Produciren nahm in einer Weise zu, die etwas
Unheimliches und Besorgnißerregendes hatte. Im Jahre 1849
allein entstanden dreißig Werke, zum Theil bedeutenden Umfangs.
Schumann meinte, noch nie sei es ihm so leicht geworden, seine
Gedanken zu fassen und zu formen. Er komponirte, wo er ging
und stand; nichts, auch die unbequemste Situation nicht, konnte
ihn stören. So hat er das Lied Mignon's: „Kennst du das Land,
wo die Citronen blühn" in Kreischa bei Dresden mitten unter seiner
lärmenden Kinderschar komponirt. Auch in jener Restauration nahe
dem Postgebäude, wo die Künstlerschaft Dresdens viel verkehrte und
Schumann Abends sein Bier zu trinken pflegte, saß er meistens
allein, die Gesellschaft des Saales im Rücken, das Gesicht der Wand
zugekehrt, und hing, während er leise vor sich hin zu pfeifen schien,
ganz nur seinen musikalischen Ideen nach. Vorliebe für eine besondere Musikgattung ist jetzt in Schumann's Thätigkeit nicht mehr
zu bemerken. Klavierstücke und Kammertrios, Lieder und Duette
für eine Singstimme, Chorgesänge, Chorkompositionen mit Orchester,
Koncertstücke mit Orchester, Kompositionen für Horn, Klarinette,
Oboe, Violoncell oder Violine mit Pianofortebegleitung, selbst melo-
dramatische Musikstücke — alles das drängte sich wie in athemloser
Hast aus seiner Phantasie hervor. Unter dem vielen Schönen und
Bedeutenden, was diese Zeit brachte, verdient die Musik zu Byron's
„Manfred" namentliche Erwähnung. Eine theatralische Aufführung
dieser Musik veranstaltete zuerst Franz Liszt in Weimar am 13. Juni
1852. Zu diesem Zwecke hatte Schumann selber das Drama für
die Bühne eingerichtet; man findet es in der ihm von Schumann

gegebenen Gestalt der Partitur der Komposition vorgedruckt. Im Koncert wurde die Musik zum ersten Male vollständig vorgeführt den 24. März 1859 zu Leipzig.

Bis zum Jahre 1850 war Dresden Schumann's Aufenthalts-ort. Die letzten Jahre seines Dortseins gestalteten sich durch aller-hand Umstände auch äußerlich bewegter als die ersten. Nennens-werthe Reisen wurden freilich außer der schon erwähnten nach Wien und Berlin und einem 1850 unternommenen weiteren Ausfluge nach Bremen und Hamburg, wo viel koncertirt wurde, nicht gemacht. Der Dresdener Maiaufstand 1849 brachte eine vorübergehende Be-unruhigung, da Schumann mit seiner Familie aus der Stadt flüch-tete. Er war kein Revolutionär, wie Richard Wagner, kaum über-haupt ein Politiker, im übrigen ein Mann, der die individuelle Freiheit liebte und solche auch anderen gönnte. Aber was seinem Leben als Musiker in den letzten Dresdener Jahren ein anderes Aussehen gab, war seine Beschäftigung als Dirigent. Ferdinand Hiller hatte einen Männergesangverein dirigirt. Als er 1847 Dres-den verließ, um als städtischer Musikdirektor nach Düsseldorf zu gehen, wurde Schumann sein Nachfolger. Er leitete den Verein eine Zeit lang mit Interesse und bemerkte mit Befriedigung, daß es ihm nicht so an Direktionsbegabung zu mangeln schien, als er selbst gelegentlich geglaubt hatte. Auch wurde er zu einigen Kom-positionen für Männerchor angeregt. Drei Kriegs- und Freiheits-lieder (Op. 62) und sieben kanonische Gesänge auf Texte von Rückert (Op. 65) entstanden 1847, eine große Motette für doppelten Männer-chor (Op. 93) wurde 1849 geschrieben. Jedoch in der Atmosphäre der deutschen Liedertafeln konnte eine Natur wie Schumann nicht gedeihen. Er war ein zu vornehmer Geist in jeder Beziehung, als daß ihm der bürgerlich behagliche, manchmal auch philiströse und sentimentale Ton, der in diesen Vereinen herrschte, nicht hätte lästig werden sollen. „Ich fühlte mich nicht hinpassend", schrieb er am 10. April 1849 nach seinem Rücktritt an Hiller, „so hübsche Leute es waren". Das merkt man auch seinen Kompositionen für Männergesang an: sie haben keine rechte Art, und sind deshalb auch niemals viel gesungen worden. Von größerem künstlerischen Belang war ein Verein für gemischten Chor, der sich im Januar 1848 konstituirte und Schumann an seine Spitze rief. Derselbe war nicht gerade sehr zahlreich — 1849 zählte er 60—70 Mitglie-

der — aber doch leistungsfähig genug, daß Schumann sich in ihm
„alle Musik, die er liebte, nach Lust und Gefallen zurecht machen
konnte". Eben dieser Verein war es auch, der im Juni 1848 den
dritten Theil von Schumann's Faustmusik, Faust's Verklärung, in
geschlossener Gesellschaft zur ersten Aufführung brachte, den Meister
zu mancher neuen Chorkomposition anregte, und durch eine zwei-
malige Aufführung von „Paradies und Peri" (5. und 12. Januar
1850) sich um Verbreitung des Verständnisses für Schumann'sche
Musik in Dresden ein Verdienst erwarb. Ja, er vermochte es
den Meister zu geselligen Vergnügungen herbeizuziehen. Im August
1848 sollte eine gemeinsame Ausfahrt veranstaltet werden, für die
sich Schumann in seiner Weise lebhaft interessirte. Er lud sogar
David ein, mit seiner Frau von Leipzig dazu herüber zu kommen.
„Höre: wir haben Sonntag über 8 Tage mit dem Chorgesangvereine
eine Lust- und Sangesfahrt nach Pillnitz vor. Da geht es immer
recht lebhaft her; hübsche Damen sind dabei und singen alle passio-
nirt. Wie wäre es, Du kämest dazu? Von der Witterung hängt
freilich vieles ab, indeß die Parthie wird nur im regnerischesten
Falle aufgeschoben". Daß Schumann sich nach diesen Anfängen
einer ihn befriedigenden Dirigententhätigkeit auch größeren Direktions-
aufgaben gewachsen glaubte, ergiebt sich aus folgendem Vorfall.
Die Gewandhauskoncerte in Leipzig leitete nach Mendelssohn's Tode
Julius Rietz, der bis 1847 in Düsseldorf gewirkt hatte. Im Sommer 1849 drang nach Dresden das Gerücht, Rietz gehe als königl.
Kapellmeister nach Berlin an die Stelle des verstorbenen O. Nikolai.
Darauf bewarb sich Schumann um den Posten des Koncertdirektors
am Gewandhaus. Dr. Hermann Härtel in Leipzig mußte den Vermittler machen, und Schumann, der mit berechtigtem Selbstgefühl
erwartete, daß man ihn in erster Linie berücksichtigen würde, scheint
sich eine kurze Zeit lebhaft der Vorstellung hingegeben zu haben,
des hochverehrten Mendelssohn's Nachfolger zu werden. „Es sollte
mich freuen, wenn die Sache zu Stande käme. Ich sehne mich nach
einer geregelten Thätigkeit, und wie unvergeßlich mir auch die letzten
Jahre sein werden, wo ich ausschließlich als Komponist leben konnte,
und wie ich auch weiß, daß solche fruchtbare und in dieser Beziehung glückliche Zeit vielleicht nicht sobald wieder kommen wird, so
drängt es mich doch auch nach einer aktiven Wirksamkeit, und es
würde mein höchstes Bestreben sein, das Institut in dem Glanz

erhalten zu helfen, in dem es seit so langer Zeit dagestanden". Dieser Wunsch verwirklichte sich nun zwar nicht, denn Rietz blieb in Leipzig. Aber das Verlangen Schumann's nach einer ausgedehnteren Wirksamkeit als Dirigent sollte im folgenden Jahre in anderer Weise befriedigt werden.

Hiller gab 1850 seine Stelle in Düsseldorf auf, um einem Rufe als städtischer Kapellmeister nach Köln zu folgen. Er schlug Schumann zu seinem Nachfolger vor und leitete auch die Verhandlungen mit ihm ein. Man machte einige Versuche, ihn in Dresden zu halten und wollte seine Ernennung zum königlich sächsischen Kapellmeister erwirken. Die Versuche blieben erfolglos und Schumann, obschon anfänglich mißtrauisch gegen die Düsseldorfer Musikverhältnisse, über die er von Mendelssohn und Rietz viel ungünstiges gehört hatte, und von seinem Heimatlande schwer sich trennend, nahm im Sommer die Musikdirektorstelle in Düsseldorf an. Er hatte in dieser Stellung einen Gesangverein und ein Orchester zu leiten und im Laufe des Winters eine Anzahl von Koncerten zu dirigiren. Am 2. September 1850 traf er in Düsseldorf ein. Das erste der Winterkoncerte war eine Art Empfangsfeier für ihn und bestand nur aus Schumann'schen Kompositionen (Genoveva-Ouverture, Lieder und 1. Theil von „Paradies und Peri"). Es wurde von Julius Tausch dirigirt. Schumann selbst trat am 24. Oktober zuerst als Dirigent vor das Düsseldorfer Publikum.

Schumann fühlte sich in seinem neuen Wirkungskreise sehr befriedigt. Die Gesangskräfte waren, wie das von allen rheinischen Chören gilt, vortrefflich und Hiller hatte ihre feinere Ausbildung mit besonderem Eifer betrieben. Das Orchester hatten ihm Rietz und Hiller so tüchtig geschult hinterlassen, daß Schumann zum ersten Male in seinem Leben in der für einen jeden Künstler unschätzbaren Lage war, auch alles was er selbst für Orchester schrieb, sich sofort zu Gehör bringen zu können. Die Leitung nahm Schumann nur eben soviel in Anspruch, als er wünschte; es blieb außerdem zu eigenem Schaffen Muße genug. Auch Kammermusik konnte gemacht werden, da in J. von Wasielewski ein guter Soloviolinist zur Stelle war. Die Düsseldorfer waren dem berühmten Künstlerpaare gleich Anfangs mit höchster Verehrung entgegengekommen und zeigten sich fortdauernd auf das aufmerksamste und rücksichtsvollste um beide bemüht. Man konnte sagen, daß Robert und Clara Schumann dort auf den Händen getragen wurden. Auch bildete sich rasch ein angenehmer Kreis von näheren Bekannten. So wenig verbreitet damals auch Schumann's Musik am Rheine noch war, so schien es doch als habe sein persönliches Erscheinen dem Musikinteresse in Düsseldorf einen bedeutenden Impuls gegeben. Die Theilnahme an den Abonnementskoncerten war im Winter 1850—1851 größer als je; die Koncertdirektion durfte es unternehmen, nach Ablauf der üblichen sechs Koncerte noch eine zweite Folge von drei bis vier Koncerten anzukündigen. Schumann setzte es durch, daß eines der Winterkoncerte ganz nur den Werken lebender Komponisten gewidmet werden sollte, ein damals ganz neues Unternehmen, welches bewies, wie Schumann seinem früher durch die Zeitung bethätigten Streben, jungen begabten Komponisten das Emporkommen zu erleichtern, treu geblieben war. Auch mit Schumann's Direktion war man anfangs ganz zufrieden. (Gerieth manche Vorführung auch nicht völlig, so entschädigten dafür andere wieder durch besondere Trefflichkeit, und nach einer Aufführung der A dur-Sinfonie von Beethoven im dritten Koncert schien es sogar, als stecke in Schumann wirklich ein achtbarer Orchesterdirigent. Thatsächlich war dem nicht so. Es fehlte Schumann durchaus an wirklicher Direktionsbegabung; hierin stimmen alle urtheilsfähigen Persönlichkeiten, die ihn dirigiren sahen, oder unter seiner Leitung musicirten, überein. Abgesehen davon, daß ihn längeres Dirigiren leicht ermüdete, besaß er weder Umsicht und schlagfertige Geistesgegenwart, noch Mittheilungsgabe, noch jenen unternehmenden Muth des Vorangehens, ohne welchen eine wirksame Führung unmöglich ist. Es war ihm schon schwer, am Anfang ein bestimmtes Tempo zu fassen, ja er scheute sich zuweilen, überhaupt nur das Zeichen zum Anfange zu geben, sodaß energische Vorgeiger auch wohl anfingen, ohne das Zeichen abzuwarten und ohne sich dadurch Schumann's Unwillen zuzuziehen. Vollends nun theil- und stückweise mit einem Orchester zu studiren unter belehrenden Bemerkungen über die Art der Ausführung, das war dem großen Künstler, der hierin den entschiedensten Gegensatz zu Mendelssohn bildete, ganz und gar nicht gegeben. Er ließ ein Stück durchspielen, und, entsprach die Ausführung seiner Vorstellung nicht, es wiederholen. Ging es auch dann und vielleicht selbst ein drittes Mal nicht besser, so wurde er höchstens erzürnt über das Ungeschick oder den bösen Willen der Musiker; sachliche Bemerkungen machte er nicht. Wer Schumann's schweigsame, vor jeder Berührung mit der Außenwelt instinktmäßig zurückweichende Natur kannte, durfte allerdings von vornherein befürchten, daß es ihm schwer fallen würde, sich als Dirigent größeren Massen gegenüber zu behaupten. Indessen hing seine mit den Jahren immer stärker hervortretende Unfähigkeit zum Dirigiren, wie der Ausgang zeigte, mit dem kranken Zustande zusammen, der, nachdem er in Dresden allmählich beseitigt erschien, in Düsseldorf sich wieder mehr und mehr bemerkbar machte. Immer tiefer zog sich das Leben seines Geistes von der Ober-fläche ins Innere zurück. Seine Schweigsamkeit war jetzt schon etwas allbekanntes, wer ihn zuerst sah, mochte ihn für apathisch halten. In der That war er nichts weniger als das. Einen Be-sucher konnte er lange Zeit über alles mögliche reden lassen, ohne ein Wort zu sagen; wenn dieser sich dann entfernen wollte, um den Meister nicht länger zu stören, mußte er bemerken, daß er der ein-seitigen „Unterhaltung" doch mit ganzem Interesse gefolgt war. Saß er, wie er pflegte, gegen Abend mit Bekannten oder Freunden eine Stunde im Wirthshause zusammen, und es wurde etwas gesagt, was ihn bewegte oder erfreute, so traf den Sprecher ein inniger, strahlender aber wortloser Blick. Und der unablässige Schaffens-drang, dem Schumann nachgab, so lange es irgend möglich war, beweist am besten, ein wie reiches Leben im tiefsten Schachte seines Innern fortwährend ab- und zuströmte. Auch war er ein anderer im engsten Kreise seiner Familie. Hier konnte er so heiter und gesprächig werden, daß es den Fremden, der ihn so beobachten konnte, überraschen mußte. Mit seinen Kindern, die er zärtlich liebte, beschäftigte er sich gern. Die drei für seine Töchter Julie, Elise und Marie komponir-ten Klaviersonaten (Op. 118), das „Album für die Jugend" (Op. 68), der „Kinderball" (Op. 130) u. a. sind rührende Beweisstücke, wie er dieser Neigung auch auf musikalischem Gebiete Ausdruck gab.

Das erste große Werk der Düsseldorfer Periode war die Es dur-Sinfonie (Op. 97), vom Komponisten als die dritte bezeichnet, obwohl es wirklich die vierte der veröffentlichten ist, da die D moll-Sinfonie ihr der Zeit nach vorangeht. Wollte man „Ouverture, Scherzo und Finale" (Op. 52) ebenfalls als Sinfonie rechnen, so wäre die Es dur-Sinfonie gar die fünfte. Es scheint, daß Schu-mann sich mit der Komposition schon vor der Übersiedlung getragen hat. Gleich als sich ihm die Aussicht eröffnete, Sachsen mit den

Rheinlanden zu vertauschen, dachte er an die großen seit 1818 am Niederrhein bestehenden Musikfeste, und es war ihm ein begeisternder Gedanke, als Komponist sich bald an einem solchen betheiligen zu können. Niedergeschrieben hat er das große fünfsätzige Werk in der Zeit vom 2. November bis zum 9. December 1850. Daß Eindrücke, welche er bei einem Aufenthalt in Köln empfangen, bei der Komposition der Sinfonie wirksam gewesen sind, hat er selbst gesagt. Mit Grund nennt man sie also die rheinische Sinfonie. Sie wurde zuerst aufgeführt am 6. Februar 1851 in Düsseldorf, dann am 25. Februar in Köln, beide Male unter Schumann's eigener Direktion. Die Aufnahme war an beiden Orten eine kühle.

Obgleich Schumann mit der Oper „Genoveva" keine ermuthigenden Erfahrungen gemacht hatte, war er doch nicht abgeschreckt worden, es bald wieder mit einer dramatischen Komposition zu versuchen. Im Oktober 1850 erhielt er von Richard Pohl, der damals Student der Leipziger Universität war, Schiller's „Braut von Messina" als Operntext bearbeitet. Diesen in Musik zu setzen, konnte sich Schumann freilich nicht entschließen. Aber er komponirte im December 1850 und Januar 1851 doch eine Ouverture zur „Braut von Messina" (Op. 100), und bewies dadurch, wie ihn der dramatische Stoff trotzdem angeregt hatte. Sein Sinn ging zunächst mehr nach einem heiteren, selbst komischen Gegenstande. „Hermann und Dorothea" von Goethe erschien ihm als geeigneter Stoff zu einem Singspiel. Er besprach sich über dessen Gestaltung mit mehreren Dichtern, ein Plan wurde entworfen, und die Ouverture komponirte Schumann um Weihnachten 1851 (Op. 136). Weiter aber ist die Arbeit nicht gediehen. Dann warf er seinen Blick auf Auerbach's Dorfgeschichten. Auch diese gewährten keine Ausbeute und so ist es zur Komposition einer zweiten Oper nicht gekommen.

Dagegen vollendete er noch eine Anzahl von Gesangskompositionen für den Koncertsaal, in welchen sein Drang nach dramatischer Musik sich Luft machte. Ein junger Poet aus Chemnitz, Moritz Horn, hatte ihm eine Märchendichtung zugeschickt, für die er sich lebhaft interessirte. Nach manchen Kürzungen und Abänderungen, die Horn auf Schumann's Angaben hin mit dem Gedichte vornahm, wurde „der Rose Pilgerfahrt" (Op. 112) dann wirklich in der Zeit von April—Juli 1851 in Musik gesetzt. Anfänglich hatte das Werk, welches in Bezug auf Form und Inhalt dem „Paradies und Peri" ähnelt, nur daß alles mehr ins Kleine und Idyllische gezogen ist, einfache Pianofortebegleitung. Im November setzte Schumann nachträglich eine Orchesterbegleitung dazu. Ferner entstand im Juni 1851 die Komposition der Uhland'schen Balladen vom „Königssohn" (Op. 116), in einer halbdramatischen Form, zu welcher Schumann allerdings vom Dichter selbst verführt erscheinen kann. Schumann fand an dieser Art, die Ballade für Soli, Chor und Orchester zu behandeln, besonderes Gefallen. Er hat im Laufe der nächsten beiden Jahre noch drei solcher Werke geschaffen: „Des Sängers Fluch" (Op. 139), Ballade von Uhland; „Vom Pagen und der Königstochter" (Op. 140), Balladen von Geibel; „Das Glück von Edenhall" (Op. 143), Ballade von Uhland. Die letzteren beiden konnten in der von Schumann beabsichtigten Form zu Stande gebracht werden mit mehr oder weniger erheblichen Abänderungen der Originaldichtungen. Dagegen mußte „des Sängers Fluch" ganz umgestaltet werden, eine mißliche und undankbare Arbeit, der sich, Schumann's eigenen Andeutungen folgend, Richard Pohl unterzog.

Dieser junge kunstbegeisterte Mann stand damals mit Schumann in regem brieflichen und auch in persönlichem Verkehr. Sie planten mit einander ein großes Oratorium. Schumann schwankte zwischen einem biblischen und einem geschichtlichen Stoff; er dachte einerseits an Maria, andererseits an Ziska und Luther. Die Wahl fiel endlich auf Luther. Schumann überdachte die Bewältigung des Stoffes gründlich. Es sollte ein Oratorium werden, sowohl für die Kirche als auch den Koncertsaal passend, in der poetischen Form möglichst dramatisch. Musikalisch wollte er es so behandeln, daß der Chor überwog, ähnlich wie in Händel's Oratorium „Israel in Ägypten", das er im Winter 1850—51 aufgeführt hatte. Und ferner sollte es nicht komplicirt und kontrapunktisch gehalten sein, sondern einfach und volksthümlich, so daß es „Bauer und Bürger verstände". Die Größe des Gegenstandes begeisterte ihn, je mehr er sich mit ihm beschäftigte, freilich verschloß er sich auch den Schwierigkeiten nicht. Muth", meinte er, „gehört dazu und auch Demuth". Er konnte indessen über den Umfang des Werkes mit seinem Dichter nicht einig werden, der etwas von einem trilogischen Oratorium plante, während Schumann es auf einen Abend und die Dauer von 2½ Stunden beschränkt wünschte. So gingen die wenigen Jahre hin, in denen es Schumann noch vergönnt war zu schaffen, und das Oratorium ist unausgeführt geblieben. Die Unmöglichkeit, seinen Drang nach ernster und religiöser Musik, der mit den Jahren sich immer stärker zeigte, einstweilen an dem Oratorium Luther zu befriedigen, ist wohl zum Theil der Grund gewesen, weshalb Schumann 1852 eine Messe (Op. 147) und ein Requiem (Op. 148) schrieb. Doch war die Anregung dazu auch durch äußere Verhältnisse gegeben. Die Bevölkerung in Düsseldorf ist überwiegend katholisch, die Orgelräume der Hauptkirchen waren aber für Aufstellung größerer Chor und Orchestermassen ungeeignet, und die regelmäßige Kirchenmusik daher schlecht im Stande. Der Gesangverein, welchen Schumann zu leiten hatte, pflegte gleichsam als Ersatz dafür alljährlich einige Koncerte mit kirchlichen oder doch geistlichen Kompositionen zu veranstalten. Auf diesen Gebrauch scheint Schumann bei seiner Messe und seinem Requiem gerechnet zu haben. Er sollte aber eine Aufführung derselben nicht mehr erleben.

Im Sommer 1851 unternahm Schumann mit seiner Familie eine Reise nach der Schweiz, die er seit seinen Heidelberger Studentenjahren nicht wiedergesehen hatte. Auf der Rückreise begab er sich nach Antwerpen. Dort fand am 17. August ein Wettkampf der belgischen Männergesangvereine statt und Schumann sollte dabei mit als Preisrichter fungiren. Zwei Jahre später, gegen Ende 1853, hat er die Niederlande noch einmal besucht: er machte mit seiner Frau eine Koncertreise durch Holland und fand eine so begeisterte Aufnahme, daß er sagen mußte, seine Musik scheine ihm in Holland beinahe schon fester gewurzelt zu sein als in Deutschland. Im März 1852 kam er mit Frau noch einmal wieder nach Leipzig. Vom 14. bis zum 21. März wurde eine Menge neuer Schumann'scher Musik dort aufgeführt: in einer öffentlichen Matinée am 14. die Manfred-Ouverture und die „Pilgerfahrt der Rose", in kleinerem Kreise am 15. die D moll-Sonate für Klavier und Violine (Op. 121), im Gewandhaus-Koncert am 18. die Es dur-Sinfonie, in einem Kammermusik-Koncert am 21. das Trio für Pianoforte, Violine und Violoncell in G moll (Op. 110). Am 6. Nov. 1851 war im Gewandhaus auch die Ouverture zur „Braut von Messina" aufgeführt worden. Dem Publikum war also in dieser Saison reichliche Gelegenheit gegeben, sich mit den neuesten Erzeugnissen des rastlos producirenden Meisters bekannt zu machen. Indessen obgleich er in Leipzig 14 Jahre gelebt, von jeher die meisten seiner Kompositionen

dort zur ersten Aufführung gebracht hatte und einen Kreis unbedingt
ergebener Anhänger in Leipzig besaß, konnte er sich dieses Mal
eines großen Erfolges doch nicht rühmen. Das Publikum behandelte ihn mit großer Achtung, wurde aber nicht erwärmt. In dieser
Beziehung hatte Schumann manche Erfahrung gemacht. „Ich bin
daran gewöhnt", schrieb er schon am 7. Dec. 1851 an R. Pohl,
als es sich um die Aufnahme der Ouverture zur „Braut von Messina"
handelte, „meine Kompositionen, die besseren und tieferen zumal,
auf das erste Hören vom größeren Theil des Publikums nicht verstanden zu sehen". Auch auswärtige Künstler waren zu der „Schu-
mann-Woche" nach Leipzig gekommen, unter ihnen Liszt und Joachim.

Im August 1852 fand in Düsseldorf ein Männergesangsfest
statt, bei welchem sich Schumann als Dirigent betheiligte, allein
seiner angegriffenen Gesundheit wegen nur in sehr beschränktem
Maße. Mehr trat er Pfingsten 1853 hervor, da am 15., 16. und
17. Mai in Düsseldorf das 31. niederrheinische Musikfest gefeiert
wurde. Er dirigirte die Musikstücke des ersten Tages, welche in
Händel's „Messias" und Schumann's eigener mit großem Beifall aufgenommener Sinfonie in D moll bestanden. Auch in den Koncerten der beiden folgenden Tage, welche größtentheils Hiller dirigirte, kamen noch zwei größere Schumann'sche Kompositionen zur
Aufführung: das Klavierkoncert in A moll, und, ganz neu komponirt, eine Festouverture mit Gesang (Soli und Chor) über das
„Rheinweinlied" (Op. 123). Im Herbst desselben Jahres sollte er das
pfälzische Musikfest in Carlsruhe dirigiren. Es kam aber nicht dazu.
In so hellem Glanze Schumann auch als Komponist dastand, und so
sehr man ihn als solchen und als Ehrenmann hochachtete, seine un-
genügende Dirigentenbegabung hatte doch nicht verborgen bleiben
können. Und das Wenige, was er für sein Dirigentenamt nach
Düsseldorf mitgebracht hatte, war mit seiner mehr und mehr hin-
schwindenden Gesundheit verloren gegangen. Man mußte sich nach
Ersatz für ihn umsehen. Der Versuch, nach dem ersten Winterkoncerte des Jahres (27. Oktober) ihn zum freiwilligen, einstweilen nur
vorläufigen, Rücktritt zu bewegen, soll von Schumann übel aufgenommen worden sein. Thatsache ist, daß von da ab sämmtliche
Übungen und Aufführungen nicht Schumann, sondern Julius Tausch
leitete, der dann auch Schumann's wirklicher Nachfolger wurde.
Unzweifelhaft war das Direktorium des Musikvereins sachlich im

Recht; vielleicht hätte die Form, in der Schumann's Verhältnis
zum Verein gelöst wurde, anders gewählt werden können. Der
Meister ging nun mit dem Gedanken um, Düsseldorf baldmöglichst
zu verlassen, und Wien, an das er sich eine bedeutende Anhänglichkeit bewahrt hatte, zum dauernden Aufenthalt zu nehmen. Das Ver-
hängnis hatte anders über ihn beschlossen.

Die Verstimmungen, welche der Herbst 1853 brachte, wurden
indessen, außer durch die holländische Triumphreise, noch durch ein
anderes Ereignis gemildert. Es geschah im Oktober, daß mit einem
Empfehlungsbriefe von Joachim versehen ein Schumann gänzlich
unbekannter junger Musiker aus Hamburg bei ihm eintraf. Johannes
Brahms — denn dieser war es — erregte durch sein geniales Spiel
und seine eigenartigen Kompositionen sofort Schumann's allerhöchstes
Interesse. Und wie er früher, selbst ein Jüngling, ein Vorkämpfer
hochstrebender junger Geister gewesen war, so brach auch jetzt noch
der gereifte Mann für den Zwanzigjährigen die Bahn. Seit 1844
hatte Schumann's literarische Feder geruht. Jetzt ergriff er sie noch
einmal und zum letzten Male wieder, um durch sein gewichtiges
Wort Brahms in die große Kunstwelt einzuführen. Ein Artikel
„Neue Bahnen" erschien am 28. Oktober in Nr. 18 der Neuen Zeitschrift für Musik von 1853, in welchem Schumann Brahms als
denjenigen bezeichnete, der berufen sei, „den höchsten Ausdruck unserer
Zeit in idealer Weise auszusprechen". Nicht als Jünger und Anfänger behandelte er ihn, als „starken Streiter" hieß er ihn in den
Reihen der Meister willkommen. Wo und wann hat wohl je wieder
ein Künstler solche Worte zum Lobe eines anderen gefunden? Er,
dessen früheres Leben schon voll war von Beweisen hochherzig ge-
währter Anerkennung, sollte nicht scheiden, ohne nach langem Schweigen noch einmal das Bild seines edelsten, reinsten, neidlosesten
Künstlercharakters den Herzen der Menschen unauslöschlich einzu-
prägen. Für Brahms bedeutete freilich dieser glänzende Geleitsbrief zugleich eine hohe Schuldforderung. Man maß seine Leistungen stets nur mit dem höchsten Maße; es war auch eine Zeit,
wo man glaubte, Schumann habe, wie bei der Dichterin Elisabeth
Kulmann, in krankhafter Überreizung eine Begabung in ihn hinein-
gesehen, die er wirklich nicht besessen. Nachdem 28 Jahre seitdem
verstrichen sind, wissen wir jetzt, daß Schumann's genialer Tiefblick
ihn nicht getäuscht und Brahms die hohen auf ihn gestellten Er-

wartungen wahr gemacht hat. Der Verkehr mit Brahms, dessen er sich auch in jeder anderen Weise auf das liebenswürdigste annahm, war für Schumann eine große Freude. Auch Albert Dietrich (jetzt Hofkapellmeister in Oldenburg) weilte damals in Düsseldorf, und Schumann bewahrheitete im vollsten Maße, was er noch einige Monate zuvor über Theodor Kirchner geschrieben hatte, daß er den Bestrebungen Jüngerer so gern folge. Es existirt im Manuskript eine Sonate für Pianoforte und Violine, welche Schumann in diesen Oktobertagen mit Brahms und Dietrich gemeinsam komponirt hat. Dietrich beginnt mit einem Allegro in A moll, dann folgt Schumann mit einem Intermezzo in F dur, darauf Brahms, der sich *Johannes Kreisler* junior unterschreibt, mit einem Allegro in C moll, endlich schließt Schumann mit einem Finale in A moll, das in A dur ausläuft. Auch der Titel ist merkenswerth. Joachim wurde zum Koncert am 27. Oktober in Düsseldorf erwartet. Daher verfaßte Schumann folgenden Titel: „In Erwartung der Ankunft des verehrten und geliebten Freundes Joseph Joachim schrieben diese Sonate Robert Schumann, Albert Dietrich und Johannes Brahms". Allerdings konnte dieser anregende Verkehr nicht lange währen, da im November Schumann sich mit seiner Frau nach Holland begab und erst am 22. December nach Düsseldorf zurückkehrte. Er traf Brahms aber im Januar 1854 noch einmal in Hannover, wohin er kam, um einer Aufführung von „Paradies und Peri" beizuwohnen. Hier befanden sich auch Joachim und Julius Otto Grimm (jetzt Musikdirektor in Münster). Ein Kreis hochbegabter, ergebener junger Künstler umgab den Meister und freute sich seines Besitzes, nicht voraussehend, daß er ihnen nach wenigen Wochen jählings und für immer entrissen sein würde.

Schumann erschien als ein Mann von gesunder Konstitution, seine Figur war mehr als mittelgroß, voll und stattlich. Indessen sein Nervensystem zeigte von jeher eine sehr große Reizbarkeit, und Zustände nervöser Verstimmung, die bis zu bedenklichen Krankheitssymptomen sich steigerten, traten schon in seinem 24. Lebensjahre hervor. Ja eine gewisse krankhafte Überspannung seiner Empfindungen könnte sich wohl früher noch, im Zusammenhang mit seiner leidenschaftlichen Lektüre des Jean Paul eingestellt haben; schreibt er doch schon mit 18 Jahren einmal, daß ihn dieser Dichter oft dem Wahnsinn nahe gebracht habe. Heftige Gemüthserschütterungen,

wie sie etwa eine unerwartete Todesnachricht brachte, oder wie sie
sein Kampf um den Besitz der Geliebten häufig zur Folge hatte,
konnten ihn in einen Zustand töbtlicher Angst, qualvollster Rath-
und Hilflosigkeit setzen. Darauf folgten dann Tage tiefster Schwer-
muth. Eine Neigung zur Selbstquälerei, eine „Virtuosität im Festhalten unglücklicher Ideen" konnte ihm die schönsten Stunden des
Lebens vergällen. Düstere Ahnungen zogen dann manchmal durch
seine Seele; „oft ist mir, als lebte ich nicht lange mehr," äußert er
in einem Briefe an Zuccalmaglio vom 18. Mai 1837, „und ich
möchte noch einiges wirken"; und später einmal an Hiller: „man
muß ja schaffen, so lange es Tag ist". Die Kraft der Jugend
überwand indessen die trüben Wahnvorstellungen wieder, und nach
seiner Verheirathung ließ das ruhige, gleichmäßige Glück, das ihm
seine Gattin bereitete, lange Zeit jene finsteren Dämonen nicht an
ihn heran kommen. Erst im Jahre 1844 befiel ihn wieder eine
bedenkliche nervöse Abspannung, die offenbar eine Folge geistiger
Überanstrengung war. Er mußte sich zeitweilig jeder Arbeit, ja
jedes Musikhörens enthalten und sich in die Einsamkeit nach Dresden zurückziehen. Nur ganz langsam und nicht ohne Rückfälle trat
Besserung ein. Doch fühlte sich Schumann vom Jahre 1849 an
wieder ganz gesund, wie aus seinen Briefen und seiner Thätigkeit
hervorgeht. Dieser Zustand scheint bis gegen 1852 ziemlich beständig
gewesen zu sein. Dann aber meldeten sich die früheren Krankheits-
erscheinungen — Schumann hatte nach seiner Art wieder ohne Rast
und Ruh' gearbeitet — und sie meldeten sich im verstärkten Maße.
Er selbst wurde besorgt und suchte nach Heilmitteln. Auch Ferner-
stehende wurden durch manche Seltsamkeiten seines Benehmens den
Zustand nervöser Überreizung gewahr, in dem sich Schumann befand. Allmählich stellten sich Sinnestäuschungen ein, er glaubte
unablässig einen bestimmten Ton zu hören, auch volle Harmonien,
dann Stimmen, die ihm vorwurfsvolle oder begütigende Worte zu-
raunten. Einmal in der Nacht glaubte er die Geister Schubert's
und Mendelssohn's zu vernehmen, die ihm ein Thema brächten;
er erhob sich von seinem Lager und zeichnete es auf. Auch jene
„töbtliche Herzensangst" befiel ihn wieder, von der er in früheren
Jahren schon zu sagen gewußt hatte, und die ihn dann weder aus
noch ein finden ließ. Doch waren alle diese Zustände vorübergehend
und Schumann zwischen ihnen ganz klar sehend und seiner selbst

mächtig. Er äußerte den Wunsch, in eine Heilanstalt gebracht zu werden, arbeitete auch ganz in seiner früheren Weise. Über das ihm von Schubert und Mendelssohn gesendete Thema schrieb er Klaviervariationen, sein letztes Werk, das er nicht vollenden sollte. Am 27. Februar 1854 um die Mittagszeit, als er neuerdings von einem jener qualvollen Angstzustände erfaßt war, verließ er unbemerkt das Haus und stürzte sich von der Rheinbrücke hinab, in den Fluthen den Tod suchend. Schiffer, welche die That bemerkt hatten, retteten ihn. Er wurde erkannt und in seine Wohnung getragen. Deutliche Zeichen völligen Irrsinns traten hervor. Nach einigen Tagen stellte sich Beruhigung und größere Klarheit ein, mit ihnen der auch jetzt noch nicht erloschene Arbeitstrieb. Schumann vollendete diejenige Variation über das Geister-Thema, in welcher er vor der Katastrophe die Arbeit abgebrochen hatte. Diese letzten Äußerungen seines müden Genius sind unveröffentlicht geblieben. Aber Johannes Brahms hat das Thema aufgenommen und darüber vierhändige Variationen geschrieben, die zu seinen schönsten und rührendsten Werken gehören (Op. 23). Er hat sie Schumann's Tochter Julie zugeeignet.

Die letzten beiden Jahre seines Lebens hat Robert Schumann in der Privat-Irrenanstalt des Dr. Richarz zu Endenich bei Bonn zugebracht. Seine Gemüthskrankheit äußerte sich in tiefer Melancholie. Zu Zeiten, namentlich im Frühjahr 1855, wo scheinbar eine Besserung eintrat, war er in seiner Erscheinung von früher kaum verschieden. Er war noch immer thätig und schrieb unter anderem eine Klavierbegleitung zu Paganini's Violin-Kapricen. Er korrespondirte auch und empfing Besuche. Allmählich wurden die Flügelschläge seines Geistes matter und matter. In den Armen seiner Gattin ist er am 29. Juli 1856 verschieden. Nur auf 46 Jahre hat er sein Alter gebracht.

Schumann's Musik ist bald nach seinem Tode in Deutschland zu einer Popularität gelangt, die den Vergleich mit dem beliebtesten unserer älteren Meister aushält. Nachdem man sich einmal mit seiner Eigenart befreundet hatte, erkannte man rasch, wie tief aus dem innersten Empfinden des deutschen Volkes diese Weisen geschöpft waren. Begreiflicherweise regte sich nun auch immer stärker das Verlangen, dieser Liebe einen äußeren Ausdruck zu geben. Schumann war in Bonn auf dem Friedhof vor dem Sterneuthor

begraben worden. Man beschloß, ihm dort ein Monument zu errichten. Am 17., 18. und 19. August 1873 fand zu Bonn eine
Schumannfeier statt, bei welcher nur Kompositionen des geschiedenen
Meisters zur Aufführung kamen. Die Leitung übernahmen J. Joachim
und J. v. Wasielewski. Unter den Mitwirkenden war Frau Clara
Schumann, welche das Klavier-Koncert in A moll spielte. Die Feier
bekam durch ihre Theilnahme und durch die Art wie man sie auszeichnete, etwas überaus ergreifendes. Der Ertrag der Koncerte wurde für
ein Schumann-Monument bestimmt und dieses von A. Donndorf
in Stuttgart ausgeführt. Auch bei dessen Enthüllung fand wieder
ein Koncert statt, das nur Schumann'sche Kompositionen und das
Violinkoncert Op. 77 von Brahms brachte. Brahms dirigirte.

II.

Schumann ist als Schriftsteller und Komponist thätig gewesen
und in dieser Vielseitigkeit eine neue Erscheinung unter den großen
deutschen Tonkünstlern. Zwar hat er in C. M. v. Weber einen
Vorgänger gehabt. Auch dieser schriftstellerte mit Begabung und
Beruf, und seine gesammelten Schriften sind ein literarisches Denkmal, das weit mehr als nur persönliche Bedeutung besitzt. Indessen
die Verhältnisse sowohl wie auch die Unruhe der eigenen Natur
ließen Weber eine volle Entfaltung seines schriftstellerischen Talentes
nicht erreichen. Hier kam Schumann der Zwang einer zehnjährigen
Redaktionsführung zu statten. Er hat 1854 seine „Gesammelten
Schriften über Musik und Musiker" in 4 Bänden bei Georg Wigand
in Leipzig erscheinen lassen, von denen 1871 eine zweite Auflage
in 2 Bänden veranstaltet worden ist. Doch muß bemerkt werden,
daß diese Sammlung keine vollständige ist und die aufgenommenen
Abhandlungen auch mancherlei Veränderungen erfahren haben. Eine
alles umfassende und originalgetreue Ausgabe der Schriften Schumann's bleibt immer noch zu wünschen.

Man darf sich Schumann's Doppelthätigkeit nicht so vorstellen,
als habe er sich als Schriftsteller die Grundsätze klar zu machen
versucht, nach welchen er sodann als Komponist verfahren sei.
Kaum wird man überhaupt eine kritische und eine produktive Thätigkeit in seinem Wirken einander gegenüberstellen können. Seine

Schriftstellerei wie seine Kompositionsthätigkeit waren beide ent-schieden produktiver Natur. Genügte er mit letzterer mehr dem rein musikalischen Schaffensdrange, so mit ersterer dem poetischen. Be-deutungsvoll nennt er selbst einmal brieflich seine literarischen Arbeiten „den Text zu seinen musikalischen Kompositionen". Schu-mann's Aufsätze sind großentheils mehr Nachdichtungen von Ton-werken oder poetische Phantasien über musikalische Gegenstände als eigentliche Kritiken. Die Fälle, in welchen er sich nur negativ ver-hält, bilden verschwindende Ausnahmen. Ein hohes Ideal schwebt ihm vor. Gestützt auf die Kunst der großen Meister will er im Gegensatz zu der Seichtigkeit seiner Tage eine neue bedeutende Kunst-periode herbeiführen helfen. Er nennt dieselbe mehrfach eine „poetische". Man wird sich hier vor einem Mißverständnisse hüten müssen. Poetische Musik wird wohl der reinen Musik entgegengesetzt um ein Kunstwerk zu bezeichnen, das sich auf eine Verbindung von Poesie und Musik gründet. Eine solche ist beispielsweise im Gesange vor-handen, kann aber auch so gedacht werden, daß das reine Tonstück es auf eine Erzeugung bestimmter Empfindungen und Vorstellungen anlegt, oder daß es unter einer vorher gegebenen Vorstellung und Empfindung wirken soll. Nichts von diesem war es, was Schumann meinte. Ihm steht die Poesie der Prosa gegenüber, wie die Be-geisterung der Nüchternheit, der schwärmerische Jüngling dem Phi-lister, der ideal gesinnte Künstler dem gemeinen Handwerker oder dem schönthuerischen Hohlkopf. Eine gehaltvolle, innerlich lebendige Kunst will er wieder herbeiführen, kein leeres Formen- und Phra-senthum mehr dulden. Darnach bestimmt sich der Ton seiner Musikschriftstellerei und auch der Inhalt derselben. Schumann äußert sich über die Recensenten einmal in folgendem originellen Gleichnis: „Die Musik reizt Nachtigallen zum Liebesruf, Möpse zum Kläffen". Nichts kann seine eigene Stellung zur Musikschrift-stellerei deutlicher bezeichnen. Nach seiner Meinung soll das Musik-stück den wahren Kritiker zum Nachschaffen anregen; er soll den Inhalt desselben in sich aufnehmen und in seiner Weise weitertönen lassen. Schumann der Musikschriftsteller ist in der That eine solche liebrufende Nachtigall. Wenn man auch nicht gewillt sein kann, alle Kritiker, die nicht seine Weise hatten, mit dem oben angeführten Spruche für Möpse zu erklären, so darf man doch sagen, daß die Verschiedenheit zwischen Schumann's Art und der in den damaligen

Mufifzeitungen üblichen dem draftifchen Gleichniffe ungefähr ent-
fpricht. Und es find eigenthümliche und neue Töne, welche der
Bruft diefes fritifirenden Poeten entftrömen. Man kann eine ftarke
Anlehnung an Jean Paul, namentlich bei den älteren Auffätzen,
zugeben. Die fchwärmerifche, jugendliche Grundftimmung, die hu-
moriftifchen Einfälle, die geiftreichen, manchmal blendenden Sentenzen hat Schumann mit ihm gemeinfam. Der Stil ift aber ein
ganz anderer: er bewegt fich meiftens in kurzen, lebhaften Sätzen,
geht immer ohne Umfchweife auf die Sache los, gefällt fich oft in
lecken Abbreviaturen. Es liegt etwas Genialifch-Läffiges in ihm,
und doch verräth er überall einen künftlerifchen Inftinkt. Von Jean
Paul's Weichlichkeit und Thränenfeligkeit hat Schumann garnichts.
Überall weht zugleich mit der Empfindungstiefe und Schwärmerei
uns die erquickliche Frifche gefundefter Jugend entgegen. Es wurde
früher fchon gefagt, daß Schumann häufig durch fingirte Perfön-
lichkeiten mit beftimmt ausgeprägtem Charakter (Floreftan, Eufebius,
Raro 2c.) fich vernehmen läßt. Auf diefen Einfall konnte nur ein
Poet kommen. Einer ruhigen Kritikübung, die doch vor allem von
einem feften, fcharf markirten Standpunkte ausgehen muß, ift er nur
hinderlich. Aber er bringt vielgeftaltiges Leben und manchmal eine
wirklich dramatifche Bewegung hinein, welche feffelt und nun auch
zu eigenem tieferen Nachdenken über den betreffenden Gegenftand
anregt. Schumann wählt aber auch noch andere und künftlichere
Formen für feine Kritiken. So befpricht er die erften von Men-
delsfohn im Oktober 1835 geleiteten Gewandhauskoncerte in der
Form von Briefen, welche Eufebius an die in Italien weilende
Chiara fchreibt. Um die Thatfachen diefer Koncerte winden allerhand geiftreiche Betrachtungen und phantaftifche Erfindungen fich
zu einem Rahmen, der das Bild in leuchtendem Glanze hervortreten
läßt. Als es einmal einen Haufen Tanzmufik für Klavier zu be-
fprechen giebt, bedient fich Schumann folgender Fiktion. Der
Redakteur einer größeren Mufikzeitung giebt einen kunfthiftorifchen
Ball; Komponiften find geladen, Dilettantinnen mit ihren Müttern,
Mufikverleger, Mitglieder der Diplomatie, einige reiche Jüdinnen,
natürlich auch die Davidsbündler. Das Tanzprogramm bilden die
zu befprechenden Kompofitionen, nach denen die Paare fich den
Abend lang herumfchwenken. Dabei kommt es zu allerhand humo-
riftifchen Begebenheiten, fatirifchen, launigen und empfindungsvollen

Herzensergüssen, in welche die Kritik über die Kompositionen unvermerkt eingeschmuggelt wird. Ein anderes Mal sind die Davidsbündler unter sich. Sie spielen abwechselnd (natürlich neue zu
recensirende Kompositionen); während des Spielens treiben die Anderen genialisches Zeug, welches seinen Gipfelpunkt dadurch erhält,
daß einer von ihnen zu den von Zilia gespielten „Deutschen Tänzen"
von Franz Schubert mit einer Laterna magica einen Maskenball
an die Wand schattet, während Florestan auf dem Tische stehend
die Schattenbilder erklärt. Etwas lebendigeres, reizvolleres und
poetischeres als dieser Aufsatz (Gesamm. Schriften, II., 9 ff.) ist
nie über Musik geschrieben worden; er ist ein kleines Kunstwerk
für sich. Einmal giebt Schumann als Recension über ein von
Clara Wieck gegebenes Koncert ein wirkliches Gedicht: „Traumbild
am 9. September [1838] Abends" (Gesamm. Schriften, II., 233);
in ihm vereinigt sich echte, zarte Empfindung mit geschickter Charak-
terisirung dessen, was dem Auftreten Clara's eigenthümlich war.
Eine hervorragende Begabung zeigt Schumann für das Zeichnen
von Charakterköpfen. Die Aufsätze, in denen er W. Sterndale
Bennett, Niels W. Gade, Adolph Henselt zusammenfassend charakterisirt hat, sind, soviel auch immer hernach über diese Künstler
geschrieben worden ist, nicht übertroffen worden. Mit dem Blick
des Sehers drang er in die Tiefen ihres Wesens ein und hat dasselbe in so zarter, sinniger Weise in Worte zu fassen gewußt, wie
es ihm keiner nachzuthun vermochte. In dem Aufsatze „Der alte
Hauptmann" (Gesamm. Schriften, II., 116) erzählt er von einem
alten, musikbegeisterten Militär, welcher in dem Kreise der Davidsbündler verkehrt habe, und schildert sein Wesen mit so feiner Beobachtung und tiefem Verständnis, daß der Typus eines guten,
liebenswürdigen Dilettanten in diesem Aufsatz einen klassischen Ausdruck erhalten hat. Ein leiser melancholischer Anhauch macht das
Bild noch reizvoller.

Der Grundzug von Schumann's Kritik war Wohlwollen. Mit
dem Schlechten, das er hätte energisch verwerfen müssen, gab seine
vornehme Natur sich am liebsten gar nicht ab. Das Schneidigste
und Herbste, was er je geschrieben hat, ist seine berühmte Kritik
über Meyerbeer's „Hugenotten" (Gesamm. Schriften, II., 220 ff.).
Sie mag in ihrer Heftigkeit etwas übers Ziel hinausschießen, aber
vielleicht treten auch nirgendwo die Reinheit und der Adel von

Schumann's künstlerischer Gesinnung leuchtender hervor, als in dieser Kritik und der unmittelbar folgenden über Mendelssohn's „Paulus". Der große Erfolg der „Hugenotten" war es, der Schumann's Widerspruch die verletzende Schärfe gab. Wo es sich um unschädlichere Kompositionen handelt, weiß er die Waffen der Ironie und des Spottes ebenso wirksam wie graziös zu handhaben. Am wohlsten fühlt er sich, wenn er loben und aufmuntern kann. Da dringen ihm die Worte und Wendungen so unmittelbar vom Herzen weg, daß der Eindruck manchmal ein hinreißender und geradezu bezaubernder ist. Als Beispiel möge man nur die Besprechung des siebenten Klavierkoncertes von John Field ansehen (Gesamm. Schriften, I., 268 ff.). Etwas sinnigeres, zarteres ist wohl unter dem Namen Kritik nie geschrieben, als jene Zeilen über die C moll-Sonate von Delphine Hill Handley (Gesamm. Schriften, I., 92 f.). Verständnißvoll den Inhalt des Werkes nachempfindend und das Mädchenhafte selbst in der Form der Besprechung schalkhaft zum Ausdruck bringend hat Schumann hier ein kleines poetisches Meisterstück geschaffen, das einen jeden fesselt, auch wenn man keine Note der besprochenen Komposition kennt. Und immer stehen ihm neue Formen der Darstellung zu Gebote. Hat er bei sonst lobenswerthen Stücken auch etwas zu tadeln, so weiß er es stets in feinster Form zu thun. Seine liebenswürdige Gesinnung, sein Zartgefühl und seine bedeutende schriftstellerische Begabung lassen ihn in solchen Fällen nie um eine geistvolle, humoristische Wendung verlegen sein. Einige Male, wenngleich immerhin selten, ist es Schumann auch begegnet, daß er in seiner Theilnahme für alles, was ihm jung und aufstrebend erschien, zu weit gegangen ist. So hat Hermann Hirschbach die Hoffnungen, welche Schumann auf ihn setzte, nicht erfüllt; auch in der Anerkennung von Berlioz' Kompositionen hat Schumann anfänglich etwas mehr gethan, als er später selbst verantworten zu können glaubte.

In den späteren Jahren tritt an Stelle der poesievoll blühenden Darstellung mehr eine ruhig betrachtende. Der Reichthum an vortrefflichen Kunstanschauungen und Grundsätzen bleibt derselbe, nur sind dieselben nicht mehr so glänzend und scharf gefaßt, wie in der früheren Zeit, wo Schumann an geistreich blitzenden Sentenzen seine ganz besondere Freude hatte (Gesamm. Schriften, I., 27 ff., 208 ff.). Es offenbart sich aber in ihnen ganz überwiegend der praktische

Mufiter, und Schumann gesteht selbst, daß er „einen einfachen Fluch
eines Mufikers oft höher anschlage, als ganze Ästhetiken" (Gesamm.
Schriften, II., 246.;. Doch kommen auch hier und da tiefsinnige
ästhetische Bemerkungen vor, deren Werth es durchaus nicht schmä-
lert, daß man ihnen anmerkt, wie sie mehr durch Intuition als
durch systematisches Nachdenken gefunden sind. Daß Schumann
mit seinem Aufsatze: „Über einige corrumpirte Stellen in klassischen
Werken" (Gesamm. Schriften, IV., 39 ff., der mufikphilologischen
Textkritik einen wirksamen Anstoß gegeben hat, ist bekannt. Auch
geschichtliche Entwickelungen werden manchmal angedeutet, und
gründen sich diese Andeutungen auch nicht auf umfassende historische
Kenntnisse, so treffen sie doch in den Hauptsachen instinttiv das
Rechte und sind immer durchaus beachtenswerth.

Zusammenfassend muß man über Schumann's Schriftstellerthum
sagen, daß es nicht nur für den Augenblick überaus anregend, ja
selbst bahnbrechend gewirkt, sondern daß es sich in Leistungen kund
gegeben ·hat, die einen hohen dauernden Werth besitzen. In der
Mufikliteratur werden Schumann's Schriften stets einen ersten
Rang behaupten, ja, in der Literatur der Kunstkritik überhaupt
gebührt ihnen ein hervorragender Platz. Es ist weniger die Schärfe
des analysirenden Verstandes, wodurch sie sich auszeichnen. Einen
mufikalischen Lessing könnte man Schumann nicht nennen, überhaupt
sind es nicht die Waffen der Wissenschaft, mit welchen er wirkt.
Es ist das poetische Talent, welches sich mit dem mufikalischen Genie
in der Person eines umfassend und fein gebildeten Menschen vereinigt hat. Dieses bedingt die Originalität und den großen selbständigen Werth der Schriften Schumann's.

Mit Schumann's Wirken als Schriftsteller steht noch eine Erscheinung in Verbindung, welche im deutschen Mufikleben eben so
neu war, wie Schumann in seiner Doppelthätigkeit selber. Diese
Erscheinung ist die Bildung von mufikalischen Parteien. Kein Zweifel, daß Schumann hierzu den unmittelbaren Anstoß selbst gegeben
hat, sowohl durch seine „Davidsbündlerschaft", als durch das Agi-
tatorische, was überhaupt in seinem Wesen lag. Die künstlerischen
Grundsätze Schumann's waren dieselben, welche alle unsere großen
Meister hatten und befolgten. Das Neue in ihm ist, daß er sich
durch Wort und That um Ausbreitung derselben bemüht. So lange
er nun die Zeitung leitete, konnte es freilich zur Parteibildung nicht

kommen. Der von ihm eingenommene Standpunkt war ein so hoher, daß sich in engeren und weiteren Kreisen alles um ihn scharen mußte, was es ernst mit der Kunst meinte. Aber die Agitationslust war einmal entzündet, und als Schumann von der Zeitung zurückgetreten war, warf sie sich auf andere und weniger allgemeingültige Grundsätze. Daß Schumann der einzige deutsche Komponist jener Zeit war, der Mendelssohn an die Seite gesetzt werden konnte, lag auf. der Hand. Man verglich sie mit einander. Man wollte bei Mendelssohn ein Vorwalten der Form vor dem Inhalt entdecken, bei Schumann einen Inhalt, der sich neue Formen suche. So brachte man sie in Gegensatz als Vertreter zweier Kunstprincipe. Es bildeten sich „Schumannianer" und „Mendelssohnianer". In Wirklichkeit bestand von einem solchen principiellen Gegensatze zwischen Mendelssohn und Schumann kaum etwas. Die Verschiedenheit war eine Verschiedenheit der Persönlichkeiten. Und so, mehr auf persönliche Neigung und Abneigung gegründet, bekamen die Parteien etwas vom Wesen der Klique. Die federgewandten Schumannianer, die über ein eigenes Organ verfügten, waren vor den Mendelssohnianern im Vortheil. Den Hauptsitz dieser Parteien bildete einstweilen Leipzig. Hier, wo Mendelssohn zum Entzücken und Heil der musikalischen Welt gewirkt, mußte es geschehen, daß seine Kunst zuerst jenen Angriffen und geringschätzigen Beurtheilungen ausgesetzt wurde, die sich hernach, zur Unehre des deutschen Volkes, in immer weiteren Kreisen fortpflanzten. Es mußte von den blinden Bewunderern desjenigen Künstlers geschehen, der Mendelssohn von jeher in unbegrenzter Verehrung zugethan gewesen war. „O Klique!" ruft Moscheles 1849 in seinem Tagebuche aus. „Als wenn in einer Stadt, wo man den Genius eines Schumann verehrt, Mendelssohn als schulmeisterlich erscheinen, unter ihn gesetzt werden müßte! Das Publikum verliert alle Initiative und steht mit seiner Auffassung und seinen Gefühlen unter einer Leitung, die es ebenso berückt, wie die Wühler das deutsche Volk." Daß Schumann selbst von diesem Treiben auf das peinlichste berührt werden mußte, ist ebenso klar, wie daß es der unbefangenen Aufnahme seiner Kunst nur schaden konnte. Was aber bei Schumann begann, ist hernach mit stärkeren Mitteln bei Wagner fortgesetzt worden.

Als Komponist ist Schumann vom Klavier ausgegangen und bis zum Jahre 1840 hat er fast nur Klavierwerke geschrieben. Er

pflegte eine Zeit lang auch am Klavier zu komponiren und that
dies noch im Jahre 1839, hat aber die Angewohnheit später (in
den „Musikalischen Haus- und Lebensregeln") als eine verwerfliche
bezeichnet. Jedenfalls hatte sie für ihn den Vortheil, daß er von
Anfang an klaviermäßig schrieb. Wenn irgend welche Klavierkompositionen, so sind diejenigen Schumann's tief aus dem Wesen
des Klaviers herausgeholt. Seine Art, dies Instrument zu behandeln, ist eine ganz neue. Er bringt auf ihm eine Art von
orchestraler Polyphonie heraus, und weiß durch Pedalgebrauch,
Sprünge, weite Lagen der Harmonien, Verschränkungen der
Hände u. a. ihm eine ungeahnte Fülle von Klangwirkungen zu
entlocken. Wie tief und gründlich Schumann den Charakter des
Klaviers studirt hatte, kann man auch aus dem ausführlichen, sehr
lehrreichen Vorwort seiner Bearbeitungen Paganini'scher Capricen
(Op. 3) ersehen. Irgend einen Anschluß an die Spielweise älterer
Meister zeigt Schumann auch in seinen frühesten Klavierkompositionen nicht, ausgenommen die Variationen Op. 1, welche die
Hummel-Moscheles'sche Schule verrathen. Aber man merkt sehr
wohl, daß er alles kannte; man würde es merken, wenn man auch
nicht aus seinen Schriften wüßte, wie lebhaft er sich gerade für die
Literatur der Klavieretuden interessirte. Auf eigentlich bravourmäßiges Spiel sind indessen seine Kompositionen nur selten angelegt;
seine Ideen verlangten meistens nicht nach einem äußerlich glänzenden Gewande. Ja zuweilen wundert man sich über die Enthalt-
samkeit, mit welcher Schumann von der Verwendung des höchsten
und tiefsten Bereichs des Klavieres abzusehen pflegt.

Neu, wie die Klavierbehandlung, ist auch Inhalt und Form
der Kompositionen von Anfang an. Es giebt wenige unter den
großen deutschen Meistern, die vom ersten Werke an eine so
frappirende Originalität zeigen. Anklänge an andere Komponisten
finden sich in allen Schumann'schen Werken verschwindend wenige.
Am Beginn seiner Komponisten-Laufbahn bediente sich Schumann
mit Vorliebe der knappen Tanz- oder Lied-Form, und setzte längere
Stücke aus solchen kleinen Formen mosaikartig zusammen, anstatt
einen Inhalt in großem Zuge zu entwickeln. Aber die Mannigfaltigkeit, mit welcher er die kleine Form zu behandeln weiß, zeugt
von genialer Erfindungskraft. Das Überwiegen der kleinen Formen
erklärt sich aus Schumann's früherer Art zu schaffen. So gleich-

mäßig fleißig er in späteren Jahren war, so unstet und unberechen-
bar war in jungen Jahren seine Art zu arbeiten. Die Kompositionen
erscheinen alle wie durch plötzliche Impulse des Genius unmittelbar
hervorgetrieben. „Mensch und Musiker", äußerte Schumann später
einmal über seine Jugendwerke, „suchten sich immer gleichzeitig bei
mir auszusprechen". Das soll nun freilich bei jedem Künstler geschehen; legt er nicht die ganze Persönlichkeit in das Kunstwerk
hinein, so entsteht nichts werthvolles. Aber Schumann meint mit
jenen Worten, daß er als Jüngling bestrebt gewesen sei, seiner
inneren Bewegung über persönliche Erlebnisse in Tonformen Luft
zu machen. Dieselben mußten unter solchen Umständen manches
zufällige, durch die Kunstgesetze allein nicht erklärliche an sich tragen.
Aber sie verdanken dieser Art der Entstehung auch die bezaubernde
Frische und Ursprünglichkeit, mit der sie auf den Hörer wirken.
Gleich die Variationen Op. 1 sind ein solches Stück. Das Thema
wird aus der Tonreihe

gebildet. Die Namen der Töne zusammengesetzt ergeben das Wort
Abegg. „Meta Abegg" hieß eine schöne junge Dame in Mannheim,
die Schumann als Student auf einem Balle kennen gelernt hatte.
Solchen symbolischen Spielereien begegnet man bei Schumann
häufig. Man kann sie im gewissen Sinne auf das Vorbild Seb.
Bach's zurückführen, der seinen Namen in eine melodische Tonreihe
auflöste; dasselbe that später Schumann mit dem Namen Gade
(Album für die Jugend, Op. 68. Nr. 41; in den Schriften
II., 115 stellt er einmal den Mädchennamen „Beda" in Tönen dar,
und auch aus seinem Namen suchte er die musikalischen Buchstaben
zu einer Tonfolge zusammen. Aber die eigentliche, innere Veranlassung zu solchen Einfällen war doch wohl Jean Paul, der im
Auffinden derartiger geheimnisvoller Bezüge stark ist. Als Op. 2
veröffentlichte Schumann eine Reihe kleiner Klavierstücke in Tanz-
form unter dem Namen „Papillons". Die Stücke waren theils in
Heidelberg, theils in dem folgenden ersten Leipziger Jahre entstanden. Ein innerer musikalischer Zusammenhang besteht zwischen ihnen
nicht. Schumann fühlte das Bedürfnis, ihnen wenigstens für seine
Empfindung einen poetischen Zusammenhang zu geben. Er dachte

sich daher das vorletzte Kapitel aus Jean Paul's „Flegeljahren" als poetischen Hintergrund"*. Hier wird ein Maskenball geschildert, auf dem sich das Liebespaar Wina und Walt befindet. Die einzelnen Musikstücke können also theils die verschiedenen Erscheinungen des bunten Maskengetümmels bezeichnen, theils den innigen Seelenaustausch des liebenden Paares. Das Finale hat Schumann mit ganz bestimmtem Hinblick auf jene Scene Jean Paul's geschrieben. Man erkennt das schon aus der gegen den Schluß hin über den Noten befindlichen Bemerkung: „Das Geräusch der Faschingsnacht verstummt. Die Thurmuhr schlägt sechs." Wirklich hört man in einem sechsmal wiederholten zweigestrichenen a die Glockenschläge. Dann huscht alles auseinander, und das Stück zerrinnt wie eine Vision in die leere Luft. Der humoristischen Einfälle hat es noch mehre. Es beginnt mit einem alten, hausbackenen deutschen Volksliede, dem sogenannten „Großvatertanze":

Daran schließt sich unmittelbar in anderer Taktart das Fragment eines zweiten Volksliedes:

Dasselbe ist ebenfalls alt und wurde in Sachsen schon in der ersten Hälfte des 18. Jahrhunderts gesungen. Seb. Bach hat es in seiner „Bauerncantate" völlig und ebenfalls in humoristischer Absicht verwendet:

Davon kann jedoch Schumann, trotz seiner sonst genauen Bekannt-

___

* In einem Briefe an seine Freundin Henriette Voigt nennt Schumann das letzte Kapitel. Dies ist ein offenbarer Schreibfehler.

schaft mit Bach, kaum gewußt haben, und so bleibt das Zusammentreffen nur ein interessanter Zufall. Diesen beiden altmodischen
Liebesliedern stellt sich nun mit sanftem, graziösem Schwunge die
Melodie von Nr. 1 der „Papillons" entgegen, die hernach sogar
mit dem „Großvatertanz" kontrapunktisch kombinirt ist. Der Name
„Papillons" soll nicht etwa einen leichten, flüchtiggaukelnden Charakter der Tonstücke andeuten. Er bezeichnet vielmehr wohl Bilder
musikalischer Stimmungen, die aus gewissen persönlichen Erlebnissen
des Komponisten hervorgegangen sind als ihr zum höchsten ideali-
sirter Inhalt, gleichsam wie aus der Puppe der Falter hervorschlüpft.
Das Titelbild der Original-Ausgabe deutet ebenfalls auf einen
solchen Sinn, und die Erklärung paßt durchaus auf die Art, wie
Schumann damals zu schaffen pflegte; eine entscheidende Äußerung
hierüber vom Komponisten selbst fehlt uns.

In einer Art von Zusammenhang mit den „Papillons" steht
der „Carnaval" (Op. 9). Wiederum hat Schumann hier das lustige
Treiben einer Maskerade in musikalischen Bildern vorgeführt (ein
drittes Mal versuchte er im „Faschingsschwank aus Wien" Op. 26
etwas ähnliches). Wiederum ist es eine Sammlung von kleineren
Stücken, welche Schumann nach und nach ohne weitere Nebenge-
danken schuf, und die er erst später, als er sie zu einem Ganzen
ordnete, mit einem poetischen Generaltitel und poetischen Spezial-
überschriften versah. Das musikalische Band, welches die Stücke
vereinigt, ist daß sie mit wenigen Ausnahmen alle an die Tonreihe
a es c h oder as c h angeknüpft sind. Asch ist der Name eines
Städtchens in Böhmen, der Heimat eines Fräulein Ernestine von
Fricken, zu welcher Schumann gerade als er den „Carnaval" komponirte in sehr nahen Beziehungen stand. In der Reihenfolge
s (es) c h a sind die Buchstaben auch die einzigen musikalischen
in Schumann's eigenem Namen. Hiernach sind die auf S. 13 der
Originalausgabe befindlichen „Sphinxes" zu denken. Die Stücke
sind zum Theil mit Maskennamen (Pierrot, Arlequin, Pantalon
et Colombine), zum Theil mit Personennamen bezeichnet. Hier
treten nun vor allem die Davidsbündler auf: Florestan, Eusebius,
Chiarina, ferner Ernestine von Fricken unter dem Namen Estrella,
Chopin, Paganini; auch eine „Coquette", wer hiermit gemeint ist,
weiß man nicht. Dann ziehen Situationen des Maskenballs
vorüber: eine Erkennung, ein Liebesgeständnis, eine Promenade,

eine Tanzpause; dazwischen ertönen Walzer, einmal tanzen die
Buchstaben a s c h und s c h a spukhaft in der Luft und verschwinden wie wesenlose Phantome. Ein Stück, „Papillons" genannt, wirbelt vorüber wie eine hastig kommende Erinnerung, und
in Florestans Stück ist eine Passage aus Nr. 1 der „Papillons"
(Op. 2) wirklich eingeflochten. Der Schlußsatz heißt: „Marsch der
Davidsbündler gegen die Philister". Als Symbol der Philister erscheint der „Großvatertanz", von Schumann hier als „Thema aus
dem 17. Jahrhundert" bezeichnet. Daß der „Marsch" im $^3/_4$ Takt komponirt ist, einem Takt, nach welchem sich gar nicht marschiren läßt,
hat vielleicht auch eine humoristisch-symbolische Bedeutung.

Die „Davidsbündlertänze" (Op. 6), „Fantasiestücke" (Op. 12),
„Kinderscenen" (Op. 15), „Kreisleriana" (Op. 16), „Novelletten"
(Op. 21), die „Bunten Blätter" (Op. 99) und „Albumblätter"
(Op. 124), deren Inhalt durchaus noch aus Schumann's erster
Kompositionsperiode stammt, von späteren Werken z. B. die „Wald-
scenen" (Op. 82) — sie alle tragen es an der Stirn geschrieben,
daß sie ebenso wie „Papillons" und „Carnaval" unmittelbar aus
persönlichen Erlebnissen Schumann's hervorgegangen sind. Sie sind
„Gelegenheitsdichtungen" im Goethe'schen Sinne, der das höchste
Lob eines Kunstwerkes bezeichnet. Von den „Davidsbündlertänzen",
„Kreisleriana" und „Novelletten" erzählt Schumann selbst, daß sich
in ihnen die wechselnden Seelenstimmungen wiederspiegelten, welche
der Kampf um Clara in ihm erzeugt habe. In den „Davidsbündlertänzen" herrscht die Vorstellung, daß Florestan und Eusebius
meist abwechselnd, zuweilen auch vereint sich vernehmen lassen. Der
Ausdruck „Tänze" aber bedeutet nicht, wie man wohl gemeint hat:
Tänze, d. h. Zusammenstöße und Auseinandersetzungen, welche die
Davidsbündler mit den Philistern hatten; das Wort „Tanz"
bezeichnet ganz einfach nur die Form der Tonstücke, die freilich mit
kaum weniger Freiheit gehandhabt wird wie im „Carnaval" der
Marsch. Die „Kreisleriana" nehmen Bezug auf eine phantastische
Dichtung gleichen Namens von E. T. A. Hoffmann, die sich in
dessen „Phantasiestücken in Callot's Manier" (Bamberg, 1814.
S. 47 ff.) findet. Hoffmann ist ein Nachfolger Jean Paul's,
welcher die „Phantasiestücke" auch mit einer Vorrede versah. Halb
Musiker, halb Dichter mußte er Schumann als eine innerlich ver-
wandte Persönlichkeit erscheinen, und die Figur des excentrischen,

wilden, geistreichen Kapellmeisters Kreisler, die Hoffmann nach
seinem eigenen Leben gezeichnet hatte, bot jedenfalls viele Züge, in
denen Schumann sich selbst wiedererkennen mochte. Von den Novelletten sagt Schumann, sie seien „größere zusammenhängende aben-
teuerliche Geschichten". Durch Überschriften sind dieselben nicht angedeutet, wennschon die Vortragsbezeichnungen manches verrathen.
Dagegen tragen die übrigen oben noch erwähnten Werke in ihren
einzelnen Theilen fast sämmtlich Überschriften, welche in sehr be-
zeichnender, oft tief poetischer Weise die Phantasie des Spielers
oder Hörers in eine bestimmte Richtung lenken. Überhaupt war
diese Art des Klavierstücks eine Lieblingsform Schumann's. Er
verwahrt sich verschiedenfach energisch gegen die Unterstellung, als ver-
gegenwärtige er sich ein bestimmtes Objekt, etwa ein „bittendes Kind"
oder eine „verrufene Stelle im Walde", und suche dieses dann durch
seine Töne zu beschreiben. Er erfinde vielmehr die Tonstücke ganz
selbständig und gebe ihnen hernach erst durch eine Überschrift eine
bestimmte Beziehung. Die Hauptsache sei und bleibe auch immer,
daß das Musikstück an sich einen Werth habe und durch sich selbst
verständlich sei. Dieser Grundsatz ist unzweifelhaft richtig, und
dadurch, daß Schumann ihn für den seinigen erklärte, zeigte er,
daß er ein echter Musiker war, der an die selbständige Bedeutung
seiner Kunst glaubte. Indessen, wenn ihm die poetischen Überschriften
als so ganz unwichtig erschienen wären, so hätte er sie nicht bei
der überwiegenden Mehrzahl seiner kleineren Klavierstücke angewendet. Daß er es dennoch that, beweist, daß er mit der Komposition
des Stückes nicht alles gesagt fühlte, was in ihm nach Ausdruck
verlangte. Erst wenn durch eine Überschrift eine ganz besondere
Stimmung oder Empfindung im Hörer oder Spieler geweckt war,
versprach sich Schumann von dem betreffenden Stücke die beabsichtigte Wirkung. Streng genommen können sich Poesie und Musik
nur im Gesange der menschlichen Stimme vereinigen. Durch das
Klavierstück mit poetischer Überschrift hat Schumann eine Ausdrucks-
weise gefunden, welche zwischen der reinen Instrumentalmusik und
der Gesangsmusik gewissermaßen in der Mitte schwebt, dadurch
etwas unbestimmtes, ahnungsvolles erhält, das man mit bestem
Rechte romantisch nennen kann.

　　Zu den aus kleinen Formen bestehenden Kompositionen muß
man auch Schumann's Variationenwerke rechnen. Schumann

hat die Variationenform zwar frei und phantastisch behandelt, aber mit einer verschwenderischen Fülle von Geist und Tiefsinn. Den „Impromptus über ein Thema von Clara Wieck" Op. 5) haben offenbar Beethoven's sogenannte Eroica-Variationen Op. 35) als Vorbild gedient, an welche sie in der allgemeinen Anordnung und Benutzung des Grundbasses erinnern, ohne übrigens in der Ausführung irgend etwas von Originalität vermissen zu lassen. In dem „Andante und Variationen für zwei Pianoforte" (Op. 46), einem der reizendsten und beliebtesten Klavierwerke Schumann's, ist er in der Freiheit der Behandlung freilich so weit gegangen, daß man hier kaum noch von Variationen, sondern mehr nur von Phantasien im Variationencharakter reden kann. Am glänzendsten als Variationenkomponist zeigt sich Schumann in Op. 13, einem mächtigen Werke, mit dem allein er sich einen Platz unter den ersten Klavierkomponisten aller Zeiten sichern würde: so überwältigend tritt darin seine eigene, hier vielfach bis zu den höchsten Anforderungen an bravourmäßiges Spiel gesteigerte Klavierbehandlung hervor, sein überquellender Ideenreichthum und die Kühnheit, mit welcher er die Variationenform sich zu Diensten zwingt. Im Finale werden nur die ersten beiden Takte des Themas in gewissen Partien als Durchführungsmotiv gebraucht. Sonst hat der stolze Bau dieses weitausgeführten Stückes mit einer Variation nichts gemein. Es enthält aber eine feine Beziehung auf den, welchem das ganze Variationenwerk gewidmet war, William Sterndale Bennett. Der Anfang des Hauptgedankens ist ein Fragment aus jener berühmten Romanze in Marschner's „Templer und Jüdin", in welcher Ivanhoe das stolze England auffordert, sich seines edlen Ritters zu freuen. Eine geistreiche Huldigung, die Schumann hier dem befreundeten englischen Komponisten darbringt.

Größere Tonformen zu bauen hat Schumann früh versucht, indessen ist nicht zu leugnen, daß dies anfänglich nicht gelingen wollte. Die Fis moll-Sonate (Op. 11) wuchert über von herrlichen Tongedanken, aber es fehlt ihr, wenigstens in den Allegrosätzen, sehr merklich an Einheitlichkeit. Einen Fortschritt in dieser Beziehung läßt die F moll-Sonate (Op. 14) gewahren, einen noch größeren die Sonate aus G moll (Op. 22), obwohl es selbst in dieser nicht ganz an Unbehilflichkeiten fehlt. Schumann selbst war über die formellen Mängel der Sonaten später ganz im Klaren.

Von seiner rhapsobischen Art zu arbeiten kann man an ihnen das schlagendste Beispiel haben. Von der Gmoll-Sonate entstand der zweite Satz im Juni 1830, der erste und dritte im Juni 1833, der ursprüngliche vierte im Oktober 1835, der endgültige vierte Ende 1838, und 1839 wurde die Sonate herausgegeben. Die Fismoll-Sonate wurde 1833 begonnen und erst 1835 vollendet. Die Fmoll-Sonate, welche Schumann am 5. Juni 1836 abschloß, bestand aus fünf Sätzen: einem Allegro, zwei unmittelbar nach einander folgenden Scherzi, einem Andantino mit Variationen und einem Prestissimo. Die beiden Scherzi nahm Schumann, als er das Werk zuerst, und zwar unter dem Titel Concert sans Orchestre, veröffentlichte, heraus und wollte sie, wie es scheint, für eine zweite Fmoll-Sonate verwenden. Daraus wurde nichts, und in einer zweiten Ausgabe des Werkes hat er dann das zweite der beiden Scherzi demselben wieder eingefügt[*]. Wenn er so mit den einzelnen Theilen der Sonate umspringen mochte, so konnte ihre innere Zusammengehörigkeit keine sehr enge, und die Einheit des Ganzen keine sehr fest geschlossene gewesen sein. Etwas Zerstückeltes hat auch das Allegro für Pianoforte (Op. 8), während die Toccate (Op. 7), ein Bravourstück von höchster Schwierigkeit und Brillanz in der Form eines Sonatensatzes, kräftiger zusammengehalten ist. Bei der großen Fantasie (Op. 17) wird man schon in Folge des Titels auf eine geschlossene Form keinen Anspruch erheben. Indessen haben unsere klassischen Meister auch ihren Fantasien meistens eine sehr fest umrissene Gestalt gegeben, während sich Schumann, zumal im ersten Satze, doch zu sehr ins Fessel- und Schrankenlose verliert. Um die phantastischen, locker aneinander gefügten Bilder dieses genialischen Werkes zu einer Einheit zu verbinden, hat er wieder zu einem poetischen Mittel gegriffen. Er überschreibt die Fantasie mit einigen Zeilen eines Gedichtes von Fr. Schlegel:

Durch alle Töne tönet
Im bunten Erdentraum
Ein leiser Ton gezogen
Für den der heimlich lauschet[**].

---

[*] Das erste erschien als Nr. 12 der nachgelassenen Werke im Jahre 1866 bei Rieter-Biedermann in Leipzig, zugleich mit dem verworfenen Schlußsatz der Gmoll-Sonate Nr. 13 der nachgelassenen Werke.

[**] S. Fr. v. Schlegel's sämmtliche Werke. Zweite Original-Ausgabe. Wien, 1846. Gedichte, I. Band, S. 148.

Den „bunten Erdentraum" stellt gewissermaßen der Inhalt dieser Komposition dar. Wenn man „heimlich lausche", will Schumann sagen, werde man auch den vereinigenden Ton finden, welcher sich durch die hier aufgerollten Phantasiebilder hinziehe. Das Schlegel'sche Motto klingt also fast wie eine Entschuldigung des Komponisten. Die ursprüngliche Absicht, welche ihn bei Hervorbringung dieser Fantasie geleitet hatte, war eine noch andere gewesen. Unter dem 17. December 1835 war von Bonn ein Aufruf zu Beiträgen für ein Beethoven-Denkmal ergangen. Schumann wollte den Ertrag einer Komposition beisteuern. So entstand das jetzt als Fantasie vorliegende Werk, dessen erster Satz die Überschrift „Ruinen", dessen zweiter und dritter die Titel „Triumphbogen" und „Sternenkranz" tragen sollten. Hierdurch scheint in der That sowohl der Charakter der einzelnen Sätze, als das Ganze verständlicher. Um sich völlig in die rechte Stimmung für das Werk zu versetzen, wird man gut thun, Schumann's vier Artikel über das Beethoven-Monument (Ges. Schr. I. 215 ff.) zu lesen.

Wenn nun aber auch mehre der Schumann'schen Klavierkompositionen aus seiner ersten Periode nicht ohne formelle Mängel sind, so überwiegen die Vorzüge doch so sehr, daß man jene über diesen leicht vergißt. In gewisser Hinsicht gewähren die Kompositionen der ersten 10 Jahre von Schumann's Genius das fesselndste Bild. Er hat später sich höhere Ideale gesteckt und erreicht, in großen Formen als vollendeter Meister geschaffen. Aber die Frische und den blühenden Reiz der früheren Klavierwerke hat er nie übertroffen und in späteren Jahren nur selten noch erreicht. Eine schwärmerische Innigkeit, ein phantastisch-traumseliges Wesen vereinigt sich in Schumann's Natur mit einer urwüchsigen, aber nie ins Gewöhnliche fallenden Derbheit. Seine Musik zeigt von Anfang an einen starken volksthümlichen Zug, allerdings auch etwas speziell nationales, und so rasch er in Deutschland zu seiner jetzigen großartigen Popularität gelangt ist, so langsam wird er vielleicht bei anderen Völkern, namentlich Franzosen und Italiänern durchdringen. Schumann ist nach Beethoven der einzige, der einen vollen und reichen Ausdruck für den Humor in der Instrumentalmusik besitzt. Wie in seinen Schriften, so läßt er ihn auch in seinen Kompositionen spielen und gerade in den früheren Klavierkompositionen am liebsten. Zu seinen frischesten und reichsten Werken ge-

hört die „Humoreske" (Op. 20), das treffendste Bild einer festgehal-
tenen humoristischen Stimmung, welches sich in Tönen denken läßt.
Das durchaus Eigenartige Schumann's spricht sich eben so stark,
wie in seinen Harmonien, Rhythmen und Farbenwirkungen, auch
in seinen Melodiebildungen aus. Es ist aber für seine früheren
Klavierwerke charakteristisch, daß groß und frei gezeichnete Melodien
in ihnen wenig vorkommen. Dagegen wuchert überall eine Über-
fülle von melodischen Fragmenten, Melodiekeimen, möchte man
sagen, voll tiefen eigenen Ausdrucks. Es geht ein frühlingsartiges
Treiben und Drängen, ein ahnungsvolles Knospen durch diese
Musik, was allein schon ihr einen ausgeprägt romantischen Charakter
verleiht. Dazu nun die Einmischung poetischer Stimmungen und
Empfindungen, welche diesen Charakter noch verstärkt. Schumann
war Musiker und Dichter zugleich. Wer seine Musik recht in der
Tiefe verstehen will, müßte vielleicht sich zuvor ganz mit dem Geiste
derjenigen deutschen Dichter erfüllt haben, die in Schumann's
Jugendzeit die herrschenden in Deutschland waren, vor allen also
Jean Paul und die gesammte romantische Schule, namentlich auch
Eichendorff, Heine, Rückert. Und wie diese Dichter vorzugsweise
im kleinen lyrischen Gedichte groß waren, wie sie oft mit wenigen
Zeilen eine Empfindungsperspektive von unendlicher Tiefe öffnen,
so hat auch Schumann in einer Weise wie keiner vor und nach ihm
in kleiner Form, namentlich im kleinen Klavierstück, viel zu sagen
und unsagbares ahnen zu lassen gewußt.

Von Schumann's Begeisterung und tiefem Verständnis für
Bach ist oben berichtet worden. Er begegnete sich hierin mit Mendelssohn, doch ist sicher, daß er den mystischen Tiefsinn des Alt-
meisters noch inniger nachzuempfinden wußte, als dieser. Es wäre
merkwürdig, wenn er demnach nicht auch gesucht hätte, sich selbst
in den von Bach gepflegten Musikformen auszusprechen. Schumann
hatte von Natur einen starken Zug zur polyphonen Schreibweise,
das merkt man schon an seinen frühesten Klaviersachen. Indessen recht
zu Tage tritt er erst nach 1840. Seine sechs Fugen über den Namen
„Bach" (Op. 60), die Vier Fugen (Op. 72), sieben Klavierstücke in
Fughettenform (Op. 126), Studien in Kanonform für den Pedal-
flügel (Op. 56), und was sonst an einzelnen Kanons und Fugen
noch in seinen Klavierwerken zerstreut ist, bilden eine eben so neue
Gattung in der modernen Klaviermusik, wie seine Klavierkomposi-

tionen im freien Stil. Die Stimmenführung in den Fugen ist keineswegs immer eine regelrechte, selbst vom Standpunkte Bach's aus nicht, der sich doch immerhin mancherlei Freiheiten gestattete. In der Anwendung akkordhafter Begleitung einer Stimme geht Schumann ebenfalls weit über das bisher zulässige hinaus. Aber im Ganzen sind sie dennoch Meisterstücke. Kein anderer Komponist der neueren Zeit hat es vermocht, die moderne Empfindungsweise so völlig mit der strengen älteren Form zu verschmelzen, diese Form so ganz aus dem Geiste unserer Zeit zu erneuern. In diesen Stücken spricht derselbe Schumann zu uns, den wir aus seinen anderen Werken kennen, seine Ideen fügen sich wie von selbst den strengen Anforderungen des polyphonen Satzes, und wiederum locken diese Anforderungen neue und eigenartige Ideen aus seiner Phantasie hervor. Man darf Schumann nicht einen schulmäßigen, wohl aber einen großen Kontrapunktiker nennen. Er gehört zu den wenigen Musikern der letzten hundert Jahre, denen die polyphonen Formen ein völlig natürliches Ausdrucksmittel ihrer Gedanken waren.

Als Liederkomponist steht Schumann neben Schubert und Mendelsjohn als der jüngste der drei größesten Meister dieser Gattung. Schubert besitzt die reichste Melodienfülle, Mendelsjohn die vollkommenste Rundung der Form, Schumann ist bei weitem der tiefsinnigste und geistreichste. Er hat außerdem vor Schubert den feingebildeten poetischen Geschmack und vor Mendelsjohn die Vielseitigkeit der lyrischen Empfindung voraus. Seine Gesangsmelodien sind neu und mannigfaltig. Manche seiner Melodien sind in so freien, weit geschwungenen Linien gezeichnet, wie man es nur irgend bei Schubert findet; so in dem allbekannten Liede „Du meine Seele, du mein Herz" (Op. 25, Nr. 1), auch in dem „Liebe der Braut" (Op. 25, Nr. 12), in der „Liebesbotschaft" (Op. 36, Nr. 6), den „Stillen Thränen" (Op. 35, Nr. 10) und anderswo. Häufiger noch schlägt er den echten Ton des deutschen Volksliedes an, und bedient sich in Folge dessen kleinerer Melodieformen. Ihre ganz außerordentliche Beliebtheit verdanken Schumann's Lieder zunächst wohl diesem stark hervortretenden volksthümlichen Zuge. Es braucht nur an das Lied „O Sonnenschein" (Op. 36, Nr. 4) erinnert zu werden, an den Liederkreis von Heine (Op. 24), an die Komposition der Heine'schen Dichtungen „Hör' ich das Liedchen klingen", „Allnächtlich im Traume", „Aus alten Märchen winkt es" (Op. 48,

Nr. 10, 14, 15), an bie Mehrzahl ber Romanzen und Balladen
(Op. 45, 49, 53), an baš gefundheitstroßende, jugendlich-schwunghafte
Wanderlied „Wohlauf noch getrunken ben funkelnben Wein" (Op. 35,
Nr. 3). Daneben finden sich auch Lieber, in benen eš zu einer
ganz aušgewachsenen Melobie kaum kommt, bie, wie vielfach auch
bie Klavierkompositionen, nur Anfäße unb Keime von Melobien
zeigen. Diese Art ber Behanblung, welche Schumann ganz eigenthümlich ist, hat er angewenbet, wenn eš sich um bie Darstellung
verschleierter, traumhaft schwankenber Empfinbungen hanbelt. Er
ist auf biesem Wege tiefer in baš innerste Weben unb Leben ber
Empfinbungen eingebrungen, alš irgenb ein anberer Lieberkomponist.
Lieber wie „Der Nußbaum" (Op. 25, Nr. 3), ober „Im Walbe"
auš ben Eichenborff'schen Gebichten (Op. 39, Nr. 11) finb Meisterstücke bieser Art. Überhaupt geht Schumann mit echtem Dichter-
verstänbniš auf bie feinsten Züge unb verborgensten Beziehungen
ber zur Komposition gewählten Dichtungen ein, unb wählt nach
ihnen seine musikalischen Aušbrucksmittel. Schubert unb Menbelšsohn seßen Dichtungen in Musik, Schumann dichtet sie in Tönen
nach. Er ist ber erste, ber eš gewagt hat ein Lieb, beffen Text
mit einer Frage schließt, auf bem Dominantseptimenakkorbe auš-
klingen zu laffen (Op. 49, Nr. 3). Daß bie Gesangšmelobie
nicht über bem Dreiklang ber Grundtonart enbigt unb bie Begleitung erst einen wirklichen Schluß herbeiführt, kommt bei ihm ziemlich häufig vor, um eine inš Unbestimmte zerrinnenbe Empfinbung
aušzubrücken. Überhaupt ist bie Rolle, welche baš Klavier bei
Schumann'š Liebern spielt, eine sehr bebeutenbe. Bei Schubert
unb Menbelšsohn kann man immer noch von einer Klavier-
„Begleitung" sprechen, wie reich unb selbstänbig biese zuweilen auch
gestaltet sein mag. Bei Schumann ist bieš in vielen Fällen nicht
mehr angänglich: baš Klavier tritt alš gleichberechtigte Macht neben
ben Gesang. Um Schumann'š Lieber in wirksamer Weise aušzu-
führen, muß ber Spieler bie Partie beš Sängerš, ber Sänger bie
Partie beš Spielerš innerlichst mit burchleben; unabläffig müffen
sie sich gegenseitig ergänzen. Eš ist folgenreich für Schumann gewesen, baß er von einer zehnjährigen Thätigkeit alš Klavierkompo-
nist her zur Lieb‌komposition kam, unb baß er sich eine so ganz
neue Art beš Klavierstilš gebilbet hatte. Für eine unzählbare
Menge feinster poetischer Nüancen giebt ihm bieser Klavierstil bie

Mittel an die Hand. Ihm ist es zu verdanken, daß sich Schumann
so durchaus neu in der Behandlung der Spielpartie zeigt. Die
Tongestalten, die er in der „Begleitung" vorüberziehen läßt, sind
von größter Mannigfaltigkeit und jedesmal dem Charakter des Gedichtes auf das geistreichste entsprechend. Es kann vorkommen, daß
die Klavierpartie wie ein ganz selbständiges Tonstück dahinzieht,
und die Singstimme mehr nur in Tönen dazu deklamirt (Op. 48,
Nr. 9). Im Gegensatz dazu kann auch wohl einmal die Singstimme fast ganz allein erscheinen, und das Klavier sich mit wenigen,
leise hingeschatteten Akkorden begnügen, die aber gerade dadurch um
so charakteristischer wirken (Op. 48, Nr. 13). Das Tiefste und
Geheimste zu künden, was dem Worte, selbst dem gesungenen Worte
unerreichbar bleibt, ist in Schumann's Liedern des Klaviers recht
eigentliche Aufgabe. Textwiederholungen, mit denen sich andere
Komponisten zu helfen suchen, um eine durch das Wort angeregte
Empfindung in der Musik vollere Gestalt gewinnen zu lassen, liebt
Schumann durchaus nicht. Wiederholt er einmal, so pflegt dies
einen besonderen poetischen, nicht einen musikalischen Zweck zu haben.
Die Ausführung einer durch den Text nur berührten Empfindung
überträgt er dem Klavier, während welcher der Gesang manchmal
ganz verstummt. Stark vor allem ist er im Nachspiel; er hat dem-
selben im Ganzen des Liedes eine Bedeutung gegeben, die Niemand
vor ihm auch nur ahnte, da er zuerst es wagte, neue, selbständige
Tongedanken in das Nachspiel einzuführen. Bald läßt er so die
Empfindung des Liedes im Verklingen noch einmal in ganz neuer
Beleuchtung erscheinen, bald spinnt er eine Schlußwendung des
Textes in Tönen aus, gleichsam eine tiefe Perspektive öffnend, in
welcher sich der Blick verliert (das schönste Beispiel Op. 48, Nr. 16).
Er dichtet eben in Tönen weiter; kein schlagenderes Beispiel dafür,
als der Schluß von „Frauenliebe und -Leben" (Op. 42), wo er
durch Wiederholung der Musik des ersten Stückes vor der Phantasie
der vereinsamten Wittwe die Erinnerung an das erste Liebesglück
emporsteigen läßt. Das in Schumann's Liedern sich offenbarende
Empfindungsleben hat, wie das bei aller echten Lyrik der Fall sein
muß, etwas durchaus jugendliches. Die Hauptmacht, welche sie
bewegt, ist die Liebe. Schumann's Liebesempfindung ist eine überaus zarte, reine, man darf sagen frauenhaft keusche. Die Lieder-
reihe „Frauenliebe und -Leben" öffnet uns einen so tiefen Blick in

die feinsten, geheimsten Regungen einer reinen Frauenseele, wie man
es bei Kompositionen eines Mannes kaum erwarten sollte, und wie
es thatsächlich außer Schumann auch kein Tonsetzer vermocht hat.
Der Dichter A. von Chamisso, so schönes er bietet, bleibt doch
bedeutend hinter Schumann zurück. Freilich konnte in diese Tiefen
auch wohl nur ein Musiker dringen. Für die mystische Naturpoesie
Eichendorff's hat Schumann Tonweisen und Klangfarben zu finden
gewußt, daß man seine Kompositionen Eichendorff'scher Dichtungen
schlechthin als klassische bezeichnen darf. Ebenso verwandt ist ihm
die quellartige Frische und der ritterliche Sinn dieses Poeten.
Manche der frischen und heiteren Lieder Schumann's haben einen
Zug von studentenhaftem Frohsinn, doch ohne je von ihrer vornehmen Höhe herabzusteigen. Trivial ist dieser Komponist nie geworden. Für das eigentlich Komische fehlt ihm der Sinn, aber
für das Humoristische hat er sein Talent auch im Liede glänzend
bewährt. Eine Meisterleistung in dieser Hinsicht ist die Komposition
von Heine's Gedicht „Ein Jüngling liebt ein Mädchen" (Op. 48,
Nr. 11), über welche man mit Unrecht die Nase gerümpft hat.
Überhaupt sind es vorzüglich Heine'sche Gedichte gewesen, an denen
Schumann seinen Humor beweisen konnte. „Wir saßen am Fischer-
hause" Op. 45, Nr. 3) ist eine solche Leistung, dann namentlich
auch „Es leuchtet meine Liebe" (Op. 127, Nr. 3), wo die Anspielung an das Scherzo des A moll-Streichquartetts auffällt. Was
Verwunderung erregen könnte, da es zu Schumann's Natur nicht
recht zu passen scheint: auch für die bittere Ironie Heine's hat er
charakteristische Musik zu finden gewußt (Op. 24, Nr. 6). Er
war eben Romantiker durch und durch.

Schumann's Sinfonien darf man, ohne jemandem Unrecht zu
thun, als die bedeutendsten bezeichnen, welche nach Beethoven geschrieben sind. Ist Mendelssohn auch hier überlegen, soweit es
auf Glätte der Form ankommt, und steht Schubert's Cdur-Sinfonie in ihrem Überfluß herrlicher Musikgedanken einzig da, so
hat Schumann vor ihnen die kräftige Größe voraus. Er ist der
Mann, sie sind die Jünglinge. Er besitzt am meisten von dem,
was die Sinfonie als die größte, reifste und bedeutsamste aller
Instrumentalformen verlangt. Er steht Beethoven nahe, wie er
denn augenscheinlich auch fast diesen nur zum Vorbild genommen
hat. Von Haydn's und Mozart's Wesen ist in seinen Sinfonien

garnichts, von Mendelssohn's Art ebensowenig. Eine Annäherung
an Schubert zeigt sich wohl in den sogenannten Durchführungs-
theilen der Allegrosätze. Überwiegend ist aber auch bei den Sinfonien wie bei den Klavierkompositionen, den Liedern und überhaupt allem, was Schumann schuf, der Eindruck einer bewunde-
rungswürdigen Originalität und unerborgten Schöpferkraft. Daß
er den entschiedensten Beruf zum Sinfoniekomponisten in sich
trug, zeigt sofort die erste Sinfonie (Bdur. Op. 38). Wir wissen
nicht, daß Schumann, außer der im Anfang der dreißiger Jahre
geschriebenen und unveröffentlicht gebliebenen Sinfonie, sich vorher
mit Orchesterkomposition abgegeben hätte. Er schreibt auch im
Jahre 1839 an Dorn: „Nun habe ich freilich im Orchestersatz noch
wenig Übung; doch denke ich noch Herrschaft zu erreichen“. Und
fast beim ersten Anlauf hat er sie erreicht. An einigen Stellen der
Bdur-Sinfonie ist wohl die Wirkung der Instrumente nicht richtig
berechnet. Einen Hauptirrthum im ersten Satze hat Schumann nach
erstmaligem Hören selbst beseitigt. Er betraf die ersten zwei von
Hörnern und Trompeten vorzutragenden Einleitungstakte, aus denen
sich hernach auch das Thema des Allegro entwickelt. Sie lauteten,
in Übereinstimmung mit dem Allegroanfang, ursprünglich so:

was wegen der gestopften Töne g und a eine durchaus nicht beabsichtigte, sehr komische Wirkung machte. Schumann ergötzte sich
selbst an diesem Mißgriff. Noch als er im Januar 1854 in
Hannover war, erzählte er seinen Freunden davon; da war es sehr
erheiternd, wie der sonst so ernste, schweigsame Mann unbekümmert
um die anwesenden Fremden (man befand sich in einer öffentlichen
Restauration) die ersten fünf Töne des Themas mit starker Stimme
heraussang, die beiden folgenden dumpf und gepreßt, und den letzten
wieder mit größter Kraft. Eine andere, weniger bedenkliche Hörner-
stelle ist stehen geblieben. Takt 17 des ersten Allegros dachte sich
Schumann das

kräftiger, als es die Hörner gewöhnlich herausbringen. Er rieth

deshalb Taubert und David, als im Winter 1842/43 Aufführungen
in Berlin und Leipzig bevorstanden, diese Stelle von den Posaunen
blasen zu lassen. Aber im allgemeinen muß man die sichere Herrschaft über die Mittel bewundern, die sich schon in der ersten Sinfonie zeigt. Schumann's Orchesterklang ist weniger durchsichtig
und schmelzend, als derjenige Mendelssohn's oder Gade's; in seinem kompakten Wesen erinnert er eher an Schubert. Aber diese
derbere Kraft ist dem Gedankengehalte angemessen, und an blühen-
dem Wohllaut fehlt es doch keineswegs. Ja man trifft in seinen
Orchesterwerken eine Anzahl von ganz neuen Klangeffekten, wie sie
eben nur das Genie findet. Glaubt man an der Instrumentirung
der Es dur- und D moll-Sinfonie manches, namentlich die Deckung
der Geigen durch die Holzbläser, tadeln zu müssen, so darf dabei
nicht vergessen werden, daß Schumann diese Sinfonien der Beschaffenheit seines Düsseldorfer Orchesters angepaßt hat, in welchem
die Geigen nur schwach besetzt waren. Welche von Schumann's
vier (oder fünf, s. Op. 42) Sinfonien die vorzüglichste sei, ist
schwer zu entscheiden. Es hat eine jede ihr eigenthümliche Vorzüge.
In Bezug auf die erquickliche Frische und innerlichst glückliche
Stimmung steht wohl die B dur-Sinfonie allen voran. „Früh-
lings-Sinfonie" wollte Schumann sie anfänglich nennen. Er schrieb
sie nämlich, wie er Taubert brieflich mittheilte, im Februar 1841,
als das erste Ahnen des Frühlings durch die Natur ging. Daher
sollte denn auch der erste Satz die Aufschrift „Frühlings-Erwachen"
tragen und der letzte Satz (den er durchaus nicht in sehr lebhaftem
Tempo genommen wünschte) die Bezeichnung „Frühlings-Abschied".
Manches der Sinfonie erscheint, wenn man diese Absicht kennt,
in besonders reizendem Lichte. Wie einen Heroldsruf, der aus der
Höhe herabschallt, hatte sich der Komponist den Anfang der Einleitung gedacht. Dann wehen linde Frühlingslüfte und die Kräfte
regen sich überall und drängen quellend ans Licht (wir geben nur
das vom Tondichter selbst gegebene Programm weiter). Im Allegro
lacht der Frühling in seiner ganzen Jugendschönheit*). Der unerhörte, eigentlich unsinfonische Gebrauch des Triangels im ersten

---

* Schumann wünschte das Più vivace der Einleitung sofert bedeutend
lebhafter, als den Anfang, damit die Bewegung ganz unmerklich ins Allegro
hinübergehe.

Satze hat in dieser Idee seine Berechtigung. Von bezaubernder
Wirkung ist das am Schlusse des ersten Satzes wie aus tiefster
Brust herausgesungene Frühlingslied, das als ganz neue Coda
eingeführt wird (s. S. 67 der Partitur). Schumann hat aber bei
der Herausgabe die beabsichtigten Überschriften unterdrückt, weil er
mit Recht meinte, daß durch derartiges die Aufmerksamkeit des
Publikums von der Hauptsache nur abgelenkt werde. Daß übrigens
von der Frühlingsstimmung dieser Sinfonie ein gutes Theil auch
auf Rechnung des tief empfundenen Glückes kommt, welches Schumann aus der Vereinigung mit der schwer errungenen Geliebten
erblühte, darf man schon glauben. Es beweist es auch die Dmoll-
Sinfonie (Op. 120), welche ja unmittelbar nach der Bdur-Sinfonie
ebenfalls noch im Jahre 1841 komponirt ist. Sie hat zum Theil
einen ähnlichen Grundton, wie ihre Vorgängerin, nur ist ihr
mehr Leidenschaftlichkeit eigen. Die Form ist von wohlgelungener
Neuheit. Alle Theile sollen ohne Pausen einander folgen, sodaß
die Sinfonie nur aus einem großen Satze zu bestehen scheine. Die
Gedanken der Einleitung kehren in anderer Verwendung im langsamen Mittelsatze der Sinfonie wieder; das Hauptthema des ersten
Allegros liegt auch dem letzten zu Grunde. Der zweite Theil des
ersten Allegros ist von ganz anderer Form, als sie sonst üblich,
und vor dem letzten Allegro befindet sich noch eine langsame Einleitung von eigenthümlicher, majestätischer Phantastik. Wie schon
oben erwähnt, wollte Schumann das Werk anfänglich nur „Symphonistische Phantasie" nennen. Es scheint, daß ihm auch hier allerhand
poetische Bilder vorgeschwebt haben. Ebenfalls abweichend in der
Form ist Schumann's drittes sinfonisches Werk des Jahres 1841.
Mit demselben Rechte, wie dem zweiten, hätte er auch ihm den
Namen „Symphonie" geben können. Es ist jedoch unter dem Namen:
„Ouverture, Scherzo und Finale" als Op. 52 ausgegangen. Der
erste Satz des durchweg reizenden Werkes bietet das einzige Beispiel
eines Anklanges an Cherubini bei Schumann, einen Meister, den
er hoch verehrte. Vielleicht ist der schönste Satz desselben das hoch-
poetische, im Rhythmus einer Gigue gehaltene, Scherzo. Dieses
Stück dürfte unter den Scherzi aller Sinfonien einen Typus für
sich bilden. Sonst nähern sich die Scherzi Schumann's den Beethoven'schen, dessen Erfindung und Specialität diese Form ist, und
in der er außer Schumann keinen Nachfolger erhalten hat. Der

Charakter der Cdur-Sinfonie (Op. 61) ist ein ernster und besonders mannhafter. Tiefsinn, muthige Entschlossenheit und überschwängliche Innigkeit lassen in diesem Werke die Verwandtschaft
Schumann's mit Beethoven am greifbarsten hervortreten. Auch ist
die Form, was Anzahl und Charakter der Sätze betrifft, ganz die
der klassischen Meister, wogegen Schumann in der letzten Sinfonie
(Esdur, Op. 97) wieder als Neuerer auftritt. Er stellt fünf selbständige Sätze auf; zwischen dem Andante und dem Finale ertönt
ein langsamer Satz im gebundenen Stile und feierlichen Charakters.
„Im Charakter der Begleitung einer feierlichen Ceremonie" hatte
Schumann ursprünglich darüber geschrieben. Man weiß, daß ihm
die Anregung zu diesem Satze durch den Anblick des Kölner Doms
und durch die Feierlichkeiten bei der Kardinalserhebung des Erzbischofs von Geissel gekommen ist. In der Sinfonie schimmern
überhaupt wohl Bilder des rheinischen Lebens durch: kraftvoll,
mannigfaltig und blühend sind auch die übrigen Sätze. Der Preis
gebührt dem zweiten, in welchem sich urkräftiges Behagen mit all'
der Romantik mischt, welche in der Empfindung eines jeden
Deutschen den sagen- und liederreichen Rhein umschwebt. Obwohl
1850 geschrieben, also zu einer Zeit, da Schumann's Phantasie
schon ermattete, trägt doch die Esdur-Sinfonie keine Spuren nach-
lassender Schöpferkraft.

Die poetisirende Koncert-Ouverture, welche Mendelssohn auf-
brachte und Bennett und Gade nach ihm kultivirten, ist von
Schumann nicht gepflegt. Seine Ouverturen sind wirkliche Er-
öffnungs-Stücke, sei es zu Opern oder zu Schauspielen oder
zu irgend einer Feierlichkeit. Auch hierin stellt er sich an Beethoven's Seite. Allerdings thun Schumann's Ouverturen, ebenso
wie die Beethoven'schen, ihre schönste Wirkung dennoch im Konzertsaal,
wenn man sie hier hört unter Kenntnis des Dramas oder der Gelegenheit, für welche sie bestimmt waren. Dies gilt selbst für die
ausgezeichnete Genoveva-Ouverture, die etwas von Weber'schem
Schwung in sich hat, ganz vor allem aber von der erschütternd-
leidenschaftlichen Ouverture zu Byron's „Manfred". In keiner der später geschriebenen Ouverturen hat Schumann diese Höhe wieder erreicht, am wenigsten in der Faust-Ouverture, wogegen die zur „Braut
von Messina" (Op. 100) ihr nicht allzusern steht. In den letzten
Schaffensjahren beschäftigte sich Schumann viel mit dieser Form,

aber die Ermattung seiner Produktionskraft läßt sich wie in der
Faust-Ouverture so auch in den betreffenden Kompositionen zu
Shakespeare's „Julius Cäsar" (Op. 128) und Goethes „Hermann und
Dorothea" (von Schumann als Oper beabsichtigt, Op. 136) nicht
ableugnen. Die „Fest-Ouverture über das Rheinweinlied" (Op. 123)
ist ein geistreich gemachtes, sehr freundlich wirkendes Gelegenheitsstück.

Im Frühjahr 1838 hatte sich Schumann zum ersten Male, so
viel wir wissen, an einem Streichquartett versucht. Der Versuch ist
wohl nicht geglückt, da er noch ganz in der Klaviermusik steckte,
wenigstens hat die Welt nichts davon zu sehen bekommen. Dafür
ist es ihm im Juni und Juli 1842 desto besser von der Hand gegangen. Die drei Streichquartette, welche er jetzt schrieb, sind seine
einzigen geblieben (Op. 41). Man kann nicht sagen, daß sie im
echtesten Quartettstil gesetzt seien. Da Schumann durchaus kein
Saiteninstrument selbst spielte, so war dies auch kaum zu erwarten.
Sie haben immer noch manches klaviermäßige an sich. Indessen ist
Schumann auf diese Weise auch zu vielen neuen und schönen Wirkungen geführt worden. An einigen Stellen tritt eine Beeinflussung
Beethoven's deutlich hervor: im Adagio des A moll-Quartetts und
den Adagio-Variationen des F dur-Quartetts. Dagegen zeigt das
gavottenartige „Quasi Trio" des Finales des A dur-Quartetts
die Verwandtschaft mit Bach's Geiste (man vergleiche die Gavotte
der sechsten Suite (E dur) aus den sogenannten „französischen".
Alles das aber erscheint nicht als äußerlich angeeignetes, sondern
als innerlich erarbeitetes Eigenthum. Wie indessen auch ein flüchtiger Eindruck manchmal haften und in einer schöpferischen Phantasie sich weiter entwickeln kann, davon ist das Scherzo des
A moll-Quartetts ein Beispiel. Gerade in der Zeit der Komposition
dieser Streichquartette hatte Schumann Marschner's G moll-Trio
(Op. 112) kennen gelernt und in seiner Zeitung besprochen. Das,
übrigens vortreffliche, Scherzo desselben hatte sich ihm eingeprägt,
und kommt, umgestaltet zwar, aber doch immer noch deutlich erkennbar, in seinem eigenen Scherzo wieder zum Vorschein. Auch
trotz dieser Entlehnung sagen wir, daß Schumann's Quartette im
hohen Grade originelle, reiche und poesievolle Werke sind. Vieles
darin ist von hinreißender Schönheit und von Schumann selbst
nirgends übertroffen. Es scheint, als habe er auch hier allerhand
geheimnisvolles poetisches Spiel getrieben. Was sollte es sonst

6*

wohl für einen Grund haben, daß er ursprünglich die vier über-
leitenden Takte aus dem ersten Quartett (Takt 30—34) in genauer
Wiederholung als Einleitung zum zweiten Quartett bestimmt hatte?
Hernach hat er sie fortgestrichen, wie man im Autograph noch
sehen kann.   Überhaupt haben die Quartette ihre jetzige Gestalt
erst nach mancherlei Umänderungen erhalten.   Die langsame Einleitung des Amoll-Quartetts sollte anfänglich mit Dämpfern gespielt
werden.   Das dritte Quartett begann mit einem, einen Takt hindurch ausgehaltenen Quintsextaccorde über d.   Die meiste Mühe
hatte Schumann bei der Gestaltung des ersten Allegros des Amoll-
Quartetts und der Asdur-Variationen des Fdur-Quartetts. Hier
sind ganze Partien umgeschrieben und anders gruppirt. Wenn aber
Wasielewski (S. 178, Anmerk., 3. Aufl.) sagt, das „più lento"
über der Coda dieser Variationen sei ein Druckfehler statt „più
mosso", so irrt er.   Schumann hat deutlich das erstere geschrieben
und damals gewiß auch gewollt.   Daß er später seine Ansicht geändert, ist möglich.   Er war in Bezug auf Temponahme für die
Auffassungen anderer wohl zugänglich.

Unter den Kammermusikwerken mit Klavier steht das Quintett
Op. 44 oben an.   Man wird mehr behaupten dürfen.   Es ist
zweifellos das beste Kammermusikstück, das nach Beethoven geschrieben
ist, und wird für immer seinen Platz in den ersten Reihen der
Kammermusikwerke einnehmen.   Nicht nur wegen seiner funkelnden
Originalität, wegen der Kraft der sich in ihm offenbarenden Erfindung, die mit jedem Satze zu wachsen scheint und am Schlusse des
Ganzen den Hörer mit dem Eindruck unendlicher Steigerungsfähig-
keit entläßt, auch wegen des herrlichen Wohlklanges und des schönen,
stilvollen Verhältnisses zwischen dem Klavier und den Streichinstrumenten verdient dieses Quintett hohe Bewunderung.   Noch jetzt
wissen Künstler, die beim Erscheinen desselben im empfänglichsten
Jugendalter standen, von dem unbeschreiblichen Eindruck zu erzählen,
den das Werk ihnen machte.   Es sei gewesen, als sei ihnen
eine neue Welt voll paradiesischer Schönheit aufgegangen.   Dem
Klavierquartett (Op. 47) fehlt nur jener begeisternde, edel populäre
Zug, um dem Quintett ganz ebenbürtig zu sein.   Es hat viel von
Bach'schem Geiste in sich: in der wundervollen Hauptmelodie des
Andante offenbart derselbe sich vielleicht am deutlichsten.   Einen
hohen Rang nehmen die Trios in Dmoll (Op. 63) und Fdur

(Op. 80) ein, beide, ebenso wie Quintett und Quartett, in einem und demselben Jahre komponirt. Das erste hat vorwiegend einen leidenschaftlichen, theilweise düsteren Charakter, das andere ist heiterer und in den Mittelsätzen voll schwärmerischer Innigkeit. Die Kunst kanonischer Arbeit ist in den Adagios beider Trios mit großer und neuer Wirkung angewendet. Die Behandlung der Saiteninstrumente gegenüber dem Klavier mag hier und da, als zu orchestral gedacht, Bedenken erregen. Indessen darf man nicht vergessen, daß dieselbe sich doch auch dem Klavierstile anzupassen hatte und dieser bei Schumann eben ein ganz anderer ist, als bei den Klassikern und bei Mendelssohn. Jenen Ausdruck vollster Gesundheit, wie Quintett und Quartett, tragen aber die ersten beiden Trios nicht mehr. Namentlich macht sich zuweilen schon jenes hastige und athemlose Wesen bemerkbar, dem Schumann's stets sehr komplicirte Rhythmik in seinen späteren Jahren immer mehr verfällt. Das dritte und letzte Trio (G moll, Op. 110) steht hinter den ersten weit zurück. Es ist noch dasselbe künstlerische Wollen, und in vereinzelten Zügen leuchtet auch hier noch der Genius des edlen Mannes uns hell entgegen. Aber im Ganzen redet aus diesem Trio die Erschöpfung. Dasselbe gilt von der meisten übrigen Kammermusik aus Schumann's letzten Jahren. Unter ihnen sind zwei Sonaten für Klavier und Violine, düstere, leidenschaftliche Kompositionen, die man kaum ohne eine peinliche Empfindung hören kann. Ferner eine Anzahl kürzerer Stücke für verschiedene Instrumente, aus welchen die „Märchenbilder für Pianoforte und Viola" (Op. 113) hervorragen. Niemand, der von Schumann's Lebensschicksal weiß, wird das letzte dieser „Märchenbilder", welches „langsam, mit melancholischem Ausdruck" vorgetragen werden soll, ohne tiefe innere Bewegung an sich vorüberziehen lassen.

Auf dem Gebiete der Koncertkomposition hat Schumann eine unvergängliche Spur seines Wirkens durch das Klavierkoncert in A moll (Op. 54) zurückgelassen. Es ist dieses eines seiner schönsten und reifsten Werke. Es hat neben all' der Schumann eigenen Originalität zugleich diejenigen Eigenschaften, die keinem Koncerte fehlen sollten: äußeren Glanz und eindringliche, kräftig und bestimmt abgerundete Gedanken. Der erste Satz bewegt sich mit Glück in einer freieren Form; Grund derselben war wohl Schumann's an-

fängliche Absicht, ihn unter dem Titel „Phantasie" als ein selbständiges Ganzes bestehen zu lassen. Erst vier Jahre später hat er die
beiden anderen Sätze hinzukomponirt. Auch die „Introduktion und
Allegro appassionato" für Klavier und Orchester (Op. 92) ist eine
werthvolle Bereicherung der Koncertliteratur. Es herrscht bei Schumann eine innigere Verknüpfung zwischen Orchester und Klavier,
als sie bisher üblich war. Indessen geht diese nicht soweit, daß
dadurch der Gegensatz zwischen den beiden mit einander wetteifernden
musikalischen Mächten aufgehoben würde. Sinfonien mit Klavier
zu schreiben ist Schumann noch immer weit entfernt. Seine übrigen
Koncertkompositionen, in die letzten Lebensjahre fallend, behaupten
sich nicht auf der Höhe des Klavierkoncerts. Es befindet sich unter
ihnen noch ein unveröffentlichtes Violinkoncert, das Schumann vom
21. September bis zum 3. Oktober 1853 komponirt hat und aus
folgenden Sätzen besteht: 1. Satz. D moll ₵. „Im kräftigen, nicht
zu schnellen Tempo". 2. Satz. B dur C. „Langsam". 3. Satz.
D dur ¾. „Lebhaft, doch nicht zu schnell". Das Autograph besitzt
Joseph Joachim. Eine Joachim gewidmete „Phantasie für Violine
und Orchester" ist als Op. 131 erschienen. Das Violoncell-Koncert
Op. 129 zeichnet sich durch einen schönen langsamen Mittelsatz aus.
Noch giebt es ein Koncertstück für vier Hörner und Orchester (Op. 86).
Schumann legte selbst auf dieses Stück ein großes Gewicht, schon
weil es so „etwas ganz kurioses sei", wie er an Dr. Härtel schrieb.
In der That ist es wohl der einzige Versuch neuester Zeit, die
Form des alten Concerto grosso wieder zu beleben, welche
Sebastian Bach in seinen sechs sogenannten „brandenburgischen"
Koncerten zur höchsten Vollendung gebracht hat. Da diese Bach'schen
Koncerte 1850 zum ersten Male gedruckt worden sind, und Schumann sie handschriftlich schwerlich kennen gelernt hat, so ist es ein
merkwürdiger aber bedeutungsvoller Zufall, daß er hier ohne es zu
wissen Bach's Bahnen fortsetzte. Das Stück ist namentlich für das
erste Horn der hohen Lage wegen schwer. Gut ausgeführt macht es
einen aparten, rauschenden, manchmal auch sehr romantischen Eindruck, obgleich sich das Ohr gegen die Klangfarbe der vier Hörner
rasch abstumpft.

In seiner Besprechung der „Klänge aus Osten" von Marschner,
eines Werkes, das den 22. Oktober 1840 in Leipzig aufgeführt

wurde, sagt Schumann: „Wir müssen den Anfang loben, zu dem sich der Komponist ermuthigt fühlte, den andere nur weiterzuführen brauchen, um den Koncertsaal mit einer neuen Gattung Musik zu bereichern". Die „Klänge aus Osten" bestehen aus Ouverture, Chören und Sologesängen und behandeln die Abenteuer eines liebenden Paares im Orient. Unter der neuen Musikgattung meint Schumann eine Form, in der es möglich ist, romantische Stoffe, wie sie bisher nur für die Oper benutzt waren, auch für Koncertaufführungen zu behandeln. Der erste, welcher diesen Versuch fortsetzte, sollte er sein, und das Werk, durch welches es geschah, „Paradies und Peri". Den Text bildet die bekannte Dichtung Thomas Moore's, welche Schumann für seinen Zweck theils etwas gekürzt, theils auch durch Einschiebungen erweitert hat. Die Komposition ist Schumann's erste für Gesang mit Orchester und auch eine seiner größesten und bedeutendsten. Man darf die Wahl des Stoffes eine glückliche nennen. Die Idee, daß eines jener Wesen, in welchen sich die Phantasie die Kräfte der Natur verkörpert vorstellt, von der Sehnsucht nach Gewinnung oder Wiedergewinnung eines höheren und glücklicheren Daseins erfaßt wird und nun alles daran setzt, diesen Wunsch zu erfüllen, hat auch in der germanischen Volkssage vielfach Gestalt gewonnen und ist uns eine vertraute und sympathische. Sie liegt dem Märchen von der schönen Melusine, der Sage vom Wassernecken, der Sage vom Hans Heiling zu Grunde. Durch die märchenhaften Zauber des Orients mußte sich Schumann's Phantasie besonders angeregt fühlen, nicht weniger durch Thomas Moore's reizende Dichtung, die eine wechselvolle Reihe poesiedurchtränkter Bilder auf dem Hintergrunde einer höheren sittlichen Idee vorüberführt. Sehr unnöthigerweise hat man sich daran gestoßen, daß Schumann's „Paradies und Peri" sich keiner der bestehenden Gattungen anschloß. Wenn es zum Genuß des Kunstwerks nöthig sein sollte, hierüber zuvor beruhigt zu sein, so liegt es ja auf der Hand, daß „Paradies und Peri" zur Gattung des Oratoriums gehört. Daß das Oratorium sowohl geistlich als weltlich sein könne, hat schon Händel gezeigt und Haydn mit den „Jahreszeiten" bekräftigt. Eine besondere dichterische Form ist für den Text nicht erforderlich. Derselbe kann dramatisirt sein oder durchweg erzählend oder auch eine Mischung von beidem; Händel liefert für jede Form Beispiele. Das Wesentliche beim Oratorium ist, daß es die lyrischen Empfindungen nicht unmittelbar zum Ausdruck bringt, wie es in der Kantate geschieht, sondern vermittelst einer Begebenheit, an welcher sich die Empfindungen entzünden. In welcher poetischen Form, mit welchen musikalischen Mitteln, unter Anwendung welcher Musikformen dieses erfolgen soll, das wird von dem jedesmaligen Stoffe abhängen. Daß Schumann sehr viel erzählende Poesie beibehalten hat, dafür kann man ihn nur loben; gerade die erzählenden Theile des Gedichtes sind von größtem Reiz und der Musik sehr zugänglich. Dieses Verfahren als eine Nachahmung des Evangelisten in Bach's Passionen hinzustellen, ist überflüssige Mühe und auch falsch. Denn die erzählenden Partien läßt Schumann bald von Solostimmen, bald vom Chor singen. Freilich wird es immer gewisse Bedenken haben, eine fertige in sich abgeschlossene Dichtung als Musiktext zu benutzen. Irgendwo wird es sich immer zeigen, daß sie ohne Rücksicht auf die Komposition entstanden ist. Manches das in dem luftigen Hauch des Wortes leicht vorüberschwebt, wirkt in Musik gesetzt schwerer und aufbringlicher als es sollte. An anderen Stellen wieder fehlt es für die Musik an den Gelegenheiten, sich in den für ihre Wirkung so nothwendigen stärkeren Gegensätzen zu entfalten. Namentlich letzteres ist für Schumann's Komposition nachtheilig geworden. Der dritte Theil seines Werkes, so sehr er sich gerade hier bemüht hat vermittelst Hinzudichtungen eine größere Mannigfaltigkeit zu ermöglichen, leidet an einer gewissen Monotonie. Es ist nicht, weil die einzelnen Musikstücke in sich matter wären, als die der ersten Theile, sondern weil die kräftigen Schatten zwischen ihnen fehlen. Noch etwas anderes ist zu nennen, das einer recht durchschlagenden Wirkung des Werkes auf große Hörermassen im Wege steht. Es ist, möchte man sagen, zu viel Musik darin. So aus übervollem Herzen hat Schumann hier gesungen, daß er auch in das kleinste Zwischenstückchen die ganze Innigkeit hineingelegt hat, deren er fähig war. Die Schönheiten bedrängen einander und stehen sich im Licht. Weniger wäre hier mehr gewesen. Von diesen Dingen nun abgesehen ist „Paradies und Peri" eine der schönsten Tondichtungen, die es giebt. Und wenn Schumann nach Vollendung des Werkes einem Bekannten schrieb, eine leise innere Stimme habe ihm während des Komponirens gesagt: „Das ist nicht ganz vergeblich, was Du hier schreibst", so dürfen wir schon jetzt ihm bestätigen, daß diese Komposition hinreichen würde, ihn un-

sterblich zu machen. Mit den großartig und weit gebauten, volksthümlichen Oratorien Mendelsohn's soll man sie nicht vergleichen.
Sie will ja etwas ganz anderes; in die schimmernde, zauberhafte
Märchenwelt des Orients will sie uns führen und an dem Leiden
und Ringen einer zarten Tochter der Luft uns Theil nehmen lassen.
Sie wird immer nur auf kleinere Kreise recht eindringlich wirken.
Um so mehr, da der Chor, dieses Hauptorgan zur Darstellung allgemeiner, populärer Empfindungen, nur in bescheidenem Maße sich
am Ganzen betheiligt. Alle Chöre aus „Paradies und Peri", mit
etwaiger Ausnahme des letzten, sind bedeutend und eigenthümlich,
auch nicht unwirksam. Aber es mag gleich hier ausgesprochen werden, daß im Grunde doch die Chorkomposition Schumann's Stärke
nicht war. Dies ist ein Punkt, in welchem er weit hinter Mendelsohn zurücksteht. Bei vielen seiner Chorstücke möchte man glauben, daß es ihm an der nöthigen Herrschaft über die für die Chorkomposition erforderliche Technik gefehlt habe, so instrumental
gedacht, so unpraktisch und ohne Nothwendigkeit schwierig erscheinen
sie. Aber wenn man dann wieder Schumann's Gewandtheit in der
Polyphonie überdenkt und auf Stücke stößt von so großartiger Kon-
ception und meisterlicher Ausführung, wie der Anfang des Schluß-
chors der Faustmusik, überzeugt man sich, daß der eigentliche Grund
dieses Mangels tiefer liegt. Für einen Chor gehören sich große,
einfache Gedanken, breite, ruhige Entwicklung und klar ausgesprochene, allgemein begreifliche Ziele. In einem guten Chorkom-
ponisten muß etwas vom Volksredner stecken. Schumann war hiervon das entschiedenste Gegentheil. Der Chor war ihm meist ein
ganz ungeeignetes Organ zum Ausdruck seiner Ideen. Die bloße
Technik des Satzes hätte sich sonst ein Mann von seiner Begabung
eben so rasch und sicher errungen, wie die Herrschaft über das Orchester. Der Hauptnachdruck liegt demnach in „Paradies und Peri"
auch in den Sologesängen und ihrer Begleitung. Man muß dies
letztere ausdrücklich hinzufügen. Denn es herrscht hier zwischen Gesang und Orchester ungefähr dasselbe Verhältnis, wie in Schumann's Liedern zwischen Singstimme und Klavier. Eine gute Or-
chesterausführung von „Paradies und Peri" gehört daher zu den
allerschwierigsten Aufgaben, ist aber auch eine unerschöpfliche Quelle
feinsten Genusses. Kompositionen, wie diese, stehen — wir bemerkten
es schon — auf dem Gebiete der Koncertmusik der deutschen roman-

tischen Oper parallel. „Paradies und Peri" könnte man mit Weber's
„Oberon" vergleichen, und Mendelssohn's „erste Walpurgisnacht" mit
dem „Freischütz".

In dem Märchen „Der Rose Pilgerfahrt" (Op. 112) wollte
Schumann ein in bescheideneren Umrissen und blasseren Farben ge-
haltenes Seitenstück zu „Paradies und Peri" liefern. Die Idee des
Gedichtes ist eine ähnliche, ihre Ausführung durch Moritz Horn
aber eine überaus geschmacklose. Man muß annehmen, daß sich
Schumann durch den Anklang an „Paradies und Peri", durch die
wohlklingenden Verse und einige recht musikalische Situationen be-
stechen ließ. Die Musik enthält viel Duftiges, Frisches, auch einen
schönen Trauerchor. Andererseits ist auch eine weichliche Empfind-
samkeit zu bemerken, die Schumann sonst gänzlich fremd ist und
hier wohl auf Rechnung seiner erkrankten Phantasie zu setzen sein
dürfte. Um den ganzen Apparat von Solostimmen, Chor und Orchester in Bewegung zu setzen, dazu gab der geringfügige, ganz
idyllische Stoff keine genügende Veranlassung. Schumann's erstes
Gefühl, das ihn nur Klavierbegleitung zu dem Werkchen setzen hieß,
war das richtige. Vor einem kleinen, in Schumann's Musik einge-
lebten Publikum wird es immer noch am leichtesten bestehen, und
freundlich wenn auch nicht tiefer ergreifend wirken. Was Schumann
in dieser Gattung von Konzertmusik sonst noch geschrieben hat, besteht in vier Balladen. Es sind „Der Königssohn" Op. 116),
„Des Sängers Fluch" (Op. 139), „Das Glück von Edenhall"
(Op. 143) — alle drei nach Dichtungen von Ludwig Uhland —
und „Vom Pagen und der Königstochter" (Op. 140), nach Emanuel
Geibel's Dichtung. Thomas Moore's „Paradies und Peri" war in
Folge eines glücklichen Zufalls zur musikalischen Behandlung besonders geeignet gewesen. Auch wird es immer leichter sein, aus
einer größeren Dichtung einen brauchbaren Text zurecht zu schneiden
und zu stücken, als aus der knapp geformten Ballade. Schumann
hat das erfahren müssen. Daß er allbekannte und meisterhafte
deutsche Dichtungen überhaupt benutzte, sie zu seinen Zwecken ab-
änderte, verstümmelte, ja gänzlich umgestalten ließ, daraus wollen
wir ihm einen principiellen Vorwurf nicht machen. Uhland's und
Geibel's Dichtungen bleiben darum doch was sie sind, und dem
Künstler muß es gestattet sein, seine Stoffe zu nehmen, wo und
wie er sie findet. Man muß es eher tadeln, daß er bei der Um-

änderung nicht gründlich genug vorgegangen ist und zuviel von der ursprünglichen Form der Balladen beibehalten hat. Was schon bei „Paradies und Peri" gesagt wurde, gilt hier in erhöhtem Grade. Man merkt es in störender Weise, daß diese Balladen eigentlich nicht für Musik gedichtet sind. Die Art, wie die ihnen zu Grunde liegenden Begebenheiten aufgerollt werden, auch die ganze äußere Form der Strophen ist durchaus auf den Vortrag eines Einzelnen berechnet. Und zwar nicht eines Sängers, sondern eines Sprechers, oder es müßte, wie namentlich bei dem „Glück von Edenhall", die Form des strophischen Gesanges gewählt werden, was aber wieder die Mannigfaltigkeit des Ausdruckes zu sehr beschränken würde. Es scheint, daß ein verhaltener Drang Schumann's nach dramatischer Gestaltung sich gerade in diesen Balladen einen Ausweg suchte; wissen wir doch, wie er sich in den letzten Jahren seines Schaffens vergeblich um einen neuen Operntext abgemüht hat. Man würde aber vielleicht über alle Unzuträglichkeiten dieser seiner Textunterlagen hinwegsehen, hätte er eine aus frischer, reicher Phantasie kommende Musik über sie hinströmen lassen. Dies ist leider nicht oder doch nur zu einem sehr kleinen Theile der Fall. Gerade in den dramatisch bewegteren Partien zeigt sich eine auffällige Mattigkeit der Musik, eine Lahmheit der rhythmischen Gestaltung und ein Mangel an frischen, gewandt gruppirten Gegensätzen. Daß einzelnes Schöne, ja sehr Schöne sich auch findet, sei ausdrücklich bemerkt, und in diesem Sinne auf den ganzen dritten Theil und den Anfang und Schluß des zweiten Theiles der Ballade „Vom Pagen und der Königstochter" hingewiesen. Als Ganze aber werden diese Werke schwerlich Bestand haben.

Dagegen finden sich noch einige rein lyrische Werke für Gesang und Orchester von eigenthümlicher und durchgängiger Schönheit. Unter diesen sind das „Requiem für Mignon" aus Goethe's „Wilhelm Meister's Lehrjahre" (Op. 98ᵇ) und das „Nachtlied" von Hebbel (Op. 108) namhaft zu machen. Bei ersterem hatte Schumann einen eigens für Musik gedichteten längeren Text, der in zwangloser, bequemer Form die köstlichsten Gedanken und Worte bot. Kaum einer war wohl zur Komposition so geeignet, als Schumann mit seiner vornehmen Empfindungsart und seinem feinen poetischen Sinn. So ist ihm ein schönes kleines Werk gelungen. Man darf es nur nicht in den großen Koncertsaal zerren, für den seine zierlichen Verhältnisse und zarten Farben nicht gemacht sind. Das „Nachtlied" ist nur ein großer Chorsatz. Für die eigenthümlich phantastische Stimmung des Gedichts eignete sich ein besonderer Stil, indem der Chor manchmal mehr nur farbgebend auftritt, dann wieder sich mit dem Orchester zu einer Polyphonie verschmilzt, in der alles menschlich Individuelle aufgelöst erscheint und nur die allgemeinen Kräfte der Welt und alles Lebens walten.

Beethoven soll bekanntlich die Idee gehabt haben, Goethe's „Faust" zu komponiren. Wie er sich die Ausführung dieses Planes gedacht hat, wissen wir nicht. Natürlich konnte er nur den ersten Theil meinen, da der zweite erst 1833 erschien. Was Beethoven nur plante, hat Schumann gethan. Freilich nicht in dem Sinne, den man mit dem Ausdrucke „Komposition des Faust" nothwendig verbinden müßte, aber vielleicht doch in der besten, wirksamsten und fruchtbringendsten Weise, die sich in diesem Falle denken ließ. Für die Bühne, etwa als musikalische Ergänzung des Goethe'schen Dramas, ist Schumann's Faustmusik nicht gedacht. Sie soll ein Koncertstück sein, oder richtiger eine Reihe von mehreren Koncert-stücken, denn eine zusammenhängende Aufführung aller drei Theile hat Schumann nicht für nöthig erachtet, noch gewünscht. Er hat sich aus beiden Theilen der Goethe'schen Dichtung eine Anzahl von Scenen herausgesucht, und diese mit Musik versehen. Er bietet also kein in sich geschlossenes Kunstwerk, sondern setzt die genaue Kenntnis des Goethe'schen Faust als für das Verständnis unerläß-lich voraus. Aus dem ersten Theil hat er komponirt: 1) Ein Stück aus der ersten Gartenscene zwischen Gretchen und Faust; 2) Gret-chen vor dem Andachtsbild der Mater dolorosa; 3) Scene im Dom. Diese drei Stücke bilden den ersten Theil seiner Faustmusik. Aus dem zweiten Theil hat er komponirt: 1) Die erste Scene des ersten Aktes: Geistergesänge in der Morgendämmerung, Sonnenaufgang und Faust's Monolog; 2) Aus dem fünften Akt: Scene der vier grauen Weiber; 3) Aus dem fünften Akt: Faust's Tod (bis zu den Worten: „Der Zeiger fällt. Er fällt, es ist vollbracht.". Diese Stücke bilden den zweiten Theil der Faustmusik. Der dritte Theil besteht aus der in sieben Abschnitte getheilten Komposition der letzten Scene des fünften Aktes: Faust's Verklärung. Das Wagnis, ein musikalisches Kunstwerk zu schaffen, das in sich gar keinen Mittel-punkt und Zusammenhang hat, sondern denselben durchaus nur von

einem anderen Kunstwerke entlehnt, konnte wohl nur bei einer Dichtung, wie der „Faust" glücken. Und vielleicht einstweilen auch nur
im Bereiche des deutschen Volkes, das mit dem „Faust" nahezu schon
ebenso unzertrennbar zusammengewachsen ist, wie mit Luther's Bibel.
Aber es ist wirklich geglückt, und Schumann hat für immer seinen
Namen mit dem des Dichters des „Faust" verschlungen. Vorzugsweise gilt dies vom dritten Theil, der, da er nur eine große Scene
enthält, auch als musikalische Kunstform am bedeutendsten ist.
Goethe selbst hat die Mitwirkung der Musik für diese Scene gefordert. Der mystische Inhalt derselben einerseits, die überaus
herrliche sprachliche Ausführung andererseits konnte gar keinen
geeigneteren Komponisten finden, als Schumann; er scheint wie
prädestinirt für diese Scene gewesen zu sein. Er hat sich denn
auch mit einer so bis in die tiefsten Tiefen dringenden Nachem-
pfindung in die Dichtung versenkt, daß von Anfang an der Eindruck herrschte, Schumann's Komposition wirke wie ein Kommentar
der Dichtung. Schumann ganz vor allem ist es auch zuzuschreiben,
daß selbst weitere Kreise mit dem zweiten Theil des „Faust" allmählich
vertrauter werden. In Bezug auf allgemeine künstlerische Bedeutung und Tragweite reicht keine andere Chorkomposition Schumann's
an diese heran. An Frische, Eigenthümlichkeit und anhaltender
Kraft der Erfindung steht sie dem „Paradies und Peri" durchaus
nicht nach. Bis vielleicht auf die letzte Hälfte des Schlußchores
ist sie eine Kette von musikalischen Juwelen, ein ganz einzigartiges
Stück der Koncertliteratur, welches in erster Linie zu den Kunst-
werken gehört, auf welche die deutsche Nation stolz sein kann. Der
zweite Theil der Faustmusik, aus drei anderen Scenen des zweiten
Theiles der Dichtung bestehend, ist ebenfalls von bedeutendem
Werthe. Indessen macht es sich hier manchmal fühlbar, daß Schumann Worte komponirt hat, die nach Goethe's Absicht nicht gesungen
werden sollten. Dies gilt noch mehr von den Scenen aus dem
ersten Theil, und sie sind auch musikalisch merklich viel matter.
Am wenigsten sagt die Ouverture; der Werth der Faustmusik nimmt
also stufenweise ab, je mehr man vom Ende zum Anfang vorrückt.
Diese Beschaffenheit entspricht der Art, wie ihre Vollendung allmählich erfolgte: aus Schumann's frischester, glücklichster Meister-
zeit heraus bis dicht an den Zeitpunkt heran, wo der Irrsinn seinen
edlen Geist umnachtete.

Theatralisch-dramatische Werke Schumann's giebt es nur zwei: die Oper „Genoveva" und die Musik zu Byron's „Manfred". Der Operndichtung wird mit Recht vorgeworfen, daß sie die eigentliche Genovevasage kaum behandle, da fast alles, was diese charakteristisch und rührend macht, bei Seite gelassen ist. Schumann hielt dies für einen Vorzug seines Textes. Man kann das insofern allenfalls begreifen, als er gemeint haben wird, der Hauptnachdruck bei einer Oper müsse auf der Darstellung der Seelenzustände beruhen, und diese könne am reichsten ausgeführt werden, je einfacher und allge-meiner die äußeren Umstände einer Opernhandlung wären. Auch hat er vielleicht gefühlt, daß ein großer Theil der Genoveva-Sage mehr episch als dramatisch ist. Nur darin täuschte er sich, daß er meinte, die Fabel würde nach der von ihm vorgenommenen Re-duktion für ein Theater-Publikum noch interessant genug bleiben. Er hat, wie erzählt worden ist, sich den Text selbst zurecht gemacht. Als Vorlagen benutzte er vor allem Hebbel's „Genoveva", ein Trauer-spiel, das ihn begreiflicherweise sehr gepackt hatte. Dann auch Tieck's „Genoveva". Daneben diente ihm aber auch als Vorbild Weber's „Euryanthe". Diese drei gänzlich unter einander verschiedenen Dich-tungen hatten denn eine Verwirrung der Motive und Unsicherheit der Charakterzeichnung zur Folge, die den unbehaglichen Eindruck des Textbuches noch vermehrt. Namentlich ist der Charakter des Golo ganz undeutlich geworden, auf den doch fast das Meiste an-kommt. Auch die Ausführung im Einzelnen mußte bei einer der-artigen Kompilation leiden. Sehr vieles ist wörtlich aus Hebbel und Tieck entlehnt, und die ganz verschiedenen Stilarten beider laufen unvermittelt neben einander her. Doch überwiegt Hebbel. Tieck'sches findet sich besonders im Finale des ersten Aktes und im Duett Nr. 9 des zweiten Aktes, z. B. die Strophe „Du liebst mich, holde Braut, da ist der Tag begonnen". Auch daß Genoveva dem Golo seine Bastardschaft vorwirft, ist Tieck entnommen, der den Vorwurf einmal durch Wolf, dann auch durch Genoveva selbst aussprechen läßt, aber ohne ihn zu einem durchschlagenden drama-tischen Motive machen zu wollen. Nebenbei werden noch mehre Volkslieder eingemischt. Nicht ohne Verwunderung bemerkt man diese Stilvermengung bei einem so fein gebildeten Geschmacke, wie ihn Schumann sonst besaß. Der Hauptmangel aber dieser Oper liegt in der Musik selbst. Läßt sich „Paradies und Peri" etwa mit

Weber's „Oberon" in Parallele stellen, also die Komposition fürs Koncert mit einer fürs Theater, so könnte man Schumann's Oper mit einer Weber'schen Koncertcantate, etwa „Kampf und Sieg" vergleichen. Wie Weber sich überall als Dramatiker zeigte, auch wo er es nicht sein sollte, so Schumann als Lyriker. In der Oper „Genoveva" singen die Personen ziemlich auf einerlei Art; Schumann macht zu den Textworten absolute Musik, nicht solche, die sich nach dem Grundcharakter der jedesmaligen Persönlichkeit richtete. Er schafft auch seine Musik im Ganzen und Einzelnen nicht genügend aus der Situation heraus. Es fehlt ihm endlich an Sinn für jene Lebhaftigkeit der Kontraste, die im Koncertsaal aufbringlich erscheint, aber auf der Bühne nicht entbehrt werden kann. „Genoveva" ist ohne eigentliches Recitativ. Aber es wird auch nicht gesprochen, sondern selbst der affektlose Dialog taktmäßig und meist mit voller Orchesterbegleitung gesungen. Schumann hielt das Recitativ für eine Kunstform, die sich überlebt habe, und hat sie auch in seinen anderen Gesangswerken fast nie angewendet. Darüber mag man streiten. Unbestreitbar ist für eine Oper die Nothwendigkeit einer affektlosen, gleichsam neutralen Ausdrucksform, welche die Handlung fortleitet und den Hauptpartien, in welchen die hochgesteigerten Empfindungen hervortreten, zur Folie dient. Daß es an einer solchen Folie in der „Genoveva" fehlt, schwächt die Wirkung der Hauptmomente und somit des Ganzen. Wie Schumann bei der Textgestaltung sich die „Euryanthe" zum Muster nahm, so hat er auch als Musiker in Weber's Sinne weiter schaffen, nicht eine Oper im alten landläufigen Sinne, sondern ein Musikdrama, und zwar ein echt nationales, schaffen wollen. Er war in der Zeit der Komposition der „Genoveva" so schroff abweisend gegen italiänische Musik, wie man es an ihm eigentlich nicht erwarten sollte, aber ganz so, wie es Weber seiner Zeit auch war. „Lassen sie mich in Ruhe mit der Kanarienvogel-Musik und den Haarbeutel-Melodien" sagte er einmal ganz böse zu Weber's Sohn, als dieser ihm von Cimarosa's „Heimlicher Ehe" sprach. Ist es ihm nun auch nicht gelungen, eine deutsche Meisteroper zu schaffen, so wird man doch mit Freuden und dankbar das viele Schöne anerkennen, welches die Musik bietet, die edle Empfindung, welche das Ganze durchzieht, den unablässig nur auf das Echte und Wahre gerichteten Kunstsinn. Nach den in den letzten zehn Jahren in Deutschland gemachten Erfahrungen scheint es sogar, als würde „Genoveva" auf den Bühnen sich doch noch einen zwar bescheidenen, aber doch gesicherten Platz erringen. Und sie verdient ihn wohl. Das schönste Stück des Werkes ist aber jedenfalls die Ouverture, ein Meisterstück ihrer Art, das den klassischen Vorbildern ebenbürtig ist.

Die Musik zu Byron's „Manfred" (Op. 115) besteht aus Ouverture, einer Zwischenaktsmusik, Melodramen und einigen Solo- und Chorgesängen. Byron hat für seine Dichtung die Mitwirkung der Musik ausdrücklich gefordert, doch in geringerem Umfange als Schumann sie gewährt hat. Alle Instrumentalmusikstücke mit Aus- nahme der Weisen der Hirtenschalmei im ersten Akte hat Schumann aus eigener Bewegung hinzugefügt; ferner das bei Manfred's Tode aus der Klosterkirche erklingende Requiem. Dagegen hat er merk- würdiger Weise in Akt II, Scene III die Gesänge: »The captive usurper« ꝛc. unkomponirt gelassen. Im ganzen besteht seine Arbeit aus 16 Nummern einschließlich der Ouverture; letztere wurde aber zuerst komponirt und vielleicht zunächst noch ohne die Absicht, auch zum Drama selbst Musik zu schreiben. Schumann hat auch durch seine Manfred-Musik nicht bewiesen, daß er eine besondere Begabung für das Dramatische besessen habe. Man hat in neuester Zeit Byron's Stück mit Schumann's Kompositionen häufiger auf der Bühne aufgeführt; es war also Gelegenheit, ihre Wirksamkeit zu prüfen. Die Musik dient kaum irgendwo zur Verstärkung der dra- matischen Wirkungen, was doch allein ihre Aufgabe sein kann, wenn sie zum Schauspiel herangezogen wird. Vielmehr erscheint sie durch- weg nur als ein Ausfluß der Anregungen, welche Schumann durch Byron's Poesie erhielt. Es ist mit dieser Manfredmusik ein eigenes Ding. Auf der Bühne verliert sie von ihrer Eindringlichkeit, ebenso wie nach meinem Gefühl auch die Dichtung die Hälfte ihres phantastisch unheimlichen Zaubers einbüßt, wenn sie sich mit dem handgreiflichen Apparat einer scenischen Darstellung umkleiden muß. Schon die Ouverture ist ein viel zu ernstes und viel zu koncert- mäßig ausgeführtes Musikstück, als daß ein Theaterpublikum durch sie zu fassen wäre. Dasselbe gilt viel mehr noch von all den fein gearbeiteten und subtil empfundenen Musikstücken welche nachfolgen, das Schlußrequiem keineswegs ausgeschlossen. Aber auch im Kon- certsaal thut die Musik keine rechte Wirkung. Schon deshalb nicht, weil der Hörer hier nicht unter dem Eindrucke der ganzen Handlung

steht, welcher doch überall zum vollen Verständnis vorausgesetzt
wird. Sodann nicht, weil bei den Melodramen im Koncertsaal
sich das gesprochene Wort und die zugleich gespielte Musik noch
mehr gegenseitig stören, als bei einer Bühnenvorstellung. Daraus
möchte nun vielleicht jemand schließen, die Manfredmusik sei ein
verfehltes Werk. Aber — merkwürdig genug — sie ist dieses durchaus nicht, sondern eine stilvolle Schöpfung, die zu Schumann's
vollendetsten Leistungen gehört. Freilich schwebt sie gleichsam hei-
matlos, der Bühne nicht mehr als dem Koncertsaal zugehörig, und
so paradox es klingen mag: den tiefsten Eindruck von ihr hat der
stille Partiturleser, der die Handlung, die gesprochenen Worte sich
innerlich vergegenwärtigt und in dieser Disposition die Musikstücke
an seinem inneren Ohre vorüberziehen läßt. Vielleicht das Ergreifendste, was die Manfredmusik enthält: die Melodramen, und unter
ihnen die bis in die tiefste Seele bringende Ansprache Manfred's
an Anstarte — sie kommen nur auf diese Weise zu einer reinen,
einheitlichen Erscheinung. Es sind diese Stücke gewissermaßen
Fortsetzungen jener poetischen Klavierstücke Schumann's mit Überschriften; man darf sich die Worte eigentlich zu dem fortgehenden
Tonstücke nur hinzu denken. Wenn irgend etwas, so zeigt wohl
diese Musik Schumann's ganz nach innen gekehrtes Leben, und
wie seine Natur der Hervorbringung von dramatischen Wirkungen,
wo alles auf plastische, greisbare Formen ankommt, durchaus widerstrebte. Aber gerade so, wie er nun einmal beschaffen war, eignete
er sich zur Komposition der Manfredmusik ganz besonders. Man
kann in anderer Weise als bei der Faustmusik, aber mit eben so
großer Entschiedenheit sagen, daß Dichter und Komponist wie für
einander bestimmt gewesen zu sein scheinen. Auch Byron dachte ja
beim „Manfred" gar nicht an eine Bühnenaufführung; er wollte sein
Stück nur gelesen wissen. Die bis zum Höchsten gesteigerte Romantik desselben, welche wirklich jeden festen Grund und Boden
unter den Füßen aufgiebt, konnte nur in einer Musik ihre richtige
Ergänzung finden, die sich weder an die Erfordernisse der Bühne
noch des Koncertsaales kehrt. Daß bei einer solchen souveränen
Unbekümmertheit um alle durch die Verhältnisse gegebenen Grenzen
dennoch ausnahmsweise etwas Gewaltiges und Lebenskräftiges entstehen kann, wenn eben geniale Kräfte thätig waren, das haben
Byron und Schumann an diesem gemeinsamen Werke bewiesen.

Daß auch die düstere Melancholie und leidenschaftliche Zerrissenheit des Byron'schen „Manfred", welche gegenüber den herrlichen Naturbildern um so ergreifender wirkt, zur Zeit der Komposition Schumann's Seelenzustand auf das innigste entsprochen habe, hat man schon mehrfach bemerkt. Wirklich spricht aus jedem Takte der Musik eine tief innere Sympathie. Nur war doch in Schumann auch ein Zug zur Milde und Versöhnung, der Byron fehlt. Er tritt an verschiedenen Stellen der Musik sehr deutlich zu Tage, am greifbarsten in dem „Requiem" des Schlusses, und gießt über das Ganze einen schwachen Schimmer der Verklärung. Wollte man auf Einzelnes eingehen, man würde des Rühmens kein Ende finden.

Im Januar 1851 schrieb Schumann einem Freunde: „Der geistlichen Musik die Kraft zuzuwenden, bleibt ja wohl das höchste Ziel des Künstlers. Aber in der Jugend wurzeln wir Alle ja noch so fest in der Erde mit ihren Freuden und Leiden: mit dem höheren Alter streben wohl auch die Zweige höher. Und so hoffe ich, wird auch diese Zeit meinem Streben nicht zu fern mehr sein". Schumann spricht hier bezeichnenderweise nur von „geistlicher", nicht von „kirchlicher" Musik. Kirchenmusik hat Schumann nicht geschrieben, trotz seiner Messe und seines Requiems. Denn eine solche soll für den Gottesdienst bestimmt sein und im Verein mit den übrigen kirchlichen Bräuchen während des Gottesdienstes ihre Wirkung thun. Die geistliche aber, oder religiöse Musik ist bestimmt, frei und nur durch sich selbst die Hörer dem Ewigen und Göttlichen zuzuwenden und sie zu erbauen. Kompositionen dieser Art besitzen wir von Schumann manche, auch hat er nicht erst mit oder nach 1851 begonnen sie zu schreiben. Da ist ein Adventlied für Solo, Chor und Orchester (Op. 71) aus dem Jahre 1848, eine Motette für Männerstimmen mit Orgel (später auch Orchesterbegleitung) (Op. 93) von 1849, ein Neujahrslied für Chor und Orchester (Op. 144) aus dem Winter 1849/50; alle drei Werke nach Dichtungen von Friedrich Rückert. Die Messe (Op. 147) und das Requiem (Op. 148) sind dagegen erst 1852 entstanden, und an Werke dieser Art mag Schumann vorzüglich gedacht haben, als er obigen Brief schrieb. Schumann war Protestant, er stand also zu Messe und Requiem in einem freieren Verhältnis. Auch kann er bei Komposition dieser Werke schon deshalb nicht an eine Benutzung beim Gottesdienste gedacht haben, weil in der Form derselben sich Eigenthümlichkeiten finden, welche dem feststehenden Gange einer Meßhandlung zuwider laufen. Indessen darf angenommen werden, daß das katholische Düsseldorf ihm die Anregung gegeben und er beabsichtigt hat, die Werke gelegentlich in einem Kirchenkoncert aufzuführen. Abgesehen von dem Inhalte des Meßentextes, der zum großen Theile für alle Zeiten seine erhebende und einen ernsten Künstler begeisternde Kraft bewahren wird, mußte die Komposition einer Messe noch aus einem anderen Grunde einen Reiz für Schumann haben. Ein schwärmerisches Interesse für die katholische Kirche des Mittelalters herrschte damals in Deutschland in weiten Kreisen, namentlich in denen, welche durch die romantische Poesie beeinflußt waren, denn diese vor allen war es ja, welche im Mittelalter die Verwirklichung ihrer schönsten Ideale gefunden zu haben glaubte. Schumann theilte diese Richtung. Ein Zug mystischer Religiosität, der immer tief in ihm geschlummert haben mag, tritt in den Kompositionen der letzten Schaffensjahre manchmal deutlich hervor. Z. B. in der Komposition eines „Requiem" überschriebenen lateinischen Gedichtes aus dem Mittelalter:

Requiescat a labore
doloroso et amore! :c.

als dessen Verfasserin Heloise, die Geliebte Abälard's genannt wird (Op. 90, Nr. 7). Oder in den Kompositionen der Gedichte Marie Stuart's (Op. 135); oder in dem oben schon erwähnten Requiem für Mignon. In der Messe hat er gegen den gewöhnlichen Gebrauch ein Offertorium: »Tota pulchra es, Maria, et macula non est in te« eingeschaltet; nicht weil er persönlich ein Anhänger des Marienkultus gewesen wäre, sondern weil die mystische Marienverehrung des Mittelalters einen poetischen Reiz für ihn hatte. Bei der Beurtheilung der geistlichen Musik Schumann's muß wiederholt werden, daß der Chor nicht eigentlich das musikalische Organ war, durch welches er sich auszudrücken verstand, und daß er andererseits doch durch die Beschaffenheit und

Wichtigkeit der von ihm behandelten Stoffe, auch wohl durch das Herkommen, getrieben wurde, gerade bei den in Rede stehenden Kompositionen vorzugsweise Chor zu gebrauchen. Es liegt also ein innerer Widerspruch in ihnen. Sie sind alle sehr ernst und edel gedacht, aber als Chormusik doch nur sehr theilweise erfreulich. Am höchsten steht unzweifelhaft die Messe; in ihr ist vieles sehr schön, so das Kyrie, das Agnus Dei, Anfang und Schluß des Sanctus, auch Theile des Credo. Sie dürfte von den geist- lichen Chorwerken Schumann's den längsten Bestand haben. Vom Requiem läßt sich leider viel weniger günstiges sagen. Man sollte meinen, gerade die Idee einer Todtenmesse hätte einen Genius wie den seinigen begeistern müssen, und welche wunderbar ergrei- fenden Töne hat er im „Manfred" zu den abschließenden Requiem- worten gefunden. Aber er hat dieses Werk zuverlässig im Zustande der Ermüdung geschrieben; nur der erste romantische Chor macht einen ganz harmonischen Eindruck. Nicht mit diesem Werke, das die Reihe der Opuszahlen Schumann's schließt, soll man sich das Bild des edlen Meisters vollenden wollen, das aus seinen Werken uns anblickt. Er hat bezüglich des Requiems einmal gesagt: „Das schreibt man für sich selbst". Aber der reiche Schatz eigenthümlicher, reiner und tiefsinniger Kunst, den er in seinen anderen Werken niedergelegt hat, ist ein dauernderes Denkmal seines Namens, ein hochragendes und unzerstörbares.

Schumann's Einfluß auf die künstlerische Produktion unserer Zeit ist ein großer gewesen, und er ist noch immer bemerkbar. In- wiefern er für die zukünftige Entwickelung der Tonkunst maßgebend sein wird, das abzuschätzen muß späteren Generationen überlassen bleiben. Aus der unmittelbaren Wirkung auf die Mitwelt, sei sie auch noch so bedeutend, läßt sich hierfür gar nichts sicheres schließen. Auch wissen wir nicht, ob für die nächste Zukunft überhaupt noch einmal ein neuer Aufschwung der Musik sich anbahnt. Nach neuen Idealen ringt die Zeit offenbar, und daß dieselben nicht ganz außer Zusammenhang mit Schumann's Kunst stehen, ist auch ersichtlich. Aber verwundern dürften wir uns nicht, wenn nach vierhundert Jahren einer unterbrochenen, beispiellosen Kunstblüthe endlich nun

doch ein Zustand des Ermattens und Abwelkens einträte. Alles
was in Vorstehendem über Schumann's Kunst zu sagen war, stellt
durchaus nur ein Urtheil dar, das vom Standpunkte der Vergangenheit aus gefällt worden ist. Insofern darf dasselbe eine gewisse Zuverlässigkeit wohl für sich in Anspruch nehmen. Den Vorwurf, daß es ein unterschätzendes sei, wird man nicht erheben
können; eher würde vielleicht das Gegentheil zu gewärtigen sein.
Trotz der außerordentlichen Popularität seiner Musik ist Schumann's
Bedeutung heutzutage noch nicht nach allen Seiten hin unbestritten.
Diejenigen aber, die ihn geringer schätzen, als es in Obigem nach
fester Überzeugung geschehen ist, scheinen, soweit sie überhaupt
leidenschaftslos zu urtheilen geartet sind, dem Nachlebenden das
Verdienst der Vorfahren zum Schaden anzurechnen. Unser Ge-
schlecht, das sich auf das Vermächtnis der Vergangenheit zu be-
sinnen anfängt, erkennt mit wachsendem Erstaunen und immer
klarer, wie im Laufe der letzten vier Jahrhunderte eine Reihe von
Meistern der Tonkunst erstanden ist, die unter den größten Erscheinungen aller Zeiten in erster Linie stehen. Unter dem frischen
Eindruck dieser Erkenntnis ist man leicht geneigt, den von den
Werken jener Meister genommenen Maßstab überall anzulegen, und
bemerkt nicht, wie dadurch der Blick für eine Welt anders gearteter
Schönheit blöde wird. Jene überragenden Genien haben immer
nur einzelne Richtungen, nie die gesammte Kunst zum höchsten
Ideale vollendet, nie hat auch die gesammte Kunst nur in vereinzelten Spitzen sich ausgelebt. Die Beschränkung auf das Höchste
ist in der Kunst der erste sichere Schritt zur inneren Verarmung.
Gewiß hat es Größere gegeben, als Schumann war, und er selbst
würde als der erste gegen seine Gleichstellung mit den erhabensten
Meistern Verwahrung eingelegt haben. Aber die Erkenntnis eines
vorhandenen Abstandes ist so weit entfernt, ihn in seinem Werthe
zu schädigen, daß vielmehr durch eine richtige Verwerthung derselben die eigenthümliche Schönheit seiner Kunst erst recht offenbar
wird. Zur Zeit ist diese Art der Anschauung, welche mit dem
urtheilslosen Massengenuß von Musikwerken jeder Sorte nichts
gemein hat, noch selten genug. An ihrer Verbreitung arbeiten alle,

denen die Förderung geschichtlichen Wissens am Herzen liegt. Die
aus diesem sich ergebende Sicherheit des vergleichenden und zusammenfassenden Blicks wird gerade einer Erscheinung wie Schumann
mehr und mehr zu gute kommen. Wenn einst die Nebel aus den
weiten Räumen des Kunstgebietes überall gewichen sein werden,
die jetzt kaum mehr als die höchsten Spitzen der Vergangenheit
hervorragen lassen, wird wohl manche Erscheinung dem Blicke sich
darbieten, die in anderen Zeiten und Verhältnissen eine gleiche Ta-
lentkraft darstellt, wie sie Schumann zu eigen besaß. Aber je blü-
hender und mannigfaltiger dann der Garten der Kunst erscheinen
wird, desto freudiger wird man das Einzelne schätzen, das an seinem
Theile diese Mannigfaltigkeit und Blüthe bedingt. Ich hoffe, man
wird dann finden, daß Schumann's Kunst die warme Sympathie
verdient, von der diese Blätter Zeugnis geben.

Luigi Boccherini.

Von

Dr. H. M. Schletterer.

39.

Luigi Boccherini.*

Von

Dr. H. M. Schletterer.

angsamer und später als alle übrigen Künste rang sich die Tonkunst zu Ebenbürtigkeit und Reife empor, zunächst die vokale —, lange darnach erst die In- strumentalmusik. Während zu Ende des 15. Jahr- hunderts die Gesangsmusik nach Satz und Form bereits eine gewisse Vollkommenheit erreicht hatte, vergeht ein weiteres Jahrhundert, ehe das auch von der instrumentalen Kunst gesagt werden kann. Un- selbständig schließen sich in frühester Zeit die Instrumente je nach ihrer Tonlage den Singstimmen im Einklange an, vertreten auch wohl den Part derselben; dann begegnet man schüchternen Versuchen, für Orgel, Clavicymbel und Laute zu schreiben; endlich betheiligen sich Violen verschiedener Größe an der Ausführung kurzer selbstän- diger Tonsätze, Sinfonien genannt, jedoch meist nur Ritornellen zu nachfolgenden Gesangstücken. Schon auch treten sie in Verbindung

---

* L. Picquot: Notice sur la vie et les ouvrages de Luigi Boccherini, suivie du catalogue raisonné de toutes ses oeuvres. Paris 1851.

D. M. Cerù: Cenni intorno alla vita e le opere di L. B. Lucca 1864.

M. Cristal: L. Boccherini. In der Musikzeitschrift: »Le Ménestrel«, 41e Année. Paris 1875.

M. Dom. Bertini: Ritratto zur Partiturausgabe des »Stabat mater«. Firenze 1877.

mit rohen und starktönenden Blasinstrumenten; zuletzt behaupten, nur von Orgel oder Klavier unterstützt, die Saiteninstrumente entschieden den Vorrang und fast allein das Feld.

Die wichtigsten Förderer der Instrumentalmusik im 16. Jahrh. waren die berühmten Organisten bei S. Marco in Venedig, Andrea Gabrieli (1520—86) und sein Neffe Giovanni (1540—1612) und der Olivetaner-Mönch Adriano Banchieri aus Bologna, zuletzt Organist an S. Michele zu Bosco (1567—1634).

Größere Mannigfaltigkeit, Selbständigkeit und befriedigenderen formalen Ausbau zeigen schon die Instrumentalsätze des 17. Jahrh., in welchen neben vielen anderen Komponisten Gregorio Allegri (1590—1652), Massimiliano Neri, Tarquinio Merulo, Biaggio Marini, Giov. Legrenzi, Dom. Maria Uccellini, G. Batt. Bassani (1657—1716), Giov. Torelli († 1708, angeblich Erfinder der Form des Violinconcerts), namentlich aber der berühmte Geigenmeister Arg. Corelli (1653—1713) Genie und Kunst bethätigen. Die durch einen langen Zeitraum festgehaltene Form der Ouverture wird ebenfalls in dieser Periode, vornehmlich durch Jean Bapt. Lulli (1633—87), fixirt; in der Sonate, von der Suitenform durch feste Gesetze und streng geregelten Bau sich allmählich lösend, werden die ersten Versuche gemacht.

Noch fruchtbarer erweist sich dann das kommende 18. Jahrhundert, in dem sich die instrumentale Kunst nach Form und Inhalt reich entwickelt und emporwächst und in dessen erster Hälfte die Namen Nic. Porpora, G. B. Vitali, Antonio und Fr. Maria Veracini auf italiänischer, J. Seb. Bach, G. Fr. Händel, Chr. v. Gluck auf deutscher, Fr. Jos. Gossec auf französischer Seite hervorleuchten. Mehr und mehr gewinnt sie sicheren und eigenartigen Charakter und fortan treten auch auf dem Gebiete der Instrumentalmusik italiänische und deutsche Weise in bestimmten Gegensatz. Während in Deutschland der überaus fruchtbare G. Ph. Telemann (1681—1767), der neben zahllosen anderen Werken allein 600 Ouverturen schrieb, Vorgänger und Vorbild K. Ph. Em. Bach's (1714—88) wird, nach dem sich wieder J. Haydn (1732—1809) bildet, wird in Italien der nicht minder fleißige und unerschöpfliche G. B. Sammartini (San Martini, 1700—1770) der Bahnbrecher des reichbegabten L. Boccherini

(1743—1805) und anderer Tonsetzer. Aber in einer Periode, in der diesseits der Alpen die Instrumentalmusik bereits nach immer größerer Vertiefung und reicherem Inhalte strebte, gefällt sie sich jenseits derselben vorwiegend noch in einem angenehmen, lieblichen Tonspiele, geeignet, mehr das Ohr zu beschäftigen und den Geist zu erheitern, als Gemüth und Seele in ihren Grundtiefen zu ergreifen und anzuregen*). J. S. Bach, wie Telemann, wurden mehr von Frankreich, durch die Klaviermeister J. H. l'Anglebert und Fr. Couperin und den Opernkomponisten Lulli und seine Nachfolger beeinflußt, als von Italien aus, obwohl die Werke welscher Tonsetzer in Deutschland bekannt, verbreitet und geschätzt waren, wie z. B. Bach's Bearbeitung der Violinconcerte des Antonio Vivaldi beweist. Händel vollendete seine künstlerische Ausbildung bekanntlich vorzugsweise in Italien. ‑

Mehr als irgend ein anderer Ort des gebildeten Europa erwies sich Wien den künstlerischen Einflüssen, die von Nord und Süd sich hier begegneten, zugänglich. Nicht nur nahm die kaiserliche Hofmusik den ersten Rang unter allen ähnlichen Instituten der damaligen Zeit ein, auch die zahlreichen Kapellen, welche die angesehensten Herren des Hofes und des Landes unterhielten und die begeisterte Pflege, welche die Tonkunst seitens des kunstliebenden und kunstverständigen Adels des Kaiserstaates, und in Kirchen und Klöstern fand, förderten hier mehr als anderswo die Entwicklung der Instrumentalmusik. Das Bedürfnis nach neuen Tonstücken wurde ein außerordentliches; man setzte einen Stolz darein, zuerst in den Besitz neuer Kompositionen gelangt zu sein, sie zuerst bei sich zu Gehör zu bringen, sie allein zu besitzen, wie das heute noch das Esterhazy'sche Musikarchiv zu Eisenstadt, in dem so viele Haydn'sche Werke vergraben liegen, beweist. Einheimische wie fremde Tonkünstler konnten in der kunstsinnigen Kaiserstadt wetteifernd um den Kranz des Ruhmes streiten.

Es darf nicht verwundern, daß auf diesem Boden und unter solchen Verhältnissen J. Haydn's Genie reichste Anregung fand.

---

*, Zeitgenossen Beccherini's und mit ihm auf gleichem Gebiete thätig, doch von minderer Bedeutung, waren, außer den Violinspielern Somis, Nardini, Pugnani, Brunetti, Cambini, Bruni, Giornovichi, Viotti, Nella, Dem. Ferrari und dessen Bruder Carlo Cellist und Erfinder des Daumenaufsatzes, Pellebre, Giorgetti: Blangini in Piemont, Canuzzi in Brescia, Rutini in Florenz, Oberardeschi in Pisa u. s. w.

Müssen wir in ihm auch einen echt deutschen Meister erkennen
und verehren, die Tonsätze italiänischer Komponisten, die zu hören
er vielfache Gelegenheit fand, dürften kaum ohne bemerkenswerthen
Einfluß auf sein Talent und seine Schreibweise geblieben sein.

Man nennt ihn, obwohl er in diesen Formen in Deutschland
bereits zahlreiche Vorgänger hatte, nicht mit Unrecht den Vater der
Symphonie und des Quartetts, denn er erst schrieb Instrumentalwerke,
die vom modernen Geiste und Inhalt erfüllt sind und in denen
jedes einzelne Instrument zu selbständiger Aussprache gelangt. Aber
ebenso berechtigt darf man den Mailänder Sammartini den Großvater der symphonischen Musik nennen; denn lange bevor Haydn sein
erstes Quartett (1750) und seine erste Symphonie (1759) schrieb, hatte
der frohgemuthe, sorglose Italiäner zahlreiche Concerte, Symphonien,
Quartette und Trios komponirt, die nicht nur in Italien, in Spanien und im südlichen Frankreich, welche Länder durch ihn vorwiegend beeinflußt wurden, sehr beliebt waren, sondern auch in
Deutschland und England gebührende Werthschätzung fanden.

Giambattista Sammartini galt schon 1726 als ausgezeichneter Komponist. Später Organist an verschiedenen Kirchen und
Kapellmeister des Frauenklosters Santa Maria Mabbalena in Mailand, hatte er außer vielen Kirchenstücken eine Menge gern gehörter
Instrumentalsätze geschrieben. Auf einem seiner Manuscripte findet
sich die Opuszahl 2500. Er übertrifft also alle seine Kollegen,
selbst C. Czerny und Fr. Abt, an Fruchtbarkeit. Dem heute ganz
verschollenen Meister rühmen die Zeitgenossen künstlerisches Feuer,
Reichthum der Erfindung und seltenes Geschick, seine Ideen zu ord-
nen und zu gestalten, nach. Namentlich waren seine Kirchensymphonien
sehr sinnreich und voll Geist und Leben. Die Partien der einzelnen
Instrumente erscheinen bei ihm bereits gut ausgearbeitet; er zuerst
trennte die Bratsche vom Baß und gab der zweiten Geige eine gesonderte Bewegung. Keinen der Spieler ließ er lange müßig und
vornehmlich kamen die Violinen nicht zur Ruhe. Seine Musik
würde noch mehr gefallen haben, hätte man in ihr nicht ein gewisses Maß vermißt und hätte sie weniger Allegros und nicht all-
zuviele Noten enthalten. Die Heftigkeit seiner Imagination trieb
ihn, sich in einer Folge rascher Sätze, die zuletzt Ausführende und
Hörer ermüdeten, mit Vorliebe zu bewegen. Selbst ein geschickter
Oboist und Geiger, machte er sich um die Technik des Orchesters

hochverdient, wie ihm denn auch sein Schüler Gluck in der Instrumentation vieles verdankte. *)

Als der junge Mozart auf seiner ersten italiänischen Reise im
Januar 1770 mit dem berühmten und genialen Böhmen Mysliweczeck, der selbst zwölf, nach den Monaten benannte, seinerzeit mit großem Beifalle aufgenommene Symphonien geschrieben hatte,
in Mailand zusammentraf, hörten beide im Hause des kunstsinnigen
Grafen C. Jos. von Firmian, Generalgouverneurs der Lombardei,
Sammartini'sche Symphonien. Mysliweczeck rief überrascht aus,
daß er nun den Vater des Haydn'schen Stils gefunden, und Mozart pflichtete ihm bei. **) Allerdings hat Haydn, als er von

---

*) Man sagt, daß Sammartini, wenn er den frommen Klosterfrauen Unter-
richt gab, oft die Madonna und den Altar vergaß. Was Verkehrt bei denen von
Revers, war er bei denen von Mailand, nur machte er keine weiten Reisen vom
Kloster weg, hatte also auch keine Gelegenheit, seine Sprache und seine Musik zu
verderben. In dieser ruhigen und harmlosen Existenz gewannen seine Inspirationen
jenen Charakter entzückender Gutmüthigkeit, dem man auch in den ersten Werken
Haydn's begegnet. Graf Harrach, Gouverneur der Lombardei, ließ sich's besonders
angelegen sein, Sammartini's Werke in Wien, von wo aus sie bald ganz Europa
für sich gewannen, bekannt zu machen. Die Grafen Palffy, Schönborn und Mort-
zin suchten sich stets möglichst rasch in deren Besitz zu setzen. General Pallavicini, Gouverneur von Mailand, veranlaßte seinen Landsmann, Symphonien für großes Orchester zu schreiben (1734), die das damalige Auditorium entzückten. Fürst Esterhazy
beauftragte seinen Mailänder Banquier Kastelli, an Sammartini für das Manuscript jeder neuen Symphonie acht Goldzechinen zu bezahlen.

Sammartini's musikalische Erziehung war leider vernachlässigt worden; er
hatte für Harmonie und Kontrapunkt nur sein Genie als Lehrer gehabt. In zahlreichen seiner mit fieberhafter Hast niedergeschriebenen Tonsätzen läßt er leichtfertig
Gewöhnliches und Stilloses hingehen; aber in jedem Augenblicke vermag er sich
zu erheben und dann begegnet man den glücklichsten Einfällen, der frischesten Erfindung und Zügen voll Frohsinn, Leben und Reiz. Die Natur schien ihn vorwiegend für Instrumentalmusik begabt zu haben; unerschöpflich weiß er seine Themen zu koloriren, zu beleben, zu variiren. Er, der erste Symphonist der lateinischen
Race, vermag nur ihm eigene Effekte zu erreichen. In glücklichen Stunden ist
seine Musik von den Strahlen einer südlichen Sonne durchwärmt, gesund und
heiter, von einem künstlerisch hochbegabten Geiste ausgehend.

**) Jos. Mysliweczeck, der Sohn eines Müllers, wurde am 9. März 1737
in einem Dorfe bei Prag geboren. Des Vaters Tod war Veranlassung, daß er
dessen mit ihm seither betriebenes Geschäft aufgab, um sich nun ganz der Musik
zu widmen. In Prag wurden Habermann (Kontrapunkt) und Segert (Orgel)
seine Lehrer; um sich im Opernstile zu bilden, nahm er bei Pescetti in Venedig
Unterricht. Er schrieb nun zwischen 1764 und 1779 30 Opern, die größtentheils

dieser Äußerung hörte, herzlich darüber gelacht und bemerkt, daß er wohl Werke des Italiäners kennen gelernt, aber sie nie zum Muster genommen habe, denn derselbe sei ein Schmierer gewesen. Dieses harte Urtheil erscheint im Hinblicke auf die staunenswürdige Produktivität Sammartini's nicht ungerechtfertigt, kann aber Verdienst und Bedeutung des die instrumentale Musik in seinem Vaterlande in seltenem Grade fördernden Meisters nicht beeinträchtigen.

Der greise Sammartini überlebte das Jahr, an dessen Beginn er den gottbegnadeten Jüngling aus Salzburg kennen und bewundern gelernt, nicht; aber dürften nicht die Eindrücke des Mailänder Aufenthaltes auch Mozart veranlaßt haben, bald darauf (15. März), in Lodi, seinen ersten Versuch im Quartettsatze zu machen? Allerdings war ihm die Technik des Sonatensatzes nicht mehr fremd, denn außer vielen anderen in dieses Genre einschlagenden Werken hatte er ja bereits 10 Symphonien geschrieben.

Was Haydn, Mozart und Beethoven und ihre zahlreichen Nachfolger für Deutschland, das sind Sammartini, Boccherini und die in ihrem Sinne schaffenden und durch sie angeregten gleichzeitigen Italiäner für die lateinische Race. Nur darf man die südlichen Meister nicht stets mit dem gleichen Maßstabe wie die unserigen messen und immer mit den großen Symphonisten Deutschlands in Parallele stellen. Man muß ihnen vielmehr auf dem Wege des Anmuthenden und Reizenden und einer bezaubernden, harmlosen Heiterkeit zu folgen vermögen. Ganz besonders prägt sich diese eigenartige italiänische Physiognomie aus und idealisirt sich diese Richtung in Boccherini.

_____

Luigi Boccherini, geb. 1743 am 19. Febr. um 10 Uhr morgens im Kirchspiel S. Salvatore in Lucca, war das dritte Kind des Leopold Boccherini, eines vortrefflichen, an der Hauptkirche dieser Stadt angestellten Kontrabassisten und seiner Frau, Maria Santa, Tochter des Domenico Prosperi. Er ward am 22. Februar in der Kirche S. Giovanni e S° Reparata Chiesa

_____

außerordentlich gefielen. Die berühmte Gabrielli behauptete, Niemand habe besser für ihre Stimme zu schreiben gewußt. Mysliweczed, dem eine Partitur in der Regel mit 30 Zechinen honorirt wurde, starb, wie Sammartini, Boccherini, Mozart, Schubert, Lortzing und viele andere ausgezeichnete Meister, im Elende, zu Rom am 4. Feb. 1781, erst 44 Jahre alt.

unita alla Metropolitana getauft. Seine Pathen waren il Nobile
Sig. Scipione Moriconi di Polonia und la Nobil Sig. Caterina
Orsucci. In der gleichen Kirche wurde er 1757 auch zur ersten
h. Kommunion zugelassen.

Der für seine Kunst sehr eingenommene Vater wünschte nichts
mehr, als daß auch seine Söhne sich dem Studium derselben widmen möchten. Er hatte deren zwei; der ältere, Giovan' Ant. Ga-
stone, Sänger, Violinist, Dichter und Tänzer, in der arkadischen
Verbindung seiner Vaterstadt Argindo Bolimeo genannt, veröffentlichte 1774 in Wien einen Band Dichtungen.*)

Unwiderstehliche Vorliebe trieb den jungen Luigi, dessen musikalische Neigungen durch die Aufführungen der damals sehr guten
erzbischöflichen Kapelle fortwährend genährt wurden, zum Studium
des Cello. Er machte rasche Fortschritte. Der Begeisterung für
dies Instrument und der auf demselben erworbenen Technik muß
man die oft hervortretende Rolle zuschreiben, die er ihm in seinen
Kammerkompositionen zuweist. Wohl wird, wie dies in Künstler-
familien üblich ist, der Vater der erste Musiklehrer seines Sohnes
gewesen sein. Bald aber übergab er den zu schönsten Hoffnungen
berechtigenden Schüler dem Rev. Domenico Vanucci, Musik- und
Gesanglehrer am erzbischöflichen Seminar in Lucca.**) Aber auch
dessen Lehrbefähigung scheint er bald erschöpft zu haben, denn schon
zu Anfang 1757 ist der 14jährige, mit so glänzenden Talenten begabte Knabe in Rom, dem Aufenthaltsorte berühmter Meister, um
sich auf seinem Instrumente und im Kontrapunkte zu vervollkommnen. Auch hier überflügelte sein Genie in kurzer Zeit Wissen und
Können seiner neuen Lehrer.

Man hörte zu dieser Zeit in den zahlreichen Kirchen Roms
viele und Musik verschiedenartigster Gattung. In der Sixtina fanden
die mustergiltigen Aufführungen der Werke alten Stils, namentlich

---

*) Er schrieb 1767 »Turno Re de' Rutoli«, dramma per musica und
1770—72 in Wien: »Le donne letterate«; »Don Chisciotte alla nozze di Ga-
mazzo«, festa teatrale; »La Fiera di Venezia« und »La vecchia rapita«, dramma
eroicomico, alle von Salieri, und »I Rovinati« von Gaßmann komponirt. Auch
der Text zu Haydn's Oratorium »Il Ritorno di Tobia« ist von ihm. — Die
Familie Boccherini bestand 1749 aus beiden Eltern und den Kindern Maria Ester
(8 Jahre), Antonio (7 Jahre), Luigi Ridolfo (6 Jahre), Matilde (4 Jahre) und
Riccarda Gonzaga (1 Jahr).
** Mit 13 Jahren spielte Luigi bereits im Theater und in S. Croce das Cello.

derjenigen Palestrina's, statt, welche religiöse Hoheit und ernste Würde mit edlem Ausdruck und natürlicher Einfachheit verbinden und deren Wirkung durch eine Vereinigung schönster, vollendet ge- schulter Stimmen und eine tabellose Wiedergabe erhöht wurde. In andern Kirchen wurden die Messen von Instrumenten begleitet und die seit L. Viadana beliebt gewordenen Concerti ecclesiastici zu Gehör gebracht. Boccherini, durch seinen Aufenthalt in Rom für immer bezaubert, sprach der ehrwürdigen Stadt stets Dank aus, wenn man die Frische und Originalität seiner eigenen Kompositionen rühmte und äußerte sich noch am Ende seines Lebens in enthusiasti- scher Bewunderung über die dort empfangenen unvergeßlichen musi- kalischen Eindrücke.

Mit den schmeichelhaftesten Zeugnissen kehrte Luigi, die Seele von der Hoffnung auf eine reiche und glänzende Zukunft erfüllt, wieder in das Vaterhaus zurück. Der junge Künstler, in der nächsten Zeit auch außerhalb Italiens, in Wien *) und an andern deutschen Höfen Proben seiner Meisterschaft auf dem Cello gebend, bethätigte nun, erst 17 Jahre alt, auch sein Genie für Komposition in den mit großem Beifall aufgenommenen »Six Trios à 2 Viol. et Cello« (1760), seinem ersten Kammermusikwerke, noch mehr aber in den »Sei Sinfo- nie o sia Quartetti per due Viol., Alto e Cello obligato« (1761). Sie sind für die Freunde Boccherini'scher Musik noch heute Gegen- stand der Bewunderung. Sein Geschmack, seine Manier, sein feiner Sinn für tonischen Wohlklang offenbaren sich hier, zugleich von überlegener musikalischer Intelligenz Zeugnis gebend, in treffender Weise und stellen ihn sofort auf gleiche Stufe mit bedeutenden Vor- gängern und Zeitgenossen.

Lucca, am Serchio gelegen, vor 100 Jahren die von viel-

---

*) Cerù in seinen »Cenni intorno la vita e le opere di Luigi Boc- cherini« sagt, daß er, im Auslande als Virtuose und Tonsetzer gesucht, in Wien Haydn's Bekanntschaft gemacht und stets einen auf Achtung und Liebe ge- gründeten Verkehr mit ihm unterhalten habe. Puccini, in den »Cenni storici della musica in Lucca, letti all'Academia Lucchese il 5. Giugno 1863« theilt mit, daß der große deutsche Meister, nachdem er in seinem welschen Kollegen ein seltenes Genie entdeckt, ihn in die Geheimnisse des von ihm seit 10 Jahren mit Vor- liebe kultivirten Genres der Kammermusik eingeweiht habe. — Die Nachrichten von Kunstreisen B.'s in Deutschland sind mit Vorsicht aufzunehmen. Hanslick z. B. in s. Geschichte des Concertwesens in Wien weiß nichts von dessen Anwesenheit daselbst. Ebenso ist aus Pohl's Leben Haydn's, Bd. II. 186, ersichtlich, daß B. und Haydn persönlich nicht bekannt waren.

leicht 15 000 Einwohnern bewohnte Hauptstadt einer kleinen Republik und Sitz eines Erzbischofs, liegt in reizender, trefflich ange-
bauter Gegend. Durch Regelmäßigkeit und Sauberkeit im Innern
bemerkenswerth und von schönen Spaziergängen und herrlichen
Villen umgeben, durch seine Bildungsanstalten darunter eine Universität und eine Akademie der Wissenschaften angesehen und von
einer thätigen und intelligenten, namhaften Handel treibenden Bevölkerung belebt, zählt es zu den angenehmsten Städten Italiens.
Zur Zeit Boccherini's noch von düsteren Festungswerken eingeschlossen,
mochte sie wohl noch mehr Anziehungskraft üben als heute. Gleich
hinter den Mauern war das ganze Land gartenähnlich bebaut und
zahlreiche ehrwürdige Ruinen aus der Römerzeit gaben der Gegend
auch alterthümliches Interesse. Aber trotz aller dieser Vorzüge und
obgleich auch die musikalischen Verhältnisse im Allgemeinen befriedigende und günstige waren, war Lucca doch kein musikalischer
Mittelpunkt, und Boccherini mußte dies, nachdem ihm nicht jeder
Tag mehr neue Triumphe brachte, zuletzt schmerzlich empfinden.
Auch seine mehr als beschränkten finanziellen Verhältnisse mochten
seine Mißstimmung nähren. Obgleich ein bei dem hohen Rathe der
Republik eingereichtes Gesuch, ihm die Stelle des ersten Cellisten zu
verleihen *, und sein Probespiel gelegentlich der Aufführungen in
S. Croce und im Palaste der Signoria erwünschten Erfolg hatten
und er 1764 die erstrebte Anstellung auch erlangte, reichte sein geringer
Gehalt doch nicht aus, seine bescheidenen Bedürfnisse zu befriedigen,
so daß er nun nothgedrungen auf andere Mittel sinnen mußte, seine
Existenz zu verbessern.

Im Jahre 1765 komponirte er eine Azione dramatica: »Clementina«, Text von Don Ramon de la Cruz, und zwei Oratorien:
»Giuseppe riconosciuto« und »Gioas Re di Giuda«, alle vor der

---

* Hier die Bittschrift: „L. B. sich demüthigst und unterthänigst verneigend,
wurde, nachdem er seine Studien in Rom vollendet, zweimal nach Wien berufen
und hat nachher die kurfürstlichen Höfe des Reiches besucht, sich vollständige Meisterschaft auf dem Cello zu erwerben. Da dies Instrument in Lucca durch Niemanden
besetzt werden kann und man vorkommenden Falles genöthigt ist, einen Fremden
zu holen, wünscht er sich in seiner Vaterstadt niederzulassen und seine geringe Geschicklichkeit im Dienste seiner verehrten Gebieter anzuwenden. Den Muth fassend,
sich Hochlöblicher Bürgerschaft und Hochmächtigstem Rathe zu präsentiren, bittet er,
ihm zur Gewinnung seines Lebensunterhaltes die nöthigen Mittel zu gewähren
und ihn in die Kapelle der Republik aufzunehmen ꝛc."

Kongregation von S. Maria Corteorlandini sehr beifällig aufgeführt.

Als Boccherini von seinen Reisen zurückkam, fand er in Lucca einen Altersgenossen, der, ein Schüler des berühmten Geigers Tartini, sich zu einem vorzüglichen Virtuosen auf der Violine herangebildet hatte. Die beiden jungen Leute, Filippo Manfredi und Boccherini schlossen sich bald innig an einander und blieben bis zum Tode des ersteren fortan treue und unzertrennliche Gefährten. Auf einer 1767 zusammen unternommenen Kunstreise durch Oberitalien wurde ihnen enthusiastischer Beifall. Von dem lebhaften Wunsch erfüllt, sich weiter zu fördern und einen Namen zu machen, entschlossen sie sich zu einer Reise nach Spanien, dahin einen weiten Umweg durch das südliche Frankreich nehmend. Auch hier ward ihrer Leistung begeisterte Anerkennung und namentlich den Kompositionen Boccherini's eine freudige, bis zur Stunde nachwirkende Theilnahme entgegengebracht, die sich noch in einer traditionellen Ausführung derselben bekundet; denn hier, wie in Spanien, Schottland und Irland, wo sich Boccherini's Quartette neben den Werken der größten Meister der Kammermusik noch auf allen Pulten finden, werden sie in ihrer ganzen reizenden Idealisirung wiedergegeben und verstanden.

Die beiden Reisenden schieden im Jahre 1768 auf immer aus ihrer Heimat; keiner von ihnen sollte Lucca wiedersehen.

Sie concertirten zuerst in Turin, dem einstigen Wirkungskreise des berühmten Geigers Somis, und in den größeren Städten der Lombardei; dann im Piemont und der Provence. Luigi's Erstlingswerke existirten vorerst nur handschriftlich und die Musikliebhaber erkannten es als besondere Gunst, von ihnen Abschrift nehmen zu dürfen.

Endlich dehnten sie ihre Reise sogar nach Paris, wohin sie gute Empfehlungen hatten, aus.*) Der Ruf ihrer Leistungen war übrigens schon vor ihnen dahin gelangt. Der Musikverleger La Chevardière, dessen Bekanntschaft zu machen sie Gelegenheit fanden,

---

* Der Abbate Masseangelo Masseangeli in Lucca besitzt in seiner Autographensammlung deren einige; z. B. einen Brief vom russischen Minister Grafen Schuwalow an den Prinzen Galitzin, andere von R. Barriet und der Lady Buckingham an andere Personen, in denen allen der Leistungen der Künstler höchst anerkennend gedacht wird.

beeilte sich, sie bei einem enthusiastischen Musikliebhaber einzuführen, dem Baron Ernst von Bagge, der, mit dem Titel eines Kammerherrn des Königs von Preußen, in Paris lebte und dessen reiches Haus zum Sammelpunkt aller musikalischen Notabilitäten der französischen Hauptstadt geworden war. *) Er war ebenso bekannt durch seine hochherzige, den Künstlern gewährte Protektion, wie durch die verrückte Meinung, die er von sich hegte, ein großer Violinvirtuose zu sein, besonders seit Kaiser Joseph II., der gelegentlich seines Aufenthaltes in Paris einem Concerte in seinem Hause beigewohnt, ihm ironisch bemerkt hatte, so habe er noch nie Jemanden Geige spielen gehört, wie ihn. Man fand ihn stets mit der Violine in der Hand, prahlend mit seiner immensen Geschicklichkeit, für sein falsches, elendes Gekratze begeisterte Komplimente und rauschende Bravi's erwartend. Er erbot sich, den größten Künstlern Unterricht zu geben und erhielt er von ihnen ausweichende Antworten, drang er in sie, indem er sagte: „Nehmen Sie bei mir Lektionen, Sie werden sehr dadurch gefördert werden. Da ich reich und großmüthig bin, verzichte ich auf jedes Honorar u. s. w." Vielen jungen Talenten hat er den Weg in die Öffentlichkeit gebahnt, aber es konnte auch nicht fehlen, daß er von verschlagenen, geldbedürftigen Musikern tüchtig ausgebeutet wurde.

Bereits begannen sich in Frankreich, seither ausschließlich mit seiner Oper beschäftigt, der jedoch Gluck's Reformen noch nicht zu Gute gekommen waren, **) die ersten Bestrebungen auf instrumentalem Gebiet kundzugeben. Sie gingen besonders von den bei Bagge sich zusammenfindenden Musikern aus; deren bemerkenswertheste waren Gossec, ***) der fruchtbarste Instrumentalkomponist Frankreichs, der

---

*) Baron Bagge, von dem auch einige Kompositionen, ein Violinconcert und eine 8stimmige Symphonie, bekannt wurden, die von Geschick und Talent zeugen, starb in Paris 1791, angeblich von seiner Maitresse vergiftet.

**) Iphigénie en Aulide, Gluck's erste, in Paris aufgeführte Oper, wurde erst am 19. April 1774 gegeben.

***) F. Jos. Gossec, geb. d. 17. Jan. 1733 zu Vergnies im Hennegau, gest. in Passy d. 16. Feb. 1829, wurde bald nach seiner Ankunft in Paris (1751) Orchesterdirektor in des Generalpächters La Pepelinière Privatkapelle, dann, auf Rameau's Empfehlung, Musikdirektor beim Prinzen von Conti; er stiftete 1770 ein berühmt gewordenes Liebhaberconcert, dirigirte seit 1773 die Concerts spirituels und wurde 1784 Vorsteher der École royale de chant, aus der auf sein Betreiben 1795 das Pariser Conservatoire hervorging, dessen langjähriger Oberaufseher und

große Geiger P. Gaviniés, von Viotti der französische Tartini
genannt, die Gebrüder Janson und Duport, und J. B. Cu-
pis de Camargo, sämmtlich vorzügliche Cellisten aus der Schule
des berühmten Berteau, des Vaters des französischen Cellospiels, und
Frau Brillon de Jouy,*) eine ebenso schöne und geistreiche
Dame als vortreffliche Klavierspielerin.

　　Vor diesem Schiedsgericht großer Meister producirten sich nun
bangen Herzens beide Luccheſen. Alles, ihre ganze Zukunft hing
von dem hier gefällten Urtheilsspruch ab. Statt des Spottes, auf
den sich der strenge Areopag eingerichtet, brach .er in lebhaftesten
Beifall aus. Des Barons Enthusiasmus erreichte nach ihren Vor-
trägen den Gipfelpunkt.

　　Nun galt es, auch die Feuerprobe im Concert spirituel zu bestehen. Beide wußten, daß sie es hier mit mächtigen und gefährlichen Rivalen, deren Ruf seit lange feststand, und einem schwer zu
befriedigenden Auditorium zu thun hatten. Sie mochten auch fühlen, daß sie auf dem gleichen Terrain die französischen Künstler
nicht würden bestehen können. Boccherini, dem es bei aller Bescheidenheit nicht an Scharfsinn fehlte, überzeugte Manfredi, daß
sie hier nicht versuchen dürften, durch virtuose Künste zu überraschen, sondern durch Empfindung und Grazie die Sympathien zu
gewinnen und die Herzen zu rühren und zu entzücken suchen müßten.

Lehrer er war. Er debütirte schon in seiner Stellung bei La Pepeliniére mit seinen ersten Symphonien, einer bis dahin in Frankreich noch unbekannten Musikgattung und steht durch seine Jagdsymphonie an der Spitze der Programmmusiken für
Orchester. Ohne Haydn's Werke zu kennen, warf er sich mit Eifer auf dieses
Genre, das vom Publikum erst höflich und kühl abgelehnt, bald Bewunderung
erregte und Lulli's und Rameau's Tonsätze verdrängte. Ihm hatte man die erste
Organisation eines großen Orchesters in Frankreich zu verdanken, die Bereicherung
der Formen der Orchestration, die Beseitigung des dünnen Klanges, der einfachen
Rhythmen und armen Harmonien. Er schrieb, außer sehr vielen andern Instrumentalwerken aller Art, 30 Orchestersymphonien. Noch mehr Beifall als sie fanden
bei den Zeitgenossen seine Quartette. Auch als Opern- und Kirchenkomponist
nimmt Gossec einen hervorragenden Rang ein.

　　*) Ein pikanter Typus der Dilettantinnen dieser Zeit, galt Frau Brillon als
die ausgezeichnetste Pianistin Europas, bewundert wegen ihrer Technik und ihres
Geschmackes, mehr noch wegen ihres Prima-vista-Spiels. Der auch als Komponistin geschätzten Frau, in deren Hause er den originellen Geiger Pagin, einen
Schüler Tartini's, kennen lernte, widmete Boccherini seine 6 Sonaten für Klavier
und Cello, Op. 5.

Sie wiederholten daher die bereits bei Bagge vorgetragenen und so beifällig aufgenommenen Stücke und bestrebten sich nur, sie durch ausdrucksvolleren Vortrag noch mehr zu beleben. Es gelang ihnen auch, statt zu blenden, die Gemüther zu erregen und alle Hörer für sich einzunehmen. Ihr Erfolg war ein vollständiger; vom Hofe, von der Stadt und aus der Provinz kamen nun zahlreiche Einladungen zum Concertspiele. *)

Nach diesem Erfolge gewannen auch die Verleger Zutrauen. Schon am Tage nach dem Concerte suchte ihr Landsmann Vernier beide Künstler auf, bot ihnen sein Haus zur Wohnung und erklärte sich bereit, ihre Kompositionen zu drucken. Boccherini ergriff erfreut die sich ihm bietende Gelegenheit, seine Werke einem größeren Publikum bekannt zu machen. Er übergab seine Quartettsammlung Mr. Vernier, seine Trios, dadurch eine andere Dankesschuld abtragend, Mr. La Chevardière. Bald von den Liebhabern gesucht, die seine originellen Inspirationen entzückten, fühlte sich der junge Tonsetzer zu fernerem, eifrigem Schaffen angeregt. Nach den höchsten Zielen strebend, arbeitete er mit äußerster Sorgfalt und Genauigkeit. Aus dem Borne eines reichen Geistes und künstlerischen Humors schöpfend, bewahrten ihn die Achtung und Bewunderung, die ihn für seine himmlische Kunst durchglühten, und sein lebhafter Enthusiasmus vor Flüchtigkeit und gewissenloser Vielschreiberei.

Nachdem die beiden Lucchesen in Paris so bedeutende Erfolge errungen, veranlaßte sie der spanische Gesandte, nach Spanien zu gehen, damals das von den Künstlern vorzugsweise aufgesuchte Land und als Eldorado von den Dortgewesenen allgemein gepriesen, und

---

*) Der Mercure galant, in welchem damals die entscheidenden Concertberichte erschienen, widmete unsern Künstlern nur wenige Worte: „Boccherini, durch wirkungsvolle Trios und Quartette bekannt, spielte am 20. März 1768 im Concert spirituel eine Sonate seiner Komposition und bewährte sich darin als Meister." In dieser kurzen Notiz liegt eine strenge Würdigung der Leistung des italiänischen Virtuosen, der kaum auf der Höhe der französischen Cellisten ersten Ranges gestanden haben mag. Seine Kompositionen, namentlich sein Hauptwerk, die 12 Quintette, rechtfertigen diese Meinung. Sie sind nicht ohne gewisse Schwierigkeiten; aber hat man einmal ihren Charakter und originellen Rhythmus erfaßt, dann bleibt der Technik wenig mehr zu besiegen. Was vielleicht die Wirkung von Boccherini's Vortrag etwas beeinträchtigte, lag in dem Umstande, daß Duport le jeune kurz vorher, im Februar, in einem Concert gespielt und großen Enthusiasmus erregt hatte.

versicherte sie der gnädigsten Aufnahme am Hofe des Prinzen von
Asturien (nachmals Karl IV.), eines großen Musikfreundes. Bethört
von der Hoffnung auf Gunst und Glück und von goldenen Bergen
träumend, entzückt über einen Vorschlag, der ihnen glänzendste Aussichten eröffnete und so sehr ihrem Wunsche, dies Land zu besuchen,
entgegen kam, traten sie im Herbst 1768 ihre verhängnisvolle Reise
nach Madrid an, der Stadt, die sie beide nie mehr verlassen sollten.

Wie Händel seiner Zeit die musikalische Welt Englands bei
seiner Ankunft daselbst vorbereitet fand, sein Genie zu verstehen,
so kam auch Boccherini im günstigsten Momente nach Spanien,
dort Werke zu schaffen, welche zu begreifen das Publikum fähig
war. Dennoch muß man ihn beklagen, daß ihn das Schicksal
hieher verschlagen, denn der musikalische Glanz dieses Landes war
nur ein vorübergehender und unser Meister sah sich dort vom Verkehr mit der Außenwelt, mit der der schaffende Künstler in stetem
Kontakt bleiben soll, fast ganz ausgeschlossen. Man hat also sehr
Unrecht, Spanien das seinem Genie, das sich anderswo gewiß
reicher und vielseitiger entwickelt hätte, verheißene Land zu nennen.

Obwohl Spanien nicht zu den Ländern zählt, in denen sich
die Tonkunst hervorragender Pflege und Förderung erfreut, mangelt
es seinen Bewohnern doch nicht an musikalischer Begabung und
Liebe zur Kunst. Die eigenartigen Verhältnisse dieses großen, von
der Natur so sehr gesegneten, aber durch innere Kriege und übermächtigen Einfluß eines finsteren Klerus in seiner glücklichen Entwicklung aufgehaltenen und heruntergebrachten Landes machen es
erklärlich, daß, wie in so vielen Branchen, auch in der Musik seine
Bewohner zurückblieben.

Bis um die Mitte des vorigen Jahrhunderts kannte man in
Spanien nur Kirchen- und Volksmusik. Unter König Philipp V.
(1700—1746) endlich bethätigte der Hof ein erhöhtes Interesse für
Musik, aber erst von seinem Sohne, Ferdinand VI. (1746—59),
erhielt der berühmte Sänger Carlo Broschi, genannt Farinelli, den Auftrag, in Madrid eine italiänische Oper zu errichten.*)

---

*) Gelegentlich der Feierlichkeiten bei der Hochzeit Karls II. mit Maria Anna
von Neuburg, Mai 1690, wurde in Madrid mit großer Pracht Lulli's „Armide"
aufgeführt. Das in Frankreich so sehr bewunderte Werk mißfiel in Spanien
gänzlich. Bisher war man nur gewohnt, im Theater eine instrumentale Zwischenaktsmusik, hinter dem Vorhang gespielt, zu hören. Opernartige Stücke mit Musik

Von besonderer Blüthe derselben unter dessen Bruder Karl III. (1759—88), der den genannten Sänger, den Liebling und Günstling seiner beiden Vorgänger, alsbald aus seinen Diensten entließ, verlautet nichts mehr. Des letzteren Sohn aber, Karl Anton, Prinz von Asturien (geb. 1748, König 1788—1808), selbst ein guter Violinspieler, galt als großer Gönner der Tonkunst und war Veranlassung, daß Madrid das Reiseziel vieler fremder Künstler wurde. Neben der Opernmusik lernten die Spanier nun auch die Kammermusik kennen.

Die spanischen Zustände bieten, oberflächlich betrachtet, ein wenig erfreuliches Bild; aber unter all' den äußeren, das Land schwer belastenden Verhältnissen bewegt sich ein gesundes, lebhaftes, tanzendes und singendes Volk, das Poesie, Theater und Musik leidenschaftlich liebt und bei seinen, mit südlicher Fülle und Überladung ausgestatteten Festen, gelegentlich deren man tagelang ausgelassener Lust sich hingibt, während man an Orangen und Konfekt sich genügen läßt, nicht müde wird, das zu bethätigen. Während solcher Festtage ist Spanien ein Garten, ein Paradies, in dem unausgesetzt zu feurigen Gesängen und glühenden Liebesliedern Guitarren und Kastagnetten ertönen und im tiefen Schatten der Ulmen und Kastanien sich üppige Tänze schlingen.

Die Kunstpflege reicht in diesem Lande weit zurück. Auf den gesegneten Fluren Andalusiens fand die Musik schon durch die Araber Förderung; am Kalifenhofe zu Korbova und den arabischen Fürstensitzen zu Sevilla, Toledo, Granada und Valencia schmückte sie alle Feste. Aber noch bevor die Mauren völlig aus Spanien vertrieben waren (1492), steht sie auch schon bei den christlichen Herrschern in hoher Gunst. Alfonso d. Weise, König von Kastilien, errichtete und fundirte bereits 1254 einen Lehrstuhl und eine Musikakademie in Salamanka. Er selbst dichtete und sang viele Lieder, wie ein sie enthaltender, in der Kathedrale zu Toledo noch aufbewahrter Kodex aus seiner Zeit beweist. König Juan I. von Aragonien (gest. 1395 in Folge eines Sturzes vom Pferde) gründete 100 Jahre später in Barcelona eine Musikschule. Fortan be-

tannte man nicht; wie denn auch Spanien außer Dom. Barn. Terradeglias (geb. 1711, angeblich auf Anstiften Jomelli's in Rom ermordet), Vic. Martin (1754—1810), beide aus Barcelona,- und Ramon Carnicer aus Tarrega in Catalonien (1789—1855) keine nennenswerthen Opernkomponisten hervorbrachte.

theiligte sich ganz Spanien am Aufschwunge der Tonkunst; Singschulen entstanden aller Orten und spanische Meister gewannen europäischen Ruf. *) Als der bedeutendste unter den letzteren ist Tom-
maso Ludovico da Vittoria, ein Priester aus Avila, geb. 1560,
anzusehen, der nach Rom ging und hier einer der hervorragendsten
Meister der Schule Palestrina's wurde. Die Kirchenmusik, obwohl
auch hier, da Boccherini ankam, bereits in ihrem Niedergange begriffen, hatte doch in Spanien länger als anderswo großen Stil
und ernste Würde, die charakteristischen Merkmale der altitalienischen
Meister, sich bewahrt. Man darf fast annehmen, daß die in
den Kirchen Madrids aufgeführten Tonwerke, in Verbindung mit
der feierlichen Pracht und dem mystischen Dämmer der spanischen
Dome, für den frommen, religiösen Eindrücken so zugänglichen Boccherini, einst von den in der sixtinischen Kapelle in Rom gehörten
Tonsätzen schon so mächtig ergriffen, eine der Ursachen wurden, die
ihn in Spanien zurückhielten.

Mehr als bei Boccherini war bei seinem Genossen Manfredi
das Verlangen, Vermögen zu sammeln, vorherrschend. In Madrid
angekommen, suchten beide zunächst die Erfolge zu erneuen, die sie
kürzlich in Paris errungen hatten, zu welchem Zwecke sie nur die
Quartette und Trios, die dort so großes Aufsehen erregt, zu Gehör
zu bringen brauchten. Der weltläufige, gewandte Geiger gewann
sich bald solchen Ruf, daß ihm Titel und Stellung eines ersten
Violinisten in der Kapelle des Infanten Don Luis Antonio Jacobo,
einst Erzbischof von Toledo und Sevilla und Kardinal, seit 1754
resignirt, später (1766) mit der schönen Maria Teresa von Valla-
briga vermählt, zu Theil wurden. Dem stillbescheidenen, träumerischen Cellisten wollte es nicht so gut glücken. Eine für den Prinzen
von Asturien komponirte Symphonie für mehrere obligate Instrumente
hatte nicht den gewünschten Erfolg, ihn in königliche Dienste zu

---

*) Singschulen gab es in Fontarabia (Andrea de Silva), Segovia
B. Escobedo), Santiago (Don Fr. Velasco), Sevilla (Chr. Morales, Don P.
Fernandez, Fr. Guerrero), Saragossa (Don Fr. X. Garcia), Toledo (Diego Ortiz,
B. Ribera), Valencia (F. B. Comes, Fr. Vicente y Cervera, Don A. T. Ortells,
Gr. Baban, P. Rabassa, Pasc. Fuentes), Kerbera Fer. de las Infantas), Madrid
(Duron d'Estramadure, Prates in Catalonien Matt. Fleccia, Onkel und Neffe)
u. s. w. Eine der berühmtesten aber war die des reichen Klosters auf dem Mont-
Serrat.

bringen. Sechs dem Onkel desselben gewidmete Quartette (Op. 8)
verschafften ihm aber wenigstens dessen Gunst und den Titel eines
Kammerkomponisten und Kammervirtuosen. *)

So lange Boccherini unter Obhut und Leitung seines klugen
und umsichtigen Freundes stand, der Sorgen und Geschäfte, Ver-
druß und Widerwärtigkeiten einer bewegten Virtuosenexistenz von
ihm fernzuhalten wußte, ging es noch immer gut. Leider sollte ihm
dieser bald entrissen werden. Manfredi starb, kaum 42 Jahre alt,
im Jahre 1780. Dies war der härteste Schlag, der Boccherini
treffen konnte. Er hatte nun Niemanden mehr, der ihm die alltäg-
lichen Quälereien des Lebens abnahm und erleichterte; der harmlose Komponist, dem für den Verkehr des täglichen Lebens aller
Takt mangelte, mußte fortan seinen, ihm durch intriguante Neben-
buhler noch erschwerten Weg allein finden. Plötzlich war für ihn
die Hoffnung, daß Spanien ihm eine Quelle des Reichthums und
ehrender Anerkennung werden könne, und jede Aussicht auf Glück
entschwunden. Die so glänzend begonnene Laufbahn des Meisters
hat fortan nur noch Demüthigungen und Entbehrungen zu verzeichnen. Von ganzer Seele Künstler, suchte er sein Glück am Himmel,

—

*) Die Protektion des Infanten erwies sich insofern auch fruchtbar für die
Kunst, als sie Boccherini zur Komposition seiner Quintette anregte. In der Kammermusik des Don Luis befanden sich nämlich die Gebrüder Font, treffliche
Künstler, die vorzugsweise mit dem Vortrage der Streichquartette betraut waren.
Ihnen gesellte sich nun in Boccherini ein fünfter bei, der zugleich ein glänzender Cellist und Komponist ersten Ranges war. Dieser Umstand ließ die Idee in ihm auf-
tauchen, die verfügbaren Talente auszunützen und so entstanden (1770) seine ersten
sechs Quintette für 2 Violinen, Viola und 2 Celli, Kompositionen, die bis zur
Stunde Frische und Glanz bewahrten. „Es herrscht darin eine Wärme und In-
spiration, ein Enthusiasmus und eine Originalität der Form, die Zeit und Mode
widerstehen. Hier ist das Gute in seiner ganzen Ausdehnung und das Schöne,
welches rührt, belebt und hinreißt. Nachdem der Komponist in seinen Trios und
Quartetten gezeigt, wie dies Genre zu behandeln ist, besiegelte er seinen Ruhm
durch seine Quintetten, eine ihm bisher unbekannte Zusammenstellung." (Picquot).
Boccherini mußte den Vortrag der genannten Musiker so in seinem Sinn zu bilden, daß, so oft sie P. Rode während seines längeren Aufenthaltes in Madrid
(1795—1800) hörte, er jedesmal von den schönen Kompositionen, wie von dem
Spiel und der Auffassung zu enthusiastischer Bewunderung hingerissen wurde. Rode
war übrigens mit Boccherini sehr befreundet und dieser zeigte sich ihm dadurch
gefällig, daß er das Accompagnement zu den Solostimmen seiner Concerte verbesserte und einzelne derselben (z. B. das siebente) neu instrumentirte.

in der Luft, im Gemüthe, in der Erziehung der Musiker, die bereit
waren, seinem Genius zu huldigen und genügend begabt und unterrichtet, um das Genie, das er vertrat, zu begreifen. Mehr um seinen
Ruhm als um Schätze besorgt, versäumte er seine Einnahmen zu
mehren und um eine seiner würdige Stellung sich zu bewerben. Er
starb, ohne daß ihm ein Weh des Lebens erspart geblieben wäre,
im Elend.

Boccherini, das Schicksal so vieler Tonsetzer theilend, deren
Werke allgemein gefielen und die doch in bitterster Armuth ihre
Lebenszeit verbrachten, war kein Vielschreiber, trotzdem er in einer
langen, von unausgesetzter Arbeit erfüllten Laufbahn zahlreiche Werke
schuf. Dank des Ungenügens der dramatischen und des Verfalls
der religiösen Musik erwarben sich seine Kompositionen, durch köstliche Anmuth, fröhliche Laune und ungewöhnliche Originalität ausgezeichnet, von Reiz und Zartheit erfüllt, ohne doch der Größe, der
Kraft und des Feuers völlig zu entbehren, nicht allein auf der ibe-
rischen Halbinsel zahlreiche Freunde und allgemeine Gunst. Ihn
selbst, obwohl von Geburt ein Südländer, hatte der Zauber Spaniens ergriffen und für immer in unlösbare Bande geschlagen. Er
lernte das große, kräftige Volk in seinen überraschenden Eigenthümlichkeiten, seinen Bauten, seiner Malerei und seiner Volksmusik,
seinen Sitten und seiner stolzen Würde, seinen Schriftstellern, Dichtern und Kirchenkomponisten lieben. Er fand sich naturalisirt, bevor ihm noch das Wesen des spanischen Naturells vollkommen klar
geworden war.

Er hatte nach Madrid das Manuscript einer dritten Trio-Samm-
lung (per la Corte di Madrid) mitgebracht, die er sich beeilte dem
Prinzen von Asturien zu widmen. Aber weder sie, noch seine Symphonie verschafften ihm die ihm vom spanischen Gesandten in Aussicht
gestellten Auszeichnungen. Der Infant Don Luis, der sich ihm
stets geneigt erwies und, ganz entgegen der Hofsitte, ihm seine Gunst
selbst nach einem sehr bedenklichen Vorfall erhalten zu haben scheint,
suchte das ihm zugefügte Unrecht und die schmähliche Vernachlässi-
gung, die er seitens seines Neffen erfuhr, einigermaßen gut zu
machen. Bis zum Tode desselben (7. Aug. 1785) tragen alle Werke
Boccherini's die Bezeichnung: Virtuoso e Compositore al servizio
di S. A. R. don Luigi Infante di Spagna. Von da ab wurde
er endlich als Organist bei der königl. Musik angestellt; er erhielt

einen Gehalt, der, später in eine Pension umgewandelt, leider zuletzt
gestrichen wurde.*) Der in ganz Spanien und Frankreich so ge-
schätzte Meister blieb vom Hofe fast unbeachtet; ein Intriguant verdrängte ihn: der Kammergeiger Karls IV. Gaetano Brunetti
(geb. 1753 in Pisa), berühmter Violinvirtuose (Schüler Nardini's)
und angenehmer Instrumentalkomponist. Gelegentlich einer Concert-
reise durch Deutschland ließ sich derselbe in Mannheim eine Zeit
lang fesseln und kam dann 1779 nach Paris, wo er sich als Geiger
und Tonsetzer vortheilhaft bekannt machte. Boccherini veranlaßte
seine Berufung als erster Violinist nach Madrid, überschüttete ihn
mit Freundschaftsbezeugungen und trug nach Kräften dazu bei, seine
dortige Stellung zu einer einflußreichen und einträglichen zu machen.
Glücklich, in seinem Wohlthäter zugleich einen geistvollen Lehrer zu
finden, wußte Brunetti seine Kompositionsmanier geschickt der Boccherini's anzupassen, und, wie es ihm gelang, Nardini auf der Geige
nachzuahmen, so lernte er auch in seinen Kompositionsversuchen,
nun diesen imitiren. Die erste von ihm im neuen Stil vollendete
Arbeit wurde in Paris gedruckt und er wußte diese Thatsache in
Madrid sehr klug zur Geltung zu bringen. Vorläufig scheinbar
noch der größte Bewunderer seines Meisters, offenbarte er sich bald
als vollendeter Verräther. Seine Eifersucht als Künstler, sein Ehrgeiz als Höfling, die Furcht, daß der rechtschaffene und geniale
Boccherini ihn überflügeln könne, flößten ihm schwärzesten Undank
ein. Geschmeidig und listig, raffinirt und herzlos, versäumte er
nichts, ihm den Sinn des Prinzen von Asturien zu entfremden. Sein
würdiger, ihm an Genie so weit überlegener Lehrer durchschaute
wohl die Machinationen des Verworfenen, aber es fehlte ihm die
Gabe, seinen elenden Charakter zu enthüllen. Statt ihn sofort mit-
leidslos zu vernichten, ließ er sich daran genügen, ihn zu verachten.

Karl IV., der sich als König wie als Prinz stets gleichgiltig
gegen Boccherini und seine Musik zeigte, gab ein zufälliger Umstand
Gelegenheit, diese von Brunetti in ihm genährte Abneigung sehr
bemerkbar zu offenbaren. Sein Onkel brachte den Meister einst zu
ihm, um ihm dessen neueste Kompositionen hören zu lassen. Die

---

*) Er nannte sich nun: Professore di musica all' attuale servizio di S.
M. C. Auch der Titel: Direttore del Concerto dell' Ecc^ma Cont^sa di Benavente, Duchessa di Ossuna, findet sich um diese Zeit auf seinen Werken.

Noten werden auf den Pulten aufgelegt und Karl nimmt aus dem offenen Kasten sein Instrument, um die Partie der ersten Violine, die er sich stets vorbehielt, zu spielen. In derselben kam fatalerweise eine an sich monotone Stelle vor, in der sich die beiden scharfgestrichenen Noten do si, do si, oft wiederholten. Der König griff die Stelle brav an und führte eine Zeit lang das unveränderliche Dessin geduldig aus. In seine Partie vertieft, hört er nicht auf die sinnreichen Harmonien und Imitationen, welche die erste Stimme umspielen. Allmählich aber wird er unruhig, dann lächelt er höhnisch, zuletzt gewinnt seine schlechte Laune die Oberhand und seine Geige weglegend, ruft er zornig: „Welch' abscheuliche Musik! der schlechteste Schüler würde sie besser gemacht haben!"

Boccherini war ein sanfter, geduldiger Mann; die geringe Höflichkeit, die ihm der Fürst erwies, entmuthigte ihn nicht. Wissend, was von der Gunst der Großen zu halten, hätte er trotzdem vielleicht nicht eine Antwort gewagt, die um so schroffer erscheint, je höher der Rang dessen war, an den sie gerichtet wurde. Er fand sich hier in ähnlichem Falle, wie einst Mozart dem Kaiser Joseph, wie Cherubini dem Brigadegeneral Bonaparte gegenüber. Ersterer verzieh großmüthig die selbstbewußte Äußerung seines genialen Kapellmeisters, letzterer nahm seine Abneigung gegen den berühmten Tonsetzer mit in das Grab. Mit Ruhe und Bescheidenheit, aber nicht ohne Festigkeit, antwortete Boccherini dem Könige: „Sire. Ew. Majestät möge huldvollst dem Spiele der zweiten Geige und Viola und dem Pizzicato des Cellos einige Aufmerksamkeit schenken. Die Stelle, deren augenscheinliche Monotonie Ihnen jetzt mißfällt, gewinnt anderen Charakter, wenn die Begleitungsstimmen zur Geltung kommen." „Albernes Gerede!" erwiderte bitter der erzürnte Monarch. „Do si. do si eine halbe Stunde lang, das ist die Eselei eines Stümpers!" „Um hier ein Urtheil geben zu können," entgegnete der verletzte Komponist, „sollte man wenigstens Musiker sein."

Brutale Ausbrüche erschreckenden Jähzorns waren bei König Karl nichts seltenes. Von herkulischer Stärke, machte es ihm besonderes Vergnügen, im Ringkampf mit Lastträgern und Stallknechten seine Kraft zu erproben, die Minister seines Vaters, die ihm ein unangenehmes Gesetz zu unterbreiten wagten, den einen mit dem Degen in der Hand zu verfolgen, den anderen zu ohrfeigen. Man begreift, welche Wuth diesen reizbaren Mann nach solcher stolzen

Antwort des Künstlers erfassen mußte. „Unverschämter!" schrie er,
und vor Zorn bebend, ergriff er den erschreckten Musiker und
schleppte ihn zum Fenster, durch das er ihn gestürzt haben würde,
hätte sich die Königin nicht dazwischengeworfen. „Sire!" rief sie
entsetzt, „im Namen der Religion und aus Achtung vor sich selbst,
tödten Sie diesen Unglücklichen nicht!" Zur Besinnung gebracht,
machte der Wüthende eine Wendung und schleuderte den Künstler
an das andere Ende des Zimmers. Boccherini, sich mühsam auf-
raffend, flüchtete in ein Nebengemach und entging so einem wiederkehrenden Zornausbruch, gegen den ihm voraussichtlich keine Vermittlung mehr Schutz gewährt hätte. Von da ab durfte Boccherini's Name in Gegenwart des Königs nicht mehr genannt werden.

In dem Lande, dem er Kunst und Leben geweiht, mißachtet
und verkannt, sah sich Boccherini nach des Infanten Tode darauf angewiesen, anderwärts nach einem musikfreundlichen Gönner zu suchen.
Unter den der Tonkunst geneigten, ja für sie begeisterten Fürsten damaliger Zeit zeichnete sich Friedrich Wilhelm II., König von Preußen
(1786—97), in erster Linie aus. Wie sein großer Onkel, Quanzens
Schüler, ein vorzüglicher Flötenspieler war, hatte er unter Graziani's und Duport's Leitung sich zu einem tüchtigen Cellisten herangebildet. Für sein Instrument hegte er leidenschaftliche Vorliebe,
gegen Künstler bethätigte er eine wahrhaft königliche Freigebigkeit. Wie
er Haydn, Mozart und Beethoven hochherzig entgegenkam, so sollte
auch Boccherini nicht vergebens an seine Gnade sich gewendet haben.
Nachdem ihm derselbe durch den preußischen Gesandten in Madrid
sein neuestes Werk übersandt hatte, erhielt er alsbald von dem hohen
Virtuosen ein huldvolles Schreiben, begleitet von einer prachtvollen,
mit Friedrichsd'ors gefüllten goldenen Dose und dem Diplom als
Kammerkomponist Sr. Majestät. Von da an widmete Boccherini
alle seine in den nächsten Jahren geschriebenen Kompositionen diesem
Fürsten*).

Zehn Jahre verflossen unserem Meister nun in ziemlich be-
haglicher Existenz, aber der in seinem Musikgeschmacke so tolerante
Friedrich Wilhelm II. starb, bevor er noch für das Musikwesen
seines Landes von eingreifender Bedeutung werden konnte und viel

*) „Der König liebte Boccherini's Kompositionen vor allen andern und
spielte sie beständig". (Reichardt.)

zu früh für die Künstler, die er unterstützt hatte. Auch Boccherini, dessen Pension sofort eingezogen wurde, sah sich durch Sorge und Noth wiederum schwer bedrängt. Zwischen angestrengten und un- ablässigen Arbeiten, die ihm die Sorge für eine zahlreiche Familie auferlegte, und Übungen milbernster Frömmigkeit seine Zeit thei- lend, führte er ein sehr zurückgezogenes Leben. Tief religiös, wid- mete er täglich die Gebete einer Messe jedem seiner fünf Kinder. Ertönten die Glocken seiner Pfarrkirche, dann legte er die Feder nieder und griff zu einem Andachtsbuche, das stets auf seinem Schreibtische lag. Der Welt, die ihn nicht kannte, fremd, anspruchs- los in seinen Bedürfnissen, einfach in seiner Familie und mit einigen Freunden lebend, vermochten Widerwärtigkeiten und Enttäuschungen die Sanftmuth seines Charakters nicht zu trüben. Nie zeigte er Regungen der Ungeduld bei den Härten und Unbilden des Schick- sals. Beglückt durch die von ihm leidenschaftlich geliebte Kunst, im Stillen weiter strebend und an dem sich erfreuend, was er schuf, erhielt er sich die Lebhaftigkeit der Phantasie und eine jugendliche Begeisterung. Die Außenwelt lag weit hinter ihm, wenn er zur Feder griff, um den Eingebungen seines Genius zu lauschen. Ideen wie aus unversiegbarer Quelle schöpfend, begann, verließ und nahm er seine Arbeit wieder auf, ohne daß der Fluß seiner Gedanken eine Störung erlitten oder seine Imagination an Frische verloren hätte.

Genöthigt, in Folge eines Lungenleidens, das Blutspucken her- vorrief, auf das Spiel des Cello zu verzichten, sandte er seine Kom- positionen dem preußischen Monarchen zu, ohne daß er selbst die- selben je gehört hatte. Es ward ihm also nicht einmal die Genug- thuung zu Theil, seine Werke durch verständnisvolle Wiedergabe vor sich aufleben zu sehen. Welche Freude mußte es daher für ihn sein, in dem Marquis Benavente einen Gönner zu finden, in dessen Hause er zweimal wöchentlich den Eingebungen seiner Muse lauschen konnte.

Aber auch dies bescheidene Glück wurde in schmerzlichster Weise wiederholt gestört. Zweimal verheirathet, erlebte er den Kummer, rasch hinter einander seine erste Frau und zwei erwachsene Söhne zu verlieren und seine zweite, von einem Schlaganfalle getroffen, plötzlich an seiner Seite sterben zu sehen. Gleichzeitig mit dieser letzten grausamen Heimsuchung beraubte ihn der Tod Friedrich Wil- helms II. des wichtigsten Theils seines bescheidenen Einkommens. Aber, wie schon gesagt, alle Bitterkeiten des Schicksals, die auszu-

kosten ihm bestimmt waren, vermochten, wenn sie ihn auch tief
schmerzten und beugten, die Ruhe seiner Seele nicht zu stören.

Während der Dauer der französischen Republik kam (Oct. 1800 bis
Febr. 1802) Lucian Bonaparte, nachmals Fürst von Canino, als Gesandter derselben an den spanischen Hof, ein Mann von seltener Intelligenz und gebildetem Kunstgeschmacke, ein hochherziger und liebenswürdiger Dilettant, ein freigebiger Protektor, der Talent und Geschick zu ehren und zu ermuntern verstand. Boccherini schrieb, durch
ihn angeregt, 6 Klavierquartette, die er Frankreich und der großen
Nation widmete. Seinem Gönner dedicirte er 12 Streichquintette,
zu den besten seiner Werke und des in diesem Genre geschriebenen
zählend. Lucian belohnte diese doppelte Huldigung glänzend; sein
Haus und seine Börse waren dem armen Künstler geöffnet, dessen
Alter vor neuen Wechselfällen wiederum geschützt schien. Aber die
Abberufung seines Wohlthäters, der Ernst der nun eintretenden
Ereignisse, Alles vereinte sich, die kaum entschwundenen Tage der
Noth wieder heraufzubeschwören. Mit Lucian entschwanden alle
seine Einnahmsquellen und aufs Neue trat peinigende Sorge an ihn
heran. Ein schwacher und einziger Trost in diesen Tagen der Noth
war für ihn die Freundschaft des Marquis. Benavente hatte, wie
jeder echte Spanier, große Vorliebe für die Guitarre. Auf sein Er-
suchen setzte Boccherini eine obligate Guitarrenstimme zu einer Anzahl
ihm näher bezeichneter, zu seinem ausschließlichen Gebrauche bestimmter Quartette und erhielt für jedes derselben 100 Frs. Andere
reiche Liebhaber ahmten den Marquis nach und jener arrangirte nun
nach dem Begehren derselben viele seiner Kompositionen entweder
für Klavier oder für Streichinstrumente. Diese zögernd unternommenen Arbeiten brachten ihn den höheren Kreisen wieder näher und
verschafften ihm wenigstens vorübergehend die Gunst einflußreicher
Persönlichkeiten.

Mittlerweile hatte der intriguante Brunetti eine glänzende Car-
rière gemacht und war Dank seiner perfiden Handlungsweise auch
zum Hofkomponisten avancirt. Nicht nur wußte er seinen Lehrer
geschickt auszuplündern und seine Schreibweise täuschend nachzuahmen, er hatte sogar die Stirne, dessen Kompositionen für seine
eigenen auszugeben. Seine vielen Symphonien, Ouverturen, Serenaden und Kammermusikstücke sind heute spurlos verschollen, selbst
die wenigen, die davon gedruckt wurden. Zuletzt gab ihm auch der

Herzog von Alba noch einen fixen Gehalt, wofür er sich verbindlich machte, Quartette und Quintette zu schreiben, die nur in den Sälen des Bestellers zu Gehör gebracht werden durften. Brunetti starb, 54 Jahre alt, 1807 in der Nähe Madrids, vor Schreck vom Schlage gerührt bei der Nachricht, daß diese Stadt von den Franzosen ein-genommen worden war. Die ersten Jahre des 19. Jahrhunderts er-wiesen sich für künstlerische Bestrebungen allerwärts als höchst un-günstige. In Spanien gestalteten sich die Verhältnisse geradezu trost-los. Drohende Gewitterwolken umdüsterten den Horizont, allgemeine Verwirrung und grausame Kämpfe ahnen lassend. Niemand dachte unter solchen Umständen noch daran Boccherini einen Auftrag zu geben, während sich doch die Bedürfnisse der Familie bei ihm täg-lich erneuten. Alt geworden und angstvoll das Geschick, das ihn erwartete, ins Auge fassend, beschloß er, Spanien, das ihn ignorirte und allwo die Kunst in stetem Rückschreiten begriffen war, zu fliehen. Er beabsichtigte nach Frankreich überzusiedeln: hatten doch in Paris seine Kompositionen stets günstige Aufnahme gefunden. Aber ein sol-ches Unternehmen erforderte Geldmittel, die er leider nicht besaß. In dieser Noth war es eine edle, hochherzige Frau, die sich des bedrängten Meisters annahm. Mehrere in Madrid wohnende Franzosen verab-redeten sich, die zur Reise erforderliche Summe zusammenzuschießen. Bei diesem mit Delikatesse auszuführenden Schritte unterstützte sie die schöne Frau Edmé Sophie Gail, geb. Garre (geb. zu Melun 1776, gest. in Paris 1819), eine in ganz Spanien zu dieser Zeit bewunderte Künstlerin, eine ebenso brillante Klavierspielerin, wie geschmackvolle Sängerin und beliebte Romanzenkomponistin. Geistvoll, hochsinnig, mildherzig, zu jeder guten That bereit, wandte man sich an sie, als man erkannt hatte, daß Boccherini geholfen werden müsse. Kaum benachrichtigt, eilte sie zu ihm. Schmerzliche Thränen entströmten ihren Augen, als sie das Elend eines genialen Mannes überblickte, dessen Werke sie schon im väterlichen Hause kennen und bewundern gelernt. Sie spielte dieselben meist auswendig und hatte sich lange auf den Tag gefreut, wo sie den Meister besuchen und ihm für so viele beglückende Genüsse Dank sagen konnte. Sie fand ihn arm wie einen Straßenbettler. So groß war seine Dürftigkeit, daß er momentan (1803) mit seiner Familie nur ein elend möblirtes Zim-mer bewohnte. Wollte er ungestört und ruhig arbeiten, mußte er sich mittelst einer Leiter in einen, an der Mauer angebrachten, dem

Hofraume zugekehrten Holzverschlag zurückziehen, dessen ganze Ausstattung aus einem Tisch, einem Stuhl und einem alten Cello, auf
dem die A-Saite schon längst gerissen war, bestand.

Trotz seiner kümmerlichen Lage weigerte er sich, von Mad. Gail
100 Louisd'or für sein soeben vollendetes »Stabat mater« anzunehmen, weil er dessen Partitur bereits dem Verleger Sieber in
Paris für 60 Dukaten zugesagt hatte. Seine Beschützerin erfuhr
bei dieser Gelegenheit, wie oft er, den man ohne Scheu ausbeutete,
schon Beispiele edler Redlichkeit in ähnlichen Fällen gegeben hatte.*)

Das Stabat mater gilt bei Boccherini's Landsleuten und Ver-
ehrern als ein Tonwerk ersten Ranges. Bedenkt man die Umstände,
unter denen es entstand, so darf man wohl behaupten, daß in dieser
Komposition der Meister sein tiefstes Empfinden offenbarte und bestrebt war, Alles hineinzulegen, was in seinen Kräften stand. Boccherini's Genie war von dem Glanze seltener Tugenden umgeben, wie
sie nicht immer großer Künstler Erbe sind. Offen und ehrlich, treu
und zuverlässig, bescheiden und gefällig, wahrhaft religiös und aus
innerster Überzeugung seinem Glauben anhängend, ein Christ in der
schönsten Bedeutung des Wortes, trug er mit seltener Ergebung
Leiden und Kränkungen, die das Geschick auf ihn häufte. Nahe
daran, das Golgatha seiner Existenz zu erreichen, durch Kränklichkeit
physisch erschöpft, unternahm er mit Enthusiasmus noch eine Arbeit,
die seinem frommen Fühlen, seiner ascetischen Denkweise so sehr
entsprach. Unter ähnlichen Umständen hatte einst auch Pergolese
sein berühmtes Stabat mater, mit dem das Boccherini'sche so große
Verwandtschaft zeigt, geschrieben. Aus dem Borne seiner gläubigen
Gesinnung schöpfend, den Regungen seines Herzens folgend, über
Formen und Mittel mit völliger Freiheit schaltend, ließ er dem
edelsten Melodienerguß ungehemmten Lauf und schuf so ein Werk,
das in Rücksicht auf die Zeit, in der es entstand, und die einfachen
Mittel, deren sich der Tonsetzer bediente, unbedingt hervorragend

---

*) Eine Partitur dieses Stabat mater a tre Voci con Accompagnamento
di due Violini, Viola e Violoncello, Op. 61 mit Portrait und mit Vorwort
von M. Dom. Bertini, dem Municipium von Lucca gewidmet, erschien 1877 zu
Florenz bei G. G. Guidi, Herausgeber des Journals „Boccherini". Nach dieser
Partitur ist der bei Breitkopf u. Härtel in Leipzig gedruckte, vom Verfasser dieser
Schrift angefertigte Klavierauszug (Volksausgabe Nr. 165) abgefaßt, die erste
Publikation dieses schönen und sangbaren Werkes in Deutschland.

genannt werden muß. Es hat nicht die klarernste Größe und Ton-
wucht des zweichörigen Stabat mater von Palestrina oder die wir-
kungsvollen Nummern und vollen Chöre und Orchesterklänge des
Haydn'schen, es sucht nach keinem dramatischen Accent; aber, wie
auf dem Pergolese'schen, ruht auch ein Hauch der Verklärung auf
diesen warmen, tiefempfundenen Melodien; die Seele, mächtig ergriffen, wird unbewußt in der Jungfrau Klagen mit einstimmen.
Um dieses schöne Werk aufzuführen, bedarf es allerdings dreier
guter Stimmen, aber es ist kein Stück für große Säle oder
umfangreiche Theater. Wenn auch dem spezifisch protestantischen
Empfinden durch seinen religiösen Inhalt nicht vollkommen genügend, dem Eindrucke frommer Musik wird sich ihm gegenüber kein
Hörer entziehen können. Merkwürdigerweise wurde dies interessante
Werk nur sehr selten aufgeführt; in Deutschland unseres Wissens
nie. In Lucca ward es auf Veranstaltung des Marquis Antonio
Mazzarosa, eines um die Entwicklung der musikalischen Verhältnisse
seiner Vaterstadt hochverdienten Mannes, mit nachhaltigem Erfolge
zu Gehör gebracht. Drei vortreffliche Gesangskräfte (2 Soprane
und Tenor) zur würdigen und entsprechenden Wiedergabe zusammen-
zubringen, ist schwierig, aber nicht unmöglich. Es seien daher
Concertdirektionen, Konservatorien und Familienkreise hiemit angele-
gentlichst auf Boccherini's Stabat mater hingewiesen.*)

Mad. Gail umgab den unglücklichen Greis in seiner ärmlichen
Behausung mit zartester Sorgfalt, erneuerte Garderobe, Wäsche und
Mobilien und sammelte unter der zu Wohlthaten und barmherzigen
Spenden stets bereiten Bevölkerung Madrids reiche Gaben, womit
die Verbindlichkeiten Boccherini's beglichen werden konnten. Dann
beeilte sie sich, ihn bei einflußreichen Personen und bei Künstlern,
die das Glück nicht verrathen hatte, einzuführen. Stets um ihn,
belebte sie ihn durch ihre Heiterkeit und ihren Muth, spielte ihm
auf dem Klavier alle neuen, in Frankreich entstandenen, ihm unbe-

---

*) Picquet besaß ein aus dem Jahre 1757 stammendes Manuscript eines
einstimmigen Stabat mater Boccherini's, das in vielen Partien mit dem dreistimmigen konform ist; er glaubt deshalb, daß letzteres nur eine Umarbeitung des
ersteren sei. Es fragt sich, ob obige Jahresangabe richtig und nicht 1801 zu lesen
ist? Die erste Partiturausgabe, dem Sig. Vinc. Salucci gewidmet, erschien bei
Giuf. Amiconi in Neapel 1801, eine zweite, Lucian Bonaparte dedicirte, um 1803
bei Sieber in Paris.

kannt gebliebenen Werke vor und war entzückt, wenn sie seine Stirne
sich glätten, seine Augen in jugendlichem Feuer erglänzen und ihn
zum Applaus hingerissen sah. Aber ach! auch diese letzten Licht-
strahlen, die auf den trüben Lebensweg des Beklagenswerthen fielen,
erblichen. Kaum wiederbelebt, fiel er in Noth zurück, als sein
Schutzengel Madrid wieder verlassen hatte. Seine beabsichtigte Aus-
wanderung unterblieb; wahrscheinlich waren die nöthigen Mittel
doch nicht zusammengebracht worden.

Boccherini's letzte Lebensjahre waren durch unausgesetzte, für
einen Greis doppelt mühevolle Arbeiten ausgefüllt. Ganz in den
Händen gieriger Verleger, die ihn schamlos ausbeuteten, wurden sie
so schlecht bezahlt, daß man bei seinem Tode weder Mobilien, noch
Wäsche, noch Lebensmittel vorfand. Nichtsdestoweniger bewahrte
er bis zur letzten Stunde Sanftmuth und Heiterkeit. Er beglückwünschte sich, als dieselbe nahte; hoffte er doch, seine Lieben und
einige treue Freunde, deren Namen er mit erlöschender Stimme noch
nannte, wiederzufinden. Er hatte das friedliche Ende des Recht-
schaffenen, der ruhig und mit unbeflecktem Gewissen die Augen
schließt. Ein Mann von Genie wird gemeiniglich erst anerkannt,
wenn ihm der Tod die Lider zugedrückt hat. Ach! im Leben großer
Künstler erscheint das Unglück wie eine Krone.

Boccherini starb am 28. Mai 1805, 62 Jahre alt. Eine kleine
Zahl Bekannter und Nachbarn, die die geistige und künstlerische
Bedeutung dessen, dem sie ein Zeichen von Theilnahme damit gaben,
nicht einmal kannten, geleitete ihn zur letzten Ruhestätte. *

---

*) Von den ihn überlebenden Kindern war ein Sohn, Don Jose, Archivar
des Marchese Saralbo; er starb 1847. Dessen Sohn, Don Ferdinando, war Professor der Mathematik an der Akademie der schönen Künste zu Madrid. Die Allgemeine muf. Zeitung widmete dem wackeren Meister in ihrem 7. Bande einen ehrenvollen Nachruf, bemerkend, „daß er gegen die Gewohnheit seiner Landsleute mit der
Zeit fortgeschritten sei und an der, besonders durch seinen alten Freund Haydn
angeregten Entwicklung der Kunst, soviel es ohne Verleugnung seiner Individualität geschehen konnte, sich betheiligt habe. Italien stellt ihn Haydn gleich. Spanien zieht ihn dem deutschen Meister, den man dort zu gelehrt findet, vor; Frankreich achtet ihn hoch; Deutschland aber in seiner Vorliebe für das Schwierigere,
Künstlichere, Gelehrtere, kennt ihn noch zu wenig. Wo man ihn aber kennt und
besonders den melodischen Theil seiner Werke zu genießen und zu würdigen versteht,
hat man ihn lieb und hält ihn in Ehren. Besonderes Verdienst um die Instrumentalmusik Italiens, Spaniens und Frankreichs erwarb er sich dadurch, daß er
der erste war, der dort Quartette, in denen alle Stimmen obligat gearbeitet sind,
schrieb, die allgemeinen Eingang fanden. Er war außerdem früher ein trefflicher

Wenige Jahrzehnte genügten, um Boccherini aus dem Gedächtnis der musikalischen Welt zu verdrängen. Bezeichnend dafür ist der
Umstand, daß z. B. die Allgemeine musikalische Zeitung in der
zweiten Hälfte ihrer Jahrgänge nicht einmal mehr seinen Namen
nennt. In den Dilettantenkreisen Frankreichs und Englands jedoch
wurden seine Werke stets werthgehalten und gespielt. Die bedeutendsten französischen Violinspieler, z. B. Baillot, nahmen sich
mit Vorliebe ihrer an. Dieser große Geiger wußte sie bewundernswürdig und ganz im Geiste und Geschmack ihres Schöpfers
vorzutragen. Nach ihm wurden sie von minder pietätvollen, in die
glänzende Werthlosigkeit eitler Machwerke versenkten Künstlern vernachlässigt. Die Undankbarkeit und Rücksichtslosigkeit, mit der man
die besten Meister verdrängt und vergißt, ist ebenso beklagenswerth
als thatsächlich. Mit Ausnahme derjenigen der höchststehendsten musikalisch schöpferischen Geister sind alle Namen nach kurzer Frist eitler
Schall. Glücklich der, dem in der großen, immer weiteren Umfang
gewinnenden Grabstätte der Kunst, dem Konversationslexikon, ein
bescheidener Denkstein gesetzt ist. Da bleibt er dann begraben und
meist auch vergessen. Unterm Druck der Presse und der Centnerlast
bedruckten Papiers wird erdrückt, was um Literatur und Kunst sich
nicht selten hochverdient gemacht hat. Nur wenige Sterbliche über-
leben ihr Begräbnis. Die Offenbarungen der musikalischen Kunst,
im Gebiete der Zeitformen sich bewegend, sind von der Zeit mehr
abhängig als alle Bethätigungen der übrigen Künste. Wendet man
dieser Thatsache Aufmerksamkeit zu, dann erscheint das heiße, rastlose
und oft auch rücksichtslose Ringen nach Ruhm und Auszeichnung
oder gar nach Unsterblichkeit unglaublich thöricht. Werke der Poesie,
Malerei und Plastik haben denen der Musik gegenüber fast ewige
Dauer. Die Kompositionen Sammartini's, Gossec's, Lesueur's,
Catel's sind vergessen, wie die von Onslow, Berlioz, Fel. David,
eines Tages vergessen sein werden, und wie wenige von denen Mé-

Cellist, der durch unvergleichlichen Ton und ausdrucksvollen Gesang auf seinem
Instrumente bezauberte. Alle, die ihn gekannt, rühmen ihn als einen braven,
seine Pflichten gegen Jedermann treulich beobachtenden Mann." Nägeli urtheilt also
über ihn: „Nicht tief, aber auch nicht arm an Ideen; der Gegeninstrumente, auch des
Violoncells, Kenner und Meister, gewann er mit seinen Kompositionen für dieselben
um so mehr Einfluß, als sie in einer mit Gewandtheit durchgeführten Mischung von
Homophonie und Polyphonie, für die Kunstgelehrten nicht zu gemein, für die Dilettanten nicht zu gelehrt waren, und, äußerst instrumentengemäß, frisch und voll klangen."

hul's, Cherubini's, Adam's, Halévy's, Auber's werden auf die Nachwelt kommen!

Die letzten Jahrzehnte haben das an Boccherini begangene Unrecht einigermaßen gut zu machen gesucht. Seine Werke sind an den Konservatorien von Paris und Brüssel wieder Gegenstand eingehenden Studiums geworden; durch die Bemühungen von Sivori und Planté, Fétis und Gaevert wurden sie bei dem Publikum wieder populärer, fanden junge Künstler Geschmack an ihnen. Auch in Deutschland haben einige ganz reizvolle Stücke Boccherini's in jüngster Zeit größten Erfolg gehabt, so ein sehr schöner Menuet und ein köstliches von J. Becker und seinen Söhnen gespieltes Trio. *) Möge es doch den Quartettspielern gefallen, sich mit seinen Werken eingehender zu beschäftigen, in ihren Geist und ihre Vortragsweise einzudringen und nicht nach einem flüchtigen, vielleicht unbefriedigend ausgefallenen Versuch sie wieder bei Seite zu legen.

Um eine Komposition gerecht würdigen und vollständig verstehen zu können, muß man im Stande sein, sich das Talent und die eigenartige Begabung des Komponisten, das Land und die Umstände, unter denen sie entstand, die Forderungen, die Leistungsfähigkeit und den Geschmack selbst einer fernen Zeit gegenwärtig zu machen. Jeder Tonsetzer erhebt zudem an die Ausführenden andere Ansprüche, und es ist sehr möglich, daß Künstler, welche Haydn ganz vorzüglich zu exekutiren wissen, Mozart und Beethoven weniger genügend wiederzugeben vermögen. Als ein Zeichen höchster Meisterschaft und Intelligenz muß es allerdings angesehen werden, wenn ein Spieler sich in das innerste Wesen eines jeden Tonsetzers völlig versenken, und ihn ganz nach seiner Individualität und Originalität auffassen und darstellen kann. Boccherini's Kammermusik ist durchaus anders geartet und auszuführen, wie die anderer Tonsetzer. **) Er

---

* Gelegentlich der Aufführung dieses Trio in Hamburg äußert sich F. Krause: „Die Kompositionen dieses hoch zu schätzenden Tonmeisters sind nur allzusehr in Vergessenheit gerathen, und doch war er einer derjenigen Italiäner, deren Wirken einzig sich der gediegenen Richtung der Kammermusik zugewandt hatte. Das in Rede stehende Trio klingt voll und angenehm; der musikalisch hervorragendste Satz ist unstreitig das schöne Andante mit seinen Modulationen in der Mitte."

**) Boccherini stellte an die Spieler seiner Quartette höchste Forderungen und war nur schwer durch vorzügliche Leistungen zu befriedigen. Der bekannte Virtuose Alex. J. Boucher (1770—1861, ein ebenso ausgezeichneter und merkwürdiger

besitzt nicht die heitere Natürlichkeit Haydn's, die hohe, künstlerische
Anmuth Mozart's, die Größe und den feurigen Schwung Beethoven's, aber doch von all diesen Komponisten Etwas; und dazu ge-
sellt sich bei ihm der Zauber südlichen Empfindens und jener, man
möchte sagen ideal-sinnliche Reiz, der nur unter dem heitern Himmel Italiens allein heimisch scheint. Seine Tonsätze sind unleugbar
Kinder des Genies; Führung und Plan, Modulationen und Melodien tragen bei vielen den Stempel der Originalität. Viele derselben erscheinen frisch, geschmackvoll und von warmer Empfindung
durchdrungen. Die Art, wie er durch Episoden das Interesse rege
zu halten weiß, frappirt selbst die mit seinen Werken Vollvertrauten.
Durch Phrasen einfachen Charakters vermag er nicht selten überraschende Wirkungen zu erzielen; seine süß melancholischen, reizend
anmuthigen Gedanken haben etwas ungemein Verführerisches und
Naives. Suche man aber bei dem Südländer nicht deutsche Tiefe
und deutschen Ernst.*) Man hat Boccherini oft Mangel an Energie

---

Geiger als widerwärtiger Geck und Charlatan, kam 1796 nach Madrid und wurde
in der königlichen Kapelle als Soloviolinist angestellt. Er wandte sich mit der
Bitte, eine seiner Kompositionen vortragen zu dürfen, an Boccherini. Dieser antwortete ihm: „Sie sind noch zu jung! Um meine Quartette ausführen zu können,
bedarf man eine Fertigkeit und Reife, die Sie noch nicht besitzen und eine von
Ihren Principien allzusehr entfernte Vortragsweise." Der junge Künstler ließ sich
jedoch nicht abfertigen, bis endlich der Komponist seinem ungestümen Drängen
nachgab. Kaum aber waren die Quartettisten am 12. Takte angelangt, als sich
Boucher am Arm gefaßt und am Weiterspielen verhindert sah. Ärgerlich sagte
Boccherini zu ihm: „Ich sagte es Ihnen, daß Sie zu jung sind, meine Musik
spielen zu können!" und dabei nahm er ihm die Stimme vom Pulte. Der Jüngling erröthete ob dieses Affronts, entgegnete aber nach einiger Überlegung: „Das
einzige Mittel, das ich ausfindig machen kann, Ihre Kompositionen auszuführen,
wie sich's gehört, ist, zu Ihnen zu kommen und es zu lernen." „Sehr gerne!"
antwortete der Meister. „Kommen Sie in mein Haus: ich werde glücklich sein ein
Talent wie das Ihrige anzuleiten." Von diesem Tage an wurden beide die besten
Freunde. Die Quartettabende, die sie gemeinschaftlich veranstalteten, hatten schönsten
Erfolg. Auch für Boccherini galt Tartini's Ausspruch: wer gut spielen will, muß
gut zu singen wissen, als höchste Vorschrift. Er wollte seine Musik mit unzähligen
Abstufungen vorgetragen haben. Das Forte war ihm nie accentuirt, das Piano
nie weich genug. Jenes sollte mit vollster Kraft und Energie gespielt werden, für
dieses befriedigte ihn ein Hauch. Schien ihm die Ausführung einer Partie zu
schroff, so rief er: „Ol, mein Freund, mehr Öl!"
    *) Bei Beurtheilung Boccherini's, wie bei der Haydn's, muß auch in Be-
tracht gezogen werden, auf welchem Standpunkte sich die Kammermusik vor ihnen

vorgeworfen und der Kritiker Puppo aus Lucca, auf die Zartheit
gewisser Stellen anspielend, ihn als „Haydn's weibliche Hälfte" charakterisirt. Dies geistreich scheinende Wort ist nicht zutreffend, denn
einzelne seiner Quartette sind voll Leidenschaft, Leben und Kraft.
Eine manchmal inkorrekte Harmonie vermag oft durch pikante Details zu entschädigen. Er wendet gerne das Unisono an und macht
seine Quintette oft zu Duos oder Trios; aber er thut es vollbe-
wußt und bethätigt in diesen Effekten großes Geschick, die Klangfarben auszunützen und im Gegensatze dazu kräftigen Vollklang und
reichere Tonfülle um so energischer wirken zu lassen. So wird,
was bei anderen mangelhaft erscheinen würde, bei ihm eine Quelle
nur ihm eigener Schönheiten. Seine Finales vermochten der Ver-
altung am wenigsten zu widerstehen; aber seine Menuete, denen er
besondere Sorgfalt zuwandte, und seine Adagios sind vortrefflich,
seine Pastorales unerreicht. Und dennoch hatte er, der der Bewunderung so würdige, wie so viele andere Tonsetzer das traurige Geschick,
erst gerühmt, dann vernachlässigt, zuletzt vergessen zu werden.

Möge hier eine sehr beachtenswerthe Bemerkung Picquot's Platz
finden. „Ein Komponist, der nur Talent hat, sieht sich leider verurtheilt, sich in einem mehr oder minder beschränkten, von ihm nicht
zu überschreitenden Ideenkreis, je nach der Summe der ihm verliehenen Fähigkeiten zu bewegen. So lange er ihn nicht erschöpft
hat, vermag er mit Leichtigkeit zu arbeiten, seine Gedanken erreichen,
was ihm nach Seite der Anmuth und Kraft vergönnt ist. Aber
bald werden sie seltener und formuliren sich unwiderstehlich in einer
gewissen Manier. An diesem Punkt angelangt, geht er rückwärts.
Noch wird er da und dort einige Ähren sammeln, seine Ernte ist
jedoch gemacht; von den Stoppeln wird er sich in Zukunft fristen.
Adieu Poesie, Empfinden, Erfindung, Originalität! Die Quelle ist
versiegt. Seine folgenden Produktionen sind nur noch Wiederholungen. So geschickt er sie auch zu maskiren versteht, er vermag
in ihnen dem Kenner keine Abwechslung mehr zu bieten, denn unterm Schleier des erfindungsreichsten Gewebes wird man nur noch
die Kunstgewandtheit oder vielmehr das Handwerk entdecken. So

---

befand. Mögen die Lobpreisungen, die er seitens seiner Landsleute und französischer Schriftsteller fand, auch übertrieben erscheinen, mit Recht hat man ihn den
Vater der Grazie und des Gefühls genannt.

erklärt sich allerdings leicht die völlige Vergessenheit einst so begierig aufgenommener Arbeiten von Kreutzer, d'Avaux, Pleyel, Crémont, Dittersdorf, Pichl, Wölfl, Gyrowetz, Wranizky und vieler anderer Komponisten von gewiß bedeutendem Werthe. Der Künstler von Genie dagegen nährt ein nie verlöschendes Feuer in sich. Er um- faßt das ganze Kunstgebiet. Je mehr er sich erhebt, um so mehr vergrößert sich der Raum. Neue Horizonte erschließen sich seinen begeisterten Blicken und steigern seinen kühnen Flug. Alles, was er sieht, eignet er sich an, was er berührt, wird fruchtbar und lebendig. Seine unwiderstehliche und unendliche Macht unterwirft die Kunst seinen Gesetzen. Er hat nur selbstgezogene Grenzen. Ver- sucht es, Boccherini, Haydn, Mozart, Beethoven in ihrem unermüd- lichen Laufe einzuholen! Sie halten nie an. Eroberung folgt auf Eroberung, Meisterwerk auf Meisterwerk. Ihr feuriger und uner- sättlicher Gedanke strebt unablässig nach dem Unbekannten und raubt ihm seine Geheimnisse. Auch bemerkt man in den Schöpfungen dieser Genies einen aufsteigenden Gang; in jedem neuen Werk läßt sich neuer Fortschritt konstatiren. Boccherini's Op. 58 z. B. bietet dafür einen unwiderleglichen Beweis, den die für L. Bonaparte kompo- nirten Quintette Op. 60 und 62 noch eklatanter machen, bis er, seine Thätigkeit krönend, mit Op. 64 seine glänzende Laufbahn schließt."

Boccherini scheint kaum eine andere Musik, als seine eigene, kennen gelernt zu haben; wenigstens machen seine Kompositionen diesen Eindruck. Er zählt zu jenen Talenten, die geistig ganz aus- gebildet geboren werden, denen ein unbesiegbarer Drang zum Schaffen innewohnt, die von den Stürmen der Welt umtost, ruhig sinnend den Räthseln ihrer Kunst nachspüren können und wie Ar- chimedes inmitten seiner mathematischen Kreise, nichts davon be- merken, wenn um sie her Alles zusammenbricht. Der Wirklichkeit entrückt, schweben sie in einem Äther berauschender und beglückender Ideen. Reich genug begabt, um die Hilfe Anderer und Anlehen bei Fremden entbehren zu können, schöpfen sie, was ihnen noth- wendig ist, aus sich selbst, ihrem Vaterland, ihrer Umgebung, dem Klima. Sie gleichen den Steinen, die die Sonnenstrahlen ein- saugen, bei Tage glanzlos scheinen, im Dunkel aber die Glut, von der sie gesättigt sind, leuchtend ausströmen und wie Sterne glänzen. Ein solch strahlender Stern einer warmen Zone und südlichen Kunst ist auch Boccherini.

Nach Seite der Technik sind seine Werke nicht gerade schwierig auszuführen. Weiß der Spielende den Rhythmus gut zu fassen und in den Stil einzubringen, so wird ihr Vortrag schon dankbar selbst für Dilettanten; und hier nun mag die Bemerkung am Platze sein, daß es vorzugsweise für Liebhaberquartette geboten erscheinen dürfte, sich mit Boccherini's Werken mehr, als seither geschah, zu beschäftigen und diese dann erst, wenn sie hier Boden gewonnen haben und auf Verständnis in weiteren Kreisen zählen können, auch wieder vor die Öffentlichkeit zu bringen.*) Gar häufig zappeln sich Dilettanten an den ihren Kräften unüberwindliche Schwierigkeiten entgegenstellenden großartigen Werken Beethoven's, Schubert's, Schumann's u. s. w. ab. Nur das eitle Verlangen, mit solcher Abmühung sich brüsten zu können, mag sie dazu veranlassen. Befriedigung, die doch nur durch eine gewisse Vollkommenheit der Leistung zu erreichen ist, können sie kaum in der Lösung solcher, ihre Fähigkeiten weit übersteigenden Aufgaben finden. Beethoven und die meisten Kammerkomponisten nach ihm haben überhaupt das Quartett der Sphäre des Dilettantismus mehr oder minder entrückt.

Boccherini theilt mit vielen anderen bedeutenden Tonsetzern das Geschick, Nachahmer und Fälscher gefunden zu haben. Seine Werke erfreuten sich, insbesondere in Frankreich, so großer Beliebtheit, daß die Verleger sich versichert halten durften, mit jedem, seinen Namen tragenden Opus gute Geschäfte zu machen. Während der arme Komponist, in seinem elenden Holzverschlag unermüdlich arbeitend, nicht so viel erwarb, um nothdürftig leben zu können, bereicherten sich die mit seinem Namen Wuchernden durch seine Schöpfungen. Aber es ging ihnen damit noch nicht rasch genug. Sie veranlaßten daher andere geschickte, aber weniger zur Geltung gekommene Musiker, seinen Stil nachzuahmen und unter Boccherini's Namen ihre Machwerke zu veröffentlichen. Einer der gewandtesten dieser Fälscher war der ausgezeichnete, durch seine abenteuerlichen Erlebnisse bekannt

---

*) Nicht alle Werke Boccherini's sind höchste Kunstoffenbarungen. Unter sehr vielem Unbedeutendem und Veraltetem finden sich Perlen edelster Art und seltenster Schönheit. Da seine Kompositionen überhaupt sehr schwer erreichbar sind, dürfte es angezeigt erscheinen, eine Anzahl derselben nach sorgfältiger Sichtung in unsere neuen Volksausgaben aufzunehmen. Dem Gedächtnis des Meisters, wie den Freunden der Kammermusik würde dadurch gewiß ein großer Dienst geleistet.

geworbene Geiger Cambini, ein Schüler Nardini's und Manfredi's, mit Boccherini's Schreibweise innig vertraut.*) Er denkt
noch in späten Jahren entzückt des Genusses, den ihm das Quartett-
spiel mit diesen ausgezeichneten Künstlern, die ihn als Violaspieler
heranzogen, gewährt hatte. Auf Bestellung des bekannten Komponisten
und Musikalienhändlers Ignaz Pleyel in Paris schrieb er eine Anzahl von Kammerstücken, in denen er Boccherini's Satz täuschend
imitirte. Als eines Tages die Musikschriftsteller J. Fétis und
A. E. Choron mit Cambini bei dem Verleger A. Leduc speisten,
fragte ersterer plötzlich: „Papa Cambini, ist es wahr, daß Sie Boccherini für die Verleger, namentlich für Pleyel, fabricirten?“ „Sehr
wahr!“ antwortete dieser. „Ich that da doppeltes Unrecht, zudem
man mir meine Arbeit noch sehr schlecht bezahlte.“ „Hätte man
mehr zahlen wollen,“ sagte Leduc, „würde man sich an Boccherini
selbst gewendet haben.“ „Ohne Zweifel, aber dessen Kompositionen
wären weniger gelungen gewesen,“ antwortete mit seiner gewöhnlichen Suffisance der Lebemann.

Er mochte Recht haben. Boccherini, obwohl er oft unwürdigem
Drucke nachgeben mußte, hat sich den Wünschen Pleyel's, der für
ein gewisses Publikum leichte und seichte Waare brauchte, kaum

---

*) Giov. Gius. Cambini, geb. 1746 zu Livorno, gestorben, physisch und
moralisch heruntergekommen, um 1825 in einem Pariser Armenhause, war ein
sehr schreibfertiger und gewandter Tonsetzer, der seiner Zeit bei Vater Martini in
Bologna durch drei Jahre eifrige Kompositionsstudien betrieben hatte. Er schrieb
nicht zu zählende große und kleine Vokal- und Instrumentalwerke und war vor der
Revolution in Paris der musikalische Held des Tages. Außer mehreren Opern
und Balleten, 144 Streichquartetten und 60 Orchestersymphonien, komponirte er
über 400 andere Werke, denen allen Talent und Geschick nicht abzusprechen ist, die
aber mit wenigen Ausnahmen inhaltlich gleichmäßig seicht gehalten und flüchtig
gearbeitet sind. Nach Ablauf seiner Studien wandte er sich von Bologna nach
Neapel, verliebte sich hier in eine hübsche Livorneserin und beabsichtigte, um sie zu
heirathen, in seine Heimat zurückzukehren. Auf dem Meere wurde das Schiff von
Seeräubern überfallen, die Liebenden getrennt und Cambini in die Berberei ver-
kauft, jedoch von einem reichen Kaufmann in Venedig bald wieder ausgelöst und
mit nach Paris genommen. Durch Fürsprache des venetianischen Gesandten und
des Prinzen Conti wurden einige seiner Symphonien im Concert spirituel aufgeführt, die ihn aufs Vortheilhafteste bekannt und sofort in musikalischen Kreisen
beliebt machten. 1788 war er Musikdirektor am Théâtre Beaujolais, 1791 am
Théâtre Louvois. In den Revolutionsstürmen verschwand er vom öffentlichen
Schauplatze.

allzugefällig bequemt. Hat der Satz etwas Richtiges, daß die
Kunst stets durch die Künstler fiel, so darf man doch hinzufügen,
daß sie mehr noch durch liebedienerische und egoistische Verlagsspe-
kulationen, deren einziges Bestreben ist, Geld zu machen, geschädigt
wurde. Schlechte Spieler ohne Geschmack und Intelligenz, die sich
zum Zeitvertreib mit Musik beschäftigen, verlangen leichte, glänzende, der Tagesmode entgegenkommende Tonstücke, mit denen sie
paradiren können. Warum hätten, da der Lucchese sich bei den
Musikern großer Beliebtheit erfreute, die unter seinem Namen erschienenen, verdünnten Fabrikate Cambini's die Masse der Amateurs
nicht völlig befriedigen sollen? Aber vergebens haben Brunetti, Cambini und andere Scribler Manier und Form ihres Vorbildes nachgeahmt; seinen Geist vermochten sie ihren Machwerken nicht einzuflößen. Die durch kaufmännische Spekulation hervorgerufenen Fäl-
schungen hat L. Picquot in seiner trefflichen Arbeit über Boccherini
so weit dies möglich war, bloßgestellt und streng und gewissenhaft
enthüllt.

Boccherini's Stelle in der Geschichte der Musik Spaniens ist
ebenso genau präcisirt, wie die anderer großer Künstler dieses Landes
auf anderen Gebieten. Er hatte die volksthümliche Musik der spanischen Nation, die anderwärts ihres Gleichen nicht mehr hat und
die deshalb auch nicht verwechselt werden kann, in alle Poren aufgenommen, sich unbewußt damit genährt und gesättigt. Deshalb
tritt dem Hörer vergeistigt in seinen Werken der Geist seines zweiten
Vaterlandes anmuthend entgegen. Auf der ihnen eingeprägten, unsterblichen Seele dieser Nationalität beruht ihre geheime Kraft und
Wirkung. Dieser Gesichtspunkt darf bei Beurtheilung des Meisters
nicht übersehen werden. Einer seiner Biographen, M. Cristal, wie
alle, die über diesen Tonsetzer schrieben, von Überschwänglichkeit
leider nicht frei, sagt darüber: „Boccherini ist das musikalische Portrait Spaniens. Seine schmerzerfüllten Adagios und leidenschaftlichen Largos, seine wie zu einem Balle mit Blumen geschmückten
Menuets, diese Pizzicatos in den Mittelstimmen, Träger süßer
und entzückender Melodien, diese Fülle silberner Töne, den Reflex
üppiger, von Guitarren und Mandolinen begleiteter Tänze bildend,
erinnern immer wieder an ihre Heimat. Aus diesen köstlichen
Rhythmen, die uns spanische, von Liebessternen erhellte Nächte
ahnen lassen, leuchten plötzlich tiefe, träumerische Augen auf, denen

sich eine andere Welt zu erschließen scheint. Dann wieder sehen
wir den mit jeder Lebensnoth ringenden und von allem Nothwendigen entblößten Meister einsam träumend über seinen Schreibtisch
gebeugt sitzen, vor seiner Seele alle Wonnen und Wünsche des
Lebens vorüberziehen lassend. Seinen begeisterten Blicken erstehen
Momente des Glückes, zeigt sich, was Liebe und Freundschaft ihm
Freudiges, was das Schicksal ihm an Trauer und Schmerz bereitet
hat; sein Ohr lauscht fernen Tönen und Harmonien, die seine
fleißige Hand emsig festzuhalten strebt."

　　In Frankreich ist man immer wieder auf Boccherini's Kammermusik zurückgekommen. Die bedeutendsten Künstler haben es hier
nicht verschmäht, mit Hingabe und dem glücklichsten Erfolg sich dem
Studium und der Wiedererweckung derselben zu unterziehen. In
Deutschland blieben sie fast unbekannt. Während die deutsche Kammermusik vollberechtigt sich Europas bemächtigte, vergaß man, daß
Italien nicht nur die Wiege der Gesangskunst, sondern auch der
Concert- und Instrumentalmusik ist. Aber wenn auch viele der
größten Geiger dort geboren wurden, Werke des strengen Stiles
auf instrumentalem Gebiete hat es verhältnismäßig nur ganz wenige
hervorgebracht. Was Pergolese's und Cimarosa's reizende Partituren für das Theater, Leo's und Jomelli's fromme Gesänge für
die Kirche, das sind die Trios, Quartette und Quintette Boccherini's für die Kammer. Einfach, ideenreich, anmuthig rhythmisirt
und mit köstlichen Ausschmückungen versehen, werden die besten unter
ihnen den Hörer stets entzücken, wie der Blick der Spanierin, der,
wenn sich ihre gesenkten Wimpern plötzlich heben und er mit feu-
rigem Aufblitz in die Augen des Geliebten sich bohrt, diesen in Wonne
erschauern macht.

　　Man liebt heute energischere, kräftigere, complicirtere Kompositionen, mit reicherer kontrapunktischer Arbeit. Die bedeutendsten
unter ihnen gleichen Werksteinen der musikalischen Civilisation,
anderen geistigen Bewegungen, anderen Himmelsstrichen, anderen
Kunstepochen angehörend. Warum aber sollte durch sie unser Lucchese ganz verdrängt werden? Kann man nicht die schönen, tiefen
Gedanken des Nordens und die strahlenden, reizvollen des Südens
gleicherweise bewundern?

　　Boccherini ist in Deutschland noch in den ersten Jahrzehnten unseres Jahrhunderts gerecht und wohlwollend beurtheilt worden. Rochlitz

sagt Allg. musik. Zeitung Bd. I.: „Wenn seinen Quartetten im
Ganzen das Große und Frappante der liberalen Durchführung eines
kühneren Genies fehlt, lassen sich ihnen doch gute, oft sehr eigenthümliche und durchweg wohlausgeführte Gedanken, mitunter Feuer,
in der Regel eine gesetzte Manier und gefällige Methode nicht absprechen. In seinen ruhigen, künstlerisch geordneten Arbeiten erscheint, wenn auch das Cello überaus gut geführt ist, keine Stimme
vorwiegend favorisirt; ihr Effekt hängt durchaus von der Zusam-
menwirkung aller Partien ab. Es verdient wirklich Bewunderung,
daß dieser verdiente, schon ziemlich bejahrte Komponist, nach so
vielen bereits geschriebenen Werken, so mit der Zeit fortzugehen, so
viele Jugend und Frische in seine Tonsätze zu legen weiß. Seine
oft sehr launigen Menuete, die er überhaupt sehr zu lieben scheint
und manchmal barock macht oder etwas in das Geschmeidige der
Polonaise fallen läßt, sind Zeuge davon. Diese auch leicht zu exe-
kutirenden und nicht übermäßig hoch gehaltenen Stücke sind sehr zu
empfehlen. Leider wird es verwöhnte Ohren geben, die Vieles davon zu flach, eintönig und unkräftig finden. Allein diese mögen
bedenken, daß Geschmack und Bedürfnis verschieden sind und nicht
Allen mit enormen Schwierigkeiten, die nur selten mit Leichtigkeit
und ohne auffallende Unfälle zu bezwingen sind, gedient ist."*)

Am meisten hat vielleicht in Deutschland Spohr's hartes Urtheil über Boccherini der Verbreitung von dessen Werken im Wege
gestanden. Auffallenderen Gegensatz kann man sich allerdings nicht
denken, als den berühmten deutschen, in der großen Welt sich bewegenden Meister, der in kunstvollen und überraschenden Harmo-
nieverbindungen sich nie genug thun konnte, als Komponist und Virtuose allerwärts Triumphe feierte und an die seine Werke Ausführenden stets höchste Anforderungen stellt, und den einfachen, in seinen

---

*) G. L. P. Sievers spricht sich in einem Musikbericht aus Paris vom
März 1820 gelegentlich der neuen Janet und Cotelle'schen Ausgabe der Boccherini-
schen Quartette also über denselben aus: „Diese hier ziemlich oft gehörten Kompositionen scheinen mir Meisterstücke einfacher und melodischer Eleganz zu sein und,
mit gewissen Beschränkungen, weder von Haydn noch Mozart übertroffen. Wie
man, um polizeiliche, politische Ordnung in einem Staate zu erhalten, darauf
abzweckende Gesetze von den Kanzeln ablesen läßt, würde ich, wäre ich Regent,
alle Jahre ein paar Mal die Boccherini'schen Quartette spielen lassen, um die
Komponisten meines Staates vor Umsturz der melodisch-harmonischen Ordnung zu
warnen."

Bretterverschlag eingepuppten, von der Welt und jedem Kunstumgange
abgeschlossenen Tonsetzer, der seine eigenen Kompositionen kaum je
anders als mit geistigem Ohre hören konnte und nur bemüht war,
um den Forderungen seiner Besteller zu genügen, möglichst durchsichtig,
klar und einfach zu schreiben. Spohr erzählt in seinem in der Allg.
Leipz. mus. Zeitung veröffentlichten Pariser Reisebericht (20. Jan.
1821), daß ihm Baillot an einem Musikabend auch ein Quintett
von Boccherini vorgespielt habe. Nachdem er der Technik und Vielseitigkeit des großen französischen Geigers gerechtes Lob ausgesprochen, allerdings auch dessen Manier und etwas erkünstelten Ausdruck gerügt hat, fährt er fort: „Es ist Dir bekannt, daß er die
Quintette Boccherini's oft und gerne spielt. Ich war begierig, sie,
von denen ich etwa ein Dutzend kenne, von ihm zu hören, um zu
sehen, ob es seiner Vortragsweise gelingen dürfte, mir das Gehalt-
lose der Kompositionen vergessen zu machen. So gelungen aber
auch die Ausführung war, fiel mir das oft Kindische der Melodien
und die Magerkeit der fast immer nur dreistimmigen Harmonie nicht
weniger unangenehm auf, als bei allen früher gehörten. Es ist
kaum begreiflich, wie ein gebildeter Künstler wie Baillot, dem unsere
Schätze an Kompositionen dieser Gattung bekannt sind, es über sich
gewinnen kann, diese Quintette, die nur mit Berücksichtigung der
Zeit und Verhältnisse, in denen sie geschrieben wurden, ihr Verdienst haben, noch immer zu spielen. Daß sie hier ebensogern wie
ein Mozart'sches gehört werden, beweist von Neuem, daß die Pariser
Gutes vom Schlechten nicht zu unterscheiden wissen und in ihrer
Kunstbildung um wenigstens fünfzig Jahre zurück sind."
    Nach der Aufführung des Quintetts befragt, wie ihm die Kom-
position gefallen habe, antwortete Spohr mit der ihm eigenen, rück-
haltlosen Offenheit: „Ich denke, daß dies nicht den Namen Musik
verdient!" Diese schroffe Meinungsäußerung verletzte die für Boccherini sehr eingenommenen Pariser Künstler sehr, gleichwie seine
Urtheile über das damals in reicher Blüthe stehende französische
Singspiel, namentlich über J. J. Rousseau's noch pietätvoll hoch-
gehaltenen »Le devin du village«, den Urtypus desselben. *)

---

*) Noch im Jahre 1875 bemerkt M. Cristal zu diesem Urtheile: „Spohr hat
bekanntlich nicht ganz werthlose Kammermusik geschrieben (!), z. B. 6 Duos voll
Fluß und Harmonie, aber sehr schwer ist das Alles, was Monsieur Cristal von
der Spohr'schen Kammermusik kennt?); aber es ist traurig, daß die Art zu fühlen,

Dieser Anekdote läßt sich eine andere hinzufügen, welche über Boccherini's Musik sich günstiger ausspricht. Im November 1814 wurde im Kärnthnerthor-Theater zu Wien L. L. Loiseau de Persui's, des seiner Zeit hochangesehenen, nun auch verschollenen, französischen Opern- und Balletkomponisten, zweiaktiges, schönes Ballet „Nina oder der Wahnsinn aus Liebe", mit der berühmten Bigottini in der Titelrolle, außerordentlich beifällig aufgeführt. Im selben Monate noch 12 mal wiederholt, ergab es eine Einnahme von 15,000 Gulden. Die von Kraft und Charakter zeugende Musik war insbesondere in der Scene, in der Nina den Tod ihres Geliebten erfährt, von großer Wirkung. Das Orchester schilderte in bald energischer, bald pathetischer Weise den aufgeregten Zustand des unglücklichen Mädchens. Einstimmiger Applaus ward allabendlich dieser gelungenen Stelle. Als man den 1816 zum Besuche in Wien anwesenden Komponisten deßhalb beglückwünschte, antwortete er: „Dies Stück, das so wohlverdienten Beifall findet, ist nicht von mir; es ist das Werk eines in Deutschland mißachteten und vergessenen Meisters, das Finale aus dem d moll-Quintett Boccherini's. Op. 17."

Boccherini war ein sehr fruchtbarer Komponist. Die Zahl seiner Instrumentalwerke allein beträgt 366; darunter befinden sich 6 Sonaten für Klavier und Violine, 6 für Violine (Cello?) und Baß, 6 Duetten für 2 Violinen, 42 Trios für 2 Violinen und Cello (davon 2 ungedruckt), 12 für Violine, Viola und Cello, 91 Quartette (davon 2 ungedruckt), 18 Quintette für Flöte (oder Oboe) und Streichquartett, 12 für Klavier und Streichquartett, 113 für 2 Violinen, Viola und 2 Celli (davon 20 ungedruckt) 12 für 2 Violinen, 2 Violen und Cello (sämmtlich ungedruckt). 16 Sextette (2 ungedruckt), 2 Oktette, 20 Symphonien (11 ungedruckt), 8 Sinfonies concertantes, 1 Celloconcert und 1 Suite de Minuettes à grand Orchestre (ungedruckt). Über dieselben führte

sich bei Künstlern, die doch offenes Verständnis für alle Schönheiten der Musik Anderer haben sollten, systematisch bildet; es ist besonders zu beklagen, daß ein für gelehrte Kombinationen, kunstvolle Enharmonien, rastlose Modulationen begeisterter Mann von Verdienst, keinen Gefallen mehr an einfacher, natürlicher Musik finden konnte. Glücklich der Künstler, dem alle Fortschritte der Kunst klar wurden, bedauernswerth der, der sich fremd fühlt, wenn man ihn aus gewohnten Kreisen entfernt. Das Gebiet der Kunst, in keine Formel eingeschränkt, ist unendlich."

er selbst einen thematischen Katalog, aber die Zahlen desselben
stimmen nicht mit den Opuszahlen zusammen, unter denen in Paris
und Amsterdam seine Werke gedruckt wurden; es herrscht in diesem
Punkte überhaupt eine heillose Verwirrung; viele der Quartette und
Quintette wurden unter drei verschiedenen Opusangaben ebirt.

Boccherini's Lage war, wie wir gesehen, eine trostlose. Weh'
dem Manne überhaupt, der, ohne vom Glücke ganz außerordentlich
begünstigt zu sein, auf den Erwerb seiner Feder angewiesen ist! Es
gibt ja Schoßkinder Fortunens, die von dem Ertrage ihrer Romane
und Klavierstücke sogar wie der reiche Mann im Evangelium
leben können, aber sie lassen sich zählen. Mehr berühmte und un-
sterbliche Werke als wir denken, haben den Verfassern nicht die
Kosten für Tinte und Papier eingebracht. Unser armer Lucchese sah
sich ganz in den Händen rücksichtsloser Editoren. Froh, wenn er
elende Honorare erhielt, überließ er ihnen seine Werke und diese
schalteten nun damit, wie mit ihrem alleinigen Eigenthume. Die
Herren Venier und La Chevardiére, ganz besonders aber sein Kollege
Ignaz Pleyel, der zuletzt den Verlag der Boccherini'schen Kompositionen fast allein an sich riß, kümmerten sich um den Madrider
Bettler und Musikanten gar nichts. Nicht nur beliebte es ihnen,
eine eigene Ordnung der Opuszahlen einzuhalten, ganz abweichend
von dem autographen Kataloge des Komponisten, Pleyel stellte sogar unter von ihm normirten Opusangaben durchaus neue Sammlungen von 24 oder 12 Nummern aus verschiedenen ungedruckten
Werken zusammen. Das in Paris erschienene wurde dann in Amsterdam, London, Offenbach, Mannheim, Worms, Wien, Neapel u. s. w.
wieder mit anderen Zahlen nachgedruckt. Boccherini arbeitete nicht
rasch. Er schrieb im Jahre nicht mehr als höchstens drei, gewöhnlich nur zwei Werke, vielfach auch nur eines. Wie spärlich da seine
Einnahmsquellen flossen, wenn er nicht zufällig einen hochherzigen
Gönner besaß, läßt sich leicht ermessen. Für die Verleger waren
seine Schöpfungen nur Waare. Als sie nicht mehr in gewünschter
Weise zogen, ließ man das Nichtedirte einfach liegen und so kam
es, daß viele der Hauptwerke (z. B. die Quintette für 2 Violinen,
2 Altos und Cello), besonders die aus seinen letzten Jahren, ungedruckt und unbeachtet im Magazin Pleyel's moderten und der
musikalischen Welt bis zur Stunde vorenthalten blieben.

Es ist kaum möglich, nach einem antiquarischen Katalog sich

Boccherini's Werke zu kaufen, wenn man nicht das gleiche doppelt erwerben will. Die Versuche, Ausgebotenes zur Ansicht zu erhalten, sind fast vergebliche, da seitens der Antiquare auf keinerlei Entgegenkommen zu rechnen ist. Noch vor wenigen Jahren waren Sammlungen Boccherini'scher Kammermusik zu den billigsten Preisen zu haben; da scheint plötzlich ein reicher Musikliebhaber aufgetaucht zu sein, der nach ihnen suchte. Im Handumbrehen wurden sie Karissimi und haben dadurch Preise erreicht, die für einen gewöhnlichen, mit Glücksgütern nicht gesegneten Sterblichen ganz unerschwinglich sind. Wäre dieser Umschwung darauf zurückzuführen, daß man in der Musikwelt sich aufs Neue den Schöpfungen des berühmten Lucchesen zuwendet, so könnte man sich mit der Spekulation der Herren Antiquare versöhnen. Die Bekanntschaft mit Boccherini's Musik wird leider auch dadurch erschwert, daß sich in öffentlichen Bibliotheken und selbst in berühmten Privatsammlungen so gut wie nichts von ihm vorfindet. *)

Boccherini's Werke sind folgende:

a. Für Gesang.

1. Eine »Azione drammatica« per la festa dei Comizi: »la Clementina«. Lucca 1765; Madrid 1786.
2. Das Oratorium: »Giuseppe riconosciuto«.
3. Das Oratorium: »Gioas, Rè di Giuda«.
4. Messa a quatro, con tutti instrumenti obligati. Op. 59. 1800.
5. »Stabat Mater« à 3 voix, avec 2 Viol., Alto, Cello et Basse. Op. 61. 1800 cb. 1801.
6. Cantata al Santo Natale di N. S. Gesù Christo, a 4 voci obligati, Coro e Instrumenti; dedicata all' Imperatore di Russia. Op. 63. 1802.
7. Cantici Sacri, 4stimmig mit Orchester.
8. Villancicos, Motetten für die Weihnachtsfeier, 4stimmig mit Orchester (1782. **,.
9. Eine Kantate: »Ines de Castro«. Des Meisters Schwanengesang.
10. Concertarien (Arie academiche).
(Alle diese Arien sind mit Quartett begleitet, nur wo Blasinstrumente hinzutreten, wird dies hier besonders bemerkt,.
   a. Deh, respirar lasciatemi (B,.
   b. Caro son tua così che per virtù (A). Oboe.

---

*) Für leihweise Mittheilung oder käufliche Überlassung Boccherini'scher Werke würde der Verfasser dieser Schrift sich zu großem Danke verpflichtet sehen.
** Möglich, daß Nr. 7 und 8 identisch sind.

c. Se non timore allato Idolo (B).

d. Misera dove son! (d). Oboe, Corni.

e. Care luci che regnate (D). Oboe, Corni.

f. Infelice in van mi lagno, (Es). Oboe, Corni.

g. Tu di saper procura (B). Oboe, Corni.

h. Numi se giusti siete rendente (G). Violini, Oboe, Fagotti, Basso.

i. Caro padre a me non dei (C). Oboe, Corni.

k. Ah che nel dirti addio mi sento (F). Oboe, Corni.

l. Duetto: La destra ti chiedo mio dolce (Es). 1792. Oboe, Corni.

m. 'Artabano) Di giudice severo (F). Oboe solo.

n. Didone) Si veramente io deggio (C).

b. Instrumentalwerke.

(Mit möglichst genauer Angabe der Opuszahlen und Hinweis auf die Prachtaus-
gaben, die von Boccherini's Trios und Quintetten seit 1824 bei Janet und
Cotelle in Paris erschienen sind).

Die Opuszifferen sind nach den Titelblättern, die eingeklammerten Katalognummern (S. K.)
am Schlusse der einzelnen Werke nach Boccherini's autographischem Kataloge angegeben

I. Gedruckte Werke.

Première Symphonie à quatre parties obligées, Cor de chasse
ad lib. par **Bouqueriny** (sic). Imprimée avec les nouveaux caractères,
par Grangé. — Paris 1767.

Merkwürdig, weil aus der Jahreszahl hervorgeht, daß dies übrigens ganz schwache
und unbedeutende Werk Boccherini nach Paris vorausgeeilt war.

Op. 1. **Sei Sinfonie o sia Quartetti**, per due Violini, Alto e Violoncello obligati, dedicati a veri dilettanti e conoscitori di Musica. — Paris,
Venier. — Amsterdam, Hummel. — Komp. 1761, gebr. 1768. (B. K. 2.)

*) Hier enthüllt sich Boccherini vollständig; sein Geschmack, seine Manier und
liebliche Anmuth, sein Genie treten mit einer Überlegenheit und einem Kunstver-
ständniß, ähnliche Arbeiten seiner Vorgänger und vieler Zeitgenossen weit hinter sich
lassend, in einem Grade auf, daß man ihn den Schöpfern der Kammermusik, die den
wirklichen Charakter des Genres für immer festgesetzt, beigesellen darf. Große, nach
ihm kommende Meister erweiterten dann das Gebiet, indem sie auf gleichem Wege
fortschritten. Beim Vergleich mit anderen Werken dieser Periode kann man sich der
Bewunderung nicht enthalten für diese so vollständige, frühzeitige und sichere
Neugestaltung, die ohne vorausgehende Versuche aufs erste Mal von einem noch so
jungen Künstler bewerkstelligt wurde. (B.)**). Man darf bei diesen Urtheilen Picquot's nicht vergessen, daß sie von einem Schriftsteller der lateinischen Race herrühren und auf die Entwicklung der Kammermusik in Teutschland nur geringe und
seltene Rücksicht nehmen.

Viotti hatte für dies erste Quartettwerk Boccherini's ausgesprochene Vorliebe; nichts
glich der zündenden Energie seiner Ausführung des Final-Allegros des ersten
Quartetts. Er gab da ein Muster von Kraft und unwiderstehlichem Enthusiasmus.

*) Diese Notizen, da es unmöglich war, in den Besitz sämmtlicher Werke Boccherini's
zu kommen, nach Picquot (P.), Jené (J.) und Rochlitz R.

**) Wie schon bemerkt, kann nur eine sehr strenge Auswahl des für die Gegenwart
noch Genießbaren aus den Werken des Meisters diesen und wieder näher bringen.

Op. 2. Six Trios à 2 Violons et Vcello. — P., La Chevardière, Bailleux, Imbault. Neudruck 1824 par Janet et Cotelle, 1er livre, Nr. 1—6.
                                                              (B. K. 1.)

Die Manier des Autors ist in diesem Werke nicht minder charakteristisch und
verräth überraschende Erfahrung und Sicherheit seitens eines debütirenden Neuerers.
Unter den reizenden Nummern zeichnen sich die erste (F), zweite (B) und vierte (D)
aus. Die Trioform bildet eine der Glorien Boccherini's; nur wenige haben nach
ihm dies schwierige Genre besser und glücklicher behandelt. (P.)

Op. 3. Six Trios pour premier Violon, deuxième Violon ou Vcello
et Basse. — P., La Chevardière, Le Duc. — J. et C. 2e livre, Nr. 7—12.

Picquot bezeichnet dies Werk als unecht, obwohl es kaum glaublich ist, daß Boccherini, wenn dies der Fall, über die Fälschung sich nicht beklagt haben sollte, denn
der Druck muß während seines Pariser Aufenthaltes oder kurz nach seiner Abreise
erfolgt sein, und damals war der Verleger noch sein intimer Freund.

Op. 4. Sei Sinfonie a tre, per due Violini e Cello. — P., Venier, Boyer,
Nadermann. — J. et C. 3e livre, Nr. 13—18. — Komp. 1766. (B. K. 4.)
      Nr. 2, 4 und 5 bemerkenswerth. (P.)

Op. 5. Six Duos pour deux Violons. — P., La Chevardière. — Neue
Ausgabe P., Pacini. — Komp. 1761. (B. K. 3.)
      Hübsch und des Meisters würdig. Das Motiv des 1. Duettes bildet den Anfang
des 27. Trios (P.).

Op. 5a. Sei Sonate di Cembalo e Violino obligato dedicate a Madama
Brillon de Jouy. — P., Venier, Le Menu, Nadermann. — Neue Ausgabe
1re et 2e livr. P., veuve Launer. — Komp. 1768. (B. K. 5.)
      Von diesen, den Komponisten wie die Dame, welche die Dedikation nennt, gleich
ehrenden Sonaten fand Nr. 2 im 26. Trio, Nr. 6 im 4. Quintett erneute Verwendung. (P.)

Op. 6. Six Quartetti per due Violini, Alto e Cello, dedicati a S. A.
R. don Luigi, Infante di Spagna. — P., Venier. — Amsterdam, Hummel
(Op. 2). — Komp. 1769. (B. K. 8.)
Bemerkenswerth Nr. 1 und 6. (P.)

Op. 7. Sei Conversazioni a tre, per due Violini e Cello, dedicate a gli
Amatori della musica. — P., Miroglio, au bureau d'abonnement musical.
— J. et C. 4e livre, Nr. 19—24.
      Diese Trios, wie die unter Op. 3 angegebenen, finden sich nicht im autogra-
phischen Katalog. Man schrieb sie dem Musikalienhändler Marescalchi in Neapel zu.
Picquot tritt für ihre Echtheit ein und will des Meisters Stil und Manier unver-
kennbar in ihnen wiederfinden.

Op. 7a. Six Sonates à Violon seul et Basse. — P., La Chevardière; ré-
imprimées par Ozi, au Conservatoire. Als Op. 7 in London: Six Solos
pour le Violoncelle. Es sind dies dieselben Sonaten, die jüngst Piatti und
Grützmacher in Neubearbeitungen edirten: Sei Sonate per Violoncello con acc.
di Pianoforte, di Alfredo Piatti. Milano, G. Ricordi; und: Sechs Sonaten
für Cello und Clavier, bearbeitet von Fr. Grützmacher. Leipzig, B. Senff.
      Sind diese Sonaten für Geige oder Cello komponirt? Der Autor führt sie in
seinem Katalog nicht auf, aber sie sind sehr schön und gehören ihm unbestreitbar an.

Op. 8. Concerto a più stromenti concertanti, due Violini, Oboe, Alto Cello, e Basso obligati, due Violini, Fagotti e Corni di ripieno, composto per la Corte di Madrid. — P., Venier. — Komp. 1769. (B. K. 7.)

Einzelne Motive dieses Werkes fanken im 4. Quintett und noch lange nachher, 1799, in einer concertirenden Symphonie für Guitarre, Violine, Oboe u. f. w., nach diesem Quintett von Boccherini für den Marquis von Benavente bearbeitet, wieder Verwendung.

Op. 9. Sei Terzetti per due Viol. e Cello, dédiés au prince des Asturies. — P., Venier. — J. et C. 5e liv. Nr. 25—30. — Komp. 1769. B. K. 6.)

Vorzügliches Werk; Nr. 2, 4 und 6 bewundernswürdig. (V.)

Op. 10. Sei Quartetti . . . dedicati alli Sigri Dilettanti di Madrid. — P., Venier. — Lyon, aux Adresses de Musique. — Amsterdam, Hummel, (Op. 7.) — Komp. 1770. (B. K. 9.)

Bemerkenswerth Nr. 1, 2, 4 und 6. V.)

Op. 11. Sei Divertimenti . . — P., Venier. — Amst., Hummel, (Op. 8.) — Komp. 1772, opera piccola. B. K. 15.)

Boccherini's Kompositionen theilen sich in 2 Klassen, bezeichnet durch Opera grande und Opera piccola. Zu ersteren zählen 3—4 sätzige Werke größeren Umfanges, die andern sind nur 2 sätzig. Viele dieser leichten Stücke sind von auserlesenem Geschmack, elegante, liebliche Genrebilder. Bedauerlicherweise blieben die meisten dieser kleinen Meisterwerke ungedruckt. In dieser, ihrer engen Begrenzung wegen so undankbaren Specialität hat Boccherini keinen Rivalen, Op. 10 und 45 werden unnachahmliche Muster eines Genre's bleiben, das durch Op. 11 so glücklich introducirt wurde. Ihre Komposition soll durch die Pünktlichkeit veranlaßt worden sein, mit der König Karl III. für Zerstreuungen wie Geschäfte seine Zeit einzutheilen pflegte. Auch der Musik waren da nur Minuten zugemessen. Leider steht dieser Erklärung die Thatsache entgegen, daß Boccherini nie von diesem Fürsten einen Auftrag zu irgend einer Arbeit erhielt. (V.)

Op. 12. Sei Quintetti per due Violini, Viola e due Celli. — P., Venier. — 1er liv., Pleyel. — J. et C. Nr. 1—6. — Komp. 1771. (B. K. 10.)

Seine Quintette erst machten Boccherini's Namen populär. Auch in diesem Genre offenbart er unvergleichlichen Glanz und eine ans Wunderbare grenzente Fruchtbarkeit. Von seinen 155 Originalquintetten sind wenige unbedeutend, viele bewundernswerth. Er war 31 Jahre, als er dies Werk schrieb. Sein Talent war zur Reife gelangt, viele Meisterwerke folgten ihm, keines übertrifft es. (V.*)

Op. 13. Sei Quintetti . . . — P., Venier. — 2e liv. Pleyel. — J. et C. Nr. 7—12. — Laviniée. B. K. 11.)

Nr. 4 ist von vollendeter Schönheit. (J.) In diesem Opus findet sich das berühmte, l'Uccelliera (la Volière) betitelte Quintett. Der Autor schilderte darin eine ländliche Scene, in der sich Vogelsang dem Schalle der Jagdhörner eint und die Sackpfeife zum Tanz der Hirten aufspielt. Dies Gemälde ist von außerlesener Originalität. Auch Nr. 2 zeichnet sich durch neue und pittoreske Faltung aus. (V.) Nr. 5 enthält den überaus reizenden, in unserer Zeit so beliebt gewordenen Menuet.

---

*) Man hat Boccherini den Schöpfer des Quintetts genannt; das ist unrichtig. Mozarts erstes Quintett (Bdur) z. B. stammt aus dem Jahre 1785. In welchem Jahre Haydn's Quintett, Op. 88 (Cdur), geschrieben wurde, vermögen wir nicht anzugeben. Jedenfalls dürfte letzterer ihm auch als Triokomponist zuvorgekommen sein. Allerdings dürfte er von der in Salzburg entstandenen Mozart'schen Komposition in Madrid gewiß nichts gewußt haben. Tonstücke legen unter Umständen ihren Weg erstaunlich langsam zurück. Neuerer war jedoch Boccherini insofern, als er eine andere als die gewöhnliche Instrumentenkombination versuchte und Quintette für 2 Violinen, Viola und 2 Celli schrieb.

Op. 14. Sei Terzetti per Violino, Viola e Cello. — P., La Chevardière. — J. et C. 6e liv. Nr. 31—36. — Komp. 1772. (B. K. 14.)

> Hauptwerk, alle Vorzüge des Tonsetzers vereinend. Aber die Ausführung ist wegen der Cellostimme, in der der Autor alle Schwierigkeiten verdoppelt, riesant. Das Andante in Nr. 4, von entzückender Einfachheit, bildet mit dem folgenden Allegro assai, einem Stück voll Wärme, Fluß und Leben, den glücklichsten Gegensatz. (V.)

Op. 15. Sei Divertimenti per due Violini, Flauto obligato, Viola, due Celli, e Basso di ripieno, espressamente composti per S. A. R. don Luigi, Infante di Spagna. — P., La Chevardière, Sieber. — Komp. 1773. (B. K. 16.)

> Dies wenig bekannte Werk enthält Schönheiten ersten Ranges, besonders Nr. 2, das ein kräftiger und grandioser Zug charakterisirt. (V.)

Op. 16. Six Symphonies à plusieurs instruments récitants, composées pour S. A. R. l'Infant don Louis d'Espagne. — P., La Chevardière. Le Duc. — Komp. 1771. (B. K. 12.)

> Nr. 4 hat eine Chaconne, die der in Gluck's: „le Festin de Pierre" nachgeahmt ist. V.)

Op. 17. Sei Quintetti per due Violini, Viola e due Celli. — P., La Chevardière. — 4e liv., Pleyel. — J. et C. Nr. 19—24. — Komp. 1774. (B. K. 18.)

> Sehr bewundernswerthes Werk, bei dem es schwer hält, eine Wahl zu treffen. Nr. 1 enthält den im Ballet „Nina" verwendeten Satz (siehe oben).

Op. 20. Sei Quintetti ... — P., Venier. — 3e liv., Pleyel. — J. et C. Nr. 13—18. — Komp. 1772. (B. K. 13.)

> Nr. 4 (d) voll glücklicher Gedanken, wie sie nur dem Genie zu finden vergönnt sind. Der leidenschaftliche Ausdruck des Anfangs ist eine der schönsten Inspirationen Boccherini's. (V.)

Op. 21. Six Quintetti pour Flûte, 2 Viol. Alto et Cello. — P., La Chevardière, Sieber. — Lyon, Castaud. — Komp. 1773; op. piccola. (B. K. 17.)

> Die Menuete der beiden ersten Quintette sind von himmlischer Anmuth. (J.)

Op. 22. Sei Sinfonie per due Violini, Viola e Basso, Oboi o Flauti e Corni. — P., Sieber. — Komp. 1775. (B. K. 21.)

> Als Symphonist ist Boccherini sehr weit von den großen Meistern Deutschlands entfernt. Die Natur seines Talents weigerte sich vor einem Genre, das eine Kontrast erfordert, die er nicht in sich hatte, von der er vielleicht selbst keine Ahnung besaß. Der volle Tag, Glanz und Lärm scheinen seine Muse, welche der Ruhe und traulichen Einsamkeit bedarf, und das was sanfte Melancholie und Sammlung hervorrust, einzuschüchtern. In diesem Sinne betrachtet, sind diese Symphonien verstärkte Quintette oder Septette, reich an unbestreitbaren Schönheiten. (V.)

Op. 23. Sei Quintetti per 2 Viol., Viola e 2 Celli. — P., Venier. — 5e liv Pleyel. — J. et C. Nr. 25—30. — Komp. 1775. (B. K. 20.)

Op. 24. Sei Sestetti concertanti per due Violini, due Viole e due Celli. — P., Sieber. — Komp. 1776. (B. K. 23.)

> Die Form des Sextetts, obwohl glückliche Instrumentalkombinationen bietend, fand nie viele Liebhaber. Auch vorliegendes Werk, Vorzüge ersten Ranges enthaltend, wurde nur wenig bekannt. (V.)

Op. 25. Six Quintetti pour Flûte, 2 Viol. Alto et Cello. — P., La Chevardière. Sieber. — Komp. 1774; op. picc. B. K. 19.

Op. 26, Sei Quartetti per due Violini, Alto e Basso, libro quinto di
Quartetti. — P., La Chevardière, Decombe. — Komp. 1775, op. picc.

(B. K. 22.)

Es ist sehr zu bedauern, daß dies Werk so selten wurde; fast alle Nummern
sind ausgezeichnet. (V.)

Op. 27. Sei Quartetti concertanti ... — P., Sieber. — Amsterdam,
Hummel. (Op. 11.) — Komp. 1777.   (B. K. 24.)

Herrliches Opus, leider sehr selten. Nr. 4 (mit entzückendem Menuet, voll
Eleganz und Gefühl), 5 und 6 (mit besonders schwieriger Cellostimme) superb. (V.,

Op. 32. Six Quatuors à 2 Viol. Viol. et Basse obligées. — Vienne,
Artaria. — P., Le Duc. — Komp. 1778, op. picc.   (B. K. 26.)

Schwächer als andere Werke des Meisters. (J.)

Op. 33. Six Quatuors ... — P., Sieber. — Lyon, Castaud. — Vienne,
Artaria. — Komp. 1780.   (B. K. 32.)

Vortreffliche Kompositionen, in denen des Verfassers Talent in seinem ganzen
Glanze erstrahlt. Der Verleger Boyer in Paris soll aus diesem Werke Nr. 2 und 3
entnommen und mit Hinzufügung eines Quartetts von Brunetti eine neue Sammlung (Op. 36, 1788) hergestellt haben. Dem steht jedoch entgegen, daß sich
Brunetti gegen Karl IV. verpflichtet hatte, keines seiner für diesen geschriebenen Werke
drucken zu lassen. Bemerkenswerth in obigem Opus ist Nr. 4 mit einem für das
Cello schwierigem Allo bizzarro und Nr. 6, einem Muster von Grazie, Leichtigkeit und Anmuth. Nichts ist reizender als der Menuet desselben.

Op. 34. Concerto per il Violoncello obligato. — Amsterdam, Henning. —
Vienne, Cappi.

Op. 35. Six Trios p. 2 Viol. et Cello. — P., Boyer. — Vienne, Artaria.
J. et C. 7e liv. Nr. 37—42. — Komp. 1771.   (B. K. 34.)

Zu den schönsten Werken Boccherini's zählend. Nr. 5, mit einem köstlichen
thème varié endigend, das sich in Op. 77 wiederholt. V.)

Op. 36. Trois Quintetti pour 2 Viol. Alto et 2 Celles. — P., Imbault.
Vienne ... — J. et C. 7e liv. Nr. 37—39.   (B. K. 25.)

Die drei ersten Quintette aus Op. 25. (nach dem autographischen Kataloge).
Nr. 1 mit bewundernswürdigem Menuet. (V.

Op. 37. No. 1. Deuxième Symphonie périodique à grand Orchestre.
(C.) — P., Pleyel. — Komp. 1792.   (B. K. 37.)

Siehe Op. 45.

Op. 37a. Vingt-quatre nouveaux Quintetti à 2 Viol. Alto et
2 Celles. — P., Pleyel, 8 livraisons. — J. et C. 8e, 9e, 10e et 11e liv.
Nr. 40—63.

Diese Sammlung ist aus Quintetten, die zwischen 1778—95 komponirt wur-
ten, zusammengestellt*) und enthält nur Werke auserlesenster Art. Nr. 1, 3, 5,
6, 11, 13, 16, 19, 21, 23 und 24 sind solche, in denen der Autor sich zu
den höchsten Kunstregionen emporschwingt. V. Rode hatte besondere Vorliebe für
Nr. 13. Nr. 3 hat eine reizende Ausführung des Duetts: Cara, cara aus
Cimarosa's „Matrimonio segreto". (V.)

---

*) Nr. 17 aus Op. 25 (1778), Nr. 7, 8, 14 und 15 aus Op. 28 (1779) Nr. 20
und 23 aus Op. 39 (1787), Nr. 12 und 22 aus Op. 41 (1788), Nr. 13 und 19 aus
Op. 42 (1789), Nr. 1, 4 und 18 aus Op. 45 (1792), Nr. 2, 3, 10, 16 und 21 aus
Op. 46 (1793), Nr. 5, 6, 9 und 11 aus Op. 49 (1794), Nr. 24 aus Op. 51 (1795).

Über die Pleyel'sche Ausgabe sagt Rochlitz (A. m. Z. Bd. 1.): Es gehört nicht zur Beurtheilung eines Werkes, die äußere Decoration in Anschlag zu bringen; indeß verdient es Erwähnung, daß Pariser Stiche und Drucke meist vorzüglich sind, während wir Deutsche und ganz anders behelfen müssen. Diesen Quintetten des verdienten, in Frankreich noch immer sehr goutirten Boccherini ist besondere Ehre durch ein schönes Frontispiz, gravé par Riehomme, widerfahren. Fama schwebt von ihrem Tempel herab, in ihrer Rechten eine eherne Tafel, mit dem Titel des Werkes, die sie der unter einer Eiche ruhenden Göttin der Tonkunst übergibt, worauf diese ihren Lorbeer vom Haupte nimmt, um ihn der Fama zuzustellen.

Op. 38. Six Trios pour Violon, Alto et Cello. — P., Pleyel. — J. et C. 5e liv. Nr. 43—48. — Komp. 1793, op. picc.   (B. K. 47.)

Op. 39. Douze Quatuors pour 2 Viol. Alto et Cello. Liv. 1—4. — P., Pleyel.

Fétis nimmt irrthümlich an, daß diese Quartette, wie Op. 37 ein Sammel-werk*), mit Ausnahme von dreien, kaufmännische Speculation und gefälscht, namentlich drei auch von Cambini geschrieben seien. Sämmtliche Nummern sind jedoch von Boccherini, ja dies Opus ist ein Hauptwerk, reich an schönsten Ge-danken. Baillot spielte z. B. Nr. 1 einst unmittelbar nach dem großen Cdur-Quintett von Beethoven (l'Orage) mit ungewöhnlichem Erfolge. Vicadot erzählt: „Fétis, der gegenwärtig, war wie Jedermann bezaubert. Ich sehe noch seine Über-raschung, sein Entzücken beim Anhören dieser einfachen und naiven Musik, die auf des deutschen Meisters mächtige und schwungvolle Harmonien folgte. Die Wir-kung war eine wunderbare; Niemand dachte an Vergleiche. Man war gerührt, entzückt, bezaubert. So groß ist die Macht der aus der Seele kommenden Inspi-rationen, daß sie unwiderstehliche Herrschaft üben, weil sie direkt zum Herzen gehen".

Op. 40. Six Quartettini p. 2 V. A. et C. — P., Pleyel. — Komp. 1796, op. picc.   (B. K. 53.)

Dies kleine Werk ist ein wahrer Diamant, den zu bewundern man nie müde wird. Nr. 2 und 6 sind entzückende Beispiele von Anmuth, Frische und Leben. Das Motiv von Nr. 3 fand in den pikanten Variationen Op. 46, Nr. 5 wieder-holte Verwendung.

Op. 41. Symphonie concertante à 8 instruments obligés, 2 Viol. 2 Cel-les, Alto, Oboe ou Flûte, Cor et Basson. — P., Pleyel. — Komp. 1787, op. picc.   (B. L. 38. Nr 5.)

Dies angenehme Stück, eigentlich Oktett, figurirt als Sextett im Katalog des Autors. Wahrscheinlich hat der Verleger im Interesse leichteren Absatzes den Titel verändert. (D.)

Op. 42. Premier Sextuor p. 2 V. A. Cor et Celles.
Second Sextuor p. V. A. Fagotto, Oboe o Flauto, Contrabasso et Cor. — P., Pleyel. — Komp. 1787. op. picc. (B. K. 38. Nr. 4 u. 1.)
Nicht von Belang. (R.)

Op. 43. Ouverture à grand Orchestre p. 2 V. 2 A. C. B. 2 Ob. 2 Cors et Basson. — P., Pleyel. — Komp. 1790.   (B. K. 43.)

Op. 44. Six Trios p. 2 V. et C. Liv. 1er et 2e. — P., Pleyel. — J. et C. 9e Liv. 49—52. — Komp. 1796.   (B. K. 54.)
Nr. 1—4 neu, Nr. 5 und 6 aus Op. 35 (Nr. 2 und 3). Die beiden fehlen-den Originaltrios finden sich als Duette arrangirt und arg verstümmelt in Op. 46.

___

*) Nr. 2, 3, 10, 11 und 12 aus Op. 33 (Nr. 1, 3, 4, 5 und 6), Nr. 8 aus Op. 39 (autographer Katalog, 1787), Nr. 5 und 6 aus Op. 41 (1788), Nr. 1, 4, 7 und 9 aus Op. 51 (1795).

Boccherini scheint besondere Verliebe für diese Trios gehabt zu haben, weil er sie auch für Quartett arrangirte. (P.)*)

Op. 45. Six nouveaux Quintetti p. Flüte ou Oboe, 2 Viol. Alto et Celle. 1er et 2e liv. — P., Pleyel. — Komp. 1797 für den berühmten Oboisten Barth in Karl's IV. Kapelle. Op. piec.   (B. K. 55.)

Eine der interessantesten Schöpfungen des Meisters und nicht genug zu empfehlen. (V.)

Op. 45a. Première Symphonie périodique à grand Orchestre (D.). — P., Pleyel. — Komp. 1792.   (B. K. 45.)

Als gewöhnliche Symphonien (siehe Op. 37) für musikalische Versammlungen werthvoll. Sämmtliche Stimmen sind rein ausgearbeitet und nicht bloß leer zum Füllen und Verstärken da. Nr. 1, mit langsamem Satz (d) anhebend, der in ein bril- lantes Allegro leitet, worauf ein hübsches, charakteristisches Andantino folgt, das von einem lebhaften Menuet abgelöst wird, worauf ein kurzer langsamer Satz das erste Allegro wieder aufnimmt, hat viel Einheit und dürfte die vorzüglichere sein, obwohl die zweite darin Eigenthümliches hat, daß außer den Ripienviolinen noch zwei Prinzipalviolinen gesetzt sind und das Andante einen angenehmen obligaten Cellosatz hat. Beide, nicht lang, für Concerte um so brauchbarer. (R.)

Op. 46. Six Quintetti pour Piano, 2 Viol. Alto et Celle. 6 Livraisons. — P., Pleyel. — Laviniée. — Komp. 1797.   (B. K. 56.)

Nach Picquot von großer Schönheit, namentlich Nr. 3; dann Nr. 5 mit einem reizenden Menuett und Variationen auf ein Thema und Op. 40; Nr. 3 und Nr. 6 a modo di concerto, von breitem und schwerem Stil. — Für das Ansehen dieser, wie der nachfolgenden 6 Klavierquintette spricht eine neue in den letzten Jahren erschienene Auflage; aber trotz mancher musikalischen Vorzüge ist für unsern Ge- schmack eine mehr als einfach — arme, ja kindliche Klavierpartie so störend und die Wirkung so beeinträchtigend, daß von einer erfolgreichen Wiederaufnahme dieser Werke kaum je die Rede sein kann. Boccherini war kein Klavierspieler und hatte sicher keine Ahnung davon, welche Entwicklung die Klaviertechnik schon bis zum Anfange des 19. Jahrhunderts genommen hatte.

Op. 47. Douze nouveaux Quintetti p. 2 V. A. et 2 Celles. 1re—4e livraison. — P., Pleyel. — J. et C. 12e et 13e liv. Nr. 64—75.

Aus verschiedenen zwischen 1778—1795 komponirten Werken Boccherini's zu- sammengestellt**). Diese Quintette rivalisiren in künstlerischer Vollendung. In Nr. 3 ein Menuet von reizender Originalität. (V.)

Op. 48. Six Quintetti .... 1re et 2e liv. — P., Pleyel — J. et C. 14e liv. Nr. 76—81. — Komp. 1779—1780.

Ebenfalls vom Verleger colligirt;***) der vorausgehenden Sammlung würdig. (V.)

Op. 49. Six Quintettini ..... — P., Pleyel. — J. et C. 6e liv. Nr. 31 —36. — Komp. 1779, op. piec.   (B. K. 27.)

Möglicherweise schon früher als Op. 33 in Italien gedruckt. Fétis bezweifelt die Echtheit, Picquot glaubt in ihnen allen die dem Meister eigene Grazie zu erkennen.

---

*) Von gutem Zusammenklang und nicht sehr schwierig. Für eine gewisse Klasse von Spielern recht brauchbar, insbesondere um sie zu festem, kernigem Bogenstrich und ausgezogenem Ton zu bringen. (R.)

**) Nr. 5 und 9 aus Op. 25 (1778, Nr. 11 und 12 aus Op. 29 (1779), Nr. 10 aus Op. 31 (1780), Nr. 4 aus Op. 40 (1787), Nr. 8 aus Op. 42 (1789), Nr. 3 aus Op. 43 (1790), Nr. 1 aus Op. 45 (1792), Nr. 2 aus Op. 46 1793), Nr. 7 aus Op. 49 (1791), Nr. 6 aus Op. 51 (1795).

***) Nr. 1, 2, 3 und 6 aus Op. 29 (1779), Nr. 4 und 5 aus Op. 31 (1780).

Op. 50. Six Quintetti ... — P., J. et C. 15e liv., 1re et 2e livr. Nr. 82
—87. — Komp. 1788.					(B. R. 40.)

Diese, wie Op. 51, zu Lebzeiten des Komponisten nicht edirten Quintette, erhielten die Verleger von dem Cellisten Duport le jeune, der sie sich, im Dienste König Friedrich Wilhelm II. stehend, zu verschaffen gewußt hatte. Sie bilden einen Theil der bewundernswürdigen Kompositionen, die Boccherini zwischen 1787—97 für diesen Fürsten schrieb.

Op. 51. Six Quintetti ... P., J. et C. 16e liv. 1re et 2e livr. Nr. 88—93. Komp. Nr. 1 und 2. 1779 (aus Op. 28), Nr. 3—6. 1795 (aus Op. 50).

Die beiden ersten im großen Stile, die übrigen im Genre piccolo.

Op. 51a. Six Quintetti spécialement composés pour le Piano-Forte, avec accompagnements obligés et concertants de 2 Viol. Alto et Celle; Oeuvre posthume. — Édition dédiée à Mme la duchesse de Berry. — P., Nouzon. — Bonn, Simrock. — Komp. 1799.

Diese der französischen Nation und Republik gewidmeten Quintette wurden derselben durch Lucian Bonaparte übergeben. Der Verleger dedicirte sie in der Folge der Herzogin von Berry. Diese Kompositionen zeigen strengere Formen. Nr. 6 enthält Variationen über la retraite de Madrid, nach einem 1780 komponirten, aber unveröffentlicht gebliebenen Violinquintett. (P.) Auch von diesen Quintetten gilt das bei Op. 46 gesagte.

Op. 58. Six Quartetti à 2 Viol. A. et Celle. 1re u. 2e partie. — P., Sieber. — Komp. 1799.					(B. R. 58.)

Mit den schönsten Werken des Meisters rivalisirend. Alle Nummern empfehlen sich durch eigenartige Färbung und besonderes Verdienst. Nirgends mehr hat er anderswo so die Schätze reicher Phantasie ausgestreut. Mannigfaltigkeit der Formen, der Töne und des Kolorits, zarte und frohe, naive und leidenschaftliche Scenen, tiefes Gefühl, unaussprechlichen Reiz, Erhebung, Kraft und Feuer, alles wußte er hier zu malen und auszudrücken. Es ist in beschränktem Rahmen das prächtige Résumé aller Eigenschaften des Künstlers. (P.,

II. Ungedruckte Werke.

Sei Quintetti per due Violini, Viola e duo Celli. Op. 30. 1780, op. picc.

Sehr hübsches Werk, in jeder Hinsicht die Ehre des Druckes verdienend. Nichts ist origineller als Nr. 6 „La musica notturna di Madrid“. Der Komponist wollte hier die Musik wiedergeben, die Nachts in Madrids Straßen gehört wird, vom Läuten des Ave Maria della Parocchia an bis zu La Rotirata. Die heiligen Gesänge des Rosario, die sich mit den Tänzen des Volks und den Liedern der Straßensänger vermischen, und das rasgado der Guitarren geben diesem Quintett, für alle diejenigen, welche Madrids Gebräuche nicht kennen, ungewöhnlichen Reiz und großes Interesse. Das Tongemälde endet mit einem Tempo di Marcia: la Rotirata, dessen Variationen in Nr. 6 der zweiten Sammlung der Klavierquintette erneute Aufnahme fanden. (P.)

Sei Quintetti ... Op. 31. 1780 (Nr. 1 bei Janet et Cotelle Nr. 80, Nr. 2 ebenda Nr. 79.)

Sei Quartettini (Quintettini?, p. 2 V. A. et 2 C. Op. 83. 1781, op. picc.

Leichte und anmuthige Kompositionen, voll Feuer und Leben. (P.)

Sei Sinfonie a più strumenti (9 partien) Op. 35. 1782.

Zwischen diesem und dem folgenden Werke ist eine Lücke von mehr als drei Jahren, in denen Boccherini's so fruchtbares Genie geruht zu haben scheint und das in einem Alter, in dem die Produktionskraft in voller Energie steht. Es wäre jedoch Täuschung, hier an eine Arbeitsunterbrechung zu denken. Der Komponist hatte den gewohnten Pfad verlassen, um sich in einem neuen Genre zu versuchen und sich der Kirchenmusik und dem Theater zugewendet. Er schrieb in dieser Zeit die für Kirchen und kirchliche Institute bestimmten Villancicos, und unterwarf seine Oper „Clementina" einer vollständigen Umgestaltung. Auch die oben verzeichneten Arien und manche andere verloren gegangene Gesangswerke dürften in diese Zeit fallen. Sonderbarerweise enthält Boccherini's eigenhändiger Katalog keinerlei auf diese Arbeiten bezügliche Notizen.

Sei Quintetti . . . Op. 36. 1786, op. picc.

> Die folgenden Werke bis 1796 wurden sämmtlich für K. Friedrich Wilhelm II. von Preußen geschrieben.

Quatro Sinfonie a grande Orchestra. Op. 37. 1787. (Nr. 1 2° Symph. périodique.)

Cinque Sestetti e un Ottetto con Oboe. Op. 38. 1787, op. picc. Nr. 1. 2° Sextuor, Nr. 2 1er Sextuor. Op. 42. Nr. 5. Symph. conc. à 8, Op. 41.

Un Giogo di Minuetti ballabili a grande Orchestra. 1788.

Una Sinfonia a gr. Orch. 1788.

Due Quintetti. 1788. (J. et C. Nr. 51 und 61.

Due Quartetti. 1788. Op. 41. (Pleyel, Op. 39. Nr. 3 und 2 de la 2e livr.

Tre Quintetti. 1789. (J. et C. Nr. 58, 71 und 52)

Una Sinfonia grande. Op. 42. 1789.

Due Quartettini. 1789.

Quintettino. 1789.

Ottetto. Op. picc. 1789.

Due Quintetti. 1790. (Nr. 2. J. et C. Nr. 66.)

Due Quartetti. 1790.

Quintettino. 1790.

Sinfonia a grande Orchestra. Op. 43. 1790 (Ouverture a gr. Orch. Op. 43.

> Charmante Kompositionen; namentlich ist das erste Quintett superbe. (P.)

Sei Quartettini. Op. 44. 1792, op. picc.

Sei Quartettini. Op. 48. 1794, op. picc.

Sei Quintetti. Op. 50. 1795, op. picc. (Nr. 1, 2, 4 und 5 bei J. et C. Nr. 90 —93).

Quatro Quartetti. Op. 51, 52. (Bei Pleyel Op. 39. Nr. 1. 4, 7 und 9. 1795.

Sei Terzetti per due Violine et Cello, posta in Quartetti; Op. 54. 1796. (Nr. 1, 4, 5 u. 6, bei J. et C. Nr. 49—51; Nr. 2 u. 3 als Dues in Op. 46).

Sei Quintetti per due Violini, due Viole e Cello; Op. 60. Per il Cittadino Luciano Bonaparte. 1801.

Sei Quintetti per due Violine, due Viole e Cello, Op. 62; per il Cittadino L. Bonaparte. 1802.

> Von Boccherini existiren im Original nur diese beiden Sammlungen für 2 Violinen, 2 Altos und Cello. „Was das Verdienst dieser Quintette anlangt", sagt Picquot, „fehlt nur der Ausdruck, sie würdig zu loben. Weit entfernt, ihr Alter fühlen zu lassen, bekunden sie vielmehr einen männlichen und kühnen, durch harmonische Kombinationen unterstützten Stil, ohne dabei die anderen Eigenschaften des Meisters auszuschließen."

Sei Quartetti. Op. 64. 1804.

> Nr. 1 ift föftlich; Nr. 2, von bewundernswürdiger Originalität und Anlage, ift nur bis zum Ende des erften Sabes gelangt und war der lebte Allerd, den er feiner Lyra entlodte. Baillot fchrieb über diefe beiden Stüde: „Das Quartett in F hat mich entzüdt ... Warum hat er es nicht vollendet! .... Es fcheint, als wolle er den frommen Seelen darin fagen: wir werden uns wiederfehen!"

III. Arrangirte und untergefchobene Werke.

Trois Sonates p. Piano et Violon. Op. 2. — Offenbach, André. (Nach Op. 14, Nr. 1—3).

Trois Quatuors p. Flûte, Violon, Alto et Cello. Op. 5. — P., Pleyel. (Quintetti, J. et C. Nr. 41, 45 und 60).

Trois Sonates p. Piano, Violon et Alto. Op. 11. Arr. par Hérold père. — P., Pleyel et fils aîné. (Trios, J. et C. Nr. 44, 50 und 63).

Six Sonates en Trio p. le Clavecin ou Piano-Forte av. acc. de Violon et Basse. Op. 12 und 13, 1re et 2e livr. — P., Chevardière, Boyer, Nadermann. — Manheim, Göb.

> Unterfchoben.

Concerto pour Flûte. O. 27. — P., Frère.

> Unecht.

Six Trios dialogués pour 2 Viol. et Cello. Op. 28. — P., Bailleux.

> Wahrfcheinlich von Cambini.

Six Duos concertants pour deux Violons. Op. 37. — P., Barbieri.

> Von d'Agus, Mufiklehrer in London, fpäter Profeffor am Confervatoire in Paris.

Six Duos pour 2 Violons. 1re et 2e livr. Op. 46. — P., Pleyel.

> Nach Trios und Quintetten arrangirt. Rochlib urtheilt darüber: „Gefchmadvolle, wohlgerathene Arbeit; nicht gewöhnliche Gedanken find fließend und wohl fonftruirt und thun gute Wirkung. Boccherini, obwohl er es mit der Violine ernft meint, fcheint fie zu liebfofen."

Quatre Concertos pour Violoncelle. — P., au bureau d'abonnement musical, chez Miroglio, Boyer, Nadermann.

> Kaufmännifche Spekulation.

Six Sonates p. Piano et Violon. — P.

> Nach Quartetten und Quintetten aus Op. 1, 10 und 11.

Trois Sonates p. Piano et Violon. Livre 3e et 4e. — P., Sieber.

Six Sonates p. Piano et Viol. Liv. 5e. — Amfterdam, Hummel, — Worms, Kreitner.

Six Sonates p. Piano et Viol. — Vienne, Artaria.

Six Trios p. Flûte, Violon et Basse. Liv. 1er et 2e. — P., Boyer; Nadermann.

Trois Sonates p. Piano, Viol. et Cello, tirées des nouveaux Quintetti, par Ignace Pleyel. — P., Pleyel et fils aîné. (J. et C. 45, 55 und 64.)

Trois Sonates p. Piano, Violon et Cello, idem.

Deux Quintetti de Boccherini (d und G), arr. en Trio p. Piano, Violon et Basse par le marquis de Louvois. — P., Schlesinger. (J. et C. Nr. 37 u. 41).

Six Quatuors p. Flûte, Viol., Alto et Basse. Liv. 1er et 2e. — P., Boyer, Nadermann.

Six Quintetti p. 2 Violons, Alto, Guitarre et Basse. (Nr. 1, 4 und 6 aus
Op. 46, Nr. 2, 3 und 5 aus den nachgelassenen Klavierquintetten;.

Quintetto idem 'zusammengesetzt aus J. et C. Nr. 6 Pastorale et Allo mae-
stoso und Nr. 83 Grave assai et Fandango.

Quintetto idem (zusammengesetzt aus Op. 40 Nr. 3, Op. 39 Nr. 7 und Op. 46
Nr. 5).

Quintetto idem (zusammengesetzt aus Op. 45 Nr. 1 und Op. 40 Nr. 1).

Douze nouveaux Quintetti p. 2 Viol., 2 Altos et Celle, composés à Madrid pour le marquis de Benavente. Oeuvre posthume, 1re livr. — Bor-
deaux, Leduc. — P., A. Leduc.

> Kein Originalwerk. Der Marquis von Benavente, durch die politischen Verhält-
> nisse gezwungen, Zuflucht auf französischem Boden zu suchen, ließ sich in Bordeaux
> nieder, die musikalischen Schätze, die er aus seinem Schiffbruch gerettet, mit sich bringend.
> Unter den von Boccherini selbst mit einer Guitarrenstimme arrangirten Werken be-
> fanden sich 12 Quintette für 2 Violinen, Guitarre, Viola und Baß. Die Spe-
> kulation beschloß, daraus Nutzen zu ziehen und da diese instrumentale Einrichtung
> weniger günstig schien, als eine für Streichinstrumente, übertrug man die Gui-
> tarrenpartie für eine zweite Viola. Diese delikate Arbeit besorgte mit Geschick und
> Sorgfalt der Laureat des Pariser Konservatoriums, M. Garnault. Er arrangirte 6
> Quintette; aber nur 3 davon wurden in vorliegender erster Lieferung gedruckt
> (Nr. 2, 4 und 5 der nachgelassenen Klavierquintette). Boccherini hatte ausge-
> sprochene Vorliebe für seine beiden Klavierquintettwerke, denn außer der für den
> Marquis gefertigten Bearbeitung arrangirte er sie auch noch für Streichquintett (P.)

Sérénade à 2 Viol., 2 Hautbois, 2 Cors et Basse, composée à l'occasion du
mariage de l'Infant don Louis d'Espagne (le 25. Juin 1776;. — Lyon,
Guéra.

Sinfonia a grande Orchestra con due Violini principali, due di ripieno,
Oboe, Chitarra, Viola, Corni, Fagotto, Cello obligati e Basso, per il
Sigre Marchese di Benavente. 1799. (Nach dem Quintett Nr. 4, coll. J. et C.)

Die
Natur der Harmonik.

Von

Dr. Hugo Riemann.

40.

Die Natur der Harmonik.

Von

Dr. Hugo Riemann in Hamburg.*

ie faſt unüberſehbare Menge der Lehrbücher der Har-
monie (Harmonielehren) theilt ſich in die zwei Gruppen
der theoretiſchen Harmonielehren oder Harmonie-
ſyſteme und der praktiſchen Harmonielehren oder
Generalbaßſchulen. Beide haben eine ſehr umfängliche Literatur
aufzuweiſen; doch iſt die Zahl der direkt für die Praxis berechneten
Anleitungen zum mehrſtimmigen Satz über bezifferte Bäſſe erheblich
größer als die der rein theoretiſch gehaltenen ſyſtematiſchen Werke
über die Bedeutung der Harmonien und ihre Beziehungen zu einander. Zwar iſt es in neuerer Zeit üblich geworden, den praktiſchen
Methoden eine theoretiſche Einleitung vorauszuſchicken oder den einzelnen Kapiteln theoretiſche Betrachtungen einzuverleiben, doch muß
man im Princip beide Arten der Behandlung der Harmonielehre
wohl auseinanderhalten. Die praktiſche Harmonielehre, die Ein-
übung der regelrechten Verbindung der Akkorde im mehrſtimmigen
Satze, iſt ein Theil der eigentlichen Kunſtlehre, der Unterweiſung
in der Technik der Kompoſition, die Lehre von der Harmonik dagegen ein Theil der Muſikwiſſenſchaft, ſpeciell der muſikaliſchen
Naturforſchung, mit welcher die Kunſtlehre nur inſoweit etwas zu

---

* Vortrag, gehalten am Konſervatorium zu Hamburg, 4. Febr. 1882.

12*

thun hat, als sie aus ihren positiven Ergebnissen Nutzen ziehen kann.

Die musikalische Naturforschung erstreckt sich zunächst auf die Untersuchung der Natur der tönenden Körper und ist dann ein Theil der Physik, speciell der Akustik; verfolgt sie den Ton weiter auf seinem Wege ins menschliche Ohr und prüft die durch ihn erregten Tonempfindungen, so ist sie ein Theil der Physiologie; beschäftigt sie sich endlich mit der Natur der Tonvorstellungen und ihrer Verknüpfung, so betritt sie das Gebiet der Psychologie. Aus den Resultaten der Untersuchung auf allen drei Arbeitsfeldern, dem der Physik, Physiologie und Psychologie ergeben sich die Elemente einer exakten Theorie der Natur der Harmonik, deren specieller Beruf es ist, der praktischen Lehre des musikalischen Satzes Mittel und Wege für die Zusammenfassung des Besonderen im Allgemeinen, für die Auffindung weitergehender Gesichtspunkte und Regeln, überhaupt für ein von Willkür freies systematisches Vorgehen an die Hand zu geben.

Die Beiträge für eine solche auf naturwissenschaftliche Forschung gestützte Theorie flossen anfänglich sehr spärlich und erst der neuerliche allgemeine Aufschwung der Naturwissenschaften hat uns auch hier ein tüchtiges Stück vorwärts gebracht. Das Interesse der praktischen Musiker für die junge Wissenschaft ist ein noch ziemlich vereinzeltes und wenig intensives; doch ist das wohl kaum verwunderlich, wenn man bedenkt, daß noch nicht zwanzig Jahre verstrichen sind, seit die Lehre sich soweit abgerundet hat, daß an ihre Nutzbarmachung für die Praxis als System gedacht werden kann. Je mehr nur der positive Nutzen der veränderten Betrachtung der harmonischen Verhältnisse hervortreten wird, desto reger wird auch das allgemeine Interesse für die wissenschaftliche Ergründung des Wesens der Musik werden. Ich werde im Folgenden kurz nachzuweisen suchen, welchen Nutzen die praktische Musiklehre bisher schon von der exakten Wissenschaft gezogen hat und wieviel sie nach ganz neuen Richtungen hin noch weiteren Nutzen wird von ihr ziehen können.

Die ältesten Sätze der exakten Harmonielehre sind die von der Untersuchung der Natur der tönenden Körper beigebrachten mathematischen Definitionen der konsonanten Intervalle, welche von der Sage auf Pythagoras zurückgeführt werden, aber ohne allen Zweifel noch viel älter sind als dieser. Das bekannte Märchen von dem verschiedenen Gewicht der Schmiedehämmer, welches dem Pythagoras die Zahlenverhältnisse der Intervalle enthüllt haben soll, ist ja in seinem Kernpunkte physikalisch falsch, also schlecht genug erfunden; Pythagoras mag wohl die aus der Saitenmessung erkannten Elemente der mathematischen Intervallenlehre mit den Elementen seiner Zahlenphilosophie überhaupt von den ägyptischen Priestern übernommen haben. Mit Recht kann der praktische Musiker fragen: „Was nützt es der Kunst und den Künstlern, zu wissen, daß die Saitenlängen zweier im Verhältnis der Oktave stehenden Töne sich bei gleichem Gewicht und gleicher Spannung verhalten wie 1:2, oder die der Quinte wie 2:3 und die der Quarte wie 3:4?" Allerdings erwächst der Praxis aus der Kenntnis dieser Zahlen selbst kein direkter Nutzen; nur der Instrumentenmacher kann daraus für die richtige Mensur der Instrumente und der Spieler eines Instruments für die Auffindung der Applikatur profitiren. Aber viel größer ist doch der mittelbare Nutzen der aus diesen mathematischen Definitionen resultirenden Erkenntnis, daß die das musikalische Intervall der Oktave bildenden Töne mathematisch in dem einfachsten aller Verhältnisse stehen, und daß für unser Empfinden dieses einfache Verhältnis wohl (auf eine zunächst unaufgeklärte Weise) zur Geltung kommen muß, da wir thatsächlich Töne, die im Verhältnis der Oktave stehen, in nähere Beziehung zu einander setzen als Töne jedweder anderen Kombination. Wir dürfen nur ja nicht vergessen, daß die Musiklehre völlig unpraktikabel sein würde, wenn sie nicht verschiedene Töne von gemeinsamen Gesichtspunkten aus betrachten könnte; ein solcher ist aber die Gleichbenennung der Oktavtöne, zu welcher man ohne die Beihilfe der Mathematik schwerlich gekommen sein würde. Die griechische Notenschrift kennt bereits, allerdings in ihrem zweifellos jüngsten Theile, den fünf obersten Stufen des Systems, die Bezeichnung der Oktavtöne durch dieselben Zeichen mit Unterscheidung durch einen Oktavenstrich, wie wir jetzt das eingestrichene c' vom kleinen c unterscheiden.; das abendländische Tonsystem bezeichnet mindestens seit dem 9.—10. Jahrhundert Oktavtöne durch gleiche Namen. Auch die Quinte und Quarte, die nächst der Oktave einfachsten Verhältnisse, spielen in der musikalischen Praxis eine entsprechend bedeutsame Rolle. Grundton,

Quarte, Quinte und Oktave sind die Grundpfeiler der antiken so
gut wie der modernen Tonleitern; sie waren im antiken System
die einzigen unveränderlichen Töne, während Sekunde, Terz, Sexte
und Septime im chromatischen und enharmonischen Tongeschlechte
andere Werthe erhielten. Die Bedeutung der Quinte in der modernen Akkord- und Tonartenlehre brauche ich nicht hervorzuheben;
besonders in der Tonartenlehre drehte sich ja bis zu M. Hauptmann
alles um sie. Die Konsonanz der Terz als 4:5 erkannten die
Alten noch nicht; den Ton ihrer Tonleiter, welcher unserer Terz
entspricht, definirten sie theoretisch als Oktavversetzung der vierten
Quinte (c-g-d-a-e) und hielten ihn seines komplicirten mathematischen Verhältnisses wegen (64:81) für eine Dissonanz. Die
Araber haben das Verdienst, die exakte Theorie um den Begriff
der konsonanten Terz bereichert zu haben (vgl. meine „Studien zur
Geschichte der Notenschrift" S. 77—85); die sogenannte Messeltheorie der arabisch-persischen Theoretiker, welche die Intervallenlehre
an einer in 12 gleiche Theile getheilten Saite demonstrirt, rechnet
nicht nur die große Terz 4:5 und die kleine 5:6, sondern auch
die große Sexte 3:5 und die kleine Sexte 5:8 zu den Konsonan-
zen, was fast darauf schließen läßt, daß sie nicht mehr wie die
Griechen nur unisone Musik machten, sondern die Bedeutung des
konsonanten Akkords kannten. Die uns bekannten ältesten (aber
wahrscheinlich aus erheblich älterer Zeit überkommenen) Fassungen der
Messeltheorie gehören der Wende des 13./14. Jahrhunderts an,
d. h. einer Zeit, in der das Abendland zwar bereits eine ziemlich
entwickelte Musikübung im mehrstimmigen Tonsatz hatte (Discantus,
Fauxbourdon), theoretisch aber noch nicht zur Erkenntnis der
Konsonanz der Terz gelangt war. Derjenige Mann, welcher im
Abendlande zuerst die Konsonanz der großen Terz aussprach, war
Ludovico Fogliani (Musica theorica, 1529). Derselbe glaubte
zwar damit ebensowenig etwas neues aufzustellen als Gioseffo
Zarlino, der 1558 in seinen »Istituzioni harmoniche« dasselbe
that. Beide beriefen sich auf die griechischen Theoretiker Didymos
und Ptolemäos, welche unter verschiedenen möglichen Theilungen
der Quarte (Tetrachordentheilungen) auch die mit der Terz 4:5
bestehend aus dem größeren Ganzton 8:9 und dem kleineren
9:10 gaben; allein den Griechen lag es durchaus fern, dabei an
eine Konsonanz der Terz zu denken, und weder Zarlino noch Fog-

liani hatten nöthig, sich ihretwillen der Originalität ihrer Idee zu entäußern.

Zarlino ging aber weiter. Nicht mit Unrecht heißt er der „Vater der Harmonielehre"; denn er ist es, welcher der Welt den Begriff des konsonanten Akkordes gab und zwar gleich in seiner Doppelgestalt als Durakkord und Mollakkord.

Während die musikalische Praxis längst auf empirischem Wege die Fundamente des mehrstimmigen Satzes, die konsonanten Harmonien gefunden hatte, fehlte es doch der Theorie wie der für die Praxis berechneten Kunstlehre gänzlich an Begriffen für die Definition dieser Bildungen. Zarlino stellte nun (Ist. I. 30 und III. 31) zwei Arten der Saitentheilung einander gegenüber, die harmonische (Divisione harmonica und die arithmetische Divisione aritmetica); unter harmonischer Theilung der Saite verstand er die Bestimmung der Tonhöhen der Hälfte, des Drittels, Viertels, Fünftels und Sechstels der Saite, unter arithmetischer Theilung dagegen die Bestimmung der Tonhöhen der Vielfachen eines kleinsten Theils = 1 : 2 : 3 : 4 : 5 : 6. Die Reihe der Saitenlängen 1 : $\frac{1}{2}$: $\frac{1}{3}$: $\frac{1}{4}$: $\frac{1}{5}$: $\frac{1}{6}$ entspricht, wenn wir klein c als 1 annehmen, den Tönen c, c', g', c", e", g" also Tönen, die sämmtlich dem Cdur-Akkord angehören; die Reihe 1 : 2 : 3 : 4 : 5 : 6 dagegen ergiebt, wenn wir (zweigestrichen) g" zum Ausgang nehmen, die Töne: g", g', c', g, es, c, d. h. Töne, welche sämmtlich dem Mollakkorde unter g (= Cmoll angehören:

Mit anderen Worten: der Mollakkord ist nach Zarlino mathematisch der polare Gegensatz des Durakkordes (Zarlino braucht die Ausdrücke Divisione harmonica und Divisione aritmetica auch kurzweg für den Durakkord und Mollakkord selbst). Ob Zarlino selbst diese geniale Entdeckung gemacht hat, ist nicht erwiesen; doch ist mir bisher kein älterer Theoretiker bekannt, der sie erwähnt hätte.

Leider blieb der großartige Gedanke Zarlino's ein Theorem; sei es, daß er nicht genügend bemerkt oder nicht verstanden wurde, genug, er verschwindet für zwei volle Jahrhunderte, um erst 1754 bei Tartini wieder aufzutauchen.

Wahrscheinlich ist die nur wenige Jahrzehnte später in der Literatur auftauchende, aber wohl schon damals in der Praxis sich ausbildende Generalbaßbezifferung die Ursache gewesen, daß die hier sich zeigenden Keime einer rationellen Harmonielehre sich nicht weiter entwickelten, sondern total in Vergessenheit geriethen. Eine zusammenfassende Benennung auch nur der einfachsten und häufigsten Akkorde existirte in jener Zeit nicht; wäre dieselbe im Anschluß an Zarlino's dualistische d. h. auf zwei gegensätzliche Principien bezogene Erklärung der Durkonsonanz und Mollkonso- nanz aufgestellt worden, so wäre die Theorie sogleich in die Bah- nen gelenkt worden, in welche die neuesten Bestrebungen sie zu lenken trachten, nämlich die des durchgeführten Dualismus der Durverhältnisse und Mollverhältnisse,. jene von unten nach oben, diese von oben nach unten gedacht*). Statt dessen fesselte der Generalbaß die Auffassung aller Zusammenklänge an die tiefste Stimme und konstruirte alle Akkorde von unten herauf.

Die italiänischen Organisten, welche den Gesang des Chores beim Einstudiren oder bei der Aufführung zu unterstützen hatten, bedienten sich wahrscheinlich schon um die Mitte des 16. Jahr- hunderts dieser abkürzenden Zifferschrift. Die damalige verschränkte Notirungsweise der Mensuralmusik ohne Taktstriche und obendrein mit verschiedenen Notengeltungen in den einzelnen Stimmen machte ein Partiturspiel im heutigen Sinne unmöglich, und es wurden daher Partituren überhaupt gar nicht geschrieben oder gedruckt und Dirigenten und Organisten mußten sich auf anderem Wege einen Überblick über das Werk zu verschaffen suchen. Die Italiäner thaten das, indem sie die Noten etwa nach Art einer Partitur über einander stellten und sodann über der tiefsten Stimme mit Ziffern

---

*) Daß die Auffassung der Tonbeziehungen von oben nach unten dem Alterthum und auch den Arabern die allein geläufige war und daß dieselbe im Mittelalter allmählich der jetzt allein herrschenden umgekehrten wich, habe ich um- ständlich in meinen „Studien zur Geschichte der Notenschrift" nachgewiesen (Kap. 3: „Die Umbildung der Auffassung im Mollsinne in die Auffassung im Dursinne" S. 72—95).

notirten, welche Intervalle die höheren Stimmen gegen dieselbe bildeten;
die Deutschen hatten seit lange ein anderes Mittel für bessere Übersicht-
lichkeit in der sogenannten Orgeltabulatur. — Um die damalige Bedeutung des Generalbasses für die Praxis der Kompositionslehre zu begreifen, muß man sich erinnern, daß die vorausgegangene Zeit im
Akkord nur ein zufälliges Zusammentreffen mehrerer Stimmen in
konsonanten Intervallen sah, und daß noch Glarean (1547) der Ansicht war, der mehrstimmige Satz sei eine Verkoppelung mehrerer
sich in verschiedenen Tonarten bewegenden Stimmen, und z. B. in
einem und demselben Stücke im Diskant eine plagale, im Baß eine
authentische Tonart findet. Der Gedanke, die gleichzeitig erklingen-
den Töne jederzeit von einem zusammenfassenden Gesichtspunkte aus
zu betrachten und zu benennen, war einer Zeit fremd, die weder
die dominirende Melodie noch den stützenden Baß kannte und die
vier oder fünf Stimmen des kontrapunktischen Satzes als vollständig gleichberechtigte Individuen ansah und behandelte. Die erste
Hälfte des 16. Jahrhunderts ist ja die Zeit der höchsten Blüthe
des imitatorisch kontrapunktirenden Stils; erst seine zweite Hälfte
brachte den abgeklärten Satz eines Palestrina und Orlando di Lasso,
und sein Ende den neuen Musikstil, den homophonen Satz. Man
kann sich des Gedankens nicht erwehren, daß die gerade in diese
Zeit fallende Entdeckung des Akkordbegriffes und die damit eintretende veränderte Auffassung der mehrstimmigen Musik entschiedenen
Einfluß auf die musikalische Produktion gewann.

Der Generalbaß war wie gesagt die erste überhaupt je aufge-
stellte Akkordbezeichnung und bedeutete einen ganz gewaltigen Fortschritt für die theoretische Erkenntnis wie für die Praxis selbst.
Das Wesen des Generalbasses ist ja allgemein bekannt; er bezeichnet jeden Ton mit der Zahl, welche vom Baßton aus gerechnet in
diatonischer Ordnung seiner Stufe entspricht, setzt aber im allgemeinen die Intervalle, welche weiter als die Oktave sind, gleich
den um eine oder mehrere Oktaven engeren, identificirt also Töne,
die im Oktavverhältnis stehen, aber mit der Einschränkung, daß
das Verhältnis von oben und unten in Bezug auf den Baßton
unverändert bleibt; denn da er stets vom jeweiligen Baßtone ausgeht, so fehlt ihm jede Möglichkeit auszudrücken, daß die Quinte
c–g und die Quarte g–c ebenso gut dasselbe Verhältnis sind, wie

etwa die folgenden Akkorde im Generalbaß gleichbedeutend und gleichbezeichnet sind:

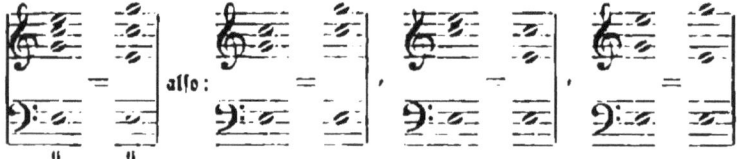

Während also die Umkehrungen der Intervalle der Oberstimmen für den Generalbaß die Bedeutung nicht ändern, ist eine Gleich= stellung derselben Intervalle, wenn sie eine Stimme mit dem Baß= tone bildet, unmöglich. Überhaupt kann ja gar nicht geleugnet werden, daß für die theoretische Darstellung der Harmonien die Generalbaßbezifferung ein unvollkommenes Mittel ist; aber sie war das erste, welches man überhaupt kennen lernte, und darum in höchstem Grade nutzbringend. Es dauerte nämlich gar nicht lange, so bildeten sich in der praktischen Handhabung der Bezifferung eine Anzahl Abkürzungen aus, welche das harmonische Denken wesentlich erleichterten. Daß die aus Terz und Quinte gebildeten Akkorde ganz besonders häufig seien, bemerkte man bald und legte ihnen eine besondere Bedeutung dadurch bei, daß man sie in der Beziffe= rung als verlangt ansah, wenn gar kein Zeichen über dem Baßton geschrieben war. Nur wenn die Terz oder Quinte, wie sie die Vorzeichen ergaben, verändert werden sollten, wurden Versetzungs= zeichen und Zahlen nothwendig. Der durch das Fehlen jedes Zei= chens geforderte Terzquintakkord oder, wie wir jetzt sagen, Dreiklang, konnte aber ebenso gut ein Dur= als ein Mollakkord oder ein ver= minderter Dreiklang sein:

So wurde die Generalbaßbezifferung die Veranlassung zur Ent= wickelung der Akkordlehre in einer ganz anderen Richtung als sie der gelehrteste und berühmteste Theoretiker seines Jahrhunderts, Zarlino, durch Aufstellung des polaren Gegensatzes des Dur= und Mollakkordes angebahnt hatte. Daß c-e-g und e-g-c und g-c-e sowie noch andere (weitere und mehrtönige) Zusammenklänge der drei Töne c, e und g harmonisch gleichbedeutend sind, ging gewiß aus Zarlino's Aufstellung so klar wie nur wünschenswerth hervor und auch für den Mollakkord erschienen die verschiedenen Umlagerungen als identische Gebilde. Dagegen war es vom Standpunkte des Generalbasses aus unmöglich, zu dieser Erkenntniß zu gelangen; vielmehr mußte der Gedanke Zarlino's, selbst wenn er schon Verbreitung gewonnen hatte, wieder in den Hintergrund gedrängt werden, da es sich für den Generalbaß gar nicht um eine wirklich harmonische, sondern mehr um eine melodische Auffassung der Zusammenklänge handelte. Der Mollakkord ist im Sinne der Generalbaßbezifferung etwas vom Durakkord durchaus nicht verschiedenes; wohl aber ist im Sinne des Generalbasses der Sextakkord des Durakkordes etwas anderes als der Terzquintakkord, der Dreiklang, desselben Durakkordes. Die bei Zarlino aufkeimende Erkenntniß der verschiedenartigen Bedeutung der Harmonien und der Gleichsetzung ihrer Umkehrungen wurde also erstickt, und der einzige positive Gewinn war die Möglichkeit einer kurzen Bezeichnung aller Zusammenklänge im Anschluß an die Bezifferung als: Sextakkord ⁶, Quartsextakkord (⁶₄), Septimenakkord (⁷), Quintsextakkord (⁶₅) u. s. w. Daß der Sextakkord eine Umkehrung des Dreiklangs, der Quintsextakkord eine Umkehrung des Septimenakkordes ist, wurde erst beinahe 150 Jahre später bemerkt, nachdem man inzwischen Zarlino's bezügliche Idee total vergessen hatte.

Der Generalbaß verbreitete sich, nachdem er gegen 1600 zuerst in gedruckten Werken italiänischer Komponisten aufgetaucht war, mit Blitzesschnelligkeit über Europa und eroberte auch gegenüber der deutschen Tabulatur viel Feld, da diese nicht die Elemente einer Akkordbenennung enthielt. Das schnelle Aufblühen der Oper, des Oratoriums und der Instrumentalmusik drängte übrigens den Gedanken an Reformen und Verbesserungen der Theorie in den Hintergrund und man erfreute sich über ein Jahrhundert der ja immerhin praktisch sehr brauchbaren Bezifferung, die bekanntlich insofern eine hervorragende Rolle zu spielen bekam, als Orgel oder Cembalo in der Kirche wie im Theater und Koncertsaale integrirende Bestandtheile der Begleitung wurden; die Stimme des Organisten oder Cembalisten, auch wohl Theorbisten oder Gambenspielers war aber nichts anderes als ein bezifferter Baß, aus dem der Akkompagnist einen regelrechten mehrstimmigen Satz mit melodischen Auszierungen zu entwickeln hatte. Das Generalbaßspielen war daher bis über die Mitte des vorigen Jahrhunderts hinaus eine wichtige Kunst.

Die Theorie erhielt erst 1722 einen neuen kräftigen Anstoß zu rationeller Fortentwickelung durch Jean Philippe Rameau [*], den auch in der Geschichte der französischen Oper hochbedeutenden Mann. Rameau gilt für den Entdecker der Obertöne. Er bemerkte, daß eine tönende Saite nicht nur ihren Eigenton (den durch die Notirung verlangten, gewöhnlich für allein klingend angesehenen Ton, sondern zugleich auch dessen Duodecime (d. h. die Quint über der Oktave) und Septdecime (die große Terz über der Doppeloktave) hören läßt, mit anderen Worten, daß das, was wir für gewöhnlich für einen einfachen Ton halten, vielmehr ein Komplex von mehreren Tönen und zwar ein Durakkord ist; denn z. B. von (groß) C ist die Duodecime (klein) g und die Septdecime (eingestrichen) e′, d. h. wir haben den vollständigen C-dur-Akkord:

$$\text{(Notenbeispiel)}$$

Für einen Musiker von der Begabung Rameau's war diese Entdeckung mehr als ein Kuriosum, sie war eine Enthüllung. Zwar war das Phänomen der Obertöne vor Rameau nicht ganz unbekannt; bereits Mersenne (1636) hatte dasselbe angewiesen und Sauveur (1701) hatte es wissenschaftlich erklärt, auch seine Bedeutung für die Erkenntnis der Principien der Harmonie betont; doch wurde es erst in weiteren Kreisen bekannt und gelangte zu praktischer Bedeutung für die Kunstlehre durch Rameau's auf dasselbe begründete Lehre vom Fundamentalbaß.

Ein tüchtiger Musiker wie Rameau fühlte wohl, daß die Begründung der Durkonsonanz durch ein akustisches Phänomen nicht völlig ausreichend sei für den Aufbau eines wissenschaftlichen Harmoniesystems; aber sein Versuch, auch für die Mollkonsonanz ein entsprechendes Phänomen nachzuweisen, scheiterte. Ob Rameau beim Suchen nach einem solchen von Zarlino's mathematischer Erklärung der beiden Klangprincipien ausging, ist nicht bekannt; genug, er versuchte den Mollakkord durch ein dem der Obertöne

*. Traité d'harmonie reduite à ses principes naturels; eine Reihe vervollständigender Schriften folgten bis 1760.

entgegengeſetztes Phänomen der Untertöne zu begründen. Er
entdeckte nämlich, daß diejenigen Saiten, von denen ein klingen-
der Ton Oberton iſt (alſo nach Rameau: die der Unterduodecime
und Unterſeptdecime entſprechenden Saiten), ſtark vibriren, ſo lange
der betreffende Ton (Rameau's »générateur«) ſchwingt, während
anders geſtimmte Saiten ganz ruhig bleiben. Obgleich er nun den
Ton dieſer tieferen Saiten nicht aus der Klangmaſſe herauszuhören
vermochte, ſo nahm er doch an, er müſſe darin enthalten ſein, und
meinte ſo in dem ſogenannten Phänomen des Mittönens das
Princip der Mollkonſonanz gefunden zu haben; denn die Unterduodecime und Unterſeptdecime ergeben ebenſo den Mollakkord
unter dem erregenden Haupttone, wie die Oberduodecime und
Oberſeptdecime den Durakkord über dem Haupttone darſtellen:

Leider wurde Rameau durch den Phyſiker d'Alembert
belehrt, daß dieſe mittönenden tieferen Saiten nicht ihren Eigenton
(den Ton der ganzen Saite) geben, ſondern (nach Art des Flageolets der Streichinſtrumente) mit ſovielen Knotenpunkten abthei-
lungsweiſe ſchwingen, daß ſie nur den erregenden Ton verſtärken.
Daß übrigens Rameau's Bemerkung doch nicht ſo ganz ohne Bedeutung für die Erklärung der Mollkonſonanz war, habe ich vor
einigen Jahren nachgewieſen („Muſikaliſche Syntaxis", 1877); die
mittönenden Saiten geben nämlich außer dem erregenden Haupttone
auch ihren Eigenton, freilich erheblich ſchwächer.

Rameau mußte alſo auf die wiſſenſchaftliche Begründung der
Mollkonſonanz verzichten und ſah ſich genöthigt, ſein Syſtem ein-
ſeitig auf das Durprincip aufzubauen. So wurde denn der Mollakkord für ihn eine Modifikation des Durakkordes, d. h. alſo ein
von der Natur nicht gegebener Zuſammenklang, eine minder vollkommene Konſonanz. Seine phyſikaliſche Erklärung der Konſonanz
blieb daher ſchließlich hinter der bloß mathematiſchen Zarlino's zurück. Nur in einem Punkte bedeutet ſein Syſtem einen großen
Fortſchritt der theoretiſchen Erkenntniß; Rameau ſprach es zuerſt
in unzweideutiger Weiſe aus, daß alle möglichen Umgeſtaltungen
der Akkorde durch Oktavverſetzung der einzelnen Töne, durch Umkehrung des Verhältniſſes von oben und unten auch hinſichtlich des
Baßtones, durch Oktavverdoppelungen ꝛc., die harmoniſche Bedeu-

tung derselben nicht verändern, d. h. er that das, was vom Standpunkte der Generalbaßmethode aus zwar naheliegend aber doch unerreichbar war, er identificirte die Akkorde, die aus gleichnamigen
Tönen zusammengesetzt sind, gleichviel welcher von ihnen Baßton
ist, er schuf die Lehre von der Umkehrung der Akkorde.
Das war allerdings ein außerordentlicher Genieblitz; denn dadurch
war der Apparat der Harmonielehre mit einem Schlage wesentlich
vereinfacht. Der Dreiklang, Sextakkord und Quartsextakkord erschienen jetzt nur als verschiedene Gestalten derselben Harmonie,
ebenso der Septimenakkord, Quintsextakkord, Terzquartsextakkord und
Sekundakkord. Geahnt mochte man das längst haben, ausgesprochen hatte es noch niemand.

Es ist sehr zu bedauern, daß Rameau durch d'Alembert vom
dualistischen Ausbau der Harmonielehre abgehalten wurde; denn
wie fein sein harmonischer Instinkt war, geht aus zwei weiteren
Eigenthümlichkeiten seines Systems hervor, nämlich aus der Auffassung des verminderten Dreiklangs als Durseptimenakkord mit
ausgelassenem Grundtone, z. B.: h-d-f als G-dur-Akkord mit
kleiner Septime (f aber weggelassenem Grundtone 'g : [Notenbeispiel],
und ferner aus der Aufstellung des Akkords der beigegebenen Sexte
(accord de la sixte ajoutée); den Quintsextakkord f-a-c-d in
C dur erklärt er nämlich als Unterdominantakkord (F dur mit hin-
zugefügter großer Sexte 'd) : [Notenbeispiel], und nicht als Umkehrung
des Septimenakkordes d-f-a-c, wie man erwarten sollte und noch
heute meist thut. Daß die Wirkung sowohl des verminderten Dreiklangs als des Akkordes f-a-c-d beide in C dur diesen Erklä-
rungen völlig entspricht, kann kein Musiker in Abrede stellen; der
Sinn der Harmonie wird weder in einem Falle durch Hinzufügung
des weggelassenen g noch im anderen durch Weglassung des hinzu-
gefügten d wesentlich verändert (der verminderte Dreiklang kann
aber in anderem Zusammenhange auch als Moll-Unter-Septimen-
akkord mit weggelassenem Haupttone aufzufassen sein, z. B.: h-d-f
in A moll als h-d-f-[-a]). Es spricht sich in diesen beiden Aufstellungen die Ahnung eines Gedankens aus, auf den ich zurückkommen werde, nämlich daß dissonante Akkorde als Veränderungen

von konsonanten Akkorden, nicht aber selbst als Grundgebilde aufzufassen sind.

Für die äußere Fassung seines Systems bedurfte Rameau eines
anderen Darstellungsmittels als des Generalbasses, da derjenige Ton,
in dessen Sinne die Harmonie zu fassen ist, bei allen umgekehrten
Akkorden ein anderer ist als der Baßton. Doch blieb er, wie wir
bereits sahen, bei der Konstruktion der Akkorde von unten herauf stehen (auch für den Mollakkord), drückte daher wie der Generalbaß alle Akkorde als auf einem Baßtone ruhend aus; diesen
Baßton nannte er »son fondamental« (Grundton) und die ganze
Reihe der Grundtöne »basse fondamentale« (Grundbaß). Zur
Veranschaulichung des Unterschiedes des Generalbasses und des
Rameau'schen Grundbasses diene folgende Zusammenstellung:

Der Grundbaß gab Mittel und Wege an die Hand, das Verhältnis
einander folgender Harmonien von zusammenfassenden Gesichtspunkten aus zu betrachten und die Grundgesetze der harmonischen
Satzbildung zu finden; Rameau betrat diesen Weg durch Aufstellung des Satzes, daß der Grundbaß nur in reinen Quinten (Quarten) oder (großen und kleinen) Terzen fort-
schreiten dürfe. Wenn dieser Satz auch heute als nicht ganz
zulänglich erscheint, so enthält er doch in der That die Andeutung
des wichtigsten Gesichtspunktes für die Beurtheilung von Klang-
folgen, nämlich die Anerkennug einer Terzverwandtschaft der Klänge
neben der allgemein anerkannten Quintverwandtschaft.

So reich Rameau's System an Anläufen zu einer rationellen
Harmonielehre ist, so kann es doch in seiner Totalität nicht als
eine solche bezeichnet werden. Die natürliche Begründung der Durkonsonanz wie die geistreiche Ableitung des verminderten Dreiklangs
und des Durakkords mit großer Sexte stehen zu isolirt innerhalb
eines sonst durchaus willkürlichen schematischen Aufbaus. Die ge-

nannten Ideen könnten in demselben völlig fehlen, ohne das System selbst zu erschüttern; es bliebe dann nur die Vereinfachung
der vom Generalbaß inaugurirten Akkordlehre übrig, die Lehre von
der Umkehrung der Akkorde. Diese war es denn auch, was auf die
gesammte fernere Entwickelung der Harmonielehre direkten und nachhaltigen Einfluß gewann; wie finden die Lehre von den Umkehrungen wieder in den Systemen von Calegari (»Trattato del
sistema armonico di F. A. Calegari« [gest. 1740], erst 1829 von
Balbi herausgegeben), Ballotti (»Della scienza teorica e pratica
della moderna musica«, 1779), Kirnberger („Die Kunst des
reinen Satzes", 1774—1779), Abt Vogler („Handbuch der Harmonielehre", 1802 und allen folgenden. Der wunde Punkt des
Rameau'schen Systems, die inkonsequente Fortführung der Beziehungen zur physikalischen Klanglehre wurde sehr wohl bemerkt und
bereits Ballotti lehnte die einseitige Begründung der Durkonsonanz
durch ein akustisches Phänomen ab und entwickelte die biatonische
Skala aus den höheren Obertönen, unter denen er auch sowohl
den Dur- als Mollakkord fand. Durch d'Alembert (»Éléments
de musique théorique et pratique, suivant les principes de
Mr. Rameau«, 1752, deutsch von Marpurg 1757) war nämlich
unterdessen darauf hingewiesen worden, daß die von Rameau beobachteten Obertöne (Duodecime und Septdecime) nicht allein stehen,
sondern nur die zunächst ins Ohr fallenden Elemente einer nach der
Höhe schwächer werdenden Reihe von Tönen sind, welche hinsichtlich der Saitenlängen der harmonischen Theilung Zarlino's entsprechen, hinsichtlich der Schwingungszahlen aber der natürlichen
Zahlenreihe: 1. 2. 3. 4. 5. 6 ꝛc.

Die mit * bezeichneten Töne sind tiefer als die durch die Noten ausgedrückten
Töne unseres Musiksystems.)

Hier fand also Ballotti die Skala zwischen dem 8.—16. Obertone, den Durakkord zwischen 4:5:6 und den Mollakkord zwischen
10:12:15. Eine eigentliche Begründung der Konsonanz kam freilich
dabei nicht heraus; denn diese besteht ja bei Rameau in der Auf-

fassung der Töne des Klangs im Sinne des Grundtones, g und e' sind konsonant mit C, weil sie in ihm aufgehen;
e"-g"-h" aber kann man nicht im Sinne von C auffassen, ohne die
Konsonanz des Akkordes zu zerstören.

Kirnberger nahm die Obertöne zur Erklärung der Durkonsonanz an, ließ die Inkonsequenz der Fortführung auf sich beruhen,
gab die abweichende Erklärung des verminderten Dreiklangs und
des Akkords der beigegebenen Sexte auf und behielt das System
der Umkehrungen in der Form bei, daß die Generalbaßmethode
in keiner Weise alterirt zu werden brauchte, d. h. er stellte
wie bisher die Generalbaßbezifferung) Durakkord, Mollakkord und
verminderten Dreiklang in eine Linie und nahm außer ihnen noch
vier Arten der Septimenakkorde als Stammakkorde an: den Durakkord mit großer und mit kleiner Septime und den Mollakkord
und verminderten Dreiklang mit kleiner Septime. Das Kirnberger'sche
System hat sich mit unwesentlichen Modifikationen in den praktischen
Lehrbüchern bis auf den heutigen Tag gehalten. Das punctum
saliens für die Unterscheidung von Stammakkorden,
Umkehrungen und Vorhaltsakkorden ꝛc. wurde seit
Rameau der Terzenaufbau; d. h. Akkorde, welche sich über ihrem
Baßton als eine Kette von Terzen (kleinen und großen) aufbauen
ließen, wurden als Stammakkorde angesehen, solche, die durch Umkehrung (d. h. Wahl eines der anderen Töne zum Baßton) in Ter-
zenform gebracht werden konnten, erschienen als umgekehrte Stammakkorde, und endlich wurden solche, die durchaus nicht als eine Ver-
kettung von Terzen darzustellen waren, als zufällige Bildungen,
als Vorhaltsakkorde angesehen. Man ging mit dem Terzenaufbau
auch über die Septime hinaus zu Nonen-, Undecimen- und Trede-
cimenakkorden, die man in der praktischen Musik natürlich meist nur
in elliptischen Gestalten nachweisen konnte. Von solchen Monstre-
Akkorden, wie sie besonders das System J. H. Knecht's geradezu
abschreckend machten (vgl. Allg. Mus. Ztg., 1. Jahrg., 1798—1799,
sowie die verschiedenen theoretischen Bücher Knecht's), ist man in
neuerer Zeit wieder zurückgekommen und begnügt sich meist, dem
Nonenakkorde noch eine bedingte Berechtigung als Stammakkord
zuzugestehen.

Ich erwähnte bereits, daß nach 200jährigem Vergessen die von
Zarlino zuerst gebrachte dualistische Auffassung der Harmonik von

Tartini, dem berühmten Violinvirtuosen, wieder aufgenommen
wurde*). Es ist nicht unwahrscheinlich, daß Tartini den Zarlino
gründlich studirt und verstanden hatte; nicht nur führt er wie
dieser die Durkonsonanz auf die harmonische und die Mollkonsonanz auf die arithmetische Theilung der Saite zurück, er sieht auch
im Mollakkord nicht eine andere Art der Terz (also nicht wie
der Generalbaß eine kleine), sondern nur eine verschiedene Lage
der einzigen in Betracht kommenden Art der Terz (der großen,
die beim Durakkord am tieferen, beim Mollakkord am höheren Tone
der Quinte angesetzt ist: 🎼). Aber Tartini war
ein Zeitgenosse Rameau's und blieb daher nicht einfach auf dem
Standpunkte Zarlino's stehen. Die durch Rameau einmal angeregte Frage der Begründung der Konsonanz durch akustische Phänomene beschäftigte ihn lebhaft und er wußte ihr neue Seiten ab-
zugewinnen. Zwar begnügte er sich zur Begründung der Mollkonsonanz mit dem Hinweis auf den polaren Gegensatz der Durkonsonanz in der Fassung Zarlino's (Gegenüberstellung der harmonischen
und arithmetischen Theilung), vertiefte aber die Erklärung der Durkonsonanz erheblich, indem er nicht wie andere Theoretiker ignorirte,
daß auch noch höhere Obertöne als der 6. existiren, sondern wenigstens noch mit dem 7. fertig zu werden suchte. Bekanntlich ist der
7. Oberton eine kleine Septime, die verglichen mit der kleinen Septime des temperirten zwölfstufigen Systems etwas zu tief ist. Tartini behauptet ganz konsequent die Konsonanz des Durakkordes mit
natürlicher Septime, eine Ansicht, die man auch noch bei einem der
letzten Förderer der exakten Harmonielehre, bei Helmholtz findet;
daß aber selbst der mathematisch rein als 4 : 5 : 6 : 7 gestimmte Septimenakkord eine musikalische Konsonanz sei, läßt sich die Kunst
von der Wissenschaft nie imputiren**), obgleich auf der anderen
Seite nicht geleugnet werden kann, daß er an physischem Wohl-

---

*) »Trattato di musica secondo la vera scienza dell' armonia« (1754)
und »De' principj dell' armonia musicale contenuta nel diatonico genere«
(1767).

**) Über die musikalische Auffassung der natürlichen Septime wie aller der
Obertöne, welche dem Durakkorde des Grundtones nicht angehören, siehe meine
„Musikalische Logik“ (1873, S. 15 ff.) und „Musikalische Syntaxis“ (1877, S. 7
u. m.).

Klange, d. h. hinsichtlich des ungestörten Verschmelzens der Schwin-
gungsformen den Durakkord der gleichschwebenden Temperatur sogar
übertrifft. Kirnberger und Fasch in Berlin haben einige Decennien
später als Tartini gleichfalls versucht, die natürliche Septime für
unsere praktische Musikübung zur Geltung zu bringen, doch mit ge-
ringem Erfolg; denn natürlich kann es keinen Sinn haben, neben
einer temperirten Terz und temperirten Quinte eine nicht tempe-
rirte Septime einzuführen, während es jedermann unbenommen
ist, die natürliche Septime als in unser Tonsystem mit der Bedeutung eines (dissonanten) Grundintervalls eingeführt anzusehen, nur
sogut temperirt wie alle anderen Intervalle.

Tartini ist bekanntlich auch der Entdecker der nach ihm be-
nannten tartinischen Töne oder Kombinationstöne; zwar erschien sein »Trattato« erst 1754, während Sorge bereits 1740 in
seinem „Vorgemach musikalischer Komposition" die Kombinationstöne aufgewiesen hatte; aber Tartini entdeckte die Kombinationstöne
bereits 1714 und führt sie in seiner 1728 zu Padua eröffneten
Geigerschule als Prüfstein der reinen Intonation der Akkorde ein
(vgl. meine „Studien zur Geschichte der Notenschrift", 1878, S. 101).
Das Phänomen der Kombinationstöne fällt, wie Tartini richtig
bemerkte, zusammen mit dem der Obertöne, sofern die tieferen Töne,
welche hörbar werden, wenn zwei Töne zusammen erklingen, keine
anderen sind als, bis zum Grundtone hinabreichend, die Töne derjenigen Obertonreihe, in welche das betreffende Intervall mit kleinsten Ordnungszahlen einzustellen ist. Wie Rameau die Obertonreihe,
so beobachtete Tartini auch die Kombinationstöne nur unvollständig
und hörte nur den tiefsten Kombinationston, der stets dem Grundtone der Reihe entspricht und anfänglich (im »Trattato«) von ihm
irrthümlich eine Oktave zu hoch angegeben, aber in der Schrift »De
principj« richtig gestellt wurde. Wir wissen jetzt, daß die ganze
Obertonreihe dieses Grundtones hörbar wird, nicht nur die Töne,
welche tiefer als das angegebene Intervall sind, sondern auch in
das Intervall hineinfallende und höhere, sodaß die Verwandtschaft
der beiden Phänomene allerdings evident ist. Die Quinte 2:3 (c-g)
ergiebt nur einen tieferen Kombinationston nämlich den der 1 entsprechenden, die Unteroktave des tieferen Intervalltones (groß C),
die Quarte 3:4 (g-c') macht 1 und 2 hörbar (C-c), die Terz 4:5
(c'-e') die Töne 1, 2 und 3 (C-c-g) u. s. w. Diese tieferen

Kombinationstöne sind von besonderer Bedeutung für die Auffassung der Durakkorde; sie geben erst der Lehre von der Umkehrung der Akkorde das wahre wissenschaftliche Fundament, da der Dreiklang c'-e'-g' sowohl wie der Sextakkord e'-g'-c" und der Quartsextakkord g-c'-e' in dem Kombinations-tone C den Einigungspunkt der Auffassung finden:

Als typische Form des Durakkordes erweist sich aber immer wieder nicht die enge Lage  , sondern die weite .

Einer anderen Art von Kombinationstönen hat man erst in neue-ster Zeit die gebührende Beachtung geschenkt, nämlich den coinci-direnden Obertönen (A. v. Öttingen, Harmoniesystem in dualer Entwickelung, 1866); unter den höheren Obertönen eines Intervalls oder Akkordes (d. h. den Obertönen der einzelnen Akkordtöne und den Kombinationstönen der Obertöne) fällt derjenige ganz besonders laut ins Gehör, welcher der erste gemeinschaftliche Oberton der Akkordtöne ist. Da dessen Ordnungszahl gefunden wird, wenn man die Ordnungszahlen der Intervalltöne in der Obertonreihe mit einander multiplizirt, so kann man ihn Multiplikationston nennen. So hat die große Terz $4:5$ (c'-e') den Multiplikationston $4 \cdot 5 = 20$ (e'''), die große Sexte $3:5$ (g-e') den Multiplikations-ton $3 \cdot 5 = 15$ (h"), die kleine Terz $5:6$ (e'-g') den Multiplikations-ton $5 \cdot 6 = 30$ h"'). Wie die kleine Terz e'-g' resp. große Sexte g-e' durch den Kombinationston C zum Durakkorde ergänzt wird, so er-gänzt sie sich durch den Multiplikationston h"' resp. h" zum Moll-akkorde. A. v. Öttingen (Professor der Physik an der Universität zu Dorpat) sieht in dem Multiplikationstone oder wie er ihn nennt „phonischen Obertone" den natürlichen Zusammenhalt des Mollakkordes; h"' ist der gemeinsame Oberton folgender Reihe von Tönen:

                        1   2   3   4   5   6   7   8   9   10 11 12 13 14   15   16

Die mit * bezeichneten Töne sind sämmtlich zu hoch gegen die entsprechenden
Töne des temperirten Systems.

Hier haben wir also die vollständige Untertonreihe, das Gegen-
bild der Obertonreihe, für den Mollakkord von vollständig gleicher
grundlegender Bedeutung wie die Obertonreihe für den Durakkord.
Die Töne dieser Reihe verschmelzen in derselben vollendeten Weise
zur Einheit in Beziehung auf diesen höchsten Ton, wie die Töne
der Obertonreihe in Beziehung auf den Grundton. Wie die musikalische Auffassung mit den nicht zum e-Mollakkord gehörigen
Tönen dieser Reihe fertig wird (7, 9, 11, 13, 14 ꝛc.) habe ich in
den oben für die entsprechenden Obertöne angezogenen Stellen erklärt.

Doch wie man die Konsonanz des Durakkordes nicht allein
aus den Kombinationstönen erklärt, sondern das Phänomen der
Obertöne als ihr eigentliches Fundament ansieht, so verlangt
man zur völlig befriedigenden Erklärung der Mollkonsonanz
auch ein dem der Obertöne entgegengesetztes Phänomen der
Untertöne. Wenn sich ein solches bisher nicht mit hinreichender
Sicherheit hat feststellen lassen, so fehlt es doch nicht an Anzeichen,
daß die Mollbeziehungen vom percipirenden Geiste nach denselben
Verhältnissen nach unten bemessen werden wie die Durbeziehungen
nach oben. Daß das Phänomen des Mittönens die Untertonreihe an die Hand gibt, deutete ich bereits an; auch das Phänomen
der Klirrtöne gehört hierher: Wenn man eine schwingende Stimm-
gabel nur ganz leicht mit dem Fuße an einen Resonanzboden hält,
doch nicht fest aufstellt, oder wenn man ein lose befestigtes Metall-
plättchen heftig in Schwingungen versetzt, so hört man statt des
Eigentones der Gabel oder des Plättchens dessen Unteroktave oder
Unterduodecime, auch wohl die Unterdoppeloktav, Unterseptdecime
oder andere tiefere Untertöne. Es ist aber sogar wahrscheinlich,
daß jeder Ton in proportional nach der Tiefe abnehmender Stärke
stets eine der Obertonreihe entsprechende Reihe von Untertönen erzeugt, die nur noch schwerer wahrzunehmen, d. h. aus der Klang-
vorstellung einzeln auszuscheiden sind als die Obertöne. Ich habe
dafür allerlei Material beigebracht, das bemerkt worden ist, aber

keine Widerlegung gefunden hat ("Musikalische Logik" 1873, S. 12;
"Die objektive Existenz der Untertöne in der Schallwelle", 1875,
Separatabbruck aus der Allgemeinen Teutschen Musikzeitung; "Mu-
sikalische Syntaxis" 1877, Vorwort und Beilage; vgl. auch mein
"Musik-Lexikon", Artikel: Untertöne).

Wie man aber auch über die eine oder andere meiner Beweis-
führungen denken mag, das steht jetzt fest, daß die Dur- und
Mollkonsonanz nach ihren mathematisch-physikalischen
Verhältnissen einander streng entsprechende Gegensätze
sind. Die Frage ist nun weiter, ob auch die Physiologie des Ge-
hörs und die Psychologie der Tonvorstellungen eine ähnliche Re-
ciprocität von Dur und Moll erklärlich finden und ob sie das
Princip der mathematisch-physikalischen Tonlehre auch als das ihre
anzuerkennen vermögen.

Die Physiologie der Tonempfindungen hat erst in neuester
Zeit eine eingehendere Bearbeitung erfahren und zwar durch den
hochverdienten Physiker und Physiologen Heinrich Helmholtz[*].
Das Buch bringt übrigens keineswegs, wie man nach dem Titel
vermuthen könnte, nur physiologische Untersuchungen, sondern begreift das gesammte Gebiet der exakten Tonwissenschaft, von der Entstehung und Fortpflanzung des Schalles an bis zur Verknüpfung
der Klangvorstellungen, d. h. es beschäftigt sich nicht zum kleinsten
Theile einerseits mit mathematisch-physikalischen Untersuchungen und
reicht auf der anderen Seite bis in die Psychologie und Ästhetik
hinein. So wird die Theorie der Obertöne und Kombinationstöne ausführlich abgehandelt und die Verschiedenheiten der Klangfarbe werden durch Verschiedenheit der Zusammensetzung der Klänge
aus Obertönen erklärt; diese Untersuchungen sind besonders von un-
schätzbarem Werthe für die Theorie des Instrumentenbaus und erklären auch u. a. die lange vor Erkenntnis der Zusammensetzung
der Klänge in praktischem Gebrauch gewesenen Hilfsstimmen der
Orgel (Quintstimmen, Terzstimmen, Mixtur, Cornett ꝛc.), die sämmtlich
keinen andern Zweck haben, als den, einzelne Obertöne und dadurch
den Grundklang der Kernstimmen der Orgel zu verstärken. Die
eigentlichen physiologischen Kapitel in Helmholtz' Buche sind
das über die Zerlegung der Klänge durchs Ohr, d. h. die

---

[*] "Die Lehre von den Tonempfindungen als physiologische Grundlage für
die Theorie der Musik" (1863, 4. Aufl. 1877).

Ausscheidung der einzelnen Obertöne aus der doch nur als eine einzige Schwingungsform das Ohr treffenden Schallbewegung, ferner das über die Wahrnehmung der verschiedenen Klang= farben (die auf denselben Principien beruht) und das über den Wohlklang der verschiedenen Arten von Akkorden. So fein und geistvoll jedoch die Untersuchungen und Bemerkungen über die beiden erstgenannten Probleme sind, so müssen sie doch ihrer Gesammtheit nach als Hypothese bezeichnet werden und werden von Helmholtz selbst so bezeichnet. Die Hypothese läuft darauf hinaus, daß im innersten Ohre ein komplicirter Apparat verschieden großer mehr oder minder straff gespannter Fäserchen existirt, welche nach dem Gesetz des Mittönens durch verschiedene Töne in Schwingungen versetzt werden und die in sie auslaufenden Nervenenden erregen. Der ganze Apparat ist von mikroskopischen Dimensionen. Für die Musiktheorie kann von einem positiven Resultate dieser Hypothesen, gleichviel ob sie sich auf die Membrana basilaris oder die Corti'schen Bögen beziehen, nicht die Rede sein; vorläufig ist es sogar noch nicht außer allem Zweifel, ob sie für die Naturwissenschaft selbst ein positives Resultat bedeuten.

Das anfechtbarste Kapitel der Helmholtz'schen Musiktheorie ist aber das über Konsonanz und Dissonanz, welche Begriffe Helmholtz vom physiologischen Standpunkte aus als Verschieden= heit des Wohlklangs zu erklären sucht. Er findet das Wesen der Dissonanz in dem Vorhandensein von Schwebungen, d. h. regelmäßigen sich schnell wiederholenden Verstärkungen des Klanges, welche als unangenehm störend empfunden werden. Kon= sonanz ist nach Helmholtz das gänzliche Fehlen der Schwe= bungen oder doch ihre Beschränkung auf ein sehr geringes Maß. Der Durakkord erscheint am freisten von Schwebungen, die Moll= konsonanz ist bereits eine Trübung der physiologischen Konsonanz; überhaupt läßt sich, anfangend von dem ungestörten Verschmelzen eines Akkordes, der die Verhältnisse der ersten Obertöne aufweist:

 , eine vollständige Skala des abnehmenden Wohlklangs

nach Maßgabe der Schwebungen, bis zu den herbsten Dissonanzen und musikalisch unmöglichsten Diskordanzen aufstellen, so daß weder

für die Durkonsonanz und Mollkonsonanz noch für Konsonanz und
Dissonanz ein anderer als ein Gradunterschied des Wohlklangs sich
ergiebt.

Dieses höchst unbefriedigende Resultat hat sogleich den heftigsten
Widerspruch erfahren; zunächst trat der schon genannte A. v. Öttingen*) auf und verlangte für Dur und Moll einen principiellen
Unterschied; er fand ihn in der vollständig gegensätzlichen Auffas-
sungsweise beider Arten der Konsonanz, d. h. er konstruirte die Mollkonsonanz als Antipoden der Durkonsonanz in der bereits angedeuteten Weise und führte die Gegensätzlichkeit von Dur und Moll auch
in der Skalenlehre und Akkordlehre durch. Mit Recht deutete er
darauf, daß der physische Wohlklang der Mollkonsonanz in keiner
Weise hinter dem der Durkonsonanz zurückbleibt, wenn man der
Obertonlage die Untertonlage gegenüberstellt. Der Mollakkord:

ist ebenso frei von Schwebungen wie der Durakkord der

oben gegebenen Form und verschmilzt in der vollkommensten Weise
in der Einheit des höchsten Tones. Dem Widerspruche des gemeinsamen Kombinationtones „F gegen den a-Mollakkord der hier gegebenen Lage steht gegenüber der Widerspruch des coincidirenden Ober-
tones h‴ gegen den c-Durakkord der oben gegebenen Lage. — Auch
für die Unterscheidung der Konsonanz und Dissonanz deutete v. Öttingen einen Weg an, auf dem zu befriedigenden Resultaten zu gelangen wäre. Dieser Weg führt aber bereits aus dem Gebiete der
Physiologie in das der Psychologie.

Mit gleicher Geistesschärfe erkannte der geniale Göttinger Philosoph Hermann Lotze („Geschichte der Ästhetik in Deutschland“,
1868) die Achillesferse des Helmholtz'schen Systems; er verlangte
gleich v. Öttingen principielle Unterschiede für Dur und Moll und
für Konsonanz und Dissonanz, ja er verlangte für die vielen verschiedenen Arten von Dissonanzen andere als Gradunterschiede des
Wohlklangs. Seitdem sind eine Anzahl neuerer musiktheoretischer
Schriften gefolgt, welche die von Öttingen und Lotze gerügten Punkte
der Helmholtz'schen Lehre anders gefaßt und eine befriedigende Lösung der

_____

* „Harmoniesystem in dualer Entwickelung“ 1866.

betreffenden Probleme versucht haben*, wobei das fast ganz abgerundete Öttingen'sche System die Basis der weiteren Untersuchungen
bildete.

Wenn ich bisher mit keinem Worte Moritz Hauptmann's
gedacht habe, dessen Epoche machendes Werk „Die Natur der Harmonik und der Metrik" 1853 erschien, so geschah das, um die Bedeutung seiner Verdienste jetzt ohne Unterbrechung desto besser würdigen zu können. Hauptmann war zugleich eine eminent musikalische
Natur und ein tiefer philosophischer Denker. Den harmonischen
Dualismus, den polaren Gegensatz von Dur und Moll, den zwei
der genialsten älteren Theoretiker auf dem Wege mathematischer Konstruktion gefunden, schuf er neu auf dem Wege philosophischer Spekulation, nachdem die Geistesarbeit jener beiden längst in den Bibliotheken dem ewigen Vergessenwerden zuschlummerte. Wenn wir heute
beim Studium der Geschichte der Harmonielehre finden, daß der so
große Sensation machende Gedanke Hauptmann's, den Mollakkord
als einen auf den Kopf gestellten, negativ entwickelten Durakkord zu
betrachten, bereits hundert Jahre früher von Tartini und 300 Jahre
früher von Zarlino aufgestellt wurde, so müssen wir allerdings Hauptmann die erste Findung des Gedankens absprechen; denn für die
Geschichte ist er kein neuer Gedanke mehr. Dagegen würden wir
sehr Unrecht thun, wollten wir Hauptmann die Selbstfindung des
dualen Harmonieprincips bestreiten. Hauptmann ist für die
weitere Entwickelung der Theorie der Neuschöpfer des
Gedankens. Sowenig einer der Theoretiker der ersten Hälfte unseres Jahrhunderts seine Weisheit aus Zarlino oder Tartini geschöpft
hat, ebensowenig würde ein Theoretiker unserer Tage darauf verfallen sein, bei jenen „alten Herren" wieder anzuknüpfen. Wir alle,
die getreuen Schüler Hauptmann's, die am Buchstaben seiner Lehre
festhalten (Köhler, Paul, Rischbieter), der zwischen Hauptmann und
Helmholtz ein Kompromiß versuchende O. Tiersch („System und
Methode der Harmonielehre" 1868), wie die streng konsequenten
Dualisten v. Öttingen, Thürlings, ich und mit Reserve Hostinský,
welche noch hauptmannscher als Hauptmann geworden sind, — wir

---

*) Dr. Adolf Thürlings: „Die beiden Tongeschlechter und die neuere musi-
kalische Theorie" (1877); Dr. Ottokar Hostinský: „Die Lehre von den musikalischen
Klängen" (1879) und meine bereits erwähnte „Musikalische Logik" und „Musikalische Syntaxis", sowie die „Skizze einer neuen Methode der Harmonielehre" 1880.

alle haben den harmonischen Dualismus als einen neuen Begriff von Hauptmann erhalten. Daß es überhaupt schon früher Verfechter dieser Idee gab, habe ich zuerst bezüglich Tartini's im Jahre 1875 („Die objektive Existenz" 2c.) und bezüglich Zarlino's im Jahre 1881 (Monatshefte für Musikgeschichte: „Zarlino als harmonischer Dualist") wieder ans Tageslicht gebracht.

Hauptmann's System hat auch auf Helmholtz, der aber den harmonischen Dualismus nicht acceptirte und sich noch heute zum mindesten passiv gegen denselben verhält, den allergrößten Einfluß ausgeübt, wie zur Evidenz aus der dritten und für die Musik werthvollsten Abtheilung der Lehre von den Tonempfindungen hervorgeht, welche die Überschrift trägt „Die Verwandtschaft der Klänge". Hier fühlt man überall den lapidaren Grundgedanken des Hauptmann'schen Werkes durch: „Es giebt drei direkt verständliche Intervalle: I. die Oktav, II. die Quint, III. die (große) Terz" (Natur der Harmonik und der Metrik, S. 21). Dieser Gedanke ist wahrhaft groß und Epoche machend und birgt in sich alles, was die exakte Theorie seither zu entwickeln vermochte. Die kleine Terz, die Quarte, die Sexte und alle anderen Intervalle existiren für Hauptmann nicht; sie sind nicht für sich bestehende, für sich bedeutsame Gebilde, sondern nur Produkte, Kombinationen der Grundbegriffe: Oktav, Quint und Terz. Ich will nicht verschweigen, daß auch diese Erkenntnis nicht absolut neu war; die Mathematiker wußten bereits seit mehreren Jahrhunderten, daß alle musikalischen Intervalle sich als Produkte und Potenzen der Zahlen 2, 3 und 5 ausdrücken lassen. Die antike Theorie kannte nur zwei Grundintervalle: Oktave und Quinte, und leitete von ihnen alle anderen ab, die Sekunde (c-d) als Octavverengerung der zweiten Quint (c-g-d), die Terz (c-e) als Octavverengerung der vierten Quint (c-g-d-a-e) u. s. w. Seit Fogliani's und Zarlino's für das Abendland maßgebender Aufstellung der Konsonanz der Terz, wurde auch die Terz als Grundintervall in die Rechnung eingestellt und z. B. die große Septime (c-h) definirt als Terz der Quint (c-g-h), die übermäßige Quarte (c-fis) als Terz der zweiten Quint (c-g-d-fis), die übermäßige Quinte (c-gis) als Terz der Terz (c-e-gis) u. s. f. Aber dieser Fortschritt der Erkenntnis ging erst durch Hauptmann in die Lehrbücher der Harmonie über. Hauptmann war es, der zwar nicht in der Notenschrift aber in der Tonbenennung durch

Buchstaben eine Unterscheidung der quintverwandten und
terzverwandten Töne einführte. Die Bedeutung der bekannten Hauptmann'schen großen und kleinen Tonbuchstaben ist
die, daß zwei gleichnamige Töne, deren einer durch einen großen,
der andere durch einen kleinen Buchstaben bezeichnet ist, sich ihrer
mathematischen Tonhöhenbestimmung nach um das sogenannte didymische oder syntonische Komma von einander unterscheiden. Wie
bereits oben erwähnt, gab Didymos eine Tetrachordentheilung:

$$h \cdot c \cdot d \cdot e$$
$$\tfrac{16}{15} \quad \tfrac{10}{9} \quad \tfrac{9}{8}$$

d. h. er führte zwei verschiedene Ganztöne 10 : 9 und 9 : 8 ein;
der Unterschied beider ($\tfrac{10}{9} : \tfrac{9}{8}$) ist das didymische Komma 80 : 81.
In unserer Durtonleiter ist c : d der Ganzton 8 : 9 (d ist zweite
Quint von c, also $[3/2]^2 = \tfrac{9}{4}$, in engerer Lage also $\tfrac{9}{8}$) und d : e
der Ganzton 9 : 10 (e ist Terz von c also $5/4$; d : e = $9/8 : 5/4 =$
$\tfrac{36}{40} = \tfrac{9}{10}$); die Terz e verhält sich zur vierten Quint e (c-g-d-a-e)
wie 80 : 81 (denn ($\tfrac{3}{2}$)^4 ist = $\tfrac{81}{16}$, in enger Lage $\tfrac{81}{64}$; $\tfrac{5}{4} : \tfrac{81}{64} =$
80 : 81). Hauptmann bezeichnet nun C mit einem großen, die Terz
e mit einem kleinen und die vierte Quint E wieder mit einem großen
Buchstaben; überhaupt stellen alle Töne, die durch große Buchstaben
bezeichnet sind, eine Kette von Quinten dar, während die Intervalle,
welche durch einen großen und einen kleinen Buchstaben bezeichnet
sind, einen Terzschritt voraussetzen; unter sich stehen die mit kleinen
Buchstaben bezeichneten Töne wieder in Quintenverkettung:

```
. . a   e   h   fis cis gis dis . .
. . F   C   G   D   A   E   H . .
. . des as  es  b   f   c   g . .
```

Die Tonart stellt Hauptmann dar als aus Tönen der drei Akkorde
auf Tonika, Oberdominante und Unterdominante zusammengesetzt:

$$F \ a \ C \ e \ G \ h \ D$$

In c-Dur haben wir also die zwei Quintenreihen F-C-G-D und
a-e-h, jene aus quintverwandten, diese aus terzverwandten Tönen
von C bestehend. Das eminent wichtige Ergebnis dieser Aufstellung
ist aber die Erkenntnis der Terzverwandtschaft der Akkorde
und Tonarten. Noch ein Marx wundert sich, daß die Tonarten
e-Dur und a-Dur nach c-Dur sofort verständlich sind, während d-Dur
und b-Dur fremdartig, zusammenhangslos gegen c-Dur klingen; da

Marx von der Terzverwandtschaft noch keine Erkenntnis hatte, mußte
er sich allerdings wundern, daß die Tonart der vierten Quint besser
vermittelt erschien als die der zweiten Quinte. Aber e-Dur ist gar
nicht die Tonart der vierten Quinte, sondern die Tonart der Terz.
Obgleich bereits Beethoven in der e-Dursonate Op. 53 das zweite
Thema des ersten Satzes in e-Dur brachte, so hat doch erst Hauptmann die Terzverwandtschaft der Tonarten ausgesprochen und damit das Problem ein für alle Mal beseitigt. In der neueren Musik
hat sich die Gegenüberstellung der Terztonarten neben der Quinttonarten seither ziemlich eingebürgert, wenn auch das zähe Festhalten
mancher Theoretiker an alten Traditionen und das Verschließen gegen
die genialen Fortschritte Hauptmann's darin noch heute etwas Ab-
normes oder höchstens Statthaftes erblickt. — Die Hauptmann'sche
Buchstabentonbezeichnung mit Unterscheidung der Quint- und Terztöne ist durch Helmholtz und v. Öttingen weiter vervollkommnet
worden, so daß man jetzt auch Unterterztöne und Oberterztöne, und
Terztöne ersten und zweiten Grades 2c. unterscheidet, nämlich in der
von Helmholtz veränderten v. Öttingen'schen Weise):

```
              . . cis gis dis  etc.

  . . f  c  g  d  a  e  h  fis cis gis dis . .
  . . des as es  b  f  c  g  d  a  e  h  fis cis gis dis . .
              . . des as es  b  f  c  g  d  a  e  h . .
              . . heses fes  etc.
```

Statt der großen und kleinen Buchstaben bedient man sich also jetzt
der unzweideutigen Kommastriche (c ist ein Komma tiefer als c, as
ein Komma höher als as, cis zwei Komma tiefer als cis u. s. w.).

Helmholtz hat aber nicht nur Hauptmann's Theorie in ihrer
ganzen Tragweite erfaßt und, abgesehen von der ungenügenden Erklärung der Mollkonsonanz und des Unterschiedes von Konsonanz
und Dissonanz, wissenschaftlich fundirt, sondern hat selbst die Theorie
wesentlich fortentwickelt durch Aufstellung eines Begriffes, der ganz
neue Perspektiven eröffnet hat, des Begriffes der Klangvertretung. Mögen alle Theoretiker es geahnt haben, gesagt hat es
keiner, daß wir Töne als Vertreter von Klängen auffassen.
Klänge sind zwar nach Helmholtz nur Obertonklänge, also Durakkorde,

und in der That führt er für die Auffassung des Mollakkordes c-es-g die Klänge c (für c-g) und es (für es-g) ein, d. h. der Mollakkord verbindet nach Helmholtz Theile zweier verschiedener Klänge. (Hostinsky folgte ihm darin, ging sogar noch weiter). A. v. Öttingen hat aber dem Helmholtz'schen Begriff der Klangvertretung dadurch eine beispiellose Tragweite gegeben, daß er neben dem Durakkorde auch den Mollakkord als einen wirklichen Klang hinstellt, als dessen Vertreter ein Ton auftreten kann. Das Princip der Klangvertretung gehört nicht mehr in die Physik, auch nicht in die Physiologie, sondern in die Psychologie. Wenn es sich aus der Erfahrung erweist, daß wir ebenso im Stande sind, einen Ton als Vertreter eines Mollakkordes zu verstehen wie als Vertreter eines Durakkordes (ohne daß der eine oder der andere Klang wirklich erklingt), so ist das ein wissenschaftliches Faktum, auf welches so gut weiter aufgebaut werden kann, wie auf die akustischen Phänomene. Sind wir erst zu dieser Erkenntnis durchgedrungen, so kümmert uns die physikalische Begründung des Mollakkordes kaum noch. Das psychologische Faktum der Auffassung der Töne im Sinne von Klängen steht fest, und zwar kann jeder Ton als Vertreter von drei Durakkorden und drei Mollakkorden verstanden werden; er kann Hauptton, Quintton oder Terzton im Dur- oder Mollsinne sein. Es wird uns in keiner Weise schwerer, ein allein angegebenes e als Hauptton seines Unterklangs (a-c-e), oder als Quintton des h-Unterklanges (e-g-h) oder Terzton des gis-Unterklanges (cis-e-gis) aufzufassen, wie als Hauptton des e-Oberklanges (e-gis-h) oder als Quintton des a-Oberklanges (a-cis-e) oder endlich als Terzton des c-Oberklanges (c-e-g). Andere Klänge, als deren Vertreter e verstanden werden könnte, giebt es nicht; nur als fremder, die Konsonanz störender Ton kann es noch zu einer großen Zahl anderer Klänge treten, z. B. zum fis-Durakkord als Septime, zum g-Durakkord als Serte u. s. w.

Durch diesen jüngsten Fortschritt der wissenschaftlichen Erkenntnis ist die Harmonielehre aus einer Lehre von den mathematischen Verhältnissen der musikalischen Intervalle zu einer Lehre von den Tonvorstellungen und ihrer Verknüpfung geworden, während die Akustik und die Physiologie des Hörens die Bedeutung von Hilfswissenschaften wiedergewonnen haben, die ihnen

gewiß gebührt und die sie vom Standpunkte des Musikers aus
gewiß immer nur gehabt haben.　Der Musiker begrüßt den Umschwung mit Freude, denn die Vorstellungen der Töne, der Akkorde
sind ihm geläufig, und eine auf sie bezügliche Theorie versteht er
sogleich, sofern ihm die gewählte Terminologie verständlich ist,
während er zwischen den Rechnungen der Physiker und den Nerven-
affektionen der Physiologen und seinen Begriffen von Musik eine
tiefe Kluft fühlt.　Diese selbe Kluft besteht zwischen der zweiten und
dritten Abtheilung von Helmholtz' „Lehre von den Tonempfindungen";
im dritten Theile ist überall helles Licht, geistreiche Erkenntnis,
wahres musikalisches Verständnis, während im zweiten vergeblich die
Berührung mit der lebendigen Musik angestrebt wird und nur die
wie gesagt durchaus unzulängliche Erklärung der Konsonanz und
Dissonanz sich ergiebt.

　Der Fehler, den Helmholtz gemacht, ist jetzt leicht zu erkennen;
er suchte Begriffe aus der Natur der tönenden Körper zu erklären,
welche nur aus der Natur des percipirenden Geistes erklärt werden
können.　Konsonanz und Dissonanz sind musikalische
Begriffe, nicht aber bestimmte Formen der Schallbewegung.　Man darf aber nicht vergessen, daß diese Erkenntnis
erst nach langwierigen physikalischen und physiologischen Untersuchungen gewonnen werden konnte; erst mußte die Unmöglichkeit
eingesehen werden, daß Physik und Physiologie bis zur Begründung
der musikalischen Begriffe gelangen, ehe die Psychologie in ihre
Rechte eintreten konnte.　Heute wissen wir, daß es absolute Kon-
sonanzen überhaupt nicht giebt, daß auch der nach physikalischen und physiologischen Aufstellungen ungestörteste, wohlklingendste
Akkord musikalisch eine Dissonanz sein kann (z. B. der Quartsextakkord).

　Um nicht die Ausdehnung dieser Skizze über Gebühr zu ver-
größern, muß ich kurz sein und kann nur noch in den Hauptzügen
andeuten, welche Gestalt die Lehre von der Harmonik durch die Ein-
führung des Begriffs der Klangvertretung gewonnen hat.

　So lang ein Ton nicht seiner Klangbedeutung nach bestimmt ist,
haben wir die einfachste musikalische Vorstellung des Tones;
der Tonbegriff ist leer und unbefriedigend, er umfaßt nur den einfachen Ton nebst seinen Ober- und Unteroktaven; wir haben wohl
nur selten in voller Reinheit die Vorstellung eines nicht näher be-

stimmten Tones, neigen vielmehr dazu, den ein Stück anfangenden
Ton als Hauptton im Dur- oder Mollsinne zu verstehen. Erheblich
inhaltreicher ist bereits die Vorstellung des Intervalls; während der Ton sechsfach verschieden aufgefaßt werden konnte, so existiren für das (konsonante) Intervall nur noch zwei verschiedene
Auffassungen: c-g ist entweder Vertreter des c-Oberklanges oder
des g-Unterklanges; denn einen Ton des Intervalls als Dissonanz
zu verstehen, könnten wir nur durch weiter hinzutretende Töne gezwungen werden, welche dem zweiten Tone eine bestimmte Bedeutung
als Vertreter eines Klanges gäben, dem jener nicht angehört. Aber
selbst der volle Begriff des musikalischen Klanges ist noch
weiterer Bestimmungen fähig und nicht in sich abgeschlossen. Denkt
man sich den c-Durakkord in f-Dur oder in g-Dur oder in c-Dur,
so ist die Vorstellung jedesmal eine verschiedene. Mit Recht bemerkt Helmholtz (L. v. d. T., 4. Aufl. S. 471), daß ein konso-
nanter Akkord als solcher durchaus noch nicht befähigt ist, ein
Tonstück abzuschließen; dieser konsonante Akkord muß vielmehr der
tonische sein, wenn er abschließend wirken soll. Wenn Helmholtz
aber weiter sagt, daß die früheren Theoretiker sich darüber nicht
völlig klar geworden seien, so muß ich Tartini ausnehmen, welcher (Trattato S. 112) betont, daß alle Töne der Tonart Dissonanzen sind mit Ausnahme der dem Klange der Tonika angehöri-
gen. Mit anderen Worten: musikalische Konsonanz in des
Wortes strengstem Sinne, schlußfähiger, keine weitere
Fortschreitung bedingender Akkord, ist einzig und
allein der tonische Akkord, in c-Dur der Akkord c-e-g, in
g-Dur g-h-d, in a-Moll a-c-e u. s. w. Der g-Durakkord ist in
c-Dur keine vollkommene Konsonanz, wie allein schon daraus hervorgeht, daß ihm ohne Veränderung seiner Bedeutung, ja ohne
wesentliche Veränderung seines physischen Klanges, die Septime bei-
gegeben werden kann; auch der f-Durakkord ist in c-Dur keine vollkommene Konsonanz und kann ohne Veränderung des Effekts mit
großer Sexte auftreten. Die Wirkung dieser Akkorde ist also eine
dissonanzartige, oder besser ausgedrückt, die Vorstellung dieser
Akkorde enthält etwas, das ihre Konsonanz zerstört, und dieses Etwas
ist nichts anderes als ihre Bezogenheit auf den c-Durakkord.
Denn einen Klang im Sinne einer bestimmten Tonart auffassen,
heißt ihn als verwandten, als Nebenklang eines anderen verstehen,

geradeso, wie einen Ton im Sinne eines bestimmten Klanges auffassen, ihn nicht isolirt, sondern in seiner Beziehung auf einen
Hauptton oder selbst als Hauptton gegenüber anderen Tönen auffassen heißt. Denke ich mir den c-Durakkord im Sinne der c-Durtonart, so ist er selbst Tonika, Centrum, schlußfähiger Akkord, seine
Vorstellung enthält also nichts seiner Konsonanz Widersprechendes,
erscheint ruhig, rein, einfach; denke ich mir dagegen den g-Durakkord im Sinne der c-Durtonart, so denke ich ihn mir als Klang
der Oberquinte des c-Durakkordes, d. h. der c-Durakkord selbst
geht mit in die Vorstellung ein als derjenige Klang,
an welchem sich die Bedeutung des g-Durakkordes bestimmt als etwas von ihm Abweichendes — das Centrum
der Vorstellung liegt also sozusagen außer ihr, d. h. es kommt ein
Moment der Unruhe in dieselbe, das Verlangen der Fortschreitung
zum c-Durakkord, die Dissonanz. Ebenso ist es mit dem f-Durakkord, überhaupt mit jedem Klange der Tonart. Dieser moderne
Begriff der Tonart oder, wie man zum Unterschied vom alten
Tonartbegriff sagt, der Tonalität, ist aber nicht an die Tonleiter gebunden; es können auch Klänge, welche leiterfremde Töne
benutzen, im Sinne der Tonika aufgefaßt werden und erhalten da-
nach ihre eigenartige Bedeutung, so vor allem die Terzklänge in
c-Dur der e-Durakkord und as-Durakkord) und Kleinterzklänge (in
c-Dur der es-Durakkord und a-Durakkord).

Ja das Verhältnis der Tonbeziehungen läßt noch eine Erweiterung zu, nämlich die zum Verhältnis der Tonarten unter-
einander. Wie der Hauptton des Klanges zu seinen Nebentönen
(dem Quinttone und Terztone und den entfernteren Verwandten),
wie der Hauptklang zu seinen Nebenklängen (den Quintklängen,
Terzklängen ꝛc.), so verhält sich die Haupttonart zu den Nebenton-
arten (den Quinttonarten, Terztonarten ꝛc.). In einem Stücke aus
c-Dur spielt die g-Dur-Tonart dieselbe oder eine ähnliche Rolle wie
in einer kurzen Kadenz aus c-Dur der g-Durakkord oder wie im
c-Dur-Arpeggio der Ton g, oder in der c-Durtonleiter die Töne
d und h, d. h. sie wirkt dissonanzartig, ist nicht selbstberechtigt zum
Dasein, sondern ihre Berechtigung ist eine bedingte und hat auf
Dauer keinen Anspruch. Die Urgesetze der Akkordfolge wie der
Tonartenfolge (Modulation) ergeben sich also in direkter Weise
aus der Erweiterung der einfachsten musikalischen Begriffe Konsonanz
und Dissonanz. Die Psychologie lehrt, daß nicht mehrere Vorstellungen koordinirt in der Auffassung zu bestehen vermögen, sondern
eine dominirt und die andere erscheint als ihr widersprechend, sie

störend. Dieser Satz bewahrheitet sich in der vollkommensten Weise
beim musikalischen Vorstellen; er giebt den Schlüssel für die wahre
Definition der Begriffe Konsonanz und Dissonanz, nach dem von
den Physikern und Physiologen vergeblich gesucht wurde. Durch
ihn gewinnen wir nicht allein eine principielle Unterscheidung für
Konsonanz und Dissonanz, sondern zugleich die von Lotze verlangten
qualitativen Unterscheidungen der verschiedenen Arten der Dissonanz.
**Konsonanz ist die einheitliche Auffassung der einen
und denselben Klang vertretenden Töne im Sinne
dieses Klanges; Dissonanz dagegen der Widerspruch
gegen den den Hauptinhalt der Vorstellung bildenden
Klang, die Störung der Einheitlichkeit desselben durch
einen oder mehrere Töne, welche andere Klänge vertreten. Die im dissonanten Akkord gleichzeitig ver-
tretenen Klänge erscheinen also nicht koordinirt, sondern einer erscheint als der Hauptinhalt der Vorstellung
und der andere als bloße Modifikation derselben.
Je nach der Verwandtschaft des als Dissonanz ver-
tretenen Klanges ist natürlich diese Modifikation eine
andere.**

Es ist ein durch die Erfahrung der Jahrhunderte festgestelltes,
aber auch durch psychologische Versuche jederzeit leicht zu konstati-
rendes Faktum, also Gesetz, **daß nur ein Durakkord oder
Mollakkord Hauptklang einer Tonart (Tonika) sein
kann,** nicht aber etwa auch ein verminderter Dreiklang oder ein
Septimenakkord oder irgend ein anderes Akkordgebilde; man muß
sich daher wundern, daß nicht schon längst die Theoretiker zu der
Einsicht gekommen sind, daß **alle Arten dissonanter Akkorde
nicht an sich verständlich sind, sondern im Sinne von
konsonanten verstanden werden,** sei es nun, daß den Tönen
des Klanges einer oder zwei andere hinzugefügt sind (Septimenakkorde, Sextakkorde, Nonenakkorde), oder daß für einen Akkordton ein
zu ihm hinleitender benachbarter eintritt (Vorhaltsakkorde), oder daß
ein Ton des Klanges selbst derart chromatisch verändert wird, daß
er als zu einem Ton eines anderen Klanges leitend wirkt (alterirte
Akkorde). Statt dessen hat man bis auf den heutigen Tag
dissonante Akkorde ebenso als Grundgebilde, als
Stammakkorde hingestellt wie den Dur- und Mollak-
kord; die Schuld dafür ist Kirnberger beizumessen, der die Ansätze
Rameau's zu einer Ableitung der dissonanten Akkorde von den konsonanten nicht verstand und nicht weiterführte, sondern an der den

Fortschritten der harmonischen Erkenntnis nicht akkommodations-
fähigen Akkord-Klassifikation der Generalbaßbezifferung festhielt.

Wenn es gelingt, die hier von mir skizzirte Theorie der Harmonik zu einem vollständigen System auszuführen, so wird die Harmonielehre eine wahrhafte Übung des musikalischen Denkens werden,
da sie vom Einfacheren selbst auf das Komplicirtere hinweist und dazu anregt, Neues zu versuchen, zu wagen, statt wie bisher, Neues
zu suchen.   In meiner „Musikalischen Syntaxis" und „Skizze einer
neuen Methode der Harmonielehre" habe ich Versuche der Ausführung
des Systems gemacht, besonders in ersterem Buche versucht, für die
Bildung geschlossener harmonischer Sätze allgemeine Gesichtspunkte
zu gewinnen.   Doch betone ich zum Schluß nochmals, daß am
äußeren Apparat meiner Darstellung, an der Fassung der Sätze
manches neu sein mag, daß dagegen die leitenden Gesichtspunkte,
die Grundbegriffe nicht von mir herrühren, sondern, soweit sie nicht
auf ältere Theoretiker (besonders Rameau) zurückzuführen sind, von
den drei großen Förderern der Erkenntnis des Wesens der Harmonik:
Moritz Hauptmann, Heinrich Helmholtz und Arthur von Öttingen.

Ludwig van Beethoven.

Von
Dr. Hermann Deiters.

41 u. 42.

Ludwig van Beethoven.

Von

Dr. Hermann Deiters.

ie nachfolgende Skizze, in welcher ein vor mehreren
Jahren in kleinerem Kreise gehaltener Vortrag um-
gearbeitet und erweitert ist, hat die Absicht, die
Resultate der neueren Forschungen über das Leben
Beethoven's, soweit es der Umfang dieser Vorträge gestattet, für
weitere Kreise zusammenzustellen. Es gab eine Zeit, welche, obwohl
sie dem Leben des großen Meisters näher stand, doch von demselben weit weniger wußte, wie die unsrige. Indem man im Ge-
nusse seiner Werke schwelgte, verband man mit denselben das Bild
des von den höchsten Ideen erfüllten, dabei aber ununterbrochen
von schweren Leiden heimgesuchten und während seines Lebens von
den Zeitgenossen verkannten Mannes, schenkte unsicheren Überlieferungen allzu rasch Glauben, und indem dieselben durch die Phantasie erweitert wurden und durch wiederholte Erzählung sich be-
festigten, war Beethoven in Gefahr zu einer halb mythischen Persönlichkeit zu werden. Die Mittheilungen seiner treuen Genossen
Wegeler und Ries, welche uns zuerst in sprechenden Zügen
den Menschen näher gebracht haben, verfolgten nicht die Absicht,
ein vollständiges Lebensbild zu geben; die Schriften Schindler's,
welcher von dem Leben seines großen Freundes zwar viel wußte,
aber alles zu wissen beanspruchte, haben zwar in manchen Punkten
Belehrung gebracht, in anderen dagegen die Verwirrung nur gesteigert. Otto Jahn ist es nicht beschieden gewesen, die längst

vorbereitete Biographie Beethoven's in Angriff zu nehmen. Einzelnes
Neue ist in den Büchern von A. B. Marx und L. Nohl enthalten;
Licht in das Dunkel brachte erst die umfassende und umsichtige
Forschung A. W. Thayer's, welcher durch Aufsuchung und
Verwerthung aller zugänglichen Quellen den Lebensgang des
Meisters klar gelegt, sowie seinen menschlichen Charakter zum Verständnisse gebracht hat; während gleichzeitig G. Nottebohm in
musterhaften, auf genaueste technische Kenntniß gegründeten Untersuchungen die Studien Beethoven's und die ganze Art seines
Schaffens zur Anschauung bringt und so die künstlerische Würdigung des Meisters auf sicherster Grundlage anbahnt. Auf die Forschungen dieser beiden Männer muß heute jeder zurückgehen, der
sich über Beethoven genauer unterrichten will; Nichtbeachtung derselben trägt die Schuld, daß sich noch immer mancherlei Irrtümer
bis in die neueste Zeit fortpflanzen. Daher erscheint die Zusammenstellung des thatsächlich Feststehenden, wie sie nachstehend versucht ist, wohl gerechtfertigt. Dieselbe muß sich schon des Raumes
wegen im wesentlichen auf das biographische Moment beschränken,
und kann des künstlerischen und kunstgeschichtlichen, in welchem die
Vorarbeiten noch zu sehr im Flusse sind, nur andeutungsweise und
in allgemeinsten Zügen gedenken. Diese Seite der Behandlung wird
sich bis auf weiteres noch am besten an einzelne Werke, einzelne
Gattungen oder Perioden anschließen, da allgemeines Raisonnement
vor genauester Analyse des Einzelnen allzusehr Gefahr läuft, in
Unklarheit und Unsicherheit sich zu verlieren. —

Die Familie van Beethoven stammt aus Belgien, wo
noch jetzt Nachkommen einzelner Zweige derselben leben. Die unmittelbaren Vorfahren unseres Meisters lebten seit der Mitte des
17. Jahrhunderts in Antwerpen, wo sein Großvater, Ludwig
van Beethoven, im December 1712 geboren wurde. Derselbe
verließ früh das elterliche Haus, bekleidete kurze Zeit eine Stellung
als Phonascus bei dem Kapitel ad S. Petrum in Löwen und
wandte sich im Jahre 1732 nach Bonn, der Residenz der Kurfürsten
von Köln, wo allem Anscheine nach bereits Angehörige der Familie
lebten. Nach kurzer Probezeit erhielt er schon im März 1733 eine
Anstellung als Hofmusikus bei dem kunst- und prachtliebenden Kurfürsten Clemens August. Seine tüchtigen Leistungen als Bassist
sowie seine gediegene Persönlichkeit verschafften ihm ein stets

wachsendes Ansehen, so daß er schließlich zu dem Amte des kurfürstlichen Hofkapellmeisters emporstieg, welches er von 1761 bis zu seinem Tode, den 24. December 1773, bekleidete. Durch geschäftliche Unternehmungen, die er neben seinem Amte betrieb, brachte er es auch zu äußerem Wohlstande. Die Erinnerung an den würdigen und stattlichen Mann prägte sich auch dem Enkel, der ihn schon mit drei Jahren verlor, tief ein, und sein Bild, welches in seinem Zimmer hing, hielt er stets in Ehren.

Sein Sohn war Johann van Beethoven, geboren wahrscheinlich 1740, gleichfalls musikalisch beanlagt und zur Musik erzogen. Schon mit 10 Jahren trat er, als Schüler der Infima, in einem Singspiele auf; 1754 begann er bei der Hofmusik aushilfliche Dienste zu leisten und wurde 1756 als Tenorist mit einem Gehalte von 100 Thalern, welches während seines Lebens nicht über 200 Thaler stieg, fest angestellt. Außer dem Gesange übte er auch das Violinspiel; sein Musikunterricht war zeitweise in Bonn gesucht und es wurden ihm officiell Schüler zur Ausbildung überwiesen. Ein schöner Mann, aufgeweckt und lebenslustig, hatte er doch nicht das solide und tüchtige Wesen des Vaters; mit vorrückenden Jahren gab er einer, leider von seiner Mutter ererbten Neigung zum Trunke in einer Weise nach, welche seine Stimme ruinirte, seine Verhältnisse zerrüttete und ihn nach und nach zur Wahrnehmung seiner Stellung und zur' sorgfältigen Erziehung seiner Kinder unfähig machte. Im Jahre 1767 vermählte er sich, gegen den Wunsch des Vaters, mit der jungen Wittwe eines Kammerdieners Laym aus Ehrenbreitstein, Magdalena, gebornen Keverich. Der zweite Sohn dieser Ehe war Ludwig, geboren mit höchster Wahrscheinlichkeit am 16. (getauft am 17.) December 1770. Von den übrigen Kindern blieben noch zwei Söhne am Leben, Karl Kaspar, geboren 1774, und Nicolaus Johann, geboren 1776.

Die Stadt Bonn war in jener Zeit als kurfürstliche Residenz der Sitz von mancherlei nützlichen Bestrebungen auf geistigem Gebiete; insbesondere hatte die Tonkunst schon seit etwa einem Jahrhundert, ähnlich wie wir es an anderen deutschen Höfen in jener Zeit sehen, eine angelegentliche Pflege erfahren. Der Dienst der bei der Hofkapelle angestellten Musiker erstreckte sich in gleicher Weise auf Kirche, Konzertsaal und Theater. Da es zu den Pflichten eines in höherer

Stellung befindlichen Mufiters, jedenfalls eines Kapellmeisters,
gehörte, zu bestimmten Veranlassungen, namentlich scenischen Aufführungen, Mufit zu liefern, und da auch andere, die sich berufen
fühlten, diesem Beispiele gern folgten, so war eine gewisse Leichtigkeit
und Routine des Schreibens weit verbreitet, und daher für hervorragende Talente die Gelegenheit, sich die gebräuchlichen Formen
früh anzueignen und sich selbständig zu versuchen, fortgesetzt gegeben, besonders wenn sich, was wir ebenfalls in jener Zeit vielfach finden, die Kunst in einzelnen Familien forterbte. Was wir
von Aufführungen aus der Zeit des Kurfürsten Clemens August
(1724—1761) erfahren, deutet auf Kompositionen einheimischer
Mufiter. Als unser Meister geboren wurde, nahm den kurfürstlichen Thron Maximilian Friedrich aus dem Hause Königseck-
Rothenfels ein (1761—1784), unter dessen Regierung, bei thätiger
Fürsorge seines Ministers von Belderbusch, der kleine Staat
durch Sparsamkeit, Sorge für Industrie und für gute Erziehungs-
anstalten zu einer gewissen Blüthe gelangte. Unter diesem Kurfürsten
war Beethoven's Großvater Kapellmeister geworden; nach seinem
Tode wurde es der Italiäner Andrea Luchesi (1774), als ge-
fälliger Komponist in verschiedenen Gattungen geschätzt, neben
welchem als Kapelldirektor der tüchtige Violinspieler Cajetano
Mattioli stand. Im Jahre 1778 gründete Max Friedrich in
Bonn ein Nationaltheater, welches Großmann leitete, und an
welchem dessen Stieftochter Friederike Flittner, nachmals Frau
Unzelmann, ihre ersten Lorbeeren pflückte. Hier begegnen wir
Aufführungen von Opern der Italiäner Galuppi, Piccini, Salieri,
der Franzosen Philidor, Monsigny und Grétry, und Mozart's
„Entführung" kam bald nach ihrer ersten Darstellung auch auf die
Bonner Bühne. Dieses Theater brachte, wie natürlich, neue und
tüchtige musikalische Kräfte in die kleine Residenz; darunter, wie
wir sehen werden, zwei von Beethoven's Lehrern.

Es waren also ungewöhnlich günstige Verhältnisse, unter welchen Beethoven geboren wurde; selbst bei geringerem Talente hätte
er alle Aussicht gehabt, ein tüchtiger Mufiter zu werden. Da der
Großvater an der Spitze der ganzen Hofmufit stand, der Vater als
Hofmufiter und Lehrer nach den verschiedensten Seiten seine Dienste
zu leisten hatte, da im Hause vielfacher musikalischer Verkehr war
und öfters kleine Mufitaufführungen stattfanden, wuchs er förmlich

in die Musik hinein. Um wie viel stärker mußten sich diese Anregungen erweisen bei einem Knaben, bei dem sich außerordentliche
Begabung, sicheres Gehör, leichte Auffassung und technisches Geschick schon in frühester Kindheit zeigten.

Dem Vater konnte dies alles nicht verborgen bleiben, und so
begann er früh ihn im Klavier- und Violinspiel zu unterrichten;
doch mußte er bald zu der Überzeugung kommen, daß sein Unterricht
nicht ausreiche. Daher übergab er ihn mehrfach wechselnd anderen
Lehrern, was seiner ersten Ausbildung nicht eben förderlich sein
konnte. Als erster derselben wird Tobias Friedrich Pfeiffer
genannt, welcher als Sänger mit der Großmann'schen Truppe nach
Bonn gekommen war, ein talentvoller, aber leichtsinniger Mann;
derselbe unterrichtete ihn im Klavierspiel, jedoch sehr ungeregelt und
nicht in festen Stunden. Da dieser schon 1780 Bonn wieder verließ, nahm der Vater seine Zuflucht zu dem hochbejahrten Hoforganisten van den Eeden, der schon seit 1728 in kurfürstlichen
Diensten war; er soll den Knaben zuerst unentgeltlich unterrichtet
haben, und zwar jedenfalls im Orgelspiel, dann wohl auch auf
dem Klavier. Den Unterricht im Violinspiel besorgte ein anderer
Freund des Hauses, ein junger Hofmusiker Rovantini, der aber
schon 1781 starb. Es erwächst der Verdacht, daß alle diese Lehrer
gewählt wurden, um hohe Kosten zu vermeiden, und daß eine
stetige, methodische Ausbildung des Knaben bei der Wahl nicht
ins Auge gefaßt war. Es waren nicht tiefere sittliche Motive,
welche den Vater bei der musikalischen Erziehung dieses Sohnes
leiteten; das seltene Glück eines Mozart, dessen Vater in der Ausbildung dieses genialen Kindes seine Lebensaufgabe sah, blieb
Beethoven versagt. Johann van Beethoven scheint wesentlich dahin gestrebt zu haben, möglichst früh mit dem Sohne zu glänzen,
und sobald es irgend anginge, in ihm sich eine Stütze in seinen
eigenen gedrückten Verhältnissen heranzuziehen. So producirte er
das Wunderkind früh bei Hofe und ließ ihn im März 1778 in
einem Konzerte zu Köln als Klavierspieler auftreten. Mit dem
Elfjährigen unternahm die Mutter im Winter 1781/82 eine
Reise nach Holland, wo sein Spiel Aufsehen erregte und sie durch
reichliche Geschenke für die Mühen der winterlichen Fahrt entschä-
digt wurden.

Im Jahre 1781 erfolgte in seinem Unterrichte eine Wendung

zum Besseren; derselbe wurde nach van den Eeden's Tode in die
Hände Neefe's gelegt, desjenigen unter seinen Bonner Lehrern,
welchem Beethoven auch in seinen späteren Jahren den meisten
Dank zu schulden sich bewußt war. Christian Gottlob Neefe,
geborener Sachse aus Chemnitz und Schüler Joh. Adam Hiller's
in Leipzig, war 1779 als Musikdirektor bei der Großmann'schen
Truppe nach Bonn gekommen und auf Grund seiner bald erkannten guten Leistungen, trotz seines protestantischen Bekenntnisses,
1781 zum kurfürstlichen Hoforganisten ernannt worden. Ein kleiner
verwachsener Mann, von lebhaftem Geiste und guter allgemeiner
Bildung (er hatte auf der Universität juristische und philosophische
Studien getrieben), dabei von einer wenn nicht tiefen, doch leichten
und angenehmen Produktionskraft, brachte er immerhin ein neues und
belebendes Element nach Bonn, und wenn er auch dem jungen
Beethoven nicht alles bieten konnte, was seinem überragenden Talente entsprechend gewesen wäre, richtete er doch seinen Blick auf
Erscheinungen und Erfordernisse, von denen er vorher nichts vernommen hatte. Die Regeln des sogenannten strengen Satzes, wie
ihn die alten Italiäner ausgebildet, waren ihm selbst fremd, und
in der Handhabung der schwereren polyphonen Gestaltungen war
er nicht geübt; er gehörte vielmehr einer Richtung an, welche sich
von der Einwirkung der hohen polyphonen Kunst Bach's und
Händel's abwandte und der leichten und gefälligen Melodik des
italiänisch-französischen Stiles sich zuwandte. Damit ist auch die
Grenze für die Förderung gegeben, welche Beethoven von ihm erhalten konnte. Er übte ihn in der Harmonielehre und in der
Kunst des sogenannten reinen Satzes, und der Einfluß seines Un-
terrichtes ist in den Kompositionen des Knaben zu erkennen; die
schwereren Formen der Fuge und des doppelten Kontrapunkts
hat Beethoven von ihm nicht gelernt. Indirekt aber förderte er
seine Fertigkeit und seinen Geschmack dadurch, daß er ihn
Bach's wohltemperirtes Klavier spielen ließ; und besonders be-
deutsam wurde es für Beethoven's zum eigenen Schaffen tief angelegte Natur, daß Neefe, seiner allgemeinen Geistesrichtung folgend,
die Beziehung der Tonwelt auf das Seelenleben zu betonen liebte.

Neefe war auch literarisch thätig; in dem Berichte über die Musik
in Bonn in Cramer's Magazin (2. März 1783) führt er den Knaben
ehrenvoll in die musikalische Welt ein, rühmt sein fertiges und kräf-

tiges Klavierspiel, namentlich die Sicherheit des Spielens vom Blatte,
und wünscht, daß er Unterstützung zum Reisen erhalte; „er würde
gewiß ein zweiter Wolfgang Amadeus Mozart werden, wenn er so
fortschritte, wie er angefangen". Auch vermittelte Neefe zuerst die
Herausgabe von Kompositionen Beethoven's: es waren dies Variationen über einen Marsch von Dreßler, und drei Sonaten
für Klavier, welche er im Alter von 12 Jahren erscheinen ließ und in
einer schwülstigen, jedenfalls von Neefe verfaßten Dedikation dem
Kurfürsten widmete.   Die letzteren namentlich sind bemerkenswerth
durch die Sicherheit der Formgestaltung und eine gewisse kindlich
kräftige Melodik; ihrem Zuschnitte nach gehören sie im Ganzen der
Richtung Phil. Eman. Bach's an, den Beethoven früh kannte und
stets hochhielt.   Das erste, was Beethoven überhaupt geschrieben,
soll einer Nachricht zufolge eine Trauerkantate auf den Tod des
englischen Gesandten Cressener gewesen sein, welcher am 17. Januar
1781 gestorben war.

Neben der schnellen musikalischen Fortbildung kam sein sonsti-
ger Unterricht nicht über das Nothwendigste hinaus.   Nach neueren
Untersuchungen hat er das sog. Tirocinium besucht, eine vor anderen gesuchte Schule der Stadt, und auf derselben neben den
nothwendigsten Elementarkenntnissen Französisch und etwas Latein
gelernt; erstere Sprache wußte er auch später noch zu handhaben.
Eine eigentliche wissenschaftliche Bildung hat er in seiner Jugend
nicht erhalten, ist aber in seinem späteren Leben eifrig bemüht gewesen, die Lücken seiner Jugendbildung auszugleichen.

Auch die häusliche Erziehung konnte keine nachhaltig hebende
sein, da der Vater nur niederen Gesichtspunkten folgte und gar
nicht berührt war von dem Gedanken, diesen ihm anvertrauten
Schatz um seiner selbst willen sorgfältig zu hegen und zu entwickeln.   Der Wechsel von Härte in der Behandlung und wiederum
Gleichgültigkeit gegen wesentliche Interessen konnten einen günstigen
Einfluß nicht üben; das Gemüthsleben ging dabei leer aus.   Das
Fehlende konnte ihm auch die Mutter, an welcher der Knabe und
Jüngling mit großer Liebe hing, nicht völlig ersetzen; wohlwollend
und sorglich, aber leidend und nicht im Stande, dem auch auf ihr
lastenden Drucke der Verhältnisse Widerstand zu leisten, auch wohl
wenig gebildet, konnte sie dem Sohne einen bleibenden Schatz fürs
Herz nicht mitgeben.   So wuchs er heran als scheuer, einsilbiger

und in sich verschlossener Knabe, erlangte nicht die Fähigkeit in
Welt und Menschen sich zu schicken und legte früh den Grund zu
manchen der Eigenschaften, welche in späteren Jahren den Umgang
mit ihm so sehr erschwerten.

Das rasche Emporwachsen seines Talentes mußte ihm nach
und nach ersetzen, was ihm zu Hause fehlte; ja indem es ihm über
Erwarten früh auch nach außen eine Stellung gab, mußte sich sein
Muth und sein Selbstvertrauen allmählich heben. Neefe war es,
der ihm den Weg zu dieser Stellung bahnte. Er zog ihn oft zur
Vertretung bei der Hoforgel heran, und diese Vertretung war eine
so vollständig befriedigende, daß er 1782 bei Neefe's längerer Abwesenheit den Dienst ausschließlich wahrnahm, und daß im Frühjahr 1784 der dreizehnjährige Knabe in aller Form als zweiter
Hoforganist, zunächst ohne Gehalt, angestellt wurde. In gleicher
Weise vertrat er seinen Lehrer seit 1783 als Cembalist im Theater-
orchester, und hatte so Gelegenheit, mit den Bühnenkompositionen
der Zeit, mit den Erfordernissen ihrer Darstellung, mit Gesang und
Orchester sich bis ins einzelne vertraut zu machen.

Im April 1784 starb Kurfürst Max Friedrich; ihm folgte
Maximilian Franz, der jüngste Sohn der Kaiserin Maria
Theresia und Bruder Josephs II. Seine Regierung schien nach
jeder Richtung eine neue Periode geistiger Regsamkeit in Bonn an-
bahnen zu sollen; er war es, welcher den schon unter seinem Vorgänger gefaßten Plan der Gründung einer Universität in Bonn
1786 zur Ausführung brachte. Erfüllt von der in der habsburgi-
schen Familie erblichen Liebe zur Musik, auch selbst ausübend,
brachte er die Hofmusik zu neuem Glanze. Er ließ sich eingehende
Berichte über die Kapelle erstatten, auf Grund welcher er die be-
währten Mitglieder in seinem Dienste behielt; unter diesen befand
sich der junge Beethoven, der ihm als „von guter Fähigkeit und
guter stiller Aufführung" empfohlen war; derselbe erhielt jetzt als
zweiter Hoforganist 150 Gulden Gehalt. So hatte er also eine
anerkannte Stellung, die ihm weitere Erfolge versprach. Seine
Studien bei Neefe setzte er mit Eifer fort; im Violinspiel suchte er
sich unter der Leitung des trefflichen Franz Ries weiter auszubilden. Seine produktive Kraft erstarkte zusehends; seine Gabe der
freien Phantasie auf dem Klavier erregte allgemeines Staunen. Im
Jahre 1785 komponirte er drei Klavierquartette, die schon

einen freieren und selbständigeren Zug verrathen und den Erfolg
ernsterer Studien erkennen lassen; er hat sie nie herausgegeben, aber
einzelne Motive derselben in späteren Werken verwerthet. Sowohl
in der Wahl der Mittel als in dem Bau der Sätze und der Behandlung der Form macht sich hier zum ersten Mal der Einfluß
Mozart's geltend. Mozart, längst der Welt als Wunder früh ent-
wickelter Genialität bekannt, stand damals sowohl in der Oper wie
in den verschiedenen Gattungen der Kammermusik als erster unter
den lebenden Komponisten unbestritten da. Wir dürfen annehmen,
daß unter der Anregung des neuen Kurfürsten, welcher ihn sogar
nach Bonn hatte ziehen wollen, die Pflege seiner Kompositionen
dort einen neuen Aufschwung nahm. Vor seiner Idealität, vor
dem Reichthum seiner Kunst mußte der Glanz der italiänischen und
französischen Oper verblassen; in den Kreisen, in denen guter Geschmack einheimisch war, und zu denen das Beethoven'sche Haus
jedenfalls gehörte, wurde er der Maßstab des Schönen und Wahren.
Hier ist der tiefste und nachhaltigste Einfluß zu suchen, welchen der
junge Beethoven von einem ihm ebenbürtigen Meister empfing, und
welcher sich, wie jedem Kenner seiner Werke außer Zweifel ist, weit
über die erste Periode seines Schaffens hin erstreckt. Nichts Er-
wünschteres konnte ihm vorschweben, als diesen von ihm aufs höchste
verehrten Meister zum Lehrer zu erhalten.

Es konnte nicht fehlen, daß einflußreiche Kreise der Stadt und
namentlich der Kurfürst selbst auf den hochbegabten Knaben aufmerksam wurden und die Nothwendigkeit einsahen, daß ihm eine
bessere Unterweisung zu Theil werde, als er sie in Bonn erhalten
konnte. Vorübergehend scheint er in Mainz gewesen zu sein, wo
der beliebte Klavierspieler Sterkel lebte; doch entsprach dessen allzu
zartes und zierliches Spiel nicht seinem Geschmack und Bedürfnisse.
Im Frühjahr 1787 reiste er, von einer uns unbekannten Seite unterstützt, nach Wien, um von Mozart Unterricht zu erhalten. Es ist
bekannt, in wie hohes Erstaunen der große Meister gerieth, als er
den jungen Bonner Künstler über ein gegebenes Thema frei phan-
tasiren hörte, und wie er ihm seine große Zukunft prophezeite. Der
Unterricht begann, dauerte aber nur kurze Zeit, und wir sind über
den Gegenstand desselben nicht unterrichtet. Der ganze Wiener Aufenthalt fand ein vorzeitiges Ende durch die Krankheit der Mutter
Beethoven's; er mußte seine Abreise beschleunigen, um sie noch zu

sehen; sie starb am 17. Juli 1787. Beethoven hatte auf der Rückreise sich in Augsburg aufgehalten, dort den musikkundigen
Dr. Schaden aufgesucht und von ihm das Geld zur Weiterreise
entliehen. Ein am 15. September an denselben gerichteter Brief
zeigt den fast 17jährigen zu bemerkenswerther Selbständigkeit in
Leben und Urtheil entwickelt, dabei jedoch tief gedrückt, ohne Fami-
lienglück, ohne Zutrauen zu sich selbst und von dem Glauben an
eigene gefährliche Krankheit beherrscht. Diese hoffnungslose Stimmung sollte nun bald einer besseren weichen.

Es mag nicht viel später gewesen sein, als der bereits vielgesuchte
junge Künstler zum Musiklehrer für die Tochter und den jüngsten
Sohn der Frau von Breuning gewählt wurde, deren Gatte,
Hofrath von Breuning, 1777 beim Brande des kurfürstlichen
Schlosses in Erfüllung seiner Pflicht seinen Tod gefunden hatte.
Aus dem Lehrer wurde bald ein geschätzter Freund des Hauses;
ganz und voll würdigte man sein herrliches Talent, wußte die edlen
und tiefen Seiten seines Charakters zu erkennen und sie von der
noch ungeläuterten Außenseite zu unterscheiden; er gab sich selbst
frei und ungezwungen und fand in der Sorgfalt der Mutter und
der Freundschaft der Kinder — dreier Söhne und der Tochter
Eleonore, denen noch der junge Wegeler, der nachmalige Gatte
der letzteren, hinzuzufügen ist — einen reichen Ersatz für die traurigen Eindrücke des eigenen Hauses.

Um dieselbe Zeit war der junge Graf Waldstein, einem
böhmischen Geschlechte entsprossen, nach Bonn gekommen, um sich
unter Max Franz, dem damaligen Großmeister des deutschen Ordens,
zum Eintritte in denselben vorzubereiten; die feierliche Einkleidung
fand am 17. Juni 1788 statt. Sein großes Interesse für Musik
führte ihn sehr bald mit dem jungen Beethoven zusammen; er verkehrte aufs lebhafteste mit ihm und unterstützte ihn in jeder Weise,
welche das seine Ehrgefühl des Schützlings zuließ. Er war es, der
neben Neefe die volle Erkenntnis dieses Genius hatte und auch wirksam bethätigte.

Zu diesen Beziehungen traten selbstverständlich noch manche
andere zu Personen, welche mit dem Hofe oder der neubegründeten
Universität in Beziehung standen oder sonst eine angesehene Stellung
einnahmen. Beethoven's eigene Stellung zum Hofe wurde geändert
und gehoben durch seine 1789 erfolgte Ernennung zum kurfürstlichen

Kammermusikus. Zu Anfang desselben Jahres wurde das neue kurfürstliche Nationaltheater eröffnet und so dem Kunstleben der Stadt eine neue Anregung zugeführt. Außer der Gewinnung tüchtiger Sänger und Schauspieler wurde das Orchester durch neue und vorzügliche Kräfte verstärkt, unter denen der neue Dirigent Joseph Reicha, dessen begabter Neffe Anton Reicha, die beiden Vettern Andreas und Bernhard Romberg hervorzuheben sind; neben ihnen war die Zusammensetzung des Blasorchesters von gerühmter Vortrefflichkeit. In diesem Orchester spielte Beethoven die Bratsche, und hatte so Gelegenheit, in einem Zeitraume von vier Jahren durch eigene Mitwirkung die besten Opern der Zeit kennen zu lernen und mit den Wirkungen des Orchesters sich praktisch vertraut zu machen. Unter den Meistern, deren Werke auf die Bonner Bühne kamen, nennen wir außer den Italiänern Paisiello, Salieri u. a. die deutschen Meister Gluck, Dittersdorf, Benda, Schuster und vor allen Mozart, dessen „Entführung", „Don Juan" und „Figaro" das Repertoire zierten. Zu den Mitgliedern dieser ausgesuchten Kapelle stand Beethoven in freundlichem, auf gegenseitiger Achtung begründetem Verhältnisse, wenngleich er sich schon damals, theils aus einer in seinem Alter liegenden Bescheidenheit, theils wohl auch aus dem allmählich erstarkenden Gefühle seiner künstlerischen Bedeutung, eine gewisse Zurückhaltung gestattete. Denn immer größer wurde die Bewunderung, welche er durch sein Klavier- und Orgelspiel, durch die wunderbare Gabe des Phantasirens und Improvisirens und besonders das Seelenvolle seines Vortrages, wie man es nie ähnlich gehört hatte, bei allen erregte. Das erkennen wir aus einem Berichte des Kaplans Junker, welcher ihn im Spätsommer 1791 in Mergentheim hörte, dem damaligen Sitze des deutschen Ordens, wo der Kurfürst sich eine Zeit lang aufhielt und wohin er seine Kapelle hatte kommen lassen. In hohen Ausdrücken rühmt er Beethoven, „den lieben, leise gestimmten Mann", dessen Spiel er hinsichtlich der Fertigkeit allen, die er bisher gehört, gleichstellt, hinsichtlich des Ausdrucks über alle stellt; er nennt es „sprechender, bedeutender, ausdrucksvoller, kurz mehr für das Herz". Und diese Anerkennung fand er in gleicher Weise bei seinen Genossen; „alle sind ganz Ohr", sagt derselbe Berichterstatter, „wenn er spielt".

Mit der fortschreitenden Entwicklung seiner darstellenden Fertigkeit ging die der produktiven Hand in Hand; sowohl aus freiem Antriebe wie nach gegebenem Anlasse komponirte er manches, was er zum Theil nie, zum Theil erst später veröffentlichte. Einzelne damals entstandene Arbeiten sind als Studien in Verbindung mit dem von Neefe erhaltenen Unterrichte anzusehen, wie die beiden, später als Op. 39 herausgegebenen, aber schon 1789 geschriebenen Präludien durch alle Tonarten. Den Arbeiten in größerer Form schlossen sich weiter an ein Klaviertrio in Es und eine Sonate für Klavier und Flöte (ungedruckt); auch ein Klavierkonzert hat er schon als Knabe komponirt. Das Trio in Es für Streichinstrumente (Op. 3) ist nachweislich in jener Bonner Zeit komponirt, die Klaviertrios Op. 1 wenigstens zum Theil entworfen. Zweifellos hat das vorzügliche Oktett von Bläsern in der Bonner Kapelle ihm die Anregung zu dem Oktett für Blasinstrumente gegeben, welches er zunächst in einer Bearbeitung als Streichquintett (Op. 4), und später auch in seiner Originalgestalt (Op. 103) herausgab; diesem schloß sich noch das aus dem Nachlasse herausgegebene Rondino für Blasinstrumente an. Sehr verbreitet war die Neigung der Komponisten, über beliebte Melodien aus bekannten Opern Variationen zu schreiben; Beethoven ist derselben wie bekannt in ausgiebigster Weise gefolgt, und unter ihnen sind die schönen Ddur-Variationen über Righini's »Vieni amore« in Bonn geschrieben. Daneben komponirte er auch für die Singstimme; so stammt z. B. die Feuerfarbe (Op. 52) nachweislich aus der Bonner Zeit. Wo es bei feierlichen Anlässen etwas zu komponiren galt, nahm man zu ihm seine Zuflucht; darauf sind auch wohl die bisher leider nicht aufgefundenen Trauerkantaten auf den Tod der Kaiser Joseph II. und Leopold II. zurückzuführen. Für ein von dem Adel aufgeführtes altdeutsches Ritterballet schrieb er auf Waldstein's Ansuchen die Musik; die Einfachheit und Kürze der einzelnen Nummern derselben wird sich aus dem Umstande erklären, daß dieselbe unter Waldstein's Namen zur Aufführung kam. Auch dieses Werk ist noch nicht gedruckt. Unter den genannten Stücken befinden sich einzelne, die bereits als reife Früchte des Beethoven'schen Schaffens allerwärts bekannt sind. Was wir aber von den Bonner Kompositionen kennen, zeigt neben der stetig fortschreitenden Entwicklung, wenn auch bei einzelnen Mängeln des Satzes, überall den ausgebildeten Sinn für Schönheit und Ebenmaß; nirgendwo zeigt sich die in unserer Zeit bei Erstlingswerken oft bemerkte geniale Überschwänglichkeit, nirgendwo überläßt er sich ungebundener und zügelloser Eingebung, sondern strebt von Anfang an nach durchsichtiger Klarheit der Form und Bestimmtheit des Gedankens. Und steht er auch, was erstere betrifft, durchaus unter dem Einflusse der Früheren und namentlich Mozart's, so läßt sich doch ein neuer Geist vielfach deutlich vernehmen. Wenn wir an Beethoven die Fähigkeit bewundern, in einfachster und natürlichster Gestalt das Große und Edle zu sagen, über die Begrenztheit der Subjektivität nach dem Allgemeingültigen und Idealen zu streben, zur Aufnahme desselben die Form sich dienstbar zu machen und die Herrschaft der Phrase zu verbannen, so werden wir auf alles dieses schon in seinen früheren Arbeiten erkennbar hingewiesen. Das haben auch seine Genossen schon gefühlt; „er gibt sich sonst nicht mit Kleinigkeiten ab", schreibt Fischenich an Charlotte von Schiller bei Übersendung der Feuerfarbe, „sondern ist ganz für das Große und Erhabene".

In diese Zeit lebendiger künstlerischer und menschlicher Entwicklung fällt noch eine wichtige Umgestaltung seiner häuslichen Verhältnisse, die ihm auch äußerlich eine größere Selbständigkeit unter seinen Genossen gab. Sein Vater, dessen Stimme schon in den Berichten von 1784 als „ganz abständig" bezeichnet war, sank in seiner Stellung mehr und mehr und es mußte seine förmliche Absetzung befürchtet werden. Durch Waldstein's mächtigen Einfluß wurde durchgesetzt, daß derselbe mit Belassung seines halben Gehalts von seinen Pflichten dispensirt, die andere Hälfte dem Sohne zugelegt wurde. Dies wurde bestimmt durch einen Erlaß vom 20. November 1789, und so sah sich der noch nicht 19jährige Mann mit der Aufgabe betraut, für den Unterhalt der Familie und die Erziehung der jüngeren Brüder selbständig zu sorgen.

So lebte Beethoven in Bonn, angesehen als Künstler in allen Kreisen, beliebt und geachtet als Mensch unter seinen Kunstgenossen und näheren Freunden. Unter den letzteren stand die Familie von Breuning immerfort oben an; mit der Tochter Eleonore und den Söhnen Stephan und Lorenz verband ihn feste Freundschaft, welche ihm auch über die Trennung hinaus erhalten blieb; ja sein Herz wurde in diesem Kreise durch die Reize zweier Freundinnen des Hauses zum erstenmale gefesselt. Die Stellung, die er einnahm, und die Hoffnungen, die er hegen durfte, würden ihm gestattet haben, in seiner

Vaterstadt zu bleiben, hätte nicht das Bewußtsein, hier den Abschluß seiner Bildung nicht finden zu können, ihn und seine Gönner fort-gesetzt von der Nothwendigkeit überzeugt, daß er für eine Zeit lang seine Heimat verlasse. Der glänzendste Stern an seinem Himmel, Mozart, war Ende 1791 unerwartet geschieden; daher wurde nun der Blick auf Joseph Haydn gerichtet. Als dieser im Juli 1792 bei seiner Rückkehr von England durch Bonn reiste, wurde ihm Beethoven vorgestellt, durfte ihm eine Kantate vorlegen und die ermunternden Worte des alten Meisters vernehmen. Um bei ihm seine Studien zu vollenden, reiste er in den ersten Tagen des No-vembers 1792 nach Wien; Waldstein schrieb ihm (29. Oktober) die prophetischen Worte ins Stammbuch: „Lieber Beethoven! Sie reisen itzt nach Wien zur Erfüllung Ihrer so lange bestrittenen Wünsche. Mozart's Genius trauert noch und beweint den Tod seines Zög-lings. Bei dem unerschöpflichen Haydn fand er Zuflucht aber keine Beschäftigung, durch ihn wünscht er noch ein Mal mit Jemand ver-einigt zu werden. Durch ununterbrochenen Fleiß erhalten Sie Mo-zart's Geist aus Haydn's Händen." —

Die Zukunft lag rosig vor ihm; er wollte nach Vollendung seiner Studien nach Bonn zurückkehren, dann Kunstreisen unter-nehmen und eine glänzende Laufbahn konnte ihm nicht fehlen. Er ahnte nicht, wie bald durch Verhältnisse, welche außer aller Berech-nung gelegen hatten, sein Lebensgang eine völlig andere Richtung nehmen sollte. Mit der französischen Invasion von 1794 hörte das Kurfürstenthum und somit auch die kurfürstliche Kapelle auf zu exi-stiren. Schon vorher waren seine persönlichen Beziehungen zur Heimat gelöst worden. Im December 1792 war sein Vater ge-storben; seine Brüder folgten ihm nach Wien und suchten sich dort Stellungen zu verschaffen. Wien wurde seine zweite Heimat; er hat Bonn und den Rhein nie wiedergesehen.

In Wien begann nun Beethoven sehr bald nach seiner Ankunft bei Joseph Haydn das Studium des einfachen Kontrapunkts nach den Regeln des strengen Satzes, auf Grund eines von dem Lehrer gemachten Auszuges aus Fux' Gradus ad Parnassum, mit zahl-reichen, zu festen Gesängen nach den alten Tonarten gemachten Übungen. Dieser Unterricht dauerte etwa ein Jahr. Der große Meister, schon bejahrt, dazu mit eigenen Arbeiten beschäftigt, erwies sich als Lehrer eines so hervorragenden und dabei etwas unlenk-

samen Talentes nicht sonderlich geschickt, und ging überhaupt nicht
gründlich und sorgfältig zu Werke. Auf letzteres wurde Beethoven
selbst durch Schenk, den heitern und anmuthigen Komponisten des
„Dorfbarbiers“, zu seinem Mißvergnügen aufmerksam gemacht, und
erhielt von ihm, neben dem Unterrichte Haydn's, Unterstützung und
weitere Anleitung in seinem Studium. Als nun Haydn im Januar
1794 wieder nach England abreiste, wurde Beethoven Schüler des berühmten Theoretikers Albrechtsberger und blieb es etwa 15 Monate. Hier wurde er in den Regeln des einfachen und doppelten
Kontrapunkts gründlich unterwiesen und folgte dem Lehrer mit
fleißigem Bemühen; wenn auch der Unterricht in seinen Schluß-
kapiteln, vermuthlich durch eigene Ungeduld, vorzeitig beendigt
wurde, so hat er doch für ihn, wie seine weiteren Arbeiten zeigen,
bleibenden Gewinn gehabt, welchen er auch ferner durch eigene
Studien zu vermehren bestrebt war. Neben und nach diesen Lehrern
erhielt er von dem kaiserlichen Hofkapellmeister Salieri Unterweisung in der italiänischen Gesangeskomposition, und verdankt diesem
Unterrichte ohne Zweifel die Fähigkeit und Sorgfalt, die er seitdem
bei der Behandlung der Texte hinsichtlich richtiger Deklamation bewährte.

Die übrigen künstlerischen Anregungen, welche ihm die große
Stadt bot, waren gleichfalls von bedeutendem Einflusse auf seine
Entwicklung. Die italiänische Oper am Hoftheater stand, unter
Salieri's und Weigl's Leitung, in hoher Blüthe; daneben
boten das Theater auf der Wieden unter Schikaneder, sowie das
in der Leopoldstadt viel des Interessanten. Daß Beethoven den
Aufführungen der Opern von Salieri, Paisiello, Weigl, Winter u. a.
sein volles Interesse zuwandte, ist an sich zu erwarten und wird
durch seine zahlreichen Variationen über beliebte Motive aus denselben, welche in jenen Jahren entstanden, bewiesen. Der eifrigen
Pflege guter Instrumentalmusik bot namentlich der hohe österreichische
Adel, in welchem wie im Kaiserhause der Sinn für gute Musik sehr
rege war, eine ausgiebige Förderung; nicht bloß gute Musik zu
hören, sondern auch eigene Werke zu guter Aufführung zu bringen,
hatte ein junger Komponist vollauf Gelegenheit. Mehrere fürstliche
Persönlichkeiten, wie die Esterhazy's, Lobkowitz, Lichnowsky,
Odescalchi u. a. unterhielten ihre eigenen Kapellen, oder veranstalteten doch regelmäßige Musikaufführungen in ihren Wohnungen.

Zu diesen Kreisen erhielt Beethoven bald Zutritt, zunächst wohl
durch die Empfehlungen Waldstein's und anderer Bonner Gönner;
doch war, nachdem man ihn einmal kennen gelernt, sein Klavierspiel
und sein produktives Talent eine Empfehlung, welche alle anderen
bei weitem überwog.   Zu mehreren jener Familien trat er sehr bald,
fast wie ein Ebenbürtiger, in nahe Beziehungen; unter diesen war
Fürst Karl Lichnowsky von Anfang an sein wärmster Bewunderer und Beschützer, und in seinem Hause, in welchem die musikalisch hochgebildete und dem jungen Künstler ebenfalls wohlwollend
zugethane Fürstin Christiane waltete, fand er fast wie ein Familien-
mitglied die liebevollste Aufnahme.   Im Jahre 1794 finden wir ihn
dort wohnend; 1796 reist er in des Fürsten Begleitung, und 1800
setzte ihm derselbe ein festes Jahrgehalt von 600 Gulden aus.   Neben
ihm war es dessen Bruder Graf Moritz Lichnowsky, ein tüchtiger Klavierspieler, dessen Schätzung und Freundschaft ihm zu Theil
wurde; ferner Graf Browne, die Fürsten Kinsky, Lobkowitz,
Esterhazy, sowie der junge in Ungarn begüterte Graf Brunswick, ein geschickter Violoncellspieler, der ihm sein ganzes Leben
hindurch die aufrichtigste Freundschaft bewies.   Sein warmer Gönner
wurde ferner der Baron van Swieten, kaiserlicher Präses der
Studien- und Bücherkommission, ein eifriger Förderer des Geschmacks
für Bach's und Händel's Werke.   Bei Lichnowsky verkehrte der
kaiserliche Hofsekretär Nikolaus Zmeskall von Domanovetz,
einer der eifrigsten Musikfreunde der Hauptstadt und als Komponist
und Violoncellspieler geachtet; die Freundschaft, die sich zwischen
ihm und Beethoven bildete, hat sich in allen Wechselfällen seines
Lebens treu und dauerhaft erwiesen und war vielfach von günstigem
Einflusse auf unseren Meister.   Diesen Beziehungen schlossen sich
dann andere zu Wiener Kunstgenossen, außer seinen bereits genannten
Lehrern, an, die ihm ebenfalls nach mehr wie einer Richtung förderlich waren; unter ihnen nennen wir den eleganten Komponisten
Abbé Gelinek, Förster, Dolezalek, und vor allem jenes berühmte Streichquartett mit Ignaz Schuppanzigh an der Spitze
— die anderen Theilnehmer waren in jener ersten Zeit Sina, Weiß
und Kraft —, welches damals bei Lichnowsky in regelmäßigem Engagement stand, und welches für Beethoven's Schaffen weiterhin
noch von großer Bedeutung werden sollte.   Auch Bonner Freunde
sah er schon früh wieder, so Wegeler, der ihn 1794 bei Lichnowsky

traf, die beiden Romberg, die er in einem Konzert unterstützte, und
den jüngsten der Breuning'schen Brüder, Lorenz, zu welchem er
eine besonders zärtliche Zuneigung hegte.

Da sich Beethoven nun außer diesen Beziehungen theils durch
Unterricht, den er vielfach ertheilte, theils durch Konzerte, in denen
er sich dem Publikum als Klavierspieler und Komponist vorstellte
— zuerst am 29. März 1795 mit seinem Konzert in Cdur —, in
näheren und weiteren Kreisen bekannt machte, so gestalteten sich
nicht nur seine äußeren Verhältnisse über Erwarten günstig, sondern
er gelangte auch schneller, als dies vielen anderen geglückt war,
auf die höchste Stufe der Anerkennung; wenngleich sich auch, wie
immer in solchen Fällen, Widerspruch und Parteiungen bildeten,
und man ihm unter den Klavierspielern z. B. den fingerfertigen
Wölffl, unter den Komponisten einzelne beliebte Meister leichteren
Schlages oder doch die guten Alten entgegensetzte und den kühnen
Neuerer nicht aufkommen lassen wollte. In dem Reichthum und der
originalen Kraft, welche er in der freien Phantasie entwickelte, hat
man ihm jedoch nie einen anderen entgegengesetzt, und ihn in
diesem Betrachte nur mit Mozart verglichen, ja bald genug über
denselben gesetzt. Freie Phantasien liebte er auch in seine Konzert-
programme aufzunehmen.

Wiewohl er fortgesetzt produktiv thätig gewesen, war es doch
in dem Ernste, mit welchem er sich theoretischen Studien hingab,
begründet, daß er mit der Herausgabe von Kompositionen nicht
eilte. Er konnte 1794, wie er schreibt, Revue in dem reichen Vor-
rathe seiner Arbeiten halten; aber was als selbständiges Werk seinen Namen bekannt machen sollte, mußte den Hoffnungen, die man
auf ihn gesetzt hatte, vollständig entsprechen. So veröffentlichte er
denn endlich 1795 als erstes Werk jene drei Trios für Klavier,
Violine und Violoncell, längst entworfene, aber zum Zwecke der
Herausgabe durchgesehene und ausgearbeitete Werke, welche bis auf
den heutigen Tag unvergängliche Muster ihrer Gattung geblieben sind.
Dieses Opus 1 machte ihn, wie es kaum ähnlich vorgekommen war,
mit einem Schlage zum ersten lebenden Komponisten, ja zum ersten
Vertreter dieser Gattung überhaupt; sein Übergewicht über die entsprechenden Arbeiten Mozart's und Haydn's war durch den tieferen
Gehalt seiner Melodie, die größere Freiheit und Feinheit in der Behandlung der Form und der Kunstmittel über jeden Zweifel erhaben.

Ihnen ließ er bald nachher die drei seinem Lehrer Haydn gewidmeten Sonaten (Op. 2) folgen, und schrieb zu gleicher Zeit seine beiden ersten Klavierkonzerte in C (Op. 15) und B (Op. 19), Werke, welche nicht nur die ganze Schönheit in Erfindung und Form, sondern auch in der Behandlung des Instrumentes den selbständig entwickelten Stil des jungen Meisters zeigen. Nun entwickelt er eine mit jedem Jahre sich steigernde Fruchtbarkeit; fast mit jedem neuen Werke erobert er ein neues Gebiet und macht sich zum Herrscher in demselben. Die Violoncellsonaten Op. 5 und die Arie »Ah perfido« waren die Frucht seiner noch zu erwähnenden Reise von 1796; die Sonate in Es (Op. 7) entstand 1797, und in einem Konzerte dieses Jahres (6. April) spielte er zum erstenmale das Klavierquintett in Es (Op. 16). Die drei Sonaten Op. 10, die wunderbar vollendeten Streichtrios Op. 9, das Klaviertrio Op. 11 mit den Variationen über das Weigl'sche Thema und die seinem Lehrer Salieri gewidmeten Violinsonaten Op. 12 entstanden 1798; an die letzteren knüpfte ein wohlwollender Leipziger Recensent, der sie bizarr und voll gesuchter Schwierigkeiten fand, die Hoffnung, daß Beethoven, wenn er nur dem Gange der Natur folgen und sich selbst mehr verleugnen wollte, „bei seinem Talente und Fleiß" noch recht viel Gutes leisten werde! Die Sonate pathétique und die beiden Sonaten Op. 14 schrieb er 1799; die Bdur-Sonate (Op. 22), die Hornsonate (Op. 17), das Septett und die erste Symphonie im Jahre 1800; letztere beiden großen Werke wurden in einem Konzerte am 2. April zuerst aufgeführt. Die sechs Quartette (Op. 18), durch welche er sich wieder in einem anderen Felde mit den Vorgängern als überlegener Kämpfer maß, beschäftigten ihn während aller dieser Jahre und waren ebenfalls 1800 vollendet; und neben allen diesen großen Arbeiten gehen kleinere her, wie Variationen über beliebte Opernthemata und Tänze für die Reboutenbälle. Vergessen wir auch nicht die herrliche Adelaide, die er schon während seiner ersten Wiener Studien schrieb, und in welcher er die Selbständigkeit der Musik einem gegebenen Texte gegenüber, welche immer sein Grundsatz blieb, schon so früh an einem bemerkenswerthen Muster zu zeigen unternahm.

Wer alle diese Werke, wie wir es ja jetzt von Jugend auf thun, mit liebender Hingabe in sich aufgenommen hat, vor dessen

Auge steht der jugendliche Meister da in seiner kräftigen, tief und
wahr empfindenden Individualität, in vollster, mit Einsicht und
Maßhaltung verbundener Herrschaft über die Mittel, dieselbe zum
Ausdrucke zu bringen, in unbestrittener Selbständigkeit und Neuheit der Erfindung; wir sehen schon in diesen ersten Werken jenen
völligen Einklang zwischen Stoff und Form, vermöge dessen Schönheit der Melodie und Wahrheit der Empfindung sich durchaus decken,
jede Erscheinung des Gemüthslebens zur vollen Reinheit und Idealität erhoben und von allem bloß Zufälligen und Subjektiven geläutert erscheint. Aber eins ist, wenn wir auf die Behandlung
der Formen und des Technischen achten, hierbei zu betonen: auch
in dieser Zeit des erstarkten Könnens bleibt ihm der Stern seiner
Jugend, Mozart, das bewußt oder unbewußt leitende Vorbild,
was nicht bloß in einzelnen äußeren Erscheinungen hervortritt —
man denke an das Pianofortequintett und sein Arrangement zum
Quartett, das Arrangement des Octetts zum Quintett, wohl auch die
Zahl der ersten Quartette, die Zahl und Art der Sätze im Septett,
verglichen mit dem Mozart'schen Divertimento — sondern in der
Struktur der Sätze und der Wahl der Mittel überhaupt sich zu
erkennen giebt, in welcher er noch nicht wesentlich über Mozart hin-
ausgeht. Er sollte freilich immer mehr empfinden, daß seine selbständige, kräftigere und reichere Individualität sich, auch wenn er
es gewollt hätte, nicht einfach in den Dienst eines andern stellen
konnte.

Die innere und äußere Entwicklung, welche Beethoven in seinen
ersten Wiener Jahren erlebt, konnte ihm in der Kaiserstadt reichlichen Ersatz für die verlorene Heimat bieten. Das war es aber
nicht allein, was er suchte; er wollte die Welt sehen und durch seine
Kunst sich weitere Bahnen eröffnen. Schon 1793 war er mit Haydn
eine Zeit lang bei dem Fürsten Esterhazy in Eisenstadt gewesen.
Gegen Ende des Jahres 1795 finden wir ihn auf einer Reise, deren
eigentliches Ziel unbekannt ist, in Nürnberg zusammen mit den
Brüdern v. Breuning, und in Prag, wo er öffentlich spielt.
Nicht lange nachher trat er eine größere Kunstreise an; sie sollte die
einzige bleiben. In Begleitung Lichnowsky's reist er zunächst wieder
nach Prag, und von da weiter nach Dresden, Leipzig und
Berlin. Hier spielte er vor Friedrich Wilhelm II. und komponirte die beiden Violoncellsonaten Op. 5), welche er dann dem

Könige widmete; derselbe scheint die Absicht gehabt zu haben, ihn in seine Dienste zu nehmen. Auch lernte er den genial begabten Prinzen Louis Ferdinand kennen und gewann eine hohe Meinung von dem wahrhaft künstlerischen Spiele desselben. Zu den Musikern Fasch, Himmel und Zelter trat er in Beziehungen und spielte in der von letzterem geleiteten Singakademie. Für Frau Duschek in Prag komponirte er die Arie »Ah perfido«. Im Jahre 1798 war er wiederum in Prag und spielte dort wiederholt öffentlich.

Seine Verhältnisse in Wien, äußerlich sehr günstig geworden, gestalteten sich durch das Wiedersehen alter und die Gewinnung neuer Freunde immer angenehmer. Mit dem Pianisten Cramer, dem Verfasser der weltbekannten Etuden, traf er 1799 zusammen und erregte dessen hohe Bewunderung; bei dem Violinisten Krumpholz nahm er seine Studien auf der Violine wieder auf und suchte auch von anderen Virtuosen, wie dem Kontrabassisten Dragonetti und dem Hornisten Stich (Punto), zu lernen und für seine eigenen Werke aus diesen Erfahrungen Gewinn zu ziehen. Auch der junge Hummel, Mozart's Schüler, näherte sich ihm damals schon. Eine ideale Jugendfreundschaft verband ihn mit einem jungen Kurländer Amenda, welcher in Wien studirte und eifrig Musik trieb; die Herzlichkeit dieses Verhältnisses leuchtet auch aus den nach der Trennung geschriebenen Briefen hervor. Aber nicht immer gab er sich einfach und herzlich; unter seinen Kunstgenossen begann man über seinen „hohen Ton“ zu klagen. Die Folgen seiner ungeregelten Jugenderziehung begannen hervorzutreten; der Mangel elterlicher liebevoller Fürsorge und die einseitige Entwicklung seines Gemüthslebens mußten sich auch bei dem gereiften Manne fühlbar machen. Von Hause aus eine edle Natur, durchaus zum Wahren und Sittlichguten angelegt, lauter in seinen Empfindungen und Bestrebungen und für alles Hohe begeistert, hatte er doch nie gelernt, in jedem Augenblicke seinen Gemüthsbewegungen zu gebieten und unangenehmen Eindrücken gegenüber seine Leidenschaft zu zügeln. Die rasche Anerkennung, welche er gefunden, hatte in ihm das Selbstbewußtsein des großen Künstlers in einem hohen Grade entwickelt; er wußte aber nicht die Äußerung dieses Selbstbewußtseins immer in die richtige und taktvolle Form zu kleiden, und war unerbittlich, ja verletzend, wo er auch nur vermuthete, seine Größe nicht genügend anerkannt zu sehen; dabei aber selbst ein rücksichtslos scharfer

Beurtheiler schwächerer Leistungen. Hierdurch und durch die in seinem Wesen liegende Launenhaftigkeit und Reizbarkeit machte er sich viele Feinde, erschwerte seinen Freunden den Umgang mit ihm und verursachte mehrfach lang dauernde Verstimmungen zwischen ihnen und ihm. In vielen Fällen bewirkte dann seine gute Natur eine mitunter übergroße Bereitwilligkeit, sein Unrecht einzugestehen und auszugleichen; manchmal aber dauerte die Trennung Jahre lang. Fühlte er sich jedoch im vertrauten Kreise solcher, die seine Größe bewunderten und ihm entgegenkamen, so konnte er wieder durch kindliche Heiterkeit und Gutmüthigkeit und seine unverwüstliche Neigung zu Scherzen einen überaus gewinnenden Eindruck machen.

Was uns aber auch in seiner Denkweise und der Art seines Verkehres unerfreulich erscheinen mag; unser Bedauern wird aufgewogen durch das tiefe Mitgefühl mit einem Mißgeschicke, welches unvorhergesehen dem Meister zu Theil wurde und in verhängnißvoller Weise von jetzt an sein Leben begleitete. Etwa seit dem Jahre 1798 begann, anfangs in unmerklicher Andeutung, dann in stetiger Steigerung, sein Gehör abzunehmen. Der eigentliche erste Grund ist nie recht bekannt geworden; lästige Frager unterhielt er wohl mit abenteuerlichen Geschichten, während er Freunden gegenüber den krankhaften Zustand seines Unterleibs als die Ursache angab. Mag nun ein Nervenfieber, wie angegeben wird, die erste unmittelbare Veranlassung gegeben haben, mag Unvorsichtigkeit in seiner eigenen Lebensweise dabei mitgewirkt haben; das Übel war in schreckhafter Wirklichkeit plötzlich da, und alle Mittel, die er in der ersten Zeit zahlreich anwendete, waren vergeblich. Wenngleich er sich nun seines Gehöres beim Spiel und der Leitung von Aufführungen noch lange bedienen konnte, ehe eigentliche Taubheit sein Loos wurde, so legte sich doch von jetzt an auf sein Leben ein tiefer Schatten, der uns zu um so größerem Mitleiden stimmt, je mehr wir den Schmerz ermessen können, mit welchem gerade er dieses Unglück empfinden mußte. Mit seinen Reiseplänen war es nun aus; die Lust zum Unterrichten mußte bei der erhöhten Schwierigkeit natürlich abnehmen; die Möglichkeit, öffentlich aufzutreten, war wenigstens in Frage gestellt. Und doch knüpft sich an dieses unendliche, fast unerträglich scheinende Mißgeschick eine Betrachtung, die, so paradox sie auf den ersten Anblick scheinen mag, doch durch die weitere künstlerische Entwicklung Beethoven's nahe gelegt wird: ob wir dasselbe auch für

sein Schaffen als ein solches anzusehen genöthigt sind; ob das rein
menschliche Mitgefühl auch auf den Meister, den wir als solchen
bewundern und lieben, auszudehnen ist. Eins war klar: die
eigene Produktion wurde nun Hauptzweck seines Daseins; von äußeren
Beschäftigungen mehr und mehr abgezogen, konnte er die mächtig im
Innern arbeitende Kraft, die stets mehr erstarkende Kunst der Gestaltung einzig auf dieses Ziel richten. Wenn wir die höchste Entwicklung seiner Kunst, die eigentliche Ausbildung seines individuellen
Stiles, das Hervortreten der Werke, die ihm vor allen die Unsterblichkeit sichern, mit jenem Zeitpunkte zusammenfallen sehen, in welchem
er sich darein fand, das ihm auferlegte Geschick als ein unabänder-
liches hinzunehmen, soll das Zufall sein? mußte nicht der in der
Kunstgeschichte einzige Umstand, daß ein Musiker, der an Kraft und
Fülle des Genies alle überragte, gezwungen wurde, nur Komponist
zu sein, ganz ungewöhnliche Früchte zeitigen? „Wer kann sagen“,
fragt Thayer, „ob die Welt nicht vielleicht gewonnen hat durch ein
Mißgeschick, welches die verborgensten Tiefen seines Wesens auf-
geregt und ihn zur Koncentration aller seiner Kräfte nach einer Richtung hin angetrieben hat“? Sein folgendes Leben liefert den Beweis.

Beethoven gewöhnte sich von jetzt an, Wien als seinen bleibenden Aufenthalt zu betrachten, und sein äußeres Leben begann einen
ziemlich gleichmäßigen Charakter anzunehmen. Er pflegte sich während des Sommers an irgend einem der schönen Orte in Wiens
Umgebung einzumiethen, um sich, ungestört von dem Treiben der
Großstadt und den Sorgen für Aufführungen und Unterricht, dem
Schaffen, der Ausarbeitung seiner Entwürfe hinzugeben; den Winter
verlebte er dann wieder in der Stadt — seine Wohnung vielfach
wechselnd, was wir hier natürlich im einzelnen nicht verfolgen —
und widmete sich der Aufführung und Herausgabe neuer Werke sowie dem musikalischen und geselligen Leben überhaupt. Von dem
Konzert am 2. April 1800 war bereits die Rede. Am 28. März
1801 brachte er die Musik zu dem Ballet von Vigano „Die
Geschöpfe des Prometheus“, in welchem das Thema des letzten Satzes
der Eroica zuerst erscheint, zur Aufführung; in eben diesem Jahre
schrieb er außer mehreren Klaviersonaten mit und ohne Begleitung
(denen in As. Es. Cis-Moll, D Op. 26—28) und den Violinsonaten
Op. 23. 24 das Quintett in C (Op. 29). Im Jahre 1802,

dessen Sommer er in Heiligenstadt verlebte, entstand die zweite
Symphonie, die Sonaten Op. 30 und Op. 31 und die Varia-
tionenwerke Op. 34 und 35; zugleich arbeitete er das Oratorium
„Christus am Ölberge" aus, und brachte dasselbe zugleich mit der
D-Dur-Symphonie und dem bereits 1800 komponirten Konzert in
C-Moll in einem Konzert am 5. April 1802 zur Aufführung. Im
Jahre 1803 endlich, welches ihn in Oberdöbling sah, schrieb er die
Sonaten in C und F-Moll (Op. 53 und 57, erstere dem Grafen
Waldstein gewidmet), die Kreutzersonate, das Tripelkonzert und die
Sinfonia eroica.

Wer die zuletzt genannten Werke an seiner Erinnerung vor-
übergehen läßt und sie mit den vorherigen vergleicht, wird sofort
erkennen, daß wir in eine neue Zeit eingetreten sind. Die Formen
werden weiter, die Behandlung freier und mannigfaltiger, die Gedanken größer und mit tiefem, ergreifendem Ausdrucke gesättigter.
Es ist die Zeit gekommen, in welcher wir nicht allein die hohe
Schönheit der Melodie und die volle Sicherheit der Formbeherr-
schung bewundern; wir sehen eine Stärke, eine treffende Gewalt der
Erfindungskraft und Charakteristik sich entwickeln, wie sie die ersten
Werke noch kaum ahnen lassen, und das bei größter Knappheit
und Koncision der Motive, welche oft in der scheinbar schlichtesten
Form auftreten; wir erkennen eine Kunst thematischer Gestaltung,
wie man sie bis dahin gar nicht gesehen hatte, und durch welche
ganz neue Quellen seelischen Ausdrucks enthüllt werden. Wir wissen
von Beethoven selbst und seinen Freunden, daß er sich auch bei
seinen Instrumentalwerken von poetischen Ideen leiten ließ, wenngleich er dem poetischen Verständnisse seiner Zuhörer zu sehr vertraute,
als daß er es für nöthig gehalten hätte, dieselben ausdrücklich anzugeben. Durch den kühneren und weiteren Aufbau des Satzes
gewinnt auch die Idee einen weiteren Spielraum; der Gesichtskreis
erweitert sich, die Impulse werden tiefer und nachhaltiger, die Phantasie reicher und mächtiger. In seiner ganzen, man möchte sagen
prophetischen Gewalt spricht von jetzt an der Tondichter zu uns.
Das ist die zweite, die große Periode seines Schaffens, welche wir
füglich bis zum Ende seines Lebens ausdehnen dürften, wenn nicht
Ereignisse seines Lebens und bemerkenswerthe Eigenthümlichkeiten seines
Stiles uns nöthigten, noch einmal einen Abschnitt zu machen.

Das am meisten typische Werk für den Eintritt in die neue

Epoche, in die Zeit des eigentlich Beethoven'schen Stiles, welches nicht
nur in seinem eigenen Schaffen, sondern in der Geschichte der symphonischen Kunst überhaupt einen Markstein bildet, ist die Sinfonia
eroica. Im Jahre 1798 war General Bernadotte vorübergehend
als französischer Gesandter in Wien. Als großer Musikfreund war er
zu Beethoven in Beziehung getreten und hatte in ihm den Gedanken
angeregt, „den größten Helden des Jahrhunderts in einem Tonwerke
zu feiern". Beethoven hat diesen Gedanken aufgenommen und ihn
fünf Jahre später zur Ausführung gebracht. Im Mai 1804 war
das Werk fertig; auf einer revidirten Partiturabschrift standen von
Beethoven's Hand die Worte: „geschrieben auf Bonaparte". Eine
schöne Abschrift lag zur Übersendung nach Paris fertig; oben stand
„Napoleon Bonaparte", unten „Luigi van Beethoven". Da überraschte
ihn die Nachricht von Napoleon's Erhebung zum Kaiser, und sofort
änderte er seinen Entschluß; dem Manne, den er als Ideal des
Völkerbeglückers verehrt, den er aber nunmehr gewöhnlichem irdischem
Ehrgeize verfallen glaubte, wollte er nicht huldigen. Er riß das
Titelblatt ab, und nun erst erhielt das Werk den Titel: Sinfonia
eroica, composta per festiggiare il sovvenire di un grand uomo.
Der musikalisch empfindende Zuhörer bedarf zum Verständnisse des
Werkes durchaus nicht dieser historischen Voraussetzung, er empfindet
auch ohne deren Kenntnis die heroische Kraft, welche über entgegen-
strebende Gewalten triumphirt, den tiefen, durch herbste Klagelaute
gesteigerten Schmerz, das Aufkeimen froher Hoffnungen, Preis und
Dank für dauerndes, durch begeisterte Vision noch verklärtes Glück.
Aber nicht gleichgültig kann uns des Meisters eigenes Zeugnis sein,
daß er hier, und sicherlich überall von jetzt an, die Theile seiner
Instrumentalwerke durch einheitlichen poetischen Gedanken zusammen-
schloß. Die Sinfonia eroica hat er aber, ehe er die neunte schrieb,
immer für seine beste gehalten.

　　　Und soll es nun Zufall sein, daß diese Vertiefung und Er-
starkung seiner produktiven Kraft zusammenfällt mit dem Siege, den
er über das so schreckhaft auf ihn eingedrungene Geschick errang,
mit der bewußten Ergebung, mit welcher er dasselbe zu ertragen sich
entschloß, da ihn das Bewußtsein erfüllte, welche große ihm als Künstler
gestellte Aufgabe für ihn zu lösen war? Wir sind in der Lage,
in den Kampf, welcher dieser Überzeugung vorherging, hineinzu-
blicken. Wir besitzen das ergreifende Testament, welches er 1802,

zu einer Zeit tiefer Melancholie, zu Heiligenstadt an seine Brüder
richtete; wir sehen den Schmerz, den ihm das Gefühl, verkannt zu
werden, die Nothwendigkeit, die ihm so unentbehrliche Gesellschaft
meiden zu müssen, auferlegt, wir sehen, wie er nach Geduld und
Fassung ringt, und fühlen mit ihm, wenn er schreibt: „O Menschen,
wenn ihr einst dieses leset, so denkt, daß ihr mir Unrecht gethan,
und der Unglückliche, er tröste sich, einen seines Gleichen zu finden,
der trotz allen Hindernissen der Natur doch noch alles gethan, was
in seinem Vermögen stand, um in die Reihe würdiger Künstler und
Menschen aufgenommen zu werden."

Wir haben aus derselben Zeit noch einige persönliche Beziehungen
und Erlebnisse nachzutragen; können freilich in diesen Dingen in
keiner Weise nach Vollständigkeit streben. Im Jahre 1801 kam
Ferdinand Ries, der Sohn seines ehemaligen Lehrers und
väterlichen Freundes Franz Ries in Bonn, nach Wien und genoß
eine Reihe von Jahren hindurch Beethoven's Unterricht und Freundschaft. Er wurde einer der berufensten Interpreten seiner Werke
und trat auch in seinen eigenen Werken, mitunter in zu offener
Nachahmung, in seine Fußtapfen. Sein vertrauter Verkehr mit dem
Meister hat uns, wie bekannt, die ersten werthvollen Nachrichten
über ihn gebracht. Außer ihm kam Anton Reicha nach Wien,
und endlich Stephan von Breuning, welcher eine angesehene
Stellung im deutschen Orden einnahm. Mit dem Hause desselben
erneuerte sich der alte freundschaftliche Verkehr, der nur leider durch
Beethoven's Argwohn und Launen bald wieder eine längere Störung
erfuhr.

Von Beethoven's Brüdern hatte der jüngere, Johann, eine
Stellung in einem Apothekergeschäfte gefunden, erwarb sich jedoch
durch Fleiß die Mittel, sich in Linz selbständig zu etabliren und
gelangte im Laufe der Zeit zu ziemlichem Wohlstande. Wenngleich egoistisch und von engem Gesichtskreise, hat er sich doch, was
frühere Berichterstatter verdunkelt haben, gegen Beethoven stets brü-
derlich benommen. Der ältere, Karl, gab Musikstunden und bekleidete außerdem eine bescheidene Stellung als Kassenbeamter. Er
stand lange Zeit hindurch unserem Meister in den geschäftlichen
Verhandlungen wegen seiner Werke mit Eifer und Kenntnis zur
Seite; da er aber in dieser Thätigkeit allzu eigenmächtig und willkürlich verfuhr, konnte ihm Beethoven auf die Dauer sein Vertrauen

nicht lassen. Seine 1806 geschlossene Verheirathung sollte noch einmal für alle verhängnisvoll werden.

Zu den beliebten Klagen solcher, welche unseren Meister gewissermaßen wie einen Romanhelden behandeln, gehört auch die, daß ihm bei all' seinem liebeglühenden Herzen das Glück dauernder erwiederter Liebe nicht zu Theil geworden sei. Wenngleich diese Klagen nicht ohne Grund sind, ja neuerdings über diesen Punkt mehreres bekannt geworden ist, woran die Früheren gar nicht dachten, so hat man sich doch den Einfluß derartiger Erlebnisse auf sein Schaffen viel zu groß vorgestellt, und es mischt sich viel Prosa in die poetischen Vorstellungen, wie sie manche hegten. Allerdings war es ihm, obwohl er wiederholt den Anlauf dazu genommen hat, nicht beschieden, einen eigenen Hausstand zu gründen. An Erfahrungen auf dem Gebiete der Herzensbewegungen hat es ihm nicht gefehlt; das Glück erwiederter Liebe, freilich auch der Schmerz bitterer Entsagung, ist ihm wiederholt zu Theil geworden. „Beethoven“, erzählt Wegeler, „war nie ohne eine Liebe und meistens von ihr in hohem Grade ergriffen“; und andere zuverlässige Zeugen bekunden, daß er trotz seines nicht empfehlenden Äußeren und seiner wunderlichen Launen bei Frauen immer Glück gehabt und bei heiterer Laune einen unwiderstehlich fesselnden Reiz auf sie ausgeübt habe.

Daß schon der Jüngling in Bonn von Amors Pfeilen zweimal getroffen gewesen, wurde berichtet. In seiner ersten Wiener Zeit hatte er, nach Wegeler's Zeugnis, wiederholt Eroberungen gemacht, „die manchem Adonis wo nicht unmöglich, doch sehr schwer geworden wären“; doch ist über dieselben nichts Näheres bekannt. Als aber eine der ehemaligen Sängerinnen des Bonner Hoftheaters, die schöne Magdalena Willmann, bald nach 1794 nach Wien gekommen war, erneuerte Beethoven seinen Verkehr mit ihr; ihre Reize, ihre Kunst fesselten ihn, er bot ihr seine Hand an; sie aber lehnte den Antrag ab. Ernster war das Verhältnis zu der jungen Gräfin Julie Guicciardi, welche im Jahre 1800, 16 Jahre alt, mit ihrem Vater, welcher Hofrath bei der böhmischen Hofkanzlei war, nach Wien gekommen war. Die Verwandtschaft mit der gräflichen Familie Brunswick, zu welcher Beethoven schon lange in freundschaftlichen Beziehungen stand, hat wahrscheinlich seine Beziehung zur Familie Guicciardi vermittelt. Beethoven wurde Lehrer des jungen Mädchens im Klavierspiel, und es entwickelte sich eine gegen-

seitige Neigung, die von ihrer Seite noch stärker war, als von der
seinigen; jedenfalls führte sie zu dem beiderseitigen Wunsche, sich
zu verbinden. Der Widerspruch wahrscheinlich des Vaters vereitelte
die Ausführung desselben; die junge Dame wurde 1803 mit dem
Grafen Gallenberg, der Komponist war und in späteren Jahren
Antheil an der Direktion der Hofoper hatte, vermählt und ging
bald darauf mit ihrem Gatten nach Italien. Ihr hatte Beethoven
die Cis-Moll-Sonate gewidmet, und bei den zuerst weichschmerz-
lichen, dann unruhig leidenschaftlichen Klängen dieses Werkes, welches
die gefühlvolle Beethovenspielerin als „Mondscheinsonate“ verehrt, mag
mancher sich das Bild des unglücklich Liebenden ausmalen. Beethoven hat diese Sonate, zu welchem ihm Seume's Gedicht „die Beterin“
die Anregung gegeben, nicht besonders geschätzt; und das Bild des
unglücklich Liebenden paßt in diesem Falle nicht sonderlich auf den
Meister, der unmittelbar nach der Katastrophe die Eroica schrieb.
Als Julie später nach Wien zurückkehrte, wies er ihre Annäherungs-
versuche zurück; und so hat denn auch sie in späterem Alter, wenn
sie befragt wurde, zwar ihres geschätzten Musiklehrers, nicht aber
ihres einstigen Liebhabers sich erinnern mögen. Ehe wir diesen Faden
weiter verfolgen, haben wir von wichtigen neuen produktiven Unternehmungen zu sprechen. —

Nachdem sich Beethoven durch seine letzten Werke zur höchsten
und allgemeinsten Anerkennung durchgerungen, sollte er nun auch
als Opernkomponist seinen Vorgängern sich nicht nur ebenbürtig
anreihen, sondern auch seine Individualität ihnen gegenüber zur
Geltung bringen. Schon 1803 beschäftigte er sich mit den Vorarbeiten zur Komposition einer Schikaneder'schen Oper für das Theater
an der Wien, welche liegen blieb, als ihm Baron Braun den
Auftrag zukommen ließ, für das Hoftheater eine Oper zu schreiben.
Der Hoftheatersekretär Joseph Sonnleithner übersetzte für ihn
das Textbuch von Bouilly: »Leonore ou l'amour conjugal«, welches
bereits Gaveaux und Paer komponirt hatten. Vielleicht schon 1803,
spätestens Anfang 1804, begann er mit der Arbeit, förderte sie
namentlich während seines Sommeraufenthaltes in Hetzendorf und
war Ende Sommer 1804 fertig. Unter großen Schwierigkeiten mit
den Sängern, unter denen Anna Milder hervorragte, wurde die
Oper einstudirt und am 20. November 1805 zum ersten Male aufgeführt, als gerade die Franzosen in Wien eingerückt waren, und

zwar gegen seinen Willen unter dem Titel „Fidelio", während er
die Benennung „Leonore" beibehalten wollte. Sie hatte nur mäßigen
Erfolg. Gegen seine sonstige Gewohnheit ließ sich der Meister von
seinen Freunden zu Umarbeitungen und Kürzungen bestimmen, und so
kam die Oper am 29. März 1806 wieder und zwar mit besserem Erfolge
auf die Bühne. Nach zwei Aufführungen zog sie Beethoven, verletzt durch vermeintliche Beeinträchtigung seines Interesses, zurück.
Im Jahre 1807 sollte sie in Prag aufgeführt werden; es kam dazu
nicht, doch wurde zu dieser Gelegenheit die weniger großartige C-Dur-
Ouverture (Op. 138), welche man gewöhnlich, jedoch unrichtig, als
die erste bezeichnet, geschrieben. Den Klavierauszug der zweiten Bearbeitung gab Beethoven nicht lange nachher unter der Bezeichnung
„Leonore" heraus. Erst 1814 kam die Oper unter Umständen, welche
noch zu berühren sind, in die Gestalt, in welcher sie geblieben und
uns vertraut ist.

Die Oper „Leonore", oder wie wir sie nun einmal nennen müssen,
„Fidelio", auf deren Einzelbesprechung einzugehen die Beschränkung des
Raumes uns durchaus verbietet, hatte Beethoven's Beruf zum Büh-
nenkomponisten vollständig dokumentirt; er durfte als Charakter-
darsteller, als Interpret von Herzenskämpfen und von dramatischen
Situationen sich mit allen bisherigen vergleichen, während der höhere
Adel seiner Melodie, die vollere und tiefere Wiedergabe der Seelen-
bewegung, überhaupt die Kraft des künstlerischen Gedankens, durch
welchen er den rein menschlichen Gehalt des Stoffes zu erfassen und
ihn in eine ideale Sphäre zu heben wußte, seine Individualität
ihnen gegenüber als die mächtigere erkennen ließ. Er entfernt sich
durchaus nicht von der überlieferten Form, und läßt uns doch gar
nicht an die Überlieferung denken; er fügt sich den konventionellen
Schranken und den Forderungen der Bühne, und doch, wenn wir
die Töne auf uns wirken lassen, liegt alles Konventionelle weit
hinter uns. Das ist das Edle und Große, das Wahre und menschlich
Ergreifende, wie es aus seiner tiefen künstlerischen Seele quoll, und
wie er es so meisterhaft zu gestalten weiß, was uns den Gedanken
an jede Vergleichung fern hält. Der deutsche Mann und Künstler
triumphirt über alles Fremde und nur historisch Berechtigte; seitdem
„Fidelio" hervorgetreten ist, hat kein deutscher Meister mehr an Formen,
die von außen überliefert waren, seine Phantasie erwärmen können.
Wer sich die ergreifendsten musikalischen Momente der Oper ins

Gedächtnis ruft. z. B. das erste Terzett, und namentlich die ganze Kerkerscene (Arie, Grabduett, Terzett, Quartett mit dem Momente der Erkennung), wird nichts anderes, was für die Bühne geschrieben ist, denselben an die Seite setzen können. Eine Anwendung der Form der Ouverture zu einem so ergreifenden Seelengemälde, wie es die Leonoren-Ouverture bietet, war bisher nie hervorgetreten, und es ist auch seither nichts Ebenbürtiges mehr geschaffen worden.

Warum mußte diese Oper die einzige bleiben? Daß er Bühnenkenntnis genug besaß, dem Vorgange auf dem Theater seine Musik wirksam anzupassen, hat er noch einmal gezeigt, als er die beiden Festspiele für das Pesther Theater schrieb; daß es ihm an Gelegenheit, an Aufforderungen, an Texten gefehlt habe, kann ebensowenig gesagt werden. Mit Hammer-Purgstall, mit Collin, mit Grillparzer und anderen hat er darüber verhandelt. Die Komposition des „Macbeth" scheint nur durch Collin's Tod verhindert worden zu sein; Körner sollte „Ulysses Wiederkehr" für ihn dichten; Romulus, die Ruinen von Babylon, Melusine waren andere von ihm in Aussicht genommene Stoffe. Aus allem wurde nichts. Beethoven, von Natur unschlüssig, wurde mit zunehmenden Jahren langsamer in der Übernahme von Arbeiten, die er nicht selbst gewählt, zu denen ihm der Impuls von außen kam. Es fehlte ihm Mozart's Naivetät, der, in der Tradition der italiänischen Oper stehend, nach der tieferen sittlichen Idee oder dem Gedankenreichthum wenig fragte, wenn ihm der Text im einzelnen wahre und wirksame Situationen zur musikalischen Gestaltung bot. Und leider haben auch äußere Gründe mitgewirkt, die freilich erst in seinen späteren Lebensschicksalen ihre Erklärung finden; es kamen Zeiten, in denen die greifbare Sicherheit des äußeren Erfolges für Übernahme einer solchen Arbeit ein wesentliches, bestimmendes Motiv wurde. Das mögen wir im Interesse der Kunst beklagen, müssen aber die Thatsache als solche anerkennen.

Die Jahre nach der ersten Aufführung der Oper zeigen uns einen nur immer wachsenden Aufschwung seiner schöpferischen Kraft. Er war um diese Zeit mit dem russischen Gesandten Grafen Rasoumowsky, welcher schon 1792—99 und dann wieder seit 1801 in Wien lebte und ein regelmäßiges Quartett in seinem Hause, mit Schuppanzigh an der Spitze, unterhielt, in Beziehung gekommen, und komponirte in seinem Auftrage die drei sogenannten russischen

Quartette (Op. 59,, welche zu den früheren Quartetten in demselben Gegensatze stehen, wie die übrigen Werke dieser Periode zu
den früheren. Aus derselben Zeit stammen die herrlichen Konzerte
in G für Klavier (Op. 58, und in D für Violine (Op. 61, letzteres für den vorzüglichen Violinisten Clement geschrieben und von
demselben am 23. December 1806 zum ersten Male gespielt. Ebenfalls im Jahre 1806 ließ er der Eroica die 4. Symphonie in B
folgen und widmete sie dem Grafen Oppersdorf, welchen er wahrscheinlich durch Lichnowsky kennen gelernt und damals auf seinem
Gute in Schlesien besucht hatte. Das Jahr 1807 gab zunächst der
Ouverture zu Collin's Coriolan, und dann der Messe in C
ihre Entstehung, welche letztere er, unter mannigfachen körperlichen
Leiden, in Baden für den Fürsten Esterhazy komponirte und ihm
„mit viel Furcht“ überreichte, da derselbe gewohnt sei, „die unnach-
ahmlichen Meisterstücke des großen Haydn sich vortragen zu lassen“.
Die erste Aufführung derselben zu Eisenstadt am 13. September 1807
gab Anlaß zu einem heftigen Zerwürfnisse mit dem dabei anwesenden
Hummel, welches sich jedoch nach einiger Zeit wieder ausglich.
Das Hauptwerk dieses Jahres war die bereits früher entworfene
C-Moll-Symphonie, wiederum einer der gewaltigen, weithin erkennbaren Marksteine in der Geschichte der symphonischen
Kunst. Der Triumph der aus dem Drucke des Schicksals siegreich
sich befreienden Seele ist nie ergreifender in Tönen dargestellt worden.

Vielfach wurden seine Werke in Konzerten, zum Theil von ihm
selbst veranstaltet, zur Darstellung gebracht, wie denn überhaupt
seine Schätzung im Publikum, wenn auch manche seiner letzten
Sachen nicht unmittelbar verstanden wurden, in jener Zeit eine
unbedingte war. Unter jenen Konzerten ist wohl keins denkwür-
diger als das vom 22. December 1808. Dieses brachte, außer dem
G-Dur-Konzert, der C-Moll-Symphonie, der Arie »Ah perfido« und
zwei Sätzen aus der Messe, von ganz neuen Sachen die Pasto-
ral-Symphonie, die Frucht seines diesmaligen Sommeraufenthaltes in Heiligenstadt, und dann die Phantasie für Klavier, Orchester und Chor, jenen wunderbaren Vorläufer der neunten Symphonie, jenen so reinen und idealen Ausdruck seines kunstbegeisterten
Gemüthes, in welchem er das Aufgehen subjektiver Innerlichkeit in
allgemeine Freude, in die Begeisterung über die herrlichen „Gaben
schöner Kunst“ in einer Weise feiert, wie es nur der Genius vermag.

Die gleichzeitige Entstehung dieses Werkes und der Pastoral-Sym-
phonie, in welcher sein tiefes Gefühl für die Reize der Natur seinen
verklärten Ausdruck findet, läßt uns in eine wunderbare Harmonie
seines Innern blicken, welche ihm damals beschieden war. Dieselbe
tönt uns in noch herrlicherer Weise entgegen aus dem im folgenden
Jahre komponirten Es-Dur-Konzerte für Klavier, in welchem
er auf dem ihm eigensten Gebiete den seitdem nicht wieder erreichten
Gipfelpunkt der Vollendung erreichte.

Manche freundschaftliche und zarte Beziehungen, über welche
hier nicht ausführlich berichtet werden kann, schmückten damals auch
sein äußeres Dasein und gaben ihm einigen Trost in seinem Leiden.
Zu diesen gehört jene zu Marie Bigot, der Gattin des Biblio-
thekars des Grafen Rasoumowsky, einer tüchtigen Klavierspielerin;
zu Frau Streicher, der Gattin des berühmten Klavierfabrikanten;
zu Dorothea von Ertmann, gebornen Graumann, Gattin eines
österreichischen Offiziers, welche nachmals als die berufenste Darstellerin seiner Werke betrachtet und von ihm als seine „Dorothea-
Cäcilia" verehrt wurde; zu der Malfatti'schen Familie, zu Ignaz
von Gleichenstein, zu Dr. Bihus und manchen anderen.
Keine dieser Beziehungen zieht uns mehr an und ist auch für sein
Schaffen bedeutungsvoller geworden, wie die zu der jungen, kränk-
lichen Gräfin Erdödy, geb. Niczky, welche seine Werke hoch
verehrte und seine Klaviermusik mit Geschick spielte, und für welche
er selbst die rührendste Freundschaft und Aufmerksamkeit hegte. Im
Jahre 1808 wohnte er mit ihr in demselben Hause und schrieb damals für sie die beiden herrlichen Trios Op. 70, und später widmete er ihr wieder die Violoncellsonaten Op. 102. Der Verkehr mit der Gräfin, welche während des Sommers auf ihrem Gute
Jedlersee im Marchfelde wohnte, dauerte bis 1815, in welchem sie
nach Kroatien übersiedelte.

Schüler nahm er in jenen Jahren der Regel nach nicht mehr an;
seine Kompositionen und seine Konzerte bildeten für ihn eine hin-
längliche Einnahmequelle, und er war nicht genöthigt, seine dem
Schaffen gewidmete Zeit durch Unterrichtgeben zu verkürzen. Doch
war er immer geneigt, sowohl tüchtigen Klavierspielern anregende
Winke zu geben, als auch jüngeren Komponisten, welche ihn um
ihren Rath angingen, denselben freundlich und freimüthig zu ertheilen. Außer dem jungen Karl Czerny, dessen Studien auf

dem Klavier er von der Knabenzeit desselben an leitete, machte er noch eine bemerkenswerthe Ausnahme: spätestens 1804 wurde ihm die musikalische Unterweisung des jungen Erzherzogs Rudolph (geb. 1788) übertragen, und aus diesem Verhältnisse haben sich jene für Beethoven nach jeder Richtung hin ersprießlichen Beziehungen gebildet, über welche uns der (von Köchel) veröffentlichte Briefwechsel Aufschluß giebt, und welche bis zum Tode des Meisters fortdauerten. Wenn ihm auch die ihm hierdurch auferlegte·Fessel im Laufe der Jahre oft eine drückende wurde, blieb der Erzherzog immer sein entschiedenster Bewunderer und sein wohlwollendster Freund und Beschützer. Dies bewährte er schon 1809, als für Beethoven eine sehr bemerkenswerthe Verbesserung seiner äußeren Lage eintrat.

In jenem Jahre wurde ihm die Stelle eines Kapellmeisters an dem neuen Hofe des Königs von Westfalen, Jerome Bonaparte, in Kassel angeboten, und er hatte nicht übel Lust, dieselbe anzunehmen. Der Verlust wurde abgewendet, als drei seiner hochgestellten Gönner, Erzherzog Rudolph, Fürst Lobkowitz und Fürst Kinsky, sich verbanden und ihm mittelst Vertrages ein Jahrgehalt von 4000 Gulden unter der Bedingung aussetzten, daß er seinen Wohnsitz in den österreichischen Erbländern behalte; dieser Vertrag sollte so lange gelten, bis er durch eine Anstellung in kaiserlichen Diensten ein entsprechendes Einkommen erhalte. So war er für die Zukunft in glänzender Weise sorgenfrei gestellt; wenngleich ihm der Genuß dieser Gabe noch mancherlei Verdrießlichkeiten verursachte, da theils die Werthverminderung des österreichischen Papiergeldes auf dieselbe Einfluß übte, theils der Tod Kinsky's und der Bankerott Lobkowitz' ihm die auf sie fallenden Beträge längere Zeit vorenthielt. Dem Fürsten Lobkowitz widmete er zum Danke bald nachher das 1809 komponirte, ideal schöne Streichquartett in Es (Op. 74), welches unter dem Namen „Harfenquartett" bekannt ist; der Fürstin Kinsky nicht viel später die Gesänge Op. 75 (darunter „Mignon" und „Herz mein Herz") und Op. 83, deren Texte fast ausschließlich von Goethe sind.

Dasselbe Jahr 1809 sollte ihn auch die Schrecken des Krieges in unmittelbarer Nähe empfinden lassen. Bei dem Anrücken der französischen Armeen aus Baiern hatten der kaiserliche Hof und viele hochgestellte Personen und Beamte die Stadt verlassen; der Abschied vom Erzherzog Rudolph gab ihm den Impuls zu der charakteristischen Sonate Les Adieux, l'Absence et le Retour (Op. 81), welche seine Absicht bei Komposition von Instrumentalmusik recht anschaulich machen kann. Am 11. Mai begann das Bombardement der Stadt; Beethoven suchte sorgfältig sein krankes Gehör vor dem Getöse der Bomben zu schützen. Am 12. kapitulirte die Stadt; an den ungeheuren ihr auferlegten Kontributionen hatte auch Beethoven an seinem Theile mit zu tragen. Da jener Sommer keinen Land-aufenthalt zuließ, benutzte Beethoven die öde Zeit, um für den Unterricht des Erzherzogs Auszüge aus den besten theoretischen Lehr-büchern zu machen, welche dann später Seyfried mit größtem Mißverstande als „Beethoven's Studien" herausgegeben hat. »Inter lacrimas et luctum« arbeitete er die Violoncellsonate in A (Op. 69) aus, und widmete sie seinem Freunde Gleichenstein.

Hatten diese Thränen ihren Grund nur in den Kriegserleb-nissen, oder lag derselbe vielleicht tiefer?

Beethoven hatte den Verlust der jungen Gräfin Guicciardi rasch verschmerzt, wofür wir, wenn keinen anderen Beweis, insbesondere den gerade damals beginnenden, ungewöhnlichen Aufschwung seiner schaffenden Kraft anführen müssen. Ernstlicher wie damals stand er jetzt vor dem Gedanken, einen eigenen Hausstand zu gründen. Am 2. Mai 1810 bittet er den alten Freund Wegeler um Be-sorgung seines Taufscheins, und von diesem erfahren wir, daß er sich damals der Erfüllung seines Wunsches ganz nahe glaubte. Es war allen Anzeichen zufolge keine geringere als die Gräfin The-rese von Brunswick (1778 geboren), die Schwester seines Freun-des, des Grafen Brunswick, ein glühende Verehrerin seiner Muse, welche er zu besitzen hoffte. Schon 1800 hatte er ihr und ihrer Schwe-ster, der Gräfin Deym, das „Lied mit Veränderungen" gewidmet; bald nachher erhielt er ihr Ölgemälde mit der Aufschrift: „Dem seltenen Genie, dem großen Künstler, dem guten Menschen von T. B." Wie und wann sich die beiderseitige, tiefere Neigung entwickelt, da-für haben wir nicht die geringste Andeutung; daß aber die „un-sterbliche Geliebte" des bekannten und oft mitgetheilten Liebesbriefes, der nicht vor 1806 geschrieben war, keine andere als Therese ge-wesen, muß jetzt als ausgemacht gelten. In diesem Jahre 1806 schrieb er während eines Aufenthaltes bei Brunswick die F-Moll-Sonate und widmete sie dem Grafen; ein Brief an ihn enthält eine sehr zärtliche Anspielung auf die Schwester. Sehr wahrscheinlich

hat er auch im Spätherbst 1809 wieder einige Wochen bei Brunswick in Ungarn verlebt; damals entstand die Phantasie (Op. 77),
dem Grafen, und die Fis-Dur-Sonate (Op. 78), Therese gewidmet, letztere stets eins seiner Lieblingswerke. Nicht lange nach
jenem Briefe an Wegeler, also wohl noch im Mai 1810, wurden
seine Hoffnungen zerstört; warum und unter welchen Umständen,
ist völlig in Dunkel gehüllt und wird schwerlich jemals genauer bekannt werden. Von Therese Brunswick ist, obgleich sie noch viele
Jahre lebte, fortan keine Rede mehr; die Freundschaft mit dem
Bruder bestand unverändert fort.

Noch während diese Hoffnung ihn belebte, in den ersten Monaten des Jahres 1810, schrieb er die Musik zu Goethe's Eg-
mont im Auftrage der Direktion des Hoftheaters; die erste Aufführung war am 24. Mai. Es ist vielleicht nicht uninteressant,
daß wir die Gemüthsstimmung kennen, in welcher Beethoven die
Klärchenlieder schrieb.

Der folgende Abschnitt jenes Jahres aber trägt durchaus die
Spuren des Mißgeschicks, das ihn betroffen; weder ging er aufs
Land, noch nahm er während des Sommers ein größeres Werk in
Angriff. Erst gegen Ende des Jahres vollendete er das F-Moll-
Quartett (Op. 95), und widmete es seinem alten treuen Freunde
Zmeskall. Der sinnige Hörer mag sich durch die Töne desselben
von den Leiden des Meisters erzählen lassen, von denen sein Mund
geschwiegen hat.

Aber auch dieses Mal fehlte es nicht an äußeren und inneren
Momenten, welche ihm Zerstreuung gewährten. Neben seinen eigenen
Schöpfungen beschäftigte ihn schon seit längerer Zeit eine in fremdem
Auftrage übernommene Arbeit, zu der er in Zeiten, dieseiner Schaffenslust nicht günstig waren, gern zurückkehrte. Seit 1803 stand er
mit einem Schotten G. Thomson in Verbindung, welcher schottische, wallisische und irische Volksmelodien sammelte und in Bearbeitungen mit Instrumentalbegleitung oder auch als Grundlage zu
größeren Instrumentalkompositionen herauszugeben wünschte. Zur
Mitwirkung bei diesem Unternehmen hatte er sich, wie früher Haydn,
so jetzt Beethoven ausersehen, der bereitwillig darauf eingegangen
war und noch weit mehr versprach, als er je gehalten hat. Thomson schickte ihm unausgesetzt Melodien zu und unterhandelte mit
ihm über die Bedingungen und die Art der Bearbeitung; und wie

in allen folgenden Jahren, arbeitete unser Meister auch im Sommer 1810 an diesen Gesängen.   Bekanntlich kam bei seinen Lebzeiten die mit Op. 108 · bezeichnete Sammlung schottischer Lieder mit englischem und deutschem Texte heraus; neuerdings auch die übrigen.   Mit englischem Text hatte sie Thomson in der größeren Edinburger Sammlung veröffentlicht.   Auch die beiden Variationenwerke Op. 105 und Op. 107 entstanden in Folge dieser Aufträge.

Eine Aufheiterung in seinem gedrückten Zustande brachte ihm die ins Jahr 1810 fallende Bekanntschaft mit Bettina Brentano, welche damals als Gast im Birkenstock'schen Hause, in welchem Beethoven verkehrte, sich befand.   Ihr Bruder Franz Brentano, Beethoven's Freund, war mit einer gebornen Birkenstock vermählt; seiner Tochter Maximiliane widmete der Meister schon, als sie noch Kind war, das kleine Trio in einem Satze, und später die große Sonate in E (Op. 109).   Die lebhafte Begeisterung Bettinens für Musik, so wie ihr geistreiches, munteres Wesen zog Beethoven an und scheint auch diesem Verhältnisse bald eine gewisse Vertraulichkeit gegeben zu haben, welchem ihre ungebundene poetische Phantasie später Farben gegeben hat, die es in Wirklichkeit schwerlich gehabt hat.   Bekannt sind ihre schwärmerischen Ergüsse in ihren Briefen an Goethe; viel besprochen auch die von ihr bekannt gemachten Briefe Beethoven's an sie, welche in der Gestalt, in der sie veröffentlicht sind, jedenfalls nicht von Beethoven herrühren.   Das hat sich besonders auffallend an dem vom 15. August 1812 datirten Briefe gezeigt, in welchem sie sich Ereignisse von Beethoven wie von einem anderen Orte erzählen läßt, welche sie, wie wir jetzt wissen, mit Beethoven gemeinsam in Teplitz erlebt hat. Von späteren Beziehungen Beethoven's zu ihr ist nichts bekannt; daß sie aber in jenen Jahren ihn anzog und zu seiner Aufheiterung beitrug, glauben wir gern.

Aber mehr wie alles andere mußte schließlich seine Schaffenskraft und das Bewußtsein seiner Künstlerstellung ihn über den erlittenen Schlag wieder emporheben.   Dem ernsten Quartett in F-Moll folgte die Sonate in G (Op. 96), wenigstens in ihrem ersten Entwurfe, und im März 1811 das großartigste seiner Trios, das in B (Op. 97), beide Werke dem Erzherzog Rudolph gewidmet. Nicht lange nachher erhielt er den Auftrag, zu den beiden von Kotzebue gedichteten Festspielen für die Einweihung des neuen

Theaters in Pesth: „Ungarns erster Wohlthäter" (König Stephan) und „Die Ruinen von Athen", die Musik zu liefern. Die Arbeit wurde im Jahre 1811 vollendet, die erste Aufführung fand am 9. Februar 1812 in Pesth statt. Beide Werke lassen uns Beethoven's Begabung wieder von einer ganz neuen Seite erkennen, und zeigen ihn nicht bloß als bühnengewandten Meister, sondern zur Charakteristik fremdartiger und eigenthümlicher Situationen durch die Mittel der musikalischen Technik in einer Weise geschickt, wie es vorher kaum hervorgetreten war. Das Melobram in „König Stephan", der Derwischchor und der feierliche Einzugsmarsch in den „Ruinen" sind Stücke, zu denen die gesammte Zahl seiner übrigen Werke kaum etwas Analoges bietet.

Seine wieder erstandene Schaffenslust hatte ihn so sehr sich selbst wiedergegeben, daß sogar die alte Liebebedürftigkeit wieder erwacht. Wir erfahren mit Erstaunen, daß er einen neuen, wiederum erfolglosen Versuch machte, eine Lebensgefährtin zu wählen; die Erwählte war die erst 19 jährige Therese Malfatti, die Nichte des ihm befreundeten Arztes Dr. Malfatti und Schwägerin seines Freundes Gleichenstein. Diesen Schlag überwand er noch schneller wie die früheren; es sollte noch nicht der letzte Sturm auf sein für die Liebe so empfängliches Herz sein.

Zur Herstellung seiner Gesundheit wählte er 1811 einen Badeaufenthalt in Teplitz, wohin ihn ein junger Freund Oliva begleitete, der ihm damals in geschäftlichen Dingen zur Hand war. Hier knüpfte er mehrere interessante und wichtige Beziehungen an: mit Varnhagen von Ense, welcher uns in den Denkwürdigkeiten davon erzählt, und seiner Verlobten Rahel Levin; mit dem Kammerprokurator Varena aus Graz, mit dem sich dann eine lebhafte Korrespondenz über Aufführung seiner Sachen an letzterem Orte bildete; mit der Gräfin von der Recke und Tiedge, welcher sie begleitete. In der Gesellschaft der Gräfin befand sich außerdem Amalie Sebald, eine junge, sehr anziehende und musikalisch gebildete Dame aus Berlin. Für sie gewann Beethoven bald Interesse und es entwickelte sich aus demselben eine tiefe Neigung, welche ihn mehrere Jahre hindurch unvermindert begleitete. Nachdem er seinen alten Freund Lichnowsky in Troppau besucht, kehrte er gestärkt nach Wien zurück, bereitete die Aufführung der beiden Festspiele vor und wandte sich dann wieder der Ausarbeitung eines seiner monumentalen Werke zu: der **siebenten Symphonie in A**, welche im Mai 1812 vollendet war.

Von neuem wählte er hierauf **Teplitz** zu seinem Sommeraufenthalte und lebte daselbst gleichzeitig mit gekrönten Häuptern und berühmten Personen jeder Art. Er lernte damals **Goethe** kennen, welcher sein Talent gebührend bewunderte, seine „ungebändigte" Persönlichkeit weniger anziehend fand, die Ecken derselben jedoch aus seinem beklagenswerthen Leiden erklärte. Man darf, ohne einem der beiden großen Männer zu nahe zu treten, sagen, daß sie sich gegenseitig in der eigentlichen Tiefe ihrer Naturen nicht verstanden haben.

Ein kurzer, ihm verordneter Aufenthalt in **Franzensbrunn** unterbrach die Teplitzer Zeit; bei seiner Rückkehr fand er Amalie Sebald wieder, und die liebenswürdig zarten Briefe, welche er ihr damals schrieb, können am deutlichsten seine Gefühle für sie dokumentiren. Nach der Trennung dieses Jahres sah er sie nicht wieder; aber noch im Jahre 1816 war es mit seinem Herzen ganz „wie am ersten Tage"; und der ganz einzig dastehende, in letzterem Jahre komponirte Liederkreis „An die ferne Geliebte" mit seinem, durch allen Reiz innigster Melodik hindurchklingenden schwermüthig-ernsten Charakter gewinnt durch die Kenntnis dieser persönlichen Beziehung eine neue, bisher ungeahnte Beleuchtung.

So schied er diesmal aus Teplitz mit einer inneren Wunde; und die unerfreulichen Erlebnisse bei seinem Bruder Johann in **Linz**, über welche Stadt er den Rückweg nahm, die Schwierigkeiten im Bezuge seines Jahrgehaltes, die bedenklichen Gesundheitszustände seines Bruders Karl und das zunehmende eigene Leiden mußten natürlich seinen Lebensmuth nur noch mehr niederbeugen. Seine gedrückte Stimmung prägte sich in seinem Äußeren aus; wie Augenzeugen versichern, begann er damals die frühere Sorgfalt für Kleidung und Haltung zu verlieren; erst der freundschaftlichen Sorge der Frau Streicher, mit deren Familie er im Sommer 1813 in Baden lebte, gelang es nach dieser Richtung hin günstig auf ihn einzuwirken. Während jenes Aufenthaltes in Linz wurde die **achte Symphonie in F**, welche bereits skizzirt war, ausgearbeitet. Dann kommt wiederum, gewiß in Folge einer gewissen Apathie wegen so vieler bitterer Erfahrungen, eine recht unproduktive Zeit. Außer kleineren Liedern und anderen gelegentlichen Kleinigkeiten, sowie den fortdauernden

Bearbeitungen der Gesänge für Thomson, hat er von Ende 1812 bis zum Frühjahr 1814 nichts Größeres gearbeitet, als die Schlacht-Symphonie zum Preise von Wellington's Sieg bei Vittoria (21. Juni 1813), jenes eigenthümliche und wirkungsvolle musikalische Gemälde, dessen ursprüngliche Idee gar nicht einmal ihm selbst angehörte, sondern dem geschickten Mechanikus J. N. Mälzl, dem bekannten Erfinder des Metronoms, für dessen Panharmonikon das Werk bestimmt war. An die Entstehung dieses Werkes knüpfen sich noch mancherlei für Beethoven unerfreuliche Erlebnisse. Mälzl, der sich Beethoven nebenbei durch von ihm erfundene Gehörmaschinen empfohlen hatte, projektirte mit ihm eine gemeinsame Reise nach England; um zu derselben Mittel zu gewinnen, sollten Konzerte in Wien veranstaltet werden, und Mälzl gab dem Komponisten die bereits fertige Partitur zurück, um sie für Orchester auszuarbeiten. Am 8. December 1813 und am 2. Januar 1814 wurde es, zuerst zu wohlthätigem Zwecke, dann zu Beethoven's Vortheil, zugleich mit der A-Dur-Symphonie mit größtem Erfolge aufgeführt. Da aber weitere Konzerte nicht folgten, wurde der vorhin angegebene Zweck nicht erreicht. Da sich Beethoven nun weigerte, Mälzl das Eigenthum des Werkes zuzugestehen, brachte dieser die Stimmen an sich, ließ es neu abschreiben und führte es in München auf. Darüber erhob Beethoven Klage, und es kam zu einem mehrjährigen Processe, der schließlich durch einen Vergleich beigelegt wurde. Daß Beethoven hierbei nicht sonderlich edel und loyal verfuhr, kann leider nicht geleugnet werden, da Mälzl das Werk in seiner ersten Gestalt jedenfalls als sein Eigenthum zu betrachten berechtigt war; andrerseits durfte sich aber doch, nachdem er demselben seine künstlerische Kraft gewidmet und es über den begrenzten Zweck hinaus zu einem selbständigen Orchesterwerke erhoben hatte, der berechtigte Künstlerstolz in ihm gegen den Gedanken empören, daß des Mechanikers Antheil an demselben auch nur entfernt mit dem seinigen in Vergleich gesetzt wurde. Es erfüllt uns mit Befriedigung, daß die beiden Männer sich nach längerem Streite versöhnten und 1817 als Freunde wiederfanden.

Mitten in die damals begonnene trübe Zeit fällt noch einmal eine Periode, welche den Meister auf den Gipfelpunkt der Anerkennung und Ehre, ja höchster Popularität brachte. Dies war das Jahr 1814, das politisch denkwürdige und besonders für die Kaiserstadt bedeutsame Jahr des europäischen Kongresses. In dieses Jahr fällt zunächst die Wiederaufnahme seiner fast vergessenen Oper; die Inspicienten der Hofoper: Saal, Vogel und Weinmüller, wählten dieselbe zu ihrem Benefiz. Da zu dieser Zeit auch Beethoven selbst von der Nothwendigkeit einer Umarbeitung überzeugt war, nahm der Regisseur und Theaterdichter Friedrich Treitschke zunächst eine Umdichtung des Textes vor, wobei der bisherige 1. und 2. Akt in einen zusammengezogen wurden, mehrere Nummern wegfielen, andere, wie die Arie Florestan's, verändert und erweitert wurden. Am 23. Mai wurde die so zu sagen neue Oper, die jetzt mit Beethoven's Zustimmung den Namen Fidelio erhielt, unter seiner Leitung mit dem größten Erfolge aufgeführt. Die neue, damals komponirte Ouverture in E wurde erst bei der Wiederholung gespielt. Das ist die Gestalt, in welcher die Oper seitdem geblieben ist.

Mehrere wichtige Aufführungen anderer Art hielten auch von anderer Seite das Interesse an Beethoven wach. Im Februar wurde die F-Dur-Symphonie zum ersten Male aufgeführt; Beethoven war ungehalten, daß sie weniger gefiel, wie die siebente, da sie doch „viel besser" sei. Für das Singspiel „Die gute Nachricht" (gedichtet zur Feier des Einzuges in Paris) schrieb er den Chor: „Germania! wie stehst du jetzt im Glanze da!" Mit dem Vortrage des B-Dur-Trios nahm er einige Wochen später als Klavierspieler vom Publikum Abschied.

In Baden, welches er zum Sommeraufenthalt wählte, entstand der wunderbare elegische Gesang (Op. 114) auf die „verklärte Gemahlin" seines Freundes Pasqualati, in dessen Hause er längere Zeit gewohnt und der ihm bis an sein Ende wohlwollende Gesinnung bewahrte; ferner ein bisher nicht gedruckter Chor „Ihr weisen Gründer", eine Huldigung an die erwarteten Fürsten des Kongresses; endlich die Klavier-Sonate in E-Moll (Op. 90), welche er für den Grafen Moriz Lichnowsky aus Anlaß seiner Vermählung mit der Sängerin Stummer komponirte.

Mit dem Beginn des Kongresses kehrte Beethoven in die Stadt zurück; das Theater empfing die Monarchen mit der Aufführung des Fidelio. Beethoven lieferte seinen Beitrag zu dem weltgeschichtlichen Ereignisse durch die große Kantate „Der glorreiche Augenblick", deren Text er von seinem neuen Freunde und Verehrer

Dr. Aloys Weißenbach erhalten hatte; sie wurde am 29. November in Gegenwart mehrerer der Fürsten, unter denen sich der
König von Preußen befand, aufgeführt, zusammen mit der A-Dur-
Symphonie und „Wellington's Sieg". Leider ist dieses Werk, welches
allerdings den Charakter der Gelegenheitsmusik nicht ganz verleugnen
kann, aber doch die Meisterschaft, einen wenn auch poetisch nicht
glücklichen Text zu kräftiger musikalischer Wirkung zu bringen,
überall zeigt, so gut wie unbekannt geblieben; auch der neue von
Rochlitz ihm untergelegte Text, „Preis der Tonkunst", hat darin
nichts gebessert. Beethoven hat es bei seinen Lebzeiten nicht herausgegeben.

Derselben Zeit und Festesstimmung entstammte die Ouverture
in C (Op. 115), zur Namensfeier des Kaisers komponirt, sowie die
für das von Friedrich Duncker gedichtete Schauspiel „Leonore
Prohaska" komponirten Stücke, welche bisher ungedruckt geblieben
sind. Eine glänzende Rolle spielte Graf Rasoumowsky auf dem Kon-
gresse; in seinen Räumen wurde Beethoven mit den anwesenden
Monarchen bekannt gemacht; der Kaiserin von Rußland durfte er
in besonderer Audienz die für sie komponirte Polonaise in C
(Op. 89) überreichen. Den Grafen traf am Schlusse des Jahres
das schwere Mißgeschick, daß sein Palais mit seinen unschätzbaren
Kunstschätzen durch Feuer zerstört wurde. Dieses Unglück traf auch
Beethoven indirekt dadurch, daß das Rasoumowsky'sche Streichquar-
tett aufgelöst wurde und seine Mitglieder sich zerstreuten. In einem
Konzerte in Anwesenheit der Monarchen am 25. Januar 1815 spielte
er zum letzten Male vor einem größeren Kreise; er begleitete dem
Tenoristen Wild seine „Adelaide".

Zu diesen Ehren kam zu Ende des Jahres (16. November 1815)
die Verleihung des Ehrenbürgerrechts der Stadt seitens des Ma-
gistrates, zum Danke für vielfache Mitwirkung zu Gunsten wohl-
thätiger Zwecke.

Es war das eine glänzende Zeit für Beethoven, wie er sie nicht
mehr erlebte; die Anregung, welche die ihm widerfahrenen Ehren
auf seine produktive Stimmung geübt hatten, war keine dauernde.
Es wäre ungerecht, ihn deshalb zu tadeln; außer vielen andern
Gründen war und blieb es seine Schwerhörigkeit, welche, wie heroisch
er sie auch trug, ja mit welchem Humor er bei guter Laune sich
darüber hinwegzusetzen wußte, ihn doch auf Schritt und Tritt die

Hinderniſſe des Verkehres mit der Außenwelt ſchmerzlich empfinden
ließ. Sowohl das Klavierſpiel wie die Leitung ſeiner Werke war
ihm von jetzt an faſt völlig verſagt. Unterhaltung mit ihm war
möglich, wenn man deutlich und laut zu ſeinem linken Ohre ſprach,
und das blieb auch faſt bis zu ſeinem Ende; zur Erleichterung aber
begann er ungefähr von jener Zeit an ſich des Hilfsmittels der
ſchriftlichen Unterhaltung zu bedienen. Die ihm auferlegte Zurückgezogenheit konnte auf ſeine Beurtheilung der Welt nicht anders
als ungünſtig wirken, zumal bei ſeinem zu Mißtrauen geneigten
Temperamente. Die mit ihm geführten Geſpräche verehrungsvoller
Beſucher laſſen ſchon damals und weiterhin in ſteigendem Maße
eine tiefe Verſtimmung über die Wiener Verhältniſſe erkennen; er
tadelt den Geſchmack, der ſich neuen, überraſchenden Erſcheinungen
zuwandte und doch wieder vielfach wechſelte; er tadelt die Spar-
ſamkeit der Theaterdirektion, welche nach ſeinen Reden allein die
Schuld zu tragen ſcheint, daß er nicht mehr Gelegenheit erhält, eine
Oper zu ſchreiben. Was den erſten Punkt betrifft, ſo darf aus
ſeinen Worten nimmermehr der Schluß gezogen werden, als habe es
ihm perſönlich an der nöthigen Anerkennung gefehlt; alle öffentlichen
Stimmen damaliger Zeit laſſen keinen Zweifel über die bedingungsloſe
Verehrung und Schätzung, die er als ſchaffender Künſtler bei allen
genoß, die auf das Urtheil des Publikums Einfluß hatten. Auch
die andere Klage iſt ungerecht; wir kennen recht gut die ſonſtigen
Gründe, welche die Abſicht, Opern zu ſchreiben, immer wieder ver-
eitelten. Leider aber tritt eine, bei dem großen Genius faſt unver-
ſtändliche, peinliche Sorge um Sicherſtellung des pekuniären Erwerbes
bei ſeinen Arbeiten von jetzt an mehr und mehr in den Vordergrund.
Sie äußert ſich in einer, man ſcheut ſich faſt zu ſagen, kleinlichen
Weiſe beſonders in den Verhandlungen mit den engliſchen Verlegern
ſeiner Werke, wird aber ſogar durch Zeugniſſe glühender Verehrer,
z. B. des Livländers B u r ſ y, bezeugt. Es iſt ein trübes Blatt in
Beethoven's Geſchichte, welches, wer ihn ganz begreifen will, nicht
überſehen kann, welches wir aber hier nur kurz berühren. Auch
fehlt es durchaus nicht an entſchuldigenden Momenten, welche ihn
gerade in jener Zeit nöthigten, ſtärker als bisher den Erwerb ins
Auge zu faſſen, während gerade ſie auch in anderer Hinſicht ſeiner
Schaffensluſt hindernd in den Weg traten.

Am 15. November 1815 ſtarb Beethoven's Bruder K a r l, an

welchem er trotz mancher Mißhelligkeiten herzlichen Antheil genommen, an einer langen Abnehmungskrankheit. In seinem Testamente hatte er ihn zum Mitvormunde seines hinterlassenen unmündigen Sohnes Karl ernannt. Die eifrige Sorge, mit welcher Beethoven diese Verpflichtung auf sich nahm, verwickelte ihn in lang anhaltende Streitigkeiten mit der leider sittlich tief stehenden Wittwe, von welcher den Knaben möglichst fern zu halten er sich in seinem Gewissen verpflichtet glaubte. Nachdem ihm durch gerichtliches Urtheil im Jahre 1816 die alleinige Vormundschaft zugesprochen worden war, brachte er den Knaben in Pension und Schule zu dem vortrefflichen und geschätzten Giannatasio del Rio, mit dessen Familie er hierdurch in freundschaftliche Beziehungen trat. In der Sorge für diesen begabten Knaben glaubte er einen Ersatz für die ihm fehlende eigene Familie zu finden, und sie wurde ihm gewissermaßen eine Quelle neuen Gemüthslebens, aber auch vieler bisher nicht gekannter Schwierigkeiten und Bitterkeiten, an denen er bei seiner Unerfahrenheit in praktischen Dingen großentheils selbst die Schuld trug. Sein Schaffen litt durchaus darunter; unter der Last von Verdrießlichkeiten war es ihm nicht möglich, frisch und kräftig, wie vordem, große Arbeiten in Angriff zu nehmen.

So begann denn wieder eine recht unproduktive Zeit. Das Jahr 1815 sah von größeren Sachen nur die beiden Sonaten Op. 102 entstehen, für den Violoncellisten Linke geschrieben, welcher damals in der Begleitung der Gräfin Erdödy sich befand; ihr wurden sie gewidmet. Dann komponirte er den kurzen Chor „Meeresstille und glückliche Fahrt", ein Muster treffender Charakteristik im Gewande Beethoven'scher Schönheit, und widmete ihn „dem Verfasser der Gedichte, dem unsterblichen Goethe". In dem folgenden Jahre traten, wie schon in anderem Zusammenhange erwähnt, die Lieder an die ferne Geliebte (Texte von Jeitteles) hervor, und außerdem die Sonate in A (Op. 101), der genialen Interpretin seiner Werke Dorothea von Ertmann gewidmet. Im Jahre 1817 entstand vollends keine einzige größere Komposition; außer einigen Gesängen (darunter dem Gesange der Mönche aus Schiller's Tell „zur Erinnerung an den schnellen und unverhofften Tod unseres Krumpholz") schrieb er nur die D-Dur-Fuge für Quintett (Op. 137) und arrangirte sein C-Moll-Trio (Op. 1) zu einem Streichquintett.

Während dieser ziemlich unfruchtbaren Jahre hatte auch sein Freundeskreis eine ganz verschiedene Gestalt gegen früher angenommen. Manche hatte der Tod hinweggerafft, manche hatten Wien verlassen; so schon seit längerer Zeit Ferdinand Ries, der in London weilte und mit welchem Beethoven lebhaft korrespondirte; ferner Schuppanzigh, welcher nach Auflösung des Rasoumowsky'schen Quartetts nach Rußland ging und erst 1823 nach Wien zurückkehrte; ebendahin siedelte auch Oliva 1820 über. An des letzteren Stelle trat, etwa im Jahre 1819, in der Bemühung, Beethoven in persönlichen und geschäftlichen Dingen zur Seite zu stehen, der junge Anton Schindler, der bereits 1814 als junger Studiosus und musikalischer Dilettant mit ihm in Berührung gekommen war, und der sich später, nachdem er einige Jahre in Dr. Bach's Kanzlei gearbeitet, auf Beethoven's Rath ganz der Musik widmete. Auch die Beziehungen zu der Haslinger'schen Musikhandlung, welche Stoff zu so manchen Scherzen bot, hatte 1814 begonnen. Sein alter Freund Zmeskall, welcher durch alle Zeitströmungen hindurch und trotz aller unberechenbaren Launen des Meisters am treusten bei ihm aushielt, war in jener Zeit viel kränklich; mit Stephan von Breuning war 1817 wieder eine Spannung eingetreten. Unter denen, welche als Spieler seiner Werke öffentlich seinen Ruhm verkündeten, nahm damals Karl Czerny, der sich schon von seinen Knabenjahren an seines Interesses und seines Unterrichts erfreut hatte, die erste Stelle ein.

Die meisten Gemüthsbewegungen verursachte ihm jedoch die einmal übernommene Erziehung des Neffen Karl. Derselbe schien in dem vortrefflichen Institute Giannatasio's sehr gut aufgehoben, als die von der Mutter eingereichte Klage die Ruhe wieder störte. Der eingeleitete Proceß wurde von dem Obergericht an das Untergericht, von diesem an den Magistrat verwiesen. Während dieser Zeit löste Beethoven das Verhältnis zu Giannatasio, nahm den Knaben Ende Januar 1818 ganz zu sich und ließ ihn für den Gymnasialunterricht vorbereiten; die Mutter hielt er Monate lang ganz von ihm fern, und traf auch, nachdem er ihn im Juni 1819 dem Institute von Blöchlinger übergeben hatte, förmlich rigorose Anordnungen, um den Verkehr mit ihr zu verhindern. Die Mutter erreichte es im September 1819, daß Beethoven seiner Schwerhörigkeit wegen von der Vormundschaft suspendirt, ein Interimsvormund bestellt und der Sohn ihr wieder zugesprochen wurde. Damals wurde der

tüchtige Advokat Dr. Bach sein Rechtsbeistand; der unter seiner
Hilfe eingereichte Protest (30. Oktober 1819) wurde zwar vom Ma-
gistrate abgewiesen; besseren Erfolg hatte jedoch sein Rekurs an das
Appellationsgericht (4. Juni 1820). Die Unfähigkeit der Mutter,
auf die sittliche Entwicklung des Knaben günstig einzuwirken, wurde
anerkannt, dieselbe deshalb von der Vormundschaft ausgeschlossen
und letztere unserem Meister von neuem zugesprochen, während
Peters, Rath beim Fürsten Lobkowitz, Mitvormund wurde.

So sah denn Beethoven seinen Wunsch, „mit seinem Karl zusammen zu leben", endlich erfüllt, und konnte nun ungestört weiter
dessen Vorbereitung für die höheren Studien ins Auge fassen. Es
ist rührend zu sehen, in wie idealer Weise er diese seine Verpflichtung auffaßte, und die Ermahnungen zu solidem Fleiße, zur Wahr-
haftigkeit, zur Dankbarkeit lassen uns ganz den hohen Sinn und
die strengen Anforderungen erkennen, welche Beethoven an sich und
andere stellte. Aber die unparteiische Gerechtigkeit fordert ebenso-
sehr, die Gründe unumwunden auszusprechen, aus welchen unserem
so viel geprüften Meister neue bittere Erfahrungen nicht erspart
bleiben konnten. Beethoven, in allen Angelegenheiten menschlichen Verkehres, in allen praktischen Fragen von je her unerfahren,
war zum Erzieher durchaus nicht geschaffen. Wenn er mit Recht
den Einfluß der Mutter auf den Knaben zu beschränken suchte, so
vergaß er doch in seinem blinden Eifer, daß es eben die Mutter
war, die auf den Sohn nicht verzichten wollte, und daß dieses
natürliche Band sich durch richterliche Urtheile nicht einfach besei-
tigen ließ. Hätte er in zarter Weise in dem Knaben das Gefühl
geweckt, daß er bei ihm mehr wahre Liebe und mehr Antrieb zum
Guten fände, wie in der Umgebung, in welcher die Mutter lebte,
so wäre dagegen nichts einzuwenden gewesen; daß er aber seiner
an sich berechtigten Geringschätzung auch dem Knaben gegenüber
schonungslosen Ausdruck gab, und so das Gefühl natürlicher Pietät
in ihm vollständig tödtete, kann nimmermehr unsere Sympathie erwecken. Wenn er nun gar in den Briefen an den Knaben, den er
seinen Sohn nennt, im Verlaufe der Jahre ganz denselben Ton
anschlug, wie gegen ältere Freunde, wenn er über Personen, die
auch dem Knaben aus dem täglichen Umgange mit Beethoven wohl
bekannt waren, in verächtlicher Weise sprach, so erzog er in ihm
eine Überhebung und Frühreife des Urtheils, die auf sein Gemüth

nur ungünstig wirken konnte. Wir erkennen es an, daß er für die
Erziehung des Knaben mit eigener Unbequemlichkeit große Geldopfer
brachte; wir erfahren aber nicht, daß er in seinen Lebensgewohnheiten, abgesehen von der Begründung eines eigenen Haushalts,
wesentliche Änderungen dem Neffen zu Liebe vorgenommen hätte.
Während des noch immer regelmäßig wiederkehrenden Sommeraufenthalts auf dem Lande konnte er ihn natürlich nicht fortgesetzt im
Auge behalten, und durfte sich nicht wundern, daß er sich der strengen
Kontrolle mitunter zu entziehen suchte. Die später eintretende Katastrophe traf ihn tief und schmerzlich; daß sie aber eintreten konnte,
daran hat unser Meister wesentlich die Schuld zu tragen.

Die eigene Haushaltung, welche er seit Übernahme der Vormundschaft führte, war ebenfalls bei seinem Naturell eine Quelle
fortwährender Verdrießlichkeiten. Aus geringfügigen Veranlassungen
oder vorübergehenden Launen wurden Wohnung und Dienstpersonal
fortwährend gewechselt. Auch die vielfachen Klagen über Geldver-
legenheiten und die daraus entspringenden unerfreulichen Erlebnisse
hätten ohne die angedeuteten Eigenheiten seines Charakters nicht
eintreten können. Beethoven war auch in jenen Jahren wenn nicht
glänzend, doch auskömmlich gestellt. Abgesehen von dem Besitze
mehrerer Bankaktien, die er in besserer Zeit erworben, bezog er noch
das Gehalt von seinen fürstlichen Gönnern, welches allerdings seit
Gründung der Nationalbank nur noch 1360 Gulden in Silber betrug; da er aber, wenn er nur wollte, durch die sehr hohen Honorare seiner Werke, und, wie ihn die Erfahrung gelehrt hatte, durch
Aufführung derselben dieses sichere Einkommen erheblich vermehren
konnte, lag bei umsichtiger Verwaltung seiner äußeren Angelegenheiten die Gefahr solcher Verlegenheiten, in welche er damals wiederholt gerieth, nicht vor. Die genannten Unregelmäßigkeiten aber
ließen es zu befriedigenden Verhältnissen nicht kommen; er sah sich
wiederholt in Schulden verwickelt. Von der Gesellschaft der Musikfreunde, von den Handlungen Steiner in Wien und Peters in
Leipzig nahm er Vorschuß auf künftig zu schreibende Werke, die er
dann in Angriff zu nehmen zögerte. Nicht alle seine Gläubiger
fanden es nöthig, dem großen Manne Nachsicht und Rücksicht zuzuwenden; die Handlung Steiner wollte sogar gegen ihn klagen,
und er sah sich zur Entäußerung einiger jener Bankaktien genöthigt,
welche er als Erbtheil des Neffen zu betrachten sich gewöhnt hatte.

Es waren, wie wir sahen, die verschiedenartigsten Verhältnisse zusammengetroffen, um die frische Schaffenslust, welche in der mittleren Periode so üppige Früchte gezeitigt hatte, zu beeinträchtigen. Freilich, wenn neidische Gegner in jenen Jahren wohl sagten: Beethoven hat sich ausgeschrieben, er vermag nichts mehr zu schaffen, so sollte die Zeit noch kommen, welche dieselben Lügen strafte. Daß aber die ehemalige spontane Freudigkeit der Arbeit, welche schaffen mußte, weil sie nicht anders konnte, nicht mehr in ihm war, zeigt nicht bloß der Blick auf die geringe Zahl der Werke jener Jahre im Vergleich mit dem vielen, was er versprach und sich vornahm, sondern es steht auch durch sein eigenes Zeugniß fest. Er bringe sich nicht mehr so leicht zum Schreiben, wie früher, sagte er 1822 zu Rochlitz; ihm graue vor dem Anfange großer Werke. Daran trug gewiß außer den bereits angeführten Gründen auch die vermehrte Isolirung von der Außenwelt mit die Schuld. Seitdem seine Taubheit ihm das öffentliche Spielen und Dirigiren unmöglich gemacht, fiel die Anschauung der unmittelbaren Wirkung seiner Werke auf das Publikum und seine Kunstgenossen, und damit zugleich ein besonders wirksamer Antrieb zum Komponiren weg. Er begann sich dem Publikum fremd zu fühlen, und wenn er dies auch zum Theil dem ausartenden Geschmack zuschreiben durfte, so lag doch der Hauptgrund in ihm selbst, in dem Hemmnisse, welches sein Leiden ihm unabänderlich auferlegte.

Auch der wiederholt auftauchende Plan, eine Gesammtausgabe seiner Werke zu veranstalten, zuerst von Hofmeister in Leipzig, dann von Steiner in Wien angeregt, noch im Jahre 1823 durch Streicher von neuem in Gang gebracht, kam nicht zur Ausführung. Beethoven hatte sich anheischig gemacht, zu jeder Gattung ein neues Werk derselben hinzuzukomponiren, und daraufhin seine Forderungen gestellt; schließlich scheiterte die Sache jedesmal an seiner Umständlichkeit und Unschlüssigkeit, zuletzt freilich auch an der Beschäftigung mit neuen Arbeiten.

Wir haben die biographischen Momente darzulegen gesucht, welche die Erklärung zu der Periode seines Schaffens bilden, in welche wir bereits eingetreten sind. Jeder Beethoven-Verehrer verbindet mit dem Worte des „spät-beethovenschen" Stiles einen ganz bestimmten Begriff, und es braucht ihm nicht erst bewiesen zu werden, daß etwa mit dem Jahre 1818 eine neue, nicht nur durch die unprodutiven Jahre, welche vorhergegangen, äußerlich von der früheren getrennte, sondern innerlich verschiedene Epoche seines Schaffens beginnt. Die letzten Klaviersonaten, die große Messe, die neunte Symphonie und die letzten Quartette bilden unter Beethoven's Werken durchaus eine Welt für sich. Die Abkehr von den Bedürfnissen und Wünschen des Publikums, die Schwierigkeit mit welcher er sich zum Beginne bestellter Arbeiten entschloß, alles was ihn innerlich und äußerlich drückte und hemmte, erklärt den Charakter dieser Werke und wird durch sie erklärt; mehr wie jemals früher nimmt er den Antrieb zum Schaffen nur aus dem eigenen Innern und gibt demselben Ausdruck — war ja auch die große Messe keine bestellte, sondern eine selbstgewählte Arbeit; äußere Impulse bringen ihn nur zu weniger bedeutenden Gelegenheitsarbeiten, oder er bedarf längerer Zeit zu ihrer Verarbeitung, damit sie sein ganzes Eigenthum werden. Die verstärkte Richtung seiner Gefühlswelt nach innen hat auch jene Verinnerlichung seiner Kunst bewirkt, welche den Werken seiner letzten Periode ihre Signatur giebt. Seine Weisen scheinen unmittelbarer dem Herzen zu entströmen, und wirken dadurch ergreifender und inniger als vieles in der früheren, vor allem plastische Objektivität erstrebenden Zeit. Dazu kommt noch ein zweites Moment, die besondere Vorliebe für die polyphone Form, namentlich die Fuge, welche die letzte Epoche zeigt, und bei welcher allerdings wenn man will eine noch größere Strenge der Arbeit, vielleicht aber auch größere Mühe und Umständlichkeit derselben sich erkennen läßt. Man sieht unmittelbarer in seine Geisteswerkstatt, man sieht ihn — der letzte Satz der neunten Symphonie und manche Stellen der Messe zeigen es — angestrengter, gewaltsamer mit dem Stoffe ringen, damit er eine unmittelbar ihn beherrschende Idee ausdrücke, die vielleicht in früherer Zeit einen Einfluß auf die Gestaltung nicht gehabt hätte. Es ist unleugbar seiner Kunst ein subjektives Element beigemischt, welches ihn uns freilich auch in seinen Werken menschlich näher bringt, während es zur Zeit der Entstehung gewiß dem unmittelbaren Verständnisse nicht selten im Wege stand. Aber diese innere Vertiefung seiner Kunst hat, wo sich tiefe und innige Wärme in schlichter, durchsichtiger Form ausspricht, gerade die edelsten Blüthen des Beethoven'schen Genius gezeigt; wir erinnern an das Benedictus der Messe, an das Adagio der neunten Symphonie.

Wir haben nach diesen allgemeinen Bemerkungen den Faden der Erzählung wieder aufzunehmen und dabei etwas zurückzugreifen * . In dem unfruchtbaren Jahre 1817, während welches die Sorge um den Neffen noch nicht den höchsten Grad erreicht hatte, erneuerten sich die sehr dringenden und ehrenvollen Aufforderungen seiner Londoner Freunde und Verehrer, eine Reise nach England zu unternehmen. Wiederholte Äußerungen in seinen Briefen an R i e s lassen erkennen, daß er in der That den Gedanken gehabt und lange festgehalten hat, diese Reise, welche ihm sicherlich große Anerkennung und Ehren gebracht hätte, zu unternehmen, und daß sie schließlich nur in Folge der durch die Vormundschaft geschaffenen Verhältnisse unterblieben ist. Im Sommer desselben Jahres wohnte er in Möbling; dort besuchte ihn der junge englische Musiker C i p r i a n P o t t e r, und außerdem die schöne und hochbegabte Frau M a r i e P a c h l e r - K o s c h a k aus Graz, eine hohe Verehrerin und vorzügliche Darstellerin seiner Musik. Man hat Beethoven ohne Grund eine mehr wie freundschaftliche Neigung zu derselben angedichtet. Die Rückkehr M ä l z l ' s und seine Aussöhnung mit Beethoven fällt in dasselbe Jahr; der Mechanikus wollte Beethoven's Empfehlung für das von ihm erfundene Metronom erlangen, welche dieser auch trotz anfänglichen Widerstrebens ertheilte; das Tempo, hatte er gemeint, müsse jeder selbst fühlen.

Wenngleich die Reisepläne nicht zur Ausführung gelangten, faßte Beethoven doch den von dort her angeregten Plan zu Kompositionen für die philharmonische Gesellschaft in London ins Auge; es hat sich gefunden, daß die ersten Entwürfe zur neunten Symphonie schon ins Jahr 1817 zurückgehen. Im folgenden Jahre nahm er die Ausarbeitung größerer Arbeiten ernstlicher wieder auf. Während seines Sommeraufenthaltes in Mödling wurde die bereits vorher koncipirte S o n a t e in B 'Op. 106', die größte seiner Klavier-Sonaten, ausgearbeitet. Er widmete sie, wie so manche Arbeiten seiner späteren Jahre, dem Erzherzog R u d o l f, der noch immer sein Schüler war, wenngleich Beethoven sich der lästigen Pflicht des Unterrichts, so oft er nur konnte, zu entziehen suchte. Jetzt erhielt er

---

*) In dieser letzten Periode hat der Verfasser außer den zugänglichen literarischen Hilfsmitteln einzelne sehr dankenswerthe Mittheilungen von A. W. Thayer benutzen können.

eine neue Gelegenheit, seine Gesinnung für den von ihm verehrten Fürsten in einer neuen, großartigen Weise zu dokumentiren.

Die Ernennung des Erzherzogs zum Erzbischofe von Olmütz wurde 1818 bekannt; die Inthronisation wurde auf den 9. März 1820 angesetzt. Ohne eine besondere Aufforderung faßte Beethoven sofort den Entschluß, zu diesem Feste eine desselben würdige Musik zu liefern. Gleich im Spätherbste, nach Vollendung der Sonate, nahm er die Komposition der großen Messe, Missa sollemnis, in Angriff. Es zeigte sich bald, wie anders er jetzt einem solchen Werke gegenüber stand, als früher. Weder konnte er sich zwingen, zu dem festgesetzten Termine fertig zu sein, noch sich den Maßen und Forderungen einer, der gottesdienstlichen Handlung dienenden Musik anzubequemen. Die Arbeit nahm sehr bald die ganze Tiefe seines Gemüthes in Anspruch; es war nicht nur der Künstler, es war der tief empfindende, tief religiös angelegte, von Liebe und Begeisterung erfüllte Mensch, der sich hier äußerte. So nahm denn jeder einzelne der Sätze unter seinen Händen immer größere Verhältnisse an; er versenkte sich mit seiner ganzen Empfindung in die Textesworte und suchte auszusprechen, was sie in ihm wach riefen; nie hat er sich, nach Schindler's Zeugnisse, in einem ähnlichen Zustande völliger Erdenentrücktheit befunden. Schon im Sommer 1819, da er in Möbling eifrig an dem Werke arbeitete, zweifelte er an der Möglichkeit rechtzeitiger Vollendung; Ende Oktober kehrte er mit dem fertigen Credo nach Wien zurück. Im Jahre 1820, welches ihn während des Sommers wieder in Möbling, und 1821, welches ihn in Baden sah, arbeitete er weiter; seine Briefe aus jener Zeit an den Erzherzog enthalten verschiedentlich Entschuldigungen wegen der Verzögerung, daneben Klagen wegen Krankheit, lassen jedoch durchblicken, daß er, vermuthlich rascheren Gelderwerbes wegen, auch andere Arbeiten neben der Messe zu schreiben und herauszugeben unternommen hatte. Erst 1823 war das Werk vollständig vollendet. Dem Erzherzoge, welchem die Messe natürlich gewidmet war, wurde ein Exemplar überreicht; dann bot der Meister sie als sein gelungenstes Werk den europäischen Höfen zu dem Subskriptionspreise von 50 Dukaten an. Die Subskription ergab die Übernahme von 7 Exemplaren, so daß ihm nur ein geringer Überschuß blieb. Unter den Subskribenten befanden sich der Kaiser von Rußland und die Könige von Preußen und Frankreich; der letztere ehrte ihn durch

Übersendung einer goldenen Medaille mit seinem Bildnisse. Der österreichische Hof nahm von dem Anerbieten keine Notiz.

Beethoven hat die Missa sollemnis für das größte und gelungenste seiner Werke erklärt. Schwerlich hat er mit diesem Urtheile die künstlerische Vollendung seiner früheren Werke hinter dieselbe zurückstellen wollen; abgesehen von der äußeren Ausdehnung, hat er gewiß damit sagen wollen, daß kein anderes seiner Werke in gleichem Grade der reine, volle Ausdruck seines individuellen Fühlens sei, daß es ihm in keinem anderen so wie in diesem gelungen sei, in schöner Tongestaltung so unmittelbar und voll seine ganze Empfindung zum Ausdrucke und zum Verständnisse zu bringen. Wir wissen von ihm selbst, wie sehr ihm bei diesem Werke dieses im besten Sinne subjektive Moment von Wichtigkeit war, wie sehr es ihm neben der künstlerischen auch auf die ethische Wirkung ankam. So schrieb er über das Kyrie: „vom Herzen! möge es wieder zu Herzen gehen"! so erklärt er es als seinen Hauptzweck bei dem Werke, „sowohl bei den Singenden als Zuhörenden religiöse Gefühle zu erwecken und dauernd zu machen". Dies erstrebte er, indem er, von den überlieferten Dimensionen und Forderungen fast ganz absehend — das Werk, meinte er, könne auch als Oratorium benutzt werden — in die Worte des Textes sich vertiefte, sie ihrem ethischen Gehalte nach in sich aufnahm, und was sie ihm sagten, in kühn und weit entworfenen Gebilden und dabei in den natürlichsten Weisen, mit der ergreifendsten Unmittelbarkeit aussprach. Um zu unterscheiden, was als tief verborgenes Geheimnis nur von dem Einzelnen verkündet wird, was in Bitte, Bewunderung, Schmerz das subjektive Empfinden des Einzelnen bezeichnet, im Unterschiede von dem, was die ganze Gemeinde empfindet und nachfühlt, hat er die feinsinnige Gegenüberstellung von Solostimmen und Chor durchgeführt, wie sie kaum in einem anderen Werke in gleicher Innerlichkeit erfaßt und durchgeführt ist. Die Vorliebe, welche er in seiner späteren Periode für polyphone Gestaltungen zeigt, hatte hier ein weites Feld sich zu bewegen, und wir sehen, wie er seine reichste und meisterlichste Kunst dem Stoffe darzubringen strebt. In der selbständigen, mitunter fast grübelnden Versenkung in den Stoff wird er an einzelnen Stellen zu kühnen und neuen, von der hergebrachten Weise (wie z. B. im Agnus Dei) ganz abweichenden Wegen geführt. Die tiefe, andachtvolle Wärme erreicht in den Sätzen, welche schon der Überlieferung zufolge und der Natur des Textes entsprechend einheitliche Darstellung erfordern, eine Höhe, eine Wahrheit und Schönheit der Tonsprache, welche nie beschrieben, nur verstanden und nachgefühlt werden kann. So sind namentlich' Kyrie und Benedictus das Höchste, was in dieser Gattung denkbar ist; bei keinem anderen Volke, bei keinem anderen Meister, und auch bei Beethoven nicht zum zweiten Male hat die Tonkunst eine weihevollere, ergreifendere, edlere Sprache geredet als in diesen Stücken.

In der ersten Zeit der Arbeit an diesem großen Werke fand Beethoven, wie sich denken läßt, weder Zeit noch Sammlung zu anderen Arbeiten. Im Jahre 1819 erhielt er von der Gesellschaft der Musikfreunde den Auftrag, ein Oratorium heroischer Gattung zu schreiben, zu welchem sein Freund, der Schriftsteller Bernard, den Text liefern sollte; er erklärte sich bereit und alle äußeren Bedingungen wurden geregelt. Aber obgleich er noch 1823, als er den fertigen Text in Händen hatte, Vorsatz und Versprechen erneuerte, ist es nie zur Ausführung dieses Planes gekommen. Dagegen entstanden in den beiden Jahren 1820 und 1821 die drei letzten Klavier-Sonaten, herrliche Zeugnisse seines damals so tief erregten Gemüthslebens. Die in E (Op. 109', Maximiliane Brentano gewidmet, schrieb er gleichzeitig mit dem Credo der Messe, die in As und C-Moll (Op. 110, 111) 1821; letztere wurde 1822 vollendet. Er gab diese Sonaten sofort nach ihrer Vollendung aus Gründen, welche hier übergangen sein mögen, statt bei seinen gewohnten Verlegern, bei Schlesinger in Berlin heraus. Neben denselben stellte er die beiden Sammlungen „Bagatellen" zusammen, die Op. 119, zum Theil früher Entstandenes enthaltend, und die sehr schönen und charakteristischen Op. 126; kleinerer Gelegenheitsarbeiten nicht zu gedenken.

Das Jahr 1822 brachte ihn wieder in lebendigere Berührung mit der Öffentlichkeit. Karl Friedrich Hensler, Theaterdirektor in Preßburg und Baden und Verfasser beliebter Bühnenstücke, hatte das Theater in der Josephstadt übernommen und führte für dasselbe ein neues Haus auf, welches am 3. Oktober, dem Namenstage des Kaisers, eingeweiht werden sollte. Als Festspiel wurden Beethoven's „Ruinen von Athen" gewählt; doch sollte vorher der Text von Karl Meisl umgearbeitet und demgemäß auch die Musik stellenweise umgeändert, insbesondere eine neue selbständige Ouver-

ture geschrieben werden. Beethoven, damals in Baden mit Vollendung der Messe beschäftigt, war zu der Arbeit erbötig; er arbeitete
den feierlichen Marsch und Einzugschor um und erweiterte ihn, und
schrieb im September die große Ouverture im Händel'schen Stile
„zur Weihe des Hauses" (Op. 124). Die Aufführung erfolgte am
festgesetzten Tage unter Beethoven's Leitung, während ihm Gläser
unterstützend zur Seite stand, mit großem Beifalle; Beethoven,
welcher bei dieser Gelegenheit noch überraschende Proben der Hör-
fähigkeit auf dem linken Ohre gab, mußte auf der Bühne erscheinen.

Nicht lange nachher, im November 1822, wurde Fidelio, mit
Wilhelmine Schröder in der Titelrolle, wieder aufgeführt;
auch diesmal ließ sich Beethoven bereit finden selbst zu dirigiren,
zeigte sich aber leider dazu nicht mehr im Stande, was ihm bitteren
Schmerz verursachte. Noch einmal griff er nach langer Zeit zu
ärztlichen Heilmitteln, die freilich, wie zu erwarten, erfolglos waren.
Dagegen hatte der neue, große Erfolg der Oper die Wirkung, daß
an ihn der Antrag erging, eine neue Oper zu schreiben. Er war
bereit, den von Grillparzer verfaßten Text „Melusine" zu
komponiren, und äußerte wiederholt zu dem Dichter, daß die Musik
in seinem Kopfe schon fertig sei; aber die Abneigung, eine große
Vokalkomposition in Angriff zu nehmen, machte sich wieder geltend,
und die Übernahme von Arbeiten, die ihm schnellen pekuniären
Gewinn versprachen, verhinderte mehr, wie andere von ihm vor-
gewandte Gründe, die Ausführung jener Absicht. Ebenso wurde
der bald nachher gefaßte Plan, eine italiänische Oper zu schreiben,
nach kurzer Zeit wieder aufgegeben. Es war dies die Zeit, als in
Wien der Fanatismus für Rossini auf seiner Höhe stand. Der
italiänische Maestro war im Frühjahr 1822 selbst in Wien gewesen
bei Gelegenheit der Aufführung seiner „Zelmira" (13. April); von
vielen Seiten mußte Beethoven von den Erfolgen dieser, seinen
Bestrebungen so ganz fremden Kunst hören, was seine Meinung
von dem Geschmacke der Wiener natürlich nicht verbessern konnte.
„Nun, den Platz in der Kunstgeschichte können sie mir doch nicht
nehmen", erwiederte er einmal unmuthig. Bei dieser Gelegenheit sei
gegenüber einem der vielen Irrthümer Schindler's erwähnt, daß
Rossini, welcher unseren Meister gebührend schätzte, sich durch Carpani bei Beethoven einführen ließ und von letzterem sehr artig
aufgenommen wurde; eine rechte Unterhaltung war freilich bei Beet-

hoven's Taubheit und Rossini's Unkenntnis der deutschen Sprache
nicht möglich. Erfreulicher war jedenfalls für ihn der im folgenden
Jahre stattfindende Besuch Karl Maria von Weber's, dem er
sich allerdings näher verwandt fühlte und wegen der Aufführung
des Fidelio in Prag (1814) und Dresden (29. April 1823) besonders
dankbar war.

Die Projekte des Oratoriums und der Oper waren nicht die
einzigen, welche in jenen Jahren gefaßt und wieder aufgegeben
wurden. Im November 1822 war der kaiserliche Hofkompositeur
Anton Tayber gestorben, und der alte treue Freund Graf Lichnowsky wünschte Beethoven in diese Stelle zu bringen. Auf
sein Anrathen wendete sich Beethoven an den „Hofmusikgrafen"
Grafen Moritz Dietrichstein, erhielt jedoch durch Lichnowsky
den Bescheid, daß die Stelle nicht wieder besetzt werde. Trotzdem
hielten es die Freunde für angezeigt, daß sich Beethoven dem kaiserlichen Hofe nähere und glaubten in der Komposition eines geistlichen Werkes den geeignetsten Weg hierzu zu erblicken. Beethoven
war bereit, trat mit Dietrichstein in Unterhandlung und begann die
Arbeit, — es finden sich Skizzen zu einer Messe in Cis-Moll, welche
wohl auf diesen Vorsatz sich beziehen —, lehnte aber schließlich, zum
Mißvergnügen seiner Gönner, anderweitiger Verpflichtungen wegen
die ganze Sache ab.

Einen anderen großen Plan, die Komposition des Faust, hatte
Rochlitz in ihm angeregt; Beethoven hielt denselben bis an sein
Lebensende fest, er schwebte ihm als das Höchste vor, was er noch
leisten werde, wenn er alle seine anderen Verpflichtungen werde
erfüllt haben. Für den Augenblick dachte er freilich noch nicht entfernt daran, an diese Arbeit zu gehen.

So blieben es nur kleinere Arbeiten, welche neben und nach
der Messe zur Ausführung kamen. Außer der großen Ouverture
entstand 1822 das Opferlied (nach bereits früher vorhandenem
Entwurfe), das Bundeslied, das Gratulationsmenuett
für Orchester, und im Frühjahr 1823 noch ein ganz einzig bastehen-
des Werk für Klavier, die Variationen über einen Diabelli-
schen Walzer (Op. 120), das Erzeugnis froher und angeregter
Stunden und noch einmal ganz durchdrungen von der heiteren
Schaffenslust früherer Zeiten. Auch das originelle, aus seinem

Nachlasse herausgegebene Rondo, „die Wuth über den verlorenen Groschen" (Op. 129), dürfte dieser Zeit angehören.

Was war es denn, was ihn auch nach Vollendung der großen Messe so in Anspruch nahm, daß alle die vortheilhaften und ehrenvollen Anerbietungen in den Hintergrund treten mußten, daß er der Unzufriedenheit seiner Freunde und pekuniären Verlegenheiten sich aussetzte, denen er leicht hätte entgehen können? Zum zweiten Male hatte er ein Werk unternommen, welches wie kaum ein anderes seine Impulse unmittelbar aus des Tondichters innerstem Fühlen und Leben entnahm und sich als ein großartiges, in künstlerische Form gekleidetes Selbstbekenntniß darstellte. Neben einer solchen Arbeit konnte, bei Beethoven's damaliger Art zu schaffen, keine andere, die ihm von außen gebracht war, Platz finden. Die neunte Symphonie — denn von dieser reden wir — wäre nicht geworden, was sie für uns ist, wenn der Meister seine Kraft hätte zersplittern müssen, und wir haben kein Recht, Beethoven dem Künstler Vorwürfe zu machen, daß er die Erfüllung gegebener Versprechungen einstweilen aufschob. Was uns die beiden großen Werke dieser Jahre von dem Seelenleben des Meisters erzählen, läßt uns völlig die widrigen äußeren Umstände vergessen, unter denen sie entstanden sind.

Die ersten Skizzen der, für die philharmonische Gesellschaft in London bestimmten neunten Symphonie gehen, wie wir sahen, noch in die Zeit zurück, da er ernstlich mit dem Plane einer Reise nach England sich beschäftigte. Die Ausarbeitung, im Spätjahre 1822 begonnen, bildete die Hauptarbeit des Jahres 1823; sie mußte wieder unter sehr bewegten äußeren Verhältnissen erfolgen, welche namentlich durch den Wechsel seines Sommeraufenthalts verursacht waren. Nachdem er eine Einladung seines Bruders nach dessen Gute abgelehnt, begab er sich nach Hetzendorf in die Villa des Barons von Pronay; da ihm aber, wie erzählt wird, die allzugroße Höflichkeit des Barons unerträglich war, vertauschte er Mitte August diesen Aufenthalt mit dem ihm lieben und gewohnten Baden. Seine Gesundheit war nicht in bester Verfassung, sein äußeres Leben sehr ungeordnet, kein naher Freund in seiner Umgebung; unter diesen Verhältnissen schrieb er die drei ersten Sätze der Symphonie und brachte sie Ende Oktober fertig nach Wien mit. Auf verschiedene Weise versuchte er nun Schiller's Lied an die Freude anzuknüpfen, und arbeitete, als er den richtigsten Weg gefunden zu haben glaubte, den Schlußsatz aus; im Februar 1824 war das Werk fertig. Beethoven widmete es dem Könige Friedrich Wilhelm III. von Preußen; der König dankte durch ein Schreiben und Übersendung eines Brillantrings. Den Verlag der beiden großen Werke übertrug Beethoven mit Umgehung seiner gewohnten Verleger der Firma Schott in Mainz.

Der Versuchung, auf eine Analyse und Würdigung dieses in der ganzen musikalischen Literatur einzig dastehenden Werkes einzugehen, müssen wir auch hier widerstehen. Doch können wir nicht unterlassen, die Worte des unvergeßlichen Otto Jahn, sicherlich während seines Lebens des tiefsten Beethovenkenners von allen, hierher zu setzen. „Dieses wunderbare Werk", schreibt er in der Einleitung zu dem Programme des niederrheinischen Musikfestes von 1856, „ist in einer Weise, wie sie selten in dem Gebiete der Kunst erscheint, der eigenthümlichste Ausdruck der Individualität des Künstlers, und weit entfernt, einen Maßstab für andere Kunstschöpfungen abzugeben, steht diese Symphonie allein für sich da und trägt ihre Norm in sich. Sie ist das Resultat eines langen, leidensvollen, in unablässigem Ringen nach dem Edelsten und Höchsten hingebrachten Lebens; ganz verstehen wird sie nur, wer dieses Leben genau kennt und innerlich mit durchlebt hat. Denn wie sich unsere Bewunderung vor dem Künstler, der sein tiefes Leid so zu verklären vermochte, daß er im eigenen wie im fremden Herzen eine sittliche Reinigung vollzog, mit der Rührung vermischt, welche uns der leidende Mensch einflößt, so wird auch das wahre Verständnis dieses Kunstwerks nur mit eigenen schweren Schmerzen erkauft". Er erinnert an jenes schöne Testament Beethoven's aus dem Jahre 1802, in welchem die Sehnsucht nach dem Tage reiner Freude so übermächtig sich hervordrängt. „Diese Stimmung, durch mannigfache Leiden und schwere Geschicke nur noch gesteigert, beherrschte sein Leben. Ihr tiefster und großartigster Ausdruck ist die neunte Symphonie. Wir sehen ihn, wie er mit aller Kraft und Entschlossenheit eines energischen Willens den Riesenkampf gegen die Verzweiflung unternimmt, wie er, um sich zu retten, zum Humor flüchtet, und in einer frommen Ergebung und Resignation, die ihn wie mit einer Glorie verklärt, sich unter die höhere Hand beugt. Aber von neuem erhebt sich lauter und gewaltsamer der Sturm im Innern, und was ihm Trost gebracht, verschwindet unter den andringenden Wogen; übermächtig ringt sich die Sehnsucht nach Freude hervor, und wie das Zauberwort erklingt, da braust und wogt der entfesselte Strom dahin, endlos, unaufhaltsam".

Es sei hier mit einem Worte daran erinnert, daß gerade Schiller's Lied „An die Freude" unseren Meister von früher Jugend zur Komposition angeregt hat. Schon in Bonn hatte er es, „und zwar jede Strophe", wie Fischenich schreibt, komponiren, dann später dasselbe mit der C-Dur-Ouverture Op. 115 in Verbindung bringen wollen; und nun arbeitete er es aus zu einer Zeit, da volle unge-trübte Freude ihm nicht mehr blühen sollte.

Eines sonderbaren Irrthums sei hier noch gedacht, dem sich auch Marx in seiner Darstellung von Beethoven's Schaffen ange-schlossen hat, als habe nämlich Beethoven noch eine besondere Ten-denz mit diesem Werke verfolgt. Durch Hinzunahme des Wortes habe er, so sagt man, das Unvermögen der reinen Instrumentalmusik darthun wollen, Seelenzustände sprechend darzustellen, und daher habe diese Symphonie nothwendig die letzte sein müssen. Es wäre nicht schwer, das völlige Mißverständnis aufzuzeigen, welches hier über das Verhältnis von Vokalmusik und Instrumentalmusik ob-waltet; Beethoven's wiederholte Äußerungen lassen erkennen, daß er einen solchen Gegensatz niemals gemacht und anerkannt hat. Er hat selbst diese Symphonie in Vergleichung gesetzt mit dem von ihm bereits in der Chorphantasie gemachten Versuche, und hat doch der letzteren noch mehrere Symphonien folgen lassen. Er hat in der großen Messe mehrmals reine Instrumentalsätze eingeflochten, und es ist doch noch keinem eingefallen, nun umgekehrt sagen zu wollen, die Sing-stimmen hätten ihm nicht vollständig genügt. Er hat die zehnte Symphonie, ohne Chor, entworfen und ist an ihrer Vollendung nur durch den Tod gehindert worden; er hat statt derselben noch eine ganze Reihe von Instrumentalwerken, die letzten Quartette, nicht minder tiefe Offenbarungen seines bewegten Inneren, der neunten Symphonie folgen lassen, zu denen Wort und Stimme hinzuzuneh-men er kein Bedürfnis fühlte. Endlich aber hat — und in einer wahrheitsgetreuen Darstellung darf diese auf den ersten Blick frap-pirende Thatsache nicht fehlen — ein vollgültiger Zeuge, der wenn einer es wissen konnte, Karl Czerny, bezeugt, daß Beethoven mit Bestimmtheit seine Überzeugung ausgesprochen habe, mit dem letzten

Satze der neunten Symphonie einen Mißgriff begangen zu haben; er habe ihn verworfen und an dessen Stelle einen Instrumentalsatz ohne Singstimmen schreiben wollen, zu welchem er auch schon die Idee im Kopfe gehabt habe (Sonnleithner, Allg. Mus. Ztg. 1864 S. 245). Wir dürfen die einschlagenden ästhetischen Fragen auf sich beruhen lassen, glauben jedoch, daß diese einfachen Thatsachen jenes grundlose Gerede verschwinden machen müssen, durch welches das richtige Verständnis von Beethoven's symphonischer Kunst nur verdunkelt werden kann.

Beethoven durfte noch selbst erleben, wie die beiden großen Werke seinen bereits fest genug gewurzelten Ruhm erhöhten. Im Februar 1824 vereinigte sich eine Anzahl der angesehensten Musik-freunde der Kaiserstadt zu einem ehrerbietigen und von der höchsten Anerkennung eingegebenen Schreiben, welches ihn zur Aufführung der beiden neuen Werke veranlassen sollte. Unter den Unterzeichnern befanden sich die Namen Lichnowsky, Palffy, Dietrichstein, Zmeskall, die Firmen Artaria, Streicher, Diabelli und viele anderer Verehrer seiner Muse. So sehr ihn diese unerwartete Äußerung der Verehrung erfreute, so hätten doch seine Launen und Umständlichkeiten auf ein Haar die ganze Sache vereitelt. Endlich kam es zur Aufführung: am 7. Mai 1824 wurde im Kärnthner-thortheater ein großes Konzert veranstaltet, in welchem die C-Dur-Ouverture, das Terzett »Tremate«, drei Sätze der Messe und die neunte Symphonie zur Darstellung gelangten, unter Umlauf's Direktion, während Beethoven die Zeitmaße angab. Der Beifall war ein gewaltiger, und steigerte sich zu stürmischem Jubel, als der taube Meister, welcher von demselben nichts vernommen hatte, von der Sängerin Karoline Unger aufmerksam gemacht wurde und sich dem Publikum zuwandte. Am 23. Mai wurde das Konzert im Redoutensaale wiederholt. Der pekuniäre Erfolg entsprach nicht Beethoven's Erwartungen, was ihn tief niederdrückte und zu sehr ungerechten Ausfällen gegen diejenigen verleitete, denen er bei Ein-richtung der Sache vor allem hätte dankbar sein müssen.

Beethoven war mittlerweile bereits einem anderen Unternehmen näher getreten, welches er nach Beendigung dieser Konzertsorgen un-verweilt in Angriff nahm. Der russische Fürst Nicolaus Boris von Galitzin, welcher in den Jahren 1804 bis 1806 in Wien gewesen war und Beethoven hoch verehrte, machte damals in Peters-

burg ein großes musikalisches Haus und unterhielt, gleich Rasoumowsky, ein regelmäßiges Quartett, worin er Violoncell spielte.
Ende 1822 forderte er Beethoven auf, für ihn drei Quartette zu
schreiben. Beethoven nahm (25. Januar 1823) die Aufforderung an,
und forderte für jedes Quartett 50 Dukaten. Die Ausarbeitung
des ersten dieser sogenannten letzten Quartette Beethoven's, des
in Es-Dur (Op. 127), schon 1822 skizzirt, erfolgte im Jahre 1824;
die erste Aufführung durch das Quartett Schuppanzigh's, welcher
inzwischen zurückgekehrt war, am 6. März 1825. Ihm folgten 1825
das Quartett in A-Moll (Op. 132), im Mai vollendet und nach
einem Versuche im Privatkreise im November aufgeführt, und das
in B (Op. 130, zunächst mit der Fuge Op. 133 als letztem Satze
am 21. März 1826 zum ersten Male gespielt. Über die Ablieferung
und Honorirung dieser Quartette hat sich später eine unerquickliche
Kontroverse zwischen Schindler und dem Fürsten entsponnen, welche
hier nur kurz erwähnt sei. Thatsache ist, daß Galitzin für die erste an
Beethoven geleistete Zahlung nicht das erwartete Quartett, sondern
eine Abschrift der Messe erhielt, ferner daß er auf die Quartette
drei bis vier Jahre warten mußte und sie zu einer Zeit erhielt, da
er keinen Gebrauch mehr von denselben machen konnte, da er in
Folge des persischen Krieges Petersburg zu verlassen genöthigt war.
Wenn er den Meister mit Zahlung des Restes seiner Schuld, deren
Vorhandensein er jederzeit anerkannt hat, warten ließ, so mochte
dies theils durch eigene Verlegenheit, theils durch das Mißvergnügen
über Beethoven's nicht eben delikates Verfahren veranlaßt sein, von
dessen üblen Verhältnissen und dessen Krankheit er überdies keine
Kunde erhalten hatte. Den Erben Beethoven's ist die Schuld berich-
tigt worden und hierdurch zerfällt alles, was später über diese Sache
geschrieben worden ist, in nichts.

Diese Ereignisse, welche allerdings biographisch festzustellen von
Wichtigkeit ist, vergessen wir gern unter dem Eindrucke der wunder-
herrlichen Kompositionen, welche dieses Verhältnis zu Galitzin hervorgebracht hat. Wie Beethoven in diesen neuen Quartetten die
Formen des Quartettstils erweitert und neu gestaltet, wie einerseits
die weite, kühne Gestaltung der Melodie, die ergreifende Innigkeit
des Ausdrucks, andrerseits wieder die Hinneigung zu polyphoner
Gestaltung in vielen Sätzen, sowie das Auffinden neuer Mittel, den
inneren Zusammenhang derselben erkennen zu lassen, ihnen die Sig-

natur der letzten Lebensperiode Beethoven's giebt, kann hier nur angedeutet, nicht ausgeführt werden. Lange unverstanden und wie
ein noli me tangere angesehen, haben sie in neuerer Zeit unter
den Händen verständnisvoller Künstler immer mehr ihren reichen
Inhalt erschlossen, und man ahnt, daß auch sie in näherem Bezuge
zu den inneren Kämpfen und Erlebnissen unseres Meisters stehen,
als dies direkt nachzuweisen ist; deutet ja z. B. der dritte Satz des
A-Moll-Quartetts mit ausdrücklichen Worten auf das Gefühl neu
erwachter Kraft nach überstandener schwerer Krankheit hin, wie sie
ihn wirklich im Winter 1824—25 heimgesucht hatte.

In der That gestaltete sich sein äußeres Leben in diesen letzten
Jahren wieder in mancher Hinsicht bewegt und schmerzvoll. Noch
1824 erhielt er von Neate in London die dringende Einladung,
unter sehr günstigen Bedingungen dorthin zu kommen. Er hatte
derselben nicht folgen können, weil neue üble Erfahrungen mit dem
Neffen ihn in Wien festhielten. Der talentvolle junge Mann hatte
nach Vollendung seiner Vorbereitungen 1824 die Universität bezogen, um Philologie zu studiren. Er wohnte beim Oheim, der
ihm jedoch in Folge seiner Lebensweise die nöthige Aufsicht nicht
widmen konnte und auch trotz der liebevoll ermahnenden Briefe,
welche er von seinem Landaufenthalte (1825 in Baden) an ihn
schrieb, einen tieferen Einfluß auf ihn nicht ausübte. Letzteres hatte
aber leider noch andere Gründe.

In unseres Meisters Umgebung war damals eine bemerkenswerthe Veränderung vor sich gegangen, welche ihn noch weniger
befähigte, einem jungen, etwas haltlosen und leichtsinnigen Menschen
eine Stütze zu sein. Seit 1823 gehörte zu dem Schuppanzigh'schen
Quartette als Sekundarius ein junger Kanzleibeamter Karl Holz,
geboren 1798, von guten Kenntnissen und natürlichem Verstande,
klug und gewinnend im Verkehre. Dieser wurde im Frühjahr 1824
durch Schuppanzigh mit Beethoven bekannt gemacht, und da er dem
Meister gefiel, trat er bald zu ihm in ein näheres Verhältnis, welches
um so enger wurde, als er die Schwächen des großen Mannes
bald durchschaute und geschickt zu benutzen wußte. Er war es, der
als guter Rechner dem von Geldsorgen gequälten Manne bei der
Berechnung seiner Forderungen und Ansprüche Beistand leistete, ihn
dadurch in seinen traurigen Reflexionen bestärkte und so auf sein
Denken und Schaffen einen höchst ungünstigen Einfluß ausübte.

Ja noch mehr: leichtsinnig und dem Trunke ergeben, mußte er den
Meister, dem er sich zeitweise unentbehrlich gemacht hatte, vorübergehend in Lebensgewohnheiten zu verstricken und ihn zu Handlungen zu verleiten, welche seine alten und wahren Freunde nur mit
Betrübnis ansehen konnten; einzelne sahen sich gezwungen, sich zeitweilig zurückzuziehen. Wer mit Beethoven's menschlichen Schwächen
streng ins Gericht gehen will, erblickt eine Art von Nemesis in
diesem Geschicke. Er erinnert sich des unerfreulichen Eindrucks,
welchen Beethoven's wegwerfende Äußerungen über manche seiner
anhänglichsten Freunde machen mußten, die er dann doch wieder
benutzte, wo es ihm gelegen war, „wie Instrumente, auf denen er,
wenn es ihm gefiel, spielte". Der neue Freund war keiner von
denen, die sich benutzen ließen; er wußte umgekehrt die Freundschaft des großen Mannes selbst in egoistischer Absicht zu benutzen.
So sehr beherrschte er ihn, daß ihn Beethoven noch am 30. August
1826 in aller Form ermächtigte, seine Biographie zu schreiben. Damals war freilich das Verhältnis schon gelockert; Beethoven's gute
Natur brach schließlich wieder durch; neue bittere Erfahrungen und
die erneuerte Anknüpfung alter und schönerer Beziehungen bewirkten,
daß er den zweifelhaften Freund abschüttelte.

In dieser Zeit vollzog sich das Geschick des Neffen. Derselbe
hatte sich 1825, während der Meister in Baden lebte, in Wien
einem leichtsinnigen Leben ergeben und es unterlassen, nach dem
zweiten Semester die erforderliche Semestralprüfung zu bestehen,
wodurch die Hoffnung auf Fortsetzung der wissenschaftlichen Laufbahn zerstört war. Er wählte nunmehr den Kaufmannsstand und
sollte, um sich dazu vorzubereiten, ein polytechnisches Institut besuchen. Beethoven kehrte zeitig nach Wien zurück und bezog das
sogenannte Schwarzspanierhaus am Glacis in der Vorstadt Wäh-
ring — seine letzte irdische Wohnung. Kurz vorher hatte eine zufällige Begegnung das Verhältnis zu dem alten treuen Freunde
Stephan von Breuning, der als Kaiserlicher Hofrath eine
angesehene Stellung einnahm und in nächster Nachbarschaft wohnte,
wiederhergestellt. Dieses neue Verhältnis, über welches uns der
Sohn Stephan's, Dr. Gerhard von Breuning, welcher damals
als Knabe viel um den Meister sein durfte, so dankenswerthe Auf-
schlüsse gibt, wirft ein höchst wohlthuendes Licht auf diese letzten,
so sehr schmerzvollen Lebensjahre unseres Meisters. Es entwickelte

sich ein neuer, freundschaftlicher Verkehr; alle alten Mißhelligkeiten waren vergessen; bei Tisch und auf Spaziergängen finden wir ihn mit den wiedergefundenen Freunden zusammen. Auch in der Sorge, die ihn damals am angelegentlichsten beschäftigte, fand er die liebevollste Unterstützung.

Beethoven nahm nun die Sorge für den Neffen persönlich wieder in die Hand; der Vorsteher des gewählten Instituts, Reißer, übernahm die Mitvormundschaft. Das leichtsinnige Leben begann von neuem, die erforderlichen Prüfungen wurden wiederum unterlassen; der junge Mann, der seine Zukunft zerstört glaubte und keine feste Stütze hatte, machte Ende Juli 1826 zu Rauhenstein bei Baden einen Versuch, sich das Leben zu nehmen, welcher jedoch mißlang. Er wurde aufgefunden, ins Krankenhaus gebracht und aus demselben am 25. September wieder entlassen. Den Eindruck, welchen diese Ereignisse auf unseren Meister übten, wird sich jeder leicht ausmalen. In dieser schweren Zeit erprobte sich Breuning's Freundschaft. Derselbe übernahm jetzt die Mitvormundschaft und es wurde beschlossen, daß der junge Mann sich dem Militärstande widme. In Folge von Breuning's Vermittlung nahm ihn der Feldmarschall-Lieutenant Freiherr von Stutterheim an und überwies ihn einem Hauptmann von Montluisant zur Ausbildung. Wenige Jahre strenger militärischer Zucht haben aus dem jungen Manne einen ordentlichen Menschen gemacht, welcher auch nachdem er die militärische Laufbahn wieder verlassen, in gewissenhafter Arbeit und verdienter Achtung sein Leben verbrachte.

Dem Freiherrn von Stutterheim widmete Beethoven das im Sommer 1826 unter all' diesen Bedrängnissen geschriebene, wunderbar herrliche und großartige Cis-Moll-Quartett (Op. 131).

Vor dem Abgange des Neffen zu seinem Regimente nach Iglau, welcher im December 1826 erfolgen sollte, folgten Oheim und Neffe einer Einladung auf das Gut des Bruders Johann. Von diesem war Beethoven, wie zu erwarten war, nach den bei seiner Verheirathung vorgefallenen Streitigkeiten mehrere Jahre getrennt gewesen; doch hatte schon längere Zeit vor diesen letzten Ereignissen wieder eine Annäherung stattgefunden. Johann hatte sich durch sein Geschäft in Linz ein hinlängliches Vermögen erworben, um sich ein Landgut Wasserhof bei Gneizendorf in der Nähe von Krems kaufen zu können. Dies war 1819 geschehen; während des Som-

mers lebte er auf dem Gute, im Winter dagegen in Wien, und
hierdurch waren wieder häufigere Beziehungen zu dem Bruder eingetreten. Waren diese Beziehungen auch nicht gerade herzliche, was
bei dem ganz verschiedenen Bildungsstandpunkte der beiden Brüder
kaum anders erwartet werden konnte, so waren sie doch auch keineswegs so unfreundlicher Natur, wie man sie oft dargestellt hat; im
Gegentheil erkennt man aus allen Erzählungen und Äußerungen,
daß Johann zwar etwas geizig war, im übrigen aber freundlich
und gutmüthig und von großer Bewunderung für das Talent des
Bruders erfüllt. Daß unser Meister sich schwer entschließen konnte,
mit der wenig achtbaren Gattin Johann's in Verkehr zu treten,
können wir begreifen, müssen aber bedauern, daß ihn sowohl dieses
Verhältnis, wie anderweitige mißliche Umstände, in welchen er sich
von dem Bruder verlassen glaubte, während er sich recht gut selbst
helfen konnte, ihm manche höchst ungerechte Äußerung über denselben entlocken konnten. Noch 1823 hatte ihm (wie bereits erwähnt)
Johann, als er in Wohnungsnoth war, einen längeren unentgeltlichen
Aufenthalt auf seinem Gute vorgeschlagen; doch war Beethoven aus
Abneigung gegen die Frau nicht darauf eingegangen. Auch jetzt, in
den Tagen größter Bekümmernis, war Johann gleich bei der Hand
und wiederholte die Einladung.

So begab sich denn Beethoven mit dem Neffen Karl Ende September 1826 nach Wasserhof und blieb daselbst bis zum 2. December, und auch während dieser Zeit, in welcher allen seinen Wünschen
willfahrt wurde und ihm sogar ein besonderer Diener zur Verfügung
gestellt war, hatten die Hausgenossen von seinen Launen vielfach zu
leiden. Hier aber war zugleich der Schauplatz seiner letzten produktiven Thätigkeit. Im Oktober vollendete er das im Laufe des
Jahres begonnene und skizzirte letzte seiner Quartette, das in F
(Op. 135); dasselbe wurde einem seiner Wiener Verehrer, dem auch
sonst um ihn verdienten Kaufmann Wolfmeier gewidmet. Dem
letzten Satze dieses Quartetts ist die Aufschrift gegeben: „Der schwer
gefaßte Entschluß", und die beiden gestaltenden Themen sind von
den Worten: „Muß es sein? — es muß sein!" begleitet. Die Er-
klärungen, so weit hier äußere Erlebnisse den Impuls gegeben haben
mögen, mag man bei Schindler nachlesen. Dann komponirte er
noch in den Monaten Oktober und November einen neuen Schlußsatz zum B-Dur-Quartett (Op. 130), den, welcher sich gegen-

wärtig bei demselben befindet; die große Fuge, welche anfangs diese
Stelle eingenommen hatte, sollte nun als selbständiges Werk (Op. 133)
erscheinen; das vierhändige Arrangement derselben, welches Beethoven selbst besorgte, da ihm das von Halm angefertigte nicht genügte, bildet eine neue besondere Opuszahl. Jener neue letzte Satz
ist Beethoven's letzte fertig gewordene Arbeit. Skizzirt war die
zehnte Symphonie (C-Moll); außerdem wurde ein Quintett für
Streichinstrumente und eine vierhändige Sonate entworfen. Es
war jedoch anders bestimmt.

Am 2. December reiste Beethoven, den es nicht länger auf dem
Lande hielt, ohne die Rückkehr des Bruders abzuwarten, mit dem
Neffen im offenen Wagen von Wasserhof ab. Er kam krank in Wien
an und es entwickelte sich eine Bauchfellentzündung, welche in Folge
verspäteter und verkehrter Behandlung allmählich in Wassersucht über-
ging. Die zuerst gerufenen Ärzte, Braunhofer und Stauden-
heim, säumten zu kommen; am dritten Tage erschien Dr. Wawruch,
der früher in keinem näheren Verhältnisse zu ihm gestanden hatte und
der sich sein Vertrauen nicht erwarb; er behandelte ihn verkehrt und
beurtheilte ihn ungerecht. Die Krankheit nahm sehr bald einen bedenklichen Verlauf; die verschiedenen Operationen, welche nichts halfen und
nur Schmerzen zurückließen, brachten ihm den Ernst seines Zustan-
des zum Bewußtsein. Eine kurze neue Hoffnung schöpfte er, als
auf seinen inständigen Wunsch sein ehemaliger Freund Dr. Malfatti am Krankenbette erschien; derselbe kam aber zu wirksamer
Hilfe zu spät. So hielt er denn auf dem mehrmonatlichen Krankenlager standhaft aus, mit mancherlei Plänen beschäftigt, die er aber
trotz der Versuche gewisser Verleger, ihn zum Schreiben zu drängen,
nicht ausführte. Er sah den alten Freund Stephan von Breuning,
dessen jungen Sohn Gerhard, Schindler, den Bruder Johann häufig
an seinem Krankenlager; auch andere Kunstgenossen der Hauptstadt
besuchten ihn. Seine Beschäftigung bildete neben leichter Lektüre
unter anderem die Durchsicht von Kompositionen Franz Schubert's,
der ihm 1822 flüchtig näher getreten war, sonst ihn aber nur am
dritten Orte gesehen hatte und von dem großen, auf der Höhe seines
Ruhmes stehenden Meister wenig beachtet worden war. Jetzt ent-
lockten ihm die Kompositionen der Ossianischen Gesänge den Ausruf: „wahrlich, in dem Schubert lebt der göttliche Funke!" Große

Freude bereitete ihm auch das Geschenk der englischen Gesammtausgabe von Händel's Werken, durch welche ihn der Harfenfabrikant
J. A. Stumpff in London, der ihn 1824 persönlich kennen gelernt hatte, überraschte. Die philharmonische Gesellschaft in London beeilte sich, als sie die Nachricht von seiner gefährlichen Er-
krankung erhielt, ihn mit ansehnlichen Geldsendungen zu unterstützen;
sein Dankesbrief an Moscheles vom 18. März 1827 ist der letzte,
den er geschrieben. In diesem seinem letzten Lebensmonate empfing
er noch den Besuch seines alten Freundes Hummel und der Gattin
desselben, welche ihm in besseren Tagen viel Freundschaft und Verehrung bewiesen hatten. In ihrer Begleitung befand sich der hochbegabte Knabe Ferdinand Hiller, der uns in anziehender und
pietätvoller Weise ein lebendiges Bild von dem Zustande dieser letzten Tage entworfen und uns die rasche Abnahme der Kräfte lebhaft
vor Augen geführt hat. Am 23. März schrieb Beethoven noch eigen-
händig mit ersichtlicher Anstrengung eine kurze letztwillige Verfügung,
durch welche er seinen Neffen zu seinem alleinigen Erben einsetzte;
außerdem wurde Stephan von Breuning zum Vormunde,
Dr. Bach zum Kurator der Masse ernannt. Seine sonstigen Pa-
piere hatte er schon vorher Breuning und Schindler übergeben. Am
24. März empfing er die Sterbesakramente mit wahrer Erbauung;
dann begann die Auflösung rasch fortzuschreiten. Am Nachmittage
des 26. März hatten sich Stephan von Breuning und Schindler,
da das Ende stündlich zu erwarten stand, zur Wahl einer Begräb-
nißstätte entfernt. Als sie zurückkehrten fanden sie ihren Freund
nicht mehr; ein Viertel vor 6 Uhr, während eines plötzlichen heftigen Gewitters, als nur der junge Anselm Hüttenbrenner im
Krankenzimmer verblieben war, war der große Meister verschieden.
Unter der größten Betheiligung der Wiener Bevölkerung, welche die
Größe des Verlustes fühlte und würdigte, fand am 29. März die
Beerdigung auf dem Währinger Friedhofe statt; der Schauspieler
Anschütz sprach die von Grillparzer verfaßte Leichenrede.

Wir stehen am Ende eines Lebensganges, welcher trotz schein-
barer äußerer Einförmigkeit bewegt und reich an tief eingreifenden
Schicksalen genannt werden muß; denn was der innere Mensch
erlebt, was sein Denken und Schaffen fördert und hemmt, macht

sein Leben bewegt, mehr wie mancher äußere Wechsel. Wie
wenige andere wendet sich dieser Lebensgang nicht nur an die stau-
nende Bewunderung, sondern auch an die menschliche Theilnahme
der Nachlebenden. Die Lauterkeit und Reinheit seines künstlerischen
Strebens, welches alle seine anderen Gedanken und Wünsche beherrscht und überragt, läßt uns in den Worten und Werken des
Meisters so klar in die Tiefe blicken, daß wir voll innigen An-
theiles mit ihm leben, seinen Charakter verstehen, seine edelen Eigenschaften bewundern, seine Schwächen verzeihen, seinem Mißgeschicke
die tiefste Theilnahme schenken. Das Leben dieses Künstlers würde
menschliche Theilnahme fordern, auch wenn er nichts hinterlassen
hätte.

Aber das alles ist ja nur Folie und Rahmen zu dem großartigen und reichverzweigten Innenleben, zu der einzig dastehenden
Fähigkeit, von demselben in künstlerischer Sprache Kunde zu geben.
Erheben wir unsere Gedanken von all' dem äußeren Mißgeschicke
zur Anschauung der hohen Schönheit, der gewaltigen Kraft, der
reinen Idealität, die aus seinen Werken redet, denken wir uns den
Künstler, der das Große erfindet und gestaltet und im Kleinsten
mit unermüdlicher Treue schafft, und alle Erinnerung an das
Menschliche und Alltägliche in ihm liegt weit hinter uns. Wer
so alles, was ihn bewegt, zu verklären und zu idealer Höhe zu
erheben weiß, wer in solcher Vollendung den Maßstab des Wahren
und Schönen in sich trägt, wem alle Mittel seiner Kunst, die unübertroffene Schönheit der Melodie, die ergreifendste Wahrheit des
Ausdrucks, die bis ins Kleinste durchgebildete Technik, zu unbedingter
Herrschaft zu Gebote stehen, um die verborgensten Tiefen des Gemüthslebens zum Tönen zu bringen, so daß, wer ihn versteht, erhoben
und geläutert von ihm scheidet, der hat außer seinem äußeren ein
inneres Leben gelebt, welches seine Werke ahnen lassen, was aber
vollständig vielleicht nur der ihm ebenbürtige Meister nachfühlen
kann. Daß wir aber dem Verständnisse desselben stetig näher kommen, dafür bürgt die dauernd sich steigernde Wirkung, welche seine
Schöpfungen auf Tausende und wieder Tausende ausüben, und mit
welcher der Einfluß keines anderen Meisters sich auch nur an-
nähernd vergleichen läßt. Der größte Komponist der Deutschen ist
ihnen zugleich der bekannteste und vertrauteste; die Anschauung

dieser unzweifelhaften Thatsache darf wohl manche Befürchtung, als könne der Geschmack dauernd auf falsche Bahnen geleitet werden, beschwichtigen.

Den Gründen dieser Wirkung nachzugehen und Beethoven's Kunst und kunstgeschichtliche Stellung zu erläutern, war für jetzt nicht die Absicht unserer Darstellung.

Pauline Viardot-Garcia.

Von La Mara.

J.

43.

Pauline Viardot=Garcia.

Von

(La Mara, pseud.)

Ida Marie Lipsius

an kann darüber streiten, ob der ausführende Künst=
ler, dessen Gaben für die Öffentlichkeit verstummten,
obschon er noch unter uns weilt, mit größerem
Rechte als der Gegenwart oder der Vergangenheit
angehörend zu betrachten sei; denn mehr als sein Dasein weisen seine
Leistungen dem hervorragenden Menschen seinen Platz in der Mensch=
heit und in ihrer Geschichte an. Wenn aber sein Genie, das von
vielen der Mitlebenden noch in seiner eigensten Sphäre genossen und
gefeiert ward, sich des Wirkens in seiner Kunst und für seine Kunst
noch keineswegs völlig begeben, sondern dasselbe nur auf andere
Gebiete übertragen hat, in denen es der Allgemeinheit noch fort und
fort zu Gute kommt, so dürfen wir eine solche künstlerische Größe
wohl in der That nicht unberechtigt als eine für unsere Tage noch
ihre voll: Geltung behauptende ins Auge fassen und den Kreis der
Gegenwärtigen mit ihrem Bilde schmücken.

Für Pauline Viardot=Garcia nehmen wir dies Recht
in Anspruch. Eine der glänzendsten dramatischen Erscheinungen
aller Zeiten, in der vornehmen Gruppe der Pasta, Malibran,
Schröder=Devrient, Ristori, Rachel, Marie Seebach
nach Liszt's Worten eine der Ersten; dabei durch Vielseitigkeit der
Begabung, die ihr die Herrschaft über die verschiedensten Kunststile,

den tragischen und heitern, den italiänischen, französischen und deutschen, den getragenen und kolorirten Gesang gleichmäßig gestattet,
durch Tiefe und Reichthum musikalischer und allgemein geistiger Bildung selbst im Kreise jener Auserwählten hervorragend, unter den
Heutigen aber ohne Erbin und Nachfolgerin: entsagte sie zwar schon
seit Langem der Darbietung ihrer unvergleichlichen Kunst in Bühne
und Konzertsaal, dessenungeachtet aber dürfen wir uns auch heute
noch ihres Besitzes rühmen und sie mit Stolz zu den Unsern zählen.
Denn, mochte immer die Zeit, die tyrannische Gebieterin, ihren
Tribut, den sie Keinem erläßt, einfordern und einer Stimme Schweigen gebieten, deren unbegreifliche Virtuosität und Ausdrucksgewalt
vor zwölf Jahren noch die Welt in Staunen versetzte, das, was sie
groß gemacht: das Geheimniß einer uns mehr und mehr verloren
gegangenen wahrhaften und schönen Gesangskunst bewahrt sie noch
ungeschwächt und thut es bereitwillig denen kund, die von ihr zu
lernen begehren. Als erste Stimmbildnerin der Gegenwart, die unbestritten oberste Autorität ihres Fachs, pflanzt sie die von Vater,
Bruder und Schwester ererbte Tradition und Schule fort. Viele
der gefeiertsten Sängernamen, die wir heute nennen, wurden groß
unter ihrer Pflege.

Doch auch noch mit anderen Fäden ist Pauline Viardot
dem heutigen Musikleben verknüpft: sie hat sich auch auf tonschö-
pferischem Gebiete Lorbeeren gepflückt, und wenn diese die Komponistin
auch unvergleichlich karger umwuchern als die Sängerin und Lehrerin — wie den Frauen nun einmal im Bereich der Produktion nur
spärliche Erfolge gedeihen — so sieht sie sich doch unter ihren Kunst-
schwestern vergebens nach derjenigen um, die ihr auch in dieser Beziehung den Rang streitig zu machen vermöchte. Hat sie auch eben
so wenig als sie alle eine wirklich große kompositorische That zu
verzeichnen, bessere und gerechtere Komponistenfreuden als der genialen
Schwester der Malibran hat das Glück noch immer keiner Anderen gegönnt.

Moritz Hauptmann erklärt in einem seiner an seinen Be-
obachtungen so reichen Briefe die auffallend geringe kompositorische
Thätigkeit der Sänger daraus, daß deren persönliche Natur ohnehin in ihre Leistung gelegt werde. Im Gegensatz zu Klavierspieler
und Geiger ist ja der Singende selbst sein Instrument. Nicht wie

diese bedarf er eines Mediums, muß er erst einem fremden, außer
ihm stehenden Körper Leben und Seele leihen. Was er giebt ist so
zu sagen sein eigen Fleisch und Blut, ein Stück seines körperlichen
und seelischen Lebens, und in seinem Athem strömt er sein Innerstes aus. Wenn dies vom Sänger im Allgemeinen gilt, wie viel
mehr von einer Gesangsgröße, deren dramatische Gestaltungen von
je mit überwältigender Macht wirkten! Welches Maß schöpferischer
Kraft verbrauchte Pauline Viardot wohl bei Verlebendigung
ihrer dramatischen Charaktere, deren manchen sie ohne jedes Vorbild, rein aus sich selbst heraus schuf, deren jeden sie aber um neue
seine Züge bereicherte! „Man kann mit Recht das französische »elle
crée son rôle« auf sie anwenden", bemerkt Moscheles. „Ist es
doch oft, als empfinge sie des Komponisten Arbeit als Rohmaterial
und verarbeitete es erst; als verstände man den Charakter, den sie
personificiren will, erst durch ihre Darstellung."*

In mehr als einer Beziehung spottete Pauline Viardot
der von der Natur gemeinhin gesetzten Schranken und Gesetze. Mit
einer durch Schönheit nicht besonders ausgezeichneten, den Einflüssen des Klimas, wie der Nerven und Stimmungen merklich
unterworfenen Stimme verrichtete sie Wunder der Gesangskunst, erreichte sie Wirkungen höchster Art. Weit über die herkömmlichen
zeitlichen Grenzen hinaus behauptete sie ihre souveräne Herrschaft
über ihr Organ; wie wohl keine andere ihres Gleichen verstand sie
Wucher zu treiben mit einem ihr keineswegs überreich verliehenen
Stimmkapital. Nicht in Einem, in Allem fast war sie groß, was
sie ins Bereich ihrer Thätigkeit zog. Sie gehört noch zu jenen
spontanen, universell begabten und gebildeten Naturen, die in unserer
auf Theilung der Arbeit und Entwickelung von Specialitäten gerichteten Zeit zu den immer selteneren Erscheinungen werden. Eine
Gesangsvirtuosin, welche, jedem Stil, jedem Ideal gerecht werdend,
von der Geschichte der Kunst unter den Unübertroffenen genannt
wird, eine im tragischen Pathos wie in der leichtgeschürzten Komik
gleicherweise vollkommene darstellerische Kraft, eine Klavier- und
Orgelspielerin, deren sich ihr Meister Liszt als Schülerin nicht zu
schämen braucht, eine Musikerin, deren sicheres Partitur- und prima-

* Aus Moscheles' Leben. II. Leipzig, Dunder & Humblot. 1873.

vista-Spiel sammt ihrem feinen Ohr manchem Kapellmeister zu statten käme; eine Komponistin von Grazie und Originalität, eine Lehrmeisterin, der wir keine Andere zur Seite zu stellen haben, mit einem Worte: eine Frau von Genie und Gelehrsamkeit, deren geist-reiche Anmuth im Bund mit einer selbst Wissenschaftliches umfassen-den literarischen Bildung und tiefgehenden Kenntniß lebender und todter Sprachen ihr die Freundschaft vieler der bedeutendsten Männer und Frauen ihres Jahrhunderts gewann, so stand und steht Pau-line Viardot, Bewunderung heischend, vor unsern Blicken.

Als Glied einer spanischen Familie, in der, wie bei den Ver-net's in Frankreich, den Ostade's in Flandern, den Robbia's in Italien, die Genialität erblich schien, wurde Michelle Fer-binande Pauline Garcia am 18. Juli 1821 zu Paris gebo-ren, und in der Kirche St. Roch daselbst empfing sie von ihren Pathen, dem bekannten Komponisten Ferdinand Paer und der Fürstin Pauline Galißin, ihre Taufnamen. Der weltberühmte Sangmeister Manuel del Populo Garcia — nach Liszt's Zeugniß *) „der vollkommenste Typus eines passionirten, seurigen, an Talent und Kraft unerschöpflichen Sängers voll Phantasie, Wärme und künstlerischer Gewalt" — war ihr Vater. Auch ihre Mutter, Joaquina Sitches, war eine vorzügliche Bühnenkünst-lerin, und ihre reiche Begabung hatte lange Zeit dem Madrider Theater zur Zierde gedient. Mit zwei älteren Geschwistern theilte Pauline das elterliche Erbtheil musikalischen Genies. Auf den Bruder Manuel übertrug sich des Vaters pädagogische Kunst, sein Lehrerruhm; der Glanz seines Sängertalentes, seine und seiner Gattin schauspielerische Gaben feierten in der um dreizehn Jahre älteren Schwester Maria, die sich als Malibran die Welt er-oberte, erneute, sich verjüngende Triumphe. Einen hellen Strahlen-schein warf dieser blendende, nur zu bald wiederum erlöschende Stern über der jüngeren Schwester Kindheit. Da Pauline kaum drei Jahre zählte, sammelte Maria schon die ersten Huldigungen der Pariser ein. Musik- und Bühnenluft sog die Kleine schon mit ihren ersten Athemzügen ein, und die sie umgebende künstlerische Atmosphäre blieb dieselbe, ob auch der Schauplatz wechselte. Nach fahrender

---

* Gesammelte Schriften. III. Pauline Viardot-Garcia. Leipzig, Breit-topf & Härtel.

Sänger Art war Garcia mit den Seinen bald hier, bald dort. Wie er sich früher, bald in seiner spanischen Heimat, bald in Turin, Rom, Neapel, Paris wechselnd als Tenorist, als Dirigent und Komponist Beifall und Ruhm erworben hatte, so vertauschte er 1824 nun seine letztjährige Wirksamkeit an der Pariser italiänischen Oper mit einer gleichen in London, seine glorreich gedeihende Gesangschule nach dem Inselreich verpflanzend, woselbst auch seine Tochter Maria sich ihre ersten Bühnenkränze verdiente. Doch auch hier war seines Bleibens nicht lang. Schon nach Jahresfrist trieb es ihn, sein Glück in der neuen Welt zu versuchen. Was er suchte, fand er freilich nicht. Abenteuer, bunte wechselvolle Erlebnisse, Anerkennung und Ehren wurden ihm zur Genüge; doch das Glück zeigte sich ihm launisch gesinnt. Sein Unternehmen einer italiänischen Oper in New-York schlug zunächst nicht minder fehl als die Verheirathung Maria's mit dem Franzosen Malibran, durch dessen vermeintlichen Reichthum sie der Bedrängnis ihres Vaters vergeblich aufzuhelfen gehofft hatte. Nach kurzer unglücklicher Ehe kehrte die Künstlerin zu ihrem eigensten Beruf, der Bühne zurück. Schien Garcia auch mittlerweile das Glück günstiger — die Schätze, die er aus New-York und dem Goldland Mexiko mit heimzuführen gedacht hatte, sollten Europa nicht sehen. Schon im Begriffe, dahin zurückzukehren, wurde er mit seiner Familie auf dem Weg nach Vera-Cruz von einer Räuberbande überfallen und ausgeplündert. 600000 Francs, das Resultat eines mehrjährigen Aufenthalts, fielen derselben zur Beute, ja selbst von seiner Kunst ward noch ein Tribut gefordert. Der Beraubte mußte, mochte er sich gegen das unerwünschte Publikum sträuben wie er wollte, vor den klangdurstigen Spießgesellen noch eine Probe seines Gesangs zum Besten geben — eine Scene, die in der Erinnerung seiner Tochter Pauline unauslöschlich lebendig blieb.

So vielgestaltige Eindrücke, Bilder und Erfahrungen steigerten die geistige Frühreise der Letzteren und beflügelten ihre ohnehin glühende Einbildungskraft. Nach jeder Richtung hin begabt, erfaßte sie bei der ihr zu Theil werdenden sorgfältigen Erziehung alles, was man ihr lehrte, mit so lebhafter Phantasie, so entgegenkommendem Verständnis, daß man schwer zu erkennen vermochte, welches unter dieser Vielheit von Talenten das ausgesprochenste sei,

welch' eigentlichen Beruf ihr die Natur vorgezeichnet habe. Wie
spielend erlernte sie fremde Sprachen, ihre Regeln errieth sie in-
stinktiv. Auffällig begabt zeigte sie sich auch für Malerei, für das
Porträtiren insbesondere. Sicher, wie ihr Auge die charakteristischen
Eigenthümlichkeiten eines Jeden erfaßte, gab ihre Hand sie im Bilde
wieder. Nicht minder that sie sich im Klavierspiel hervor, nachdem
sie durch Marcos Vega, den Organisten an der New-Yorker
Kathedrale, den ersten Unterricht empfangen. Als achtjähriges Kind
bereits diente sie bei den Gesangstunden des Vaters — nach ihrer
Rückkehr von Mexiko nach Paris — als Begleiterin, und „ich glaube,
ich profitirte dabei mehr noch als die Schüler selber", schreibt sie
uns. Indirekt lernte sie fortwährend von des Vaters Lehre und
Beispiel, obgleich, laut ihrem eigenen Zeugniß, die Mutter ihr einziger Gesangmeister war. Indeß gab sich Garcia augenscheinlich
mit den Früchten dieser Methode zufrieden, betraute er doch seinen
kleinen Liebling mit den schwierigsten Aufgaben. Als er im Jahre
1829 mehrere Salon-Operetten schrieb, die er von Schülern in
seinem Hause aufführen ließ, bekam auch Pauline ihre Rollen
darin zugetheilt. „Ohne mich im Gesang zu unterrichten", erzählt
sie uns, „komponirte er doch für mich und ließ mich Stücke singen,
die schwieriger sind als alles, was ich seitdem gesungen habe. Ich besitze sie noch und bewahre sie als kostbaren Schatz".

Ein mehrjähriges Studium des Klavierspiels unter Anleitung
Meysenberg's brachte sie so weit, daß Franz Liszt sie als
Schülerin annahm. In Konzerten ihrer Schwester Malibran trat
sie, vierzehn oder fünfzehn Jahre alt, als Pianistin vor die Öffentlichkeit, die Erste, die Thalberg's große Moses- und Hugenotten-
Phantasien in Belgien und Deutschland spielte. Ihren leichten Anschlag, die vollkommene Abrundung ihrer Passagen rühmte Liszt
nach Jahren noch, als sie, präludirend oder phantasirend, ihre
vokalen Konzertvorträge mit reizenden Eingebungen am Klavier ein-
leitete. Und Moscheles schreibt 1858: „Als sie ein Beethoven'-
sches Trio mit Begleitung von David und Rietz spielte, merkte
man ihr die Sängerin nicht an, vielmehr erschien sie mir als ein
hochgeschätzter Kollege."[*]

---

[*] Aus Moscheles' Leben. II. Leipzig, Duncker & Humblot. 1873.

Nur die ersten Erfolge ihrer Schwester als Pianistin aber erlebte Maria Malibran. Als Pauline Garcia in die Reihe der großen Sängerinnen eintrat, war der sangreiche Mund ihres schwesterlichen Vorbildes schon verstummt, und die Welt betrauerte den vorzeitigen Niedergang eines ihrer leuchtendsten Gestirne. Der Mann jedoch, dessen Liebe die Verstorbene während ihrer letzten Lebensjahre noch beglückt, dem sie kurz vor ihrem Ende noch die Hand gereicht hatte: Charles de Bériot, der als Rival Pa- ganini's gefeierte Geigenkünstler, gab an ihrer Stelle der jungen Schwester beim ersten Schritt in die Konzertarena das Geleite. Als die sechzehnjährige Pauline am 15. Dezember 1837 in Brüssel, wo- selbst sie nach dem Tod von Vater und Schwester, ganz ihren Studien hingegeben, mit der Mutter lebte, in einem auch vom Hof besuchten Wohlthätigkeitskonzert zum erstenmal ihre Gesangskunst öffentlich glänzen ließ, erklang neben ihrer Stimme Bériot's viel- bewunderte Geige. Auch auf Reisen begleitete sie ihr Schwager, und als sie 1838 im Théâtre de la Renaissance die erste Probe vor den Parisern bestand, zierte sein Name neben dem ihren das Programm. Die fabelhafte Schulung ihrer Stimme trat da schon bei Vortrag der nach Tartini's »Trille du diable« eingerichteten »Cadence du diable« an den Tag. Das scheinbar für Gesang Un- mögliche machte sie möglich, alles, was sie wollte, das konnte sie auch. Jeglichen Anforderungen erwies sich ihr vom dreigestrichenen C bis zum kleinen F herabreichender, ausgiebiger Mezzosopran willig; mußte er sich nicht auch Chopin'sche Mazurken, Konzert- Etüden, genug das Widerstrebendste aneignen? In strenger Zucht hatte sie ihn gewöhnt, ihr nichts zu versagen. Die schwierigsten Solseggien komponirte sie, durch kontrapunktische Studien bei Reicha hierzu befähigt, für sich selbst. Sie selber war ihr un- erbittlichster Lehrer. Schwierigkeiten zu bekämpfen war ihr unab- lässiges Bemühen, und die Schärfe ihres Geistes, ihr feiner Ge- schmack, ihr aufs Höchste gerichtetes künstlerisches Streben führten sie auf die Höhe der Meisterschaft.

George Sand, ihre Freundin, der Pauline Garcia bei Schöpfung einer ihrer edelsten Romandichtungen, „Consuelo", als Vorbild diente, schildert sie als „eine jener seltenen glücklichen Na- turen, für welche die Arbeit ein Genuß, wahre Ruhe, ja ein un-

entbehrlicher Normalzustand ist und denen die Unthätigkeit eine
ermüdende Anstrengung, ein krankhafter Zustand sein würde, wäre
sie ihnen überhaupt möglich. Aber sie kennen die Unthätigkeit
nicht. Scheinbar müßig, arbeiten sie; ihr Träumen ist kein inhalt-
loses, es ist vielmehr ein Nachdenken. Wenn man sie wirken sieht,
so meint man ihr Schaffen wahrzunehmen, während sie nur das
schon Geschaffene offenbaren." Ihr äußeres Wesen aber zeichnet sie
in den Worten: „Dies bleiche, stille und auf den ersten Blick glanz-
lose Angesicht, diese abgerundeten und ungezwungenen Bewegungen,
diese staunenswerthe Freiheit von aller und jeder Koketterie — wie
umgewandelt und verklärt erscheint das alles, wenn sie sich im
Gesang von ihrem eignen Genius hinreißen läßt".

Hingerissen wie sie selber fühlten sich auch die Hörer von ihrem
Genie, und als sie am 9. Mai 1839, im Alter von achtzehn Jahren,
auf englischem Boden, das ist in Her Majesty's Theatre zu London, als Desdemona in Rossini's »Otello« ihre theatralische Laufbahn eröffnete, da begrüßte man in ihr eine der Höchstgeborenen
im Reiche ihrer Kunst. Die gefährliche Nachbarschaft der ersten
europäischen Gesangskräfte: Rubini's als Otello, Tamburini's
als Jago, Lablache's als Elmiro, verschlug ihr nichts; sie erhöhte
nur den Triumph der Debütantin, in der man die echte Tochter
jenes Garcia erkannte, bei dessen dämonisch leidenschaftlicher Wiedergabe des Otello einst sein eigen Fleisch und Blut, Maria
Malibran als Desdemona ernstlich für ihr Leben gezittert hatte.
Auch die echte Schwester jener Frühverblichenen erkannte man in
ihr, deren Desdemona noch in Aller Herzen lebte, deren holde Stimme
und vergötterte Künstlerschaft unvergeßlich und unerreichbar schien.
Wieder auferstanden glaubte man die Vielbeweinte und krönte ihre
Erbin und Nachfolgerin bereitwillig mit den Kränzen, die nach
jener einen Stirn keiner andern mehr zu gebühren schienen.

War Marie Malibran einst der Liebling der englischen
Aristokratie gewesen, so überschüttete dieselbe nun auch ihre Schwester mit Gunstbeweisen. Wiederholt entbot auch die Königin sie
zu sich, um sich an ihrem Gesang zu erfreuen. Sieg über Sieg
feierte die vollendete musikalische Bildung und exceptionelle Organisation der jungen Künstlerin, gleichviel ob sie sich als Tragödin
oder als heiterer Genius zeigte; denn auch in Rossini's sonnig-

sten Inspirationen: in »Cenerentola« und »Barbiere«, bewährte sie ihre Meisterschaft. Stellte Liszt ihr nicht zwanzig Jahre später noch das Zeugniß aus, daß „unter allen hochgefeierten und reizenden Rosinen, die er bewunderte und applaudirte, nicht eine sei, welche Pauline Viardot in Gesang und Spiel die Palme streitig machen könne"?

Hinter der Begeisterung der Engländer blieb die der Franzosen nicht zurück, als Pauline Garcia, durch Louis Viardot dem Théâtre italien gewonnen, am 9. Oktober desselben Jahres vor den Parisern erschien. Inmitten einer Künstlervereinigung, welche die Grisi und Persiani, Rubini, Lablache, Tamburini zu Mitgliedern zählte und deren Gleichen die Welt von heute nicht mehr besitzt, nahm sie bei Wiedergabe Rossini'scher Werke die Auszeichnungen entgegen, mit denen man ihrer jungen Größe den gebührenden Zoll entrichtete.

Alfred de Musset, der noch vor Kurzem in seinen berühmten „Stanzen an die Malibran"[*] klagend ausgerufen hatte:

> „Was wir an Deinem früben Grab beweinen,
> Ist nicht die Kunst, die Dir so ganz gehört,
> Nein, Deine Seele machte Dich uns werth.
> Was Kunst war, wird an Andern auch erscheinen,
> Der Herzenston nur, der zum Herzen dringt,
> Die Seele ist's, die Keiner wiederbringt".

er sang nun von Pauline:

> „Man sage nicht, die Quelle sei versiegt,
> Die heil'ge, die Unsterbliches uns spendet,
> Der Himmelsfunken, noch verglomm er nicht,
> Noch ward uns Irdischen die Gottheit nicht entfremdet,
> Noch strahlt uns Deines Genius reines Licht!"

„Die Poesie und Musik in Person", wie George Sand Pauline Garcia genannt, gab sie von dem Reichthum ihres gesanglichen und darstellerischen Vermögens, von der Vielseitigkeit ihres Genies, die sie für jeden Charakter, jede Situation und Stimmung die rechten Töne finden ließ, bald ganz Europa Kunde. Noch nicht neunzehnjährig, verband sie sich im April 1840 mit Louis Viar-

---

[*] Nouvelles poésies. Paris.

bot, dem geistreichen Kunst-Schriftsteller und energischen Vertreter
der radikalen Presse, dem Gründer der »Revue indépendante«,
zu glücklicher Ehe und begab sich mit ihrem Gatten, der von der
bis dahin geführten Direktion der italiänischen Oper zurücktrat, für
Jahre auf Reisen. Italien, Spanien, Teutschland, Rußland,
England suchten sie auf, und die Hauptstädte unseres Erdtheils mit
ihren vornehmsten Kreisen wetteiferten, der bewunderten Sängerin
eine sympathische und begeisterte Aufnahme zu bereiten. In Berlin,
wo die kurz zuvor über alles Maß gefeierte Jenny Lind noch in
frischestem Gedächtnis stand, blieb man der ungleich größeren dramatischen Begabung, der genialeren, großartigeren Natur der romanischen Künstlerin die ihr gebührende enthusiastische Anerkennung
ebensowenig, als in Wien und Madrid, in Petersburg, Moskau
und London schuldig. Mit welchem Maßstab man sie auch messen
mochte, neben keiner anderen Größe erschien die ihre kleiner. Ganz
besonders imponirte den Berlinern ein kühnes Wagstück ihres welt-
berühmten Gastes. Die Aufführung von „Robert der Teufel" ist
geplant, und Pauline Viardot will die Alice singen. Da er-
krankt plötzlich, unmittelbar vor Beginn der Vorstellung die Ver-
treterin der Isabella, Fräulein Tuczeck. Man ist in äußerster
Verlegenheit. Doch siehe, Frau Viardot erscheint als rettender
Genius. Sie erbietet sich ohne Weiteres, beide Rollen sofort zu übernehmen und führt die Riesenaufgabe mit glänzendem Gelingen durch.

Von Meyerbeer zur Repräsentantin seiner Fides auserkoren,
deren Creirung er keiner Geringeren anvertrauen wollte, zeigte sich
Pauline Viardot endlich ihrer Vaterstadt wieder. Nur einmal,
im Jahre 1842, war sie seit ihrer ersten Wirksamkeit daselbst im
Théâtre italien wiederum erschienen. Mit alternden, oder unvollkommen ausgebildeten Kräften hatte man sich mittlerweile begnügen gelernt. Die großen Gesangskünstler begannen auszusterben,
und die an ihre Stelle traten, bezeugten sich als unrechtmäßige
Erben. „Seit Rossini's Opern mehr und mehr von der Bühne
verschwinden", sagt Liszt in seinem bereits citirten geistreichen Essay
über Pauline Viardot, „geben sich die Sänger nicht mehr die
Mühe singen zu lernen. Es ist gar nicht mehr die Rede davon,
eine fleißige, Bildung erstrebende Arbeit während der Jugendzeit
dem öffentlichen Auftreten vorangehen zu lassen. Ein paar Jahre

scheinen übergenug zum Studium, ja ein paar Monate, eine Reihe von gegebenen und genommenen Stunden sind dem Meister und Schüler, ja auch dem Publikum zu seinem eigenen Schaden, hinlänglich ausreichend. Das Biegsammachen, das Bilden, Stärken und Beherrschen des Organs ist fast eine Sage geworden. Daher kommt es, daß das Publikum, an guten Gesang nicht mehr gewöhnt, nur nach frischen Stimmen verlangt, und diese einer allmähligen reifen Bildung ermangelnden Stimmen ihre Frische bald einbüßen, und das Publikum nun viel länger mit verdorbenen Stimmen sich begnügen muß, als es an der Frische Genuß fand." „Es möchte schwerlich ein Name zu finden sein", heißt es weiter, „der, was Methode und Virtuosität, Gefühl und Ausdruck gegenüber jeder Leistung betrifft, neben der Schwester der Malibran auch nur genannt werden, geschweige denn mit ihr wetteifern dürfte. Bei ihr dient, wie bei allen großen Vortragenden, denen das heilige Feuer der Poesie nicht mangelt, die Virtuosität nur zum Ausdruck der Idee, der Gedanken, des Charakters eines Werkes oder einer Rolle. Die Virtuosität ist nur dazu da, daß der Künstler alles wiederzugeben im Stande ist, was in der Kunst zum Ausdruck kommt. Hierzu ist sie unentbehrlich und kann nicht genug gepflegt werden".

Jetzt endlich kehrte nun die königliche Sängerin, die mit der großen Tradition der Vergangenheit den Zauber ihrer genialen Individualität verband, nach langer Abwesenheit nach Paris zurück, um den ihr geziemenden Platz an Frankreichs erster Opernbühne einzunehmen. Der 16. April 1849, der die erste Aufführung des „Propheten" in der Opéra brachte, bedeutete für den Komponisten und die Schöpferin der Fides einen großartigen Triumph. Endlose Wiederholungen des Werkes wurden zu einer Kette von Siegen. Auch in London, in Berlin, Leipzig, Petersburg, überall wollte man diese Fides hören. War sie nicht in der That, wie Moscheles rühmt, „die Seele der Oper, die ihren großen Erfolg wohl zur Hälfte ihr verdankt?" Nahe an zweihundert Mal sang Frau Viardot die anstrengende Partie. Mit Staunen aber nahmen die Franzosen wahr, daß die unübertroffene Interpretin Rossini's und der Italiäner überhaupt, die sie bisher ausschließlich in ihr gekannt, sich in dem gemischten, dramatisch effektreicheren Stile Meyerbeer's nicht minder groß erweise. Dann führte sie auch

Gounod, dem ihre Protektion mit der für sie geschriebenen »Sapho« die Pforten der Opéra öffnete, ihren Landsleuten vor, um sich endlich auch als Vermittlerin der deutschen Klassiker eine neue Glorie vor ihnen zu gewinnen.

Im November 1859 war es, als Carvalho, der Direktor des Théâtre lyrique, das „Wagnis", wie Berlioz sich ausdrückt, unternahm, Gluck's „Orpheus", der seit drei Jahrzehnten von den Pariser Bühnen verschwunden war, wieder auf die Scene zu rufen. Er versicherte sich hierbei zweier mächtiger Verbündeten. Berlioz selbst, der leidenschaftliche Verehrer Gluck's, von dem die Wieder-aufnahme des nahezu hundert Jahre alten Meisterwerks ausging, unterzog sich der nothwendigen Bearbeitung und Reinigung der durch Nachlässigkeiten des Komponisten beim Niederschreiben und Korrigiren, wie durch Änderung und Zusätze Fremder arg entstellten und verunsäuberten französischen Partitur, indem er zugleich die ur-sprüngliche Lesart der für Wien geschriebenen Oper, derzufolge eine Altstimme der Träger der Titelrolle ist, wiederherstellte. Zur Dar-stellung dieser letzteren aber, von der der Erfolg des Ganzen wesent-lich abhängt, fand sich Pauline Viardot willig. Was sie damit erreichte, war eine der unvergeßlichsten Großthaten im Gebiet der darstellenden Kunst. Berlioz fühlte sich durch dieselbe an Poussin'sche Gestalten und antike Reliefs, an Theokrit's und Virgil's Poesie erinnert. „Das ist Erhabenheit in der Anmuth, das ist das Liebes-Ideal, das ist göttlich schön!" ruft er hingerissen aus. „Ihre Begabung", so schildert er Frau Viardot*, „ist eine so vollkommene und mannigfaltige, ihre meisterhafte Dar-stellungskunst berührt gleichzeitig so verschiedene Kunstfragen, sie verbindet vollkommene Durchbildung mit einer so genialen Selb-ständigkeit der Auffassung: daß sie uns zugleich in Erstaunen und in Rührung versetzt; daß sie gleichzeitig zu überraschen und hinzu-reißen, zu imponiren und zu überzeugen weiß! Ihre musterhaft geschulte Stimme von ausnahmsweise großem Umfang versteht sie nicht nur vollständig künstlerisch zu beherrschen, sondern sie besitzt auch die heutzutage außerordentlich selten gewordene Kunst einer tadellosen Phrasirung im getragenen Gesang. Sie vereinigt einen

---

* Ges. Schriften. Deutsche Ausg. v. R. Pohl. Leipzig. Heinze. 1865.

unwiderstehlichen, alles mit sich fortreißenden Schwung, ein unfehlbar zündendes Feuer der Begeisterung mit tiefster Empfindung
und einer fast beweinenswerthen Gabe, die ungeheuersten Seelen-
schmerzen zum vollkommensten Ausdruck zu bringen. Im Gebärden-
spiel weiß sie stets das schönste Maß zu halten; ihre Plastik ist eben
so edel als wahr, und ihr stets dramatisch wirksames Mienenspiel
wird in den stummen Scenen noch ausdrucksvoller als da, wo es
nur zur Verstärkung des musikalischen Ausdrucks dient."

Die Wirkung des in so idealer Weise wieder belebten „Orpheus"
war denn auch eine ungeheure. Eine Folge von mehr denn hundert
Vorstellungen vermochte die Theilnahme und Begeisterung der Pariser
nicht zu erschöpfen. Solch glänzendes Ergebnis legte den Versuch
der Neuerweckung auch eines andern Gluck'schen Werkes nahe, und
im Oktober 1861 folgte dem „Orpheus" — diesmal auf dem Boden
der Opéra — seine jüngere Schwester „Alceste". Auch zur Meisterin
der „fast unnahbaren Rolle" der thessalischen Königin machte sich
Pauline Viardot, um einen neuen, vielleicht, wie Berlioz
meint, ihren schwierigsten Triumph zu verzeichnen, der sich einen
vollen Winter hindurch fortsetzte. Man wurde nicht müde, die
ebenso große Schauspielerin als Sängerin in ihr zu bewundern,
die, ohne von der Natur durch Schönheit der Züge bevorzugt zu
sein, doch durch die hindurchleuchtende innere Schönheit, durch das
heilige Feuer des Genies verklärt und geadelt ward. Die vollendete
Plastik ihrer Stellungen, welche ihre tiefe Kenntnis der Antike und
der Meistergebilde des cinque-cento verrieth, erregte das Entzücken
der Bildhauer und Maler, wie ihr Gesang den Musiker, die Poesie
ihrer Auffassung und Gestaltung den Dichter mit Begeisterung erfüllte. Haben nicht auch die Vertreter aller Künste sie einmüthig
gefeiert und ihr mit Pinsel und Meißel, in Worten und Tönen
ihre Huldigungen dargebracht? Haben nicht de Musset und Turgenew sie besungen, George Sand und Liszt ihr Bild mit poetischer Feder gezeichnet, wie Ary Scheffer es in Farben, Millet
es im Marmor festhielt? Haben Meyerbeer, Gounod, Berlioz nicht für sie geschrieben, nannten neben ihnen allen nicht
Rossini, Chopin, Chorley, Delacroix, Adelaide Ristori im Bund mit den Männern der Wissenschaft: Henry
Martin, Renan, Manin und vielen Anderen sich ihre Freunde?

Wie viel Begeisterung, Freundschaft, Verehrung und Liebe häuft sich nicht im Dasein der bewunderswerthen Frau, deren enthusiastische Hingabe an das Ideal nur in ihrer Berufstreue, deren umfassende Bildung nur in ihrem Genie ihres Gleichen hat!

„In ihr Spiel wie in ihren Gesang legt sie ihr ganzes Wissen, ihren ganzen Geist, ihre ganze Seele und erreicht so die höchste Stufe der Künstlerschaft", schreibt Théodore Pelloquet[*], indem er hinzufügt: „die Universalität ihres Genies, ihre Vollkommenheit in jedem Stil, jeder Rolle macht sie zu einem Unikum in der Geschichte der Sänger." War sie nicht in Wahrheit gleich groß als Norma und Rosine, als Fides, als Sonnambula wie als Donna Anna? Wie selten Eine auch wohl ist sie Kosmopolitin, und wenn Andere der Ausbildung und künstlerisch vollendeten Wiedergabe eines ihnen eingeborenen nationalen Elementes ihre Größe danken, so haben zu Pauline Viardot's Meisterschaft vielmehr verschiedene Länder und Völker ihre Gaben und Einflüsse beigesteuert. „Mit ihrem spanischen Naturell", hören wir Liszt, „ihrer französischen Erziehung und ihren deutschen Sympathien vereinigt sie die Eigenheiten verschiedener Nationalitäten derart in sich, daß man keinem bestimmten Boden einen ausschließlichen Anspruch an sie zugestehen, vielmehr die Kunst „das Vaterland ihrer freien Wahl und Liebe"" nennen möchte. Die ihrem Blut vererbte südliche Glut identificirt sie durch Geburtsrechte mit der italiänischen Schule, welche den brausenden Schaum der Leidenschaft in vollem Erguß über den feingeschnittenen Rand des Bechers hinausströmen läßt, welcher die Kunstform bedeutet und weniger zum Insichbewahren da zu sein scheint, als zum Übersprudeln des berauschenden Trankes in ein feuriges, aufgeregtes Auditorium. Kraft ihrer vollendeten, mit männlichem Geiste bewältigten Studien hat sie durch Eroberungsrecht sich in den erhabenen Regionen der Kunst, hoch über den Thälern und den ihnen eigenen Luftströmungen, eingebürgert, deren Freud und Leid, deren Fühlen und Streben der großen Menge immer unzugänglich, immer ein Geheimniß bleibt, wo aber die Gluck, Bach und Beethoven, wo die Riesen hausen, die im voraus auf die Popularität des Leierkastens Verzicht leisten. So

---

* Les hommes du jour. Paris.

wird sich auch schwerlich eine vorzüglichere Darstellerin zur Aneig-
nung eines Stiles finden, der mit weniger verzehrender Leidenschaft
und minderer Erhabenheit als in den Schulen des Südens und
Nordens liegt, den Reiz der einen mit dem Gehalt der anderen in
einem glücklichen Eklekticismus zu verbinden strebt. Durch Elasticität des Talentes und Schnelle dramatischer Intuition war sie von
Natur aus dazu berufen den Gestalten Meyerbeer's ihren höchsten
Ausdruck, ihr vollstes Relief zu verleihen".

Vor allen Nationalitäten und in allen Stilgattungen hatte
sich die Tochter Garcia's als Höchstberufene bewährt; in Frankreich wie im Ausland — in England hörte man sie von 1848 bis
1858 alljährlich, auch in Deutschland war sie zumal gegen Ende
der fünfziger Jahre ein häufiger Gast — gab es keinen gefeierteren
Sängernamen als den ihren: nun zog sie sich vom öffentlichen
Schauplatz zurück, sich nur noch hin und wieder im Konzertsaal
zeigend. Unterrichten und Komponiren füllten von jetzt ab in erster
Linie ihr Leben aus.

Von Paris verlegte sie 1863 ihr Heimwesen nach Baden-Baden,
dem Lieblingsaufenthalt der dort aus allen Landen zusammen-
strömenden Künstler, deren Mittelpunkt sie bald bildete. Im lau-
schigen Thal der Oos, wo sich, wie im Winter und Frühjahr an
der Seine, die elegante Welt Europas Rendez-vous gab, wo sich
ganz Paris, „das frivole wie das intelligente, das sociale wie das
künstlerische" zusammenfand, mußte auch die Musik, die zur Unterhaltung entboten wurde, international sein. Berlioz, Gounod,
Thomas, Félicien David, Saint-Saëns, Offenbach,
die ihre Opern aufführten, Rubinstein, Clara Schumann,
Brahms, Jean Becker, Josef und Amalie Joachim, Stock-
hausen, Bülow, Rosenheim, Vieuxtemps sorgten für Reichthum und Mannigfaltigkeit der Genüsse. Das Virtuosenthum sandte
seine Vertreter, männliche und weibliche, in Scharen; ihm gehörte
im Musikleben Baden-Badens der Löwenantheil. Auch in der Villa
Biardot-Garcia erfuhr es hervorragende Pflege; hatte doch die Herrin
derselben, viele Lernbegierige nachziehend, eine förmliche Virtuosen-
schule daselbst errichtet. Wie früher im Pariser Salon der geistreichen Frau, die auch in geselliger Beziehung mehr zu geben als
zu empfangen gewöhnt ist, konnte man da bei den allwöchentlichen

musikalischen Matinéen die Elite der Kunstwelt vereint sehen und hören und neben den erlesenen Gaben der Meisterin auch die ihrer Schülerinnen empfangen. Selbst der höchste gesellschaftliche Glanz fehlte diesen künstlerischen Vereinigungen nicht. Mischten sich doch König und Königin von Preußen, Großherzog und Großherzogin von Baden gern und häufig unter die Geladenen.

Auf einem eigens erbauten Theater gab es auch Vorstellungen kleiner Operetten, zu denen Iwan Turgenew, der geniale Freund des Hauses, den Text, Frau Viardot selbst die Musik geschrieben hatte. Für die Schülerinnen und Kinder der Komponistin bestimmt, jeder der vorhandenen Kräfte genau angepaßt, kamen da »Le dernier sorcier«, »Trop de femmes«, »L'ogre, conte de fées« zur Aufführung, als graziöse, formfeine, ebenso sangbare als dankbare Musik nicht umsonst um Beifall werbend. „Der letzte Zauberer", von Richard Pohl ins Deutsche übertragen, versuchte dann auch in Weimar und Karlsruhe (1869 und 70), wie später in Riga sein Heil. Doch reichte sein Erfolg auf jenen größeren Bühnen an den im engeren Kreise nicht hinan. Alle drei Werke blieben ungedruckt und warten, sammt einer Anzahl Lieder, Duette, Terzette, Chöre, welche die Mappe ihrer Urheberin birgt, der Veröffentlichung. Vieles Andere dagegen: Romanzen und Lieder, Klavier- und Violinstücke, Instruktives ꝛc. sandte sie in die Welt hinaus, und sind außer ihren Gesangsschulen namentlich ihre Arrangements Chopin'scher Mazurken, deren Vortrag stets zu ihren bewundertsten Concertleistungen gehörte, und vier bei Seitz erschienene pikante Lieder, die sie 1870 beim Beethovenfest in Weimar mit großem Erfolge sang (darunter vorzugsweise das Désirée Artôt gewidmete äußerst aparte „der Gärtner"), in Deutschland bekannt geworden*). „Nahe

*) Veröffentlicht wurde bisher von Pauline Viardot:
Album de 12 Romances, illustré par Ary Scheffer. Paris, Troupenas.
6 Pièces pour Piano et Violon. Paris, Gérard.
Polonaise à 4 mains. Paris, Gérard.
Album russe de 12 mélodies. Petersburg, Johansen. Leipzig, Breitkopf & Härtel.
2ᵈ Album russe. Id. id.
4 Lieder. Leipzig et Weimar, Seitz.
6 Mazurkes de Chopin arr. p. la voix. Paris, Gérard. Leipzig, Breitkopf & Härtel.

Verwandtschaft mit Chopin, harmonische Feinheiten, graziöse Originalität" rühmt Liszt ihrem schöpferischen Talente nach.

Dem behaglichen Aufenthalt der Künstlerin in Baden-Baden
machte der Ausbruch des deutsch-französischen Krieges ein vorschnelles
Ende. Als Gattin eines Franzosen sah sie sich gezwungen, Deutschland 1871 zu verlassen und ihr Besitzthum daselbst aufzugeben.
Sie kehrte, nachdem sie im Mai 1870 noch ein letztes Mal in
Weimar, im November wiederholt in Wohlthätigkeitskonzerten noch
in London öffentlich gesungen, nun dauernd an den Ort ihrer Geburt zurück. Mehrere Jahre lang war sie als Gesangsprofessorin
am Conservatoire in Paris thätig. Da ihr jedoch die hier übliche
Unterrichtsweise nicht zusagte, die verschiedenen Methoden der verschiedenen Gesangsmeister von der Opéra comique und der Opéra
ihr vielmehr für die Stimmen und deren Ausbildung verderblich
erschienen, legte sie ihr Amt bereits 1874 wieder nieder, um in
voller Unabhängigkeit wie zuvor ihren pädagogischen Beruf zu üben.
Auch als Lehrerin war ihr der Erfolg in hohem Grade günstig, und
ihrer Schule zum großen Theil danken die ersten deutschen und
fremdländischen Bühnen ihre besten Kräfte. Désirée Artôt, Aglaja
Orgeni, Marianne Brandt, Bianca Bianchi, Marie
Schröder-Hanfstängl, Bertha Ehnn, Mathilde Weckerlin,
Magdalene Murjahn, Anna Boise, die in London gefeierte
Antoinette Sterling, Mathilde Phillips, der amerika-
nische Stern, die Bilbaut-Bauchelet an der komischen Oper in
Paris, die Duvivier, welche die Hauptrolle in Massenet's

---

6 Mélodies. Paris. Heugel.
Ecole du chant classique, en 6 livraisons, contenant une choix d'airs,
duos et trios des maitres des toutes les écoles. avec préfaces, nuances,
annotations p. P. V. Paris. Gérard.
Recueil de mélodies de Manuel Garcia (père), arr. avec accomp. de
Piano.
Canzonetta de Haydn tirée d'un quatuor, arrang. p. la voix. Paris,
Heugel.
Une heure d'étude, en 2 parties. Paris. Heugel. Berlin. Bote & Bock.
6 Mélodies. Paris. Heugel.
Trois recueils de Valses de Schubert. arr. à 2 voix. Paris, Gérard.
Danses hongroises, arr. à 2 voix. Paris. Maho.
Une 30me au moins de Mélodies. Petersburg. Johansen.

»Hérodiade« creirte, und viele Andere, sie holten sich bei Pauline Viardot ihre künstlerische Reise. Auch die Lucca, Smeroschi, Marie Biro de Marion, die jetzt in Italien Furore macht, studirten eine Zeit lang bei ihr. Wer zählt und nennt sie alle, die aus Belehrung und Vorbild der außerordentlichen Frau Gewinn schöpften? Ein Genie wie sie selber freilich hat sie nicht wieder heranzubilden vermocht, selbst an ihren Kindern — drei Töchtern und einem Sohn vererbte sie ihre musikalische Begabung, — so talentvoll sie sind, nicht. So darf die Welt sich immerhin in Geduld fassen, bis sie eine zweite Viardot-Garcia ihr eigen nennt!

Nicolo Paganini.

Von

A. Niggli.

44 u. 45.

Nicolo Paganini.

Von

A. Niggli.

aum wird es einer Rechtfertigung bedürfen, wenn wir den bleichen Schatten jenes Mannes noch einmal heraufbeschwören, dessen zaubermächtiger Bogen sich einst die Welt zu Füßen warf und dessen Sonnenuntergang zur Grabestiefe, wie Franz Liszt in seinem Nekrolog auf Paganini sich ausdrückt, nicht einmal von dem lästigen Schatten eines Erben seines Ruhmes verdunkelt ward. Wohl ist oft und viel über den Virtuosen geschrieben worden. Aber eine kritische Sichtung des biographischen Materials, eine Ausscheidung des geschichtlichen Kerns aus jener Fabelhülle, die sich noch bei Lebzeiten Paganini's um seine Person gebildet hat, ist bis jetzt kaum energisch angestrebt, geschweige denn erzielt worden und noch weniger hat man es unternommen, den Künstler aus seiner Zeit zu erklären, darzuthun, wie die dämonische Wirkung dieses großen aber einseitigen Talentes durch ein seltsames Zusammentreffen denkbar günstigster geschichtlicher Verhältnisse mitbedingt war. Auch die fleißigste, ihrer weitschweifigen und schwülstigen Darstellungsweise wegen freilich wenig genießbare und in Deutschland kaum bekannte Arbeit, die wir über Paganini besitzen und die uns neben Schottky und Fétis als Hauptquelle gedient hat, das Werk von Giancarlo Conestabile: Vita di Nicolo Paganini da Genova (Perugia 1851), berücksichtigt die zeitgeschichtlichen Strömungen, den Hintergrund, auf dem sich das Bild des Künstlers abhebt,

22 *

fast gar nicht, und die beiden neuesten Lebensbeschreibungen von Oreste Bruni (Firenze 1870) und Elise Polko (Leipzig 1876) tragen wiederum eine durchaus belletristische Färbung an sich; ja sie weben, statt das Geheimniß seiner Persönlichkeit zu enträthseln, die mythischen Schleier noch dichter, welche die Schicksale und Thaten des Geigerkönigs von jeher umflort haben.

Versuchen wir zunächst durch das bunte Gestrüpp des biographischen Materials, das vor uns aufgehäuft liegt, eine möglichst lichte Bahn zu hauen und namentlich auch in die vielfach verworrene Chronologie Ordnung und Zusammenhang zu bringen! — Nach den übereinstimmenden Angaben unserer Quellen wurde Nicolo Paganini am 18. Februar 1784 als das zweite Kind des Hafenmäklers Antonio Paganini und der Teresa geb. Bocciardi zu Genua geboren. Auffällig ist es, wie der Wunderglaube der Zeit schon bei seiner Wiege ansetzt, um das unerklärliche Virtuosengenie erklärlich zu machen. Wir vernehmen nämlich: bald nach ihrer Entbindung sei der Mutter im nächtlichen Traum ein Engel erschienen und habe ihr bemerkt, wenn sie irgend einen Wunsch im Herzen trage, möge sie ihn äußern; er solle unfehlbar in Erfüllung gehen. Frau Teresa habe sofort gewünscht, der Himmel wolle ihren Sohn zum größten Geiger dieser Erde machen, und mit stolzem Vertrauen auf Erfüllung der Zusage seien Mutter und Kind, dem sie später die Wundererscheinung mitgetheilt, der Zukunft entgegengegangen. Diese Erzählung hat insofern einen tieferen Sinn, als sie uns zwei verschiedene, für Paganini's Entwicklung bedeutsame Eigenschaften seiner Mutter wiederspiegelt, einmal die Vorliebe für die Musik und dann die echt italiänische Ruhmsucht der Frau, welche die dereinstige Künstlerapotheose des Sohnes höher anschlägt denn alle Schätze der Erde. Wir besitzen einen vom 28. Juli 1828 aus der Zeit der Prager Triumphe Paganini's datirten Brief der Frau Teresa, welcher jenen Zug ihres Wesens höchst prägnant hervortreten läßt. „Mein Traum hat sich verwirklicht", schreibt sie ihm, „und was Gott mir versprochen, ist zugetroffen. Thue alles, was in deiner Macht liegt, damit dein Name unsterblich werde!" — Die Liebe, mit welcher Paganini Zeitlebens an dieser Mutter hing, berührt uns um so sympathischer, je weniger erquicklich das Verhältniß zum Vater und die daheim verlebte Jugendzeit des Künstlers überhaupt sich gestalteten. Antonio Paganini war seinerseits nicht unmusikalisch.

Er spielte mit Geschick die Mandoline, auch etwas Geige, und entschloß sich, sobald er die glücklichen Anlagen des Sohnes für die Kunst der Töne gewahrte, solche nach Kräften weiter zu entfalten. Allein in seinem Charakter lag so viel roh egoistisches, tyrannisch gewaltsames; die Absicht des Alten, des Knaben Talent möglichst rasch als ergiebige Erwerbsquelle auszubeuten, trat von vorn herein so unverhüllt hervor, daß der Unterricht auf die moralische Entwicklung Paganini's einen unheilvollen Einfluß ausüben mußte. Hätte sein energischer Wille verbunden mit genialer Begabung ihn nicht außergewöhnlich rasch die technischen Schwierigkeiten besiegen lassen, die leidenschaftliche Härte, die Hungerkuren, die körperlichen Mißhandlungen, welche er von Seite seines Lehrers erdulden mußte, wären ganz dazu angethan gewesen, ihn der Kunst auf immer zu entfremden. Daß sie sein ohnehin zartes und nervöses Wesen tief aufregten und dauernd verdüsterten, unterliegt keinem Zweifel. Theils dem Einfluß des Vaters, der mit aller Gewalt etwas außerordentliches aus seinem Sohn machen wollte, theils angeborener Neigung mag es zuzuschreiben sein, wenn wir Paganini schon früh von dem Gewöhnlichen abweichen, auf seiner kleinen Geige seltsame Griffe versuchen, durch unerhörte Kühnheiten seine Zuhörer verblüffen sehn. Der Virtuose, der die Welt mit seinen Künsten in athemloses Staunen versetzen sollte, zeigt sich hier gleichsam in nuce. Nach wenigen Monaten war er im Stande, Kompositionen vom Blatt wegzuspielen, und bald vermochte der Vater ihn nichts mehr zu lehren. Er anvertraute daher den Sechsjährigen zunächst dem Unterricht des Giovanni Servetto, Violinisten am Theater zu Genua und bald darauf demjenigen des Giacomo Costa, Orchesterdirektor daselbst. In dem kunstliebenden Marchese di Negro und seinem trefflichen Landsmann, dem Opernkomponisten Francesco Gnecco hatte er gleichzeitig zwei Gönner gefunden, die ihn mit Rath und That unterstützten. Beim ersteren hörte ihn um diese Zeit der auf Besuch in Genua weilende berühmte Geiger Rud. Kreutzer und staunte über die Leichtigkeit und Grazie, mit welcher der Knabe eine seiner schwierigen Kompositionen vortrug. Kaum mit den musikalischen Gesetzen vertraut, schrieb er, acht Jahre alt, seine erste Violinsonate, die leider gleich vielen anderen seiner Schöpfungen verloren gegangen ist. Obschon auch Costa dem jungen Künstler während etwa sechs Monaten bloß dreißig Lektionen gab und der pedantisch kon-

servative Musiker die eigenartige Bogenführung seines Schülers, wie
seine Behandlung des Instrumentes überhaupt, vielfach tadelte, er-
innerte sich Paganini stets mit dankbarer Liebe dieses Mannes.
Costa verschaffte ihm auch zuerst Gelegenheit, sich in der Kirche
San Lorenzo öffentlich hören zu lassen und so die Aufmerksamkeit
eines größern Publikums auf sein Spiel zu lenken. Zu begeistertem
Beifall riß er dieses hin, als er in seinem elften Lebensjahr anläßlich eines Konzertes des Kastraten Marchesi und der Sängerin
Therese Bertinotti aus Bologna im Theater San Agostino spielte
und namentlich Variationen über die Carmagnola, das bekannte
Volkslied der Revolution, mit unbeschreiblicher Bravour vortrug.
Jetzt drangen die Freunde in den Vater, daß er Nicolo einem Meister seiner Kunst zu weiterer Ausbildung übergebe. Antonio erklärte
sich einverstanden und 1796 verreiste er, begleitet vom Marchese di
Negro, mit dem Knaben zunächst nach Florenz, wo letzterer dem
trefflichen Musiker Salvatore Tinti vorgestellt wurde und im Theater ein Koncert gab, dann nach Parma. Hier sollte Nicolo bei dem
Kammervirtuosen Alessandro Rolla, einem der vorzüglichsten Violinisten der Zeit untergebracht werden. Gemäß Schottky's drastischem
Bericht, den er aus Paganini's eigenem Munde haben will, befand
sich Rolla krank im Bett. Seine Frau führte den Besuch ins Nebenzimmer, um sich mit ihrem Mann über den Empfang der Fremden
vorerst zu besprechen. Rolla bezeigte wenig Lust zu einer Audienz,
als plötzlich wundersame Töne an sein Ohr schlugen. Nicolo hatte
auf dem Tisch eine Violine und das letzte Konzert des Meisters
liegen sehn, das Instrument ergriffen und begonnen, das Stück
prima vista herunter zu spielen. Vor Verwunderung starr forschte
nun der Tondichter nach dem Namen des Geigers. Als er aber
vollends vernommen, daß es ein kleiner Knabe sei, und letzterer sich
persönlich vorgestellt hatte, erklärte der Künstler, er könne auch
seinerseits Nicolo nichts mehr lehren und verwies ihn an den Komponisten Fernando Paër, der ihn in der Komposition weiter fördern
möge. Diese Erzählung erscheint charakteristisch für die Art und
Weise, in welcher Paganini selbst Wahrheit und Dichtung zu vermischen und die Ereignisse seines Lebens pikant zuzustutzen liebte.
Unrichtig ist nämlich, daß unser Virtuose bei Rolla gar keinen
Unterricht erhalten habe. Auf Gervasoni's Zeugniß Nuova Teoria
di Musica. Parma 1812 gestützt, spricht sich auch Conestabile für

die gegentheilige Ansicht aus, obschon er betont, daß Rolla der klassischen Schule des Violinspiels gehuldigt und daß ein Einfluß seiner künstlerischen Persönlichkeit auf Paganini's Spiel und Werke nicht nachweisbar sei. Richtig ist dagegen, daß Rolla den Jüngling an Paër empfahl, damals den gefeiertsten Komponisten Italiens, der 1796, nicht wie Fétis (Notice biographique sur Nicolo Paganini. Paris 1851) meint, in Deutschland verweilte, sondern mit seiner anmuthigen jungen Frau geb. Riccardi, einer beliebten Sängerin, im Dienst des Herzogs von Parma stand und eben mit der Komposition seiner Oper „L'intrigo amoroso" beschäftigt war.

Der Tondichter kam Paganini in liebenswürdigster Weise entgegen, überwies ihn jedoch für den eigentlichen Unterricht seinem eigenen, ebenfalls in Parma wohnhaften Lehrer, dem alten Kapellmeister Gasparo Ghiretti, der, aus Neapel gebürtig, als Cellist und Kontrapunktist gleich tüchtig war. Dieser gab Nicolo allwöchentlich drei Stunden in der Harmonielehre, wobei der letztere schon in den ersten Monaten die außerordentlichsten Fortschritte machte. Nach Conestabile dauerte der Unterricht ungefähr zwei Jahre, während welcher Zeit Paganini eine Menge Instrumentalmusik schrieb, übrigens auch aus dem Verkehr mit Paër selbst, den er behufs gemeinschaftlicher Arbeit ziemlich regelmäßig zweimal des Tages besucht haben soll, viel Vortheil zog. Namentlich verdankte er dem gewandten Melodiker eine richtigere und wirkungsvollere Behandlung der Cantilene. Über die neuen Effekte, die der Jüngling auf seiner Geige hervorbrachte, schüttelten freilich Paër sowohl wie Rolla öfters den Kopf, wenn sie auch seiner technischen Fertigkeit ihre Bewunderung zollen mußten. Dem Einfluß der genannten Freunde, sowie Ghiretti's, der seinerseits die Stelle eines Kammervirtuosen bekleidete, war es zuzuschreiben, daß Nicolo Gelegenheit fand, sich auch am Hof wiederholt hören zu lassen. Größere Verbreitung gewann indeß sein Künstlername erst, als er 1797 zunächst im Theater zu Parma zwei Akademien gab und dann mit dem Vater eine Konzertreise durch Oberitalien antrat. Unter enthusiastischem Beifall spielte er in zehn Konzerten zu Mailand, Bologna, Florenz, Pisa, Livorno und zwar schon jetzt stets eigene Kompositionen. Nachdem sich ihm so das Geheimniß des öffentlichen Erfolges, aber auch die Mängel seiner Kunst offenbart hatten, die es noch zu überwinden galt, kehrte er mit seinem harten Mentor nach

Genua zurück und fing nun erst zu studiren an, als ob er bis
jetzt nichts gethan hätte. Namentlich vertiefte er sich in die Konzerte
und Capricen des 1693 zu Bergamo geborenen Pietro Locatelli,
des ersten italiänischen Violinspielers, welcher das Virtuosenthum
gewissermaßen um seiner selbst willen gepflegt und an kühnen Kombinationen, besonders auch im mehrstimmigen Spiel, all' seine Zeitgenossen überflügelt hatte. Mit den Aufgaben, die sich Locatelli
gestellt, den eigenen erfinderischen Geist befruchtend, schrieb Paganini nunmehr eine Reihe Kompositionen von solcher Schwierigkeit
nieder, daß er selbst mit eiserner Beharrlichkeit arbeiten mußte, bis
er dieselben überwunden. Während acht bis zehn Stunden konnte
er die gleiche Stelle auf tausend verschiedene Arten wiederholen,
bis eine Steigerung des damit zu erzielenden Effektes nicht mehr
möglich erschien. Oft sank er dann freilich bei der Neige des Tages
ermattet zusammen. Aber wenn der Morgen aufstieg, trieben ihn
der Dämon des Ehrgeizes, das freudig stolze Gefühl, daß ihm die
Überwindung unerhörter Kunststücke mehr und mehr zum mühelosen
Spiel wurde, neuerdings ans Werk. Selbst als im Jahre 1800
jene furchtbare Belagerung des von den Franzosen besetzten Genua
Seitens der Österreicher begann, als der Donner der Kanonen sich
mit den Klängen seiner Geige mischte, verstummte diese nicht, so
sehr Paganini auch das harte Schicksal der Vaterstadt zu Herzen
ging. Je mehr er sich freilich als Meister seiner Kunst zu fühlen
begann, um so unerträglicher wurde ihm die sklavische Abhängigkeit,
in der er sich noch immer seinem Vater gegenüber befand.

Am St. Martinstag wurde alljährlich zu Ehren dieses Heiligen
in Lucca ein großes, musikalisches Fest gefeiert, bei welchem sich
Zuhörer aus ganz Italien einfanden. Paganini bat den Vater
dringend, er möge ihn mit dem älteren Bruder hinziehen lassen,
damit er durch seine Virtuosität glänzen könne. Der Alte wollte
zunächst nichts davon wissen, da ihm ein Geldgewinn zweifelhaft
erschien. Erst den vereinten Anstrengungen der Mutter und des
Erstgeborenen gelang es, ihm ein unwirsches Ja zu entreißen und
sofort machten sich die Jünglinge auf den Weg. Nicolo schwärme-
risch entzückt von der endlich erlangten Freiheit. Der Beifall, den
der Sechszehnjährige bei den Festbesuchern zu Lucca fand, war der
glänzendste und durfte ihm wohl als gutes Omen für seine erste
selbständige Künstlerfahrt erscheinen, die er nunmehr durch Ober-

Italien und Toskana antrat und die an Abenteuern wie Triumphen reich genug werden sollte. Über die Route, welche Paganini von Lucca aus einschlug, lassen uns freilich sämmtliche Quellen im Stich. Wir wissen bloß, daß er Pisa, Mailand, Parma, Livorno besuchte, und fast an jede dieser Städte knüpft sich irgend eines jener Ereignisse, wie sie für die Persönlichkeit unseres Virtuosen und die durch ihn repräsentirte Verbindung künstlerischer Größe mit seltsamer Charlatanerie charakteristisch erscheinen. So berichtet uns Conestabile: In Mailand habe Alessandro Rolla, welcher nach dem Tode des Herzogs von Parma die Direktion des Orchesters della Scala übernommen, seinen früheren Schüler auf die Probe stellen wollen und ihm zu diesem Behuf, als er vor dem zahlreichen Auditorium erschien, ein neues schwieriges Konzert eigener Komposition vorgelegt. Paganini habe das Manuskript nachlässig und verkehrt aufs Pult gepflanzt und in dieser Weise das Stück, als wäre es kinderleicht, mit entzückender Grazie vom Blatt heruntergespielt. Nach Paganini's eigener Erzählung wiederholte er das gleiche Experiment später anläßlich eines Kirchenkonzertes, wo ihm das Heft von der Orchesterempore in die Kirche hinabfiel und der Diener, der es zurückbrachte, das Notenblatt verkehrt auflegte. In Parma hatte der Maler Pasini eine treffliche Geige, in deren Besitz er sich befand, demjenigen als Geschenk zugesichert, der ein äußerst schwieriges Konzert prima vista damit vortrage. Paganini löste die Aufgabe spielend. Einen noch kostbareren Preis seiner Geschicklichkeit trug er in Livorno davon, wo ein Herr Livron seine vorzügliche Guarneri, nachdem unser Künstler in einem Konzert darauf gespielt, nicht mehr berühren wollte, sondern das Instrument dem Zauberer förmlich aufdrängte, der ihm seine geheimnißvollsten Laute entlockt. Diese Geige wurde Paganini's Lieblingsinstrument, das ihn überall hin, auch nach Teutschland begleitete. Die Wunderthaten, die der Bogen unseres Virtuosen während dieser seiner ersten größeren Reise vollbrachte, regten die leicht entzündliche Phantasie seiner Landsleute in unerhörtem Maß auf und schon jetzt schossen die Fäden zu jenen Sagengespinnsten an, welche seine Persönlichkeit bald gleich einem magischen Netz umhüllen sollten. Während die Einen sich darauf beschränkten, Paganini mit dem Geheimbund der Carbonari in Verbindung zu bringen, wollten andere bereits von schweren Verbrechen wissen, die der bleiche Mann auf seinem Gewissen habe und die

er durch seine Kunst zu sühnen oder zu vergessen suche. Er selbst
scheint sich einstweilen um all' dies Gerede wenig bekümmert und
das ungebundene Reiseleben mit vollen Zügen genossen zu haben.
Zu mannigfachen Liebesabenteuern gesellte sich die Leidenschaft des
Spiels, der Paganini so intensiv fröhnte, daß er oft aller finanziellen Mittel beraubt war, ja sein Instrument versetzen und vom
Ersten Besten ein solches leihen mußte, um im nächsten bereits an-
gekündigten Konzert auftreten zu können. Nach einem freilich mit
Vorbehalt aufzunehmenden Bericht des Künstlers selbst heilte ihn
übrigens ein Zufall plötzlich von der Wuth des Hazardspiels. Ein
Prinz, dessen Namen Paganini wohlweislich verschweigt, hatte es
auf seine köstliche Geige abgesehen und verlangte den Preis derselben zu erfahren. Paganini wollte sich seiner Guarneri unter keinen
Umständen entäußern und forderte daher 250 Napoleonsd'or. Bald
darauf bemerkte ihm der Prinz, er habe wohl mit seiner Zumuthung
gescherzt; indessen anerbiete er ihm 2000 Frs. Der Künstler gerieth
ins Schwanken, da er zufälligerweise momentan nicht mehr denn
30 Frs. besaß und sich bereits seiner Werthsachen, Uhren, Ringe ꝛc.
begeben hatte. Da holte ihn ein Freund zu einer Spielpartie für
den Abend ab und er beschloß, seinen Vermögensrest einzusetzen
und, falls ihm das Schicksal ungünstig wäre, den Kaufpreis für
die Geige anzunehmen und nach Petersburg zu reisen, um dort wo
möglich seine Verhältnisse zu verbessern. Schon hatte er seine 30 Frs.
bis auf 3 eingebüßt und sah sich im Geist bereits auf dem Weg
nach Norden, als ihn der Zufall plötzlich 160 Frs. gewinnen ließ
und seine Geige wie ihn selbst vor einer ungewissen Zukunft rettete.
Seit diesem Tag, so erzählte Paganini, zog ich mich völlig vom
Spiel zurück, dem ich einen Theil meiner Jugend geopfert, und entsagte dieser unseligen Leidenschaft in der Überzeugung, daß ein
Spieler überall verachtet sein müsse. — An den Aufenthalt Paganini's in Toskana während seiner ersten oberitaliänischen Reise knüpft
Fétis nun auch die folgende von verschiedenen Schriftstellern über-
lieferte Episode, welche des Künstlers Fertigkeit auf einem andern
Instrument denn der Geige erklären soll. Eine vornehme Frau, so
heißt es, hatte sich leidenschaftlich in ihn verliebt und sich mit ihm
auf eines ihrer toskanischen Landgüter zurückgezogen. Sie spielte
die Guitarre und wußte ihren Geliebten so sehr für dies Instrument zu begeistern, daß er dasselbe bald mit dem gleichen Eifer

pflegte wie bis anhin die Violine. Diese Studien, mit deren Früchten er das Talent der schönen Freundin schmückte, dauerten nahezu
drei Jahre, während welcher Paganini seine opera 2 und 3, d. h.
12 Sonaten für Guitarre und Geige schrieb. Conestabile will von
dieser musikalisch-erotischen Geschichte, mit welcher Fétis die ihm
unerklärliche Lücke in der Chronologie von 1801 bis 1805 auszu-
füllen versucht, nichts wissen, sondern berichtet, Paganini sei nach
Beendigung seiner ersten Reise in die Heimat zurückgekehrt und
habe sich während der vorgenannten Jahre zu Genua mit weiteren
Übungen auf der Violine, insbesondere aber auf der Guitarre be-
faßt, daneben übrigens agronomische Studien getrieben und sich
idyllischer Ruhe erfreut. Thatsache ist, daß unser Künstler zu dieser
Zeit keine Konzerte gab, dagegen eine Reihe von Kompositionen
für Guitarre, darunter die obgenannten Sonaten, sowie sein op. 4,
drei Quartette für Violine, Viola, Guitarre und Cello niederschrieb
und eine Anzahl von Privatstunden gab. Seine bedeutendste Geigen-
schülerin war die im Jahr 1797 zu Genua geborene Catterina Calcagno, die sich bald eines ähnlichen Rufes in Italien erfreute, wie
später die Schwestern Milanollo. Erst im Herbst 1805 verließ
Paganini neuerdings seine Vaterstadt und begab sich zunächst nach
Lucca, dem Schauplatz seiner jugendlichen Triumphe. Im Monat
März 1805 hatte der Prinz Bacciochi mit seiner Gemahlin Elisa,
der Schwester Napoleon's, den von letzterem errichteten Thron als
Beherrscher von Lucca, Garfagnana, Massa di Carrara und Piom-
bino bestiegen, und eben (14. Sept.) sollte das alljährlich wiederkehrende Fest von S. Croce mit gewohnter Pracht gefeiert werden.
Obwohl der große Bogen und die dicken Saiten, deren sich unser
Künstler damals bediente, zunächst Auffallen, ja Spott erregten,
als Paganini am Festtag vor dem musikalischen Publikum Lucca's
erschien, lauschte man ihm doch nach den ersten Tönen schon mit
athemloser Spannung und, wie er geendet, erfüllte brausender Jubel
das Haus. Auch als er kurz darauf anläßlich einer nächtlichen
Feier in einer Kirche der Regularen spielte, war der Enthusiasmus
der Hörer so groß, daß sich die Mönche von ihren Chorbänken erheben mußten, um die Beifallsrufe, weil für den heiligen Ort un-
ziemlich, abzuwehren. Was Wunder, daß der Hof unter solchen
Umständen den Künstler zu fesseln versuchte! Auf Veranlassung der
Fürstin selbst anerbot man ihm die Stelle des Orchesterdirigenten

an der Oper und den Ehrenrang eines Kammervirtuosen ihrer Ex-
cellenz; Paganini fühlte sich geschmeichelt und schlug ein, obschon
die finanziellen Bedingungen nicht gerade glänzend genannt werden
konnten und sein Freiheitsdrang mächtig genug war. Elisa lohnte
ihm dafür mit ihrer vollen Gunst. Durchschnittlich zweimal per
Woche mußte er sich in den Galakonzerten hören lassen und unaufhörlich spornte sie ihn zu neuen Entdeckungen im Gebiet seiner Kunst
an. Damit er auch an den Hofgesellschaften Theil nehmen könne,
verlieh sie ihm den Grad eines Kapitäns der königl. Gensdarmerie.
Ja, wenn die Andeutungen, welche Paganini Fétis gegenüber gemacht, Grund haben, bestanden eine Zeit lang noch intimere Beziehungen zwischen der hohen Frau und dem Künstler. Erwiesen ist,
daß der letztere während des ungefähr dreijährigen Aufenthaltes in
Lucca die Leistungsfähigkeit seines Instrumentes nach allen Richtungen erweiterte und daß verschiedene Kunststücke, mit denen er später
die Welt in Erstaunen setzen sollte, jetzt ihre specielle Ausbildung
fanden. Vor allem gehört hierher das Spiel auf weniger denn vier
oder nur auf einer Saite. So ließ er zuerst in einer der Hof-
akademien, für welche er meist nur die Pianofortebegleitung, bezw.
einen auf dem Klavier auszuführenden bezifferten Baß aufschrieb,
während er die Geigenstimme extemporirte, Variationen auf der G-
Saite allein hören. Ein anderes Mal nahm er die zweite und dritte
Saite hinweg und spielte eine Sonate in der Form eines Dialogs
zwischen der ersten und vierten. Ich liebte, so ungefähr lautet seine
eigene Erzählung, ich liebte damals eine Dame, die meine Leidenschaft erwiederte; doch gebot uns die Klugheit, dieselbe geheim zu
halten. Eines Tages versprach ich dem Fräulein fürs nächste Konzert einen galanten Scherz, der auf unser Verhältniß anspielen sollte,
und kündigte bei Hof eine musikalische Neuigkeit unter dem Titel
„Liebesscene" an. Alle waren erstaunt, als man mich mit einer Geige
eintreten sah, die nur zwei Saiten hatte. Die E-Saite sollte die
erotischen Empfindungen eines jungen Mädchens ausdrücken, die
G-Saite die leidenschaftliche Sprache ihres Liebhabers. Ich ahmte
auf diese Weise eine Art Zwiegespräch nach, wo den zartesten Lauten Ergüsse glühender Eifersucht folgten. Zuletzt trat die Versöhnung ein, und die Liebenden, glückseliger den je, führten zusammen
ein Pas de deux aus, welches ein glänzendes Finale krönte. Das
Experiment machte Glück; ich spreche nicht von den holdseligen

Blicken, welche meine Herzensdame auf mich fallen ließ. Die Fürstin Elisa selbst sagte artig zu mir: Ihr habt soeben das Unmögliche geleistet; sollte eurem Talent nicht eine einzige Saite genügen?
— Ich versprach es sofort, und einige Wochen später schrieb ich meine
militärische Sonate, betitelt Napoleon, die ich am 25. August vor
dem Hof vorführte und deren Erfolg meine Erwartungen überstieg.
Meine Vorliebe für die G-Saite, in deren Behandlung ich täglich
geschickter wurde, rührt von dieser Zeit her. — Es mag dahin gestellt bleiben, wie viel wahres an dieser anmuthigen Erzählung ist,
auf welche Paganini all' die abenteuerlichen Gerüchte zurückführt,
die sich bald an seine fabelhafte Fertigkeit im Spiel auf der G-
Saite knüpften. Diesen Gerüchten zufolge sollte er im Übermaß der
Eifersucht seine Geliebte ermordet und dann Jahre lang im Kerker
geschmachtet haben, wo ihm endlich nur die eine Saite auf seiner
Geige geblieben sei. Die letztere allein gebrauchend, hätte er dann
jene Virtuosität erlangt, die man sich auf natürlichem Wege nicht
zu erklären vermochte. Thatsache bleibt, daß unser Künstler in Lucca
das Spiel auf reducirten Saiten zu seiner Specialität ausbildete.
Denn übereinstimmend mit obigem Bericht überliefert uns Conestabile: Infolge einer Wette um ein Nachtessen für 25 Personen habe
Paganini eines Abends im Theater zu Lucca die Oper L'avviso
dei Gelosi von Panesi dirigirt und mit einer Geige durchgespielt,
welche bloß die dritte und vierte Saite besaß. Sein Sieg sei ein
vollständiger gewesen. Mühelos beherrschte er in der Folge auf der
G-Saite allein drei und ein halb Oktaven, wobei er freilich die
Flageolettöne zu Hilfe nahm, und wohl durfte er sagen: Diese
Saite, in die er sein ganzes Genie ergossen, sei gewissermaßen sein
Alles, sein theuerstes Herzblut, der letzte Hauch seiner Seele. Mit
der immer schrankenloseren Ausbildung des Virtuosen hielt übrigens die üppige Erfindungskraft des Musikers gleichen Schritt.
Von der Spontaneität seiner Phantasie giebt folgende Thatsache eine
Vorstellung: Eines Tages wünschte man bei Hof die Komposition
eines Konzertes für Violine und Englisch Horn, das in der bevor-
stehenden Akademie aufgeführt werden sollte. Der Kapellmeister
weigerte sich, weil die Zeit zu kurz sei. Paganini aber schrieb das
Werk sammt Orchesterbegleitung in zwei Stunden nieder und spielte
es mit dem Professor Galli aus den kaum trocken gewordenen Noten-
blättern zur allgemeinen Bewunderung der Zuhörer. Leider unter-

ließ der Künstler meist, die ihm in Fülle zuquellenden Ideen aufs
Papier zu bannen und begnügte sich mit skizzenhaften Andeutungen
fürs Accompagnement oder mit völlig freier Improvisation, wie er
denn bekanntlich auch später kaum zum Notenschreiben zu bringen
war. — Im Jahre 1808 begab sich Paganini, wie einige behaupten wollen, durch galante Beziehungen veranlaßt, von Lucca nach
Florenz. Er sollte nicht mehr nach der erstgenannten Stadt zurückkehren, da Napoleon's Herrscherwille eben jetzt seine Schwester Elisa
zur Großherzogin von Toskana erhoben hatte und diese daher mit
ihrem Gefolge ebenfalls nach Florenz übersiedelte. Seine Stelle als
Kammervirtuose behielt Paganini bei und ließ sich nun abwechselnd
bald in eigenen Konzerten, bald in denen des Hofes hören. Einen
interessanten Zug aus des Künstlers erster Florentinerzeit hat uns
der Musiker Luigi Picchianti überliefert: Im Hause des Herrn de
Fabris sollte eine Akademie stattfinden. Paganini hatte versprochen,
mit einer Dame eine Sonate von Jos. Haydn zu spielen. Die Zuhörer waren versammelt, alles zum Beginn der Abendmusik bereit.
Nur Paganini fehlte noch. Nachdem man eine Weile gewartet, erschien dieser endlich athemlos. Er stellte sich nach flüchtiger Entschuldigung sofort mit seiner Geige am Flügel auf. Seine Begleiterin wollte ihm den Ton angeben, damit er sein Instrument
stimme. Nein, nein, fangen wir an, versetzte Paganini, ich habe
die Anwesenden schon zu lange hingehalten. So ging man denn
ans Werk. Paganini entfaltete den vollen Zauber seines Bogens,
wobei er freilich nicht unterlassen konnte, den schlichten Satz Haydn's
mit einer Fülle von Arabesken auszustatten. Als man sich nach
Beendigung des Tonstückes erhob um ein kleines Abendessen einzunehmen, verglich Picchianti das A des Flügels mit demjenigen der
Violine und fand, daß es einen ganzen Ton differirte. Diese Mittheilung erregte allgemeines Staunen. Durch ein eigenartiges System
des Fingersatzes verbunden mit einer nervösen Feinfühligkeit in der
Erfassung und Wiedergabe der Tonverhältnisse hatte er die Ungleich-
heit der Stimmung so vollständig überwunden, daß Niemandem eine
Ahnung davon aufgestiegen war. Bei diesem Anlaß sei betont, daß
man Paganini überhaupt fast nie stimmen sah und daß die Reinheit seines Spiels trotzdem unübertrefflich erschien. Er hatte sich
beim Vortrag von Konzerten schon früh daran gewöhnt, die Orchester-
stimmung sofort zu erkennen und dieser seine Geige vermittelst einer

Sordine zu accommodiren, ohne daß es Jemand bemerkte. Auf sein
absichtliches Höher- oder Umstimmen der Saiten, wodurch es Paganini gelang, scheinbar unmögliche Passagen und Accordfolgen mit
unfehlbarer Sicherheit auszuführen, kommen wir später noch zu
sprechen. — Der erste, gleichfalls ins Jahr 1808 gehörige Ausflug
unseres Virtuosen führte ihn von Florenz nach Livorno, wohin
ihn der englische Consul geladen. Dieser empfing ihn aufs zuvor-
kommendste und ließ ihm sofort einen Saal für eine Akademie an-
weisen. Sei es nun aber, daß man Paganini's früheres Auftreten
in Livorno vergessen und Mißtrauen in die Leistungsfähigkeit des
unscheinbaren jungen Mannes hatte, sei es, daß sich die Musikgesellschaft durch die keineswegs übermäßig höflichen Manieren des
Künstlers beleidigt fühlte, kurz, als das Konzert beginnen sollte,
war kein Orchester vorhanden. Nur zwei Mitglieder desselben hatten
sich eingefunden, mit denen Paganini selbstverständlich nichts anfangen konnte. Er war daher genöthigt, sein ganzes Programm
abzuändern und das zahlreiche Auditorium bloß mit seinem Solospiel zu unterhalten. Weiteres Mißgeschick kam, wenn wir seiner
eigenen Erzählung glauben sollen, hinzu, um ihn vollends aus der
Fassung zu bringen. Unmittelbar vor seinem Erscheinen auf dem
Podium, drang ihm ein Nagel in die Ferse, so daß die Zuhörer
den Heranhinkenden mit Gelächter empfingen. Als er zum ersten
Bogenstrich ausholte, fielen die Lichter vom Pult, was die Heiterkeit vermehrte; endlich sprang ihm gleich bei den Anfangstakten die
E-Saite. Trotzdem spielte er auf drei Saiten weiter, und schon nach
dem ersten Stück hatte sich das spöttische Lachen des Publikums in
feurigen Enthusiasmus umgewandelt. Drei Stunden lang bannte
er dasselbe mit seinen Künsten wie in einen Zauberkreis, und als
wenige Tage darauf sein zweites Konzert im Theater stattfand,
fehlte kein Glied der begleitenden Kapelle und donnernder Beifall
erfüllte nach jedem seiner Vorträge das bis in den letzten Winkel
gefüllte Haus. — Von Livorno begab sich Paganini nach Turin,
wo sich damals die üppig schöne Fürstin Pauline Borghese, die
jüngere Schwester Napoleon's und Elisa's befand und wo deren
Musikdirektor Felice Blangini, wie er später dem befreundeten Fétis
erzählt hat, unseren Künstler in mehreren Konzerten mit Entzücken
hörte. Während des Turiner Aufenthaltes soll Paganini übrigens
zuerst von jener Unterleibskrankheit überfallen worden sein, die ihn

wiederholt zur Unterbrechung seiner Reisen zwang und zu der sich später die Schwindsucht gesellte, um ihn vollends körperlich zu zerrütten. Im Oktober 1809 fanden am Florentiner Hof eine Reihe von Festlichkeiten zur Feier des Friedensschlusses zwischen Frankreich und Österreich statt, wobei die Musik eine Hauptrolle spielte und Paganini natürlich nicht fehlen durfte. Um diese Zeit führte der Bildhauer Bartolini seine Büste in Marmor aus. Schon im December verließ er indeß die Residenz neuerdings und bereiste die Romagna und Lombardei. Damals wiederhallten die Mauern des alten Theaters zu Cesena von den Klängen, die Paganini, ein neuer Orpheus, seiner Geige entlockte. Am 22. Januar 1810 konzertirte er unter jubelndem Beifall in Rimini, wo ihn der hochbegabte Musikdilettant Sign. Giangi aufs liebenswürdigste bei sich aufnahm. Dann erhielten Ravenna, Forli, Imola, Faenza sowie eine Reihe anderer Städte Mittelitaliens willkommene Gelegenheit, den Virtuosen zu hören. Als er am 16. August 1811 in Parma eine Akademie gab und in übermüthig genialer Laune eine Reihe von Variationen auf der G-Saite allein improvisirte, standen die dortigen Musikprofessoren nach Gervasoni's Mittheilung vor Staunen beinahe auf dem Kopf. Nur in Ferrara, wo er um dieselbe Zeit auftrat, wären ihm seine phantastischen Einfälle bald verderblich geworden. Er hatte sich mit dem ihm befreundeten Musiker Gorbigiani von Bologna dorthin verfügt und beabsichtigte ein Konzert zu geben, an welchem sich die Sängerin Marcolini betheiligen sollte. Da man aber den Künstler bei dieser zu verleumden wußte, verweigerte sie in elfter Stunde ihre Mitwirkung. Bestürzt wandte sich Paganini an die ihm bekannte, mit einer anmuthigen Stimme begabte Tänzerin Pallerini und diese willfahrte zuletzt seinen inständigen Bitten. Wie sie sich indeß vor dem zahlreichen Publikum befand, ward sie verwirrt und sang ihre Arie äußerst schüchtern. Trotzdem begleitete man ihren Abgang mit beifälligem Klatschen, als sich plötzlich aus dem Hintergrund ein durchdringendes Pfeifen hören ließ. Paganini wüthete und schwur, sich für die ihm angethane Schmach zu rächen. Bevor er sein letztes Stück begann, kündigte er an, daß er verschiedene Thierlaute nachahmen werde. Nachdem er das Gezwitscher einer Anzahl Vögel, den Hahnenschrei, das Miauen der Katze, das Gebell des Hundes hatte vernehmen lassen, näherte er sich der Rampe und, indem er aufs überraschendste das JA des Esels imitirte, rief

er ins Theater: „Dies für denjenigen, welcher gezischt hat!" Er
glaubte die Zuhörer damit erheitern und den Beleidiger züchtigen
zu können; allein auf einmal erhob sich das gesammte Parterre
und stürzte wuthschnaubend auf die Bühne. Kaum fand Paganini
Zeit genug, sich durch schleunige Flucht drohender Mißhandlung
zu entziehen. Als er unter dem Schutz der Polizei in seinen Gasthof gelangt war, erfuhr er erst, daß die Landleute in der Umgegend
der Stadt die Ferraresen als Dummköpfe betrachten, sie dem Esel
vergleichen und wenn man die aus Ferrara Heimkehrenden fragt,
woher sie kommen, mit einem JA antworten. Das Konzertpublikum
hatte die Kränkung als eine absichtliche aufgefaßt, und die Stadt-
behörde fand sich bemüßigt, Paganini die Bewilligung zum Konzertiren für immer zu entziehen. Das Jahr 1812 brachte der Virtuose
höchst wahrscheinlich ganz in Florenz zu. Wenigstens findet sich in
unseren Quellen nichts, woraus ein Aufenthalt in anderen Städten
hergeleitet werden könnte. Anfangs 1813 aber trat das Ereigniß ein,
das Paganini dauernd von seiner Fürstin und der toskanischen
Hauptstadt trennen sollte. Zu einer festlichen Soirée bei Hof, welche
mit einem Konzert begann und mit einem Ball endigte, hatte sich
Paganini in seiner Uniform als Hauptmann der fürstlichen Gensdarmerie eingefunden. Sobald ihn Elisa bemerkte, ließ sie ihm
sagen, er habe die Uniform sofort abzulegen und in schwarzem Kleid
zu erscheinen. Paganini erwiederte: seine Bestallung ermächtige ihn,
sich des Kostümes zu bedienen, das er angezogen, und bezeichne
keinerlei Ausnahmsfälle. Einem wiederholten Befehl der Fürstin
folgte eine wiederholte Weigerung seitens des Künstlers. Nach
beendigtem Konzert und eröffnetem Ball wandelte dieser im Saale
auf und ab, wie um zu zeigen, daß er Manns genug sei, um
seine Rechte jeder Anfechtung gegenüber zu wahren. Allein noch in
der Nacht entfernte er sich aus der Stadt und wandte sich nach
der Lombardei, da er dem Landfrieden nicht mehr traute. Weder
die Bitten der Fürstin selbst noch diejenigen seiner zahlreichen
Florentiner Freunde vermochten ihn zur Rückkehr zu bewegen. Die
Luft der Freiheit spielte allzu wohlig um seine Wangen, als daß
er sich ein zweites Mal mochte binden lassen, und hätten auch
holdeste Blumen die Fesseln umwunden. Mit dem Frühling des
Schicksalsjahres 1813 beginnt Paganini's künstlerische Thätigkeit in
Mailand, welche Stadt er wie keine zweite der schönen Halbinsel

ans Herz schloß, wohin er immer wieder zurückkehrte und wo er bis zu seinem Abgang aus Italien, d. h. bis 1828, im Ganzen 37 Konzerte gab. Sein erster Aufenthalt ließ sich zwar nicht besonders glückverheißend an. Wenige Tage nach seiner Ankunft hatte er im Scalatheater einer Aufführung des Ballettes „Die Hochzeit zu Benevent" von Vigano beigewohnt, zu welchem Süßmayer, der bekannte Fortsetzer des Mozart'schen Requiem's, die Musik geschrieben. Der letzteren entnahm unser Künstler das Thema für seine berühmten Variationen „Die Hexen". Eben war er mitten in der Komposition und den Vorbereitungen für sein erstes Auftreten vor den Mailändern, als die früher erwähnte Unterleibskrankheit ihn von neuem ergriff und ihn Monate lang ans Lager fesselte. So konnte er erst den 29. Oktober in der Scala debütiren. Er spielte vor einem äußerst zahlreichen Auditorium ein Konzert von Kreutzer und am Schluß Variationen auf der G-Saite. Als er unter dem Beifallstoben der Massen den Saal verließ, herrschte bei den Kennern nur eine Stimme, daß man den größten Geiger der Welt gehört habe und daß sich selbst Rolla, der Meister des klassischen Stils, in spielender Überwindung unerhörter Schwierigkeiten nicht mit ihm messen könne. Im Zeitraume von sechs Wochen folgten zehn weitere Akademien, welche theils in der Scala theils im Theater Carcano stattfanden. Diese kolossalen Räume vermochten kaum die Zuhörer zu fassen; einen Taumel der Bewunderung riefen besonders die sogen. „Hexen" hervor, deren phantastischer Spuk die Herzen der Hörer mit wollüstigem Grausen erfüllte. Auch der europäische Ruf Paganini's knüpft an diese Mailänder Konzerte an. Unterm 6. April 1814 erschien in der Leipziger Musikalischen Zeitung ein ziemlich ausführlicher Bericht darüber, wobei namentlich des Virtuosen individuelle Künste, das 2, 3 und 4stimmige Spiel in den schwierigsten Lagen, die Nachahmung anderer Instrumente wie aller möglichen Naturlaute, die Wiedergabe der chromatischen Skala unmittelbar am Steg, die Verbindung eines Gesanges mit pizzikirender Begleitung ꝛc. betont wurden. Seine Technik sei eine bis jetzt unerreichte, wobei sich freilich nicht leugnen lasse, daß er Alles auf seine eigene Manier vortrage und z. B. das Kreutzer'sche Konzert nicht in des Komponisten Sinn, sondern sehr à la Paganini gespielt habe. Im December 1813 machte Paganini, um sich etwas zu erholen, seiner Vaterstadt Genua einen Besuch und verfehlte

darüber denjenigen Rossini's, welcher im gleichen Monat seine Oper
„Aurelian zu Palmyra" den Mailändern vorführte. Nachdem unser
Künstler im Frühjahr 1814 eine zweite Serie von Konzerten im
Teatro del Rè zu Mailand gegeben, sich auch der Erfolge seiner
Schülerin Caterina Calcagno erfreut hatte, die gleichzeitig in der
lombardischen Hauptstadt auftrat, begab er sich nach Bologna. Er
spielte im dortigen Stadttheater und wiederholt in dem gastfreund-
lichen Hause des Signor Pegnalver. Ein freundlicher Zufall wollte
es, daß er hier zuerst mit Rossini zusammentraf, der sich damals
namentlich mit seinem „Tankred" und der „Italienerin in Algier" bereits den Ruf des bedeutendsten italiänischen Opernkomponisten und
den Beinamen „süßer Schwan von Pesaro" errungen hatte. Bald
umschloß eine herzliche Freundschaft die beiden in ihrer Art gleich
großen Männer, von denen jeder das Genie des andern mit neidloser Freude anerkannte. Soll sich doch Rossini wiederholt dahin
ausgesprochen haben: es sei ein Glück für die italiänischen Tondichter, daß Paganini's von eiserner Willenskraft gestähltes Talent
sich nicht auf die Oper geworfen habe; denn er hätte all' seine
Rivalen verdunkelt. Über das Jahr 1815 fließen unsere Quellen
ziemlich spärlich. Doch ist sicher, daß Paganini einen Theil desselben konzertirend in der Romagna zubrachte und von seinen nervösen
Leiden während mehrerer Monate in Ancona festgehalten wurde.
Dann reiste er nach Genua zurück, wo ihn, Frühjahr 1816, die
Kunde vom Auftreten des berühmten Geigers Lafont in Mailand
ereilte. Sofort brach er dorthin auf, um den französischen Rivalen
zu hören, und nun entwickelte sich der erste jener internationalen
Wettkämpfe, welche zu den interessantesten Erlebnissen unseres Künstlers während der nächsten Jahre gehören. „Lafont's Spiel", so berichtete Paganini selbst, „machte mir viel Vergnügen. Acht Tage
nach dem seinigen gab auch ich ein Konzert im Scalatheater, damit er mich kennen lernen könne. Am andern Morgen schlug mir
Lafont vor, wir wollten uns in einer gemeinschaftlichen Akademie
hören lassen. Ich lehnte ab, indem ich hervorhob, daß derartige
Versuche gefährlich seien, weil das Publikum einen Zweikampf darin erblicke und ein Opfer haben wolle; im gegebenen Fall würde
dies unzweifelhaft geschehen, denn er, Lafont, gelte für den ersten
Violinisten Frankreichs und mir thue man die unverdiente Ehre an,
mich als ersten Geiger Italiens zu betrachten. Lafont ließ sich nicht

überzeugen und ich fand mich genöthigt, den hingeworfenen Hand-
schuh aufzunehmen. Ich beauftragte ihn das Programm festzustellen,
das folgendermaßen gestaltet wurde: ich trug ein Konzert eigener
Komposition, dann Lafont eines der seinen vor; nachher führten
wir zusammen ein Doppelkonzert von Kreutzer aus. In diesem Stück
hielt ich mich genau an meinen Part, so lange die beiden Geigen
zusammengingen, in den Solis aber überließ ich mich den Launen
meiner italiänischen Phantasie und improvisirte gleichsam ein neues
Stück zur Orchesterbegleitung, was meinem liebenswürdigen Gegner
nicht recht zu behagen schien. Hierauf spielte Lafont seine Variationen über ein russisches Thema und ich beschloß das Konzert mit
meinen Hexenvariationen. Lafont besaß vielleicht den Vorzug größerer Tonschönheit; allein der Beifall der Massen bezeugte mir, daß
ich in dem Streit keineswegs unterlegen war."

Im Wesentlichen hiermit übereinstimmend erzählte der französische Künstler die Begegnung, hielt sich übrigens auch seinerseits
für unbesiegt. An edler Grazie und Sauberkeit des Vortrags vermochte der Schüler Kreutzer's und Rode's wohl den Genuesen zu
erreichen, ja zu übertreffen; an leidenschaftlichem Schwung und
virtuoser Kühnheit stand er dem letzteren unzweifelhaft nach. Nach
Conestabile hätte sich übrigens Paganini erst zu dem Duell entschlossen, nachdem die überaus anmuthige Frau Lafont's ihre Bitten
mit denjenigen des Gatten vereinigt. Auch sei es auffällig gewesen,
mit welcher Sorgfalt der Franzose sein Instrument gestimmt, während Paganini ohne weiteres zu spielen begonnen habe. Wenige
Monate später traf unser Virtuose mit einem anderen Geigenmeister
zusammen, von dessen künstlerischer Richtung ihn freilich eine noch
tiefere Kluft trennte, wir meinen Ludwig Spohr. Im Sommer 1816
hatte sich Paganini von Mailand nach Venedig begeben, nicht sowohl um zu konzertiren, als um seinem neuerdings leidenden körperlichen Zustand Linderung zu verschaffen. Am 5. Oktober gleichen
Jahres langte der eben damals auf seiner italiänischen Kunstreise
begriffene Spohr in der Lagunenstadt an. „Gestern", so schreibt er
den 17. Oktober 1816, „gestern ist Paganini von Triest wieder hieher zurückgekommen und hat also, wie es scheint, sein Projekt, nach
Wien zu gehen, vor der Hand aufgegeben. Heute früh kam er zu mir,
und so lernte ich denn endlich diesen Wundermann persönlich kennen, von dem mir, seit ich in Italien bin, fast jeden Tag vor-

erzählt wurde. So wie er hat noch nie ein Instrumentalist die
Italiäner entzückt, und ob sie gleich die Instrumental-Akademien
nicht sehr lieben, so hat er doch deren in Mailand mehr als ein
Dutzend und hier ebenfalls fünf gegeben. Erkundigt man sich nun
näher, womit er denn eigentlich sein Publikum bezaubere, so hört
man von den Nicht-musikalischen die übertriebensten Lobsprüche, daß
er ein wahrer Hexenmeister sei und Töne auf der Violine hervor-
bringe, die man früher auf diesem Instrumente nie gehört habe.
Die Kenner hingegen meinen, daß ihm zwar eine große Gewandtheit in der linken Hand, in Doppelgriffen und allen Arten von
Passagen nicht abzusprechen sei, daß ihn aber gerade das, was den
großen Haufen entzücke, zum Charlatan erniedrige und für seine
Mängel, — einen großen Ton, einen langen Bogenstrich und einen
geschmackvollen Vortrag des Gesanges, — nicht zu entschädigen vermöge. Das aber, womit er das italiänische Publikum hinreißt,
und wodurch er sich den Namen des „Unerreichbaren", den man sogar unter sein Portrait setzt, erworben hat, besteht nach genauer
Erkundigung in einer Reihe von Herrlichkeiten, welche in den fin-
stern Zeiten des guten Geschmackes der weiland so berühmte Scheller
in kleinen Städten, auch wohl Residenzen, Deutschlands zum Besten
gab und die damals ebenso sehr von unsern Landsleuten bewundert
wurden, nämlich in Flageolet-Tönen, in Variationen auf einer Saite,
wobei er, um noch mehr zu imponiren, die drei übrigen Saiten von
der Geige herabzieht, in einer gewissen Art Pizzicato von der linken
Hand ohne Hilfe der rechten oder des Bogens hervorgebracht, und
in manchen der Geige unnatürlichen Tönen, als Fagott-Ton, Stimme
eines alten Weibes u. dergl. mehr." Spohr kommt dann auf die
Sagen zu sprechen, mit denen man sich Paganini's räthselhafte
Fertigkeit allgemein erkläre und bemerkt schließlich, derselbe habe sich
durch sein ungefälliges Betragen mehrere der venetianischen Musikfreunde zu Gegnern gemacht und diese lobpreisen nun auf Kosten
Paganini's ihn, den Schreiber, dessen Manier sie an ihre großen
Veteranen Pugnani und Tartini erinnere. Freilich könne dies nur
nachtheilig für ihn sein, weil es die Anhänger Paganini's von vorn
herein zu seinen Gegnern mache und weil die Mehrzahl der Venetianer nun doch einmal die Überzeugung theile, daß der Genuese
unübertrefflich sei. „Heute früh", fährt Spohr unterm 20. Oktober
fort, „war Paganini bei mir, um mir viel Schönes über das Kon-

zert zu sagen. Ich bat ihn sehr dringend, mir doch nun einmal etwas vorzuspielen, und mehrere Musikfreunde, die eben bei mir waren, vereinigten ihre Bitten mit der meinigen. Er schlug es uns aber geradezu ab und entschuldigte sich mit einem Sturze, dessen Folgen er noch in den Armen spüre. Nachher, als wir allein waren und ich nochmals in ihn drang, sagte er mir, seine Spielart sei für das große Publikum berechnet und verfehle bei diesem nie seine Wirkung; wenn er mir aber etwas spielen solle, so müsse er auf eine an de re Art spielen, und dazu sei er jetzt viel zu wenig im Zuge; wir würden uns aber wahrscheinlich in Rom oder Neapel treffen, dann wolle er sich nicht länger weigern. Ich werde also wahrscheinlich von hier abreisen müssen, ohne den Wundermann gehört zu haben." — Diese beiden Berichte charakterisiren trefflich die vornehmkühle, mit unbedingtem Lob auch Größten gegenüber zurückhaltende Weise des deutschen Meisters, dessen mächtige Ton-fülle, dessen edelgefaßte melodische Klage mit der verzehrenden Leiden-schaftlichkeit, dem barocken Humor, dem virtuosen Übermuth des Südländers freilich so scharf wie möglich kontrastirten. Vermochte doch Spohr auch 14 Jahre später nicht völlig aufzuthauen, als er (Juni 1830) Paganini auf seinem Triumphzug durch Deutschland zweimal zu Kassel spielen hörte. „Seine linke Hand", schrieb er da-mals, „so wie die immer reine Intonation schienen mir bewunderungs-würdig. In seinen Kompositionen und seinem Vortrage fand ich aber eine sonderbare Mischung von höchst Genialem und kindisch Geschmacklosem, wodurch man sich abwechselnd angezogen und ab-gestoßen fühlte, weshalb der Totaleindruck nach öfterem Hören für mich nicht befriedigend war." — Paganini seinerseits ließ den Vor-zügen des Deutschen volle Gerechtigkeit widerfahren. Er bezeichnete ihn wiederholt als den vorzüglichsten Sänger auf seinem Instrument und bewunderte die Breite seines Vortrags wie seine großartige Bogenführung. Der Aufenthalt unseres Virtuosen zu Venedig dauerte über ein Jahr. Erst im Juli 1817 begab er sich wieder über Mai-land nach seiner Heimat und von hier aus nach Rom, wo Rossini eben im Begriff stand, seine „Cenerentola" in Scene zu setzen. Paga-nini's Freude über das abermalige Zusammentreffen mit dem liebens-würdigen Kunstgenossen wurde indeß durch einen neuen Krankheits-anfall getrübt, der den Virtuosen wenige Tage nach seiner Ankunft in der ewigen Stadt überraschte. Erst nach Wochen vermochte er

eine Akademie zu geben. Der großartige Erfolg derselben veranlaßte
ihn, die Karnevalszeit für eine Reihe von Konzerten auszubeuten,
wozu ihm ein Reskript des Kardinal-Vikars von Genga die Befug-
niß gab. Aber auch in dem prachtvollen Palast, in welchem der
Graf von Kaunitz als österreichischer Gesandter zu Rom residirte,
entzückte er zu wiederholten Malen ein auserlesenes Publikum. Hier
hörte ihn der Fürst Metternich, überhäufte ihn mit Lobsprüchen
und lud ihn ebenso herzlich wie dringend ein, sich nach Wien zu
begeben. Paganini faßte denn auch den Plan, dies zu thun und
von Wien aus die größern Städte Deutschlands, Frankreichs und
Englands zu besuchen; allein sein körperliches Befinden schreckte ihn
ab und vereitelte für einmal die Ausführung des Projektes. Nach
Conestabile hätte er schon jetzt einen Abstecher nach Neapel, ja sogar nach Sicilien gemacht. Fétis glaubt dies in Abrede stellen zu
müssen, da sich in den Zeitschriften von 1817 und 1818 keine Be-
lege dafür finden und Thatsache ist, daß er sich noch im Jahre 1817
zu Verona, bald darauf in Piacenza, Turin, Florenz, sowie durch
ganz Toskana hören ließ. Von dem genialen Humor, mit welchem
der Virtuose seine Widersacher zu Paaren trieb, legt folgende von
Conestabile berichtete Episode Zeugniß ab, für deren buchstäbliche
Wahrheit wir freilich nicht einstehen möchten. Als Paganini in
Verona unter unerschöpflichem Applaus mehrere Akademien gegeben
hatte, beschuldigte ihn der Orchesterdirektor Valdabrini, selbst ein
tüchtiger Geiger, des Charlatanismus, indem er auf das beschränkte,
wesentlich nur aus eigenen Kompositionen gebildete Repertoire des
Virtuosen hinwies und behauptete, derselbe wäre nicht im Stande,
ein von ihm Valdabrini geschriebenes schwieriges Konzert aufzuführen. Am Tag der Probe spielte Paganini das Werk vom Blatt
herunter, schmückte dasselbe aber gleichzeitig mit einer solchen Menge
genialer Arabesken aus, daß der verblüffte Valdabrini zu ihm sagte:
Mein Freund, das ist nicht mein Konzert, das Sie uns vorgeführt;
ich habe nichts von dem gefunden, was ich niederschrieb. — „Nur
ruhig“, entgegnete Paganini, „morgen werden Sie das Werk vollständig als das ihre erkennen.“ — Auf dem Programm der Akademie, welche den folgenden Tag stattfand, bildete Valdabrini's Tondichtung das Schlußstück. Wie erstaunte man aber, als Paganini
bei Beginn desselben statt mit dem Fidelbogen mit einem spanischen
Röhrchen erschien, sein Instrument ergriff und das Konzert vortrug,

als hätte es sich nicht der Mühe gelohnt, um dieses Kinderspiels willen den Bogen zu gebrauchen. — Als sich Paganini im Jahre 1818 zu Piacenza aufhielt, sollte er wiederum mit einem Rivalen zusammentreffen, der ihn freilich mit freudigerem Herzen entgegenkam, aber auch größeren Respekt einflößte denn Valdabrini. Bereits war der Ruf des italiänischen Wundermannes bis nach dem fernen Polen gelangt und hatte in der Brust des damals siebenundzwanzigjährigen, hochbegabten, für seine Kunst glühend begeisterten Violinspielers Karl Joseph Lipinski ein sehnsüchtiges Echo hervorgerufen. Gegen Ende des Jahres 1817 machte sich dieser von Lemberg auf, um Paganini jenseits der Alpen zu suchen und wo möglich von seiner Kunst Nutzen zu ziehen. In Venedig und Verona forschte Lipinski vergeblich nach dem Virtuosen. Erst in Mailand konnte er in Erfahrung bringen, daß Paganini zu Piacenza sei. Er traf hier gerade rechtzeitig ein, um ihn in einem Konzert zu hören. Beim ersten Adagio — so berichtet Wasielewski — verhielt sich das Publikum still; der polnische Geiger war der einzige, welcher stürmisch applaudirte. Seinen neugierigen Nachbarn theilte er mit, er komme fernher aus dem Norden, um den großen Meister zu hören. Dies mochte den Landsleuten des letztern schmeicheln und als das Konzert beendigt war, führten einige den Polen zu Paganini aufs Orchester und stellten ihn vor. Folgenden Tages machten die Musiker nähere Bekanntschaft und als Paganini den Kunstgenossen gehört, musicirte er nicht bloß täglich mit ihm, sondern veranlaßte ihn auch zur Mitwirkung in mehreren seiner Akademien. So spielten sie am 17. und 23. April 1818 Konzertduos von Pleyel und Kreutzer, und die männliche Kraft, das dunkellodernde Feuer, welche den Polen auszeichneten, rissen die Hörer kaum weniger hin, denn die schmeichlerische Grazie und der dämonische Humor ihres Landsmanns. Paganini soll Lipinski sogar den förmlichen Antrag gemacht haben, eine gemeinschaftliche Kunstreise durch ganz Italien mit ihm zu unternehmen. Doch konnte sich Lipinski hiezu um so weniger entschließen, als ihn mitten in der Blüthenfülle Hesperiens eine leidenschaftliche Sehnsucht nach der nordischen Heimat und der zurückgelassenen Familie ergriff. Noch vor Ende 1818 trat er seinen Rückweg über Triest an. In welch' liebevoller Erinnerung er übrigens den großen Rivalen behielt, beweist die Thatsache, daß er ihm noch 1827 drei bei Breitkopf und Härtel erschienene Capricen

widmete. Leider sollte ein späteres Zusammentreffen der beiden
Geiger das schöne Verhältniß einigermaßen trüben. Im Jahre 1829
kündigten sie fast gleichzeitig Konzerte zu Warschau an. Die Partei-
leidenschaft fand in ihrem künstlerischen Wettstreit willkommenen
Anlaß, den einen auf Kosten des anderen herabzusetzen. Die viel-
beliebten Schlagwörter: „Klassiker" und „Romantiker" spielten dabei
eine Hauptrolle, und obschon die Meister selbst dem Gezänk so gut
wie möglich aus dem Wege gingen, konnte eine gewisse gegenseitige
Entfremdung zuletzt nicht ausbleiben. — Nachdem Paganini im
December 1818 und Januar 1819 wiederholt im Theater Carignano
zu Turin aufgetreten war, dann im Februar zu Florenz konzertirt
hatte, wo man seltsamerweise den Ton seiner Geige fast zu stark
und etwas rauh fand, befriedigte er endlich im Sommer 1819 seine
längstgehegte Sehnsucht, auch Neapel näher kennen zu lernen. Der
fabelhafte Ruf, der ihm voranging, hatte bei den Musikern daselbst
ein gewisses Mißtrauen wach gerufen, ja zu einer Art Verschwörung
Anlaß gegeben. Man beauftragte den jugendlichen Tondichter Danna,
welcher kürzlich das Konservatorium verlassen, ein mit Schwierigkeiten aller Art vollgestopftes Quartett zu schreiben und war überzeugt, daß man Paganini damit zu Falle bringen könne. Wenige
Tage nach seiner Ankunft in Neapel lud man ihn zu einem musikalischen Gesellschaftsabend und bat ihn, das Quartett gemeinschaftlich mit dem ebenfalls anwesenden Geiger Onorio de Vito, dem
Orchesterdirigenten und Bratschisten Festa und dem Cellisten Ciandelli zu spielen. Paganini merkte die List, deren Opfer er werden
sollte, warf einen flüchtigen Blick in seine Stimme, und führte sie
dann mit einer spielenden Anmuth aus, als wäre ihm das Werk
seit Jahren bekannt gewesen. Er hatte damit jeden Zweifel an seinem Genie zu Boden geschlagen; Danna selbst war der erste, der
ihm seine freudige Bewunderung aussprach. Onorio de Vito fiel
ihm, seinen Irrthum abbittend, um den Hals, und einstimmig erklärte
ihn die Versammlung der Fachleute als unvergleichlichen Meister
seiner Kunst. Noch größeren Beifall denn bei den Kennern fand
Paganini bei dem leichterregbaren neapolitanischen Volke, dem er
sich in einer Reihe von Konzerten im Teatro del Fondo vorführte.
Doch sollten sich auch schmerzliche Erinnerungen an seinen ersten
Aufenthalt in diesem Paradies der Erde knüpfen. Mitten in seinen
Triumphen wurde er neuerdings von seiner Unterleibskrankheit an-

gefallen. Da er eine möglichst leichte Luft für sein physisches Befinden zuträglich erachtete, hatte er zwei Zimmer im Quartier Pe-
trajo, unterhalb Sankt-Elmo, gemiethet; allein die Wirkung war eine
gegentheilige; sein Zustand verschlimmerte sich von Tag zu Tag und
bald verbreitete sich das Gerücht, er sei schwindsüchtig. In Neapel
hielt man diese Krankheit für ansteckend. Der Eigenthümer des Hauses,
befürchtend, der fremde Künstler möchte der Pestilenz erliegen, war
so unmenschlich und ließ das Bett des Kranken sowie alles, was
ihm gehörte, ohne weiteres auf die Straße tragen. Zufälligerweise
kam der Violoncellist Ciandelli hinzu. Im Zorn über die Brutalität
des Miethsherrn, welche den Tod des Virtuosen hätte zur Folge
haben können, versetzte er dem Barbaren einige wohlgemessene Stock-
schläge und ließ dann den Leidenden sofort in eine bequeme und
gesunde Wohnung verbringen, wo Paganini bald soweit hergestellt
war, daß er wieder Konzerte geben konnte. Im Monat März 1820
finden wir unseren Künstler neuerdings in Mailand, wo es sich
eben damals um die Gründung einer Musikgesellschaft zur Pflege
älterer, sowie der sogen. klassischen Tonwerke handelte. Den vielfachen und keineswegs völlig ungerechtfertigten Vorwürfen egoistischer Absonderung und kleinlichen Eigennutzes gegenüber, welche
man gegen Paganini erhoben hat, ist die Thatsache doppelt erfreulich, daß er an den erwähnten Bestrebungen lebhaften Antheil nahm.
Er leitete selbst verschiedene Konzerte der Verbindung, welche sich
den Namen Gli Orfei beilegte, und wurde von ihr mit Medaillen
und sonstigen Auszeichnungen geehrt. Erst im December 1820 begab er sich über Florenz nach Rom. Er kam hier in dem Augenblick an, wo Rossini's neue Oper „Mathilde von Chabran" im
Theater Apollo in Scene gehen sollte. Am Tag der Generalprobe
wurde der Kapellmeister Bollo vom Schlag gerührt. Rossini befand
sich in äußerster Verlegenheit, da der Kranke schwer zu ersetzen, ein
Aufschub der Sache aber nicht möglich war. Da ergriff Paganini
die Gelegenheit, seinem großen Freunde einen Dienst zu erweisen.
Eine rasche Durchsicht der Partitur genügte ihm, um sich mit den
Intentionen des Komponisten vertraut zu machen. Am Abend leitete
er die Probe mit einem Feuer, das Sänger wie Orchester fortriß.
Um in das Accompagnement des letzteren mehr Zug zu bringen,
spielte er den Part der ersten Geige eine Oktave höher mit und be-
lehrte die Kapellmitglieder auf diesem Wege über die erforderlichen

Mobifikationen des Tempos und Vortrags. Die Aufführung der Oper am folgenden Tag war eine Meisterleistung und setzte Rossini selbst in freudiges Erstaunen. Nachdem Paganini (Frühjahr 1821) im Theater Argentina mehrere Akademien gegeben und eine Reihe von Abenden bei seinem dankbaren Freunde verbracht hatte, wobei sie hin und wieder Geige und Guitarre zusammen spielten, besuchte er neuerdings Neapel. Er veranstaltete sowohl im Teatro del Fondo als im Teatro Nuovo Konzerte, welche die Begeisterung der Menge bis zur Frenesie steigerten. Der bekannte Musikschriftsteller Candler berichtete darüber im Morgenblatt des Jahres 1821: „Endlich habe ich in dem Teatro del Fondo Italiens ersten Violinspieler Ercole Paganini gehört und bewundert. Dieser Herkules unter den italien. Geigern gab hier 2 Akademien, die erste am 20. Juli, die 2te am 1. Sept., sowie eine dritte im Teatro nuovo gegen die Mitte desselben Monates; — alles qualificirt Paganini zu einem Künstler ganz eigener Art, der, keiner Schule unterthan, eine selbständige, wenn auch nicht immer von Apoll geheiligte Bahn wandelt.“

Von Neapel begab sich Paganini nach Palermo, wo er indeß nur vereinzelte Bewunderer fand, während die Masse seinen Konzerten fern blieb. Sein Aufenthalt auf der Insel kann übrigens nicht lange gedauert haben. Denn zur Fastnachtszeit 1822 treffen wir ihn neuerdings in Rom. Der berühmte italiänische Staatsmann Massimo d'Azeglio berichtet von den Karnevalsstreichen, die er damals mit seinen Altersgenossen Rossini und Paganini verübt. Eines Tages verabredeten sie in Verbindung mit der Sängerin Liparini folgenden Scherz, welcher mit großem Erfolg in Scene gesetzt wurde: Alle verkleideten sich, über ihr elegantes Kostüme eine armselige Kleidung werfend, als blinde Bettelmusikantinnen, Rossini seinem Embonpoint durch kräftige Rundungen und Wülste nachhelfend, Paganini seine Länge und Magerkeit durch die Weiberkleidung noch mehr accentuirend. Durch Rossini wurde ein Lied mit folgendem Text komponirt:

> „Blinde sind wir,
> Sind geboren,
> Um zu leben
> Vom Erbarmen.
> Weigert nicht 'ne Gab' uns Armen
> An dem Tag der Fröhlichkeit!“

Die Liparini und d'Azeglio sangen, Rossini und Paganini klimperten auf zwei Guitarren und die Gesellschaft machte nicht bloß auf dem Corso und im Theater, sondern auch in den vornehmen Häusern, die sie heimsuchte, wahres Furore. Von Rom begab sich Paganini nach Venedig und bald darauf nach Piacenza. Vom April 1822 an konzertirt er mit gewohntem Erfolg zu Mailand und ist eben im Begriff, nach Deutschland aufzubrechen, als ihn (Januar 1823) auf einem Ausflug in die Provinz die tückische Krankheit zu Pavia neuerdings niederwirft. Kaum hergestellt, reist er nach Turin, wo man ihm in mehreren Akademien glänzendere Huldigungen darbringt denn je. Doch nöthigt ihn sein noch schwankender Gesundheitszustand, sich den Aufregungen des Konzertlebens zu entziehen und in seiner Heimat einige Monate auszuruhen. Als er im Mai 1824 zum ersten Mal im Theater S. Agostino wieder auftritt, vermag das Haus die herbeigeströmte Menge nicht zu fassen, da jeder des Ruhmes, welcher den Kompatrioten umstrahlt, gewissermaßen theilhaft werden möchte. Nachdem man den Meister wahrhaft vergöttert, kehrt er nach dem geliebten Mailand zurück und läßt sich den 12. Juni 1824 in der Scala hören, wo die Freude über des Künstlers Genesung den Enthusiasmus des Publikums schürt. Bald darauf giebt er dem Drängen seiner Landsleute nach und fügt seinen früheren zwei weitere Akademien zu Genua bei, wovon die eine auf den 30. Juni, die andere auf den 7. Juli fällt. Nachdem er die Herbstmonate des Jahres 1824 wiederum in der lombardischen Hauptstadt verbracht, mit den bedeutendsten Persönlichkeiten wie namentlich den Poeten Vincenzo Monti und Ugo Foscolo zwanglos heiteren Verkehr pflegend, treffen wir ihn Anfangs November zu Venedig. Weil er sich in seinen dortigen Konzert-Ankündigungen des Beinamens »Filarmonico« bediente, behaupteten gewisse böse Zungen, er wolle das Publikum glauben machen, daß er der Akademie der Philharmoniker zu Bologna angehöre. Die Ehre würde auf Seite der letztern sein, bemerkten die Freunde des Virtuosen. Er selbst aber fand sich zu der Erklärung veranlaßt, daß er sich mit jener Bezeichnung einfach als das gebe, was er sei, d. h. als Freund der Tonkunst. Bedeutsamer als die künstlerischen Erfolge, welche Paganini's Spiel auch diesmal in der Lagunenstadt erzielte, waren die Beziehungen, die sich während seines Aufenthaltes daselbst zwischen ihm und der am Samueltheater in Venedig engagirten Sängerin

Antonia Bianchi aus Como knüpften. Diese Dame, die sich weder durch außerordentliche Schönheit noch große Stimme, wohl aber eine gewisse jugendliche Grazie und geschmackvolle Gesangsmethode auszeichnete, scheint auf unseren Virtuosen tieferen Eindruck gemacht zu haben. Sie wurde die Mutter seines am 23. Juli 1825 gebore- nen Sohnes Achilles und begleitete Paganini vom Jahre 1826 an bis 1828 auf seinen Konzertreisen, indem sie sich gleichzeitig als Sängerin hören ließ. Als freilich der sinnliche Reiz verblaßte, welcher die Verbindung zunächst herbeigeführt, als gewisse sehr un- erquickliche Seiten im Charakter der Frau, wie namentlich eine un- berechenbare Launenhaftigkeit und leidenschaftliche Eifersucht störend hervortraten, zögerte Paganini nicht, das Verhältniß aufzulösen, dem die Innigkeit und Weihe eines ehelichen Bundes von vorn- herein gefehlt hatten. Dem Wunsch der Bianchi gemäß wandelte er die ihr schon früher zugesicherte Pension von 600 Mailänder Lire in eine Aversalsumme von 2000 Scudi oder 3571 fl. Conv. M. um, zahlte ihr dieselbe aus, stellte ihr die für sie geschriebenen Musika- lien zurück und Antonia kehrte von Wien, wohin sie dem Künstler gefolgt war, heim in ihr Vaterland. — Im Monat Januar 1825 gab Paganini zwei Konzerte in Triest. Wie er auf die Wundersucht des Publikums spekulirte und durch absichtlich phantastisches Ge- baren mit den Gerüchten zu spielen verstand, die sich an seine Vergangenheit knüpften, beweist folgender von Regli überlieferter Vorfall: Während seines Aufenthaltes in Triest saß der Künstler eines Tages in zahlreicher Gesellschaft bei Tisch. Vor Beendigung der Mahlzeit sprang er plötzlich auf und rief mit verzweifelter Stimme: „Retten Sie mich, meine Herren, retten Sie mich vor dem Gespenst, welches mich unaufhörlich verfolgt. Sehen sie es dort, wie es mich mit demselben blutgetränkten Dolche bedroht, mit dem ich ihm das Leben raubte.... und sie liebte mich ... und war unschuldig, — o, zwei Jahre Kerker sind keine genügende Buße: mein Blut muß bis zum letzten Tropfen vergossen werden." Mit diesen Worten er- griff er das vor ihm liegende Messer. Natürlich beeilte man sich, dem scheinbar Rasenden in den Arm zu fallen. Dieser nahm indeß mit sardonischem Lächeln seinen Platz wieder ein, indem er bemerkte, er habe bloß die Unverschämten lächerlich machen wollen, welche jene bekannten, unsinnigen Märchen über ihn verbreitet. Thatsache ist, daß das Theater, wo er Tags darauf konzertirte, zum Brechen überfüllt war und damit hatte Paganini seinen Zweck erreicht. Von Triest aus reiste er abermals nach Unteritalien. Conestabile berichtet von drei Akademien, die der Künstler unterwegs in der ewigen Stadt gegeben und in denen er wiederum die glänzendste Aufnahme ge- funden habe. Auf den 15. April 1825 veranstaltete er zu Neapel im Teatro del' Fondo ein großes Konzert, an welchem sich die be- rühmtesten Sänger der damaligen Oper wie die Tosi, Novelli, Fio- ravanti und der Bassist Lablache betheiligten. Daß die Aufführung in Folge des Zusammenwirkens solcher Kräfte zu einem Tonfest sel- tenster Art wurde, liegt auf der Hand. Der Jubel der neapolitani- schen Bevölkerung überstieg denn auch alles Maß und namentlich Paganini wurde mit Huldigungen jeder Art, Beifallsrufen, Krän- zen, Gedichten wahrhaft überschüttet. Aber auch in Sicilien, wohin er sich von der parthenopäischen Stadt aus wandte, war diesmal sein Erfolg der denkbar großartigste. Palermo selbst lag ihm gleich einem Könige zu Füßen, als wollte es Abbitte thun für die Theilnahm- losigkeit, welche man beim erstmaligen Auftreten des Virtuosen an den Tag gelegt. Die milde Luft des Südens wirkte so wohlthätig auf Paganini's Befinden ein, daß er nahezu ein Jahr auf der Insel blieb, sein Dolce far niente nur hin und wieder durch ein Konzert unterbrechend. An Leib und Seele gleichmäßig gekräftigt, durfte er nun endlich zur Verwirklichung des längstgehegten Planes schreiten, sich auch außerhalb der vaterländischen Grenzen hören zu lassen. Doch wollte er vorerst noch von einigen italiänischen Lieblingsstäd- ten Abschied nehmen und wandte sich zunächst wieder nach Oberita- lien. In Gemeinschaft mit der Bianchi hörten ihn, Sommer 1826, Triest und Venedig, wo ihm diesmal besonders der Graf Parucchini und der Komponist Janna viel Freundschaft erwiesen. Im Frühling 1827 befand er sich mit seiner Geliebten neuerdings in Rom und spielte hier 5 Mal im Theater Argentina. Am 25. April verlieh ihm der Papst Leo XII. in Anerkennung seiner künstlerischen Ver- dienste den Ritterorden des goldenen Sporens, eine Auszeichnung, die Paganini zu besonderer Genugthuung gereichte. Als der kleine Achilles, welchen die Eltern auf die Reise mitgenommen, in Florenz einen Beinbruch erlitt, soll Paganini Tage lang an seinem Bett ausgeharrt haben, so sehr ihm die Freunde riethen, seine eigene Gesundheit durch die lange Entbehrung freier Luft nicht wieder zu gefährden. Erst als das Kind genesen war, erfreute er seine Florentiner durch mehrere Akademien, sah sich dann aber genöthigt, seinen in der That wieder bedenklich angegriffenen Körper der Pflege zweier trefflicher Ärzte in Bologna, nämlich der Professoren Tomassini und Valorani, anzuvertrauen. Hier zuerst bediente er sich des sogen. Elixir de le Roi, zu dem er später immer wieder seine Zuflucht nahm und dessen unmäßiger Gebrauch freilich dazu beitrug, sein Nervensystem vollends zu zerrütten. Während der acht Monate seines Bologneser Aufenthaltes trat er besonders zu dem kunstsinnigen Dilettanten Cav. Milzetti, der selbst recht tüchtig Cello spielte, in freundschaftliche Beziehungen. Oft vereinigte sich, so erzählt der Musiker Pancaldi, im Hause des Adeligen oder bei Paganini ein kleiner Kreis von Liebhabern der Tonkunst, um Quartette und andere Kammermusik zu spielen und anzuhören. Paganini war namentlich für Beethoven leidenschaftlich begeistert und ließ keinen Abend vergehen, ohne daß das eine oder andere von des Meisters Werken vorgenommen worden wäre. „Auch erinnere ich mich eines Quartettes eigener Komposition aus E dur, von welchem der bekannte Radicati, damals erster Geiger in Bologna behauptete: die darin aufgehäuften Schwierigkeiten, seltsamen Lagen ꝛc. seien wider die Natur. Sofort griff Paganini zu seinem Instrument und führte den Part der ersten Violine so unübertrefflich aus, daß Mitspieler wie Hörer völlig aus der Fassung kamen. Mir wenigstens ist es nicht wider die Natur, meinte der Virtuose lächelnd, indem er mir das Manuskript mit einem schmeichelhaften Kompliment wieder zustellte". So kam der Frühling des Jahres 1828 heran, mit welchem Paganini's Triumphzug jenseits der Alpen beginnen sollte. Nicht bloß seinen Künstlerehrgeiz hoffte er auf dieser europäischen Reise vollauf zu befriedigen. Sie sollte ihn auch ein für allemal dem Kampf ums Dasein entrücken, ihm alle Mittel zu einem sorgenfreien, unabhängigen Leben gewähren. Trotz der bedeutenden Einnahmen, die er in Italien erzielt und welche sich beispielsweise für seine sämmtlichen Konzerte in Mailand auf 11500, in Bologna auf 12000, in Genua auf 10000 fl. beliefen, besaß Paganini bis jetzt keine erheblichen Reichthümer. So lange sein Vater lebte, d. h. bis um die Mitte der zwanziger Jahre, wußte ihm dieser, sei's durch Drohungen sei's durch Bitten, den größten Theil seines Gewinnes abzulocken. Nach dem Tod des Alten unterstützte er seine Mutter reichlich. Schon früher hatte er auf ihren Wunsch einer Schwester 5000 fl. dargeliehen, die ihm nie zurückbezahlt wurden. Noch größere Summen wandte Paganini einer zweiten Schwester zu, bis er die Entdeckung machte, daß deren liederlicher Mann alles im Spiel aufgehen ließ. Nun wollte er endlich für sich selbst und die Zukunft seines Achilles sorgen, an dem sein Herz mit väterlicher Zärtlichkeit hing. Nachdem er noch ein Konzert im Theater del Belzaro zu Perugia gegeben und in Mailand die nöthigen Reisevorbereitungen getroffen hatte, machte sich unser Virtuose Anfangs März 1828 mit der Bianchi und dem Knaben auf den Weg nach Wien.

Bevor wir die Schilderung der dortigen Ereignisse beginnen, ist es angezeigt, einen Blick auf die Zeitverhältnisse und speciell den damaligen Stand der Musik zu werfen; denn nur auf diesem Wege läßt sich ein Virtuosenerfolg erklären, wie er in der Geschichte einzig dasteht. — Mit den Befreiungskriegen des Jahres 1813 hatte sich die athemlose Spannung gelöst, in welcher Napoleon die Völker hielt; der furchtbare Druck, unter welchem namentlich Deutschland seufzte, war hinweggenommen. Allein den Preis der ungeheuren Anstrengung, die heißersehnte Freiheit hatte man nicht errungen. Auf den Trümmern des Kaiserreichs wucherte eine üppige Reaktion, deren lichtscheues Gebaren um so bitterer empfunden wurde, je mehr die Charakter- und Talentlosigkeit der leitenden Personen von dem Genie des entthronten Imperators abstach. Als die zwanziger Jahre herankamen, stand das Metternich'sche Dämpfungssystem in voller Blüthe; wo sich ein Gräslein auf eigene Rechnung entfalten wollte, deckte man die lebentödtende Glasglocke darüber; wo ein Licht aufzuflackern wagte, blies man es aus. All' die Lebensströme, welche dem Staat hätten zufließen, seine gedeihliche Entwicklung hätten befördern können und sollen, wurden auf andere Gebiete hingelenkt. Die romantische Poesie, von vornherein einer gesunden Wirklichkeit abgewandt, kam den Rückschrittstendenzen der Höfe auf halbem Wege entgegen. Galt bei ihr doch der Grundsatz, daß das Reich der Träume, des bunten Scheins die wahre Heimat des Dichters sei, daß dieser nicht der Gegenwart einen Spiegel vorzuhalten, sondern sich in eine dämmerhafte Vergangenheit oder ins heitere Fabelland des Märchens zu flüchten habe. Nicht anf den Inhalt, auf plastisch gerundete Darstellung, sondern auf die musikalische Form, auf das sinnliche Element des Ohrgefälligen legte man das Hauptgewicht; denn „süße Liebe denkt in Tönen". Also einerseits

üppigster, alles Denken einlullender Wohlklang der Sprache, ein
kaleidoskopisches Spiel mit allen möglichen Versarten, wie wir es
bei Tieck antreffen; andererseits phantastische Willkür, Loslösung der
dichterischen Gestalt von den Bedingungen des wirklichen Daseins,
ein bunter Wechsel von Wundererscheinungen und Teufelsfratzen,
die uns bald laut auflachen, bald zusammenschauern lassen! Hauptvertreter dieser Richtung ist der Musiker-Poet A. Th. Hoffmann,
das unheimliche Zerrbild eines genialen Menschen, der Schöpfer
des Kapellmeister Kreisler und jener zahlreichen anderen herum-
reisenden Künstler, in denen er die Virtuosenerscheinungen der
zwanziger Jahre mit wahrhaft divinatorischer Erfindungskraft vor-
gebildet hat. Was Wunder, daß den zahllosen Lesern der Hoffmann'-
schen Werke, die bald auch eine Lieblingslektüre der Franzosen werden sollten, Paganini's geisterhafte Gestalt wie eine Erfüllung all'
der Träume vorkam, welche der Romantiker in ihrer Phantasie entzündet! Finden wir doch in einer Masse von Recensionen die Persönlichkeit unseres Virtuosen mit jenen barocken Figuren in Parallele
gestellt, wie sie der wildphantastische Poet aus dem Nichts hervorgerufen! Und wie die Dichtung den Boden trefflich vorbereitet hatte,
auf dem Paganini erscheinen sollte, so half die Muse der Tonkunst
selbst dem Triumphator die Wege ebnen. Im Jahre 1822 war
Rossini nach der österreichischen Hauptstadt gekommen und hatte die
genußsüchtigen Wiener bis zum Taumel berauscht. Die unübertreffliche Darstellung, welche seinen Opern durch die Vereinigung der
größten Sänger und Sängerinnen jener Zeit zu Theil ward, riß
nicht bloß die Massen zu beispiellosem Enthusiasmus hin, sondern
verwirrte selbst nüchterne, scharfsinnigste Köpfe. „Welche Männerstimmen", schreibt der Philosoph Hegel 1824 an seine Gattin, „zwei
Tenöre, Rubini und Donzelli, welche Kehlen, welche Manier, Lieblichkeit, Volubilität, Stärke, Klang, das muß man hören!" —
„Barbier von Rossini zum 2ten Mal: ich habe nun bereits meinen
Geschmack so verdorben, daß dieser Rossini'sche Figaro mich unendlich mehr vergnügt, als Mozart's »Nozze« — ebenso wie die Sänger unendlich mehr con amore spielten und sangen; — was ist das
herrlich, unwiderstehlich, so daß man nicht von Wien loskommen
kann!" — Das Princip des sinnlichen Genusses in der Musik, als
dessen Hauptvertreter sich Rossini darstellt, hätte in so bestrickender
Gestalt wohl auch zu anderer Zeit über den Ernst und die Würde

deutscher Tonkunst gesiegt. Damals trug die frivole Leichtlebigkeit
einer politisch abgestumpften, ohne höhere Ideale in den Tag hinein
lebenden Bevölkerung dazu bei, den wälschen Meister, dessen träl-
lernde Melodien sich wie Champagnerschaum schlürfen ließen, für
längere Zeit zum Alleinherrscher auf musikalischem Gebiet zu machen.
Von Beethoven, welcher 1822 „in einem Zustand absoluter Erd-
entrücktheit", seine gigantische Ddur-Messe vollendete, wurde während der Jahre 1827 bis 1831 in den Gesellschaftskonzerten der
Wiener Musikfreunde nur eine einzige Symphonie aufgeführt. Trotz
der Beliebtheit, deren sich der Freischützkomponist erfreute, vermochte
Carl Maria von Weber mit seiner 1823 für Wien geschriebenen
„Euryanthe" nicht durchzubringen. Franz Schubert war kaum erst
als Liedersänger bekannt; von seinen herrlichsten Werken, wie der
Cdur-Symphonie und dem Streichquintett in C, hatte bei seinem
Tode 1828 noch kein Mensch Notiz genommen. Auch Spohr wurde
als Violinvirtuose weit höher geschätzt denn als Tondichter, wie
denn überhaupt das Virtuosenthum eben jetzt seine goldenen Tage
feierte. Massenhaft durchzogen die kehl- und fingerfertigen sogen.
Priester der Kunst die Länder und überall fanden sie willkommene
Aufnahme, sei es nun daß sie durch technische Fertigkeit und äußere
Brillanz zu imponiren und dem Ohr zu schmeicheln verstanden, wie
jene bekannten Virtuosen Czerny, Kalkbrenner, Herz und Konsorten,
sei es daß sie schon durch ihre äußere Erscheinung, durch das barock
Geniale oder Geheimnißvolle ihres Gebarens, den Dunstkreis pikanter Anekdoten, der ihre Persönlichkeit umgab, das Interesse der
Menge zu fesseln wußten, wie die juwelenüberladene Catalani oder
der Geiger Boucher, der phantastische Doppelgänger Napoleon's,
oder der wildromantische Pianist Ludwig Böhner, dieser echteste
Typus eines musikalischen Nomaden. Und nun sollte der Meister
kommen, der all' die Vorzüge und Künste jener großen und kleinen
Helden in sich vereinigte, dessen bis an die äußerste Grenze menschlicher Leistungsfähigkeit ausgebildete Technik im Dienst eines echt
südländischen Naturell's, einer dämonisch leidenschaftlichen Künstler-
phantasie stand, ein Virtuose, dessen seltsames Aeußeres die Neugier
der Menge kaum weniger erregen mußte als seine sagenumwitterte,
wunderdurchwirkte Vergangenheit. Wie konnte es ausbleiben, daß
Paganini unter solchen Verhältnissen gleich einer übernatürlichen
oder infernalischen Erscheinung angestaunt wurde und daß er Wir-

tungen hervorbrachte, welche die ernüchterte Gegenwart sich kaum mehr vorzustellen vermag. Am 16. März 1828 war unser Künstler in der Kaiserstadt an der Donau angelangt. „Der Ruf, welcher Herrn Paganini vorangeht", hieß es wenige Tage darauf in der Zeitschrift für Kunst, Litteratur, Theater und Mode, „die wirklich seltene Kühnheit und Gewandtheit seines Spiels, welche in Italien zum Sprüchwort geworden sind und die Bewunderung aller Künstler und Kunstfreunde erregten, lassen einen hohen und seltenen Genuß in seinen Produktionen erwarten." Den 29. März fand sein erstes Konzert im Redoutensaal statt. Es versetzte die Bevölkerung Wiens in eine Ekstase, die jeder Beschreibung spottet. „Beim ersten Strich, den er auf seiner Guarneri that (sagt Schilling in seinem Universallexikon der Tonkunst), ja man kann sagen, mit dem ersten Schritt, den er in den Saal that, war sein Ruf in Deutschland entschieden. Wie von einem elektrischen Feuer entzündet, leuchtete er plötzlich gleich einer Wundererscheinung am Himmel der Kunst." „Wer Paganini nicht gehört hat", hieß es in der Theaterzeitung, „kann auch keine Ahnung von ihm haben. Sein Spiel zu detailliren ist durchaus unmöglich; da wird auch ein oftmaliges Hören nicht viel helfen. — Wenn man sagt, daß er unbegreifliche Schwierigkeiten so rein, so sicher bewältigt, wie man ein leichtes Thema spielt, wenn man ein Künstler ist, daß er Doppelgriffe, Flageolettöne in den höchsten Noten, pizzikirte Noten zwischen angestrichenen, Doppelgriffe im Flageolet, unbegreifliche Staccati macht, und das alles zu den künstlichsten Passagen im schnellsten, wie im langsamsten Tempo zusammenwebt, wenn man sagt, daß die Geige unter seiner Hand erklingt, wie keine menschliche Stimme schöner und rührender u. s. w., so hat man noch nichts gesagt." — Bei einem Entrée von 10 und 5 fl. W. W. belief sich die Einnahme auf über 12000 fl. und noch massenhafter drängten sich die Zuhörer am 13. April zum zweiten Konzert. Schon drei Stunden vor dessen Beginn war der 3000 Menschen fassende Redoutensaal überfüllt. Damen und Cavaliere standen nach einem Bericht in der Leipziger Musikalischen Zeitung (4. Juni) wie zusammengepreßt; ein armseliger, mitunter wohl gar baufälliger Stuhl wurde gegen eine Gratifikation von 5 Silbergulden an müde Gebeine vermiethet. — Auch mehrere Glieder des Kaiserhauses wohnten der Aufführung bei. „Sein erstes Solo im H moll-Konzert", äußerte sich ein Bericht-

24 *

erstatter in der Zeitschrift für Kunst, Litteratur ꝛc. — „sein erstes
Solo zeigte sogleich den kühnen, großartigen Spieler, der sein Element besiegt und über sein Instrument eine so vollkommene Herrschaft erlangt hat, daß die schwersten Aufgaben ein leichtes Spiel
für seine Kräfte sind. Sein großartig langer Bogenstrich erfreut
das Auge, indeß das Ohr durch seine seelenvoll einbringende Zartheit entzückt und durch kühne Griffe und große Stärke des Tons
zur Bewunderung gezwungen wird." Den 16. und 28. April folgten das dritte und vierte Konzert und noch immer war der Enthusiasmus im Steigen. „Die höchste Großartigkeit", so berichtet die
Musikalische Zeitung vom 7. Mai darüber „gepaart mit der makel-
losesten Reinheit; Oktaven und Decimenpassagen in pfeilschneller
Geschwindigkeit, Läufe in 16theiligen Noten, wovon die eine immer
pizzikato, die nächste coll' arco vorgetragen wird, alles so deutlich
und präcis, daß auch nicht die kleinste Nüance dem Gehör entgeht,
rasches Herab- und Wiederhinaufstimmen der Saiten ohne Unterbrechung in den schwierigsten Bravoursätzen, alles dieses, was unter
anderen Umständen leicht an Charlatanerie grenzen würde, reißt hier
in solcher unerreichbaren Vollendung ausgeführt zum Staunen, zu
sprachloser Bewunderung hin. — Mit einem Zauberschlag umgewandelt schien der Künstler im Adagio; keine Spur mehr der frühern
Tours de force, ein seelenvoller Sänger im edlen gebundenen Stil
und zarter Einfachheit, himmlische Klänge entlockend, die von Herzen kommen und zum Herzen dringen. Es war das Gefühl der
Wahrheit und der Natur herrlichster Triumph!" — In den 20 Konzerten, mit denen Paganini bis zum Herbst 1828 die Wiener be-
glückte und deren Programme fast lediglich aus seinen eigenen Kompositionen bestanden, mußte er die Hexen-Variationen und diejenigen über das sogen. Glöckchenrondeau, ferner die über das Gebet
aus „Moses" und über das Thema »Nel cor più non mi sento«
am meisten wiederholen. Doch erregten auch seine Konzerte, die
Sonate militaire auf der G-Saite, die Bearbeitung des Mozart-
schen »Non più andrai«, sowie der Balletmotive aus „Alcino" und den
„Volksstämmen" von Weigl und Umlauff, die Variationen über das
Final-Rondo der „Cenerentola" Stürme der Bewunderung. Trug
Paganini ausnahmsweise Werke anderer Komponisten vor, wie bei
seinem vierten Auftreten ein Konzert von Kreutzer, bei seinem fünften ein solches von Rode, so fand man freilich, die Eigenthümlich-

keit der betreffenden Tondichter verschwinde unter der subjektiven
Behandlung des Vortragenden völlig, allein seine humoristische
Genialität schien den Künstler über jeden Vorwurf hinwegzuheben.
All' die bedeutenden Geiger der österreichischen Hauptstadt, die May-
seder, Jansa, Leon de Saint-Lubin, Strebinger, Böhm, stimmten
darin überein, daß Paganini unvergleichlich, ein Wettkampf mit
ihm Thorheit sei. Wenn er trotzdem verschiedene Nachahmer fand,
wie den Violinisten Treichler, Mitglied des k. k. Hofopernorchesters,
der am 26. Dec. 1828 unter großem Beifall ein Konzert à la Paganini gab, ferner die Geiger Joseph Panni, Benesch und Sigis-
mund Praun, so gehörte auch dies zur Signatur der Zeit. Alles
spekulirte nun einmal auf die Anziehungskraft, welche schon der
Name des Wundermannes ausübte. Strauß, Lanner und Czerny
schrieben Walzer nach Motiven von Paganini; auf den weltbedeu-
tenden Brettern gab man eine Reihe von Stücken, in denen der
große Geiger oder ein grotesker Doppelgänger desselben die Hauptrolle spielten, so im Theater an der Wien die Posse: „Der falsche
Virtuose oder das Konzert auf der G-Saite" von Meisel und Glaser,
ferner ein Stück betitelt: „Demoiselle Sontag und Monsieur Paganini, oder die Enthusiasten in Paris und Wien". In jedem Laden
stieß man auf Paganini's Portrait oder auf Gegenstände, deren
Werth durch seinen Namen vermehrt werden sollte. Man genoß sein
Bildniß in Semmel- und Bonbonformat, man bedeckte sich das
Haupt mit Paganinihüten. Die Damenwelt trug Haarzöpfe, Bänder,
Schleifen, Busen-Tücher und Nadeln à la Paganini und bevor-
zugte Kleiderstoffe, welche mit Geigen und Glöckchen bedruckt waren.
Knöpfe, Stöcke, Cigarrenbüchsen, Pfeifenrohre, Kaffeetücher, Nacht-
lichter wurden auf seinen Namen getauft. Als er selbst in einem
Laden Handschuhe verlangt hatte, legte man ihm ein Paar à la
Giraffe vor und nachdem er bemerkt: »No no, Signora, d'un'
altra bestia«, wurden ihm solche à la Paganini gebracht, der eine
mit der Violine, der andere mit dem Bogen geziert. Die Wiener
Droschkenkutscher sprachen nicht mehr von Fünfguldenscheinen, sondern von Paganinerln, weil er regelmäßig jenen Betrag als Ein-
trittspreis für seine Konzerte verlangte. Und wie die Fiakerhelden
den seltenen Mann segneten, so priesen ihn die Dichter der Kaiserstadt in allen möglichen und unmöglichen Redensarten. Von Weid-
mann, Giftschütz, Kasper, Hirt, Kanne regnete es Sonette, Akro-

stichen, Hymnen. Ja die Theaterzeitung d. d. April 1828 brachte eine förmliche Apotheose des Halbgottes aus der Feder von Ludwig Halirsch. Aber auch der Hof und die städtischen Behörden blieben hinter den Huldigungen der Masse nicht zurück. Der Kaiser Franz I. ernannte den Geiger zum kaiserlichen Kammervirtuosen und ließ ihm eine mit Diamanten geschmückte Dose als Geschenk überreichen Als er ein Konzert zu Gunsten der Hilfsbedürftigen Wiens gegeben, sandte ihm der Magistrat die goldene Salvator-Medaille nebst einem in den ehrerbietigsten Ausdrücken gehaltenen Dankschreiben. Den Gipfel der Ovationen aber bildete eine auf seinen Abschied geprägte Denkmünze, welche der k. k. Obergraveur Jos. Lang ausgearbeitet und deren Vorderseite das wohlgetroffene Bild des Künstlers mit der Inschrift: »Nicolo Paganini, Vienne 1828« trug, während die Rückseite seine Geige von Eichen- und Lorbeerzweigen umwunden und ein offenes Notenbuch mit den ersten Takten des Glöckchenthemas zeigte. Die Inschrift darauf lautete: Perituris sonis non peritura gloria. — Nicht mit derselben ungetheilten Begeisterung wie in Wien wurde Paganini von den Sachverständigen zu Prag aufgenommen, wo er Ende November 1828 anlangte und während des folgenden Monates December (1., 4., 9., 13., 16 und 20), 6 Konzerte gab. Zwar erwuchsen ihm auch hier enthusiastische Freunde, worunter sein erster Biograph, der Universitätsprofessor Julius Max Schottky; allein auf der andern Seite fehlte es nicht an ebenso eifrigen Gegnern, welche sein Spiel mit demjenigen der klassischen Meister in Parallele setzten, seinen unkräftigen, oft sorcirten und rauhen Ton tadelten, seine Kadenzen und Koloraturen für altmodisch erklärten und sich insbesondere über das charlatanhafte Spiel auf der G-Saite wie im Flagolet mit seinem unerquicklichen Heulen aufhielten. Namentlich war es ein Prager Berichterstatter in den litterarischen Blättern der Hamburger Börsenhalle, dessen giftige Ausfälle unseren Virtuosen um so schwerer verletzten, als sie neben manchem Übertriebenen, boshaft Entstellten doch auch Wahres enthielten und seine Schwächen auf empfindliche Weise bloßlegten. Wer Spohr, Baillot, Lafont, Romberg gehört habe, hieß es dort, könne sein Ohr unmöglich an diese Harlekinaden gewöhnen; an stilvoller Größe und Tiefe der Empfindung gebreche es ihm ganz; seine Bogenführung sei erbärmlich, seine Kompositionen unter aller Kritik. Diesen Vorwürfen gegenüber betonten dann freilich die Anhänger, daß man Paganini mit den Jüngern Biotti's nicht vergleichen könne, da sein echt Jean Paul'scher Humor, seine dämonische Genialität ihn von vornherein zum Gegensatz jener maßvoll klassischen Schule stemple, daß übrigens sein Geigenton unmöglich so groß sein könne wie bei den oberwähnten Meistern, weil die Ausführung seiner Flageoletpassagen einen weniger starken Saitenbezug nothwendig bedinge, daß gerade das sehnsüchtige Schleifen und Binden der Töne auf der G-Saite vereint mit einer eigenthümlichen Bebung etwas mächtig in die Seele Greifendes habe, daß überhaupt seine wunderbare, sich gleichsam selbst überbietende Fertigkeit niemals Selbstzweck, sondern bloß Mittel zu vertieftem Ausdruck sei. Während so der Streit der Gelehrten hin und her wogte, drängten sich die Hörer trotz vier- und fünffach erhöhter Preise massenhaft zu den Konzerten und war der Beifall so glänzend wie möglich. Unmittelbar nach dem vierten Konzert (14. Dec. Nachts 10 Uhr) gab Schottky dem Eindruck, welchen die Erscheinung des Geigers auf ihn gemacht, folgenden charakteristischen Ausdruck: „Er ist so mager, daß man nicht füglich magerer sein kann; dabei hat er eine blaßgelbe Farbe, eine große, weit hervorstehende Adlernase und lange knochige Finger. Kaum scheint er in der Kleidung zusammenzuhängen und macht er seine Verbeugungen, so bewegt sich der Körper auf eine so sonderbare Art, daß man alle Augenblicke fürchtet, die Füße könnten sich vom Rumpfe trennen und der ganze Mensch würde in einen Knochenhügel zusammenstürzen. Beim Spiel ist der rechte Fuß vorgeschoben, der, wenn die Passagen lebhafter werden, mit ans Komische grenzender Heftigkeit den Takt angiebt, ohne daß aber das Gesicht etwas von seiner Abgestorbenheit verlöre, außer wenn es sich für den Beifallsdonner zum sonderbaren Lächeln verzieht, wo sich allmählig die Lippen wunderlich verschieben und die Augen, zwar mit innigem Selbstgefühl aber doch nicht ohne Gutmüthigkeit, nach allen Seiten blinzeln. Bei schwierigen Stellen bildet sein Körper eine Art Dreieck, da sich der Leib dann übermäßig einbiegt, während der Kopf und der rechte Fuß voranstehen. Noch nie vor seiner Zeit sind auf der Violine so ungeheure Schwierigkeiten mit so viel Grazie und Lieblichkeit überwunden worden. Man vernimmt auf seinem Instrument außer den der Violine eigenthümlichen Tönen wahre Naturlaute, die sich bald dem einfachen Vogelgesang, bald dem Schlage der Nachtigall oder dem silberhellen Glockentone an-

nähern, bald flötend und leise verklingend sind wie ein Zephir,
bald aber stürmend in Doppelgriffen dahin rauschen und das ganze
Orchester zu beherrschen scheinen. — So steht er, wohl verstanden
in seiner Art, unerreichbar da und selbst die größten Meister müssen
bekennen, daß sie vor Paganini's Auftreten nicht ahnten, bis zu
welcher technischen Vollendung dieß Instrument gesteigert werden
könne." — Nach Conestabile's Mittheilungen wurde Paganini während seines Prager Aufenthaltes von mehrfachem Mißgeschick betroffen.
In Folge einer unvorsichtigen Zahnoperation erlitt er eine Verletzung
an der Kinnlade und verlor die ganze untere Zahnreihe. Bald darauf ergriff ihn eine heftige Kehlkopfentzündung, und nur der Hahne-
mann'schen Heilmethode dankte er es, daß es ihm trotzdem möglich
ward, um die Mitte des Monats Januar 1829 nordwärts zu ver-
reisen. Am 23. Januar gab er im Theater zu Dresden unter Mitwirkung der Opernsängerinnen Pallazesi und Chiasetti ein glänzend
besuchtes Konzert und wenige Tage darauf spielte er vor dem König
von Sachsen und seiner Familie, wofür ihm 100 Dukaten nebst
einer kostbaren Tabatière überreicht wurden. „Wir erschienen Paganini's sogen. Kunststückchen", schrieb der geistvolle Karl Boromäus
Miltitz in die Dresdener Abendzeitung, „die sonderbaren, oft grell
klingenden Cappriccio's, Verzierungen ꝛc. in demselben Lichte, als
die Wölfe, Bären, Affen, Ziegen, die wir so oft als Ausladungen
und Verkröpfungen der gothischen Kirchen bemerken. Wenn wir hier
die Majestät des hohen Pilasters, die Kühnheit der himmelanstreben-
den schlanken Säule bewundern, so ergötzt uns auch noch auf schauerliche Weise die Phantasie des Künstlers, die in der schwindelnden
Höhe bei einem Reichthum von Formen, der schon Alles erschöpft
zu haben scheint, fabelhafte und komische Gestalten in bunter Fülle
hervorzurufen vermag. Und in welcher technischen Vollendung giebt
Paganini diese überfüllten Blumen seines künstlerischen Bildungs-
triebes!" —

Mit brennender Neugier erwartete man Paganini seit Anfang
Februar in dem musikliebenden Leipzig, wo er am 12. gen. Monats
anlangte und für den 16. ein Konzert ankündigte. „Alles ist bereits
von seiner Humanität, Leutseligkeit und Billigkeit entzückt", hieß es in
den Zeitungen. „Er ließ sich erbitten, statt 4 Thlr. fürs Billet nur
2 anzusetzen, damit auch weniger Bemittelte das Wunder dieser Zeit
anstaunen könnten". Doch sollte das Publikum der Buchhändlerstadt

diesmal noch um den Hochgenuß betrogen werden! Die Konzert-
direktion wollte dem Geiger statt der von ihm zum Accompagnement
beanspruchten Hälfte des Orchesters das ganze und überdies eine
Sängerin aufbringen, und als er die Akademie ins Theater zu verlegen gedachte, verlangte man ihm 300 Thlr. Pacht für den Abend.
Statt auf diese Bedingungen einzugehen, verließ Paganini ohne
weiteres die Stadt und machte sich auf den Weg nach Berlin. Am
4. März 1828 fand im königl. Schauspielhaus sein erstes Konzert
daselbst statt, bei dem er ziemlich kühl empfangen wurde. Allein
kaum hatte er ein Stück gespielt, als der nüchterne Kriticismus der
Berliner Bevölkerung in eine jeder Beschreibung spottenden Ekstase
umsprang. »Io son di nuovo in Vienna« soll Paganini selbst
ausgerufen haben, als er vom Jubel der Massen umbraust nach
seinem Gasthof zurückfuhr. „Wer es nicht gehört hat, glaubt es
nicht"; schrieb Rellstab unmittelbar nachher in die Wiener Theaterzeitung. „Ich habe es gehört, aber ich glaube es doch nicht. Alle
großen Geiger sind etwas, haben einen Stil, man kann ihnen
folgen, und der gewaltige Spohr, der süße Pollebro, der feurige
Lipinski, der elegante Lafont haben mir bloß Bewunderung abge-
lockt. Paganini ist nicht er selbst, sondern er ist Lust, Hohn,
Wahnsinn und glühender Schmerz, bald dies und jenes; die Töne
sind ihm nur ein Mittel, sich auszusprechen, und selbst die Rührung,
die er bereitet, zerstört er im Augenblicke durch grelle, unschöne
Striche, durch freche unpassende Capriccio's. Er kratzt und schabt
manchmal ganz unerwartet, wie wenn er sich schämte, einem weichen,
edlen Gefühle so eben gehuldigt zu haben und im Augenblicke, wo
man sich unwillig abwenden möchte, hat er deine Seele schon wieder mit einem goldenen Faden umschlungen und droht sie dir aus
dem Leibe zu ziehen."

Am 13. März fand Paganini's zweites Konzert statt, wobei
er 1200 Billets à 2 Thlr. absetzte und so ging es fort. Als er
im fünften Konzert den Gesang der trefflichen Frl. Schätzell begleitete
und deren Stimme bald mit den süßesten Arabesken umwob, bald
echogleich nachahmte, versetzte seine unerschöpfliche Genialität Kenner
wie Laien in gleichmäßiges Entzücken. Nachdem er schon am 6. April
die Hälfte der Einnahme für mildthätige Zwecke bestimmt hatte,
konzertirte er am 29. desselben Monats im überfüllten Opernhaus
zu Gunsten der in Preußen durch Überschwemmung Verunglückten

und erwarb sich dadurch die allgemeine Sympathie in vermehrtem
Maß. Bei der letzterwähnten Aufführung sprang ihm, als er eben
ein Rode'sches Konzert begonnen hatte, die Quinte. Ohne sich aus
der Fassung bringen zu lassen, spielte er den ersten Satz auf den
drei übrigen Saiten zu Ende. Im achten Konzert entfesselte sein
Vortrag des berüchtigten Hexentanzes einen Orkan schauerdurch-
rieselter Begeisterung, die sich übrigens noch steigerte, als er im
neunten eine Reihe selbsterfundener Variationen über die National-
Hymne: „Heil dir im Siegerkranz" vortrug. „Es ist außerordentlich,
was der Mann leistet", hatte der alte Zelter schon unterm 1. Mai
an seinem Freund Goethe geschrieben „und dabey muß bemerkt werden: daß die Wirkung seines Spiels ganz allgemein erwünscht und
andern Virtuosen auf seinem Instrumente ganz unbegreiflich ist.
Sein Wesen ist also mehr als Musik, ohne höhere Musik zu sein,
und bey solcher Meynung dürfte ich bleiben wenn ich ihn öfter hörte.
Ich war so placirt, daß ich alle Bewegungen seiner Hand und seines Armes sehen konnte, die bey einer ziemlich kleinen Figur von
besonderer Biegsamkeit, Stärke und Elasticität sein müssen, weil er
gar nicht ermüdet das Fatiguanteste in seiner Steigerung wie ein
Uhrwerk hervorzubringen, das eine Seele hatte. Die hundert Künste
seines Bogens und seiner Finger, welche sämmtlich einzeln ausge-
dacht und eingeübt sind, erscheinen in einer geschmackvollen Folge-
reihe und zeichnen ihn auch als Komponisten aus. In jedem Falle
aber ist er ein vollkommener Meister seines Instrumentes in höchster Potenz, insofern was ihm auch nach bestem Willen nicht gelingt, wie eine kecke Variation herauskommt." — Wohl die geist-
vollste und kompetenteste Berlinerstimme, die sich über Paganini
vernehmen ließ, ist diejenige von Ad. Bernh. Marx. Nachdem dieser in der Berliner Allg. musikal. Zeitung und fast wörtlich damit
übereinstimmend in seinen Erinnerungen (Bd. II, S. 73 zunächst
der Sagen gedacht, zu denen der Geiger die aufgeregte Phantasie
des Volkes erweckt, fährt er fort: „Nun stand er da und sogleich
hastiger Anfang des Ritornells, in dem er mit einzelnen Tonfunken
das Orchester leitet und durchblitzt, ohne Vollendung einer Phrase,
ja ohne Auflösung einer etwa ergriffenen Dissonanz; und nun der
schmelzendste und kühnste Gesang, wie er nie auf einer Geige gedacht worden ist, der unbekümmert, unbewußt über alle Schwierigkeiten hinwegschreitet, in den sich die kühnsten Blitze eines höhnisch

zerstörenden Humor's werfen; bis sich das Auge zu tieferer, schwär-
zerer Glut entzündet, die Töne schneidender, stürzender rollen, —
daß man meint, er schlüge das Instrument wie in wahnsinniger
Liebespein jener unglückliche Jüngling das Bild der Treulosen,
Gemordeten zart formt und grimmig zertrümmert und wieder unter
Thränen zart formt." — „Was man äußerlich aus seinem Spiel
herausnehmen und bewundern konnte", fährt Marx weiter fort, „bedeutete an sich für den Mann gar nichts; die innere Poesie seiner
vor unseren Augen ihre Schöpfung vollendenden Phantasie: das war
es, was die Hörer gefangen nahm und dahin zog in die Ferne zu
fremdartigen Gesichten. — Ein Geist, geweiht in seinem Ursprung,
erhaben in seinen Phantasien, gebannt in einen dem Dienst des
Augenblicks verfallenen Virtuosen. Es war das erste mal, daß mir
eine dämonische Natur im Gebiete meiner Kunst zur Anschauung kam." —

Von Berlin aus beabsichtigte Paganini nach Polen zu gehen
und wenn immer möglich, d. h. falls ihn das nordische Klima nicht
allzusehr angreifen würde, bis nach Petersburg vorzudringen. Anfangs Mai verließ er die preußische Hauptstadt, nachdem er sich
noch am Hof hatte hören lassen und vom König zum Konzertmeister
ernannt worden war, und begab sich zunächst nach Frankfurt an der
Oder. Conestabile berichtet von einem Gastmahl, das ihm die kunst-
sinnige Generalin Zielynska nach seinem letzten Auftreten daselbst
bereitet und an dem sich die bedeutendsten Persönlichkeiten der Stadt
betheiligt hätten. Am 22. Mai traf er körperlich ziemlich erschöpft
in Warschau ein. Trotzdem fand schon am folgenden Tag sein erstes Konzert im Theater statt. Das ebenso glänzende wie zahlreiche
Auditorium überschüttete ihn mit Beifall; die Einnahme belief sich
auf 11000 poln. fl. und ähnliche Summen warfen seine weiteren
9 Konzerte ab, zu denen neugierige Zuhörer aus ganz Polen her-
beiströmten. Der damals einundzwanzigjährige Fr. Chopin wurde
von dem Spiel des großen Geigers förmlich berauscht und sprach
bis an sein Lebensende mit Begeisterung von jenen Paganiniaben-
den, in welchen er sich der Wirklichkeit entrückt und in einem Land
seliger Träume gewähnt habe. Am Tag der Abreise unseres Virtuosen gaben ihm die Warschauer Künstler, achtzig an der Zahl,
in einer Villa vor der Stadt ein solennes Bankett. Beim Abschied
überreichte ihm Elsner, der Direktor des Konservatoriums eine gol-

bene Dose mit der Aufschrift: „Dem Ritter Nicolo P. die Verehrer seines Talentes, Warschau den 19. Juli 1829". — Die Fahrt ging nicht weiter nach Norden, da Paganini sich schon in der polnischen Hauptstadt leidend gefühlt und das russische Projekt aufgegeben hatte. Er wandte sich nach Schlesien und konzertirte den 25. Juli in der Universitätsaula zu Breslau. Auch hier lauschten ihm, trotz des Eintrittspreises von 2 Thlr., 800 Personen in athemloser Spannung und als er geendet war der Applaus ein so feuriger, daß sich der Künstler zu zwei weiteren Akademien veranlaßt fand. Die dritte mußte ins Theater verlegt werden, weil der Senat des allzu tumul-tuarischen Gebarens der Zuhörer wegen beschlossen hatte, die Aula nicht mehr zu bewilligen. In den Monaten August und September finden wir Paganini in Frankfurt am Main, wo ihm eine beson-ders herzliche Aufnahme zu Theil ward und wo er in ziemlich rascher Folge 6 Konzerte gab. Unter den zahlreichen Studenten, welche von Heidelberg herüber fuhren, um den Künstler zu hören, befand sich ein verfehlter Jurist und angehender Meister der Tonkunst, Robert Schumann welcher bei seiner Heimkehr folgende Worte in sein Tagebuch schrieb: „Abends in Frankfurt Paganini! Entzückung — wars nicht so? ferne Musik und Seligkeit im Bette". Weniger über-schwänglich, aber ebenso poesievoll schilderte er einige Jahre später anläßlich einer Recension Vieuxtemps' in seiner neubegründeten Zeit-schrift den Eindruck, welchen Paganini bei ihm wie andern hervor-gebracht. „Als ich diesen zuerst hören sollte", heißt es dort (Gesam-melte Schriften Bd. I, S. 22) „meinte ich, er würde mit einem nie dagewesenen Ton anfangen. Dann begann er so dünn, so klein! Wie er nun locker, kaum sichtbar seine Magnetketten in die Massen wirft, so schwankten diese herüber und hinüber. Nun wurden die Ringe wunderbarer, verschlungener; die Menschen drängten sich enger; nun schnürte er immer fester an, bis sie nach und nach wie zu einem einzigen zusammenschmolzen, dem Meister sich gleichwiegend gegenüberzustellen, als Eines vom Andern zu empfangen." — Auf materiellere Weise denn Schumann suchte sich das Frankfurter Volk den Paganini'schen Zauber zu erklären, indem es denselben ähn-lich wie einst die Neapolitaner gegenüber dem jugendlichen Genius Mozart's auf einen Ring zurückführte, welchen der Geiger an einem Finger der linken Hand trug. Unterm 26. Sept. 1829 verdankte unser Künstler in der Oberpostamtszeitung die liebevolle Aufnahme,

die er in der Geburtsstadt Goethe's gefunden und setzte dann seine
Reise weiter fort. Ende September und Anfangs Oktober hörten
ihn Darmstadt, Mainz, Mannheim, wo ein Berichterstatter seine
Erscheinung für so dämonisch erklärte, daß man bald einen verbor-
genen Pferdefuß, bald zusammengefaltete Engelsschwingen an ihr
zu sehen glaube. In den folgenden Tagen befriedigte er endlich
auch die Sehnsucht des Leipziger Publikums, indem er sich am
9., 12. und 21. Oktober unter unerschöpflichem Beifall daselbst
hören ließ. Von Leipzig aus machte Paganini einen Abstecher nach
dem benachbarten Halle, wo er den 14., und nach Magdeburg, wo
er am 17. Oktober in Konzerten auftrat. Den 26. gleichen Monats
spielte er zu Dessau, den 30. zu Weimar, den 31. zu Erfurt, den 9.
und 12. November in Nürnberg. Ein im Leipziger Kometen (Nr. 41)
erschienener Bericht über die Dessauer Akademie ist so geistvoll und
überzeugend, daß wir uns nicht versagen können, wenigstens einige
Stellen daraus wiederzugeben. Nachdem zuerst des Künstlers Äußeres geschildert worden, „diese lange, hagere Gestalt im altmodischen
schwarzen Frack mit hochgehaltenem Bogen und vorgestrecktem ein-
geknicktem rechten Bein, nichts als Geist und Knochen in schlottrigen
Kleidern, nur so viel Körper, als eben nothwendig, um das lodernde
Feuer zu concentriren und die halb aufgelöste Figur zusammenzu-
halten", geht der Referent auf Paganini's Spiel über und findet,
der Kontrast sei dessen entscheidendes Element: „So kontrastirt auf
das Auffälligste mit seiner körperlichen Schwäche die Kraft seines
Spiels und seines unmäßig starken Trillers; so mit dem Hinfälligen
in seiner Haltung die merkwürdige Bogenführung und das gewaltige Stampfen seines rechten Fußes, so mit dem Leichenhaften des
blaßen Antlitzes die südliche Gluth des Auges und die italiänische
Lebhaftigkeit in den Gestikulationen; so mit dem leisesten Pianissimo
der Orchesterbegleitung auf seinen Wink das plötzliche Eintreten des
Fortissimo mit Trommel und Becken, so mit dem Komischen in der
Art der Überwindung schwieriger Passagen der tiefe Ernst in den
stets ruhigen Gesichtszügen; so mit den höchst schwierigen Passagen
und Kunststücken selbst die unerwartete Unterbrechung durch wenige
hineingestreute Töne, wie sie so seelenvoll, so herzzerreißend wohl
noch Keiner dem Instrumente entlockt haben mag." — Etwas pro-
blematisch äußerte sich Goethe in einem Brief an Zelter vom 13. November 1829 über Paganini's Auftreten in Weimar: „Was die

Aufmerksamkeit an diesem Virtuosen so in Beschlag nimmt, mag eine Vermischung sein des Grillenhaften mit der Sehnsucht nach Ungebundenheit. Es ist eine Manier aber ohne Manier; denn es führt wie ein Faden, der immer dünner wird, ins Nichts. Es leckert nach Musik, wie eine nachgemachte Auster gepfeffert und gesäuert verschluckt wird." — Noch größere Erfolge und Ehren denn in Mitteldeutschland erwartete Paganini in der bairischen Hauptstadt, wo er Mitte November 1829 eintraf. Zwar ließ der Besuch seines ersten Konzertes vom 17. gen. Monats zu wünschen übrig; allein um so begeisterter waren die Beifallsbezeugungen der Anwesenden. Beim zweiten Konzert hatte sich der Saal bis auf den letzten Platz gefüllt, und im dritten (25. Nov.) mußte er bei offenen Thüren spielen, damit die draußen stehende Menschenmenge nicht leer ausgehe. Die königliche Familie, die Herzogin von Leuchtenberg, der Prinz Karl und ein großer Theil des Hofes befanden sich anwesend. Als er am Schluß noch einmal hervorgedonnert wurde, erhob sich das ganze Parterre, um den Meister aller Meister nach Gebühr zu ehren. Während aus der Höhe ein Preisgedicht in zahllosen Abdrücken herniederflatterte, trat Kapellmeister Stuntz vor und drückte ihm unter unaufhörlichem Jauchzen des Auditoriums einen Lorbeerkranz aufs Haupt. Tiefbewegt umarmte Paganini den deutschen Künstler und nach dem Ausdruck der Abendzeitung leuchtete in tausend Augen das Echo seiner Thränen.

Von München aus folgte Paganini einer Einladung der verwittweten Königin von Baiern nach Tegernsee. Als er daselbst, so wird uns erzählt, eben zu spielen beginnen wollte, ließ sich ein dumpfes Geräusch vor dem Schlosse vernehmen. Man meldete der Fürstin, es stehe eine beträchtliche Schar Landleute draußen und hoffe, die Töne des berühmten Geigers durch die geöffneten Fenster zu vernehmen. Sofort ließ die Königin die Herbeigeströmten in den Saal treten, wo sie lautlos bis ans Ende des Konzertes blieben. Dann entfernten sie sich, die Gnade ihrer Majestät segnend, die ihnen vergönnt, eine Stunde im Paradies zu verleben. Ende November gab Paganini zwei Konzerte in Augsburg. In der ersten Hälfte des December trat er in wiederholten Akademien sowie vor dem Hof zu Stuttgart auf und kehrte dann für einmal thatensatt und ruhebedürftig zu seinen geliebten Frankfurtern zurück. Als er einer Einladung der Museumsgesellschaft Folge gebend am 18. Dec.

1829 in deren Vereinsabend gespielt hatte, überreichte ihm der Sekretär unter freudigem Beifallsrufen der Anwesenden das Dekret, wonach er zum Ehrenmitgliede der Gesellschaft ernannt war. Während dieser Frankfurter Rasttage machte der Virtuose auch die nähere Bekanntschaft des Kapellmeisters Karl Guhr, der sich längere Zeit mit sorgfältigen Studien über die Technik und individuellen Kunstgeheimnisse Paganini's befaßte, um das Ergebniß schließlich in einem 1831 bei Schott zu Mainz erschienenem größeren Werke niederzulegen. So weit dasselbe eine Art Violinschule darstellen d. h. für die eigenartige Spielweise des welschen Geigers Propaganda machen soll, muß es als mangelhaft und in seinem Zweck verfehlt bezeichnet werden. Denn ein so subjektiv gearteter Künstler wie Paganini erscheint von vornherein ungeeignet um Schule zu machen und wird, sobald man ihn nachzuahmen versucht, zu schablonenhafter Manier oder zur Karikatur führen. Den schlagendsten Beweis hiefür liefert der einzige weithin bekannt gewordene Schüler unseres Künstlers, sein 1817 geborener Landsmann Camillo Sivori, dessen höhere Ausbildung Paganini sehr am Herzen lag und der den letztern sogar eine Zeit lang auf seinen Kunstreisen begleiten durfte. Wasielewski („Die Violine und ihre Meister") charakterisirt das geistlose Virtuosenthum Sivori's, der trotz eminentester Technik niemals im Stande war, eine wahrhaft künstlerische Wirkung hervorzubringen, mit folgenden treffenden Worten: „Während Paganini das Unerhörte mit mächtiger Faust packt und, alle Fesseln sprengend, in eigenwillig dämonischer Weise berückend darstellt, ergeht sich Sivori in Experimenten, deren unfruchtbares Wesen entweder gleichgültig läßt, oder höchstens nur ein tiefes Bedauern im Hinblick auf die offenbarte künstlerische Verirrung einzuflößen vermag." — So weit Guhr's Arbeit dagegen bloß bezweckt, Paganini's specifische Kunst zu erläutern, insbesondere seine mechanischen Fähigkeiten auseinanderzusetzen, hat sie ihre unleugbaren Verdienste, und dürfte es daher am Platze sein, ihre wesentlichsten Resultate hier kurz zusammenzustellen. Als Haupteigenthümlichkeiten des Paganini'schen Spiels hebt Guhr hervor: 1) die besondere Stimmung des Instrumentes, 2) die eigenthümliche Bogenführung, 3) das Aufsetzen der Finger der linken Hand bei kantablen Sätzen, 4) die häufige Anwendung des Flageolets, endlich 5) die Verwerthung der Idee, mit dem Violinton gleichzeitig den einer Mandoline, Harfe oder ähnlicher

Instrumente zu verbinden, wodurch die Wirkung erzielt wird, als hörte man gleichzeitig zwei verschiedene Spieler. — Bezüglich der Geigenstimmung Paganini's wurde bereits angedeutet, daß der Künstler das Um- und Höherstimmen der vier Saiten wieder aufnahm, welches der Salzburgische Kapellmeister Franz Heinrich Biber schon in der zweiten Hälfte des 17. Jahrhunderts als Mittel eigenartiger Klangerzeugung verwendet hatte. „Er verstand es", sagt Berlioz, „die Sologeige vor den andern Geigen des Orchesters hervortreten zu lassen, indem er sie einen halben Ton höher stimmte als diese; solcherweise vermochte er in den glänzenden Tonarten D- und A-dur zu spielen, während das Orchester ihn in den weniger hellen Tonarten Es- und B-dur begleitete." Aber auch Passagen und Akkordfolgen, die sonst unmöglich erschienen, führte er auf diese Weise mit Leichtigkeit und Sicherheit aus. Obschon die Stimmung oft während desselben Stückes durch einen einzigen Ruck des Wirbels modificirt wurde, scheint Paganini selten oder nie an der Klippe gescheitert zu sein, welche dies Verfahren nothwendig in sich schließt, wir meinen die Gefahr, daß sich die Saiten bei plötzlich veränderter Spannung vermöge ihrer Elasticität rasch wieder verstimmen. Was Paganini's Bogenführung anbetrifft, so fiel die Art und Weise, wie er den Arm fest an den Leib angedrückt hielt, als ob er gelähmt sei, ebenso sehr auf wie das eigenthümlich Werfende und Springende der Bewegung des Bogens bei der Wiedergabe von Passagen. Gegenüber der festen und ruhigen Bogenführung, welche die großen Geiger der vorangegangenen Periode kennzeichnete, hätte man diejenige Paganini's regellos und willkürlich nennen mögen, wäre sie nicht mit ein Ergebniß langjähriger regelrechtester Schulübung gewesen. So beherrschte er den Bogen in denkbar größter Mannigfaltigkeit und Freiheit, der langsamsten Eintheilung beim Legato wie im bewegtesten Figurenspiel. Die Gesetze vom Auf- und Herabstreichen umkehrend, trug er Auftakte mit dem Niederstrich, Niederschläge mit dem Aufstrich vor. „Glockenrein", bemerkt Guhr, „rauschen in größter Rapidität die diatonischen und chromatischen Skalen mit abgesetztem Ton vorüber, oder es zeigt sich im reinen Gegensatz ein solches Dehnen und Ziehen, daß man zwischen den Halbtönen alle enharmonischen Verhältnisse wahrnehmen kann. Nie hörte ich mit solcher Deutlichkeit ohne alle Verrückung des Zeitmaßes das Markiren der schlechten Zeittheile im schnellsten Tempo;

in seinem »Perpetuum mobile« spielte er ganze Partien mit einem
Bogenstrich, das staccato auf- und abwärts in unglaublicher Vollendung. Dabei wurde meist nicht jede Note durch einen eigenen Druck
oder Stoß der Armmuskeln hervorgehoben, vielmehr hüpfte der einmal auf die Saite geworfene Bogen bei stetiger Fortführung des
Armes, gewissermaßen vermöge seiner eigenen oder der Saite Elasticität, auf und nieder wie ein über den Wasserspiegel geschleudertes
Steinchen.

Ebenso abnorm auf den ersten Blick und nicht weniger kunstvoll bei reiflicherem Studium erwies sich seine Applikatur. Paganini wurde dabei durch eine seltsam gestreckte, magere und sehnige,
doch außerordentlich biegsame Hand unterstützt, die ihm z. B. ermöglichte, mit den drei Vorderfingern der Linken den Baß zu pizzi-
ziren, während die zwei kleineren Hinterfinger auf den oberen Saiten
eine Melodie spielten. Durch eigenartiges Aufsetzen der Finger auf
Saite und Griffbrett und ein theilweises Liegenlassen derselben bei
Cantabilestellen wußte er seinem Ton etwas wehmüthig Klagendes,
oft Herzdurchschneidendes zu geben. Auch die Doppeltriller in Okta-
vengängen wirkten mit ihrem schwebenden Dahinzittern so ergreifend,
daß man über der psychischen Erschütterung die unerhörte Schwierigkeit der Ausführung völlig vergaß. — Des Flageoletspiels bediente
sich Paganini meist nur in seiner künstlichen Form und zwar in
der Art, daß er den ersten Finger fest aufsetzte, mit einem anderen
dagegen die Saite nur leise berührte. Er erweiterte diese Spielart
bis zu Doppelflageolettönen und hier wieder bis zu einfachen und
Doppeltrillern, chromatischen Tonleitern auf- und abwärts und dergleichen mehr. Nur der unbedingten Reinheit der Intonation war
es freilich zuzuschreiben, daß seine Leistungen auf diesem gefährlichen
Boden keineswegs den Eindruck gesuchter Künstlichkeit machten, sondern die phantastische Wirkung seines Spiels vermehrten. Was
schließlich die Nachahmung des Zusammenspiels verschiedener Instrumente anbelangt, so wurde bereits darauf hingedeutet, wie Paganini bei gehaltenen kantablen Sätzen ganze Passagen harfenähnlicher
Töne pizzicato mit den zum Spielen der Melodie nicht nöthigen
Fingern der linken Hand hervorzubringen wußte, wodurch man einen
Gesang auf der Geige mit Begleitung einer Mandoline oder Guitarre zu hören glaubte. Wir haben damit die charakteristischen Seiten
der Technik Paganini's skizzirt, betonen übrigens nochmals, daß all'

die erwähnten Fertigkeiten keineswegs als Selbstzweck bei ihm hervortraten, sondern dem Künstler bloß als Mittel dienten, um ein
geistig Geschautes, phantastisch Empfundenes zum Ausdruck zu bringen, und daß man eben deshalb nach dem Zeugniß fast aller seiner
Beurtheiler das Tonwerkzeug, dessen er sich bediente, völlig vergaß.

Noch vor Anfang des Jahres 1830 verließ Paganini Frankfurt aufs Neue, um diejenigen Gegenden Deutschlands, welche ihn
noch nicht gehört hatten, insbesondere die Rheinprovinz, Westfalen
und die Hanseestädte aufzusuchen. Sein Söhnchen Achilles, das ihn
bis anhin stets begleitet und dessen kindische Launen er mit einer
bei dem viel verstimmten und oft leidenden Manne zwiefach auffälli-
gen Geduld ertragen, nahm er nach Conestabile's Angabe diesmal
nicht mit, sondern überließ es der Pflege einer Frankfurter Dame,
bei der er gewohnt und wo er es wohl aufgehoben wußte. Dagegen gesellte er sich, um nicht allein und bequemer zu reisen, in
der Person des Engländers und Hannoveranischen Gesandtschafts-
attaché's Georges Harrys einen Begleiter bei, der ihm als Dolmetsch,
Sekretär und Impresario diente und ein volles Jahr bei ihm blieb.
Bezüglich der Route, welche Paganini diesmal einschlug, und der
Konzerte, die er in den einzelnen Städten gab, sind wir, da Schottky's
fleißige Arbeit mit dem Jahr 1829 abschließt, weniger genau unterrichtet. Wir wissen bloß, daß er in Köln, Braunschweig, Bremen
und Hamburg auftrat, wo er dem Bildnißmaler Krug sitzen mußte,
daß ihn nach seinem Konzert zu Düsseldorf sechs Damen aus den
vornehmsten Familien mit einem Kranz schmückten, daß ihm vom
westfälischen Hof der Titel eines Barons und Commenthurs verliehen wurde und daß er sich im Herbst 1830 nach Baden-Baden
begab, um auf den Rath verschiedener Ärzte die dortigen Bäder zu
gebrauchen und seine immer schwankender gewordene Gesundheit zu
stärken. Als Paganini zu Köln die Generalprobe für sein Konzert
abhielt, so berichtet der damalige Konzertmeister Hartmann, bot ihm
eines der älteren Orchestermitglieder eine Prise an. Paganini wollte
die Höflichkeit erwiedern und füllte die Dose seines vis-à-vis aus
der eigenen, indem er bemerkte, daß es echter Pariser sei. Mit einer
verlegenen Danksagung entfernte sich der Beschenkte, leerte indeß,
sobald ihn Paganini nicht mehr beobachten konnte, den Inhalt seiner Tabatière aus, weil man bei der Kameradschaft des Mannes
mit dem Gottseibeiuns doch nicht wissen könne, was es mit dem

Tabak für eine Bewandtniß habe. Unter den Zuhörern, die Paganini's Spiel im Hamburger Theater lauschten, befand sich auch
Heinrich Heine, der uns in den Memoiren des Herrn von Schnabe-
lewopski eine unübertreffliche Schilderung des empfangenen Ein-
druckes hinterlassen hat. Kaum hatte sich der Poet noch ein Plätz-
chen am Orchester erkämpfen können. Nachdem man mit religiöser
Stille geraume Zeit gewartet, berichtet Heine, „kam endlich auf der
Bühne eine dunkle Gestalt zum Vorschein, die der Unterwelt ent-
stiegen zu sein schien. Das war Paganini in seiner schwarzen Gala,
der schwarze Frack und die schwarze Weste von einem entsetzlichen
Zuschnitt, wie er vielleicht am Hofe Proserpinens von der höllischen
Etikette vorgeschrieben ist; die schwarzen Hosen ängstlich schlotternd
um die dünnen Beine. Die langen Arme schienen noch verlängert,
indem er in der einen Hand die Violine und in der andern den
Bogen gesenkt hielt und damit fast die Erde berührte, als er vor
dem Publikum seine unerhörten Verbeugungen auskramte. In den
eckigen Krümmungen seines Leibes lag eine schauerliche Hölzernheit
und zugleich etwas närrisch Thierisches, daß uns bei diesen Verbeugungen eine sonderbare Lachlust anwandeln mußte; aber sein
Gesicht, das durch die grelle Orchesterbeleuchtung noch leichenartig
weißer erschien, hatte alsdann so etwas Flehendes, so etwas blöd-
sinnig Demüthiges, daß ein grauenhaftes Mitleid unsere Lachlust
niederdrückte. Hat er diese Komplimente einem Automaten abgelernt
oder einem Hunde? Ist dieser bittende Blick der eines Todtkranken,
oder lauert dahinter der Spott eines schlauen Geizhalses? Ist das
ein Lebender, der im Verscheiden begriffen ist und der das Publikum in der Kunst-Arena, wie ein sterbender Fechter, mit seinen
Zuckungen ergötzen soll? oder ist es ein Todter, der aus dem Grabe
gestiegen, ein Vampyr mit der Violine, der uns, wo nicht das
Blut aus dem Herzen, doch auf jeden Fall das Geld aus den
Taschen saugt?" — Es folgt nun jene großartige Phantasmagorie,
mit welcher Heine die phantastischen Klänge des Geigers in Gestalten und Situationen verwandelt, wie sie nur das Auge eines Dichters schaut und festzuhalten vermag. — Je spärlicher übrigens die
lokalen Notizen sind, die wir über Paganini's norddeutsche Künstlerfahrt vom Jahre 1830 besitzen, um so reichhaltiger fließen unsere
Quellen, wenn wir den Reisegewohnheiten, den persönlichen Leiden
und Freuden des Virtuosen während seiner Wanderungen von Ort

zu Ort nachforschen. Denn noch im genannten Jahre erschien hierüber aus der Feder von Georges Harrys eine besondere Schrift,
betitelt: „Paganini in seinem Reisewagen und Zimmer, in seinen
redseligen Stunden, in gesellschaftlichen Zirkeln und seinen Konzerten". Diese Arbeit giebt uns vereint mit den bezüglichen Mittheilungen Schottky's und dem allerdings sehr anekdotenhaft ausgeschmückten
Büchlein Léon Escudier's „Aus dem Leben Paganini's" ein ziemlich
genaues Bild von des Künstlers Neigungen, den Besonderheiten
seines Naturells und Charakters, wie solche während seines lang-
jährigen Reiselebens zu Tage traten, und es erscheint daher angezeigt, daß wir wenigstens das Wesentlichste an dieser Stelle zusam-
menfassen. Ähnliche Gegensätze, ja scheinbare Widersprüche, wie wir
sie bei der Spielweise des Virtuosen beobachteten, treten auch hier
zu Tage. Während er sowohl daheim wie in Gesellschaften meist
schweigsam, in sich gekehrt, vielfach trübgestimmt war, thaute Paganini nach Harrys' Berichten auf, sobald er den Reisewagen bestiegen
hatte. Obschon das Rollen der Räder seine schon früh von der
Schwindsucht stark afficirte Stimme zwiefach anstrengte, sprach er
dann gern und viel, namentlich am Morgen, wenn er — und es
war dies meist der Fall — die Nacht über anhaltend und fest geschlafen hatte. Erst wenn seine Brustschmerzen bei mehrstündigem
Fahren überhand nahmen, verstummte er allmählig. Die umgebende
Natur fesselte seine Aufmerksamkeit nicht; für landschaftlichen Reiz,
für architektonische Schönheiten besaß er so gut wie gar keinen Sinn;
auch konnte sich der Südländer an die rauhere Luft jenseits der
Alpen nie gewöhnen. Die Kutsche mußte daher möglichst hermetisch
verschlossen bleiben; ja selbst bei einer Wärme von 22 Graden hüllte
er sich schauernd in seinen Pelz ein, von dem er sich nicht trennte.
Dagegen pflegte er in seinem Quartier Thüren und Fenster zu öffnen, um, wie er sich ausdrückte, ein Luftbad zu nehmen. Komfort
verlangte er nicht; es war ihm gleichgültig, ob man ihm eine einfache Matratze in einem Dachzimmer oder ein Daunenbett in einem
Prunkgemach anbot. Wohl aber wünschte er möglichste Stille um
sich zu haben und zog daher in den Gasthöfen stets solche Zimmer
vor, die nach dem Hof gingen. In seinen gastronomischen Bedürfnissen zeichnete er sich durch ähnliche Bescheidenheit aus. Den Morgen über blieb er meist ganz nüchtern oder trank, wenn er fahren
mußte, höchstens eine Tasse Chocolade. Auch sein Abendessen be-

stand regelmäßig aus wenigen leichten Speisen, öfters bloß einer
Tasse Kamillenthee. Mit zahlreichem Gepäck schleppte er sich nicht;
seine Guarneri, deren abgenutzter Kasten ihm gleichzeitig als Geld-
kiste und zur Aufbewahrung von etwas seiner Wäsche diente, eine
Reisetasche und eine Hutschachtel bildeten seine gesammte Ausrüstung.
In einer rothen Brieftasche pflegte er Einnahmen und Auslagen zu
notiren, jedoch in so hieroglyphischer Weise, daß kein Dritter daraus
klug werden konnte. Seine Zimmer zeichneten sich durch eine wahrhaft klassische Unordnung aus. Noten, Kleidungsstücke, Schuhwerk,
alles lag drunter und drüber, so daß er oft die größte Mühe hatte,
bis er sein Söhnchen angezogen oder seine Konzerttoilette gemacht
hatte. Auch bei dieser haßte er übrigens jeden Prunk; seine Orden
trug er nur bei besonders festlichen Angelegenheiten und auch dann
bloß die Bänder nebst Schnalle. An seinen Konzerttagen befand
er sich in eigenartig feierlicher, oft seltsam aufgeregter Stimmung.
Nachdem er tief in den Tag hinein geschlafen, saß er den Morgen
über unthätig auf seinem Ruhebett. Nur hin und wieder nahm er
eine Prise, was man bei ihm als sicheres Zeichen innerer Beschäftigung ansehen konnte. Vor der Probe öffnete er wohl seinen
Geigenkasten, um zu sehen, ob sich das Instrument in Ordnung
befinde; auch legte er die Noten zurecht; doch hörte man ihn nie
spielen oder sich üben. Im Konzertsaal zur Probe angekommen,
war seine erste Sorge sich zu versichern, daß sich keine Zuhörer im
Saal befanden; konnte er letzteres nicht verhindern, so pflegte er
seine Solis bloß anzudeuten. Dem Orchester gegenüber verfuhr er
mit peinlicher Strenge und ließ ein Tutti oder auch ein Solo des
geringsten Fehlers willen mehrfach wiederholen; seine Augen sprüh-
ten dann Blitze auf die Mitglieder der Kapelle, und wenn diese das
Unglück hatte, in eine seiner Kadenzen zu früh einzufallen, kam es
zu förmlichen Wuthausbrüchen. Ging dagegen die Sache gut, so
bekundete er ebenso lebhaft seine Befriedigung. »Bravissimo! Siete
tutti virtuosi!« konnte er dann wohl mitten in einem Konzertstück
ausrufen. Ein Hauptgewicht legte er auf möglichst markante Wiedergabe der Fortestellen, zu welchem Zweck er wiederholt ausrief:
»Parlez donc plus haut! Courage, Messieurs!« Gelangte man
zu einem Orgelpunkt, so erhoben sich die Musiker gewöhnlich, um
genauer zu sehen, was er für Kunststücke machen werde. Er aber
warf meist bloß einige Noten hin und wendete sich dann lachend

gegen das Orchester, indem er bemerkte: »Et cetera, Messieurs!« —
Aller Effekt sollte für den Konzertabend selbst aufgespart bleiben.
Nach der Probe unterließ er selten, der Direktion seinen Dank auszusprechen und ihr einzelne Stellen besonders ans Herz zu legen.
Die Orchesterstimmen sammelte er aufs sorgfältigste und anvertraute
sie Keinem. Eine Solostimme bekam Niemand zu Gesicht, da er
stets auswendig spielte und ängstlich bemüht war, die Möglichkeit
einer Abschriftnahme zu verhüten. Vor seinem Auftreten im Konzert
erkundigte er sich vor Allem aus, ob der Saal gut besetzt sei.
»Allons, allons, ce sont de braves gens«, lauteten seine Worte,
wenn die Antwort bejahend ausfiel. Wurde sie verneint, so bangte
er hauptsächlich für die mangelhafte Wirkung seines Spiels im leeren Raum. Daß er aber auch in Ärger, ja Wuth gerathen konnte,
belegt eine Erzählung von Berlioz in seinen Orchesterabenden Bd. I,
S. 62′, wornach man demselben im Foyer des Theaters zu Marseille einen Spiegel zeigte, den Paganini zerschlagen, weil der Saal
bei einem seiner Konzerte leer war. Um die Neugier des Publikums
zu spannen, ließ er gewöhnlich eine Zeit lang auf sein Erscheinen
warten, benahm sich übrigens keineswegs theilnahmlos gegenüber
den Programmnummern, bei denen er selbst nicht betheiligt war.
Namentlich den Beethoven'schen Symphonien lauschte er mit tiefer
Ergriffenheit und bekannt ist sein wehmuthvoller Ausruf: »E morto!«
nach der Aufführung der A dur-Symphonie des großen Meisters
bei einem Konzert im Augarten zu Wien den 1. Mai 1825. Sein
eigenes Spiel, so sehr er sich stets darauf freute, regte ihn bis ins
Innerste auf: nach Vollendung eines Stückes war seine Haut mit
kaltem Schweiß bedeckt; kaum fühlte man seinen Puls; wie geistes-
abwesend starrten seine Augen ins Leere und der Dichter Karl Her-
loßsohn hatte daher so unrecht nicht, als er beim Erscheinen Paganini's zu Leipzig in den Kometen schrieb: „Sein Flug über die
Erde ist eine schnelle Wanderung zum Grabe, jedes Konzert ein
Nagel zu seinem Sarg, jedes krachende Pizzicato der linken Hand
vielleicht das letzte krampfhafte Muskelspiel der erstarrenden Finger,
jeder seelenvoll erzitternde Ton die erlöste Seele selbst, jede Fermate
vielleicht ein vollkommener Schluß.“ Wohl kam es vor, daß er einen
ganzen Abend schlecht aufgelegt blieb oder daß ihm wenigstens Einzelnes nicht gelingen wollte. „Wäre ich zu Paris, so würde ich heute
den Bogen nicht berühren“, bemerkte er dann wohl zu seinen Freun-

ben. In der Regel spielte er sich indeß rasch ins Feuer, so daß er zuletzt mit Fug sagen konnte: »j'ai mieux joué à la fin qu'au commencement«. Sein Rückweg vom Konzertsaal zum Gasthof gestaltete sich fast überall zu einem Triumphzug. Endloser Beifall umbrauste seinen Wagen und kaum vermochte er durch das Menschen-gedränge ins Haus und zu seinem Zimmer zu gelangen. War seine Erschöpfung nicht allzugroß, so mischte er sich gern unter die Gäste; ja er konnte im Freundeskreis gesprächig, humoristisch, fröhlich bis zum Übermuth sein. Trotzdem, daß er selten ein Buch las, daß ihn weder die Wissenschaften, noch die Literatur, noch die Politik bekümmerten, drückte er sich leicht und gewandt aus. Besonders verstand er die Kunst, den Damen auf elegante Weise etwas Arti-ges zu sagen und auch den unbedeutenden Scherz in eine anmuths-volle Form zu kleiden. Am liebsten bediente er sich dabei der fran-zösischen Sprache, die er ziemlich beherrschte; dagegen erlernte er das Deutsche nie, das Englische nur höchst unvollkommen. Seine Handschrift war so unleserlich wie möglich und auch zur Entzifferung seiner meist seltsam verworrenen Notenmanuskripte bedurfte es län-gerer Übung. Im schneidendsten Kontrast standen Paganini's ängst-liche Bekümmerniß um das Urtheil des Publikums bezüglich seines Spiels wie seiner Persönlichkeit und seine hochmüthige Verachtung des gemeinen Mannes. Unaufhörlich forschte er nach, was die Leute von ihm sagen möchten; aufs sorgfältigste sammelte er die Zeitun-gen und Zeitschriften, welche Recensionen über seine Konzerte brach-ten, und ließ sich übersetzen, was er nicht oder nicht genau verstand. Wiederholt fand er sich veranlaßt, durch Einsendungen in öffentliche Blätter den abenteuerlichen und allerdings meist nicht schmeichelhaft lautenden Gerüchten betreffend seine Vergangenheit entgegenzutreten, die Geister zu beschwören, die er zum Theil durch sein eigenes Spiel mit der strengen Wahrheit aus dem Nichts hervorgerufen. So brach-ten beispielsweise die Wiener Theaterzeitung und der Osservatore Triestino einen vom 10. April 1828 datirten Artikel, worin er sich namentlich gegen die Behauptung verwahrte, daß er jemals der Freiheit beraubt gewesen sei, und während seines Pariser Aufent-haltes veranlaßte er Fétis zur Abfassung eines Briefes für die Pariser Journale, worin die Gerüchte von einer Mordthat, längerer Kerkerhaft ꝛc. des weitläufigen widerlegt wurden. Mit leidenschaft-licher Freude begrüßt Paganini Schottky's Absicht, ein Werk über

ihn herauszugeben, und beschwor den Prager Gelehrten von Dresden
aus, er möge sein Ehrenretter werden. — Aber im gleichen Athemzug,
mit dem er sich krampfhaft für seinen öffentlichen Ruf wehrte, nannte
er das Volk verächtliche Kanaille. »Que me veut cet animal?« war
sein Ausdruck, wenn ein städtischer Arbeiter oder Bauer an ihn
herantrat. War er mit seinem Postillon zufrieden, so sagte er wohl:
„das Rindvieh fährt gut". Verlangte derselbe aber ein Trinkgeld von
ihm, so setzte es italiänische Redensarten ab, die sich kaum zur
Wiedergabe eignen dürften. Denn wenn auch der Vorwurf schnöden
Geizes, welcher Paganini vielfach gemacht wurde, übertrieben erscheint, so läßt sich doch nicht in Abrede stellen, daß er das Geld
sehr hoch schätzte und sein Eigennutz nur widerstrebend hie und
da ein Opfer brachte. Diese immer wieder hervortretende niedrige
Selbstsucht, der Mangel an menschlicher Noblesse waren es denn
auch, welche edlere Naturen abstießen und selbst einen Franz Liszt,
vielleicht den begeistertsten Verehrer des Künstlers Paganini veranlaßten, folgendes Verdammungsurtheil abzugeben: „Dieser Mensch,
dem so viel Begeisterung entgegenjauchzte, — er streifte die Menge,
ohne sich traulich zu ihr zu gesellen; niemand ahnte die Empfindungen, die sein Herz bewegten; seines Lebens Goldstrahl verklärte
kein ander Leben, keine Gemeinschaft des Denkens und Fühlens
verband ihn seinen Brüdern: fremd blieb er jeder Neigung, fremd
jeder Leidenschaft, fremd selbst seinem eigenen Genius; denn was
ist der Genius anders als die der Menschenseele ihren Gott offenbarende Priestermacht? — und Paganini's Gott ist nie ein anderer
gewesen als allein sein eigenes düstertrauriges Ich!" —

Kehren wir nach dieser Abschweifung zur biographisch-histori-
schen Erzählung zurück, so wurde bereits erwähnt, daß Paganini
nach Beendigung seiner Fahrten durch Deutschland in Baden-Baden
längere Zeit Rast gehalten habe. Erst im Februar des Jahres 1831
brach er, leiblich gekräftigt, auf, um sich nach der französischen
Hauptstadt zu begeben. Unterwegs machte er bloß in Straßburg
Halt, um unter massenhaftem Zudrang zu konzertiren. In Paris,
wo sich die Brandung der Juli-Revolution noch immer nicht völlig
gelegt hatte, wo eben eine Anzahl jugendlich feuriger, freigeistig
gestimmter Elemente auf den Kampfplatz getreten war, erwartete
man den großen Geiger mit fieberhafter Spannung. Schon seit
längerer Zeit kannte man die Violinetuben Paganini's, betrachtete

sie indeß als eine Art Zauberrunen, welche bloß ihr eigener Schöpfer völlig zu entziffern im Stande sei. Schon unterm 9. Februar
1830 hatte ihn das Journal des Débats mit emphatischen Worten
angekündigt und die begeisterten Briefe, welche Felice Blangini und
Giacomo Meyerbeer über den Magier aus Italien und Deutschland
an ihre zahlreichen Pariser Freunde geschrieben, gingen von Hand
zu Hand. Nun endlich sollte die Hoffnung der Musiker und Laien
erfüllt, die Neugier von Tausenden befriedigt werden. Am 9. März
1831 gab Paganini sein erstes Konzert im Opernhaus. Trotzdem
daß der Preis der Billets den gewöhnlichen ums dreifache überstieg,
vermochte der Saal die Zuhörer kaum zu fassen. Zwei Tage später,
am 11. März, schrieb Ludwig Börne: „Mit Worten kann ich Ihnen
den Eindruck nicht schildern, den Paganini in seinem ersten Konzert
gemacht; ich könnte ihn nur auf seiner Geige nachspielen, wenn sie
mein wäre. Es war eine göttliche, es war eine diabolische Begeisterung. Ich habe so etwas in meinem Leben nicht gesehen noch gehört. Dieses Volk ist verrückt und man wird es unter ihm. Sie
horchten auf, daß ihnen der Athem verging, und das nothwendige
Klopfen des Herzens störte sie und machte sie böse. Als er auf die
Bühne trat, noch ehe er spielte, wurde er zum Willkommen mit
einem donnernden Jubel empfangen. Und da hätten Sie diesen
Todfeind aller Tanzkunst sehen sollen, in der Verlegenheit seines
Körpers! Er schwankte umher wie ein Betrunkener. Er gab seinen
eigenen Beinen Fußtritte und stieß sie vor sich hin. Die Arme
schleuderte er bald himmelwärts, bald zur Erde hinab; dann streckte
er sie nach den Koulissen zu und flehte Himmel, Erde und Menschen
um Hülfe an in seiner großen Noth. Dann blieb er wieder stehen
mit ausgebreiteten Armen und kreuzigte sich selbst. Er sperrte den
Mund weit auf und schien zu fragen: gilt das mir? Er war der
prächtigste Tölpel, den die Natur erfinden kann, er war zum Malen.
Himmlisch hat er gespielt. In Frankfurt hatte er mir bei weitem
nicht so gut gefallen; das machte die Umgebung. Ich hörte mit
1000 Ohren, ich empfand mit allen Nerven des ganzen Hauses.
In seinen Variationen am Schlusse machte Paganini Sachen, wobei er lachen mußte. Nun möchte ich wissen, ob er über das närrische
Publikum gelacht, oder ob er sich selbst Beifall zugelacht, oder ob
er sich ausgelacht. Das letztere ist wohl möglich; denn es schienen
mir große Kindereien zu sein. — Das Erhabenste, was über Paga-

nini gesagt worden, ist: man habe zwei Stunden lang die Polen
vergessen. Er habe la figure la plus méphistophélique du monde,
so daß eine Dame, als sie ihn erblickte, einen fürchterlichen Schrei
ausstieß. Der große Violinspieler Baillot wurde von Madame Malibran gefragt, was er von Paganini denke. Er antwortete: »Ah!
Madame, c'est miraculeux, inconcevable, ne m'en parlez pas,
car il y a de quoi rendre fou!«

Bevor man recht zu Athem gekommen war, folgte Paganini's
zweites Konzert, in welchem er das Publikum besonders durch das
Gebet aus „Moses" und das Glöckchenrondeau bis zum Wahnsinn
elektrisirte. Beim dritten betrug das finanzielle Ergebniß 22000 Frs.
Den 23. März spielte er zum vierten Mal. „Paganini's fünftes Konzert", berichtet Börne unterm 26. genannten Monats, „hat 24000 Frs.
eingetragen. Er hat folgenden Vertrag mit der Theaterdirektion abgeschlossen. Er spielt Mittwoch und Sonntag. Mittwoch bekömmt
er dreiviertel der Einnahme und Sonntag die ganze und giebt der
Direktion 3000 Frs. ab. So läßt sich berechnen, daß ihm die fünf
Konzerte bis jetzt 90000 Frs. eingetragen". Auch am Hof Ludwig
Philipp's ließ er sich hören und wetteiferte mit den wohllautvollen
Kehlen der ersten Sängerinnen an der italiänischen Oper. Wiederholt spielte er in Kirchenkonzerten mit. „Paganini", so äußerte sich
eine Pariser Zeitung über das erste derselben, „führte ein Einleitungs-
stück aus, das er bescheidener Weise religiös nannte und welches
die Zuhörer einstimmig für himmlisch erklärten. Denn wahrlich
süßer und herzbewegender kann der Gesang der Engel nicht ertönen."
Neben derartigen überschwänglichen Huldigungen sollte es freilich
in der tausendstimmigen Weltstadt auch nicht an mancherlei Gerede
fehlen, das für den Virtuosen weniger schmeichelhaft und erbaulich
klang. Gerade jetzt schoß das Unkraut phantastischer Sagen über
seine Vergangenheit zu üppigster Blüthe empor. An allen Schau-
fenstern zu Paris sah man Bilder, welche Paganini im Kerker vor-
stellten, ja sogar solche, auf denen er Hand in Hand mit Satan
selbst erschien. Wir gedachten schon früher des Briefes, den der
Künstler zu seiner Rechtfertigung in der Revue Musicale veröffentlichte und in welchem er namentlich ausführte, wie seine Person mit
dem polnischen Geiger Duranowski verwechselt worden sei. Letzterer
habe sich 1798 in Mailand aufgehalten und sei als Theilnehmer
bei einem Mordanfall auf den Geistlichen eines benachbarten Dorfes

zu 20 Jahren Kettenstrafe verurtheilt, dann aber vom General Menou, dem späteren Gouverneur der lombardischen Hauptstadt, nach kurzer Haft freigelassen worden. All' diese Auseinandersetzungen waren selbstverständlich um so weniger geeignet, die Fluth unheimlicher Gerüchte über unseren Virtuosen zu dämmen, als sie selbst phantastisch genug lauteten und das seltsam tollste unter südlicher Sonne glaubwürdig erscheinen ließen. Nun gesellte sich ein Umstand hinzu, der besonders böses Blut machte und die Verleumdung in vermehrtem Maß wach rief. Man hatte Paganini eingeladen, sich bei einem großartigen Ball hören zu lassen, welcher im Opernhaus zu Gunsten der Armen gegeben werden sollte. Der Virtuose erklärte rundweg, daß er es mit der Würde seiner Kunst nicht vereinbaren könne, bei einem Tanzfest zu spielen, und erschien nicht. Sofort hieß es, er habe sich aus bloßem Eigennutz geweigert, und obschon er kurz darauf eine eigene Akademie ankündigte, deren Erlös für die Bedürftigen der Stadt bestimmt sein sollte, erging sich der Journalismus in den heftigsten Ausfällen gegen die Selbstsucht und den unedlen Charakter des Mannes. Derartige Erfahrungen mochten dazu beitragen, daß Paganini trotz schmeichelhaftester Ovationen, die ihm von anderer Seite dargebracht wurden, wie z. B. der Verleihung einer goldenen Medaille Seitens der vornehmsten Damen von Paris, seinen Aufenthalt daselbst abkürzte und sich schon Mitte Mai des Jahres 1831 nach England begab. Auch hier erwartete man ihn mit gespanntester Neugier, obschon keineswegs mit jenem geistigeren Interesse, das er in den Künstlerkreisen Deutschlands und Frankreichs erregt. Der Virtuose verstand es trefflich, die englische Wundersucht und Renommisterei für seine Zwecke auszubeuten und mit dem englischen Geld seine Taschen zu füllen. Wohl schimpften die öffentlichen Blätter nach Kräften über das Ausplünderungssystem, welches der welsche Geiger zur Anwendung bringe. Trotzdem starrten die Säle von Zuhörern. Schon mehrere Tage, bevor er zu London im „Theater Ihrer Majestät" sein erstes Konzert gab, war das Haus ausverkauft, obschon die ersten Plätze 3 Guineen, die zweiten 2, die dritten 1 Guinee kosteten. Nach fünfmaligem Auftreten belief sich seine Gesammteinnahme auf über 200000 fl. Dazu kamen unerhörte Preise für seine Mitwirkung in hocharistokratischen Gesellschaften, z. B. eine solche in den Salons des Lord Holland vom 21. Juni, und für Privatstunden, die er den vornehmsten Ladys

der englischen Hauptstadt ertheilen mußte, damit sie den Wundermann möglichst in der Nähe sehen und sich berühmen könnten, seinen Unterricht genossen zu haben. Mit welch stolzem Selbstgefühl
der Künstler seine Bedingnungen vorschrieb und jeder mißliebigen
Zumuthung selbst von allerhöchster Seite entgegentrat, beweist folgende Thatsache: Als König Georg IV. ihm die Hälfte des Hono-
rars von 100 Pfd. Sterling anerbieten ließ, das er für eine Produktion am Hofe gefordert, antwortete Paganini: Seine Majestät
könne ihn für einen bedeutend geringeren Preis hören, wenn sie
sein Konzert im Theater besuche; markten aber lasse er nicht mit
sich. — In allen drei Königreichen war der Zudrang zu seinen
Akademien derselbe. So wird von Leeds in der Provinz York erzählt, daß sich der Konzertsaal, in dem Paganini Abends spielen
sollte, schon um Mittag angefüllt und daß man länger denn sieben
Stunden auf das Erscheinen des Zauberers gewartet habe. Gegen
Ende 1831 schloß Paganini mit einem englischen Spekulanten einen
Vertrag ab, wornach ihm der letztere eine bestimmte Summe zahl-
bar in monatlichen Raten zusicherte, während der Virtuose die Verpflichtung übernahm, in den von seinem Mitkontrahenten anzuord-
nenden Akademien aufzutreten und ihm die Einnahmen zu überlassen.
Paganini ist sonach gewissermaßen der Erfinder dieses spekulativen
Systems, welches freilich den Künstler zum Werkzeug eines Dritten
erniedrigt, das ihn aber andererseits über eine Masse von Schwierigkeiten und stimmungmordender Mühsal hinweghebt und dem daher
seit jener Zeit eine erhebliche Zahl von Künstlern gehuldigt hat. Mit
seinem Impresario bereiste Paganini nunmehr einen großen Theil
Frankreichs, dann ganz Holland und Belgien, vielfach leidend unter
dem unwirthlichen Klima, doch überall mit Begeisterung empfangen
und die Massen unaufhaltsam mit sich fortreißend. Bloß in Brüssel
vermochte er nach Conestabile's Bericht das Auditorium nicht zu erwärmen. Im ersten der drei Konzerte, die er im königlichen Theater
gab, erregte seine barocke Erscheinung allgemeines Gelächter und
auch als er zu spielen begonnen hatte, dauerte die humoristisch-
satirische Stimmung der Hörer fort. Nachdem er abermals längere
Zeit in Frankreich verweilt, kehrte Paganini Anfangs 1834 nach
England zurück. Er trat hier nochmals in zehn massenhaft besuchten Konzerten auf und befreite sich damit endlich von den Verbindlichkeiten, die er im Kontrakt mit seinem Begleiter übernommen und

welche ihm mehr und mehr zur quälenden Fessel geworden waren. Damit es auch hier an romantischen Abenteuern nicht fehle, verliebte sich die Tochter eines Engländers, in dessen Haus Paganini ein gern gesehener Gast war, sterblich in den Virtuosen und folgte ihm ohne Wissen der Eltern bis nach Calais. Natürlich schob man die Schuld auf den räthselhaften Zauber des Mannes, welcher das Mädchen in seine Schlingen gelockt und zuletzt entführt haben sollte. Wiederum mußte Paganini zur Feder greifen, um in einer öffentlichen Rechtfertigung auseinanderzusetzen, daß die Dame ihm heimlich nachgereist sei und daß er selbst sie zur Heimkehr ins Vaterhaus bewogen habe. Dem Fremden, in dem nun einmal der Abenteurer unzertrennlich vom Künstler schien, mochte freilich auch jetzt glauben wer wollte. Im Hochsommer 1834 sollte Paganini endlich nach sechsjähriger Abwesenheit sein sonniges Vaterland wiedersehen. Die erworbenen Reichthümer erlaubten ihm, sich ein eigenes Heim zu gründen und sich behaglich einzurichten. Einige Zeit war er unschlüssig, wo er sich niederlassen sollte. Bereits hatte er verschiedene Güter in Oberitalien erworben, als er ein anmuthiges Landhaus unweit von Parma, die sogen. Villa Gajona, zum dauernden Aufenthalt wählte. Verschiedene Pläne gingen damals in seinem Kopf herum; der wichtigste war der, seine Kompositionen zu veröffentlichen, sowie in einer größeren Violinschule die Geheimnisse seiner Kunst zum Besten der Nachwelt auseinander zu setzen. Schon während der Londonertage hatte ihn einer der bedeutendsten Musikalienverleger, Mr. Tronpenas von Paris aus besucht und wegen Überlassung seiner Manuskripte mit ihm unterhandelt. Allein Paganini verlangte einen so hohen Preis dafür, daß eine Verständigung unmöglich wurde. Später äußerte unser Künstler gegen Fétis: er beabsichtige seine Werke im Selbstverlag herauszugeben, habe indeß aufs Konzertspiel noch nicht verzichtet und werde die wesentlichsten Kompositionen daher zunächst in einer Klavierbearbeitung erscheinen lassen. Auch jetzt kam das längstgehegte Projekt nicht zur Ausführung, sei es daß der Virtuose noch immer mit dem Komponisten im Kampfe lag, sei es daß überhaupt dem thatenmüden, kränkelnden Manne die rechte Arbeitslust fehlte. Dagegen ließ er sich bestimmen, den 14. November 1834 zu Piacenza ein großes Konzert für die Armen zu geben, bei welchem Anlaß ihn seine Landsleute mit frenetischem Beifall überschütteten. Bald darauf willfahrte er

dem Wunsch der Großherzogin Maria Luise von Parma und spielte
am 12. December 1831 in einem dortigen Hofkonzert. Die hohe
Frau schenkte ihm als Zeichen ihrer Gunst einen prachtvollen Ring,
mit der fürstlichen Krone und ihrer Chiffre in Brillanten ausgestattet. Überdies verlieh sie ihm unterm 3. Jan. 1836 den Orden
des heiligen Georg. Während des Jahres 1835 lebte Paganini
abwechselnd auf seiner ländlichen Villa, in Genua und zu Mailand.
Bei seiner Rückkehr in die Vaterstadt bereitete ihm sein Gönner, der
Marchese Giancarlo di Negro. ein großartiges Fest, welches den
28. Juli in der Villa des Granden »Paradiso terrestre« stattfand
und bei dem sich Genua's bedeutendste Staatsmänner, Literaten und
Künstler betheiligten. Den Schluß bildete die Enthüllung einer
Marmorbüste des Meisters, welche dieser zum Geschenk erhielt.

Sein Aufenthalt in der Heimat hätte Paganini übrigens leicht
verderblich werden können. Denn während desselben brach die
Cholera aus und massenhaft fielen die Menschen der wüthenden
Seuche zum Opfer. In der That verbreitete sich das Gerücht, auch
der große Geiger sei ihr erlegen, und bereits hatten mehrere Zeitun-
gen Nekrologe veröffentlicht, als sich herausstellte, daß Paganini
zwar sonst sehr leidend, aber der Ansteckung entgangen sei. Im
Jahre 1837 bereiste unser Künstler mehr zur Erholung denn zu
Konzertzwecken Piemont. Am 9. Juni gab er in Verbindung mit
seinem Gefährten, dem berühmten Guitarristen Luigi Legnani, eine
Akademie zu Turin, deren reicher Ertrag wiederum zu wohlthätigen
Zwecken bestimmt war. Unter den Huldigungen, die dem Virtuosen
dargebracht wurden, erfreute ihn besonders eine wohllautgetränkte
Kanzone des Dichters Cav. Felice Romani. 1838 finden wir Paga-
nini neuerdings in Paris, wohin ihn diesmal Beziehungen nicht
so wohl künstlerischer als geschäftlicher Natur riefen. Im Jahre
1836 hatten sich nämlich eine Anzahl Pariser Spekulanten behufs
Gründung eines Kasinos zusammengethan, welches angeblich zur
Pflege der Musik dienen, in der That aber eine Spielbank sein
sollte. Paganini, dessen Name am besten geeignet erschien, dem
Unternehmen die gewünschte Zugkraft zu verleihen, ließ sich zum
Eintritt in die Gesellschaft bewegen und Ende December 1837 wurde
das prachtvoll eingerichtete, kostspielige Etablissement in einem der
schönsten Quartiere der französischen Hauptstadt unter dem Titel:
Casino Paganini eröffnet. Obschon sich unser Virtuose wieder sehr

unwohl fühlte, gab er doch dem Drängen der Genossen nach und
reiste Spätherbst 1837 über Lyon nach Paris, um selbst die ersten
Konzerte im neuen Musikpalast zu leiten, wohl auch als Solist
aufzutreten und sich in unmittelbarer Nähe vom Gedeihen des ver-
heißungsvollen Werkes zu überzeugen. Der leidende Zustand, in
welchem er am Ort seiner Bestimmung anlangte, verunmöglichte
indeß sein persönliches Eingreifen und die bitterste Enttäuschung
sollte nur allzubald folgen. Als sich der wahre Zweck der Spekulation, die Pflege des Hazardspiels enthüllte, schritt die Regierung
gestützt auf das französische Spielgesetz ein und erstickte das Unternehmen in seinem Keim. Damit war aber auch der financielle Ruin
der Gesellschaft besiegelt; denn die Konzerteinnahmen erwiesen sich
als geringfügig. Über Betrug schreiend drängten sich von allen
Seiten die gefährdeten Gläubiger heran, um ihre Gelder bestmöglichst aus dem Trümmersturz zu retten. Paganini selbst, welcher
die meiste Garantie darbot, wurde unversehens in einen großartigen
Proceß verwickelt und vom Gericht, angeblich ohne daß man seine
Vertheidigung angehört, verurtheilt, den Kreditoren der Gesellschaf-
ter eine Schadenersatzsumme von 50000 Frs. auszurichten. Bis zur
Zahlung sollte er seiner Freiheit verlustig sein. Der Schlag traf den
Künstler um so härter, als gerade damals seine Kehlkopfschwindsucht
in ein bedenkliches Stadium getreten war und die Ärzte ihm dringend riethen, sich aus dem ungesunden Paris nach Marseille zu
begeben, dessen milderes Klima wohlthätig auf seinen Körper ein-
wirken dürfte. „Kaum", erzählt Berlioz, der damals viel mit Paganini verkehrte (Gesammelte Schriften, Deutsche Ausgabe von Rich.
Pohl, Bd. II, S. 264), „kaum vermochte man ein paar Worte zu
verstehen, wenn man das Ohr nah an seinen Mund hielt. Wenn
ich an Tagen, wo das Wetter ihm Lust dazu machte, in Paris
mit ihm spazieren ging, so hatte ich Buch und Bleistift bei mir.
Paganini bezeichnete mit einigen Worten den Gegenstand, über den
er sich zu unterhalten wünschte; ich ließ mich darüber bestmöglichst
aus und von Zeit zu Zeit einen Bleistift ergreifend, unterbrach er
mich durch hinsichtlich ihres Lakonismus oft sehr originelle Betrachtungen". Seiner geliebten Kunst konnte er übrigens auch jetzt nicht
völlig entsagen. „In den seltenen Augenblicken des Wohlerbefindens",
so berichtet derselbe Berlioz, „ergriff er seine Geige, um, wie es der
Zufall gab, Trios und Quartette von Beethoven in geheimer Ver-

sammlung, deren Ausführende zugleich die einzigen Hörer waren, vorzutragen. Ein anderes Mal, wenn ihn das Violinspiel zu sehr ermüdete, zog er eine Allen unbekannte Sammlung von ihm ver- faßter Duetten für Violine und Guitarre hervor und zum Partner einen würdigen deutschen Geiger, Herrn Sina, wählend, übernahm er die Guitarrepartie und entlockte dem Instrument unerhörte Effekte".

Bevor wir Paganini nach dem südlichen Frankreich begleiten, ist hier noch jene vielbesprochene Schenkung an Berlioz zu erwäh- nen, weil das Ereigniß ebenfalls in die Zeit des letzten Pariser Aufenthaltes unseres Künstlers fällt und das damit verknüpfte Räthsel erst in neuester Zeit seine Lösung gefunden hat. Am 20. Dec. 1833 hatte Paganini, von jeher ein begeisterter Anhänger der Berlioz'schen Muse, in einem Pariser Konzert die Symphonie fantastique unter Girard's Leitung gehört und einen so tiefen Eindruck davon getra- gen, daß er den Tondichter zu bestimmen suchte, ein Instrumental- solo für Altviole zu schreiben, das er, Paganini, selbst spielen wolle. Auf diese Anregung ist die Komposition der Harold-Symphonie zu- rückzuführen, welche Berlioz den 16. Dec. 1838 in des Geigers Gegenwart zur Aufführung brachte. Fand der letztere auch die Bratschenpartie zu wenig virtuos, um seinerseits damit aufzutreten, so nahm er doch die Widmung des Werkes mit Freuden an und übersandte wenige Tage später dem in kümmerlichen finanziellen Verhältnissen lebenden Komponisten ein Geschenk von 20000 Frs. Diese Handlung, welche Paganini's Lobredner von jeher als Haupt- indicium gegen seinen angeblichen Geiz ins Feld geführt haben, suchten objektivere Biographen dadurch zu erklären, daß sie die Gabe als eine gewissermaßen unfreiwillige darstellten. Jules Janin habe nämlich den erforderlichen Druck auf den welschen Harpagon aus- geübt und diesen schließlich zur Rettung des französischen Künstlers veranlaßt, da Paganini für den Fall der Ablehnung hätte befürch- ten müssen, Janin's Feder und damit das Journal des Débats gegen sich und sein Prestige in Bewegung zu setzen. Diese ziemlich künstliche Hypothese wurde erst in neuester Zeit durch Ferd. Hiller umgestoßen. In dem schönen Aufsatz über Berlioz, welchen Hiller in seinem „Künstlerleben" 1880, veröffentlicht hat, berichtet der Verfasser, Rossini habe ihm den Schlüssel des Räthsels gegeben: „Armand Bertin, der reiche, mächtige Besitzer des Journal des Dé- bats hatte durch Berlioz selbst von der fanatischen Begeisterung des

berühmten Geigers gehört und machte, da er den genialen Komponisten liebte, Paganini den Vorschlag, sich ohne Unkosten als Spen-
der der genannten Summe zu bekennen. Paganini that, was von
ihm verlangt wurde. Ist das denn wahr, sicher, möglich, glaublich? — frug ich Rossini. — Ich weiß es, erwiederte der Maestro
mit dem festen Ernst, der ihm nicht minder wohl anstand, als der
scherzende Humor, in dem er sich meistens gefiel." —

Daß dieser Bericht mit den Thatsachen übereinstimmt, erscheint
Angesichts der uns bekannten herzlichen Beziehungen zwischen Rossini
und Paganini durchaus unzweifelhaft, obschon Berlioz selbst das
wahre Sachverhältniß nicht erfuhr. — In Marseille, wo Paganini
Anfangs 1839 anlangte, bezog er nach Conestabile die Wohnung
eines Freundes, der dem Unglückgebeugten das Dasein so angenehm
wie möglich zu gestalten suchte. Oft ließ er sich hier, auf weichem
Sopha ruhend, von Achilles die französische Guitarre oder auch
seine geliebte Guarneri bringen, um in träumerischen Phantasien
vergangenes und gegenwärtiges Leid zu vergessen. Fast täglich besuchte ihn der treffliche Musiker Giuseppe Galofre di Barcellona,
den Paganini wie selten einen Menschen ans Herz geschlossen hatte
und den er auch mit seinen Kompositionen und der Art und Weise
ihrer Ausführung vertraut machte. Trotz seines körperlichen Leidens,
das ihn bereits zum Skelett abgezehrt hatte, ließ er es sich nicht
nehmen, einer Aufführung des Cherubini'schen Requiems und am
21. Juni, dem Festtag des heil. Ludwig, einer solchen der Beethoven-
schen Cdur-Messe in der Hauptkirche von Marseille beizuwohnen.
Das letzterwähnte Konzert, für welches man Paganini einen Ehren-
platz eingeräumt, sollte um 10 Uhr Morgens beginnen. Man wartete
indeß, bis der etwas verspätete Künstler eingetroffen war. Am
Schluß bezeugte dieser seine hohe Bewunderung für den Komponisten und fuhr dann in einer Kutsche nach dem nächsten Dorf, um
dort ein ländliches Mittagsmahl zu genießen und in ungestörter
Ruhe das Echo des Erlebten anklingen zu lassen. — Als sich im
Herbst 1839 trotz immer häufigeren Gebrauches seines Lieblings-
mittels, des Elixir de le Roi, Paganini's Leiden fortwährend steigerten und auch die Luft der Provence zu rauh für ihn befunden
wurde, begab er sich zunächst nach Genua, dann mit einbrechendem
Winter nach Nizza. Hier widmete ihm sein Verehrer, der reiche
Musikliebhaber Graf von Césole die sorgfältigste Pflege. Obschon

seine Schwäche von Tag zu Tag zunahm, wollte er gleich den meisten Schwindsüchtigen noch immer nicht an nahe Todesgefahr glauben. „Wenn der Himmel es erlaubt", heißt es in einem Brief an Hector Berlioz, „so werde ich Sie nächstes Frühjahr wiedersehn. Ich hoffe, daß mein Zustand sich hier verbessern wird; diese Hoffnung ist die letzte, welche mir noch übrig bleibt. Leben Sie wohl und erhalten Sie mir Ihre Zuneigung, wie ich Ihnen die meinige." — Noch als sich bereits seine Züge in erschreckender Weise zu verändern begannen und die Stimme völlig erlosch, beschäftigte er sich mit dem Gedanken, nach seinem geliebten Toskana zu gehen und dort sein Leben zu beschließen. An seinem letzten Abend, so berichtet dichterisch schön der Italiäner Anzelmi, schien der Kranke ruhiger denn gewöhnlich. Nachdem er von einem kurzen Schlaf erwacht, ließ er die Vorhänge seines Lagers auseinanderziehen, um den Mond zu sehen, dessen Silbernachen eben am azurenen Himmel emporstieg. Bereits schien der nächtliche Zauber seine Sinne neuerdings einzuschläfern; aber der Blüthenduft, der von den nahen Büschen hereinströmte, erregte in seiner Brust jenen süßen Schauer, der das Leben des Schönen ist. Als wollte er der Natur die wohllautvolle Empfindung zurückgeben, die sie in der Seele des Sterbenden wachgerufen, griff er nach seiner Geige, dem getreuen Gefährten auf seiner Pilgerschaft, und verhauchte mit dem letzten leisen Klang der Saiten den letzten Hauch eines Daseins, das nichts denn Melodie gewesen war. Paganini starb den 27. Mai 1810 im Alter von 56 Jahren. Doch schien es, als sollte der Künstler, dessen ebenso unstäte wie strahlende Bahn man nicht ohne Grund mit derjenigen eines Kometen verglichen hat, selbst nach seinem Tod keine Ruhe finden. Sei es daß der religiöse Indifferentismus des Mannes überhaupt in Verbindung mit seinem sagenumschwebten Lebenslauf die Geistlichkeit gegen sich eingenommen, sei es daß er den Weg ins Jenseits ohne die Gnadenmittel der Religion angetreten, Thatsache ist, daß der Bischof von Nizza, Monsig. Antonio Campano die Bestattung des Leichnams auf dem dortigen Friedhof verweigerte. Umsonst stellten der Sohn und die Freunde des Verstorbenen dem kirchlichen Würdenträger vor, wie unerwartet und plötzlich Paganini gestorben: der Bischof beharrte bei seiner Verfügung und gestattete lediglich, daß man einen amtlichen Todtenschein ausstelle und den Körper verbringe wohin man wolle. Damit gaben sich die Anhänger des Verstorbenen nicht zufrieden. Sie machten die Sache

beim Gericht von Nizza anhängig, allein auch dieses entschied zu
Gunsten des Bischofs. Hierauf wandte man sich nach Rom. Der
Papst kassirte den bischöflichen Entscheid und beauftragte den Erzbischof von Turin, in Verbindung mit zwei Geistlichen der Kirche
zu Genua den Katholicismus Paganini's des genauern zu untersuchen. Das Ergebniß dieser Expertise scheint nie bekannt geworden
zu sein. Über dem unfruchtbaren Gezänk waren Jahre vergangen,
während welcher der Leichnam in einem Zimmer des Spitals von
Nizza liegen blieb; erst im Mai 1844 wurde derselbe vom Lazareth
zu Villafranca nach dem bei Genua gelegenen Landgut des Verstorbenen, genannt Polcevera, verbracht. Bald verbreitete sich das
Gerücht, daß man daselbst allnächtlich seltsame, wehklagende Töne
vernehme. Der junge Baron Achilles fand sich schließlich veranlaßt,
eine Leichenfeier zum Gedächtnis seines Vaters als Ritters des heiligen Georg zu veranstalten. Diese Feier fand zu Parma in der
Kirche der Steccata statt, welche jenem Ritterorden angehörte. Hierauf erwirkten Paganini's Parmesaner Bekannte vom Bischof und
bezw. dem Departement die Erlaubniß, den Leichnam ins Herzogthum
einführen und bei der Kirche des Dorfes, dem die Villa Gajona
zugehörte, bestatten zu dürfen. Letzteres geschah im Monat Mai des
Jahres 1845, jedoch ohne allen Pomp, den Befehlen gemäß, welche
die Behörden ertheilt hatten. — In seinem Testament, errichtet den
27. April 1837, eröffnet den 1. Juni 1840, hatte Paganini seinen
als legitim erklärten Sohn Achilles zum Universalerben seines Vermögens im ungefähren Betrag von zwei Millionen Franken einge-
setzt, ihm übrigens die Verpflichtung auferlegt, den Schwestern des
Erblassers Vermächtnisse auszurichten, und zwar der einen 60000,
der anderen 50000 Frs. — Der Mutter seines Kindes sicherte Paganini bloß eine jährliche Rente von 1200 Frs. zu. Außer seinen
Kapitalien und Liegenschaften hinterließ er eine ansehnliche und
höchst werthvolle Sammlung von Instrumenten, darunter eine un-
vergleichliche Stradivari, die er selbst zu wenigstens 8000 östr. Gulden
schätzte, eine vorzügliche Amati, ferner eine der Geige fast gleich-
werthige Stradivari-Viola, endlich seine Lieblings-Guarneri. Die
letztere vermachte er seiner Vaterstadt Genua, um zu vermeiden, daß
sie je in die Hände eines anderen Künstlers komme. Damit sich
übrigens auch die Geistlichkeit beruhige, sollten in der Kapuziner-
kirche zu Genua 100 Messen für sein Seelenheil gelesen werden.
Die Vormundschaft für seinen Sohn übertrug er dem Marchese

Lorenzo Parelo, die Sorge für die Testamentsvollstreckung den Herren Gianbattista Giordani, Lazzaro Rebizzo und Pietro Torrigiani in Genua.

Wir haben den Virtuosen und Menschen Paganini bis zum Abschluß seiner Triumphe und Leiden verfolgt. Es erübrigt uns, auch den Komponisten zu würdigen, der freilich wiederum mit dem leidenschaftlich kühnen, vor keiner Schwierigkeit zurückschreckenden Geigenkünstler in untrennbarem Zusammenhang steht. Wohl kaum ein Vorwurf ist Paganini öfters gemacht worden als der, daß er bloß seine eigenen Werke spiele, nicht aber auch denjenigen anderer Tondichter in ihrer Eigenart gerecht zu werden vermöge. Dieser Vorwurf erscheint insofern gerechtfertigt, als er die Einseitigkeit eines durchaus subjektiv gearteten Talentes überhaupt bezeichnet. Dagegen trifft er nicht zu, wenn damit gesagt werden will, Paganini hätte seine Virtuosität gleichermaßen an den Kompositionen Anderer entfalten können und sollen wie an seinen eigenen. Mit vollem Grund bemerkte der Geiger selbst zu Harrys: „ich habe meine individuelle Methode, ihr bequeme ich meine Werke an. Um diejenigen Dritter zu spielen, müßte ich sie auf meine Weise zurichten. Diesem Verfahren ziehe ich indeß vor, selbst ein Stück mit voller Freiheit nach meinem musikalischen Gefühl zu schreiben". Der relativ ungünstige Eindruck, den Paganini's Vortrag anderer Meister machte, gab ihm vermehrte Veranlassung, sich bezüglich seiner Programme auf sich selbst zu beschränken, und in der That soll er vom Jahr 1832 an nur noch eigene Kompositionen öffentlich gespielt haben. — Der Violincapricen Op. 1, welche die specifisch technischen Künste des Virtuosen, seine Harpeggien, Decimengänge, Oktaventriller, das Spiel auf zwei, drei und vier Saiten bereits in höchster Entfaltung zeigen, so wie der Kompositionen Op. 2 bis 4, bei denen die Guitarre betheiligt ist, thaten wir schon früher Erwähnung. Es bilden diese vier Werke die einzigen Schöpfungen Paganini's, die er selbst veröffentlicht hat. Das Meiste, was später unter seinem Namen erschien, haben befreundete Künstler nach ihrer persönlichen Erinnerung aufgezeichnet. Manches muß als völlig apokryph, als werthloses Produkt kaufmännischer Spekulation bezeichnet werden. Conestabile, der sich große Mühe gab, der Wahrheit auch hier auf die Spur zu kommen, und welchem ein Verzeichniß sämmtlicher vom Sohn Paganini's aufbewahrter Manuskripte vorlag, führt außer den bereits erwähnten 22 Nummern auf, worunter als Nummer 1 vier Konzerte

mit Orchesterbegleitung, als Nummer 2 vier solche ohne Accompagnement, das letzte unmittelbar vor des Künstlers Tod in Nizza geschrieben, figuriren. Doch bemerkt der Biograph, daß auch von diesen Arbeiten vieles lückenhaft sei. Die wichtigsten Kompositionen
hat Fétis, der sie fast sämmtlich von Paganini selbst gehört, in
seiner früher citirten Monographie eben so gründlich wie geistvoll
besprochen. Vor allem fesseln unsre Aufmerksamkeit die beiden Konzerte in Es-dur und Hmoll, da sie sich in größeren Formen bewegen und insbesondere auch die Instrumentationsweise des Kompo-
nisten-charakterisiren. Das 1811 entstandene Konzert in Es, dessen
Geigenstimme übrigens in D geschrieben ist, schließt sich im Allgemeinen der organischen Gliederung des Viotti'schen Konzertes an,
enthält indeß eine Fülle interessanter Detail-Züge. Vom mehrstimmigen Spiel, den Flageolettönen so wie den Wirkungen der vierten
Saite, als deren eigentlichen Erfinder man Paganini bezeichnen
kann, macht er reichlichen Gebrauch darin. Auch die Tuttisätze sind
breit und schwungvoll gehalten. Was Berlioz, gewiß der kompetenteste Kritiker, von Paganini's Orchester überhaupt sagt, es sei
glänzend und energisch, ohne lärmend zu werden, manche Instrumente, wie z. B. die große Trommel, verwende er mit ungewöhnlichem Verständniß, das gilt in vollem Maß schon hier. Das
Adagio bildet ein Zwiegespräch zwischen der vierten und den drei
übrigen Saiten. Ein überaus feuriges Rondo-, in welchem der
Künstler durch seine eigenartige Staccatobehandlung mit geworfenem
Bogen die Hörer jeweilen zum Taumel hinriß, bildet den Abschluß
des Werkes. — Noch bedeutender erscheint das zweite Konzert, auf
das sich folgender Satz von Berlioz anwenden läßt: „Man müßte
ein ganzes Buch schreiben, wollte man alle neuen Effekte, sinnreichen Verfahrungsweisen, edlen und großartigen Gestaltungen
und vor ihm ungeahnten Orchesterkombinationen Paganini's in
seinen Werken verzeichnen. Seine Melodie ist der große italiänische Stil, aber im Allgemeinen von viel feurigerem, leidenschaft-
licherem Charakter, als man sie in den schönsten Stellen der dramatischen Komponisten seines Landes findet. Seine Harmonie
ist stets klar, einfach und von außerordentlichem Wohllaut."
Während der Tondichter im ersten Satz des Dmoll-Konzertes
durchaus vom Virtuosen beeinflußt erscheint und seiner Bravour
bald mit pathetischer Kühnheit bald mit humoristischem Übermuth
die Zügel schießen läßt, ist das Adagio außerordentlich schlicht ge-

halten und überquillt förmlich von innig empfundenem, unmittelbar zu Herzen gehendem Gesange. Den Schluß bildet das bekannte Glöckchenrondeau, ein reizendes Tonstück, mit dessen Klangkombinationen Paganini sein Auditorium überall in Entzücken versetzte. Von den übrigen Kompositionen verdienen die Variationen über »God save the King« und über die sogen. „Hexen" als Bravourstücke voll unerhörter Schwierigkeiten hervorgehoben zu werden. Bezüglich der Phantasie über das Gebet aus „Moses" hebt Berlioz als genialen Zug des Bearbeiters hervor, daß er die begleitende große Trommel nicht wie der Opernkomponist auf die guten, sondern auf die schlechten Takttheile einfallen läßt. Als Paganini wegen des Stückes beglückwünscht wurde und Jemand beifügte: „Immerhin darf man nicht vergessen, daß Rossini Ihnen ein sehr schönes Thema geliefert hat", antwortete er lächelnd: „das ist gleichgültig, meinen Trommelschlag hat er doch nicht erfunden."

Mag man auch zugeben, daß des Geigers Spiel über manche seiner Werke ein geniales Feuer ausgeströmt habe, das in den Notenköpfen selbst nicht stecke, als bloß äußerliche, nur ein technisches Interesse darbietende Kunststücke wird man selbst seine schwächeren Schöpfungen keineswegs bezeichnen dürfen. Dem widerspräche schon die Thatsache, daß Musiker wie Chopin, Liszt, Rob. Schumann nicht allein vom Virtuosen, sondern auch vom Komponisten Paganini tiefgehende Anregungen empfingen. Wie das ganze Wesen Chopin's in Wallung gerieth, als Paganini's wundersame Musik zu Warschau das Ohr des zwanzigjährigen Jünglings traf, wurde schon früher erwähnt. Und wer vermöchte zu bestreiten, daß zwischen dem vielverschlungenen Arabeskenwerk des italiänischen Maestro und dem filigranartig feinen Zierat, der die Melodien des polnischen Tondichters umrankt, mancherlei Wechselbeziehungen vorhanden seien! Was Liszt anbelangt, so berichtet sein Biograph L. Ramann, er sei von Paganini's Musik wie von einem Zauberstab berührt worden und habe plötzlich das Traumbild seiner Seele verwirklicht gefunden. Hier tauchte das Kunstwerk unter im Geist des reproducirenden Künstlers, um von ihm in den Gluthen unmittelbarster Empfindung von Neuem geboren zu werden. Wie die Wunder des großen Geigers Liszt's eigene Virtuosengenialität gewissermaßen erst entbanden, wie er jetzt darauf ausging, jeden Finger seiner Hand zu einem Pianisten zu machen, dafür hat der Meister in seinen berühmten Bravourstudien nach Paganini's Capricen und bezw. dem Glöckchenrondeau Op. 10 Zeugniß abgelegt. „Es ist", sagt Rob. Schumann, „als ob Liszt in diesem Werke all' seine Erfahrungen niederlegen, die Geheimnisse seines Spiels der Nachwelt überliefern wollte; er konnte seine Verehrung für den großen Künstler nicht schöner bethätigen, als durch diese bis ins Kleinste sorgfältig gearbeitete wie den Geist des Originals aufs treuste wiederspiegelnde Übertragung."

Noch bevor übrigens der größte Klaviervirtuose solchermaßen den kühnsten Violinvirtuosen interpretirt, hatte sich Schumann seinerseits unter ähnlichen übermächtigen Eindrücken an eine ähnliche Arbeit gemacht. 1832 schrieb er seine Studien für das Pianoforte nach Capricen von Paganini, Op. 3, und ein Jahr später seine Etudes de concert d'après des Caprices de Paganini, Op. 10, durch welche, wie der Künstler sich selbst ausdrückt, mehr die poetische Seite jener Kompositionen zur Anschauung gebracht werden sollte, während Liszt mehr die virtuosische betont. Über das Verhältniß seiner Bearbeitung zum Original lesen wir in Schumann's gesammelten Schriften, Bd. II, S. 29 folgende ebenso feinsinnige wie für Paganini ehrenvolle Worte: „Eine Opuszahl setzte ich auf obige Etuden, weil der Verleger sagte, sie „gingen" deshalb besser — ein Grund, dem meine vielen Einwendungen weichen mußten. Im Stillen hielt ich aber das X für das Zeichen der unbekannten Größe und die Komposition bis auf die Bässe, die dichteren deutschen Mittelstimmen, überhaupt bis auf die Harmoniefülle, hie und da auf die geschmeidiger gemachte Form für eine echt paganinische. Ist es aber löblich, die Gedanken eines Höhern mit Liebe in sich aufgenommen und wiederum nach Außen gebracht zu haben, so besitze ich vielleicht darauf einen Anspruch. Paganini selbst soll sein Kompositionstalent höher anschlagen, als sein eminentes Virtuosengenie. Kann man auch, wenigstens bis jetzt hierin nicht vollkommen einstimmen, so zeigt sich doch in seinen Kompositionen und namentlich in den Violincapricen, denen obige Etuden entnommen und die durchgängig mit einer seltenen Frische und Leichtigkeit empfangen und geboren sind, so viel Demanthaltiges, daß die reichere Einfassung, welche das Pianoforte erheischt, dies eher festen als verflüchtigen möchte." Und weiterhin erklärt Schumann die Tondichtung, welche der zweiten Nummer seiner Etuden zu Grunde liege, für besonders schön und zart, ja an und für sich hinreichend, Paganini eine erste Stelle unter den neueren italiänischen Komponisten zu sichern. „Florestan nennt ihn hier einen italiänischen Strom, der sich auf deutschen Boden mündet". — So darf man denn mit Fug behaupten, daß jene großartige und segenreiche Revolution des Klavierspiels und der Klavierliteratur, welche mit den dreißiger Jahren beginnt und an deren Spitze die obgenannten Meister Chopin, Schumann und Liszt stehen, durch die Erscheinung Paganini's mit hervorgerufen und wesentlich beeinflußt worden sei. Damit haben wir aber vielleicht die bedeutsamste kunst geschichtliche Mission des Mannes bezeichnet, der zwar keine Schüler im engern Sinne des Wortes zu bilden im Stande war, dessen dämonische Persönlichkeit aber gleich einem befruchtenden Frühlingssturm über die Erde ging, wahlverwandte Geister entzündend und der Tonkunst neue Bahnen eröffnend.

Für immer sind die zaubermächtigen Klänge verstummt, die der Geiger einst aus seinem unscheinbaren Instrument aufrauschen ließ. Aber wenn Niemand mehr aus persönlicher Erinnerung jene Eindrücke zu schildern vermag, welche Paganini hervorgebracht, wenn der Ruf seiner Virtuosität nur noch gleich einer dunklen Sage ins Ohr der Nachwelt bringt, wird die Geschichte der Musik seiner zu gedenken haben als einer phänomenalen Erscheinung, in der sich beispielloses technisches Vermögen mit einer leidenschaftlich aufgeregten, echt südländischen Phantasiekraft unzertrennlich verband, einer Erscheinung, welche die Eingeweihten berückte wie sie die Massen hinriß, einer Erscheinung endlich, welche wesentlich dazu beitrug, der verflachten, in hohler Äußerlichkeit befangenen Kunst der zwanziger Jahre ein Ende zu bereiten und eine neue geistig frischere und thatenfreudigere Zeit heraufzuführen.

Die Ahnen
moderner Musikinstrumente.

Von
Dr. H. M. Schletterer.

46.

Die Ahnen moderner Musikinstrumente.

Von

Dr. H. M. Schletterer.

In jeder Periode der Musikgeschichte begegnet man gewissen Modeinstrumenten, die, obwohl zufolge ihrer Konstruktion und Tonarmuth nur wenig befriedigende künstlerische Leistungen ermöglichend, momentan doch allgemein beliebt sind und vielfach gespielt werden. Meist auf einen engen Kreis harmonischer Verbindungen beschränkt und zur Lösung höherer musikalischer Aufgaben ganz unbefähigt, vermag man sich ihre Technik leicht anzueignen; das, was auf ihnen zur Noth zu erreichen ist, genügt in der Regel vollkommen den Ansprüchen sentimentaler Kunstenthusiasten, empfindsamer Klimperer und selbstgefälliger Dilettanten. Der Laune, dem Zufall ihr Emporkommen verdankend, werden sie nach kurzer Zeit wie jedes Spielzeug, dessen man überdrüssig geworden, entweder in diejenigen Regionen zurückgewiesen, denen sie ihrer Natur und ihrem Wesen nach angehören, oder ganz bei Seite gelegt und vergessen. Etwas längere Lebensdauer vermögen sie zu gewinnen, wenn industrielle Instrumentenmacher sich solcher Naturkinder liebevoll annehmen, sie zu verbessern und zu vervollkommnen suchen und ihnen besonders durch reichere und prächtigere Ausstattung den Weg aus niedern in höhere Kreise bahnen. Sofort finden sich dann auch zahlreiche, dem neuen Kultus ihre Dienste weihende Musiklehrer und Arrangeure, die Mögliches und Unmögliches der primitiven Leistungsfähigkeit ihrer Tonwerkzeuge anzupassen suchen, und harmlose Komponisten, die bereitwilligst allen

Wünschen der Tagesmode entgegenzukommen bemüht sind. Und während so mancher vom ernstesten Streben und den höchsten Kunstidealen erfüllte talentvolle oder selbst geniale Tonsetzer vergebens nach einem Verleger für seine Werke sucht, giebt es unter den letzteren viele, die, da sich sichere Aussicht auf ein lukratives Geschäft eröffnet, wetteifernd die niederträchtigsten Machwerke drucken, um dienstbereit dem Moloch augenblicklichen Geschmackes genügen zu können. Rasch entsteht auf diese Weise eine neue Literatur. Schulen werden geschrieben, Album's zusammengestellt, Einzelausgaben drängen sich. Nun ist aber die Erscheinung eine sehr beachtenswerthe: je mehr man die Leistungsfähigkeit solcher von Natur aus einer Weiterentwicklung wenig entgegenkommenden Instrumente zu steigern sucht, um so rascherem Verfall führt man die allmählich ihrem Kreise entrückten entgegen. Man macht da die gleichen Erfahrungen, wie bei allen krankhaften und künstlich vorwärtsgedrängten Organisationen. Plötzlich werden dann solche Modeinstrumente durch andere verdrängt und vergessen, die Lehrer brotlos, die Musikalien makulirt. Kaum rettet sich eine einst vielbenutzte Sache, ein ehmals in den Händen Vieler befindlicher Druck als werthlose Rarität auf kommende Zeiten.

Welch' glänzende Tage sah nicht einst die Laute, dies vor hundert Jahren noch beliebteste Saiteninstrument! Mit welcher Begeisterung äußern sich gleichzeitige Schriftsteller über den Vollklang und die Schönheit ihres Tones, über die Leistungen berühmter Virtuosen auf ihr! Wie heute das Klavier, war sie einst das überall kultivirte Familieninstrument und selbst im Orchester von größter Wichtigkeit. Wer von den Lebenden kann sich erinnern, je eine Laute gehört zu haben? Das Piano hat sie mit allen Anleitungen, die ihre Technik lehrten, mit allen zahllosen Lautentabulaturen, ja mitsammt den Namen der Virtuosen und Komponisten, die ihr die Mühen eines Lebens einst widmeten, wenn auch nach heißem Ringen erst vollständig verdrängt. Und die Laute war kein gewöhnliches Modeinstrument, sondern ein des Studiums immerhin würdiges und es dankbar lohnendes Tonwerkzeug. Kaum sieht man in Kunstkabineten heute noch eines dieser stattlichen, oft auch reich ornamentirten Instrumente. Nicht besser erging es ihrer zahlreichen Familie: der Theorbe oder Baßlaute, der Mandora und Mandoline, der Pandura und Pandurina. Sie alle versanken gleichzeitig mit ihrer Mutter in Vergessenheit und nur in der Begleitung des

unvergleichlichen Ständchens im „Don Juan" vermochte sich die Mandoline als Kunstinstrument in unsere Zeit herüber zu retten. Da
sich aber nur in den seltensten Fällen dies Instrument und solche,
die es zu spielen wissen, noch finden, hört man das an bezeichneter
Stelle durch eigenartigen Klangcharakter so wunderbar wirkende
Accompagnement fast nie in seiner Originalfassung, sondern als
Stellvertretung dafür immer ein auf der Geige abgezupftes, kläglich
klingendes Pizzicato.

Die Erbschaft der Laute trat theilweise die ihr äußerlich ähnliche Guitarre an, ein Instrument, das seinen Stammbaum stolz
in die fernsten Zeiten zurückdatirt, vorgebend von der alten Zither
abzustammen, welche die siegreichen Araber in das eroberte Spanien
mitgebracht haben sollen. Damit vollzog sich schon ein großer Rück-
schritt, denn die Guitarre eignet sich zu künstlerischen Leistungen
ihres geringern Umfanges und Tongehaltes wegen noch viel weniger
als die Laute. Haben sich dennoch Konzertspieler auf ihr producirt,
mit ihren Leistungen dürften sie kaum an die großen Lautenschläger
des 18. Jahrhunderts gereicht haben. Aber die Guitarre hatte vor der
Laute den Vortheil leichterer Behandlung voraus. Jede liebesseh-
nende Jungfrau vermochte mit geringer Mühe dahin zu gelangen,
ihre schmachtenden und sentimentalen Lieder sich auf ihr selbst begleiten zu können. Und wie hübsch und anmuthig nahm sich eine
wonnigblickende oder melancholisch dreinschauende, junge Dame aus
(jung mußte sie sein, das war erste Bedingung. Matronen waren
selbst in der Blüthezeit des Instrumentes entsetzlich), mit der an far-
bigem Bande um den Schwanenhals hängenden, innig an den
schwellenden Busen gedrückten Guitarre, besonders wenn sie noch
ein verführerisches Lockenköpfchen, schöne Augen, rosige Wangen,
kleinen, von kirschrothen Lippen eingehegten Mund, Perlenzähne,
weiche Arme und zarte Fingerchen hatte. Ach! man verfällt sträf-
licherweise in die verführerischen Schilderungen des seligen Clau-
ren, der ja die Glanzepoche der Guitarre mit durchlebt hat, wenn
man an diese fernen Zeiten sich erinnert. Aber auch ihre Stunde
schlug. Sie, welche die Serenaden verherrlichte, die Boudoirs zierte,
den poetisch gestimmten Bruder Studio auf seinen Fußwanderungen
begleitete, belebte zuletzt nur noch den grölenden Gesang fideler
Kneipbrüder und heute findet man sie allein noch in den Herren-
stübchen abseitsgelegener Schenken, zu denen die Gasbeleuchtung

noch nicht vorgedrungen ist, an ehrwürdigen, vergilbten Bändern einsam und bestaubt an der rauchgeschwärzten Wand hängend, selten vollständig bezogen, Zeugniß dafür ablegend, daß musikalische Commisvoyageurs und Weinreisende nicht immer reine Hände haben. Es wäre eine Ungerechtigkeit, zu verschweigen, daß im Lande Hispania, dem ja bekanntlich die Guitarre entstammt, sie ungeschwächt ihren alten Glanz und Ruhm behauptet, und, da die Klavierfabrikation dort noch nicht einen Aufschwung genommen hat, wie in Schwaben oder Berlin, Wien oder Sachsen, noch immer in hohem Ansehen steht. Dieses glückliche, von der Pianomanie noch nicht allzusehr inficirte Land, hat dem civilisirten Europa, d. h. Paris und Wien, vor einigen Jahren durch eine Künstlergenossenschaft, genannt: Estudiantina espagnol, einen gelinden Schrecken und sehr zweifelhaften Genuß bereitet. Die drohende Gefahr ging aber, ohne weiteren Nachtheil zu bringen, vorüber und das Massengeklimper der spanischen Studenten vermochte der Guitarre neue Anhänger nicht zu gewinnen.

An Stelle der scheidenden Guitarre trat ein neues Kneip und Zwickinstrument und wieder stieg die dilettantische Liebhaberei um eine Stufe herab. Die Modethorheit wandte sich in der Zither einem noch unvollkommeneren und unfähigeren Tonwerkzeuge zu, das für Damen nicht einmal mehr den poetischen Reiz einer anmuthigen Stellung hat, denn diese unterscheidet sich in Nichts von der vor einer Nähmaschine einzunehmenden. Nur solche können mit einigem Erfolge einen Vortrag auf der Zither riskiren, die im Stande sind, mit Brillantringen die Finger, mit kostbaren Armreifen die Gelenke zu schmücken. Zu Anfang unseres Jahrhunderts als ein rohes Metallsaiteninstrument von einförmig rauschendem Ton charakterisirt, ist sie in der Gegenwart das allbekannte und allgefürchtete Ideal aller musikalischen Stümper geworden; man hat daher nicht nöthig, von diesem zeitgenössischen Quälgeist hier eingehender zu handeln. Wer wird dem harmlosen Naturkinde nicht mit Vergnügen in einer Alphütte oder Gebirgsschenke begegnen, wer nicht entsetzt fliehen, wenn ihr nervöser, sentimentaler Klingklang sich in den Salon oder Konzertsaal einzudrängen sucht? In rechter Umgebung und an passendem Orte gehört, vermag sie erfrischende Eindrücke, frohe Unterhaltung, heiterste Laune zu erzeugen und anzuregen; aber sie kann zur Potenz aller Langweiligkeit sich aufschwingen, wenn sie, von robusten, unermüdlichen Spielern erbarmungslos maltraitirt,

über die ihr gesteckten engen Grenzen und eine sehr bescheidene Leistungsfähigkeit hinausstrebt. Wie beklagenswerth ist der, welcher
einem jener zwickseligen Zitheriner, deren es so viele giebt, gegenüber
aushalten, oder 10—15 solcher, mit Takt und Harmonie in stetem
Zwiespalt lebenden, entsetzlichen Klimperer im schauerlichen Ensemble
ein Potpourri aus Wagner's „Götterdämmerung“ oder dessen „Wal-
türenritt“ abzupfen hören muß. „Martern aller Arten“ sind jedoch
dem vorbehalten, der verurtheilt ist, einem Zitherkongreß beizuwohnen, von ferne betrachtet eine der heitersten Ausgeburten unserer
überreizen Kunstzustände, in der Nähe besehen für einen Musiker
aber das denkbar Entsetzlichste. Wozu glauben Liliputaner nicht
berechtigt zu sein! Wirft man übrigens einen Blick auf die krankhafte Thätigkeit und äußersten Bemühungen unserer Instrumentenmacher, diesem von Natur krüppelhaften Schallkästchen durch ortho-
pädische Behandlung größere Vollkommenheit und Lebenszähigkeit
zu geben, so kann man etwas beruhigter der nächsten Zukunft ent-
gegensehen; auch das letzte Stündlein der Zither wird bald schlagen. Was aber wird nach ihr kommen? Die Ziehharmonika, die
schon bedenklich grassirt? Oder die Maultrommel? Oder die Panspfeife? Oder die Tromba marina, zu deutsch Trummscheibt, die nur
mit einem einzigen langen Darm bespannt ist und zur Abwechslung
nicht gekneipt, sondern gestrichen wird? Oder muß das Dilettanten-
instrument der Zukunft in jedem Falle wieder pizzicirt werden?

I.

Doch nicht von Laute, Guitarre und Zither sollte eigentlich
hier gesprochen werden, sondern von anderen, unserer Zeit noch viel
ferner liegenden Instrumenten, zunächst, erschrick nicht, lieber Leser,
von der Leier und zwar von der verzwicktesten Gattung aller Saiteninstrumente, der echten und rechten Bauernleier (Lyra rustica
oder pagana), auch deutsche Leier (Lyra tedesca) oder Radleier genannt, und deren verbesserten Formen. Die Deutschen sollen
dies Instrument erfunden und besonders kultivirt haben.*) Mit Recht,

---

*) Das Vorhandensein der Zargen kennzeichnet die Radleier allerdings als
abendländisches, sogar als deutsches Instrument. J. J. Rousseau schreibt ihre
Erfindung irrthümlich dem um Verbesserung der Tonschrift hochverdienten Benedik-
tiner Guido von Arezzo geb. um 990 zu, erst Mönch im Kloster Pompesa
bei Ferrara, 1029 Prior des Kamaldulenserklosters Arellane.

darf sie jedenfalls auf den Namen Bettlerleier Anspruch erheben, denn sie war von alten Zeiten her das Favoritinstrument der Landstreicher, der „Fahrenden und Gehrenden", der Lumpen, Gauner und „umblauffenden" Weiber. Merkwürdigerweise hat auch die Leier, wie das Instrument der Zigeuner und das der Älpler, den Weg, und zwar wiederholt, in die allerhöchsten gesellschaftlichen Regionen gefunden.

Die Leier (Lira, Lyra, vedel) ist ein uraltes, aus einer Decke und einem gewölbten Boden bestehendes Bogeninstrument, zur Familie der Geigen gehörend und bespannt mit einer oder drei und vier Saiten. Abbildungen von Leiern mit zwei Saiten bezogen hat man, obwohl es deren gewiß gab, bis jetzt noch nicht aufgefunden. Das Wort Geige, mit dem man in Deutschland alle Bogeninstrumente, Rubeba und Rebec, Lyra und Viola bezeichnete, hat eine arge Begriffsverwirrung angestiftet, denn alle diese Instrumente sind wesentlich von einander verschieden und bilden ganz eigene Familien.*) Der Körper der Leier ist gerundet, ohne Einbiegungen an den Seiten und läuft ohne Halsansatz in einem schmalen Griffbrett aus, das nicht selten einen schön und kunstvoll geschnitzten Wirbelkopf hat. Die Decke zeigt entweder ein rundes Schallloch oder zwei ovale Öffnungen in C-Form, manchmal auch beides zugleich. Schon der Sänger des Tristan, ebenso wie andere seiner dichtenden Zeitgenossen, sprechen davon, daß diese Instrumente mit „Golde und Gesteine und edelem Helfenbein geschönet und gezieret" waren. Heute sind sie vollständig aus dem Gebrauche und Gesichtskreise verschwunden; nur die sogenannte Tanzmeistergeige (Poche, Pocetta [weil bequem in die Tasche zu stecken], auch Violino piccolo alla Francese genannt) sieht man hie und da noch.

Ein mit der Bogenleier nicht zu verwechselndes Instrument ist die Radleier, mit der wir uns hier vorzugsweise zu beschäftigen haben. Ein Übergangsinstrument, heute nur sehr selten noch gesehen oder gar gehört, gleicht es in seinem Äußern einer Viola mit hohen Zargen. Durch letztere unterscheidet sie sich wesentlich von allen andern bis daher benützten Tonwerkzeugen, insbesondere auch von der Bogenleier, und vermittelt den wichtigen Fortschritt zur Viola oder Violine. Ihr ziemlich plump gestalteter Korpus läuft nach

---

*) J. Rühlmann, Geschichte der Bogeninstrumente, unterscheidet Geigen (mit gewölbtem Boden) und Fibeln (mit Zargen und flachem Boden).

oben in einen länglichen Kasten aus, an dessen rechter Seitenwand sich in der Regel 12—14 mit einer oder mehrern Saiten korrespondirende Tasten finden, die mit den Fingern der linken Hand in Bewegung gesetzt werden. Sie liegen entweder in einer Reihe neben- oder in zwei Reihen übereinander und waren ausnahmsweise wohl auch in größerer als der angegebenen Zahl vorhanden; ob sie jedoch, wie man liest, je die Ziffer 49 erreichten, mag dahingestellt bleiben. Die Radleier verdrängte den Fidelbogen und ersetzte ihn durch den Mechanismus des Rades. Dennoch beruht auch bei ihr letzterer ganz auf den gleichen Grundsätzen, wie bei den Streichinstrumenten, nämlich auf der Friktion oder Anstreichung der dadurch zum Schwingen gebrachten Saiten. Im Innern des Instrumentes ist nämlich bei dieser Leierart ein Rad angebracht, dessen Rand mit weichem Leder besetzt und mit Kolophonium bestrichen ist. Es steht mit einer Kurbel in Verbindung, deren durch die untere Zarge gehende Handhabe der Spieler mit der rechten Hand dreht. Die Radleier hatte ursprünglich 3 Darmsaiten, wovon eine, nur wenn sie durch die Tasten niedergedrückt wurde, mit dem Rade in Berührung kam, während die beiden andern, von ihm ebenfalls erreicht, zu fortwährendem, eintönigem Mitsummen gebracht wurden. Es wurde dadurch die primitivste Baßbegleitung, aber doch ein erster Versuch harmonischen Zusammenklanges gewonnen. *) Die mittönenden Saiten waren stets in Quinten (c und g), die Spielsaite ebenfalls in den Grundton oder dessen Oktave gestimmt. Die Melodien konnten sich deßhalb nur im Umfange einer Tonart bewegen und mußten chromatische Veränderung meiden, während die Harmonie jeder Mannigfaltigkeit entbehrte. Rad und Saiten waren durch eine gerundete Klappe gegen äußere Einflüsse, z. B. Nässe, geschützt. In der Folge vermehrte man die Zahl der Spielsaiten auf vier und nannte die beiden höchsten Chanterelles (Sangsaiten), die dritte Trompette, die vierte Bourdon (Brummer). Der Tonumfang reichte nun durch zwei Oktaven vom kleinen bis zweigestrichenen g. Die beiden mitsummenden Baßsaiten hießen Hummeln (les mouches) und stimmten

---

* Daher auch die alterthümlichen Namen: Organistrum, weil man darauf mehrstimmig spielen konnte, und Symphonie à roue oder Chyfonie. Die Radleier wurde durch deutsche Musikanten, die »Gigueours d'Allemaigne« und durch italiänische Bettler, besonders Savoyarden, nach Frankreich gebracht und dort fälschlich Vielle (Vielle à manivelle) genannt.

eine Octave tiefer als die Chanterelles. Um den von Natur schrillen Ton des Instrumentes möglichst zu dämpfen, umwickelte man die Saiten an der Stelle, wo sie vom Rade berührt wurden, mit einer Lage feiner Wolle. Der Ton wurde (auch der hohen Zargen wegen) dadurch hohlklingend und etwas näselnd.

Der Kasten der Radleier zeigt sehr verschiedene Gestalt und Größe. Eine Abbildung aus dem 9. Jahrhundert, wie eine Holz-schnitzerei auf einem Kapitäl der Kirche S. Georges-de-Boscherville bei Rouen aus dem 11. Jahrh. stellen große Instrumente dar, mit drei über einen Steg laufenden Saiten, die auf dem Schoße zweier Männer ruhen, deren einer die Tasten behandelt, während der an-dere das Rad dreht. Um d. J. 1085 kannte man jedoch auch schon die kleinere Leier, die, um sie bequemer an den Leib anhalten zu kön-nen, an den Zargen leichte Einbiegungen erhielt. Im Ganzen scheint jedoch die länglich viereckige Form die beliebtere geblieben zu sein.

Die Leier wurde beim Spielen etwas nach abwärts unter dem linken Arme gehalten, wie dies z. B. auf hübschen Gemälden und Stichen von Bouchardon und Ingouf und vielen niederländischen Bil-dern ersichtlich ist. Es gab Prachtexemplare solcher Instrumente mit den reichsten und geschmackvollsten Verzierungen und kunstvoll ge-schnitzten Köpfen. Eine der schönsten alten Leiern, im Kensington-Museum in London aufbewahrt, scheint italiänische Arbeit zu sein und dürfte, da sie die Monogramme König Heinrich's II. von Frankreich (1517—59) und seiner Gemahlin Katharina von Medici trägt, wohl von dieser als Brautgabe aus Florenz mitgebracht worden sein.

So unvollkommen die Leier gewesen, so verächtlich sie behan-delt worden sein mag, schon um ihrer wechselnden Schicksale willen vermag sie Theilnahme zu erregen. Wiederholt geht sie aus den Hän-den der Landstreicher und Blinden in die galanter Frauen über, wird sie das Lieblingsinstrument fürstlicher Kunstfreunde. Nicht zu allen Zeiten also war sie gering geachtet; aber nach glänzenden Perioden sank sie immer wieder in die Kreise zurück, denen sie entstammte.

Wohl irrthümlich bringt man sie mit der Lyra der Alten [*]) in Verbindung, welcher im »Roman de la Rose«, von Guillaume de Lorris begonnen, von Jean de Meung auf 22000 Verse gebracht,

---

[*] Ben Assyrern und Chaldäern, denen sie entstammen soll, sambeca, den den Griechen sambyke, den Lateinern sambuca, den Franken sambugue, den mittelhochdeutschen Schriftstellern sambuke, sambut, sambiut genannt.

um 1300, die vom Orpheus ausgeführten Wunder zugeschrieben werden und von deren Spiel im »Roman d'Alexandre le Grand« von Alexandre de Paris und Lambert li Cors (um 1188), der Dichter alle Gäste eines Festes, das zum Empfange des siegreich in eine Stadt einziehenden Eroberers veranstaltet wurde, entzückt sein läßt.

In einem ebenfalls aus dem 13. Jahrh. stammenden französischen Gedichte heißt es:

Alsdann kam ein alter Landstreicher,
Hängte an seinen Hals eine Leier, —
Denn Gitaro spielte gut und schön, —
Und begann, wie mir schien,
Die Verse von Guillaume au Cornés
Mit heller Stimme und sanftem Ton.

Der edle Herr Thibaut IV., Graf von Champagne und König von Navarra (1201—53), einer der angesehensten Troubadoure, der seine Dienste der französischen Königin Blanche, Gemahlin Heinrich's VIII., le Lion, widmete, suchte im Leierspiele die Härte der seine Bewerbungen strenge abweisenden, tugendsamen Fürstin zu vergessen. Er begleitete in der Folge deren Sohn, Ludwig IX., le Saint (1226—70), zu dessen Zeit dies Instrument allerwärts Gesang und Tanz belebte und in allen Gesellschaftskreisen beliebt war, auf seinem verhängnißvollen Kreuzzug. Selbst zur Kirchenmusik wurde die Leier herangezogen; auf dem Grabstein eines Abtes von Jumièges (15. Jahrh.) spielt unter sechs musicirenden Engeln auch einer die Rableier.

Abenès li roi, trouvère; ménestrel e roi d'armes (Waffenherold) Heinrich's II. von Brabant, Colin Muset, im Dienste Thibaut's IV. und Jonglet waren berühmte Leierspieler und am Hofe König Philipp's III., Coeur de Lion 1270—85 gerne empfangen. Aber diese Blüthezeit der Leier entschwand rasch wieder und schon im folgenden Jahrhundert wird sie nur noch von Straßensängern und truands benützt. Im Leben des Bertrand de Guesclin, Connétable von Frankreich (1314—80), wird berichtet, daß Matthieu de Gournay als Gesandter Karl's V., le Sage, 1367 zu König Pedro I, dem Strengen, von Portugal, dem Gemahl der unglücklichen, auf seines Vaters Befehl gemordeten Ines de Castro geschickt und von diesem glänzend empfangen worden sei. Der König ließ, seinen Gast ganz besonders zu ehren, alsbald seine beiden besten Musiker kommen, indem er sagte: „Wir haben zwei Meneſtrels zu Unserm Befehl, wie es gleiche bis in den Orient nicht giebt. Der König von Bel-Marine bittet mich oft, sie ihm zu senden; aber umsonst! Um nichts in der Welt würde ich sie von mir lassen". Und alsbald traten, prächtig gekleidet und stolzen Schrittes, zwei Leierspieler in den Saal, um wett-eifernd ihre Kunst vor dem Fremden zu zeigen. Es überraschte den König nicht wenig, als dieser bei ihrem Spiele ganz gleichgültig und kühl blieb. Endlich, nach dem Grunde befragt, antwortete de Gournay, daß im Lande Frankreich und Normandie solche Inſtru-mente nur von Blinden und Landstreichern gespielt würden. Diese Mittheilung erfüllte des Königs Herz mit Trauer und er schwur bei Jesu Chriſt, dem Vater aller Barmherzigkeit, daß er nie mehr diese seine Diener hören wolle, und entließ sie sofort aus seinen Dienſten.

Dennoch sehen wir im 16. Jahrhundert die Leier aufs Neue in Ehren; und im folgenden um 1670 wußten zwei Spieler, J a n o t und L a R o s e (Laroze), selbst den Beifall des Hofes Ludwig's XIV. in hohem Grade zu gewinnen. Hof und Stadt stritten sich, beide zu hören, und wurden nicht müde, ihre Menuette, Sarabanden, Entrées und andern hübschen Melodien zu bewundern. Aber auch diesmal schien es, als wollte die Leier bald wieder verschwinden. Da gelang es einem geschickten Lautenmacher in Versailles, B a t o n le père, sie wieder in Mode zu bringen. Er begnügte sich nicht damit, ihre Konſtruktion zu verbessern und ihr Äußeres geschmackvoll zu ver-zieren, er erweiterte auch ihren Umfang. Er hatte zwei Söhne, H e n r y l'ainé und C h a r l e s le jeune*), sonderbare Käuze, denn

---

* Charles Baton geſt. 1758 war nicht nur ein für sein Inſtrument begeiſterter Virtuose, sondern auch ein unterrichteter und gebildeter Mann, ein ruhiger, klardenkender Kopf, im Stande, sich an den literarischen Händeln seiner Zeit ehrenvoll zu betheiligen. Er mischte sich in den Streit, den Rousseau's Auf-sehen erregender Brief: »Sur la musique française«, entfacht hatte, und zwar steht er mit seinem »Examen sur la lettre de Mr. Rousseau« 1753 auf Seite von dess n Gegnern. Diese zuerst anonym erschienene Schrift unterzeichnete er in der 2. Auflage 1754 mit »Baton le vielleur«. Sie enthält Rathschläge und Darle-gungen von bleibendem Werthe. Im Interesse seines Inſtrumentes hatte er schon 1750 im Septemberheft des Mercure de France einen Bericht über die von ihm an der Leier angebrachten Verbesserungen veröffentlicht; 1757 ließ er ebenda drucken: »Mémoire sur la vielle en D-la-ré, dans lequel on rend compte des rai-sons qui ont engagé à la faire, et dont l'extrait a été présenté à la reine«.

der eine wählte sich die Musette (Dudelsack), der andere die Vielle
(Leier) zum Hauptinstrumente. Letzterer fügte derselben (um 1750)
noch einige Töne hinzu und brachte in ihrem innern Ausbau namhafte Änderungen an. Ein anderer Lautenmacher, P. Louvet, riva-
lisirte mit ihm in diesen Bemühungen und ein Leierlehrer, D'Laine,
erfand 1773 einen Mechanismus, der es gestattete, die Mouches
beliebig vom Rade entfernt zu halten. Er bereicherte zugleich die
Leier mit zwölf mitklingenden (sympathischen) Metallsaiten, ein im
vorigen Jahrhundert bei allen tonarmen Instrumenten beliebtes Experiment, und gab ihrem Klange dadurch einen vibrirenden, silberhellen Timbre. Diese von ihm neukonstruirte Leier nannte er Vio-
lon-vielle. Man wandelte, wie s. Z. die Lauten und Gamben in
Violen, jetzt Guitarren in Leiern um. Jede hübsche Frau, — und
welche hielt sich nicht dafür? — wollte die Leier spielen lernen
und ein so reizendes Spielzeug, das die Eleganz des Wuchses, die
Rundung der Arme, die weichen Linien des Handgelenkes und die
zierliche Form der Hände so günstig hervortreten ließ, an farben-
prächtigem Seidenbande um den schönen Hals hängen haben. Es
konnte nicht fehlen, daß das jetzt vorzugsweise galante Instrument
eine ziemlich umfangreiche Literatur veranlaßte. Nicht nur Tanzweisen jeder Art, auch Konzerte und kleine zärtliche Melodien, wie
La Légère, La Galante, La Sensible, La Passionnée, ähnlich den
bei den Klavierspielern beliebten, wurden viele komponirt und vornehmen Frauen und jungen Damen dedicirt. Auch verschiedene
Schulen wurden gedruckt. In einer derselben Paris bei Ballard
1732, ohne Angabe des Namens des Autors, findet sich folgende
originelle Widmung:

An meine Gevatterin!

Madame! Seit meine Gevatterin den Spinnrocken verlassen
und unterhaltender Lektüre entsagt hat, seit sie das Vergnügen verschmäht, mit ihren Gevattern eine Konversation voll Leben und
Geist zu führen und die Leier kennen gelernt und für würdig befunden hat, sie zu amüsiren, darf es nicht mehr überraschen, Sehende
armen Blinden nachlaufen zu sehen, um ihnen eine Beschäftigung

---

Von seinen Kompositionen erschienen: Op. 1. Suites pour deux vielles, mu-
settes etc. Paris 1733. Op. 2. Pièces pour la vielle. Op. 3. ? . Op. 4.
Amusements d'une heure, duos pour deux vielles.

streitig zu machen, in der sie nie fürchteten, Konkurrenten zu erhalten. Indeß hat sich diese Erwerbung durch die Lust zu gefallen
kultivirt und mit Perlen und anderem Zierat geschmückt, mit verführerischen Gesängen, hübschen Stücken und kleinen Instruktionen
wohl versehen, ist es der Leier gelungen, heute eine gewisse Stellung
einzunehmen" 2c.

Die berühmtesten französischen Leierspieler dieser Zeit waren,
außer Baton le jeune, Denguy, Mich. Le Clerc, Buterne und
Ravet.

Während die Leier in Frankreich das Modeinstrument war,
fand sie auch in Italien zahlreiche Liebhaber, selbst in den exclusivsten
Zirkeln. Auf dem Throne Neapels saß seit 1759 Ferdinand IV.,
ein Sohn des spanischen Königs Karl's III. Obwohl man ihm im
Prinzen von Santo Nicandro s. Z. einen Erzieher gegeben hatte,
wuchs er doch ohne jede Geistesbildung auf, nur Gefallen an
gymnastischen Übungen findend, in denen sich hervorzuthun, ihm
außerordentliche Körperkraft gestattete. Als Jüngling gab er sich
nur niedrigsten Vergnügungen hin. Wie schon seine liebsten Spiel-
kameraden zerlumpte und schmutzige Lazzaronibuben waren, — was aber
dem Knaben die Gunst des Pöbels bereits in hohem Maße gewann,
— wandte sich auch die einzige edle Neigung, die ihn beseelte,
Liebe zur Musik,* dem Instrumente der Bettler, der Leier, zu, in
deren Behandlung er es zu gewisser Fertigkeit brachte. Dieser rohe,
nur für Ringkämpfe und Jagd eingenommene Geselle war seit 1768
mit einer Tochter Maria Theresia's, Maria Karoline, vermählt,
stand also in nächsten Beziehungen zu Wien und dem Kaiserhause.
Er kannte einzelne Werke J. Haydn's und hatte namentlich an einigen
Symphonien desselben Gefallen gefunden. Haydn's Schüler, Ignaz
Pleyel, der sich 1782 durch vier Monate in Neapel aufgehalten,
hatte auf seinen Wunsch ihm eine Anzahl Leierstücke, darunter Konzerte für zwei Liren, geschrieben und mag ihn dann wohl auf seinen
Lehrer noch besonders aufmerksam gemacht haben. Haydn wurde
denn auch alsbald aufgefordert, mehrere Konzerte für die neapolita-
nische Majestät zu komponiren, und sandte daraufhin deren fünf,
3 und 4 sätzige Piécen für 2 Liren, Klarinetten, Violen, Hörner

---

* Sein Musiklehrer war der k. k. Legationssekretair Habrara, ein guter Klavierspieler.

und Baß ein, die zur Zufriedenheit des Königs ausgefallen sein
müssen, da der Komponist nun dringende Einladung erhielt, sich
persönlich in Neapel vorzustellen. Haydn hatte auch die Absicht,
1787 diesem Rufe zu folgen, ward jedoch immer wieder verhindert, seinen Plan zur Ausführung zu bringen. Drei Jahre später
sehen wir ihn wiederum mit Arbeiten für K. Ferdinand, der neue
Stücke für sein Lieblingsinstrument wünschte, beschäftigt. Wie bei
den früheren, mögen ihm auch jetzt, da er sieben meist 3 sätzige
Notturni für die gleichen Instrumente schrieb, Andeutungen bezüglich
der bescheidenen Leistungsfähigkeit des k. Bestellers vorgelegen haben.
Zu der wiederholt projektirten Reise konnte er aber auch jetzt nicht
gelangen. Da wurde, September 1790, eine dreifache Verbindung
am kaiserlichen Hofe gefeiert; eine österreichische Prinzessin heirathete
den neapolitanischen Kronprinzen, zwei Erzherzöge Töchter Maria
Karolinens. Vom 15. bis 24. Sept. und seit 20. Nov. weilten
die italiänischen Fürstlichkeiten in Wien. Haydn hatte seine Notturni gerade fertig und wünschte sie dem hohen Amateur persönlich
überreichen zu dürfen. Die Audienz, einige Male verschoben, ward
ihm endlich am 13. Dec. gewährt. „Gut", sagte der König, „über-
morgen werden wir sie probiren." Aber kurz vorher war Haydn's
Engagement nach London perfekt geworden. Der vor einen ernsten
und entscheidenden Wendepunkt seines Lebens gestellte Künstler mußte
entgegnen: „Eben an diesem Tage bin ich genöthigt, nach England
abzureisen." — „Wie!" rief Ferdinand. „Sie versprachen mir doch,
nach Neapel zu kommen?" — Nach diesen Worten verließ er miß-
gelaunt das Zimmer. Haydn, unschlüssig, ob er gehen oder bleiben
solle, wartete eine Weile. Der König kehrte zurück; sein Unwille
hatte sich gelegt. Er übergab dem Meister einen Empfehlungsbrief
an den neapolitanischen Gesandten in London, den Fürsten Castel-
cicala, nahm ihm das Versprechen ab, später nach Neapel zu kommen, und sandte ihm nachträglich noch eine kostbare, goldene Dose.*)
Aus der Reise nach Italien wurde auch später nichts.

---

*) Jedes der ersten fünf Konzerte überschrieb Haydn mit den Worten: Con-
certo per la Lira organizzata. Später anderweitig benützt, ersetzte er die beiden
Liren durch Flöte und Oboe. Als er einige der Notturnen in den Salomon'schen
Konzerten in London aufführen ließ, traten an Stelle der Liren ebenfalls Flöte
und Oboe, an die der Klarinetten Violinen.

Da es von Interesse sein dürfte, Näheres über die Behandlungsweise und Leistungsfähigkeit der Lire zu hören und über die Ein-
richtung der für sie bestimmten Kompositionen, mag hier die schätz-
bare Mittheilung, die C. F. Pohl im II. Bande seiner trefflichen
Biographie Haydn's gibt, über sie folgen. Man ist umsomehr
auf selbe angewiesen, als diese Tonstücke, wie so viele andere Werke
des Meisters, nie im Drucke erschienen sind.

Ein Reisender schrieb 1789 aus Neapel: „Wer die Leier nur
von Bauern spielen hörte, glaubt kaum, daß sich Ordentliches darauf leisten läßt, wenigstens nichts von Wirkung, was zur Virtuosität reizen könnte. Dies Instrument ist aber wirklich einiger Behandlung fähig. Herr Pleyel, der nie eine Leier in der Hand
gehabt, entdeckte sofort einige neue Nuancen und zu machende Verbesserungen." Haydn mag sich den König, was Geschmack und
Technik anlangte, als nicht ungeschickten Dilettanten gedacht haben.
Seine Kompositionen halten durchgängig mittlere Stimmung fest,
sind eher heiter als ernst und leicht in Auffassung und Ausführung.
Einige Sätze stehen, gleichsam als Fühler, eine Stufe höher.
Eigentlich Konzertirendes findet sich in beiden, sich fast in Nichts
unterscheidenden Hauptstimmen nur wenig. Es werden ihnen vorzugsweise die Gesangstellen, meist von den Violinen begleitet, zugetheilt; durch einen Doppeltriller auf der Dominante, den sie als
Kadenz hie und da riskiren, scheint ihr Ehrgeiz vollständig befriedigt.
Offenbar war es dem Könige mehr darum zu thun, sich als Mitspieler zu unterhalten, als selber glänzen zu wollen. — Die ersten
Sätze der Konzerte sind meist frisch und stramm, am schönsten die
zweiten, in denen sich Haydn offenbar selbst genügen wollte, in
den letzten fliegen heitere Motive wie im Ringeltanze dahin; doch
bewegen sie sich nicht selten ihrem Gedankengehalte nach auch auf
der Oberfläche und wirken dann ermüdend und einförmig. In
den Notturni wagen sich die Solisten, in Terzen oder Sexten
spielend und in zwanglosen Imitationen sich folgend, nur selten
ohne Begleitung hervor; aber in der Art, wie sich ihre Partien mit
denen der übrigen Instrumente in mannigfacher Weise verbinden,
offenbaren diese Tonsätze durchweg feine, wählerische Arbeit. Obwohl jetzt sicherer gehend, als bei dem ersten Auftrag, hielt sich
Haydn doch reservirt, indem er die ernste, wie heitere Stimmung
in gewissen Schranken hielt. Alles ist klar, durchsichtig, ohne tiefere

Ansprüche, aber auch ohne tiefern Gehalt. Die getragenen Sätze zeigen leichten Anflug von Melancholie, die jedoch die Finales gründlich wieder verscheuchen, denn es sind Stücke mit heitern, leichtlebigen Motiven, gleich Mückenschwärmen im warmen Sonnenstrahl ihr kurzes Dasein möglichst ausnützend. Ein einziger Schlußsatz macht eine Ausnahme, indem er sich auf ein Jugendthema wirft, das sammt seinem Gegenthema denn auch wacker durchgepeitscht wird.

Aller Versuche ungeachtet, die Leier ton- und umfangreicher zu machen, verfiel sie dennoch einem unabwendbaren Geschicke. Weder die Gunst eines Königs, noch das Genie Haydn's vermochten sie vor einem fatalen Ende zu bewahren. Am stürmereichen Schluß des vorigen Jahrhunderts begegnete man ihr nur noch in den verrufenen Vorstadtschenken von Paris, an breiten blauen Bändern, die vielleicht einst einer Majestät gedient, um den schmutzigen Nacken brauner Savoyardenmädchen hängend oder von deren Brüdern gespielt, wenn sie Marionetten oder kleine Affen nach ihren Weisen tanzen ließen. Ein letztes Andenken an sie hat uns die Legende unter dem graziösen Namen: Fanchon, das Leiermädchen, überliefert.

Um 1730 existirte in Paris eine Savoyardenfamilie Namens Chemin, gaigne-deniers, wie man damals Schornsteinfeger und Leierspieler, Vorzeiger von Murmelthieren und Zauberlaternen, Betreiber eines jedweden nach Umständen und Noth gewählten Geschäftes nannte. Dem Laurent Chemin und seiner Frau Rose wurde am 14. März 1737 ein Töchterchen geboren, das bei der Taufe in der Kirche St. Jacques du Haut-Bas den Namen Françoise (Fanchon) bekam und deren Pathen ihre nahen Verwandten Sebastien und Françoise Bernard, beide aus der Grafschaft Nizza, waren. Leierspielend und singend trieb sich das Mädchen, das es allmählich zu gewisser Popularität brachte, von frühester Jugend an in den Straßen von Paris umher. Es war hübsch und konnte sich bald vieler Anbeter rühmen. Achtzehn Jahre alt heirathete sie, am 10. Febr. 1755, J. Bapt. Minard, einen Savoyarden, gaigne-deniers und Blechwaarenhändler. Die Ehe war nicht glücklich, denn schon 1760 verließ Minard seine junge Frau wieder, die, nun der Noth preisgegeben, sich den schmählichsten Excessen hingab. Tabernen besuchend, sich betrinkend, durch Obscönitäten selbst die Kunden niedrigster Kneipen skandalisirend, war sie, ferner nur noch zwischen der

Schenke und dem Bureau des Polizeilieutnants, mit dem sie ihrer Ausschreitungen wegen in unausgesetztem Verkehr blieb, ihre Zeit theilend, rettungslos verloren. Sie starb um 1780 im Elend.

Wie kommt es nun, daß ein so verworfenes Geschöpf ihren Namen bis auf unsere Tage fristen konnte?

Am 17. Januar 1803 führte man im Vaudevilletheater in Paris eine von J. N. Bouilly und J. Pain verfaßte dreiaktige Komödie mit Kouplets: »Fanchon la vielleuse« auf. Die wirkliche Fanchon, damals schon über 20 Jahre todt, war längst dem allgemeinen Gedächtniß entrückt und so kam es, daß die Hauptperson des Stückes als ein tugendhaftes, liebenswürdiges, edles Mädchen erscheinen konnte, der Liebe eines wackern Mannes werth und durch ihre Hand einen um sie werbenden adeligen Colonel beglückend. Welcher Unterschied zwischen 1780 und 1803. Das Stück hatte ungewöhnlichen Erfolg. Die ideale Vielleuse machte die einst in Noth und Schande verkommene, völlig vergessen. Einer charmanten, achtungswerthen Frau, welche die Titelrolle spielte, Madame Belmont, später mit dem Akademiker Em. Dupaty vermählt, war ebensowohl ein Großtheil des schönen Bühnenerfolges, als die wohlwollende und anmuthende Erinnerung zu danken, die sich von jetzt ab mit dem Namen Fanchon verknüpfte.

Zu Anfang d. J. 1804 reiste A. v. Kotzebue nach Paris und sah dort das unzählige Repetitionen erlebende Vaudeville. Er beeilte sich, es zu übersetzen. Fried. Heinr. Himmel, Kapellmeister Fried. Wilhelm's II. von Preußen, unterzog sich mit Begeisterung der Komposition des dankbaren Librettos. Schon am 16. Mai 1804 kam „Fanchon, das Leiermädchen", in Berlin mit nicht minderem Erfolge als ihre Doppelgängerin in Paris, zur Aufführung. Wer hat nicht noch vor 40 Jahren mit Vergnügen diesem Liederspiele, des melodiereichen Komponisten gelungenstem und bekanntestem Werke, und den reizenden Gesängen der lieblichen Fanchon gelauscht? Himmel's Musik zeichnete sich durch Leichtigkeit, Eleganz und charakteristische Züge, durch frohe Laune, tiefe Empfindung und anmuthende Melodik aus. Die Hauptpersonen sind vom Tonsetzer mit Vorliebe behandelt, die Nebenpartien nicht vernachlässigt. Alle Mitwirkenden treten an ihrer Stelle kräftig und günstig hervor, das Interesse am Werke erhöhend, den Gang der

Handlung durch schöne Mannigfaltigkeit belebend. *) Es ist wirklich zu bedauern, daß diese hübsche Pièce vom Repertoire ganz verschwand. Aber es erging ihr, wie der Leier selbst. Doch noch einmal begegnen wir in der Folge einer Fanchon auf der Bühne. 1854 wurde im Kroll'schen Theater in Berlin ein fünfaktiges Liederspiel gegeben: „Muttersegen, oder die neue Fanchon", Text nach dem Französischen des Lemoine von W. J. Riese, pseudonym W. Friedrich, Musik von A. Schäffer. Diese sonst nicht üble, bald auf allen deutschen Bühnen heimische Nachahmung des älteren Stückes bezeichnet leider den Beginn der unserem Theater so verhängnisvoll gewordenen Lorettenkomödien.

Man mußte, um die Leier schön und geschmackvoll zu spielen, sich immerhin eine gewisse Kunstfertigkeit auf ihr angeeignet haben; ihre Technik wollte erlernt und geübt sein. Gegenwärtig ist die Drehorgel, zu deren Behandlung nur ein unermüdlicher Arm gehört, auf Straßen, Märkten und in Schenken an ihre Stelle getreten. Sie macht mehr Lärm als jene, entbehrt aber auch jeden poetischen Reizes, der der Leier nicht abgesprochen werden kann. Nur sehr selten noch kreuzt ein armer Savoyardenknabe heute noch unsern Weg, der dies dünne, summende, zirpende Instrumentchen spielt, das mit seinen klagend-einförmigen Tönen und Harmonien so gut zu seinen von Melancholie und Heimweh erfüllten Liedern paßt. Sogar aus Paris, dessen Straßen einst von den originellen Weisen vieler Leierspieler erfüllt waren, wurde die Leier völlig verdrängt. Man erinnert sich dort höchstens noch eines armen Teufels, auffallend durch großen, schwarzen Bart und langes, wirres Haar, zwischen 1850 und 1870 eine aller Welt bekannte Boulevardfigur, der von 2—3 Musikern begleitet, welche Harfe, Guitarre und Violine spielten, ein sehr bemerkenswerthes Talent als Leierspieler bekundete. Er besaß eine Sicherheit des Spiels und Leichtigkeit des Handgelenkes, daß er z. B. ein Staccato mit derselben Eleganz auszuführen vermochte, wie ein Geiger.

_____

* Der in Oranienburg im Bureau de Musique bei K. Werckmeister erschienene Klavierauszug der „Fanchon" hat als Titelvignette die sehr hübsche Darstellung eines Leiermädchens, aus der sich die Form des Instrumentes und dessen Behandlungsweise deutlich erkennen läßt.

II.

Obwohl die Radleier von alter Zeit her Lyra tedesca genannt wurde, ward sie doch durch Jahrhunderte in Deutschland fast nicht mehr benützt, wogegen ihr die romanischen Völker vorwiegende Zuneigung und Aufmerksamkeit widmeten. In Deutschland wurde sie schon zur Zeit der Kreuzzüge von einem andern Instrumente verdrängt, dem sogenannten Hackbrett (Cymbal, Dolce melo, Psalterium, Salterio tedesco), einem Schlaginstrumente, in dem wir den Ahnen des Klaviers erblicken. Dies uralte, bereits den Ägyptern und Assyrern bekannte, später von den Griechen nachgebildete und vervollkommnete Instrument, gewann seit dem 7. Jahrhundert in Mitteleuropa Verbreitung. Bald wurde es, allerwärts ausgelassene Lustigkeit erweckend, ein treuer, unzertrennlicher Genosse des Tanzes und ländlicher Feste.

Ursprünglich bestand das Cymbal aus einem dreieckigen Kasten, über dessen Resonanzboden 10 Saiten gespannt waren, die man durch Klöppel zum Tönen brachte. Gemälde, die man im Tempel zu Kuijundschik (Koyounjek, Ninive) entdeckte, zeugen von seinem frühen Gebrauche und sogar schon dafür, daß man damals bereits bemüht war, seinen stark nachklingenden Ton zu dämpfen. Der Spieler trägt auf diesen Darstellungen sein an einem Riemen befestigtes Instrument so vor sich, daß die schmale Seite des Schallbodens zwischen Bauch und Brust zu stehen kommt. Allmählich erlitt die Form des Hackbrettes auf seinen Wanderungen von Volk zu Volk wesentliche Abänderungen, bis es zuletzt die eines länglichen Viereckes annahm, 1,25 Meter lang, gegen 0,9—1,05 Meter breit und 0,3 Meter hoch. Der die größte Ausdehnung des Instrumentes einnehmende Resonanzboden hat zwei runde, gewöhnlich geschmackvoll verzierte Schalllöcher. Der Bezug besteht aus Draht-, Messing- und Stahlsaiten, die meist dreichörig über zwei Stege gezogen sind, einerseits an Stiften eingehängt, anderseits an hölzernen Wirbeln, mittelst welcher die Stimmung bewerkstelligt wird, befestigt. Einst nur die diatonische Tonleiter ermöglichend, verfügt es gegenwärtig vom großen bis dreigestrichenen c über die vollständige chromatische Scala.

Zum Spielen bedient man sich zweier leichter, hölzerner Hämmerchen, einerseits mit Filz oder Tuch bezogen, anderseits ohne

Deckung, mit denen man nach Gefallen und Bedürfnis 2—3 Saiten
zugleich anschlagen kann. Leisere und dumpfere Töne gewinnt man
mit der bezogenen, stärkere und schwirrendere mit der nichtbezogenen
Hammerseite. Das sehr geräuschvoll klingende Instrument entbehrt
gleichmäßiger und feiner Klänge; sein Piano erscheint gedeckt, sein
Forte scharf und grell und mit hohen Obertönen gesättigt. Es ist
vortrefflich am Platze, wenn es gilt, bei lärmenden, wilden Lust-
barkeiten die Melodien der Bläser durchdringend zu unterstützen
und den Harmonien größere Fülle zu geben. Trotz seiner Ver-
wendbarkeit und für gewisse Zwecke nicht zu ersetzenden Wirkung
wurde auch das Hackbrett von seinen Sprößlingen, Flügel und
Klavier, aus der bessern Gesellschaft, von Klarinette und Piston
endlich auch aus den Tanzlokalen verdrängt. Nur wenige Personen
mochten sich noch daran erinnert haben, ein solches Instrument in
Deutschland gehört zu haben, bevor in jüngster Zeit umherziehende
Banden ungarischer Zigeunermusiker es wieder bekannt machten.
In Böhmen, im Hochlande der Karpathen, in der Puszta hat man
nie auf das Cymbal verzichtet. Die leidenschaftliche Zigeunermusik
besitzt in den aufregend durcheinanderschwirrenden Klängen desselben
ein nicht zu missendes, unersetzbares und unschätzbares Tonwerkzeug. Zu der meist hinreißenden Wirkung, welche die Vorträge
solcher Kapellen machen, trägt es einen Großtheil bei und es fehlt nie
an einem zahlreichen Hörerkreis, der insbesondere seinen Harmonien
lauscht und seine Behandlungsweise aufmerksam verfolgt. Solo-
stücke auf demselben wirken des gleichförmigen, künstlerischer Modulationen unfähigen Tones wegen bald ermüdend. Selbst die größte
Kunstfertigkeit vermag einen edlen musikalischen Ausdruck auf dem
Cymbal nicht zu erzielen.

Wie die Leier fand auch das Hackbrett geniale Verbesserer und
wurde ihm dadurch eine Glanzperiode ermöglicht, von der gar wohl
gesprochen werden darf.

Um die Wende des 17. und 18. Jahrhunderts hatte sich ein
talentvoller Musiker und gesuchter Tanzmeister (Beschäftigungen, die
damals bekanntlich Hand in Hand gingen) in Leipzig niedergelassen,
mußte aber schuldenhalber Pleißeathen bald wieder meiden. Genöthigt, sich vor seinen Manichäern zu verbergen, zog er sich zu
einem ihm von der Schule her bekannten Dorfpfarrer im Merseburg-
gischen zurück. Pantaleon Hebenstreit, geb. 1667 zu Eisenach,

gest. 1750 als evangelischer Hofkapelldirektor und geheimer kurf. sächs.
Kämmerer in Dresden benützte die unfreiwillige Muße seines Land-
aufenthaltes dazu, ein hilfsbedürftiges Hackbrett, das er in der
Schenke vorgefunden, wieder in Stand zu setzen und zu verbessern.
Die von ihm angebrachten Veränderungen waren so wesentlicher
Art, daß er fast als Neuerfinder des Cymbals angesehen werden
darf. Nachdem er sich auf demselben tüchtig eingeübt, reiste er 1705
damit nach Frankreich und erregte am Hofe Ludwig's XIV. in Versailles, wie bei den Parisern, als Virtuose großes Aufsehen. Der
König selbst taufte das noch namenlose Instrument nach dem Vor-
namen des genialen Erbauers: Pantaleon. Es war etwa vier-
mal so lang und doppelt so breit als ein gewöhnliches Hackbrett
und hatte zwei Resonanzböden, von denen der eine mit Darm-, der
andere mit Drahtsaiten bezogen war. Doch gab es auch eine Gattung, die nur einen Bezug aus Darmsaiten hatte. Der Umfang
umfaßte 4—5 Oktaven, die Saiten lagen mehrchörig, der Klang
war stark und besonders in der Tiefe voll und brillant. Aber den
Hauptmangel aller Instrumente dieser Gattung, die Erzielung einer
geeigneten Dämpfung, vermochte auch das Pantaleon nicht zu heben.
Der lange nachschwingende Klang angeschlagener Saiten erschwerte
die Ausführung rascher Figuren außerordentlich. Da zudem die
Darmsaiten leicht rissen, der Unterhalt des Instrumentes also sehr
kostspielig war, wurde es dem Klavier leicht, es zu verdrängen.

Hebenstreit, zugleich ein hervorragender Geiger, wurde, aus
Frankreich zurückgekehrt, wo ihn der König reich beschenkt hatte, 1706
Kapelldirektor und Hoftanzmeister in Eisenach. Hier war der bekannte Virtuose und Tonsetzer G. Ph. Telemann (1681—1767),
einer der gefeiertsten und schreiblustigsten Künstler seiner Zeit, sein
Kollege. Schon im folgenden Jahre unternahm er eine neue Fahrt.
Diesmal war Wien sein Reiseziel. Hier wurde er von dem kunstliebenden Kaiser Karl VI. nicht minder ausgezeichnet, wie von Ludwig XIV. In Dresden, wo er 1708 Anstellung gefunden und
welches er nun nicht wieder verließ, bildete er einige talentvolle
Schüler zu trefflichen Pantaleonisten heran.

Georg Gebel (geb. zu Brieg 1709, gest. als fürstl. rudol-
städtischer Konzert- und Kapellmeister 1752), sein bester Schüler,
wurde s. Z. als Wunderkind angestaunt, das im 4. Lebensjahre
das Klavier, im 5. den Gesang, im 6. das Orgelschlagen, im 7.

das Streichen der Violine, im 8. Präludiren und Accompagniren gelernt hatte, und galt überhaupt als eine Art Universalgenie, denn er war ein ebenso vorzüglicher Miniaturmaler, als ausgezeichneter Virtuose und überaus fruchtbarer Komponist. In den 6 Jahren seiner Anstellung in Rudolstadt schrieb er 100 Symphonien und viele andere Instrumentalstücke, 2 Passionsmusiken, mehrere Weihnachts-kantaten und Kirchenmusikjahrgänge und 12 Opern. Er kam mit dem gleichzeitig mit ihm in der Kapelle des Herzogs von Oels angestellt gewesenen berühmten Gambisten Müller 1739 in die gräfl. Brühl'sche Kapelle nach Dresden. Sein neuer Gebieter, der allmächtige Mi-nister Sachsens, veranlaßte ihn, das damals noch sehr seltene und wenig bekannte Pantaleon zu erlernen. Hebenstreit, der den Wunsch des Grafen nicht unberücksichtigt lassen durfte, gab Gebel wohl noth-gedrungen Unterricht, setzte aber die Lektionen zu so unbequemer Zeit an, daß dieser beschloß, allen Fleiß aufzubieten, derselben mög-lichst bald entbehren zu können. Binnen Jahresfrist schon durfte er wagen, mit seinem Lehrer in die Schranken zu treten. Bemer-kenswerthe Mitschüler von ihm waren der als Hoforganist in Dres-den 1789 gestorbene Christian Sigmund Binder und ein junger Baier, Gumpenhuber, den man als den größten Panta-leonisten s. Z. pries und der 1755—58 als kais. russischer Kammermusiker in Petersburg lebte. Eine letzte bemerkenswerthe, hier zu nennende Persönlichkeit war der Pantaleonist des Herzogs von Mecklenburg-Schwerin, Noelli, gest. 1789 als Kammermusiker in Ludwigslust. Das von den Zeitgenossen so sehr bewunderte und mit verschwen-derischem Lobe ausgezeichnete Instrument hat das Säculum, das es entstehen sah, nicht überdauert.

III.

Ein Genosse der Leier und des Hackbretts war durch Jahrhun-derte der Dudelsack, ein gar altes, ehrwürdiges Instrument, das seinen Stammbaum in fernere Zeiten als irgend eines der noch re-gierenden oder nicht mehr regierenden fürstlichen Häuser zurückdatirt. Ob er in undenklicher Vorzeit von einem nomadisirenden Hirten-volke, oder von Indern oder Lydiern zuerst gebraucht oder gar vom Pan, Faun oder Marsyas erfunden wurde, sei hier des Näheren nicht untersucht. Aber mag sich auch sein Ursprung im Dunkel der Zeiten verlieren, trefflich hat sich, das ist unleugbar, der alte, zottige Geselle bis heute konservirt, wie seine Zwillingsschwester, die Schalmei, die sich, nach Siegmund's und Sieglindens Vorbilde, im Zeitenlaufe sogar ehelich mit ihm verband.

Der Dudelsack*) ist ein gar eigenthümliches Instrument. Jedermann hat es schon gehört und gesehen, aber nur Wenige wagten es genauer zu untersuchen. Man scheut sich, den betreffenden Virtuosen allzunahe zu kommen. Er besteht aus einem ledernen, vom Spieler unterm rechten Arm gehaltenen, mittels eines Anblaserohres**) mit Luft auszufüllenden, aus einem Schaffelle gefertigten Schlauche. Aus diesem Windsacke drückt der Bläser mit dem Arme die Luft in eine mit Mundstück und Tonlöchern versehene Röhre (Schalmei), die an der dem Anblaserohr entgegengesetzten Seite des Schlauches angebracht ist. Auf ihr, von der ausströmenden Luft zum Tönen gebracht, werden die Melodien gespielt. Daneben aber befinden sich noch zwei, manchmal mit trompetenähnlichen Holzbechern versehene Röhren, eine größere, fast einen Meter lange, die über die rechte Schulter geworfen wird, grand bourdon, Summer, Summser, Gummel, Stimmer genannt, und eine kleinere, vorn herabhängende, le petit bourdon; sie bilden zur Melodie den auf einem Tone fortbrummenden Baß, die harmonische Grundlage ist also hier dieselbe, wie bei der Radleier.

Bei verschiedenen Völkern und zu verschiedenen Zeiten wechselten Form, Konstruktion und Spielweise des Dudelsacks vielfach. Bald wurde der Schlauch aus einem Widderfell, bald aus zusammengenähten Bockshäuten hergestellt; er war entweder glatt gegerbt oder außen noch mit dem Schmuck der Wolle oder der Haare versehen. Auch die Zahl der Summer war nicht stets die gleiche; sie changirte zwischen einem Rohre und dreien. Ebenso gab es Instrumente mit zwei Schalmeien, mit je 3—7 Tonlöchern, auf denen

*) Bei den Hebräern Sumphonia oder Samponia, bei den Arabern Zummárah bi-soan, bei den Indern Turti und Zitty (zwei Arten), bei den Römern Tibia utricularis, bei den Italiänern Cornamusa und Zampogna pastorale, bei den Franzosen Musette und Chalumeau, bei den Schotten Piob, von altdeutschen Schriftstellern saccpfife oder sackpfeif genannt.

**) Statt dieses längern Rohres bediente man sich auch eines mit einer Klappe versehenen Röhrchens, porte-vent genannt, das die Luft beim Einblasen einließ, ihr Ausströmen aber verbindete, wenn der Einblasende athmen mußte. Es gab auch Säcke mit durch den Arm zu regierenden Blasebälgen und solche, die mittelst einer Vorrichtung durch ein am Arme befestigtes Band aufgezogen wurden.

man dann fogar zweiftimmig blafen konnte. Mehrfach wurden auch
beide Summer über die Achfel geworfen. Der Umfang der roheren
Inftrumente umfaßte 8—10 biatonifche Töne, wozu die Bourdons
Grundton und Quinte fchnurrten; vervollkommnetere Dudelfäcke
haben eine Scala von drei Oktaven.

Eine eigene Abart derfelben ift der fogenannte p o l n i f ch e B o ck.
In Polen nämlich benutzt man als Windfack eine Bockshaut, an
der nicht nur die Haare, fondern auch Kopf und Hörner, fogar die
Füße erhalten find. Die neuere Art hat 2 Pfeifen, deren gekrümmte
faft zum Boden herabreicht. Sie hat 7 Löcher und ein Daumenloch; der Summer kann durch Anfatzftücke verlängert werden, fo
daß nach Umftänden ein tieferer, überhaupt ein beliebiger Baßton
gewonnen werden kann.

Je nach Geftalt und Verwendung repräfentirt der Dudelfack
eine ganz refpektable Familie. In Frankreich kannte man die Cornemuse rurale (die der Bauern) und Cornemuse pastorale oder
Cornemuse des bergers (die der Schäfer), die Musette, die Cornemuse d'Italie und Sourdeline, letztere von einem um 1620 in
Paris lebenden italiänifchen Mufiker, Giov. Battifta Riva erfunden
oder verbeffert.

Zu Beginn des 17. Jahrhunderts wurden in Deutfchland folgende Formen der Dudelfäcke benutzt: Der B o ck*), mit großem,
langem Horn als Summer, der das große C angab. Die Schalmei
reichte vom eingeftrichenen c bis zweigeftrichenen c. Der g r o ß e
B o ck ftand eine Quart tiefer. Die S ch a p e r p f e i f f (Schäferpfeife
mit zwei Summern, welche in eine Quint geftimmt das große B
und kleine f intonirten. Der Schalmei, welche die Tonreihe vom
kleinen b bis zum zweigeftrichen d umfaßte, fehlte auf der Rückfeite
das Daumenloch, wodurch eine reinere Stimmung ermöglicht war.
Das H ü m m e l ch e n, mit zwei Summern, die ebenfalls eine Quinte,
das eingeftrichene f und zweigeftrichene c, ertönen ließen; ihre Scala
ging vom zwei- zum dreigeftrichenen f. Der D u d e y, mit drei
Summern, Grundton, Quinte und Oktave, das eingeftrichene es
und b und das zweigeftrichene es, angebend. Die Blasröhre ge-
ftattete einen Tonumfang vom zwei- zum dreigeftrichenen es. Man
fieht, daß diefe fünf Varianten des Dudelfacks eine recht ftattliche

---

*) Haydn's Jahreszeiten: „Es dudelt der Bock".

Tonreihe vom Contra-G bis zum dreigestrichenen f

also fast einen Orchesterumfang ermöglicht. Da nun auch der Ton-
charakter eines jeden Instrumentes ein anderer ist und vom mächtigen Brummen des großen Bocks bis zum Gequitsche und Schrillen
des Hümmelchens und Dudeys mannigsache Schattirungen darbietet,
muß es sehr wundernehmen, daß noch kein ingeniöser, musikalischer
Bandenführer unserer Tage auf den Gedanken verfiel, eine Dudel-
sacksharmonie zusammenzustellen und Symphonieaufführungen mit ihr
in den großen Städten Europas zu veranstalten. Welch' angenehmer Wechsel und eigenartiger Reiz, welches neue Element wäre dadurch in unsere Musikgenüsse zu bringen, und an starken Pfeffer sind
ja unsere Ohren schon ziemlich gewöhnt. Der Ton des Dudelsacks
ist schreiend und grell, im geschlossenen Raume fast unerträglich;
im Freien aber und auf Tanzböden, bei Gartenreunionen, Berg-
partien, Wald- und Kellerfesten dürfte er vorzügliche Wirkung machen.

Ähnlich wie der Dudey ist auch der von der alten Musette
gaélique abstammende schottische Piob eingerichtet. Seine drei
Schnarrpfeifen stimmen jedoch nicht in Tonika, Quinte und Oktave,
sondern in Tonika, großer Terz und Oktave (kleines g und h und
eingestrichenes g). Die Tonleiter umfaßt auch hier nur eine Oktave
(ein- bis zweigestrichenes g); bekanntlich aber hat die altkeltische Scala
nur sechs Stufen: g a h d e g.

Von alter Zeit her ist der Piob das Lieblings- und National-
instrument der Hochschotten. Er hat die Harfe, die einst seine Stelle
vertrat, vor seinem gellenden Kampfschrei aber verstummen mußte,
völlig verdrängt. Von der wirbelnden Trommel unterstützt, geleiten
seine wilden, aufregenden Schnarrtöne den Schotten stets in das
Getümmel der Schlacht; seine originellen Tanzweisen beleben alle
seine ländlichen Feste, sein wenig sympathischer Ton accompagnirt
sogar seine melancholischen Lieder. Bekanntlich bestehen die Musik-
chöre hochschottischer Regimenter und die Hauskapellen edler Lairds
nur aus einer Anzahl Dudelsacksbläser, deren schrille, weithin hör-
bare Märsche für schottische Ohren entzückendster Wohlklang und
wonnevollste Harmonie sind. Eine auf dem Piob gespielte, altschot-
tische Melodie erweckte dem Hochschotten gleiches Heimweh, wie dem

Schweizer der Kuhreigen. Das war allerdings in fernen Zeiten, in denen die Menschen noch nicht so gebildet waren, wie heute, wo im Jagen nach Erwerb das Heimweh ganz aus der Mode kam.

Es wurde vom Alter der Sackpfeife bereits gesprochen. Daß die Juden in Palästina, die sie von den Chaldäern und Babyloniern übernommen hatten, sich ihrer schon bedienten, beweist eine Stelle des chaldäischen Textes des Propheten Daniel (III, 4—5): „Und der Ehrenhold rief laut: Das laßt euch gesagt sein, ihr Völker, Leute und Zungen! Wenn ihr hören werdet den Schall der Posaunen, Trompeten, Pfeifen, Zithern, Sambuken, Psalter, Symphonien und allerlei Saitenspiel, so sollt ihr niederfallen und das güldene Bild anbeten, das der König Nebukad-Nezar hat setzen lassen.“ Dies Bild, 60 Ellen hoch und 6 breit, stand auf einem schönen Anger im Lande Babel; die Symphonie aber beschreibt das hebräische Buch „Schilte-Haggiborim“ als einen Schlauch, durch den eine Pfeife gesteckt war. Die Inder, die noch heute zwei Arten dieses Instruments benützen, kannten es wohl noch früher als die Juden; den Ägyptern scheint es fremd geblieben zu sein. In der Folge finden wir es bei den Griechen, Römern und Arabern im Gebrauche. In der römischen Kaiserzeit, wo es besonders beliebt war, wurde es zu entsetzlichen Masseneffekten verwendet. Der liebenswürdige Weltbeherrscher und Menschenwürger Nero begnügte sich nicht damit als Mime, Sänger und Flötenspieler zu glänzen, er wollte auch als der erste Virtuose auf dem Dudelsack, als Utricularius angesehen werden. Flavius Vopiscus aus Syracus erzählt im „Leben des Carinus“, daß er bei einem Feste 100 Pythaules (Sackpfeifer) und eben so viele Trompeter und Tänzer vereinigt habe. Der bekannte Philosoph L. Annaeus Seneca (2—65), Lehrer Nero’s, der diesen berühmtesten Mann seiner Zeit, um sich sein bedeutendes Vermögen aneignen zu können, zum freiwilligen (!) Tode und selbstgewählter Todesart drängte, tadelte mit harten Vorwürfen die Neapolitaner ob ihrer Leichtfertigkeit. Ein geschickter Pythaules vermochte sie zahlreicher in das Theater, als ein Lehrer der Philosophie in die Schule zu ziehen. Tout comme chez nous! Ja, uns in der Bildung weit vorgeschrittene Erdbewohner würde das Gegentheil sehr überraschen.

Durch auswandernde Spielleute wurde nach dem Zusammensturze des Weltreiches der Dudelsack fremden Ländern und Völkern bekannt. Aus Italien, wo die Hirten der Abruzzen und Apenninen heute noch Vorliebe für ihn hegen, kam er nach Frankreich, Spanien, England und Deutschland. Ob Ungarn, Russen und Polen ihn ebendaher erhielten oder als ein ihnen längst bekanntes Tonwerkzeug aus den Steppen Asiens mit über den Ural brachten, wollen wir hier des Näheren nicht untersuchen. In Deutschland ward er bald sehr beliebt und verbreitet. Er mag die Ohren unserer germanischen Vorältern ebenso bezaubert haben, wie ihre Nachkommen des 19. Jahrhunderts die Vorträge Sarasate's und Rubinstein's entzückten.

Gegenwärtig bekommt man den Dudelsack bei uns nur noch zu hören, wenn römische Pifferari sich kunstreisend über die Alpen wagen.

Hat man jedenfalls Unrecht, den Lieblingsmenestrel des Grafen Thibaut IV. von Champagne, C. Musset, als Erfinder des Dudelsacks zu bezeichnen, so bleibt doch nicht ausgeschlossen, daß dieser geschickte und vielgenannte Musiker sich, wie im Spiel der Leier, auch in der Behandlung der Sackpfeife ausgezeichnet, möglicherweise auch bemerkenswerthe Verbesserungen an ihr angebracht hat. Merkwürdigerweise versuchte eine spätere Periode auch dies wilde, unfügsame Instrument zu bändigen und virtuos zu behandeln. Was auf ihm von Alters her gespielt wurde, waren immer nur phantastische Improvisationen und traditionell sich fortpflanzende, barocke Läufe, Triller und Weisen. Die in den Klaviersuiten des vorigen Jahrhunderts häufig verwendete Musette und Loure waren Tanzmelodien des Dudelsacks. Italiänische Reisende haben wiederholt die Melodien der Pifferari zu notiren versucht und hervorragende Tonsetzer sich ihrer auch häufig bedient und sie nachgeahmt. So fanden sie z. B. Verwendung im Pastorale des Händel'schen „Messias", in einem hübschen, kleinen Instrumentalstücke der Operette „Bastien und Bastienne" von Mozart, in Talayrac's „Nina", in Boieldieu's „weißer Dame", in Meyerbeer's „Dinorah" u. s. w. Besonders auch in Finalsätzen von Symphonien und Kammermusikstücken, z. B. von Haydn, begegnet man ihnen häufig.

Als man es unternahm, den Dudelsack hof und konzertfähig zu machen, gewann er auch eine Literatur. Der Italiäner Pelegrino Passenti veröffentlichte bereits 1628 in Venedig ein Heft: »Canora Zambogna«, d. i. eine Sammlung von Sackpfeifenstücken. Am Hofe Ludwig's XIV., zu dem sich alle Musikanten und Gaukler drängten, ward auch der Dudelsack in Gnaden angenommen. Man haschte dort gierig nach jedem Mittel und selbst nach unmöglichst scheinenden Dingen, die tödtliche Langweile des Hoflebens und die trostlose Leere der schneckenähnlich sich hinschleichenden Jahre aus-zufüllen, und so sehen wir dort nacheinander Leier, Hackbrett und Dudelsack zu Ehren und Ansehen gelangen. Passenti fand im fol-genden Jahrhundert in Henri Baton l'ainé in Paris einen Nachahmer, der es zum Virtuosen auf der Musette (wie man hier den Dudelsack benamste) und zu großem Rufe unter seinen Lands-leuten brachte. Er ließ auch drei Bücher Sonaten und zwei Bücher Duos für sein Instrument in Paris stechen.

Alle Instrumente, von denen bisher gesprochen wurde, haben respektable, hochachtbare Nachkommenschaft aufzuweisen. Die Leier steht in intimen Familienbeziehungen zur Violine, das Hackbrett zum Flügel und Klavier, der Dudelsack zur Orgel. Die in Tonika und Dominante fortbrummenden Bourdons des letztern verdienen als früheste Versuche harmonischer Tonverbindungen und als Vor-bild des Orgelpunktes besondere Beachtung. Der Dudelsack und die gleichaltrige Syrinx, in ältester Zeit aus sieben, durch Wachs oder Ringe mit einander verbundenen Pfeifen verschiedener Länge bestehend, angeblich vom arkadischen Hirten-, Wald- und Weide-gott Pan erfunden *), gaben unzweifelhaft die Grundidee zur Orgel. Die ersten, tragbaren Orgeln glichen noch völlig einer umgekehrten, vergrößerten, mit einem Blasbalge versehenen Panspfeife.

IV.

Nicht minder steht die Schwester des Dudelsacks, die Schalmei an der Spitze eines zahlreichen und stattlichen Geschlechtes, denn sie ist die Stammmutter der s. Z. unter der Bezeichnung: Pom-mern **), Bombarden, Krumbhörnern, Racketten, Sordunen, Schryary,

---

* Auch Siebenpfeife, Pans- oder Hirtenflöte (fistula Panis, syringe Panos) und Papagenopfeife, franz. Syringe oder Sifflet pastoral genannt. Man schreibt ihre Erfindung auch dem Marsyas und dem Silenus zu. Es sei hier noch bemerkt, daß in der Benennung der Instrumente in den Schriften älterer Schrift-steller eine ziemliche Verwirrung herrscht und derselbe Name nicht selten für In-strumente verschiedener Natur und Art gebraucht wird.

**) Es war eine bemerkenswerthe Eigenheit des früheren Musiktreibens, alle Instrumente so herzustellen, daß sie gesonderte Familien bildeten, d. h. daß sich durch sie alle Stimmlagen: Diskant, Alt, Tenor und Baß vertreten ließen. So finden wir es bei der Leier, den Violen, dem Dudelsack, der Schalmei u. s. w. Der Pommer (Bombardo, Bombyx, Bombart, Bommert, von bombare, summen, schnurren), nächster Stammvater des Fagotts (Basson) und der Oboe, war als

Bassanelli u. s. w. bekannten Blasinstrumente, aus denen wiederum viele unserer modernen hervorgingen.

Ursprünglich mochten Hirten oder Kinder im Frühjahre, wenn
der Saft in die Zweige schießt, lange Streifen frischer Baumrinde
zu nach oben engeren, nach unten weiteren Röhren gewunden haben.
An der engeren Öffnung mit einem Röhrchen aus grüner, saftiger
Weidenschale zum Anblasen versehen, gab dies Naturinstrumentchen
scharfen, näselnden Ton. Ähnlich fertigten sich in unserer Zeit,
im Frühjahre Knaben ganz hübsch tönende Weidenflöten, indem sie
einen saftigen Zweig durch Klopfen noch mehr erweichten, das dadurch gelockerte und loszulösende Holz dann aus der Rinde zogen,
sich ein kunstloses Mundstück dazu schnitzten und so ein Instrumentchen erhielten, das durch das am untern Ende wieder eingesetzte,
nun verschiebbare Holz sogar zu stimmen war. Heute haben unsere
armen, mit Schulaufgaben überbürdeten Kinder, die durch die dra-
konischen Vorschriften eines immer neue Quälereien ausheckenden
Oberschulrathes um alle Jugendfreuden betrogen werden, keine Zeit
mehr zu so hübschen, anregenden Spielereien.

Diskant-, Alt-, Tenor-, Basset-, Baß-, rechter und großer Baßpommer vorhanden.
Der Diskantpommer wurde auch Schalmei, Piffara und Hautbois genannt, der
Altpommer Bombardo piccolo, der rechte Baß Bombardo, der große Baß oder
Groß-, Doppelt-, Quint-Pommer Bombardone; neben dem Bassetpommer gab es
noch einen Nicolo, neben dem Diskantpommer die kleine Diskant-Schalmei (klein
Excellent). Die höheren Gattungen wurden mittelst eines doppelten, in einer
Kapsel steckenden Rohrblattes, die tieferen mittels eines S-bocal angeblasen. Da
der größte Pommer eine Länge von 2 Meter hatte und der Bombardo nicht minder
unbequem zu traktiren war, versuchte der Canonicus Afranio in Ferrara (1539
die langen Rohre umzubiegen und gleichsam in einen Bündel (fagotto, zu-
sammenzulegen, daher der Name Fagott; seines angenehmeren und sanfteren
Tones willen nannte man ihn auch Dolciano, Dolce suono. Ganz naturgemäß
war es nun, daß auch Oboe und Fagott, sobald sie einmal in die Welt gesetzt
waren, wieder eigene Familien gründeten. Von der der Oboe hat sich nur das
Corno inglese (Altoboe, Oboe di caccia, Cor anglais) erhalten; dem Quart-,
Quint- und Tenorfagott (Fagottino) blieb nur das jetzt allgemein gebrauchte und
das Kontrafagott übrig. Die Krummhörner (Cormorne, Cromorne, Cornomuto
'Stillhörn', Cornomuto storto oder torto 'gebogenes Stillhörn') waren ebenfalls
in verschiedenen Größen vorhanden, gleichwie die Racketten oder Rankketten, die
Sordunen mit dem Kortholt, die Schreipfeifen, die Bassanelli, die Flöten, die
Zinken (Cornetto, Lituus, Litice), deren es besonders viele Abarten gab: Cornetto diritto, Cornetto muto 'gerade Zinken', Cornetto curvo 'krumme Zinken'.
Cornettini 'Quartzinken' Corno, Cornon, Cornetto torto 'große Zinken'. In
unserem Orchester, abgesehen von Harmonie-, Militär- und Blechmusik, haben sich
außer der sehr zusammengeschmolzenen Violenfamilie nur die Posaunen eine Fa-
milienverbindung noch gewahrt.

An Stelle vergänglichen Materials trat in der Folge solideres, und auch das nun aus enge zusammengefügten Buchsbaumrohr- plättchen gefertigte Mundstück erhielt kunstreichere Gestalt und sorg- fältige Ausarbeitung. So kannten schon die Alten die Schalmei, von den Römern Calamus, den Lateinern Calamellus, den Fran- zosen Chalemie oder Chalumeau, Musette oder Sifflet pastoral genannt. Die Italiäner heißen sie Piffara, die Schal- meienbläser selbst Pifferari. Das Instrument hatte ursprüng- lich einen gellenden, durchbringenden Ton, der aber bei vorsichtiger und geschickter Behandlung sich zu einem dem Oboeton ähnlichen mildern ließ. Sein Timbre eint sich trefflich dem Charakter länd- licher Tänze. Durchs ganze Mittelalter bis ins vorige Jahrhundert war es ein beliebtes Spielmannsinstrument und fand auch in den Chören der Stadtpfeifer, in Kirche und Theater Verwendung.

Es bestand nun aus einer zwei Fuß langen, gebohrten und abge- drehten, unten in einen kleinen Schallbecher auslaufenden Röhre, die auf der Vorderseite sechs Löcher und eine Klappe hatte, und eine chroma- tische Scala vom eingestrichenen f bis zweigestrichenen a ermöglichte. Eine später noch hinzugefügte weitere Klappe ergänzte die Tonreihe um eine kleine Terz nach oben, also auf zwei Oktaven. Das aus zwei auf einander gebundenen Rohrplättchen konstruirte Mundstück befand sich ursprünglich in einem becherförmigen Ansatz, so daß es nicht unmittelbar mit den Lippen gefaßt werden konnte. Durch ein Mundloch vermochte man die Luft nur in die das Rohr umgebende Kapsel, aus der sie dann in das Mundstück gelangte, einzublasen. Von einer Modifikation des Tones durch Lippendruck konnte unter diesen Umständen keine Rede sein, daher denn auch, solange diese Einrichtung im Gebrauche war, der Klang der Schalmei rauh und unbiegsam, einem Gänsegeschnatter vergleichbar blieb. Man nannte aus diesem Grunde das Instrument auch Gingrina. Nur im Freien, wo sich das Unangenehme seines Tones wesentlich abschwächte, wurde es, wie alle roh, grell und scharf klingenden Instrumente, erträglich.

Im 16. Jahrhundert ward die Schalmei mit dem Bom- hard, Schwägel und Zinken zu den Großpfeifen gezählt. Es läßt sich nicht genau bestimmen, wann sie zur Oboe und der Baßpommer zum Serpent* und Fagott umgebildet wurden.

Jedenfalls geschah es bereits in der ersten Hälfte des 17. Jahrhunderts.

Der italiänischen Musette, einem kleinen, mit einem Oboe-
röhrchen angeblasenen Instrumente, anfangs unbedeutend und nur
vom Umfange einer diatonischen Oktave, gab man durch Hinzufügung von Klappen auch die Halbtöne und verwendete sie in dieser
vervollkommneten Gestalt in der französischen und belgischen Militär-
musik.

Ein auf gleicher Stufe stehendes Blasinstrumentchen ist das
Flageolett (Flagioletta, Flûte à bec, Flûte douce, Flûte d'Ang-
leterre, Flaschenettchen), das kleinste der flötenartigen Instrumente,
15—20 cm. lang, meist aus Ebenholz oder Elfenbein gefertigt,
mit 6—7 Tonlöchern versehen und einem dem der Klarinette ähneln-
den Mundstücke. Die durch ein Einsatzstück (porte-vent) zu ver-
längernde Röhre läuft in eine kleine Erweiterung (patte) aus,
welche der Ringfinger noch erreichen und dadurch einige gehaltene
Töne ermöglichen kann.

Erfinder des Flageoletts soll ein gewisser sieur Juvigny um 1580
gewesen sein. Es fand in Frankreich, Holland, England, am Rhein
und in der Schweiz bald weite Verbreitung. Die niedliche Form
desselben gestattet, es bequem in der Tasche unterzubringen. Als
Begleiter auf einsamen Spaziergängen und Fußreisen war es, wie
auch die Stockflöte, einst sehr beliebt; mit der Dampfpfeife und dem
Rasseln eines Bahnzuges vermag es nicht zu konkurriren; seinerzeit
schwang es sich jedoch sogar zum Konzertinstrumente auf. Seine
Scala umfaßt 2 Oktaven (vom zwei- bis viergestrichenen d), sein
Ton, wenn auch etwas scharf und spitzig, ist nicht unangenehm und
zur Belebung des Tanzes und fröhlicher Geselligkeit sehr geeignet.
Die lieblicher klingende Flöte und das umfangreichere Piccolo haben
es allmählich verdrängt, obgleich ihm, in der Absicht, der Harmonie-
musik eine Bereicherung zuzuführen, um 1802 der Instrumentenmacher William Bainbridge zu London eingehende Aufmerksamkeit zuwandte, es wesentlich verbesserte und ihm eine der Flöte
ähnliche Tonfarbe gab. Auch ein Doppelflageolett, das aber nicht
weiter bekannt wurde, konstruirte er. A. Sax in Paris, es weiter
vervollkommnend, erschloß ihm, wie der Musette, den Weg in die
Militärmusiken. Auch unser berühmter und talentvoller Flötenbauer,
Kammermusiker Theob. Böhm in München, beschäftigte sich ein-
gehend mit dem lieblichen Instrumente, und gelang es ihm, dem-

selben eine vollendet zu nennende Ausbildung zu geben, die es zur Ausführung jeder Flötenpartie befähigt.

Schulen, Studien, Duette, Variationen, Tänze und sonstige Kompositionen für dies Instrument schrieben, außer manchen andern Tonsetzern, besonders Eugène Leroy gen. Roy (gest. 1816 in Paris) und Collinet, beide berühmte Flageolettvirtuosen.

Eine Abart des Flageoletts ist die bei ländlichen Festen und zum Abrichten von Singvögeln (da sie ihren Gesang täuschend zu imitiren vermag) gebrauchte Vogelpfeife (fistula minima, fistula largior).

Das Instrumentenspiel konnte wirklichen Aufschwung erst mit der Entwicklung des konzertirenden Stiles und seiner Aufnahme in Kirche und Theater nehmen; dem Vorbilde der Solosänger nach- eifernd, schulten sich die Instrumentisten. So lange die polyphone Schreibart die alleinherrschende war, konnten sich die Instrumente, auf selbständige Äußerungen, mit Ausnahme bei Aufzügen und Tänzen, fast verzichtend, einfach nur den Singstimmen, sie verdop- pelnd oder vertretend, anschließen; daher auch auf alten Motetten- und Liederbüchertiteln die oft wiederkehrende Bemerkung: „nit allein lieblich zu singen, sonder auch auff allerley Instrumenten wol und artlich zu gebrauchen". Sobald sie aber nicht mehr ausschließlich die Chorstimmen zu verstärken, sondern sich begleitend den Solo- stimmen anzuschmiegen und unterzuordnen, sie wohl auch zu imi- tiren hatten, mußte sich ihr Charakter verfeinern, ihr Ton veredeln, ihre Behandlungsweise durchaus umbilden. Der Gesang wurde fortan Hauptsache, die mit ihm verbundenen Instrumente, sich ihm völlig unterordnend, traten weit hinter ihm zurück. Die rohtönen- den, lärmenden und grellen verschwanden allmählich ganz aus dem Gebrauche, an den beibehaltenen erschöpfte sich die Kunst und das Nachdenken der Instrumentenmacher, um ihren Bau zu vereinfachen, ihre Konstruktion zu vervollkommnen; ihren Klang zu mildern, ihre Behandlungsweise praktikabler zu machen.

Zwei Forderungen wurden endlich maßgebend und in erster Linie an jedes Instrument erhoben: Fülle (Ergiebigkeit, Kern) und Schönheit (Modulationsfähigkeit, Weichheit) des Tones. Ebenso- wenig wie heute noch eine von einem kleinen Orchester ausgeführte Symphonie, ein von einem unzureichenden Chore gesungenes Ora- torium genügen können, und wir sogar in der Oper nur durch

maffenhafte Inftrumentalbefetzung befriebigt werden, vermöchte unfer
an Tonfraft und Vollflang gewöhntes Ohr an den dünn oder
penetrant tönenden Inftrumenten einer früheren Periode wieder Gefallen zu finden. Ebenfowenig aber würden wir ein aus den
refpektablen Familien der Schalmeien, Pommern, Dudelfäcke u. f. w.
gebildetes Orchefter zu ertragen vermögen.

Auch an den Mechanismus und die Intonation der Blasin-
ftrumente, die jetzt dem Reichthum und rafcheftem Wechfel der Harmonie fich fügfam erweifen müffen, an den Umfang des Tonkörpers,
die Mannigfaltigkeit der Klangfontrafte, Eigenfchaften, denen nun
die erweiterte Technik des Inftrumentenbaues unferer Tage zu genügen vermag, erheben wir höchfte Anfprüche. Nicht mehr vom
mufikalifchen Gedanfengehalte eines Tonwerfes, fondern von deffen
Klangwirfung, dem Effeft, hängt in der Gegenwart der Erfolg ab.
Die Gefang- und Inftrumentalfchöpfungen felbft größter Meifter
früherer Perioden hört man, foweit fie überhaupt noch der Aufführung würdig oder dafür geeignet befunden werden, nur noch
aus und mit einer gewiffen Pietät. Alljährlich verfinfen andere
berühmte Namen und Werfe in Vergeffenheit. Man flagt darüber, daß die Mufik immer lärmender werde; aber diefe Klagen
find fo alt, als überhaupt von Kunftleiftungen auf diefem Gebiete
die Rede ift. Wir find noch nicht an den Grenzen deffen ange-
fommen, was unferen Ohren zugemuthet werden fann und wird.
Wer heute über die zunehmenden Kraftäußerungen unferer Tonfetzer
flagt, dürfte die Gehörnerven unferer Nachfommen faum beneiden
ob der ihnen in der Zufunft von durch Dampffraft in Bewegung
gefetzten Riefeninftrumenten und Riefenorcheftern noch vorbehaltenen
Genüffe.

Gioachimo Antonio Rossini.

Von Josef Sittard.

47 u. 48.

Gioachimo Antonio Rossini. *

Von

Josef Sittard.

Lehrer am Stuttgarter Konservatorium.

 ängst vergangen sind für Italien die Zeiten eines Palestrina, der beiden Gabrieli, der Lotti, Scarlatti u. A.; niemals mehr hat die Kunst dort jene Höhe erreicht, da sie in ihren Schöpfungen diejenigen aller andern Völker überstrahlte und deren Lehrmeister wurde. Rasch sank sie von ihrer Höhe und wurde zur Magd der Sinnlichkeit, der Oberflächlichkeit, des äußern Erfolgs erniedrigt. Nicht mehr kann sich das Land mit dem ewig lächelnden Himmel rühmen, irgend welchen nennenswerthen Einfluß auf unsere Kunst auszuüben, und wenn wir heute vor den gewaltigen, unsterblichen Schöpfungen seiner großen Meister bewundernd stehen, so erfüllt es uns mit doppelter Wehmuth, daß der Blüthezeit ein so rascher Fall folgte.

Schon lange ehe Rossini auftrat, zehrten die Italiäner nur noch an ihrem ehemaligen Weltruhm, und auf dem Gebiete der Oper

---

*) Stendhal: Vie de Rossini. Paris 1823 und 1876.

Amadeus Wendt: Rossini's Leben und Treiben. Leipzig 1824.

Escudier: Rossini, sa vie et ses oeuvres. Paris 1854.

Leipziger Allgemeine Musikalische Zeitung. Jahrgang 1814 bis 1828.

Süddeutsche Musik-Zeitung. Jahrg. 1864 Nr. 33 u. ff.

Niederrheinische Musik-Zeitung. Jahrg. 1852 u. 1854.

Die Musikzeitschrift »Le Ménestrel«. 31. Jahrgang.

mußten sie sich deutsche Meister verschreiben. Ein Simon Mayr, Peter Winter, Josef Weigl und Gyrowetz zogen über die Alpen, aber leider nicht um die italiänische Oper in deutschem Geiste zu reformiren, sondern um Italiäner zu werden und im landläufigen Stil zu schreiben.

Wir begegnen freilich immerhin einer Reihe von Männern, denen Befähigung und Ernst des Wollens nicht abgesprochen werden kann, wenn auch oft das Können mit dem Wollen nicht immer Hand in Hand ging. Es war namentlich das Gebiet der komischen Oper, auf welchem Ende des vorigen Jahrhunderts Anerkennenswerthes geschaffen wurde; so u. A. von Paisiello (1741—1816), Cimarosa 1755 bis 1801, dessen „Heimliche Ehe", in Wien im Jahre 1793 erstmalig aufgeführt, ein Muster feiner und geistreicher Komik genannt werden kann und heute noch nicht veraltet ist.

Aber auch in der komischen, wie früher schon in der seriösen Oper trat bald die Verflachung ein. Wie in der letzteren, so verschwanden auch in der komischen Oper immer mehr die Ensembles, welche durch armselige Melodien ersetzt wurden, die von einem noch armseliger behandelten Orchester begleitet waren. Wir erinnern nur an die Oper »Cosa rara« des Vincenzo Martin aus Valencia, der bekanntlich Mozart durch seine geistreiche musikalische Persiflage im zweiten Finale seines „Don Juan", zu einer traurigen Berühmtheit verholfen hat.

Läßt sich auch den Opernkomponisten der neapolitanischen Schule seit Strabella und Alessandro Scarlatti ein ernstes Wollen und ihren Werken eine gewisse Gediegenheit nicht absprechen: über den schon von Scarlatti für die italiänische Oper festgestellten Formalismus sind dieselben nicht mehr hinausgekommen; individuelle Züge finden wir in den wenigsten ihrer Werke, und ihr Hauptbestreben ging nur noch dahin, den Schwerpunkt auf eine sinnlich reizende Melodiebildung zu legen. Das ausschließliche Behagen an einer wohl sinnlich reizvollen, innerlich aber schalen und leeren Melodik drängte das Bedürfnis jeder dramatischen Entwicklung immer mehr in den Hintergrund; die Oper war nur noch ein Schaugepränge für das Auge, und eine Gelegenheit für die Sänger, mit ihren Kehlkünsten zu glänzen.

Dies war die Zeit, in welcher Rossini auftrat, und wie man auch über den inneren Werth seiner Werke denken und urtheilen mag, eine unbedeutende Erscheinung in der Geschichte unserer Kunst ist er nicht; und wenn auch die meisten seiner Werke heute schon vergessen und kaum noch dem Namen nach bekannt sind, so werden sein „Barbier" und sein „Tell" manche dramatische Erzeugnisse über- dauern, deren Autoren nur ein geringschätziges Lächeln für den Sänger von Pesaro haben. Rossini war ein außerordentlich begabter Künstler, und wenn ihm auch der Vorwurf leichtsinnigen Arbeitens nicht erspart werden kann, wenn nicht geleugnet werden darf, daß er das Princip des bloß sinnlichen Genusses zur unbedingten Gel- tung in der Musik erhoben hat, so wäre es doch ungerecht, darüber seine eigentliche Bedeutung für die Kunstgeschichte zu vergessen.

Gioachimo Rossini wurde am 29. Februar 1792 in Pesaro, einem kleinen hübschen Städtchen im ehemaligen Kirchenstaat geboren, woselbst seine Eltern ein kleines Häuschen besaßen, welches dieselben zu bewohnen pflegten, wenn sie gerade ohne Engagement waren. Gioachimo's Vater, Josef Rossini, gehörte nämlich zu jenen ambu- lanten Musikanten, die, um ihren täglichen Unterhalt zu verdienen — er war Hornist —, sich heute dieser, morgen jener Truppe an- schlossen und abwechselnd die Jahrmärkte von Sinigaglia, Fermo, Forli und anderer kleiner Städte der Romagna und der Nachbarschaft besuchten, und in verschiedenen Orchestern kleiner Opernunterneh- mungen spielten; nebenbei war er Stadttrompeter in Pesaro und Aufseher des Schlachthauses daselbst. Seine Frau, Anna Guida- rini, pflegte bei diesen Opernaufführungen gewöhnlich die seconda donna (zweite Sängerin) zu singen, während Giuseppe das dritte Horn blies. Anna Rossini hing mit großer Liebe und Zärtlichkeit an ihrem Gioachimo, welcher ihr aber auch zeitlebens das dankbarste Andenken bewahrte.

Schmalhans war der tägliche Koch im elterlichen Hause, und als Giuseppe im Jahre 1796 wegen allzulaut geäußerter freiheitlicher Ideen in das Gefängnis wandern mußte und seiner Stelle als Stadttrompeter entsetzt wurde, gerieth die Mutter unseres Gioachimo in große Noth. Giuseppe muß übrigens ein heiteres, fröhliches Gemüth besessen haben, denn seiner beständig lustigen Stimmung wegen hatte er den Spitznamen il Vivazza erhalten.

Im Jahre 1799 zogen die Eltern nach Bologna, und über- gaben den jungen Gioachimo dortselbst einem gewissen Prinetti, welcher ihn in die ersten Geheimnisse der musikalischen Kunst

einführen sollte. Dessen pedantische Lehrweise verleidete jedoch dem
rasch und leicht auffassenden Knaben den Unterricht so sehr, daß
er nichts mehr davon wissen wollte. Sein Vater strafte ihn für
seine Unbotmäßigkeit dadurch, daß er ihn zu einem Schmiede in
die Lehre that, und so finden wir den kaum neunjährigen Gioachimo
mit Blasbalgtreten in der Schmiede beschäftigt. Er fand denn nun
doch bald, daß der, wenn auch langweilige Unterricht bei Princtti
immerhin dieser Beschäftigung vorzuziehen sei. Sein eigentliches
musikalisches Studium begann jedoch erst im Jahr 1804 bei D. Angelo Tesei, welcher ihn im Klavierspiel und Gesang, sowie in der
Kunst des Kontrapunktes unterrichtete. Bald war er so weit, daß
er mit Leichtigkeit alles vom Blatt zu singen im Stande war. Seine
schöne Sopranstimme, sein liebenswürdiges, heiteres Wesen, verbunden mit einer hübschen und anziehenden äußeren Erscheinung,
sowie die Lebendigkeit seines Geistes, machten ihn bei der Geistlichkeit sehr beliebt, und bald verdiente er durch sein Singen in den
Kirchen — er sang auch auf dem Theater in Bologna in Paër's
»Camilla« die Rolle des Knaben — bereits so viel, daß er seine
Eltern unterstützen konnte.

Mit der Mutation der Stimme verlor er die gute Einnahms-
quelle und so verließ er am 27. August 1806 Bologna, um eine
musikalische Wanderung durch die Romagna zu machen, indem er
zu Lugo, Ferrara und andern kleinen Städtchen im Orchester am
Klavier saß, den Sängern ihre Rollen einstubirte und die Chor-
proben leitete; für jede Opernaufführung erhielt er fünf Paoli, die
Proben gingen gratis. Seine weitere Ausbildung verlor er übrigens nicht aus dem Auge. Bei dem trefflichen Sänger Babbini
setzte er seine Gesangstudien fort, und am 29. (20?) März 1807, also
15 Jahre alt, trat er in das Lyceum zu Bologna ein, woselbst er
vom Pater Stanislao Mattei Unterricht im Kontrapunkt erhielt.
Die kontrapunktischen Studien behagten ihm jedoch nicht, und Rossini
ist auch zeitlebens der polyphonen Schreibweise mit ehrerbietiger
Scheu aus dem Wege gegangen. Mit besonderer Lust warf er sich
dagegen auf das Studium der Instrumentalwerke Haydn's und
Mozart's. Er sprach stets mit besonderer Verehrung von diesen
beiden Meistern, und noch in seinem hohen Alter soll er sie als
seine Vorbilder bezeichnet haben, denen er das Beste, was er geschaffen, verdanke, wenn ihn dies auch nicht werth mache, ihnen die

Schuhriemen aufzulösen. Mit letzterem hat es seine Richtigkeit; daß
jedoch Rossini unsere großen Meister zum Vorbild seines Schaffens
genommen, davon ist in seinen Werken wenig genug zu spüren.

Im Lyceum zu Bologna war es Usus, daß alljährlich ein
durch seine musikalische Begabung hervorragender Schüler mit der
Komposition einer Kantate betraut wurde. Rossini wurde im Jahre
1808 diese Auszeichnung zu Theil, und er schrieb die Kantate »Il
pianto d'Harmonia«, welche am 11. August desselben Jahres aufgeführt wurde; auch eine Ouverture soll in dieser Zeit entstanden sein.

Der Erfolg, welchen die Kantate errang, hätte nun eigentlich
Rossini zu fleißigerem Studium des strengen Satzes auffordern
sollen, doch hiervon wollte er nichts wissen und er blieb nach und
nach den Unterrichtsstunden fern, ohne seinen officiellen Austritt zu
nehmen. Fétis spricht auch von einer Sinfonie und verschiedenen Streichquartetten, welche Rossini im Jahre 1809 geschrieben
habe; auch eine Messe für Männerstimmen, Soli und Chor mit
Orchester und Orgelbegleitung soll aus dieser Zeit stammen. Die
von Fétis erwähnte Sinfonie wird wohl mit der oben berührten
Ouverture identisch sein, welche er sofort nach der Aufführung im
Lyceum zerrissen haben soll, und was die angeblichen Streichquartette betrifft, so waren dieselben einfache Arrangements verschiedener
Vokal- und Instrumentalsachen für Streichquartett. Die erwähnte
Messe wurde in Ravenna aufgeführt und Graf Capi, ein vorzüglicher Dilettant auf der Violine, dirigirte das Orchester. Azévedo
erzählt (Ménestrel, 31. Jahrgang S. 169), daß sich dem Dirigenten zu
dieser Aufführung u. A. 11 Flötisten, 7 Klarinettisten, 5 Oboisten
und 9 Fagottisten zur Verfügung gestellt und derselbe große Mühe
gehabt hätte, die richtige Auswahl unter den Bewerbern zu treffen.

Rossini's Befähigung wurde nun allgemein anerkannt, und ihm
noch im selben Jahre die Direktion eines damals auf dem Lyceum
zu Bologna bestehenden Musikvereins »Academia d'I Concordi«
übertragen. Jeden Monat fand ein Konzert statt und hiefür sowie
für die zu leitenden Proben erhielt Rossini monatlich 10 Piaster,
ungefähr 50 Mark, mit welch geringer Summe er auch noch seine
Eltern unterstützen mußte, denn die Mutter hatte ihre Stimme verloren und konnte gar nichts mehr verdienen, und die Einnahme, welche
der Vater mit Hornblasen erzielte, war eine äußerst dürftige.

Im Jahre 1809 soll er sein erstes dramatisches Werk »Demetrio e Polibio«, welches jedoch erst 1812 von der Truppe Mombelli im Theater della Valle zu Rom aufgeführt wurde, geschrieben haben. Es ist dies jedoch nicht wahrscheinlich; vielmehr scheint dieses Werk nach und nach entstanden zu sein. Die Familie Mombelli hatte Rossini bereits im Jahre 1806 zu Bologna kennen gelernt; die Mutter Mombelli, eine gescheidte und herzensgute Frau, nahm sich Rossini's warm und mütterlich an. Von Zeit zu Zeit gab sie ihm auch einige Verse zum Komponiren, einmal eine Arie, dann ein Duett oder Quartett u. s. w., und aus diesen losen Blättern entstand obige Oper. Sein dramatisches Erstlingswerk ist vielmehr »La Cambiale di Matrimonio«, eine kleine einaktige Oper, welche er für das Theater San Mosè in Venedig schrieb und dortselbst mit Erfolg gegeben wurde. Als Honorar erhielt Rossini 200 Franken, von welcher Summe er übrigens die Kosten der Reise nach Venedig und den Aufenthalt dortselbst zu bestreiten hatte. Im gleichen Jahre (1810) wurden unter seiner Leitung in Bologna Haydn's „Jahreszeiten" mit ausgezeichnetem Erfolge aufgeführt. Im folgenden Jahre, nach Wendt schon 1808, entstand eine Kantate »La Didone abbandonata«, sowie seine einaktige Buffooper »L'Equivoco stravagante«, und 1812 gab man auf dem Theater San Mosè in Venedig »L'Inganno felice«, die erste Oper, welche auf der Bühne blieb. Ihr folgte die erste ernste Oper »Ciro in Babilonia« und die Farce »La Scala di Seta«. Noch im selben Jahre folgte er einem Rufe des Theaterdirektors von San Mosè, doch gab er in Folge von Differenzen mit dem Leiter des Theaters bald seine Stellung dortselbst auf und ging nach Mailand, woselbst er für das Theater la Scala die Oper »La pietra di paragone« schrieb, welche mit großem Erfolge in Scene gegangen sein soll. Als Honorar erhielt er 600 Franken, und der Vicekönig von Italien, welcher der Aufführung beigewohnt hatte, befreite ihn von der Militärpflicht. „Und das war ein rechtes Glück für die Konskription", bemerkte später Rossini, „denn ich wäre ein ganz schlechter Soldat geworden".

Das Scalatheater in Mailand war das erste Theater in Italien. Ein herrliches, ganz frei stehendes Gebäude, hatte dasselbe über eines der bedeutendsten Orchester zu verfügen, welches aus 25 Violinen, 6 Viola's, 4 Violoncelli, 3 Kontrabässen, 2 Flöten, 2 Oboen, 2 Klarinetten, 4 Waldhörnern, 2 Trompeten, 1 Baßposaune

und aus den unvermeidlichen Schlaginstrumenten bestand; der Chor
zählte 36 Sänger.

Rossini's Erfolge in Mailand und im Theater San Mosè in
Venedig hatten die Aufmerksamkeit des Theaterdirektors von la
Fenice in letzterer Stadt auf sich gelenkt, und er wurde von demselben mit der Komposition einer neuen Oper beauftragt. Nach
langen Verhandlungen einigte man sich auf eine seriöse Oper »Tancredi«, deren Libretto nach Voltaire's gleichnamiger Tragödie von
J. A. Rossi in Triest verfertigt war; das Honorar wurde auf 500
Franken festgesetzt. Diese Oper legte zu Rossini's Popularität den
Grund, und wenn dieselbe auch nicht im geringsten den ästhetischen
und musikalischen Forderungen eines dramatischen Kunstwerks entspricht, so legt sie immerhin Zeugnis von einem großen Talente ab.
Der große Erfolg, welchen die Oper hatte, ist zunächst in der Volks-
thümlichkeit ihrer Melodien, in dem Zauber der Kantilene zu suchen.
Alle Vorzüge und Schattenseiten der Rossini'schen Muse finden wir
bereits in diesem Werke vereinigt. Von einem tieferen Eindringen
in den poetischen Stoff, von dramatischer Entwicklung, überhaupt
von lebenswahrer musikalischer Charakteristik ist ja bei Rossini in
den meisten seiner Werke nichts zu finden. So wendet er auch im
„Tancred", um einer heroischen Stimmung Ausdruck zu geben, jene
bekannten tänzelnden Rhythmen an, und jene später zur Manier
gewordenen lang anhaltenden Crescendo's, denen wir zum ersten
Male in seiner bereits angeführten Oper »L'Inganno felice« in
der Ouverture, im ersten Duett und Terzett begegnen und die ein
Zugpflaster für den Beifall der Menge wurden. Übrigens nahm
Rossini die Crescendo's von Jomelli herüber, welcher dieselben häufig
in seinen Werken anwandte, um die Armuth der Erfindung damit
zu verdecken. Doch war es immerhin ein Fortschritt, daß Rossini
sich bemühte, die in der seriösen Oper bisher üblichen lang und breit
ausgesponnenen Recitative durch lyrisch deklamatorische, von einer
melodiösen Orchesterbegleitung getragene Tonstücke zu ersetzen. Im
Übrigen ist, wie gesagt, von einem tieferen Eindringen in das Sujet
keine Rede; die Oper besteht, wie die meisten seiner übrigen, aus
einem Potpourri von Melodien, welche mit der Dichtung selbst in
nur losem oder gar keinem Zusammenhang stehen.

Die Aufführung war, wie schon bemerkt, vom glänzendsten Erfolg begleitet, obwohl Rossini der Sache anfänglich nicht recht traute

und sich hinter der Bühne versteckt hielt. Er war, wie wir bereits wissen, im vorhergehenden Jahre am Theater San Mosè engagirt gewesen, und Differenzen mit dem Direktor, welcher ihn etwas von oben herab behandelte, hatten ihn verleitet, sich auf folgende Weise zu rächen. Seine neue Oper »La Scala di Seta«, welche er für den übermüthigen Theaterunternehmer zu schreiben hatte, stattete er mit allem möglichen Unsinn aus; so mußten z. B. die Violinisten im Allegro der Ouverture nach jedem Takt mit den Bögen an die blechernen Blenden schlagen, woselbst die Lichter standen, dem So- pran hatte er seine Partie in den tiefsten, dem Baß in den höchsten Tönen geschrieben. Dieses und Ähnliches rief einen Sturm der Entrüstung hervor und Rossini wurde ausgepfiffen. Letzterer verlor übrigens seine Ruhe nicht, sondern frug lachend den Direktor, was er mit der geringschätzigen Behandlung seiner Person gewonnen habe. Rossini war dieser Vorfall noch frisch im Gedächtnis, und so hielt er sich am Abend der Aufführung des »Tancredi« hinter der Bühne versteckt. Man wartete und wartete und das Publikum, des zu langen Wartens überdrüssig, begann bereits laute Zeichen der Ungeduld zu geben; da aber der Komponist nirgends zu finden war, so begann die Oper ohne ihn. Der Beifall war jedoch schon nach der Ouverture ein großer, und so wagte Rossini sich endlich aus seinem Versteck hervor und begab sich auf seinen Platz am Klavier.

Einen weiteren großen Erfolg hatte seine wenige Monate nach dem »Tancredi« — Sommer 1813 — für das Theater San Benedetto in Venedig geschriebene komische Oper »l'Italiana in Algieri«, die erste Oper Rossini's, welche in Deutschland und zwar in München im Jahre 1816 aufgeführt wurde. Auch in diesem Werke setzte er sich über gewisse, in der Buffooper gang und gäbe gewordenen traditionellen Formen hinweg. Natürlich fehlte es ihm nicht an Feinden und Neidern, und von der Kritik wurde er ziemlich scho- nungslos mitgenommen. Sogar sein ehemaliger Lehrer Mattei schrieb ihm einen vorwurfsvollen Brief, welcher mit den Worten schloß: „Unglücklicher halt ein, du entehrst meine Schule". Rossini antwortete ihm ironisch, daß, wenn er einstens nicht mehr gezwungen sein werde, des täglichen Brodes halber sechs Opern im Jahre zu schreiben, er sich befleißigen werde, Werke zu schaffen, die seines Bei- falls würdig sein dürften; ein Versprechen, das er niemals eigentlich eingelöst hat.

Rossini's finanzielle Verhältnisse waren in Anbetracht seiner
Erfolge keine glänzende; so erhielt er für die »L'Italiana in Algieri«
700 Franken, und für die im Jahre 1814 für das Scalatheater in
Mailand geschriebene Oper »Aureliano in l'almira« deren 800.
Letztere Oper ist gänzlich vergessen bis auf die Ouverture, welche
er später mit wenigen Aenderungen seiner Oper »Elisabetta« vorgesetzt und aus Faulheit noch ein drittes Mal zu seinem „Barbier"
benutzt haben soll. Nach andern uns vorliegenden Quellen soll
Rossini eine Ouverture zum „Barbier" geschrieben haben, dieselbe
jedoch verloren gegangen sein.

Im selben Jahre entstand auch die Oper »Il Turco in Italia«,
ein Seitenstück zur »Italiana in Algieri« und die seriöse Oper »Sigis-
mondo«, erstere für die Scala in Mailand, letztere für das Phö-
nixtheater in Venedig geschrieben. Hierauf kehrte er zu seinen Eltern
nach Bologna zurück, woselbst er den Direktor der Theater zu
Neapel, Signor Domenico Barbaja aus Mailand kennen lernte.
Derselbe, früher Kellner in einem Mailänder Kaffeehause, hatte sich
durch glückliches Spiel und Bankhalten ein Vermögen von Millionen
erworben. Mit finanziellem Scharfsinn ausgestattet, entging Barbaja nicht, daß der Komponist ihm eine goldene Fundgrube werden
könnte, und so bot er ihm die Direktion der beiden Theater San
Carlo und del Fondo in Neapel mit einem jährlichen Gehalt von
12,000 Franken, sowie einen Antheil an dem Gewinn seiner Bank
an, welcher jährlich immerhin Rossini die Summe von weiteren
5000 Franken eintrug. Dagegen mußte er sich verpflichten, für
Barbaja jährlich vier Opern zu komponiren. Rossini besann sich
natürlich keinen Augenblick, ein solch glänzendes Engagement anzunehmen, und noch im gleichen Jahre siedelte er nach Neapel über,
woselbst er bis 1822 in dieser Anstellung verblieb. Azévédo erzählt
uns a. a. O., daß Rossini zu Bologna bei Gelegenheit der Besitz-
ergreifung der Stadt durch Murat, den Franzosen zu Ehren eine
Hymne komponirt und aufgeführt habe; nachdem jedoch die Franzosen bald wieder abziehen mußten, habe er der Musik einen reaktionären Text unterlegt und die Hymne dem Kommandanten der österreichischen Besatzung gewidmet, welcher ihm in Anerkennung dessen
einen Geleitsbrief nach Neapel ausfertigen ließ und erst später erfuhr,
wie sehr er von dem schlauen Komponisten düpirt worden war.

Ehe wir Rossini's Lebensgang weiter verfolgen, möchten wir

einschalten, daß die Opern in Italien von Seiten der Direktionen
nach dem Kalender, nämlich nach Jahreszeiten, Stagioni, eingetheilt
wurden. Die Frühlingssaison, Stagione teatrale della primavera
fing am zweiten Osterfeiertage an und dauerte bis Anfang Juli;
die Herbstsaison, St. t. dell' autunno, dauerte vom 15. August
bis Mitte Dezember und die Karnevalssaison, St. t. del carnevale
vom zweiten Weihnachtsfeiertag bis zur Hälfte der Fasten; im
Sommer (St. della state) waren die großen Opernhäuser geschlossen,
und man gab nur in den kleinern Theatern Opern, Tragödien und
Lustspiele. Mit einer jeden dieser Stagioni wurden die Sänger,
welche von sogenannten Maklern für die verschiedenen Stagioni
gleichsam gedingt wurden, stets gewechselt. In jeder Stagione
wurden nur zwei, höchstens drei Opern gegeben und zwar mußten
zwei neu komponirte darunter sein. Jede Oper hatte aus zwei
Akten zu bestehen, mit welchen zwei Ballets verbunden waren, und
zwar ein großes zu Ende des ersten und ein kleines zu Ende des
zweiten Aktes. Eine Aufführung dauerte in der Regel von 7½
bis 12 Uhr, und eine jede Oper wurde einen ganzen Monat hindurch täglich mit Ausnahme der Feiertage gegeben; hatte nun aber
die zweite das Unglück durchzufallen, so wurde die erste die zwei
Monate hindurch ausschließlich gegeben. Die Komponisten wurden
geradeso wie die Sänger vermittelst Scrittura's (Contrakte) für
eine Stagione zum Komponiren der ersten oder der zweiten Oper
engagirt. Der Komponist konnte sich aber auch für eine Stagione
an zwei verschiedenen Theatern verdingen, und somit vier Opern
schreiben, für welche durchschnittlich je 200 bis 250 Dukaten bezahlt wurden. Die Gedichte waren in der Regel unter aller Kritik,
und die kurz bemessene Zeit trieb den Komponisten zum flüchtigen
Schaffen, welches zudem noch durch die Anforderungen der Sänger
gehemmt war. So war Mosca im Jahre 1813 für die Karnevalsaison drei Kontrakte eingegangen, in welchen er sich verpflichtete,
drei seriöse Opern und zwar die eine für Genua, die zweite für
Bergamo und die dritte für Parma zu schreiben, und er schrieb sie
alle drei in dem Zeitraum von sechs Wochen.

    Das Publikum von Neapel verhielt sich in der ersten Zeit
Rossini gegenüber reservirt, und die Musiker wurden wesentlich beeinflußt von der Haltung Zingarelli's, Direktors des dortigen Konservatoriums, welcher den Zöglingen desselben sogar bei Strafe

verbot, Rossini'sche Partituren zu lesen und zu studiren, wozu sich
noch die feindselige Haltung Paisiello's gesellte, welcher ebenfalls für
seinen Ruhm fürchtete. Rossini eroberte sich jedoch gleich mit seiner
ersten neuen Oper »Elisabetta«, mit welcher die Herbstsaison 1815
am Theater San Carlo eröffnet wurde, die Gunst des Publikums,
und der König von Neapel, welcher der Aufführung beigewohnt
hatte, hob das lächerliche Verbot Zingarelli's wieder auf. In dieser
Oper ist zum ersten Male das die Parlando-Recitative (recitativo
secco) ehemals begleitende Violoncell und Klavier durch das Streichquartett ersetzt, und die Gesangsverzierungen, welche die Sänger bis
jetzt nach Belieben anbringen durften — wir werden hierauf noch
zurückkommen — ausführlich vorgeschrieben. Die hierauf folgende
Oper »Torvaldo e Dorliska«, ein schwaches Werk, fiel bei der
Eröffnung der Saison 1816 im Theater Valle in Rom durch und
verschwand von dem Repertoire; nur das Agitato einer Arie nahm
Rossini später, wie er dies oft mit Piècen zu thun pflegte, die gefallen hatten, in das Briefduett der Oper »Otello« hinüber.

In Folge des glänzenden Erfolgs der Oper »Elisabetta« wurde
Rossini im darauf folgenden Jahre nach Rom berufen, woselbst er
für das Theater Argentina den »Barbiere di Sevilla« schrieb, jenes
köstliche, durch echten Humor und treffende Charakteristik sich aus-
zeichnende Werk, das bis heute seine Jugendfrische sich erhalten und
stets als ein Muster seiner Gattung gelten wird. Rossini schrieb
die Musik zum „Barbier" in der unglaublich kurzen Zeit von 13 Tagen.
Er hatte nämlich am 26. Dezember 1815 mit dem römischen Impresario Duca Sforza Cesarini folgenden, die damaligen Zustände
im italiänischen Opernwesen grell charakterisirenden Kontrakt abgeschlossen.

Nobil Teatro di Torre Argentina.

26. Dezember 1815.

„Durch gegenwärtigen Akt, privatim abgeschlossen, aber darum
nicht minder gültig, und unter den zwischen den Kontrahirenden
festgesetzten Bedingungen, wurde stipulirt wie folgt:

„Der Signor Duca Sforza Cesarini, Unternehmer des obengenannten Theaters, engagirt den Signor Maestro G. Rossini für
die nächste Karnevalsaison des Jahres 1816; besagter Rossini verspricht und verpflichtet sich, die zweite Buffooper, welche in der
vorgenannten Saison auf dem bezeichneten Theater zur Aufführung

kommt, zu komponiren und in Scene zu setzen, und zwar dasjenige
Libretto, welches ihm der genannte Unternehmer übergeben wird,
dieses Libretto sei nun alt oder neu. Der Maestro macht sich weiter
verbindlich, seine Partitur in der Mitte des Monats Januar, also
binnen drei Wochen, einzureichen und dieselbe den Stimmen der
Sänger anzupassen, indem er sich weiter verpflichtet, nöthi-
genfalls alle Veränderungen daran vorzunehmen,
welche sowohl für die gute Aufführung der Musik, als
für die Bequemlichkeit oder die Ansprüche der Sänger nöthig sein werden."

„Der Maestro Rossini verspricht ferner und macht sich verbindlich, sich in Rom zur Erfüllung seiner Verpflichtungen einzufinden
und zwar nicht später, als Ende Dezember des laufenden Jahres,
und dem Kopisten den ersten Akt seiner Oper vollständig fertig am
20. Januar 1816 zu übergeben; es wird dieser Termin als der
äußerste bestimmt, damit die Proben rechtzeitig beginnen können und
die Oper an dem vom Direktor zu bestimmenden Tage in Scene
gehen kann; vorläufig ist die erste Aufführung auf den 5. Februar
festgesetzt. Ebenso muß der Maestro Rossini dem Kopisten, sobald
es verlangt wird, seinen zweiten Akt übergeben, damit man Zeit
habe, die Proben früh genug zu bestimmen und abzuhalten, da die
erste Vorstellung am obengenannten Abende in Scene gehen soll.
Im Nichterfüllungsfalle verpflichtet sich der Maestro zu der Entschädigung aller Verluste."

„Der Maestro Rossini wird außerdem verpflichtet, seine Oper
dem Herkommen gemäß zu dirigiren und persönlich allen Gesang-
und Orchesterproben beizuwohnen, so oft dies nöthig sein wird, sei
es im Theater oder anderswo; er verpflichtet sich ferner, den drei
ersten Vorstellungen beizuwohnen, welche nacheinander gegeben werden, und die Aufführung derselben am Klavier zu dirigiren. Als
Entschädigung für seine Bemühungen verpflichtet sich der Direktor,
dem Maestro Rossini die Summe von 400 römischen Scudi zu
zahlen, sobald die drei ersten Vorstellungen, welche er am Klavier
zu dirigiren hat, vorüber sind."

„Man ist weiter übereingekommen, daß im Falle eines Verbotes
oder Schließung des Theaters, sei es von Obrigkeit wegen, sei es
aus irgend einem andern unvorhergesehenen Grunde, man beobach-

ten wird, was in ähnlichen Fällen bei den Theatern in Rom und
in jedem andern Lande herkömmlich ist."

„Und zur Gewähr für die vollständige Ausführung dieses Ver-
trags wird derselbe von dem Unternehmer und ebenso von dem
Maestro Rossini unterzeichnet werden. Außerdem bewilligt der oben
genannte Unternehmer dem Maestro freie Wohnung während der
ganzen Dauer des Kontraktes in demselben Hause, welches dem
Signor Luigi Zamboni angewiesen ist *)."

Rossini hatte also keine Zeit zu verlieren, wenn er die Bedingungen des Kontrakts erfüllen wollte, und es blieben ihm gerade
22 Tage zur Arbeit übrig. Das Sujet des „Barbiers" war schon
früher von Paisiello in Musik gesetzt worden, und Rossini hatte
doch einige Bedenken, sich mit dem alten Maestro in eine Konkur-
renz einzulassen, die möglicherweise für ihn von unangenehmen Folgen begleitet sein konnte. Es wurde aber auf die genauste Erfüllung des Kontraktes bestanden, nach welchem er das ihm über-
gebene Libretto zu komponiren verpflichtet sei. Um sich jedoch gegen
jede üble Deutung zu salviren, theilte er Paisiello die Sache mit.
Dieser, welcher wohl der Meinung sein mochte, daß Rossini's Komposition der seinigen gegenüber den kürzeren ziehen werde, antwortete
ihm, daß er mit großer Freude die von der Polizei getroffene Wahl
— man hatte nämlich in Rom das Sujet des Libretto, oder vielmehr letzteres selbst der Polizei zur Begutachtung einzureichen —
vernommen habe. Rossini begab sich nunmehr mit allem Ernste
an die Arbeit, und so saß er mit Sterbini, welcher die Verse machen
sollte, aber bei seinem gänzlichen Unbekanntsein mit der Bühne der
beständigen Nachhilfe des bühnenkundigen Komponisten bedurfte, in
einer Stube beisammen, komponirend, dichtend und Besuche des
Direktors und der Sänger empfangend. Die im Nebenzimmer beschäftigten Kopisten nahmen ihm jedes beschriebene Blatt so zu sagen
unter den Händen weg, um sofort die Rollen der Sänger und die
Orchesterstücke auszuschreiben. Rossini hatte übrigens, um auch
nur den Schein einer Rivalität mit Paisiello zu vermeiden, der
Oper einen andern Titel: »Almaviva, ossia l'inutile Precau-
zione« gegeben.

So war endlich der Tag der Aufführung, der 5. Februar 1816,

---

*) Escudier a. a. O. Bd. 1 S. 35.

herangekommen. Rossini warf sich in sein schönstes Kostüm. dessen Hauptbestandtheil in einem haselnußbraunen Frack mit goldenen Knöpfen bestand. Um etwaigen zu befürchtenden Chikanen der Anhänger Paisiello's vorzubeugen, hatte er dem Textbuch einige Zeilen vorgesetzt, welche seiner Verehrung des Meisters Ausdruck geben sollten. Doch schon vor Beginn der Ouverture wurde gepfiffen, und als Rossini in seinem braunen Frack am Direktionsplatze erschien, brach ein allgemeines von Pfeifen und Zurufen untermischtes Gelächter aus. und die Ouverture selbst wurde unter einem wahren Höllenlärm zu Ende gespielt. Der Vorhang geht auf und Garcia, welcher den Almaviva singen sollte, erscheint mit seiner Guitarre, auf welcher er das Ständchen selbst begleiten wollte. Der Tumult war jedoch ein solcher, daß Garcia, um denselben zu übertönen und sich Gehör zu verschaffen, so stark in die Saiten riß, daß dieselben sprangen, worauf neues Gelächter und Schreien erfolgte. Rossini, seine Geistesgegenwart nicht verlierend, rief dem Sänger zu, er möge ruhig weiter singen und begleitete ihn selbst auf dem Klavier; der Lärm war jedoch ein solch fürchterlicher, daß von den ersten Nummern nichts gehört werden konnte und einige Ruhe erst dann eintrat, als Rosine, welche die damals in Rom sehr gefeierte Sängerin Giorgi sang, erschien. Der nach ihr auftretende Basilio hatte aber gleich bei seinem Eintritt das Unglück an einer Latte hängen zu bleiben und seiner ganzen Länge nach dermaßen hinzufallen, daß sein Gesicht mit Blut ganz überlaufen war. In dieser Lage und unter dem Lachen und Geschrei der Zuhörer mußte der Unglückliche seine Verleumdungsarie absingen, beständig das Blut aus dem Gesicht wischend. Selbst das Duett des Figaro und der Rosine vermochte die Ruhe nicht herzustellen, und als nun gar während des ersten Finales eine Katze auf der Bühne erschien und, von den Lichtern und dem Lärmen erschreckt, wie toll auf derselben hin und her sprang, steigerte sich der skandalöse Tumult dermaßen, daß der Vorhang unter allgemeinem Miauen, Schreien, Lachen und Pfeifen fallen gelassen werden mußte; nicht besser erging es dem zweiten Akt *). Rossini war der einzige, welcher seine Ruhe bewahrt, auf die direkt an ihn gerichteten Zurufe mit aller Schärfe seines Witzes geantwortet und, so oft es ihm seine Funktionen am Klaviere

*) Siehe Süddeutsche Musikzeitung 1864 Nr. 36.

erlaubten, sich erhoben und den Sängern Beifall geklatscht hatte.
Als nach beendigter Oper die Sänger sich umgekleidet hatten und
zu Rossini eilten, um ihm ihr Bedauern über die skandalösen Vor-
gänge auszudrücken, fanden sie ihn bereits schlafend in seinem Bette;
er hatte sich demnach die Sache nicht sonderlich zu Herzen genommen. Am andern Abende wurde die Oper wiederholt. Rossini blieb
jedoch vorsichtshalber zu Hause; er war aber nicht wenig erstaunt,
als nach Schluß des Theaters eine große Menschenmenge vor seinem Hause sich ansammelte und »Eviva il maestro« rief. Von
Nummer zu Nummer hatte nämlich die Oper immer besser gefallen,
und der Beifall war ein stets wachsender geworden.

Wir bemerkten bereits oben, daß die Originalouverture zum
„Barbier" verloren gegangen sein könnte, und Rossini diejenige zu
„Aureliano" später herübergenommen habe. Unmöglich ist die Sache
nicht. Der Impresario nämlich, mit welchem der Komponist einen
Vertrag einging, hatte auf die Dauer von zwei Jahren das ausschließliche Aufführungsrecht einer von ihm gekauften Oper. Waren
die beiden Jahre verstrichen, so konnte das Werk aufführen, wer da
wollte. Der Komponist zog demnach den geringsten Vortheil aus
seiner Oper. Auch die Kopisten, welche für ihre Mühewaltung
spärliche Bezahlung erhielten, entschädigten sich dadurch, daß sie
Abschriften von Partituren oder einzelnen Nummern der betreffenden
Werke besorgten und an Theaterdirektoren, Künstler und Dilettanten
verkauften, und dabei ganz gute Geschäfte machten. Von diesen Abschriften wurden natürlich wieder Abschriften genommen, und dem Komponisten blieb nichts übrig, als diesem Schacher ruhig zuzusehen.
Er war freilich berechtigt, sein Originalmanuskript zurück zu verlangen; Rossini jedoch, welcher stets den Kopf voll neuer Pläne
hatte, vergaß dies sehr oft, und so ist es leicht möglich, daß die
Ouverture zum „Barbier", vorausgesetzt, daß er in der That eine
solche geschrieben, was uns nicht sonderlich wahrscheinlich dünkt,
auf solche Weise verloren gegangen sein könnte.

Wir wiesen schon darauf hin, in welch' vortheilhafter Weise
sich der „Barbier" vor den andern Opern Rossini's auszeichnet.
Rossini, welchem musikalische Vertiefung des poetischen Stoffs, wahr-
heitsgetreue Characteristik, überhaupt gewissenhafte Arbeit ferne lag,
und nur der die Sinne seiner Landsleute bestrickende Reiz seiner
Melodien Hauptzweck war, hat im „Barbier" ein Meisterwerk geschaf-

fen, welches, wenn auch alle Tugenden und Untugenden der Rossini'schen Muse enthaltend, nicht nur durch die Frische der Erfindung,
sondern auch durch treffende musikalische Characteristik sich -aus-
zeichnet.

Seltsamer Weise fand im allgemeinen der „Barbier" in Teutschland mehr Anerkennung und Beifall als in Italien. Wollen wir
nun auch zugeben, daß die vertraute Bekanntschaft mit der gleichnamigen Oper Paisiello's für den geringeren Erfolg von mitbe-
stimmendem Einfluß allenfalls gewesen sein könnte, so möchten wir
den tieferen Grund doch darin suchen, daß dem Italiäner — Ausnahmen bestätigen auch hier nur die Regel — im großen Ganzen
der Sinn für das Musikalisch-Characteristische — wir sprechen hier
vom musikalischen Drama — abgeht; er will leicht faßbare und
dem Ohr und Gedächtnis sich leicht einprägende, gefällige, angenehme Melodien, ob dieselben nun mit der poetischen Idee in geistigem Zusammenhang stehen oder nicht stehen, ist ihm gleichgültig
oder steht ihm wenigstens nicht in erster Linie. So hat auch die
Oper „Tell" aus denselben Gründen sich niemals recht in Italien
einbürgern können, während sowohl der „Barbier" als der „Tell" in
Deutschland stehende Repertoireopern geworden sind. Mußte doch
sogar „Titus" von Mozart bei seiner ersten Aufführung in Italien
sich den Vorwurf gefallen lassen, er enthalte keine Musik sondern
Philosophie. Die Gegner Rossini's fanden die Musik zum „Barbier"
unbedeutend, sie sei wohl unterhaltend, aber ohne Ausdruck. Der
musikalische Ausdruck, oder vielmehr das Musikalisch-Characteristische,
wurde eben mit sinnlich gefälliger Melodik verwechselt; sobald
jedoch Rossini einmal sich bemühte wirklich musikalisch ausdrucksvoll
zu schreiben, wurde ihm Mangel an Ausdruck vorgeworfen. Im
übrigen soll nicht geleugnet werden, daß manche Stellen im „Barbier" nicht nur an Paisiello's gleichnamige Oper, sondern auch
an Cimarosa's „Heimliche Ehe" erinnern. Ohne Entlehnungen und
Reminiscenzen ging es bei Rossini eben nicht ab.

Wie wir bereits anführten, war es im Jahre 1816, daß Rossini's
Werke zum ersten Male in Deutschland aufgeführt wurden. Eine
italiänische Operngesellschaft, unter deren Mitgliedern die berühmte
Kontraaltistin Borgondio, die Sopranistin Valsovani-Spada und
der Komiker Graziani sich befanden, führte in diesem Jahre auf der
Münchener Bühne »L'Inganno felice«, »Tancredi«, »Italiana in

Algieri« und »Ciro in Babilonia« auf. Von hier ging die Gesellschaft
nach Wien. Im Jahre 1817 wurde „Tancred" auch in Prag, Leipzig,
Berlin und Dresden gegeben, bald darauf auch der „Barbier" und
andere Opern Rossini's.

Im gleichen Jahre wie der „Barbier" entstand eine zur Feier der
Vermählung der Herzogin von Berry komponirte Kantate »Teti
e Peleo«, eine Buffooper »La Gazzetta« und der für das Theater
del Fondo geschriebene »Otello«. Wenn letzterer auch als künstlerisches Ganzes betrachtet, vom streng musikalisch-dramatischen
Standpunkte aus, unbedingt zu verwerfen ist und dem „Barbier" gegenüber stark abfällt, so steht diese Oper doch unendlich höher da
als ein „Tancred"; ja man kann sagen, daß dieselbe die beste tragische Oper Rossini's, wenn auch nicht frei von Buffonerien ist.
Namentlich die Partie der Desdemona und des Rodrigo enthalten
Stellen von echt leidenschaftlicher Empfindung; wir erinnern beispielsweise an die Arie des Rodrigo im zweiten Akt: »Che ascolto?
ohimè! che dici?« oder an die Romanze der Desdemona im dritten
Akt: »Assisa a piè d'un salice,« oder an den Schluß des Duetts
zwischen Otello und Desdemona im letzten Akt. Namentlich letztere
Nummer dürfte ein Beweis dafür sein, daß Rossini ganz wohl die
Fähigkeit besaß, eine tragische Situation richtig zu erfassen und
darzustellen, wenn er wollte. Im Übrigen aber beweist diese Oper
auf der andern Seite wiederum am schlagendsten, wie oberflächlich
und leichtsinnig in musikalisch-dramatischer Beziehung er zu Werke
ging. Von Shakespeare'schem Geiste ist in dieser Oper keine Spur
— das kann man von einem Rossini auch nicht verlangen —, und
selbst ein warmer und begeisterter Verehrer des Maestro muß zugeben, daß der unter Shakespeare's genialer Hand zu einem gewaltigen, fein psychologischen Charactergemälde sich gestaltende Stoff
hier zu einem Märchen vom Blaubart herabsinkt. Ergreift uns
in der Tragödie des britischen Dichters der bis zum Wahnsinn gesteigerte Schmerz über geglaubte, verrathene Liebe, ist hier die blu-
tige That ein Ausfluß leidenschaftlichster Liebe, die sich hintergangen
glaubt, so ist dagegen der Held der Rossini'schen Oper ein eitler,
jeder tieferen seelischen Regung unzugänglicher Geck.

Das italiänische Opernpublikum von damals war übrigens
noch nicht so abgehärtet gegen Abschlachtereien im Großen à la
Lucrezia Borgia, denn die Oper „Otello", in welcher es doch bloß

mit einem Morde abgeht, fand bei ihrer erstmaligen Aufführung im Theater del Fondo zu Neapel wenig Beifall, und zwar aus dem Grunde, weil die Katastrophe eine zu traurige sei. Als nun das Werk im folgenden Jahre in Rom gegeben wurde, änderte man dem Publikum zu Liebe den Schluß dahin ab, daß im Augenblick da Otello den Dolch erhebt um Desdemona zu ermorden, letztere erwacht und in die Worte ausbricht: „Was willst du thun, Unglücklicher? ich bin unschuldig." „Ist dies wirklich wahr?" fragt der Mohr. „Ich schwöre es dir", antwortet Desdemona. Und nun gehen sie Hand in Hand an die Rampen vor, und singen ein fröhliches Allegro aus irgend einer andern Rossini'schen Oper, ohne sich weiteres Leid anzuthun.*)

Im Jahre 1817 ging Rossini nach Rom, woselbst er für das Theater Valle seine »Cenerentola« (Aschenbrödel) schrieb und hiefür ein Honorar von 1500 Franken erhielt. Eine gleichnamige Oper hatte Isouard komponirt, und ein Vergleich zwischen beiden fällt sehr zu Ungunsten des Rossini'schen Werkes aus. Rossini, dem die Wunderwelt des Romantischen bis zu seinem „Tell" gänzlich verschlossen war, streifte dem Stoffe den romantischen Inhalt ganz ab, und unter seiner Hand entstand eine Buffooper im Stile Wenzel Müller's.

Im gleichen Jahre ging Rossini auch nach Mailand, wo er für die Scala »La gazza ladra« („Die diebische Elster") schrieb. Nach uns vorliegenden Berichten des Mailänder Korrespondenten der „Leipziger Allgemeinen Musikalischen Zeitung", Jahrgang 1817 S. 29, wäre der Beifall, den diese neue Oper bei ihrer ersten Aufführung fand, ein getheilter gewesen und bei den folgenden Aufführungen sowohl der Beifall als die Zuhörer immer spärlicher geworden. Im Übrigen enthält die Oper manches Hübsche, und ist reich an reizenden Melodien. Freilich steht auch hier die Musik zu dem Text nur in einem ganz losen Zusammenhang; es gilt dies namentlich auch von der überladenen Instrumentation. Rossini spielte oben erwähntem Korrespondenten Stücke von Haydn, Mozart und Beethoven auswendig vor, als Beweis, daß er sich mit den Werken dieser Meister beschäftige; aber sich dieselben zum Vorbild seines

---

*) Süddeutsche Musikzeitung 1861. Nr. 37.

Schaffens zu nehmen, davon wollte er nichts wissen, denn in Italien sei es nicht rathsam eine »musica elevata« zu schreiben.

Im September kehrte Rossini wieder nach Neapel zurück und schrieb in wenig Tagen die Oper »Armida«, welche bereits im November im Theater San Carlo aufgeführt wurde, nachdem er unmittelbar vorher für Rom »Adelaide di Borgogna« komponirt hatte. Im Jahre 1818 entstand sein „Moses", den er für die Fastenzeit ebenfalls für das Theater San Carlo in Neapel zu schreiben unternommen hatte. Da ihm nur wenige Tage Zeit übrig blieben das Werk zu vollenden, so übertrug er einen Theil der Arbeit seinem Freunde Carafa, welcher auch in der That einige Recitative und eine Arie für den „Moses" komponirte. Rossini ließ es nämlich immer auf die letzten Tage und Stunden ankommen, und so hielt ihn der Impresario, für den er eine neue Oper zu schreiben hatte, oft in einer Art von Gefangenschaft und ließ ihn weder ausgehen noch Besuche annehmen; ja als im März 1817 der damals in Rom weilende Prinz Friedrich von Gotha den Maestro zu einer Abendgesellschaft eingeladen hatte, um ihn mit Spohr, welcher zu jener Zeit ebenfalls in Rom sich aufhielt, bekannt zu machen, mußte er die Einladung ablehnen, da der Impresario ihn eingeschlossen hielt.

Um auf den „Moses" zurückzukommen, so beweist auch diese Oper wiederum, wie der gewissenhafte Ernst der Arbeit Rossini fehlte. Wo er den Gefühlen des Schmerzes Ausdruck geben soll, wie z. B. in dem Duett, in welchem die junge Israelitin Elcia von ihrem Geliebten, einem Sohne Pharao's, Abschied auf ewig nimmt, hören wir eine Melodie in Walzerbewegung; ebenso ist der Chor: „Zum Himmel empor schallet", tanzmäßig gehalten und erinnert an den Kuhreigen. Die Partie des Moses vollends ist bis auf das Gebet im dritten Akt einfach trivial. Das Beste in der ganzen Oper ist die Introduction, und das Quartett mit den Recitativen, in der Scene, wo Osiris seine Geliebte in eine finstere Höhle zieht. Das Gebet im dritten Akt wurde nachträglich im Jahre 1819 komponirt, und ersetzte die lächerliche Darstellung des rothen Meeres und den Durchgang durch dasselbe; der dritte Akt wurde im genannten Jahre überhaupt gänzlich umgearbeitet. „Moses" war die erste Oper, welche Rossini eine erkleckliche Summe eintrug; während er für den „Tancred" 600 Franken erhalten hatte, wurde ihm „Moses" mit 4200 Franken honorirt. Er ließ sich von nun an überhaupt für jede neue Oper 500 Dukaten und noch mehr bezahlen, und da er außer seinem ansehnlichen Gehalt und dem Antheil an der Spielbank auch noch freie Kost und Wohnung besaß, so war seine Stellung in pekuniärer Beziehung eine vortreffliche zu nennen.

Nach kurzem Aufenthalt in Florenz, Ferrara und in seiner Vaterstadt Pesaro, woselbst er sehr gefeiert und von seinen begeisterten Landsleuten nach der Aufführung der „Diebischen Elster", mit welcher das dortige neuerbaute Theater eröffnet worden war, mit Musik und Fackelschein zu seiner väterlichen Wohnung begleitet wurde, kehrte er wieder nach Neapel zurück, wo er in kurzer Zeit wieder zwei neue Opern vom Stapel ließ: »Ricciardo e Zoraide« und »Ermione«. Dazwischen hinein schrieb er binnen dreier Tage (1819) »Adina, or il Califfo di Bagdad« für das San Carlotheater in Lissabon, mehrere Kantaten und eine Messe, welche, wie ein überschwänglicher Panegyriker uns mittheilt, den Extract aller herrlichen Melodien des Meisters enthalte. Wir haben einen authentischen Bericht über diese Messe in den Mittheilungen eines tüchtigen und damals sehr geachteten Musikkenners, des Geheimen Raths von Miltitz, welcher dieselbe am 24. November 1819 in Neapel hörte. Dieser Bericht, welcher zugleich eine würdige Illustration zu dem Stand der italiänischen Kirchenmusik bildet, lautet: „Am 24. November Fest der Schmerzen Mariä. Für dieses Fest war eine Messe von Rossini angekündigt, die in der Kirche S. Fernando abgehalten werden sollte. Wer wäre nicht gespannt gewesen, den Liebling der italiänischen, fast möchte ich sagen, der europäischen Opernbühne an heiliger Stätte zu hören, um dort vielleicht in der würdigsten Anwendung aller musikalischen Mittel und seines Talentes seine reiche Individualität zu bewundern? Indeß konnte eine solche Vermuthung, die Wahrheit zu sagen, nur von solchen gehegt werden, die keinen Begriff haben von dem gänzlichen Verfalle und der empörenden Geringschätzung, mit welcher dieser wichtige Theil des Kultus in Italien verwaltet wird. Ich habe von Rossini selbst gehört, daß er diese Messe in zwei Tagen geschrieben, und später vernommen, daß auch Raimondi daran arbeitete. Also Flickarbeit! Nachdem man über eine Stunde in der Kirche versammelt war, begann eine Ouverture von Mayr mit einem tanzmäßigen Thema. Darauf eine Pause. Nach dieser würdigen Einleitung

zur Feier der Schmerzen der göttlichen Mutter wurde Rossini's
Ouverture zur »Gazza ladra« abgejagt. Ich gestehe, daß diese
Schändung des Ortes und der Feier mir mit neuem Schmerz durch
die Seele ging! Nach einer zweiten Pause endlich begann das
Kyrie (E-minore ³⁄₄ Takt) sehr düster, scharf dissonirend, ohne Spuren von Kunst und Kenntnis des Kirchenstils, aber doch nicht ohne
eine gewisse Würde. Wäre es so fortgegangen, so hätte man wenigstens gestehen müssen, daß diese Messe nicht ganz werthlos sei.
Das darauf folgende Gloria, wozu die Neapolitaner wie im
Theater applaudirten, war in der Idee, einen Engelchor dem
Jubel der Hirten entgegenzusetzen, nicht ganz neu, aber angenehm
erfunden. Die ersten zwanzig Takte ließen ein originelles Stück
erwarten. Der Flug erhielt sich in mittlerer Höhe, sank aber gegen
das Ende zur Erde herab. Credo und Offertorium war ein Ragout
Rossini'scher Opernphrasen, ohne Sinn, ohne Aufmerksamkeit, ohne
Zweck. Alle Favoritgänge dieses Komponisten, durch 32 von ihm
geschriebene Opern entfaltet, theils erfunden, theils deutschen Meistern gestohlen, theils dem berühmten Velluti abgelernt, der sie, wie
bekannt, öffentlich als sein reklamirt, waren hier nicht einmal zu-
sammengereiht, sondern wie in einer Salame auf gut Glück durch-
einander geknetet. — Wer, ob Rossini oder Raimondi, das Sanctus
und Agnus auf der Seele habe, weiß ich nicht zu unterscheiden;
wenn sich die Tonsetzer in den Raub theilen, so bekommt keiner
viel. Auch eine Art von Fuge kam darin vor, deren Thema, gleich
einem der am Schluchzen leidet, durch alle zwölf Tonarten hüpfte.
Das Orgelspiel während des Ritus war kläglich, und da das Orchester während desselben einstimmte, und Rossini laut bald diesem,
bald jenem aus dem Orchester zurief, so kann man denken, wie die
Heiligkeit des Ortes geachtet wurde. Das erleuchtete Publikum war
indessen entzückt, und acht Tage darauf hat man gewiß bei den unzähligen Macaroni-Gelagen des neapolitanischen vornehmen und
geringen Volkes die Favoritgesänge einer Messe, geschrieben in zwei
Tagen zur Feier der sieben Schmerzen Mariä, abgegurgelt."*)
     Im Frühjahr 1819 finden wir Rossini in Venedig, woselbst
im Theater San Benedetto eine neue Oper »Eduardo e Cristina«,
ein mixtum compositum aus »Ricciardo« und »Ermione« aufgeführt

---

*) Wendt a. a. O. S. 211 u. 212.

wurde. In welcher Weise übrigens in Italien oft Opern aufgeführt wurden, erfahren wir aus einer Turiner Korrespondenz der
„Allgemeinen Leipziger Musikzeitung", Jahrgang 1822 S. 277. „Die
eben erwähnte Oper Eduardo e Cristina wurde folgendermaßen
gegeben: im ersten Akt sang Facchinarbi eine Cavatine von Generali, die Feron eine aus der Musik Rossini's, Carafa's und eines
Venetianer Maestro zusammengestoppelte, die Pasta sang die Cavatine des Tenors aus Otello, die Arie der Feron bestand zur
Hälfte aus Rossini'scher Musik, während die andere Hälfte Merca-
bante entlehnt war; das Duett zwischen der Pasta und der Feron
war aus Zoraibe, die Arie des Facchinarbi theils von Rossini,
theils von Generali, und im zweiten Akt ging es noch toller zu, in
welchem u. A. Kompositionen von Mayr, Zingarelli, Pucitta, Mer-
cabante u. s. w. herhalten mußten."

Es war ebenfalls im Jahre 1819, daß die Werke Walter Scott's
die Aufmerksamkeit Rossini's auf sich zogen; er wählte „Die Frau
vom See" als Sujet seiner nächsten Oper, und noch im gleichen Jahre im Oktober wurde dieselbe unter dem Titel »La Donna
del lago« im Theater San Carlo aufgeführt. Die Aufführung war
jener ersten des „Barbiers" nicht unähnlich; Herr von Miltitz wohnte
derselben bei und schreibt darüber: „Obgleich ich schon mehrere
Proben dieser Oper gehört hatte, so wohnte ich doch noch sechs bis
acht Aufführungen mit großem Vergnügen bei. Wäre nicht das
Grundprincip der italiänischen Musik an sich so einseitig, und zumal
in seiner heutigen Anwendung ganz Carricatur geworden, wäre ferner Rossini überhaupt im echten Sinne des Wortes Künstler und
nicht bloß glücklicher Aventürier, so hätte aus ihm gewiß ein sehr
bedeutender Meister werden können. Er beweist dies auch in vor-
liegendem Werke, wo er wegen der immer verschwindenden und
immer falsch intonirenden Stimme der Colbrand sich in Hinsicht
des Umfangs für den ersten Sopran sehr enge Grenzen setzen mußte.
So wie es nicht an den breistesten Eingriffen in die Werke deutscher
Komponisten und hauptsächlich Mozart's fehlt, so kann man auch
nicht leugnen, daß sehr angenehme Sätze aus Rossini's eigener
Phantasie vorkommen. Am Schlusse des ersten Akts erklingt ein
Marsch, wozu nebst vollständigem Orchester und allem, was sich
pfeifen, greifen, streichen und schlagen läßt, auch noch auf dem
Theater 16 Trompeten gesetzt sind (diese banda sul balco, wie es

die Italiäner nennen, machte in Wien 1822 Effekt). Das Thema
ist trivial, und da die Trompeter unter sich höchst uneins waren
und falsch intonirten, so entstand ein großer Lärm, der nicht auf
Wohlgefallen zu deuten war. Im Finale sang die Colbrand Variationen schlecht und recht, sowohl der Ausführung als der Erfindung
nach. Der Vorhang fiel und die Parteien begannen sogleich einen
heftigen Kampf. Da indessen Rossini und die Colbrand durch ihre
Tyrannei, mit welcher sie die Impresa beherrschen, und weder einen
andern talentvollen Komponisten, noch eine gute prima donna aufkommen lassen, das Publikum verletzt hatten, so gewann trotz des
Meisters Anwesenheit die Gegenpartei die Oberhand, und die Oper
wurde förmlich ausgepfiffen." Barbaja war nämlich bei den Nea-
politanern sehr verhaßt, und da sie ihren Haß an ihm selber nicht
auszulassen wagten, so rieben sie sich dafür um so mehr an der
Colbrand und an Rossini.

Neue Verbindlichkeiten riefen letzteren abermals nach Mailand,
um eine neue Oper »Bianca e Faliero« (Karnevalsaison 1820) aufzuführen. Ein miserables Machwerk; im Duett des ersten Akts
scheut er sich sogar nicht, eine Stelle aus Gluck's „Iphigenie" her-
überzunehmen und mit einer andern aus Mozart's „Figaro" zu verbinden. In Neapel wurde Ende des Jahres 1820 sein »Mahomet«
gegeben, den er später bekanntlich für die französische Bühne um-
arbeitete und unter dem Titel »Le Siège de Corinthe« herausgab.
Das Libretto war vom Herzog von Ventignano. Der Volksaber-
glaube hielt letzteren für einen Jettatore, d. h. mit dem bösen Blick
Behafteten; dem Einflusse dieses Aberglaubens konnte sich selbst ein
Rossini nicht entziehen, und Barbaja hatte die größte Mühe ihn zum
Komponiren des Libretto des armen Herzogs zu bestimmen. Azévédo
erzählt uns, daß Rossini, während er mit der rechten Hand die
Musik schrieb, mit der linken beständig auf dem Tische die üblichen
Zeichen zur Abwehr der schlimmen Folgen des „bösen Blicks" gemacht
habe. Mit „Mahomet" schließt Rossini's Wirksamkeit in Neapel, und
er folgte zunächst einer Einladung des Banquier Torlonia in Rom,
welcher Besitzer des Theater Tordino war und dasselbe unter dem
Namen Apollotheater mit einem neuen Werke des Maestro einweihen
wollte. Diese neue Oper war »Matilda di Shabran« und wurde
in der Karnevalsaison 1821 unter ähnlichem Skandal wie bei der
ersten Aufführung des „Barbiers" gegeben, nur daß der Kampf sich

noch auf der Straße fortsetzte und die beiden Parteien sich gegenseitig prügelten. Die drei ersten Vorstellungen wurden von Paganini
dirigirt, da Rossini nochmals nach Neapel zurückkehren mußte, um
dortselbst die für Wien komponirte Oper »Zelmira« (21. Dezember
1821) zu dirigiren. Hierauf reiste er mit der Sängerin Isabella
Colbrand nach Bologna ab, um sich mit derselben Anfang des
Jahres 1822 zu vermählen.

Isabella Colbrand, eine der bedeutendsten Sängerinnen, wurde
am 2. Februar 1785 zu Madrid als die Tochter eines Musikers der
dortigen K. Kapelle geboren. Da sich bereits in frühester Jugend
bei ihr ausgeprägte musikalische Anlagen zeigten, so erhielt sie schon
mit dem sechsten Jahre musikalischen Unterricht, und neun Jahr alt
wurde sie, um den höheren Gesangsstudien obzuliegen, Marinelli
übergeben, welche Studien sie später bei Crescentini fortsetzte. Vom
Jahre 1806 bis 1815 sang sie auf den ersten Bühnen Spaniens und
Italiens, und mit ihrem herrlichen Kontraalt erzielte sie überall die
glänzendsten Erfolge. Im Jahre 1815, da ihr Stern schon im Abnehmen war, wurde sie auf längere Zeit an das San Carlo-Theater
in Neapel als Primadonna engagirt; hier trat sie in nähere Verbindung mit Rossini, welcher vom ersten Augenblicke an der erklärte
Geliebte der schönen Frau war, und für sie sind auch die Haupt-
rollen seiner Opern geschrieben.

Nach der Aufführung seiner neuen Oper „Zelmira“ begab er sich,
wie gesagt, auf das Landgut der Colbrand nahe bei Bologna, woselbst am 16. März die Vermählung stattfand. Anläßlich dieser
Vermählung widmete ein Spaßvogel Rossini folgendes Distichon:

»Eximia eximio est mulier sociata marito:
  Venturum eximium quis neget inde genus!«

Die eheliche Verbindung mit ihr brachte Rossini eine jährliche
Rente von 20,000 Franken als Mitgift zu, so daß er von jetzt an
ein reicher Mann genannt werden durfte.

Durch die Revolution, welche in Neapel ausgebrochen war,
hatte Rossini's Gönner Barbaja sich veranlaßt gesehen, anderswo
sein Glück zu suchen. Er pachtete Ende des Jahres 1821 das
kaiserliche Operntheater in Wien, und da er sich verpflichtet hatte,
eine Gesellschaft ausgezeichneter italiänischer Künstler mit dorthin zu
bringen, so engagirte er auch das Rossini'sche Ehepaar, welches am
24. März nach der Stadt an der blauen Donau abreiste.

Die Wiener berauschten sich ebenso an Rossini's Melodien wie
dessen italiänische Landsleute: ein Beweis, wie oberflächlich man
damals in Wien in musikalischer Beziehung dachte, in Wien, wo
ein Haydn und Mozart gewirkt und ein Beethoven seine gewaltigen
Werke schuf, verkannt und nicht verstanden von dem leichtlebigen
Völkchen, das in den Tanzweisen eines Strauß und Lanner, welche
damals ihre klassische Zeit feierten, seine höchste Befriedigung fand.
Rossini dirigirte übrigens nicht selbst seine Opern, von welchen
„Aschenbrödel", „Zelmira", „Elisabetta", „Diebische Elster" u. A. aufgeführt wurden. Am 13. April debütirte der Maestro am Kärnthner-
thortheater „bei der gespanntesten Erwartung einer wie Heringe in
der Tonne zusammengepreßten Volksmenge" mit „Zelmira", deren
Aufführung sich zu einem großen Triumph für ihn gestaltete. Der
Korrespondent der „Leipziger Allgemeinen Musikalischen Zeitung" 1822
S. 22, welcher von dem allgemeinen Enthusiasmus mit angesteckt
worden zu sein scheint, urtheilt bei dieser Gelegenheit über den Gesang der Colbrand, daß, obwohl deren Blüthezeit vorüber, ihr voller
Kontraalt und ihr ausdrucksvoller, edler Vortrag immer noch ent-
züde.

Rossini wünschte während seines Aufenthalts in Wien Beethoven zu besuchen und ihm seine Hochachtung und Bewunderung
auszusprechen. Von der einen Seite wird nun behauptet, Beethoven habe Rossini's Besuch nicht annehmen wollen, während andere
Berichte sagen, daß Josef Carpani, der vertraute Freund Josef
Haydn's, ihn bei Beethoven eingeführt hätte. Rossini habe den gewaltigen Meister der Töne in einem beschränkten und schmutzigen
Quartier gefunden, und da derselbe damals schon ganz taub und
in seiner Sehkraft geschwächt war, einen schmerzlichen Eindruck mitgenommen.

Nach dreimonatlichem Aufenthalt reiste Rossini mit seiner Gattin
am 21. Juli von Wien ab, um sich zunächst nach Verona zu begeben, einer Einladung des Fürsten Metternich folgend, welcher
ihm geschrieben hatte, daß Orpheus nicht fehlen dürfe, wo die
Diplomaten bemüht seien, die gestörte Harmonie zwischen Fürsten,
Völkern und Kabinetten wieder herzustellen. Er versorgte also die
dortselbst versammelten Diplomaten mit neuen Melodien auf ihre
reaktionären Bestrebungen und führte seine Oper »Donna del lago«
und »Otello« auf. Von hier ging er nach Venedig, wohin er für

den Karneval 1823 mit seiner Gattin ein Engagement am Phönix-
theater angenommen hatte, um für die Summe von 26,000 Franken
seinen „Mahomet" mit einigen gewünschten Änderungen in Scene zu
setzen, und eine neue Oper »Semiramide« zu schreiben. Sein „Mahomet" fiel durch, dagegen hatte er die Ehre in Gegenwart der Kaiser
von Rußland und Österreich zwei Konzerte im kaiserlichen Pallast
zu leiten und mehrere Stücke aus seinem „Barbier", u. A. mit Galli
das Buffoduett aus der Oper „Aschenbrödel" vorzutragen. Vom
Kaiser von Rußland erhielt er einen reich mit Diamanten geschmückten Ring, während der Kaiser von Österreich es bei einem huld-
vollen Lächeln habe bewenden lassen.

Seine Oper „Semiramis" schrieb er in der kurzen Zeit von
fünf Wochen. Die Aufführung fand am 3. Februar 1823 mit
Rossini's Gattin in der Titelrolle statt. Die kühle Aufnahme derselben soll den Maestro sehr verletzt und in der Folge denselben bestimmt haben, seinem Vaterlande den Rücken zu kehren. Offen
gestanden, glauben wir dieses nicht. Rossini war keine solch sensible
Natur, daß ihm dergleichen viel Kummer bereitet hätte; wenn seine
Opern ihm nur recht viel Geld eintrugen, das Übrige stimmte ihn
nicht tragisch, und wenn er im selben Jahre noch einem Rufe der
italiänischen Oper in London folgte, so bestimmte ihn hierzu ganz
gewiß nicht die kühle Aufnahme einiger Opern. Und er hatte
wahrlich seinen Londoner Aufenthalt nicht zu bereuen, denn derselbe
soll ihm die hübsche Summe von 175,000 Franken eingetragen haben.

Auf der Hinreise — Herbst 1823 — hielt sich das Künstlerpaar in Paris auf, woselbst Rossini von seinen Anhängern wahrhaft vergöttert, und er sogar zum auswärtigen Mitgliede der
Akademie der schönen Künste ernannt wurde. Höchst bezeichnend ist
hiebei der Umstand, daß bei dem Wahlakte sämmtliche Musiker
gegen diese Ernennung, sämmtliche Maler, Bildhauer und Archi-
tekten für dieselbe gestimmt haben sollen. In Paris hatte Rossini
sich schon durch den „Barbier" — erstmalig war derselbe bereits am
23. Dezember 1819 gegeben worden — viele Freunde und Verehrer
erworben; auch hatte der Schriftsteller Castil-Blaze durch seine vortrefflichen Übersetzungen der besten Opern Rossini's, sowie durch
seine Aufsätze im »Journal des Débats« Rossini vorgearbeitet. Man
wollte von keinem Mozart, keinem Cimarosa, keinem Fioravanti u. A.
mehr etwas hören. „Rossini und abermals Rossini, das ist das

Feldgeschrei aller derjenigen Leute, welche Nel cuor non più mi
sento zur Guitarre singen können", berichtet uns der Pariser Korrespondent der „Leipziger Allgem. Musikal. Zeitung", 1820 S. 593.

Hauptsächlich war es jedoch der berühmte und mit Rossini sehr
befreundete Sänger Garcia, welchem er zu danken hatte, daß seine
Opern Zutritt beim italiänischen Theater in Paris fanden. Im
Jahre 1817 hatte Garcia bereits die »Italiana in Algieri« und 1819
den „Barbier" einstudiren lassen; freilich zu seinem eigenen Schaden,
da das Publikum nunmehr von seinen eigenen Opern, wie »Fazzo-
letto«, „Calif von Bagdad" u. A., welche dasselbe noch kurz vorher
in den Himmel erhoben hatte, nichts mehr wissen wollte: dieselben
seien, neben Rossini gehalten, nur schwache und verfehlte Produkte.

In welcher Weise übrigens Mozart auf dem italiänischen Theater
in Paris damals verunglimpft wurde, möge man daraus entnehmen,
daß z. B. der Graf in dessen „Figaro" von einem Tenoristen —
Garcia —, und zwar eine Oktave höher oder in der Verstümmelung
von Paër gesungen wurde. Noch schlimmer erging es Mozart in
der großen Oper; siehe das Nähere in einem Briefe Spohr's an die
Redaktion der „Leipziger Allgemeinen Musik. Zeitung", 1821 S. 139.
Spohr entwirft kein glänzendes Bild von der Pariser Oper, überhaupt von den damaligen musikalischen Pariser Zuständen. „Man
hört", schreibt er in einem zweiten Brief (ibid. S. 157), „fast nie
ein ernstes, gediegenes Musikstück, etwa ein Quartett oder Quintett von unseren großen Meistern; jeder reitet nur sein Paradepferd
vor; da giebt es nichts als Airs variés, Rondos favoris, Nocturnes
und dergleichen Bagatellen mehr, und von den Sängern Romanzen
und kleine Duetten, und wenn dies alles auch noch so inkorrekt und
fade ist, es verfehlt seine Wirkung nie, wenn es nur recht glatt und
süß vorgetragen wird. Arm an solchen niedlichen Kleinigkeiten, bin
ich mit meiner ernsten deutschen Musik übel daran, und habe in
solchen Musikgesellschaften nicht selten das Gefühl eines Menschen,
der zu Leuten spricht, die seine Sprache nicht verstehen; denn wenn
ich auch manchmal von diesem oder jenem Zuhörer das Lob, was
er meinem Spiele zollt, mit auf die Komposition ausgedehnt höre,
so darf ich darauf nicht stolz sein, da er gleich nachher die trivial-
sten Sachen mit denselben Lobsprüchen begleitet. Man erröthet,
von solchen Kennern gelobt zu werden." In gleicher Weise urtheilt
er über die dortige Oper; besser kommt die italiänische Oper weg,

an welcher wir später Rossini wirken sehen werden. Zunächst ging er nach London, nachdem er einen Antrag des Ministers Lauriston, welcher ihn an Frankreich fesseln wollte, abgeschlagen hatte, da er den Komponisten Paër nicht aus seiner Stellung als Direktor der italiänischen Oper verdrängen wollte. Wenn dieses richtig, so wäre es ein Zeichen von Großmuth, da Paër kein Mittel scheute, Rossini's Ruf und Werke herunterzusetzen.

In London langte Rossini Ende des Jahres 1823 an und wurde er dortselbst sehr gefeiert. Sowohl bei Hofe als in den höchsten Gesellschaftsschichten soll er ein gern gesehener und beliebter Gast gewesen sein, und die Londoner Blätter wunderten sich daß darüber, daß Rossini mehr wie ein „englischer Rostbeefesser" denn als ein magerer und blasser italiänischer Geigenspieler" aussehe. Dagegen hielten die Musiker sich kühl ablehnend und wiesen sogar den Vorschlag, ihm zu Ehren ein Gastmahl zu geben, ab. Nach einer Londoner Korrespondenz der „Leipziger Allgemeinen Musikalischen Zeitung", 1824 S. 163, soll Rossini sich bei Hofe einige Unziemlichkeiten erlaubt haben und nicht mehr dortselbst erschienen sein. Nach dem »Musical Magazin«, Nr. 21 S. 50, habe sein Vergehen darin bestanden, daß er, zum zweiten Male vor dem König singend, eine Kastratenstimme nachgeahmt und hierdurch eine schwere Todsünde gegen die englische Etiquette begangen hätte. Der König lud ihn demungeachtet zum dritten Male ein, Rossini ließ sich jedoch entschuldigen. So ist die eine Version. Nach der andern soll Rossini der ständige Gast in den musikalischen Matinéen des Prinzen Leopold von Sachsen-Koburg, des späteren Königs der Belgier, gewesen sein, und sowohl den Gesang der Prinzen, der Herzogin von Kent und des Königs selbst am Klavier begleitet haben.

In London waren schon ein Jahr früher verschiedene Rossini'sche Opern gegeben worden, aber die augenblickliche Bewunderung war bereits einer nüchternen Kritik gewichen. Es konnte ja auch nicht anders sein, daß dort, wo ein Genius wie Händel gewirkt, das Hohle, Seichte und innerlich Unwahre der Rossini'schen Musik abstoßend wirken mußte. Die ersten drei Male war das Haus gut besucht, wollte man doch wenigstens den Maestro sehen, welcher am Klaviere seine „Zelmira" dirigirte. Der Erfolg war aber im Ganzen ein solch geringer, daß man zum „Barbier" seine Zuflucht nehmen mußte; aber auch dieser zog nicht mehr. Dazu kam noch, daß

Madame Roffini gar nicht gefiel, und fo wandte fich die Direktion
an die Catalani, welche es aber rundweg abfchlug, in einer Roffini'-
fchen Oper zu fingen. Roffini hatte es mit ihr verdorben, weil er
ftets feiner Gemahlin die erften Partien übertrug, und fo hatte er
nicht nur die Primadonnen gegen fich, die in dergleichen Dingen
keinen Spaß verftehen, fondern auch das Publikum infofern, als
die Stimme der Colbrand nur noch ein Torfo war. Da alfo die
Roffini'fchen Opern ihre Zugkraft vollftändig eingebüßt hatten, fo
griff man fchließlich zu einer Mayr'fchen Oper: »Fanatico per la
musica«, mit der Catalani, deren Auftreten am 29. Februar ein
vollftändiger Triumph über Madame Roffini war.

Für die drei Abende, welche Roffini am Klavier gefeffen und
feine Frau gefungen hatte, erhielt er 2500 Pfund, und da er fich
für jede Einladung zu Abendgefellfchaften 50 Pfund bezahlen ließ,
fo machte er in London glänzende Gefchäfte. Auch zwei Subfkriptionskonzerte wurden veranftaltet, über deren Entftehung und Verlauf
uns die Berichte des „Harmonikon" (fiehe auch „Leipziger Allgemeine
Mufikalifche Zeitung" 1824 S. 501) nähere Details mittheilen. So
lefen wir in der Juninummer S. 132: „Ungeachtet Roffini von der
italiänifchen Oper 2500 Pfund bezog und für jede Einladung zu
Abendgefellfchaften 50 Pfund erhielt, glaubten feine Gönner den
gran maestro für die unangenehme Fahrt, welche er über die ab-
fcheuliche Meerenge von Dover ausgeftanden, dadurch zu entfchä-
digen, daß fie zwei Subfkriptionskonzerte veranftalteten, zu welchem
die Einlaßkarte drei Pfund koften follte. Niemand durfte Zutritt
haben, über deffen Zuläßlichkeit gewiffe Damen nicht vorher ihre
Einwilligung gegeben. Da die Anfragen nur in mäßiger Zahl
einliefen, fo feßte man den Preis auf zwei Pfund herab. Die
Täufchung der Zuhörer, welche Vortreffliches erwarteten, war übrigens
eine große, denn fie bekamen nichts als Roffini'fche Mufik zu hören;
ihm felbft trugen jedoch diefe beiden Konzerte 40,000 Franken ein."

Der Vermittlung des Fürften Polignac, damaligen franzöfifchen
Gefandten in London, war es endlich gelungen, daß Roffini einen
Vertrag abfchloß, welcher ihn an Frankreich feffeln follte. In dem-
felben verpflichtete er fich, die Direktion der italiänifchen Oper in
Paris zu übernehmen und fowohl für diefe als für die franzöfifche
Oper zu fchreiben. An dem bisherigen Direktor der italiänifchen
Oper, Paër, welcher fein Möglichftes gethan hatte, um die Werke

Rossini's zu diskreditiren, rächte letzterer sich dadurch, daß er in den Vertrag die ausdrückliche Bestimmung aufnehmen ließ, daß demselben nicht nur sein voller Gehalt belassen, sondern derselbe noch um 1000 Franken erhöht werden sollte. Rossini selbst war eine Jahresgage von 20 000 Franken zugesagt.

Übrigens war bei Rossini's Rückkunft nach Paris — 30. Juli 1824 — die erste Hitze schon verflogen; ja seine am 7. September aufgeführte »Donna del lago« fiel durch, trotzdem er sie selbst diri-girte. Am 19. Juni 1825 wurde eine neue Oper von ihm: »Il Viaggio a Reims, ossia l'albergo del giglio d'oro«, ein zur Krö-nung Karls X. komponirtes Gelegenheitswerk, mit nur mittelmäßigem Erfolg gegeben. Diese Oper muß ein wahres Quodlibet von Musik gewesen sein, denn nach dem Berichte des Pariser Korrespondenten der „Leipziger Allgemeinen Musikalischen Zeitung“, 1825 S. 601, kam u. A. vor: God save the King, Gott erhalte Franz den Kaiser, La belle Gabrielle, Vive Henri quatre, das Tyrolerlied u. f. w. Der Korrespondent schließt seinen Bericht mit den Worten: „Man möchte beinahe glauben, Rossini schreibe statt den Schluß zu seinen Sätzen zu komponiren, um Zeit und Papier zu ersparen, seinen Kopisten an gewissen Stellen bloß hin: siehe den Tancred, den Otello u. f. w.“

Im Jahre 1829 entstand sein „Tell“, welcher den Höhepunkt und zugleich das Ende von Rossini's dramatisch-musikalischem Schaffen bildet. Ehe wir aber des näheren auf dieses Werk eingehen, möch-ten wir noch einiges über Rossini's Leben vorausschicken. Die Stelle eines Direktors der italiänischen Oper sagte dem Maestro nicht sonderlich zu; die Funktionen eines solchen machten ihm zu viele Arbeit und störten seine Bequemlichkeit. Zudem hatte das Theater unter seiner Leitung finanzielle Rückschritte gemacht, und so wurde er mit seiner Einwilligung zum Generalintendanten der Musik des Königs und zum Generalinspektor des Gesanges in Frankreich ernannt. Diese Stellung war eine sehr einträgliche Sinekure, da seine Funktionen lediglich darin bestanden, jährlich einen Gehalt von 20 000 Franken einzustreichen. Rossini machte sich selbst lustig über seine neue Stellung; so horchte er oft ganz ernsthaft auf den Ge-sang der Bettelsänger oder auf das wüste Geschrei Betrunkener, dabei versichernd, daß dies zu seinen amtlichen Funktionen als Ge-sangsinspektor gehöre.

In Frankreich ging übrigens eine große Umwandlung in Rossini's künstlerischem Schaffen vor. Ob nun die gegen seine frühere merklich kontrastirende künstlerische Thätigkeit auf tiefere Gründe und Überzeugungen zurückzuführen ist, möchten wir nicht gerade verneinen, aber auch nicht bejahen. Auf der Pariser Bühne wehte doch noch etwas von dem Geiste eines Gluck, Mozart und Cherubini, und die Werke eines Méhul, Boieldieu. Auber u. A. begannen immer mehr die Aufmerksamkeit der musikalischen Welt auf sich zu lenken. Das bessere und musikverständige Pariser Opernpublikum konnten die leichten, oberflächlichen Weisen eines Rossini nicht lange bethören, und einem so klugen und nebenbei auch auf seine persönlichen Interessen bedachten Kopf wie Rossini, entging dieser Umstand nicht. Wollte er daher mit seinen Werken durchdringen, so mußte er mit größerer künstlerischer Gewissenhaftigkeit an die Arbeit gehen. Einen großen Vortheil hatte er vor vielen Anderen schon dadurch voraus, daß ihm ein ausgezeichnetes Theater, ein vortrefflicher Chor und vorzügliche dramatische Sänger — wir nennen u. A. die Sängerinnen Mombelli und Schiasetti und die berühmten Tenoristen Donzelli und Rubini — zu Gebote standen, und da er vollständig Herr seiner Zeit war und drei Monate auf die Einstudirung eines neuen Werkes verwenden konnte, so war ihm hierdurch ermöglicht, auch seine frühern Opern in vollendeter Weise aufzuführen. Wir sahen jedoch bereits, daß trotz der musterhaftesten Aufführungen, Rossini verschiedene Fiasco's erleben mußte, und so fand er es doch für zweckmäßig, mehrere seiner früheren Opern umzuarbeiten, so im Jahre 1826 den „Mahomet". Dieses umgeänderte Werk sowie sein „Moses", den er in der kurzen Zeit von zwei Monaten mit neu untergelegtem französischen Text umgearbeitet hatte, wurden noch im selben Jahre in der großen Oper, wohin bis jetzt keine Rossini'sche Oper gedrungen war, auf Befehl des Oberintendanten des französischen Theaterwesens, und zwar unter großem Beifall gegeben. Namentlich die Aufführung des „Moses" am 26. März 1827 war ein vollständiger Sieg Rossini's über seine Gegner. Beide Partituren überließ er dem Verleger Troupenas und legte damit den Grund zu dem bedeutenden Vermögen desselben.

Schon in diesen beiden Umarbeitungen wendet Rossini eine größere Sorgfalt dem Bau der Melodie zu; er bemüht sich die nichtssagenden Fiorituren zu beschränken und nur dort anzubringen,

wo sie charakteristisch wirken; auch verwendet er mehr Fleiß auf die
Instrumentation, indem er die Begleitung selbständiger zu gestalten
sucht; ebenso benützt er die Chorkräfte ausgiebiger. So enthält der
„Moses" in dieser neuen Bearbeitung viele Nummern, welche den
spätern im „Tell" nicht nachstehen.

Im August 1828 wurde auch seine erste komische Oper: »Le
comte d'Ory« gegeben, welche nicht anders als ein Sammelsurium
aus frühern Opern, namentlich aus »Il Viaggio a Reims« genannt
werden kann. In letzterer Oper kommt u. A. die Erzählung einer
Schlacht vor; die Musik hierzu paßte er in seinem „Graf Ory" der
Scene an, wo Raimbaub mit den gefüllten Weinkrügen aus dem
Keller kommt und erzählt, welche Verheerungen er in dem Wein-
lager des Herrn von Formontiers angestellt habe. Einen schlagen-
deren Beweis für die oberflächliche Art und Weise, wie Rossini zu
arbeiten pflegte, giebt es nicht als diese Thatsache; für die Partitur
erhielt er von Troupenas übrigens 12 000 Franken.

Dieser Oper folgte „Tell", welchen er auf dem Schloß Petit-
Bourg seines Freundes, des Banquier Aguado, komponirt hatte.
Wenn je ein Zweifel an dem großen und reich angelegten Talente
Rossini's hätte entstehen können, so müßte dieses Werk denselben
zerstreuen; in dieser Oper hat er das Höchste geleistet, was sein
Genius vermochte, und dem „Tell" kann man wahrlich dramatisches
Leben und Steigerung, sowie musikalische Charakteristik nicht absprechen. Er ist ein ganz Anderer geworden und in dieser Hinsicht,
was nämlich die ganz veränderte Schreibweise betrifft, steht Rossini
einzig in seiner Art da. Zu den hervorragendsten Nummern gehören die gewaltige Rütliscene, die Verschwörungsscene, das Quartett im ersten Akt, das Duett zwischen Tell und Arnold: „O Freund,
laß die Ketten uns brechen", die Sturmscene am Vierwaldstättersee,
die große Scene und Arie Mathildens zu Anfang des zweiten Akts
u. s. w. Die Instrumentation ist eine glänzende, und die Klangwirkungen von überraschender Neuheit. Rossini ist der erste, welcher in seinem „Tell" versuchte, dem Ganzen ein bestimmtes Kolorit,
gleichsam die Lokalfarbe des Landes zu verleihen, in welchem die
Handlung sich abspielt. Man möchte fast versucht sein, mit Ambros
zu sagen, daß diese letzte Oper einem beinahe den Eindruck mache,
als habe sich nicht sowohl der Komponist selbst, als der Genius
der Musik durch ihn einen Scherz machen und der Kunstkritik be-

weisen wollen, daß es, wenn sie mit der Charakteristik eines Künstlers ganz und für immer fertig zu sein glaubt, noch in der zwölf-
ten Stunde ganz und gar anders kommen könne. „Von alle dem,
was die früheren Opern Rossini's so scharf charakterisirt, findet sich
im „Tell" absolut nichts — von seinen eigenthümlichen Manieren keine
einzige — dagegen ungemeiner Formenreichthum, liebevolle, höchst
sorgfältige Durchbildung des Einzelnen bei grandioser Anlage des
Ganzen — Koloratur und das Triller- und Roulademwesen vollständig verbannt, die banalen Kadenzen vollständig vermieden,
Charakter und Wahrheit von Anfang bis zu Ende — selbst die
Melodien ohne jenen oben bemerkten Familienzug und sogar ohne
den Zuschnitt und Gang der früheren Rossini'schen Melodik, von
der sie nichts haben als den anmuthenden Reiz und die lebenswarme
Färbung.

Seltsamerweise hatte sich die am 3. August 1829 stattgefundene
Aufführung nicht eines solchen Beifalls zu erfreuen, wie die Oper
es verdient hätte; das Libretto gefiel nicht und so wurde die Musik
mit verurtheilt. Zwar die Musiker und Künstler waren ganz enthu-
siasmirt, und erklärten den „Tell" für Rossini's bestes Werk. Am
7. August erhielt er die Dekoration der Ehrenlegion, und am Tage
darauf brachten ihm die Künstler der großen Oper vor seiner Wohnung auf dem Boulevard Montmartre unter Habeneck's Leitung
eine große Serenade. Wenige Tage darauf reiste er mit seiner Frau
nach Italien ab, um seinen alten Vater zu besuchen; die Mutter war
im Jahre 1827 gestorben. Vor seiner Abreise verkaufte er die Partitur zu „Tell" an Troupenas um 24000 Franken.

Darüber, daß Rossini mit „Tell" seine künstlerische Thätigkeit
abschloß und nicht eine einzige Oper mehr schrieb, sind die selt-
samsten Vermuthungen entstanden. So hat man u. A. den Entschluß Rossini's keine Oper mehr zu schreiben, der Kälte, mit
welcher das Publikum sein bestes Werk aufnahm, sowie dem Umstande zugeschrieben, daß man später u. A. den zweiten Akt als
Vorspiel zu einem Ballet aufführte, oder Tell anstatt Geßler einen
französischen Marschall umbringen ließ, und ähnliche Verstümmlun-
gen, welche einem italiänischen Kritiker den naiven Ausspruch entfahren
ließen: „Man sieht doch klar, daß des Maestros neueste Musik Alles
übertrifft, denn sie paßt zu jedem Gegenstand." Wir glauben übrigens nicht, daß Rossini durch dergleichen Dinge sonderlich in seiner

Gemüthsruhe gestört wurde, auch wollen wir hier nicht untersuchen, ob Rossini mit dem „Tell" sich ausgeschrieben hatte. Möglicherweise hatte er die Überzeugung, daß er ein ähnliches zweites Werk nicht mehr zu schaffen im Stande sei — die ihm untergeschobene Absicht, Goethe's „Faust" in Musik zu setzen, halten wir für einen schlechten Witz —, und ein so kluger und berechnender Mann wie Rossini, wollte den mit „Tell" in der musikalischen Welt errungenen Ruhm nicht gleichgültig wieder auf das Spiel setzen. In dieser Ansicht werden wir durch eine von Fétis mitgetheilte Äußerung Rossini's bestärkt, welcher einigen Freunden, die ihn bestürmten, seiner musikalischen Laufbahn doch nicht zu entsagen, erwiedert haben soll, daß ein weiterer Erfolg seinem Ruhme nichts mehr hinzufügen, ein Mißerfolg denselben jedoch erschüttern könnte. Das eine habe er nicht nöthig, dem andern wolle er sich nicht aussetzen. Auch aus dem folgenden, in mehr als einer Hinsicht bezeichnenden Briefe geht hervor, daß Rossini aus wohlüberlegter Absicht handelte. Wir entnehmen diesen Brief der Pesther „Post" vom Jahre 1854 (siehe auch „Niederrheinische Musikzeitung", 2. Jahrgang 1854, S. 94 und 95. Der Waltheserritter und um die ungarische Musik verdiente Graf Fay hatte Rossini nämlich ersucht, für Ungarn eine Oper oder ein Ballet, oder mindestens eine Kirchenmusik ähnlich dem Stabat mater zu schreiben. Rossini antwortete in einem lateinischen Schreiben, welches nach der deutschen Übersetzung der Pesther „Post" folgendermaßen lautete:

„Edelster Graf und Herr! Es freut mich überaus, aus Deinem Briefe zu erfahren, daß Du ein leidenschaftlicher Musikfreund bist und das Fortepiano mit ausgezeichneter Fertigkeit spielst. Nicht minder freut es mich, aus Deinen Zeilen wahrzunehmen, daß Du besondere Vorliebe für klassische Musik hegst. Ich, unter den Klassikern der letzte (sic!), folge der Natur und halte mich feierlichst und heilig an diesen einmal eingeschlagenen Weg, und deßhalb gab ich die komische Musik auf und wendete mich der tragischen und Kirchenmusik zu. Eben so früh, als ich, ein kaum herangereifter Jüngling, zu komponiren angefangen, ebenso frühe und früher als es Jemand geahnt hätte, habe ich die Feder niedergelegt. Es ist nun einmal so! Wer früh beginnt, muß auch, den Gesetzen der Natur gemäß, früh enden!?). Übrigens zog ich auch die Zeit in Betracht, in der Wunder, um

nicht zu sagen: Schreckniſſe, auf der Kunſt laſten, die das Ziel der
beſten Studien verwirren.   Jeder Einſichtsvolle muß es daher ſehr
leicht begreiflich ſinden, daß ich bloß darum verſtummte, theils um
der modernen Kunſt-Verwilderung nicht fröhnen zu müſſen, theils
um mit gutem Beiſpiele voran zu gehen.   So würde die Kunſt, in
ihre eigenen Grenzen zurückgewieſen, der Menſchheit zum Nutzen
gereichen und würde nicht durch außergewöhnliche Anſtrengungen
in Verſuchung gerathen, Unmögliches leiſten zu wollen, indem ſie
durch ſolches Vorgehen den wahren äſthetiſchen Sinn mit Koth be-
wirft, ja, ſogar der Frivolität Vorſchub leiſtet.   Demnach gehört
das, was Du mir von dem Kaiſer der Franzoſen erzählſt, in das
Reich der Märchen, und das, was Du ſo angelegentlich von mir
verlangſt, wird ebenfalls niemals in Erfüllung gehen; denn die
muſikaliſche Technik bewegt ſich außerhalb ihrer Sphäre, und außerdem bin ich nicht gelannt, jenen zu ſchmeicheln, welche die Fruchtbarkeit der Kunſt und ihre ſie beſtimmende Regeln verwirren.   Lebe
wohl, Freund der Muſik und der Muſiker, und ſei überzeugt, daß
jeder Ehrgeiz mir fremd iſt, und daß ich die Stadien im Muſikge-
biete ſehr genau zu bemeſſen und die Zeit genau zu berechnen weiß,
wann eine Veränderung eintreten wird.   Dein, edelſter Graf und
Herr, verpflichteter und bereitwilliger Diener

Florenz, 14. Februar 1854.

Gioachimo Roſſini.

Nachſchrift.   Das Komponiren hat ſeine Zeit, und das
Studium hat auch ſeine Zeit.   Es giebt Perioden, wo wir mehr
empfinden als ſehen, dann ſollen wir ſchreiben.   Jetzt iſt die Zeit
gekommen, wo wir mehr ſehen als empfinden und ſomit iſt das
Studium nothwendiger.   Betrachte die Zeitverhältniſſe, und Du
wirſt leicht einſehen, daß ich recht thue.   Übrigens ſtehe ich mit
Wort und Beiſpiel wem immer zu Dienſten.   Stets bin ich freu-
big Jedermann mit aufrichtigem Rathe beigeſtanden.   Ungarn hatte
ich von jeher überaus lieb, denn der Tokaierwein
fehlte womöglich nie auf meiner Tafel; jetzt hege ich aber
aus zweifachem Grunde Liebe für daſſelbe, namentlich weil auch
Du, mein Allerliebenswürdigſter, dort wohnſt.“

Durch ein großes Vermögen ganz unabhängig daſtehend, für
den ungetrübten Lebensgenuß ſehr empfänglich, hielt Roſſini es eben
für beſſer, im Schatten ſeines Ruhmes ſeine ſelbſt zubereiteten Pa-

steten und Macaroni, auf die er sich nicht wenig zu Gute that, in
Ruhe zu verzehren und Musik Musik sein zu lassen. Er ließ sich
in dem ihm liebgewordenen Bologna zunächst nieder; da brach die
Julirevolution aus, welche den Sturz und die Flucht Karls X. zur
Folge hatte. Rossini eilte nach Paris, um die ihm vertragsmäßig
zugesicherte Pension von 6000 Franken zu retten, welche ihm zugesagt war, wenn unvorhergesehene Umstände eintreten sollten, und
da der Kontrakt vom Könige selbst unterzeichnet war und die Urkunde
hierdurch den Charakter einer persönlichen Verbindlichkeit des Königs
erhielt, so gewann Rossini den Prozeß, der übrigens sechs Jahre
währte. Hierauf reiste er 1836 wieder nach Italien, brachte einige
Zeit in Mailand zu, um sich alsdann wieder in Bologna niederzulassen und sich von verschiedenen Aufregungen — er hatte sich
u. A. in Folge ehelicher Zwistigkeiten von seiner Frau scheiden
lassen —, welche seine Gesundheit zu untergraben drohten, zu erholen.
Fétis, welcher ihn im Jahre 1841 in Bologna besuchte, fand den
Maestro sehr mager und blasirt geworden; man sollte es nicht glauben: der stets heitere und lebenslustige Mann war auf dem besten
Wege ein Hypochonder zu werden. Er wollte von nichts mehr etwas
hören, weder von der Welt und den Menschen, am allerwenigsten
von der Kunst, gegen welche ihn ein wahrer Haß erfaßt hatte, der
sogar so weit ging, daß in seinem Hause keine Taste angeschlagen
und kein Ton gesungen werden durfte. Hingegen interessirte sich
der Komponist des „Tell" um so mehr für die Landwirthschaft, ließ
seine Äcker nach einer neuen Methode düngen und trieb eine aus-
gedehnte Schweinezucht, welche ihm viel Geld einbrachte. Trotz
seiner Abneigung gegen alles, was ihm früher lieb gewesen war:
Verächter einer ausgesucht feinen Tafel war er nicht geworden.

Im Jahre 1853 kehrte er nach Paris zurück, woselbst er unter
der sorgfältigen Pflege der bedeutendsten Ärzte von seiner nervösen
Affektion wieder genas und seine alte Heiterkeit wieder erhielt, aber
für die Kunst war und blieb er ein todter Mann. Außer einem
Stabat mater, einer Missa und den Soirées musicales, einer
Sammlung von zwölf anmuthigen Gesängen für eine und zwei
Stimmen, hat er nichts mehr geschrieben.

Die Vorgeschichte des Stabat mater ist nicht uninteressant.

Im Jahre 1832 machte Rossini eine Reise nach Spanien. Sein
Freund, der Banquier Aguado in Madrid sagte zu ihm eines Tages,

er könne ihm einen großen Gefallen erweisen; der Abt Varela, ein in Madrid in sehr einflußreicher Stellung befindlicher Geistlicher, möchte von ihm gerne eine kirchliche Komposition; ob er nicht Lust habe, ein Stabat mater zu schreiben. Rossini reiste bald hierauf nach Paris zurück und sandte zwei Monate darauf dem Abte Varela ein Stabat mater; letzterer ließ Rossini in Anerkennung der ihm bewiesenen Gefälligkeit durch Aguado eine goldene Dose im Werth von 5000 Franken übersenden. Neun Jahre später, im Jahre 1841, kündigte ein Pariser Musikverleger Namens Aulagnier die Heraus= gabe eines Stabat mater von Rossini an, welches er als Eigenthum von den Vollstreckern des Testamentes des Pater Varela in Madrid an sich gebracht habe. Der Verleger handelte natürlich in gutem Glauben, ohne zu bedenken, daß die Widmung eines Musikstücks und der Besitz des Originalmanuskriptes noch lange nicht das Recht zur öffentlichen Herausgabe und Aufführung desselben bedingt. Rossini war die Sache um so unangenehmer, als nur sechs Nummern der Komposition von ihm, die übrigen von Tadolini, dem damaligen Direktor der italiänischen Oper in Paris waren. Er schrieb an seinen Vertreter Trou= penas in Paris, er möge alle gesetzlichen Mittel anwenden, um die Herausgabe des Werkes zu verhindern. Sein diesbezüglicher Brief an Troupenas lautet wie folgt:

„Lieber Freund! Ich habe Ihren Brief vom 16. d. erhalten und will sogleich daran gehen, mein Stabat mater zu metronomi= firen, wie Sie es wünschen. In einem letzten Schreiben an mich beruft sich Herr Aulagnier auf die Abschrift in seinem Besitze, droht mir mit einem Prozesse; er behauptet, daß das Geschenk, welches ich von dem ehrwürdigen spanischen Pater erhalten, so gut wie ein Kauf=Kontrakt sei, der ihm abgetreten worden. Das macht mir viel Spaß. Er droht auch, jenes Stabat mater in einem Monstre= Konzerte aufführen zu lassen. Sollte so etwas in's Werk gesetzt werden, so gebe ich Ihnen hiermit ausdrückliche und unbeschränkte Vollmacht, durch die Gerichte und die Polizei die Aufführung eines Werkes zu hindern, in welchem nur sechs Nummern von meiner Komposition sind".

„Mit derselben Post erhalten Sie noch drei Stücke, die ich in Partitur gesetzt habe; es fehlt nur noch der Schlußchor, den ich Ihnen in nächster Woche zuschicken werde. Machen Sie aber nicht zu viel Aufhebens in den Zeitungen über den Werth meines Stabat; denn wir müssen uns hüten, daß man uns beide nicht mit dem Rücken ansieht (car il faut éviter que l'on se f .... de vous et de moi).— Sie müssen übrigens wissen, daß ich dem Herrn Aulagnier in einer Antwort geschrieben habe, daß ich nie einen Verkaufs-Kontrakt mit dem spanischen Pater abgeschlossen, sondern ihm das Stabat bloß gewidmet habe, und daß die meisten Nummern gar nicht von mir sind, und daß ich gesonnen bin, jeden Verleger in Frankreich oder im Auslande, der Spitzbüberei treiben wollte, bis in den Tod zu verfolgen.

Bologna 24. September 1841.　　　　Gioachimo Rossini**).

Indeß Aulagnier klagte, schloß Rossini mit Troupenas einen Vertrag ab, nach welchem er letzterem um die Summe von 6000 Franken sein Stabat verkaufte. Die Gebrüder Escudier, Herausgeber der »France musicale« und Musikverleger, kauften inzwischen Troupenas das Recht der Aufführung für drei Monate um 8000 Franken ab. Da jedoch die Direktoren der komischen und der italiänischen Oper ihre Häuser zur Aufführung des Werkes nicht hergeben wollten, so blieb den Gebrüdern Escudier nichts übrig, als dem Impresario der italiänischen Oper, Herrn Dormoy, das Haus abzumiethen und sämmtliche Kosten, die sich auf 8000 Franken beliefen, auf eigene Rechnung zu übernehmen. Selbstverständlich waren die Erwartungen der Pariser um so gespannter, und da sowohl Tamburini als die Damen Giulia Grisi und Albertazzi als der Tenor Mario die Soli übernahmen, so war der Erfolg der ersten, am 7. Januar 1842 stattgefundenen Aufführung ein außerordentlicher; das »Inflammatus«, das Quartett »Quando corpus morietur« und das »Pro peccatis« mußten sogar wiederholt werden. Diesen Erfolg wollten nun die Direktoren der italiänischen Oper, welche bis jetzt schlechte Geschäfte gemacht hatten, für sich ausbeuten und sie zahlten den Gebrüdern Escudier, welche bereits einen Reingewinn von 12000 Franken erzielt hatten, für Überlassung des Aufführungsrechts 28000 Franken. Das Werk wurde 14 mal aufgeführt, und brachte der Direktion 150000 Franken ein. Inzwischen war der Prozeß entschieden, der Kläger abgewiesen und Troupenas

---

* Das Original des Briefes ist in der »France Musicale«, Paris, 16. Avril 1851 No. 16 enthalten; siehe auch „Niederrheinische Musikzeitung" 1854, Nr. 17.

als einzig rechtmäßiger Besitzer anerkannt worden. Die Moral ist nun folgende: Rossini betrügt in aller Gemüthsruhe den spanischen Abt, von welchem er eine goldene Dose im Werthe von 5000 Franken mit der gleichen Gewissensruhe einsteckte, und läßt sich später, nachdem er die gestohlenen Nummern ausgemerzt, nochmals 6000 Franken vom Verleger bezahlen; Troupenas gewinnt außer dem späteren Ertrag 2000, die Gebrüder Escudier gegen 40000, Dormoy 100 000 Franken, und Aulagnier hatte zu dem Verlust der namhaften Kaufsumme und den hohen Gerichtskosten das Zusehen, wie Andere sich bereicherten.

Kirchlich kann man die Musik zum Stabat mater nicht heißen, es ist der Opernkomponist Rossini, dem wir auch hier überall begegnen; das »Corpus animam gementem«, das »Quis est homo«, »Inflammatus« und »Quando corpus« gehören übrigens zum besten was er geschaffen. Das Gleiche gilt von seiner Messe, welche am 14. März 1864 zur Einweihung des neuerbauten Palastes des Grafen Pillet-Will vor einer auserlesenen geladenen Versammlung aufgeführt wurde. Bei dieser Aufführung war das in der Partitur noch nicht ausgesetzte Orchester durch zwei Pianoforte und Harmonium vertreten. Das Werk wurde erst nach Rossini's Tode dem größeren Publikum zugänglich. Emil Naumann, welcher Rossini im April 1867 in Paris besuchte — die Revolution im Jahre 1848 hatte Rossini aus Bologna vertrieben, und er nahm, nachdem er sich im vorhergehenden Jahre mit Olympia Pélissier vermählt hatte, von 1853 an seinen ständigen Aufenthalt in Paris —, traf denselben gerade mit der Instrumentirung der Messe beschäftigt; er wolle dem Herrn Sax und seinen Freunden nach seinem Tode nicht in die Hände fallen, denn fände man die Partitur der Vokalstimmen, welche er schon vor einiger Zeit ausgearbeitet habe, in seinem Nachlaß, so käme Herr Sax mit seinen Saxophons oder Herr Berlioz mit anderen Riesen des modernen Orchesters, und schlügen dann seine Singstimmen todt. »Car je ne suis rien qu'un pauvre mélodiste«, fuhr er fort: „ich bin daher nur beschäftigt, meinen Chören und Arien in der Weise, wie man es früher zu thun pflegte, ein Streichquartett und ein paar bescheiden auftretende Blasinstrumente unterzulegen, die meine armen Sänger noch zu Worte kommen lassen."*)

---

*) E. Naumann: Italienische Tondichter. Berlin 1876 S. 542.

Rossini, welcher im Jahre 1868 starb, war ein reichbegabter
Künstler, wenn auch das Facit, welches der Historiker aus seinem
Schaffen zieht, für ihn nicht günstig ausfällt. Er schrieb für den
äußeren Erfolg, ihm war es nur um den Beifall der Menge zu thun,
und was wir künstlerisches Gewissen nennen, hat Rossini niemals
besessen; das reiche Pfund, welches ein gütiges Geschick ihm mit-
gegeben, hat er leichtfertig vergraben. Er schätzte wohl die Werke
eines Haydn, Mozart und Beethoven, aber ihrem Vorbilde nach-
zustreben, dazu fehlte ihm der künstlerische Ernst, und die Lust und
Freude an gewissenhafter Arbeit. Ob Rossini überhaupt je die
Werke eines Beethoven tiefer erfaßt und verstanden hat, wollen
wir dahingestellt sein lassen. Bach und Händel scheint er gar nicht
gekannt zu haben, obwohl man annehmen dürfte, daß er des letzteren
Werke bei seinem Aufenthalt in London kennen gelernt habe. Es
wäre interessant ein Urtheil Rossini's über diesen gewaltigen Heros
der Tonkunst zu haben, denn zwei größere Gegensätze als Händel
und Rossini kann man sich nicht denken; einem von den Idealen
und den hohen Pflichten seiner Kunst so durchdrungenen Künstler
wie Händel gegenüber, erscheint ein Rossini als der reinste musikalische Aventurier. Rührend war übrigens dessen Anhänglichkeit
und Verehrung für Mozart. Als er einstens dem berühmten Gesangsmeister Piermarini als Beweis seiner Hochachtung ein Porträt
Mozart's übersandte, schrieb er darunter: »Mon très cher Piermarini! Je vous offre l'image de Mozart. Tirez votre chapeau,
ainsi que je le fais au maitre des maitres.«
Aber wie gesagt, es blieb bei Rossini bei der Verehrung und
er bemühte sich nicht, auch die Wege Mozart's zu wandeln. Er
schreibt eben für die Kehlen der Sänger, und sowohl zu seinem eigenen als zum Vergnügen seiner Landsleute. »Che cosa? parole?
Efetto! Efetto! Um einen organischen, von einer Grundidee belebten Zusammenhang ist es Rossini niemals zu thun, ebenso suchen
wir vergebens in seinen meisten Werken eine tiefere Empfindung
und dramatische Wahrheit des Ausdrucks. Er wirft seine Gedanken aufs gerathewohl hin, wie sie ihm gerade in die Feder kommen;
er macht sich kein Gewissen daraus, die Partituren anderer todter
und lebender Meister und sogar seine eigenen zu plündern und auf
die zusammenhanglofeste Weise an einander zu schweißen; ja viele
seiner Werke kann man mit vollem Fug und Recht aus Rondos,

Tänzen, Variationen u. s. w. bestehende Potpourris nennen. Die
individuelle Sprache des Affekts fehlt ihm, seine Arbeit ist eine
schablonenhafte. „Wer eine meiner Opern zwischen „Barbier" und
„Tell" gehört hat, kennt sie alle", soll Rossini einmal sich geäußert
haben; mit diesen Worten hätte er selbst am treffendsten und schlagendsten sein künstlerisches Wirken beurtheilt und verurtheilt. Und
was hätte sein reich angelegtes Talent Gutes und Schönes schaffen
können, wenn er den rechten künstlerischen Ernst, eine wahre Liebe
zur Kunst, das Bewußtsein einer zu erfüllenden künstlerischen Mission gehabt und die Traditionen von Gluck und Mozart fortgesetzt
hätte? Wir wagen nicht zu entscheiden, ob er dies vermocht hätte.
Uns möchte bedünken, als ob Rossini hierzu ein zu oberflächlich
angelegter Geist und Charakter war, aber er hätte immerhin Bedeutendes leisten können — und sein „Tell" beweist es —, wenn sein
Wollen ein ernstes gewesen wäre. Sein ganzes Arbeiten war ein
schablonenhaftes, wie seine Ouverturen mit den lärmenden, auch in
seinen Arien und Finales ausgebeuteten Crescendos, die breitheilige
Form der Duetten, die stereotypen Anbantesätze im Ensemble und
in den großen Arien, die Brillenbässe, Sextenpassagen, Triolenfigu-
ren u. s. w. beweisen. Alle seine Opern sind nach dem gleichen
Zuschnitt gearbeitet, und die Eile, in welcher er seine Werke hin-
warf, ließ ein gewissenhaftes Prüfen und Feilen, wie wir dies bei
unseren großen Meistern, namentlich bei einem Beethoven finden,
nicht aufkommen.

Wir dürfen freilich bei einer Beurtheilung seines Gesammt-
schaffens auch nicht vergessen, daß er ein Kind seiner Zeit und seines
Landes war. Das musikalische Drama erheischt nicht nur einen
tüchtig ausgebildeten Musiker, sondern auch eine gewisse Reise der
Jahre. Gluck, Weber und Wagner schufen ihre bedeutenden dramatischen Werke erst im reifen Mannesalter*), während z. B. Mer-
cabante, 24 Jahr alt, schon acht Opern aufgeführt hatte; Rossini
schrieb in 15 Jahren etliche 30 Opern, Generali war seit dem 17.,
Pacini seit dem 18., Bellini seit dem 22. Jahre für die Bühne
thätig und mit 25 Jahren hatte Donizetti bereits fünf große und
drei kleine Opern aufgeführt. Freilich ist die italiänische Oper kein
musikalisches Drama. Nicht nur, daß dem Italiäner der Sinn für

---

*) Bei Mozart liegt die Sache anders, Mozart war eben ein Genie.

die eigentliche Romantik und das Sentimentale abgeht, es fehlt ihm auch das tiefere Verständnis für eine scharfe musikalische Charakteristik der einzelnen Personen und Situationen, für den tieferen psychologischen Zusammenhang der Handlung. In den italiänischen Theatern findet die lebhafteste Konversation statt, und nur bei der ersten Vorstellung einer neuen Oper ist das gedrängt volle Haus ganz Ohr und folgt mit Theilnahme der Musik; je nachdem letztere anspricht, drückt sich der Beifall oder das Mißfallen in prononcirter Weise aus. Nun ist die Sache aber abgethan. Die Logen dienen bloß noch dazu, Besuche zu machen und zu empfangen, das Parterre zum Rendez-vous, zum Plaudern, ja sogar, wie uns der Mailänder Korrespondent der „Allgem. Musik. Zeitung" vom Jahre 1824 versichert, zur Abwicklung von Börsengeschäften. Alles plaudert ganz laut bis der Sänger oder die Sängerin auftritt, welche jene Pièce vorträgt, die bei der erstmaligen Aufführung gefallen hat; nun tritt plötzliche Stille ein, man klatscht und das Geplauder wird fortgesetzt. Der Italiäner will eben Unterhaltung; jede neue Oper, jedes neu auftauchende Gestirn verdunkelt die früheren, und so waren wenige Jahre nach Rossini die Werke eines Cimarosa, Paisiello, Sacchini, Zingarelli u. A. vergessen. Es ist wie Riehl sagt, das Interesse schwindet mit der Saison, wie bei der vornehmen Garderobe; die Oper ist dem Italiäner zunächst Novität, vielleicht nachher auch wohl ein Kunstwerk. Die nächste Saison bringt eine neue Oper und ein neues Kleid.

Rossini hatte für dieses sein Publikum, und was dasselbe wollte, eine feine Spürnase, und daß er sich nur von solchen Motiven, welche geeignet erschienen, sich bei demselben in Gunst zu setzen, in seinem künstlerischen Schaffen leiten ließ, wirft ein schlechtes Licht auf seine ganze künstlerische Thätigkeit. Aber trotzdem seinen Opern das intensive dramatische Leben abgeht, so hat er die italiänische Oper doch weitergeführt. Man vergleiche nur z. B. einen „Otello" mit „Tancred", einen „Tell" mit seinen Vorgängern. Seine Modulation ist gegenüber jener Zingarelli's und Paisiello's eine neue, für die damalige Zeit sogar kecke, und wie er mancher fadenscheinigen und abgenutzten Melodie durch neue harmonische und modulatorische Wendungen zu neuem Leben zu verhelfen verstand, hat immerhin etwas Berauschendes. Viele seiner Melodien sind ursprünglich und natürlich erfunden, und für das Orchester, in welchem er eigentlich auf-

gewachsen war, dessen Mittel und Effekte er erweiterte, wußte er
dankbar zu schreiben. Freilich hat er auch hier schwer gesündigt;
das Piccolo und die große Trommel datiren von ihm her und
die lärmenden, schreienden Töne des Blechs dominirten gar oft auf
Kosten der einzig wirklichen Basis des Streichquartetts; den Adel
wirklicher Klangschönheit finden wir sehr häufig dem gemeinen Effekt
geopfert.

Im Übrigen war Rossini ein neidloser Künstler, höflich, fein
und geschmeidig, artig gegen Jedermann, ein geistreicher mit viel
Mutterwitz und einer tüchtigen Dosis Sarkasmus begabter Kopf.
Mendelssohn entwirft folgendes Bild von ihm: „Gestern früh kam
ich zu ihm (nämlich zu Ferdinand Hiller, welcher im Jahre 1836 mit
Mendelssohn zugleich in Frankfurt sich aufhielt . Wer sitzt da? Rossini,
groß und breit, in liebenswürdigster Sonntagslaune. Ich kenne wahrlich wenig Menschen, die so amüsant und geistreich sein können, wie
der, wenn er will; wir kamen die ganze Zeit aus dem Lachen nicht
heraus. Ich habe ihm versprochen, ihm im Cäcilien-Verein die
H moll-Messe und einige andere Sachen von Sebastian Bach vor-
singen zu lassen; das wird gar zu schön sein, wenn der Rossini
den Sebastian Bach bewundern muß. Er denkt aber, ländlich —
sittlich, und will mit den Wölfen heulen. Von Deutschland ist er
entzückt, sagt er, und wenn er sich Abends am Rhein die Wein-
karte einmal geben läßt, so muß ihm der Kellner sein Zimmer zeigen, sonst findet er's nicht mehr. — Von Paris und allen Musikern
dort, von sich selbst und seinen Kompositionen erzählt er die lächer-
lichsten, lustigsten Dinge, und hat vor allen gegenwärtigen Menschen
so ungeheuern Respekt, daß man ihm wirklich glauben könnte, wenn
man keine Augen hätte, um sein kluges Gesicht dabei zu sehen.
Aber Geist und Lebendigkeit und Witz in allen Mienen und in
jedem Wort, und wer ihn nicht für ein Genie hält, der muß ihn
nur einmal so predigen hören und wird dann seine Meinung schon
ändern".[*] — Auch an barocken Einfällen und Sonderbarkeiten hatte
er keinen Mangel. So benützte er u. A. niemals eine Eisenbahn,
sondern fuhr immer noch nach alter Weise mit Postpferden, und als
nach dem Tode Bellini's die Rede darauf kam, daß Catania dessen
Asche von Paris reklamire, sagte Rossini: „Meine Asche soll aber

*) Felix Mendelssohn's Briefe. Bd. II. S. 131.

in Frankreich bleiben; die Lumpen von Eisenbahnen sollen mich so
wenig todt als lebendig zum Transport bekommen".

Wir haben nun noch einen Augenblick bei der Umwälzung,
welche Rossini im Gesang hervorrief, zu verweilen.

Die Entstehung und Weiterbildung der Oper konnte natürlich
nicht ohne Einfluß auf die gesangliche Technik bleiben, war ja doch
der menschlichen Stimme dabei die wesentlichste Aufgabe zugefallen.
Die ersten Opernkomponisten waren zugleich die ersten Sänger ihrer
Zeit, und die Gesangschulen der Pistochi und Bernachi zu Bologna
und Porpora's in Neapel, hatten die Kunst des Gesanges zu einer
Höhe erhoben, die sie seitdem nicht wieder erreicht hat. Es wurde
damals aber auch ganz anders studirt als heutzutage, da man in
einem Jahre ein fertiger Opernsänger sein will. Ein Sänger studirte sechs bis acht Jahre, und erfahrene Meister bildeten die Stimme
durch langanhaltende Übungen und waren auf die Erzielung eines
schönen, edlen Tones, auf die Ausgleichung der Register, auf die
Gleichmäßigkeit der Töne an Stärke, Fülle und Klarheit, auf ein
schönes Portamento und vollkommenes Ab- und Zunehmen des
einzelnen Tones, reine Aussprache jeder Silbe, richtigen Accent,
genaueste Unterscheidung der scharfen und dunkeln Vokale, kurz auf
eine wirklich künstlerische Entfaltung aller Mittel der Stimme sorg-
fältigst bedacht. Eine solche Schule bildete wirkliche Kunstsänger
aus, die durch ihren künstlerisch vollendeten und von seelischer Empfindung durchwärmten Vortrag die Herzen der Hörer ergriffen.
Mit dem Studium des Gesanges begann überhaupt die Ausbildung
eines jeden Musikers und Komponisten in Italien; alle waren tüchtig in der Komposition und bewahrten die Traditionen irgend eines
großen Meisters. Es wurden Schulen gebildet, in welchen Sänger
und Komponisten ausgebildet und die Überlieferungen fortgepflanzt
wurden. Welch stattliche Zahl bedeutender Künstler bildeten nur
die beiden Konservatorien in Neapel und Venedig jährlich! Durch
den Verkauf der Kirchengüter und durch den Umstand, daß man die
zu obigem Zweck gemachten Stiftungen zu Gunsten der öffentlichen
Kassen einzog und viele Konservatorien unter dem Vorwande dieselben zu reorganisiren, was übrigens niemals eintrat, schloß, trat,
abgesehen davon, daß es an einer gehörigen Anzahl tüchtiger Künstler
fehlte, eine Stockung ein und die Traditionen erloschen. Zu Rossini's
Zeit gab es übrigens noch Sänger, welche einen soliden Unterricht

genossen hatten, und Lehrer, welche es sich angelegen sein ließen, die alten Traditionen fortzupflanzen, aber sie verschwanden ohne tüchtige Nachfolger zu hinterlassen. Die eigentlichen, schulgerecht gebildeten Sänger traten übrigens niemals in Buffoopern auf, das überließen sie den Natursängern. Aber darin, daß die verschiedenen Verzierungen, wie Appoggiaturen (Vorschläge), Gruppo's (Mordente) u. s. w. dem Belieben des ausführenden Sängers überlassen wurden, lag zugleich auch die große Gefahr, daß das Virtuosenthum mit seinen blendenden Kehlkünsten die alte solide Gesangskunst immer mehr verdrängen werde. Es waren gerade einzelne Sänger, welche aus berühmten Schulen hervorgegangen waren, die mit ihrer Kunst alle Welt tyrannisirten. Hat sogar Händel den geläufigen Kehlen der Cuzzoni und Faustina sowie des Kastraten Senesino in seinen Arien manches opfern müssen. Die höchste Bewunderung erregten Caffarelli von Neapel und Carlo Broschi genannt Farinelli in Bologna. Diesen Bravoursängern ist in erster Linie der Verfall der italiänischen Oper zuzuschreiben. Dem Virtuosengesang haben die besten Meister geopfert: entschied doch die Primabonna, die Bravourarie schließlich über das Schicksal einer Oper. Die Anmaßungen der Sänger gingen sogar so weit, daß z. B. Crivelli in der ersten Arie jeder Partie die er zu singen hatte, die Worte »felice ognora« verlangte, weil er auf dieselben seine Rouladen am bequemsten machen könne. Kein Komponist war sicher, daß ihm nicht bei der Aufführung seiner Werke die ersten Sänger nach Willkür änderten, um ihre Kehlkünste glänzen zu lassen. Fand ein Sänger oder eine Sängerin keine dankbare Arie, so legte sie eben eine ein, und dies geschah sogar bei klassischen Opern. So verschnörkelte die Catalani die Arien der Gräfin im „Figaro" derart, daß man ihr nachsagte, sie singe Mozart's Gräfin mit Musik von Madame Catalani; so half man u. A. auch der Partie der Donna Elvira mit Rossini'schen Arien auf.

In ähnlicher Weise erging es anfangs auch Rossini, welcher bei der dritten Probe zu seinem „Aureliano", welcher 1814 in Mailand aufgeführt wurde, die Cavatine aus demselben, welche er für den berühmten Sänger Velluti geschrieben hatte, vor lauter Schnörkeln, Rouladen, Trillern u. s. w., welche derselbe anzubringen für nöthig befunden hatte, nicht mehr erkannte. Rossini wollte nun nicht erst abwarten, daß die Sänger seine Arien verschnörkelten, sondern be-

forgte es von nun an felber. Hierdurch und indem er die Geschmack-
lofigkeiten der Sänger benützte und ausnützte, führte er den Unfug zum
Gipfel, und er hat nicht nur wesentlich zum Verderb der Stimmen,
sondern namentlich auch zum Verderb des Geschmackes beigetragen.
Rossini schrieb Konzertstücke für die Sänger, deren Vorzüge und
Schwächen er bald inne hatte, und in jeder Oper mußten mindestens
ein halbes Dutzend Bravourarien sein, ob sie nun in den Rahmen
des Ganzen hineingehörten oder nicht, wenn nur das Publikum
klatschte und die Sänger zufrieden waren. Er schrieb förmliche Variationen und brachte dieselben in der Regel dort an, wo sie am
wenigsten hingehörten und wie die Faust auf das Auge paßten. Noch
mehr als Velluti trug die Colbrand, für welche ja die Hauptpartien
der meisten Rossini'schen Opern geschrieben sind, zu diesem musikalischen Unfug bei. Ehemals eine vorzügliche Sängerin, stand ihre
Stimme, als Rossini nach Neapel kam, nicht mehr in der ersten Blüthe,
und sie war nicht mehr im Stande, eine getragene Partie zu singen.
Wollte nun Rossini mit seinen Werken keinen Durchfall erleben, so
mußte er in erster Linie die Wünsche der Primadonna berücksichtigen,
und da die Colbrand nicht duldete, daß andere Sängerinnen neben ihr
aufkamen, so durfte der Komponist denselben keine Gelegenheit bieten,
durch einen schönen getragenen Gesang sich die Gunst des Publikums
zu erringen. Rossini hat daher wesentlich mit dazu beigetragen, daß die
Kunst des getragenen Gesanges in seinem Vaterlande immer mehr verloren ging; von ihm datirt die gänzliche Zerstörung des echten Kunst-
gesanges. Jedes ruhige Portamento, alle Haltung und jeder Zusammenhang ist aus dem Gesange verbannt, lauter Koloraturen, Schnörkeln, Violin- und Klavierpassagen begegnen wir; nirgends hat der
Sänger Ruhe, nirgends kann er seine Stimme entwickeln, seiner Empfindung sich überlassen. Dazu tritt noch eine übermäßig starke, die
Stimme deckende Instrumentation, welche in den Opern Verdi's ihren
Gipfel erreichen sollte. Daß alle diese Umstände dazu beitragen mußten,
die Kraft der Stimme frühzeitig aufzuzehren, ist selbstverständlich, und
heutzutage wird es kaum noch Sänger geben, welche viele Partien in
den Rossini'schen Opern zu singen im Stande sind.

Fassen wir unser Urtheil über Rossini zusammen, so müssen wir,
unbeschadet der gewichtigen Einwände, welche wir gegen sein künstlerisches Schaffen und Wirken erhoben haben, ihn nichtsdestoweniger als
den genialsten und bedeutendsten Vertreter der neuern italiänischen

Oper erklären; er hat von den Neueren die wirklich musikalischen Vorzüge seiner Nation am reichsten vertreten. Eine wesentliche Seite des
Menschen entfaltet er am reichsten, das stets anmuthige, durch Witz,
Laune und Geist belebte Wesen, dem, wie ein geistreicher Beurtheiler
Rossini's sagt, gebildete Menschen sich überlassen, wenn sie einmal frei
von allem Ernst des Lebens sein wollen, nur darauf bedacht, das dolce
far niente durch oberflächliche Einfälle aller Art interessant zu machen.
Rossini war eben nicht nur im Leben, sondern auch in der Kunst ein
liebenswürdiger Epikuräer.

Wir schließen mit dem treffenden Urtheile, welches Mazzini über
ihn gefällt haben soll: „Rossini suchte die Berühmtheit, nicht den
Ruhm; er opferte den Götzen, nicht der Gottheit; er betete den Erfolg
an und schätzte die künstlerische Mission gering; so vermochte er wohl
eine Sekte zu gründen, nicht aber einen Glauben zu stiften."*)

---

*) Rossini und Wagner. Aus dem Italiänischen übersetzt von Dr. M. G.
Conrad. Wien 1879 S. 49.